WISSEN FÜR DIE PRAXIS

WALHALLA

alhalla Fachredaktion

Aushangpflichtige Gesetze 2022 Medizin

Mitarbeiterrechte – Mitarbeiteransprüche
Die wichtigsten Vorschriften im Überblick

Bibliografische Information der Deutschen Nationalbibliothek
Die Deutsche Nationalbibliothek verzeichnet diese Publikation in der Deutschen Nationalbibliografie; detaillierte bibliografische Daten sind im Internet über www.dnb.de/ abrufbar.

Zitiervorschlag:
Aushangpflichtige Gesetze 2022 Bereich Medizin
Walhalla Fachverlag, Regensburg

Hinweis: Unsere Fachbücher sind stets bemüht, Sie nach bestem Wissen zu informieren. Die vorliegende Ausgabe beruht auf dem Stand von November 2021; die bis dahin veröffentlichten Änderungen sind eingearbeitet. Verbindliche Auskünfte holen Sie gegebenenfalls in Ihrem Personalbüro oder bei Ihrem Rechtsanwalt ein.

Satz: Walhalla Datenbank
Produktion: Walhalla Fachverlag, 93042 Regensburg
Umschlaggestaltung: grubergrafik, Augsburg
Printed in Germany
ISBN 978-3-8029-1481-2

3WP-CPI-1121-26411-Q

Vorwort

Für jeden Mitarbeiter müssen die sogenannten „aushangpflichtigen Gesetze" stets in der neuesten Fassung zugänglich sein. Das verpflichtet Arbeitgeber, bestimmte Vorschriften „an geeigneter Stelle im Betrieb zur Einsichtnahme auszulegen oder auszuhängen".

Die Aushangpflicht stellt sicher, dass sich der Arbeitnehmer über die für ihn geltenden Schutzvorschriften zuverlässig informieren kann. Zudem sollen die Gesetze leicht zugänglich sein. Als geeignete Stelle empfiehlt sich deshalb das sogenannte „Schwarze Brett" oder eine andere für alle Mitarbeiter jederzeit gut zugängliche Stelle im Betrieb.

Wichtig: Verstößt ein Arbeitgeber gegen die Aushangpflicht, begeht er eine Ordnungswidrigkeit, die mit einer Geldbuße geahndet werden kann. Dies gilt unabhängig davon, ob die Vorschriften gar nicht oder nicht in der aktuell geltenden Fassung frei zugänglich sind.

Häufig führen auch Unwissenheit oder Unachtsamkeit zum Verstoß gegen die Aushangpflicht.

Wenn Sie „Aushangpflichtige Gesetze 2022 Bereich Medizin" an zentraler Stelle für Mitarbeiter zur Verfügung stellen, machen Sie alles richtig: Enthalten sind neben den allgemeinen Schutzvorschriften für Arbeitnehmer auch die in Praxen und im medizinischen Bereich aushangpflichtigen Gesetze und Verordnungen.

Harald Töltl
Geschäftsführer
Leiter des Geschäftsbereichs Berufsbildung
IHK Rhein-Neckar

Abkürzungen

AGG	Allgemeines Gleichbehandlungsgesetz
ArbMedVV	Verordnung zur arbeitsmedizinischen Vorsorge
ArbSchG	Arbeitsschutzgesetz
ArbStättV	Arbeitsstättenverordnung
ArbZG	Arbeitszeitgesetz
ASiG	Arbeitssicherheitsgesetz
BEEG	Bundeselterngeld- und Elternzeitgesetz
BGB	Bürgerliches Gesetzbuch
BioStoffV	Biostoffverordnung
BUrlG	Bundesurlaubsgesetz
DGUV 1	Unfallverhütungsvorschrift – Grundsätze der Prävention
EFZG	Entgeltfortzahlungsgesetz
GefstoffV	Gefahrstoffverordnung
JArbSchG	Jugendarbeitsschutzgesetz
KSchG	Kündigungsschutzgesetz
MiLoG	Mindestlohngesetz
MuSchG	Mutterschutzgesetz
PflegeArbbV	Dritte Pflegearbeitsbedingungenverordnung
StrlSchG	Strahlenschutzgesetz
StrlSchV	Strahlenschutzverordnung
TzBfG	Teilzeit- und Befristungsgesetz

Schnellübersicht

Allgemeines Gleichbehandlungsgesetz (AGG)

Vom 14. August 2006 (BGBl. I S. 1897)

Zuletzt geändert durch
SEPA-Begleitgesetz
vom 3. April 2013 (BGBl. I S. 610)

Abschnitt 1
Allgemeiner Teil

§ 1 Ziel des Gesetzes

Ziel des Gesetzes ist, Benachteiligungen aus Gründen der Rasse oder wegen der ethnischen Herkunft, des Geschlechts, der Religion oder Weltanschauung, einer Behinderung, des Alters oder der sexuellen Identität zu verhindern oder zu beseitigen.

§ 2 Anwendungsbereich

(1) Benachteiligungen aus einem in § 1 genannten Grund sind nach Maßgabe dieses Gesetzes unzulässig in Bezug auf:

1. die Bedingungen, einschließlich Auswahlkriterien und Einstellungsbedingungen, für den Zugang zu unselbstständiger und selbstständiger Erwerbstätigkeit, unabhängig von Tätigkeitsfeld und beruflicher Position, sowie für den beruflichen Aufstieg,
2. die Beschäftigungs- und Arbeitsbedingungen einschließlich Arbeitsentgelt und Entlassungsbedingungen, insbesondere in individual- und kollektivrechtlichen Vereinbarungen und Maßnahmen bei der Durchführung und Beendigung eines Beschäftigungsverhältnisses sowie beim beruflichen Aufstieg,
3. den Zugang zu allen Formen und allen Ebenen der Berufsberatung, der Berufsbildung einschließlich der Berufsausbildung, der beruflichen Weiterbildung und der Umschulung sowie der praktischen Berufserfahrung,
4. die Mitgliedschaft und Mitwirkung in einer Beschäftigten- oder Arbeitgebervereinigung oder einer Vereinigung, deren Mitglieder einer bestimmten Berufsgruppe angehören, einschließlich der Inanspruchnahme der Leistungen solcher Vereinigungen,
5. den Sozialschutz, einschließlich der sozialen Sicherheit und der Gesundheitsdienste,
6. die sozialen Vergünstigungen,
7. die Bildung,
8. den Zugang zu und die Versorgung mit Gütern und Dienstleistungen, die der Öffentlichkeit zur Verfügung stehen, einschließlich von Wohnraum.

(2) $_1$Für Leistungen nach dem Sozialgesetzbuch gelten § 33c des Ersten Buches Sozialgesetzbuch und § 19a des Vierten Buches Sozialgesetzbuch. $_2$Für die betriebliche Altersvorsorge gilt das Betriebsrentengesetz.

(3) $_1$Die Geltung sonstiger Benachteiligungsverbote oder Gebote der Gleichbehandlung wird durch dieses Gesetz nicht berührt. $_2$Dies gilt auch für öffentlich-rechtliche Vorschriften, die dem Schutz bestimmter Personengruppen dienen.

(4) Für Kündigungen gelten ausschließlich die Bestimmungen zum allgemeinen und besonderen Kündigungsschutz.

§ 3 Begriffsbestimmungen

(1) $_1$Eine unmittelbare Benachteiligung liegt vor, wenn eine Person wegen eines in § 1 genannten Grundes eine weniger günstige Behandlung erfährt, als eine andere Person in einer vergleichbaren Situation erfährt, erfahren hat oder erfahren würde. $_2$Eine unmittelbare Benachteiligung wegen des Geschlechts liegt in Bezug auf § 2 Abs. 1 Nr. 1 bis 4 auch im Falle einer ungünstigeren Behandlung einer Frau wegen Schwangerschaft oder Mutterschaft vor.

1

(2) Eine mittelbare Benachteiligung liegt vor, wenn dem Anschein nach neutrale Vorschriften, Kriterien oder Verfahren Personen wegen eines in § 1 genannten Grundes gegenüber anderen Personen in besonderer Weise benachteiligen können, es sei denn, die betreffenden Vorschriften, Kriterien oder Verfahren sind durch ein rechtmäßiges Ziel sachlich gerechtfertigt und die Mittel sind zur Erreichung dieses Ziels angemessen und erforderlich.

(3) Eine Belästigung ist eine Benachteiligung, wenn unerwünschte Verhaltensweisen, die mit einem in § 1 genannten Grund in Zusammenhang stehen, bezwecken oder bewirken, dass die Würde der betreffenden Person verletzt und ein von Einschüchterungen, Anfeindungen, Erniedrigungen, Entwürdigungen oder Beleidigungen gekennzeichnetes Umfeld geschaffen wird.

(4) Eine sexuelle Belästigung ist eine Benachteiligung in Bezug auf § 2 Abs. 1 Nr. 1 bis 4, wenn ein unerwünschtes, sexuell bestimmtes Verhalten, wozu auch unerwünschte sexuelle Handlungen und Aufforderungen zu diesen, sexuell bestimmte körperliche Berührungen, Bemerkungen sexuellen Inhalts sowie unerwünschtes Zeigen und sichtbares Anbringen von pornographischen Darstellungen gehören, bezweckt oder bewirkt, dass die Würde der betreffenden Person verletzt wird, insbesondere wenn ein von Einschüchterungen, Anfeindungen, Erniedrigungen, Entwürdigungen oder Beleidigungen gekennzeichnetes Umfeld geschaffen wird.

(5) $_1$Die Anweisung zur Benachteiligung einer Person aus einem in § 1 genannten Grund gilt als Benachteiligung. $_2$Eine solche Anweisung liegt in Bezug auf § 2 Abs. 1 Nr. 1 bis 4 insbesondere vor, wenn jemand eine Person zu einem Verhalten bestimmt, das einen Beschäftigten oder eine Beschäftigte wegen eines in § 1 genannten Grundes benachteiligt oder benachteiligen kann.

§ 4 Unterschiedliche Behandlung wegen mehrerer Gründe

Erfolgt eine unterschiedliche Behandlung wegen mehrerer der in § 1 genannten Gründe, so kann diese unterschiedliche Behandlung nach den §§ 8 bis 10 und 20 nur gerechtfertigt werden, wenn sich die Rechtfertigung auf alle diese Gründe erstreckt, derentwegen die unterschiedliche Behandlung erfolgt.

§ 5 Positive Maßnahmen

Ungeachtet der in den §§ 8 bis 10 sowie in § 20 benannten Gründe ist eine unterschiedliche Behandlung auch zulässig, wenn durch geeignete und angemessene Maßnahmen bestehende Nachteile wegen eines in § 1 genannten Grundes verhindert oder ausgeglichen werden sollen.

Abschnitt 2
Schutz der Beschäftigten vor Benachteiligung

Unterabschnitt 1
Verbot der Benachteiligung

§ 6 Persönlicher Anwendungsbereich

(1) $_1$Beschäftigte im Sinne dieses Gesetzes sind

1. Arbeitnehmerinnen und Arbeitnehmer,
2. die zu ihrer Berufsbildung Beschäftigten,
3. Personen, die wegen ihrer wirtschaftlichen Unselbstständigkeit als arbeitnehmerähnliche Personen anzusehen sind; zu diesen gehören auch die in Heimarbeit Beschäftigten und die ihnen Gleichgestellten.

$_2$Als Beschäftigte gelten auch die Bewerberinnen und Bewerber für ein Beschäftigungsverhältnis sowie die Personen, deren Beschäftigungsverhältnis beendet ist.

(2) $_1$Arbeitgeber (Arbeitgeber und Arbeitgeberinnen) im Sinne dieses Abschnitts sind natürliche und juristische Personen sowie rechtsfähige Personengesellschaften, die Personen nach Absatz 1 beschäftigen. $_2$Werden Beschäftigte einem Dritten zur Arbeitsleistung überlassen, so gilt auch dieser als Arbeitgeber im Sinne dieses Abschnitts. $_3$Für die in Heimarbeit Beschäftigten und die ihnen Gleichgestellten tritt an die Stelle des Arbeitgebers der Auftraggeber oder Zwischenmeister.

(3) Soweit es die Bedingungen für den Zugang zur Erwerbstätigkeit sowie den beruflichen

Aufstieg betrifft, gelten die Vorschriften dieses Abschnitts für Selbstständige und Organmitglieder, insbesondere Geschäftsführer oder Geschäftsführerinnen und Vorstände, entsprechend.

§ 7 Benachteiligungsverbot

(1) Beschäftigte dürfen nicht wegen eines in § 1 genannten Grundes benachteiligt werden; dies gilt auch, wenn die Person, die die Benachteiligung begeht, das Vorliegen eines in § 1 genannten Grundes bei der Benachteiligung nur annimmt.

(2) Bestimmungen in Vereinbarungen, die gegen das Benachteiligungsverbot des Absatzes 1 verstoßen, sind unwirksam.

(3) Eine Benachteiligung nach Absatz 1 durch Arbeitgeber oder Beschäftigte ist eine Verletzung vertraglicher Pflichten.

§ 8 Zulässige unterschiedliche Behandlung wegen beruflicher Anforderungen

(1) Eine unterschiedliche Behandlung wegen eines in § 1 genannten Grundes ist zulässig, wenn dieser Grund wegen der Art der auszuübenden Tätigkeit oder der Bedingungen ihrer Ausübung eine wesentliche und entscheidende berufliche Anforderung darstellt, sofern der Zweck rechtmäßig und die Anforderung angemessen ist.

(2) Die Vereinbarung einer geringeren Vergütung für gleiche oder gleichwertige Arbeit wegen eines in § 1 genannten Grundes wird nicht dadurch gerechtfertigt, dass wegen eines in § 1 genannten Grundes besondere Schutzvorschriften gelten.

§ 9 Zulässige unterschiedliche Behandlung wegen der Religion oder Weltanschauung

(1) Ungeachtet des § 8 ist eine unterschiedliche Behandlung wegen der Religion oder der Weltanschauung bei der Beschäftigung durch Religionsgemeinschaften, die ihnen zugeordneten Einrichtungen ohne Rücksicht auf ihre Rechtsform oder durch Vereinigungen, die sich die gemeinschaftliche Pflege einer Religion oder Weltanschauung zur Aufgabe machen, auch zulässig, wenn eine bestimmte Religion oder Weltanschauung unter Beachtung des Selbstverständnisses der jeweiligen Religionsgemeinschaft oder Vereinigung im Hinblick auf ihr Selbstbestimmungsrecht oder nach der Art der Tätigkeit eine gerechtfertigte berufliche Anforderung darstellt.

(2) Das Verbot unterschiedlicher Behandlung wegen der Religion oder der Weltanschauung berührt nicht das Recht der in Absatz 1 genannten Religionsgemeinschaften, der ihnen zugeordneten Einrichtungen ohne Rücksicht auf ihre Rechtsform oder der Vereinigungen, die sich die gemeinschaftliche Pflege einer Religion oder Weltanschauung zur Aufgabe machen, von ihren Beschäftigten ein loyales und aufrichtiges Verhalten im Sinne ihres jeweiligen Selbstverständnisses verlangen zu können.

§ 10 Zulässige unterschiedliche Behandlung wegen des Alters

[1]Ungeachtet des § 8 ist eine unterschiedliche Behandlung wegen des Alters auch zulässig, wenn sie objektiv und angemessen und durch ein legitimes Ziel gerechtfertigt ist. [2]Die Mittel zur Erreichung dieses Ziels müssen angemessen und erforderlich sein. [3]Derartige unterschiedliche Behandlungen können insbesondere Folgendes einschließen:

1. die Festlegung besonderer Bedingungen für den Zugang zur Beschäftigung und zur beruflichen Bildung sowie besonderer Beschäftigungs- und Arbeitsbedingungen, einschließlich der Bedingungen für Entlohnung und Beendigung des Beschäftigungsverhältnisses, um die berufliche Eingliederung von Jugendlichen, älteren Beschäftigten und Personen mit Fürsorgepflichten zu fördern oder ihren Schutz sicherzustellen,
2. die Festlegung von Mindestanforderungen an das Alter, die Berufserfahrung oder das Dienstalter für den Zugang zur Beschäftigung oder für bestimmte mit der Beschäftigung verbundene Vorteile,
3. die Festsetzung eines Höchstalters für die Einstellung auf Grund der spezifischen Ausbildungsanforderungen eines bestimmten Arbeitsplatzes oder auf Grund der Not-

wendigkeit einer angemessenen Beschäftigungszeit vor dem Eintritt in den Ruhestand,

4. die Festsetzung von Altersgrenzen bei den betrieblichen Systemen der sozialen Sicherheit als Voraussetzung für die Mitgliedschaft oder den Bezug von Altersrente oder von Leistungen bei Invalidität einschließlich der Festsetzung unterschiedlicher Altersgrenzen im Rahmen dieser Systeme für bestimmte Beschäftigte oder Gruppen von Beschäftigten und die Verwendung von Alterskriterien im Rahmen dieser Systeme für versicherungsmathematische Berechnungen,
5. eine Vereinbarung, die die Beendigung des Beschäftigungsverhältnisses ohne Kündigung zu einem Zeitpunkt vorsieht, zu dem der oder die Beschäftigte eine Rente wegen Alters beantragen kann; § 41 des Sechsten Buches Sozialgesetzbuch bleibt unberührt,
6. Differenzierungen von Leistungen in Sozialplänen im Sinne des Betriebsverfassungsgesetzes, wenn die Parteien eine nach Alter oder Betriebszugehörigkeit gestaffelte Abfindungsregelung geschaffen haben, in der die wesentlich vom Alter abhängenden Chancen auf dem Arbeitsmarkt durch eine verhältnismäßig starke Betonung des Lebensalters erkennbar berücksichtigt worden sind, oder Beschäftigte von den Leistungen des Sozialplans ausgeschlossen haben, die wirtschaftlich abgesichert sind, weil sie, gegebenenfalls nach Bezug von Arbeitslosengeld, rentenberechtigt sind.

Unterabschnitt 2
Organisationspflichten des Arbeitgebers

§ 11 Ausschreibung

Ein Arbeitsplatz darf nicht unter Verstoß gegen § 7 Abs. 1 ausgeschrieben werden.

§ 12 Maßnahmen und Pflichten des Arbeitgebers

(1) $_{1}$Der Arbeitgeber ist verpflichtet, die erforderlichen Maßnahmen zum Schutz vor Benachteiligungen wegen eines in § 1 genannten Grundes zu treffen. $_{2}$Dieser Schutz umfasst auch vorbeugende Maßnahmen.

(2) $_{1}$Der Arbeitgeber soll in geeigneter Art und Weise, insbesondere im Rahmen der beruflichen Aus- und Fortbildung, auf die Unzulässigkeit solcher Benachteiligungen hinweisen und darauf hinwirken, dass diese unterbleiben. $_{2}$Hat der Arbeitgeber seine Beschäftigten in geeigneter Weise zum Zwecke der Verhinderung von Benachteiligung geschult, gilt dies als Erfüllung seiner Pflichten nach Absatz 1.

(3) Verstoßen Beschäftigte gegen das Benachteiligungsverbot des § 7 Abs. 1, so hat der Arbeitgeber die im Einzelfall geeigneten, erforderlichen und angemessenen Maßnahmen zur Unterbindung der Benachteiligung wie Abmahnung, Umsetzung, Versetzung oder Kündigung zu ergreifen.

(4) Werden Beschäftigte bei der Ausübung ihrer Tätigkeit durch Dritte nach § 7 Abs. 1 benachteiligt, so hat der Arbeitgeber die im Einzelfall geeigneten, erforderlichen und angemessenen Maßnahmen zum Schutz der Beschäftigten zu ergreifen.

(5) $_{1}$Dieses Gesetz und § 61b des Arbeitsgerichtsgesetzes sowie Informationen über die für die Behandlung von Beschwerden nach § 13 zuständigen Stellen sind im Betrieb oder in der Dienststelle bekannt zu machen. $_{2}$Die Bekanntmachung kann durch Aushang oder Auslegung an geeigneter Stelle oder den Einsatz der im Betrieb oder der Dienststelle üblichen Informations- und Kommunikationstechnik erfolgen.

Unterabschnitt 3
Rechte der Beschäftigten

§ 13 Beschwerderecht

(1) $_{1}$Die Beschäftigten haben das Recht, sich bei den zuständigen Stellen des Betriebs, des Unternehmens oder der Dienststelle zu beschweren, wenn sie sich im Zusammenhang mit ihrem Beschäftigungsverhältnis vom Arbeitgeber, von Vorgesetzten, anderen Beschäftigten oder Dritten wegen eines in § 1 genannten Grundes benachteiligt fühlen. $_{2}$Die Beschwerde ist zu prüfen und das Ergebnis der

oder dem beschwerdeführenden Beschäftigten mitzuteilen.

(2) Die Rechte der Arbeitnehmervertretungen bleiben unberührt.

§ 14 Leistungsverweigerungsrecht

1Ergreift der Arbeitgeber keine oder offensichtlich ungeeignete Maßnahmen zur Unterbindung einer Belästigung oder sexuellen Belästigung am Arbeitsplatz, sind die betroffenen Beschäftigten berechtigt, ihre Tätigkeit ohne Verlust des Arbeitsentgelts einzustellen, soweit dies zu ihrem Schutz erforderlich ist. 2§ 273 des Bürgerlichen Gesetzbuchs bleibt unberührt.

§ 15 Entschädigung und Schadensersatz

(1) 1Bei einem Verstoß gegen das Benachteiligungsverbot ist der Arbeitgeber verpflichtet, den hierdurch entstandenen Schaden zu ersetzen. 2Dies gilt nicht, wenn der Arbeitgeber die Pflichtverletzung nicht zu vertreten hat.

(2) 1Wegen eines Schadens, der nicht Vermögensschaden ist, kann der oder die Beschäftigte eine angemessene Entschädigung in Geld verlangen. 2Die Entschädigung darf bei einer Nichteinstellung drei Monatsgehälter nicht übersteigen, wenn der oder die Beschäftigte auch bei benachteiligungsfreier Auswahl nicht eingestellt worden wäre.

(3) Der Arbeitgeber ist bei der Anwendung kollektiv-rechtlicher Vereinbarungen nur dann zur Entschädigung verpflichtet, wenn er vorsätzlich oder grob fahrlässig handelt.

(4) 1Ein Anspruch nach Absatz 1 oder 2 muss innerhalb einer Frist von zwei Monaten schriftlich geltend gemacht werden, es sei denn, die Tarifvertragsparteien haben etwas anderes vereinbart. 2Die Frist beginnt im Falle einer Bewerbung oder eines beruflichen Aufstiegs mit dem Zugang der Ablehnung und in den sonstigen Fällen einer Benachteiligung zu dem Zeitpunkt, in dem der oder die Beschäftigte von der Benachteiligung Kenntnis erlangt.

(5) Im Übrigen bleiben Ansprüche gegen den Arbeitgeber, die sich aus anderen Rechtsvorschriften ergeben, unberührt.

(6) Ein Verstoß des Arbeitgebers gegen das Benachteiligungsverbot des § 7 Abs. 1 begründet keinen Anspruch auf Begründung eines Beschäftigungsverhältnisses, Berufsausbildungsverhältnisses oder einen beruflichen Aufstieg, es sei denn, ein solcher ergibt sich aus einem anderen Rechtsgrund.

---

§ 61b Arbeitsgerichtsgesetz lautet wie folgt:

§ 61b Klage wegen Benachteiligung

(1) Eine Klage auf Entschädigung nach § 15 des Allgemeinen Gleichbehandlungsgesetzes muss innerhalb von drei Monaten, nachdem der Anspruch schriftlich geltend gemacht worden ist, erhoben werden.

(2) Machen mehrere Bewerber wegen Benachteiligung bei der Begründung eines Arbeitsverhältnisses oder beim beruflichen Aufstieg eine Entschädigung nach § 15 des Allgemeinen Gleichbehandlungsgesetzes gerichtlich geltend, so wird auf Antrag des Arbeitgebers das Arbeitsgericht, bei dem die erste Klage erhoben ist, auch für die übrigen Klagen ausschließlich zuständig. Die Rechtsstreitigkeiten sind von Amts wegen an dieses Arbeitsgericht zu verweisen; die Prozesse sind zur gleichzeitigen Verhandlung und Entscheidung zu verbinden.

(3) Auf Antrag des Arbeitgebers findet die mündliche Verhandlung nicht vor Ablauf von sechs Monaten seit Erhebung der ersten Klage statt.

§ 16 Maßregelungsverbot

(1) 1Der Arbeitgeber darf Beschäftigte nicht wegen der Inanspruchnahme von Rechten nach diesem Abschnitt oder wegen der Weigerung, eine gegen diesen Abschnitt verstoßende Anweisung auszuführen, benachteiligen. 2Gleiches gilt für Personen, die den Beschäftigten hierbei unterstützen oder als Zeuginnen oder Zeugen aussagen.

(2) 1Die Zurückweisung oder Duldung benachteiligender Verhaltensweisen durch betroffene Beschäftigte darf nicht als Grundlage für eine Entscheidung herangezogen werden, die diese Beschäftigten berührt. 2Absatz 1 Satz 2 gilt entsprechend.

(3) § 22 gilt entsprechend.

1

Unterabschnitt 4
Ergänzende Vorschriften

§ 17 Soziale Verantwortung der Beteiligten

(1) Tarifvertragsparteien, Arbeitgeber, Beschäftigte und deren Vertretungen sind aufgefordert, im Rahmen ihrer Aufgaben und Handlungsmöglichkeiten an der Verwirklichung des in § 1 genannten Ziels mitzuwirken.

(2) 1In Betrieben, in denen die Voraussetzungen des § 1 Abs. 1 Satz 1 des Betriebsverfassungsgesetzes vorliegen, können bei einem groben Verstoß des Arbeitgebers gegen Vorschriften aus diesem Abschnitt der Betriebsrat oder eine im Betrieb vertretene Gewerkschaft unter der Voraussetzung des § 23 Abs. 3 Satz 1 des Betriebsverfassungsgesetzes die dort genannten Rechte gerichtlich geltend machen; § 23 Abs. 3 Satz 2 bis 5 des Betriebsverfassungsgesetzes gilt entsprechend. 2Mit dem Antrag dürfen nicht Ansprüche des Benachteiligten geltend gemacht werden.

§ 18 Mitgliedschaft in Vereinigungen

(1) Die Vorschriften dieses Abschnitts gelten entsprechend für die Mitgliedschaft oder die Mitwirkung in einer

1. Tarifvertragspartei,
2. Vereinigung, deren Mitglieder einer bestimmten Berufsgruppe angehören oder die eine überragende Machtstellung im wirtschaftlichen oder sozialen Bereich innehat, wenn ein grundlegendes Interesse am Erwerb der Mitgliedschaft besteht,

sowie deren jeweiligen Zusammenschlüssen.

(2) Wenn die Ablehnung einen Verstoß gegen das Benachteiligungsverbot des § 7 Abs. 1 darstellt, besteht ein Anspruch auf Mitgliedschaft oder Mitwirkung in den in Absatz 1 genannten Vereinigungen.

Abschnitt 3
Schutz vor Benachteiligung im Zivilrechtsverkehr

§ 19 Zivilrechtliches Benachteiligungsverbot

(1) Eine Benachteiligung aus Gründen der Rasse oder wegen der ethnischen Herkunft, wegen des Geschlechts, der Religion, einer Behinderung, des Alters oder der sexuellen Identität bei der Begründung, Durchführung und Beendigung zivilrechtlicher Schuldverhältnisse, die

1. typischerweise ohne Ansehen der Person zu vergleichbaren Bedingungen in einer Vielzahl von Fällen zustande kommen (Massengeschäfte) oder bei denen das Ansehen der Person nach der Art des Schuldverhältnisses eine nachrangige Bedeutung hat und die zu vergleichbaren Bedingungen in einer Vielzahl von Fällen zustande kommen oder
2. eine privatrechtliche Versicherung zum Gegenstand haben,

ist unzulässig.

(2) Eine Benachteiligung aus Gründen der Rasse oder wegen der ethnischen Herkunft ist darüber hinaus auch bei der Begründung, Durchführung und Beendigung sonstiger zivilrechtlicher Schuldverhältnisse im Sinne des § 2 Abs. 1 Nr. 5 bis 8 unzulässig.

(3) Bei der Vermietung von Wohnraum ist eine unterschiedliche Behandlung im Hinblick auf die Schaffung und Erhaltung sozial stabiler Bewohnerstrukturen und ausgewogener Siedlungsstrukturen sowie ausgeglichener wirtschaftlicher, sozialer und kultureller Verhältnisse zulässig.

(4) Die Vorschriften dieses Abschnitts finden keine Anwendung auf familien- und erbrechtliche Schuldverhältnisse.

(5) 1Die Vorschriften dieses Abschnitts finden keine Anwendung auf zivilrechtliche Schuldverhältnisse, bei denen ein besonderes Nähe- oder Vertrauensverhältnis der Parteien oder ihrer Angehörigen begründet wird. 2Bei Mietverhältnissen kann dies insbesondere der Fall sein, wenn die Parteien oder ihre Angehörigen Wohnraum auf demselben Grundstück nut-

zen. $_{3}$Die Vermietung von Wohnraum zum nicht nur vorübergehenden Gebrauch ist in der Regel kein Geschäft im Sinne des Absatzes 1 Nr. 1, wenn der Vermieter insgesamt nicht mehr als 50 Wohnungen vermietet.

§ 20 Zulässige unterschiedliche Behandlung

(1) $_{1}$Eine Verletzung des Benachteiligungsverbots ist nicht gegeben, wenn für eine unterschiedliche Behandlung wegen der Religion, einer Behinderung, des Alters, der sexuellen Identität oder des Geschlechts ein sachlicher Grund vorliegt. $_{2}$Das kann insbesondere der Fall sein, wenn die unterschiedliche Behandlung

1. der Vermeidung von Gefahren, der Verhütung von Schäden oder anderen Zwecken vergleichbarer Art dient,
2. dem Bedürfnis nach Schutz der Intimsphäre oder der persönlichen Sicherheit Rechnung trägt,
3. besondere Vorteile gewährt und ein Interesse an der Durchsetzung der Gleichbehandlung fehlt,
4. an die Religion eines Menschen anknüpft und im Hinblick auf die Ausübung der Religionsfreiheit oder auf das Selbstbestimmungsrecht der Religionsgemeinschaften, der ihnen zugeordneten Einrichtungen ohne Rücksicht auf ihre Rechtsform sowie der Vereinigungen, die sich die gemeinschaftliche Pflege einer Religion zur Aufgabe machen, unter Beachtung des jeweiligen Selbstverständnisses gerechtfertigt ist.

(2) $_{1}$Kosten im Zusammenhang mit Schwangerschaft und Mutterschaft dürfen auf keinen Fall zu unterschiedlichen Prämien oder Leistungen führen. $_{2}$Eine unterschiedliche Behandlung wegen der Religion, einer Behinderung, des Alters oder der sexuellen Identität ist im Falle des § 19 Abs. 1 Nr. 2 nur zulässig, wenn diese auf anerkannten Prinzipien risikoadäquater Kalkulation beruht, insbesondere auf einer versicherungsmathematisch ermittelten Risikobewertung unter Heranziehung statistischer Erhebungen.

§ 21 Ansprüche

(1) $_{1}$Der Benachteiligte kann bei einem Verstoß gegen das Benachteiligungsverbot unbeschadet weiterer Ansprüche die Beseitigung der Beeinträchtigung verlangen. $_{2}$Sind weitere Beeinträchtigungen zu besorgen, so kann er auf Unterlassung klagen.

(2) $_{1}$Bei einer Verletzung des Benachteiligungsverbots ist der Benachteiligende verpflichtet, den hierdurch entstandenen Schaden zu ersetzen. $_{2}$Dies gilt nicht, wenn der Benachteiligende die Pflichtverletzung nicht zu vertreten hat. $_{3}$Wegen eines Schadens, der nicht Vermögensschaden ist, kann der Benachteiligte eine angemessene Entschädigung in Geld verlangen.

(3) Ansprüche aus unerlaubter Handlung bleiben unberührt.

(4) Auf eine Vereinbarung, die von dem Benachteiligungsverbot abweicht, kann sich der Benachteiligende nicht berufen.

(5) $_{1}$Ein Anspruch nach den Absätzen 1 und 2 muss innerhalb einer Frist von zwei Monaten geltend gemacht werden. $_{2}$Nach Ablauf der Frist kann der Anspruch nur geltend gemacht werden, wenn der Benachteiligte ohne Verschulden an der Einhaltung der Frist verhindert war.

Abschnitt 4
Rechtsschutz

§ 22 Beweislast

Wenn im Streitfall die eine Partei Indizien beweist, die eine Benachteiligung wegen eines in § 1 genannten Grundes vermuten lassen, trägt die andere Partei die Beweislast dafür, dass kein Verstoß gegen die Bestimmungen zum Schutz vor Benachteiligung vorgelegen hat.

§ 23 Unterstützung durch Antidiskriminierungsverbände

(1) $_{1}$Antidiskriminierungsverbände sind Personenzusammenschlüsse, die nicht gewerbsmäßig und nicht nur vorübergehend entsprechend ihrer Satzung die besonderen Interessen von benachteiligten Personen oder Personengruppen nach Maßgabe von § 1 wahrnehmen.

2Die Befugnisse nach den Absätzen 2 bis 4 stehen ihnen zu, wenn sie mindestens 75 Mitglieder haben oder einen Zusammenschluss aus mindestens sieben Verbänden bilden.

(2) 1Antidiskriminierungsverbände sind befugt, im Rahmen ihres Satzungszwecks in gerichtlichen Verfahren als Beistände Benachteiligter in der Verhandlung aufzutreten. 2Im Übrigen bleiben die Vorschriften der Verfahrensordnungen, insbesondere diejenigen, nach denen Beiständen weiterer Vortrag untersagt werden kann, unberührt.

(3) Antidiskriminierungsverbänden ist im Rahmen ihres Satzungszwecks die Besorgung von Rechtsangelegenheiten Benachteiligter gestattet.

(4) Besondere Klagerechte und Vertretungsbefugnisse von Verbänden zu Gunsten von behinderten Menschen bleiben unberührt.

Abschnitt 5
Sonderregelungen für öffentlich-rechtliche Dienstverhältnisse

§ 24 Sonderregelung für öffentlich-rechtliche Dienstverhältnisse

Die Vorschriften dieses Gesetzes gelten unter Berücksichtigung ihrer besonderen Rechtsstellung entsprechend für

1. Beamtinnen und Beamte des Bundes, der Länder, der Gemeinden, der Gemeindeverbände sowie der sonstigen der Aufsicht des Bundes oder eines Landes unterstehenden Körperschaften, Anstalten und Stiftungen des öffentlichen Rechts,
2. Richterinnen und Richter des Bundes und der Länder,
3. Zivildienstleistende sowie anerkannte Kriegsdienstverweigerer, soweit ihre Heranziehung zum Zivildienst betroffen ist.

Abschnitt 6
Antidiskriminierungsstelle

§ 25 Antidiskriminierungsstelle des Bundes

(1) Beim Bundesministerium für Familie, Senioren, Frauen und Jugend wird unbeschadet der Zuständigkeit der Beauftragten des Deutschen Bundestages oder der Bundesregierung die Stelle des Bundes zum Schutz vor Benachteiligungen wegen eines in § 1 genannten Grundes (Antidiskriminierungsstelle des Bundes) errichtet.

(2) 1Der Antidiskriminierungsstelle des Bundes ist die für die Erfüllung ihrer Aufgaben notwendige Personal- und Sachausstattung zur Verfügung zu stellen. 2Sie ist im Einzelplan des Bundesministeriums für Familie, Senioren, Frauen und Jugend in einem eigenen Kapitel auszuweisen.

§ 26 Rechtsstellung der Leitung der Antidiskriminierungsstelle des Bundes

(1) 1Die Bundesministerin oder der Bundesminister für Familie, Senioren, Frauen und Jugend ernennt auf Vorschlag der Bundesregierung eine Person zur Leitung der Antidiskriminierungsstelle des Bundes. 2Sie steht nach Maßgabe dieses Gesetzes in einem öffentlich-rechtlichen Amtsverhältnis zum Bund. 3Sie ist in Ausübung ihres Amtes unabhängig und nur dem Gesetz unterworfen.

(2) Das Amtsverhältnis beginnt mit der Aushändigung der Urkunde über die Ernennung durch die Bundesministerin oder den Bundesminister für Familie, Senioren, Frauen und Jugend.

(3) 1Das Amtsverhältnis endet außer durch Tod

1. mit dem Zusammentreten eines neuen Bundestages,
2. durch Ablauf der Amtszeit mit Erreichen der Altersgrenze nach § 51 Abs. 1 und 2 des Bundesbeamtengesetzes,
3. mit der Entlassung.

2Die Bundesministerin oder der Bundesminister für Familie, Senioren, Frauen und Jugend entlässt die Leiterin oder den Leiter der Antidiskriminierungsstelle des Bundes auf deren Verlangen oder wenn Gründe vorliegen, die bei einer Richterin oder einem Richter auf Lebenszeit die Entlassung aus dem Dienst rechtfertigen. 3Im Falle der Beendigung des Amtsverhältnisses erhält die Leiterin oder der Leiter der Antidiskriminierungsstelle des Bundes eine von der Bundesministerin oder dem Bundesminister für Familie, Senioren, Frauen und Jugend vollzogene Urkunde. 4Die Entlassung wird mit der Aushändigung der Urkunde wirksam.

(4) 1Das Rechtsverhältnis der Leitung der Antidiskriminierungsstelle des Bundes gegenüber dem Bund wird durch Vertrag mit dem Bundesministerium für Familie, Senioren, Frauen und Jugend geregelt. 2Der Vertrag bedarf der Zustimmung der Bundesregierung.

(5) 1Wird eine Bundesbeamtin oder ein Bundesbeamter zur Leitung der Antidiskriminierungsstelle des Bundes bestellt, scheidet er oder sie mit Beginn des Amtsverhältnisses aus dem bisherigen Amt aus. 2Für die Dauer des Amtsverhältnisses ruhen die aus dem Beamtenverhältnis begründeten Rechte und Pflichten mit Ausnahme der Pflicht zur Amtsverschwiegenheit und des Verbots der Annahme von Belohnungen oder Geschenken. 3Bei unfallverletzten Beamtinnen oder Beamten bleiben die gesetzlichen Ansprüche auf das Heilverfahren und einen Unfallausgleich unberührt.

§ 27 Aufgaben

(1) Wer der Ansicht ist, wegen eines in § 1 genannten Grundes benachteiligt worden zu sein, kann sich an die Antidiskriminierungsstelle des Bundes wenden.

(2) 1Die Antidiskriminierungsstelle des Bundes unterstützt auf unabhängige Weise Personen, die sich nach Absatz 1 an sie wenden, bei der Durchsetzung ihrer Rechte zum Schutz vor Benachteiligungen. 2Hierbei kann sie insbesondere

1. über Ansprüche und die Möglichkeiten des rechtlichen Vorgehens im Rahmen gesetzlicher Regelungen zum Schutz vor Benachteiligungen informieren,
2. Beratung durch andere Stellen vermitteln,
3. eine gütliche Beilegung zwischen den Beteiligten anstreben.

3Soweit Beauftragte des Deutschen Bundestages oder der Bundesregierung zuständig sind, leitet die Antidiskriminierungsstelle des Bundes die Anliegen der in Absatz 1 genannten Personen mit deren Einverständnis unverzüglich an diese weiter.

(3) Die Antidiskriminierungsstelle des Bundes nimmt auf unabhängige Weise folgende Aufgaben wahr, soweit nicht die Zuständigkeit der Beauftragten der Bundesregierung oder des Deutschen Bundestages berührt ist:

1. Öffentlichkeitsarbeit,
2. Maßnahmen zur Verhinderung von Benachteiligungen aus den in § 1 genannten Gründen,
3. Durchführung wissenschaftlicher Untersuchungen zu diesen Benachteiligungen.

(4) 1Die Antidiskriminierungsstelle des Bundes und die in ihrem Zuständigkeitsbereich betroffenen Beauftragten der Bundesregierung und des Deutschen Bundestages legen gemeinsam dem Deutschen Bundestag alle vier Jahre Berichte über Benachteiligungen aus den in § 1 genannten Gründen vor und geben Empfehlungen zur Beseitigung und Vermeidung dieser Benachteiligungen. 2Sie können gemeinsam wissenschaftliche Untersuchungen zu Benachteiligungen durchführen.

(5) Die Antidiskriminierungsstelle des Bundes und die in ihrem Zuständigkeitsbereich betroffenen Beauftragten der Bundesregierung und des Deutschen Bundestages sollen bei Benachteiligungen aus mehreren der in § 1 genannten Gründe zusammenarbeiten.

§ 28 Befugnisse

(1) Die Antidiskriminierungsstelle des Bundes kann in Fällen des § 27 Abs. 2 Satz 2 Nr. 3 Beteiligte um Stellungnahmen ersuchen, soweit die Person, die sich nach § 27 Abs. 1 an sie gewandt hat, hierzu ihr Einverständnis erklärt.

(2) 1Alle Bundesbehörden und sonstigen öffentlichen Stellen im Bereich des Bundes sind verpflichtet, die Antidiskriminierungsstelle des Bundes bei der Erfüllung ihrer Aufgaben zu

unterstützen, insbesondere die erforderlichen Auskünfte zu erteilen. $_{2}$Die Bestimmungen zum Schutz personenbezogener Daten bleiben unberührt.

§ 29 Zusammenarbeit mit Nichtregierungsorganisationen und anderen Einrichtungen

Die Antidiskriminierungsstelle des Bundes soll bei ihrer Tätigkeit Nichtregierungsorganisationen sowie Einrichtungen, die auf europäischer, Bundes-, Landes- oder regionaler Ebene zum Schutz vor Benachteiligungen wegen eines in § 1 genannten Grundes tätig sind, in geeigneter Form einbeziehen.

§ 30 Beirat

(1) $_{1}$Zur Förderung des Dialogs mit gesellschaftlichen Gruppen und Organisationen, die sich den Schutz vor Benachteiligungen wegen eines in § 1 genannten Grundes zum Ziel gesetzt haben, wird der Antidiskriminierungsstelle des Bundes ein Beirat beigeordnet. $_{2}$Der Beirat berät die Antidiskriminierungsstelle des Bundes bei der Vorlage von Berichten und Empfehlungen an den Deutschen Bundestag nach § 27 Abs. 4 und kann hierzu sowie zu wissenschaftlichen Untersuchungen nach § 27 Abs. 3 Nr. 3 eigene Vorschläge unterbreiten.

(2) $_{1}$Das Bundesministerium für Familie, Senioren, Frauen und Jugend beruft im Einvernehmen mit der Leitung der Antidiskriminierungsstelle des Bundes sowie den entsprechend zuständigen Beauftragten der Bundesregierung oder des Deutschen Bundestages die Mitglieder dieses Beirats und für jedes Mitglied eine Stellvertretung. $_{2}$In den Beirat sollen Vertreterinnen und Vertreter gesellschaftlicher Gruppen und Organisationen sowie Expertinnen und Experten in Benachteiligungsfragen berufen werden. $_{3}$Die Gesamtzahl der Mitglieder des Beirats soll 16 Personen nicht überschreiten. $_{4}$Der Beirat soll zu gleichen Teilen mit Frauen und Männern besetzt sein.

(3) Der Beirat gibt sich eine Geschäftsordnung, die der Zustimmung des Bundesministeriums für Familie, Senioren, Frauen und Jugend bedarf.

(4) $_{1}$Die Mitglieder des Beirats üben die Tätigkeit nach diesem Gesetz ehrenamtlich aus. $_{2}$Sie haben Anspruch auf Aufwandsentschädigung sowie Reisekostenvergütung, Tagegelder und Übernachtungsgelder. $_{3}$Näheres regelt die Geschäftsordnung.

Abschnitt 7
Schlussvorschriften

§ 31 Unabdingbarkeit

Von den Vorschriften dieses Gesetzes kann nicht zu Ungunsten der geschützten Personen abgewichen werden.

§ 32 Schlussbestimmung

Soweit in diesem Gesetz nicht Abweichendes bestimmt ist, gelten die allgemeinen Bestimmungen.

§ 33 Übergangsbestimmungen

(1) Bei Benachteiligungen nach den §§ 611a, 611b und 612 Abs. 3 des Bürgerlichen Gesetzbuchs oder sexuellen Belästigungen nach dem Beschäftigtenschutzgesetz ist das vor dem 18. August 2006 maßgebliche Recht anzuwenden.

(2) $_{1}$Bei Benachteiligungen aus Gründen der Rasse oder wegen der ethnischen Herkunft sind die §§ 19 bis 21 nicht auf Schuldverhältnisse anzuwenden, die vor dem 18. August 2006 begründet worden sind. $_{2}$Satz 1 gilt nicht für spätere Änderungen von Dauerschuldverhältnissen.

(3) $_{1}$Bei Benachteiligungen wegen des Geschlechts, der Religion, einer Behinderung, des Alters oder der sexuellen Identität sind die §§ 19 bis 21 nicht auf Schuldverhältnisse anzuwenden, die vor dem 1. Dezember 2006 begründet worden sind. $_{2}$Satz 1 gilt nicht für spätere Änderungen von Dauerschuldverhältnissen.

(4) $_{1}$Auf Schuldverhältnisse, die eine privatrechtliche Versicherung zum Gegenstand haben, ist § 19 Abs. 1 nicht anzuwenden, wenn diese vor dem 22. Dezember 2007 begründet worden sind. $_{2}$Satz 1 gilt nicht für spätere Änderungen solcher Schuldverhältnisse.

(5) 1Bei Versicherungsverhältnissen, die vor dem 21. Dezember 2012 begründet werden, ist eine unterschiedliche Behandlung wegen des Geschlechts im Falle des § 19 Absatz 1 Nummer 2 bei den Prämien oder Leistungen nur zulässig, wenn dessen Berücksichtigung bei einer auf relevanten und genauen versicherungsmathematischen und statistischen Daten beruhenden Risikobewertung ein bestimmender Faktor ist. 2Kosten im Zusammenhang mit Schwangerschaft und Mutterschaft dürfen auf keinen Fall zu unterschiedlichen Prämien oder Leistungen führen.

2

Verordnung zur arbeitsmedizinischen Vorsorge (ArbMedVV)

Vom 18. Dezember 2008 (BGBl. I S. 2768)

Zuletzt geändert durch
Zweite Verordnung zur Änderung der Verordnung zur arbeitsmedizinischen Vorsorge vom 12. Juli 2019 (BGBl. I S. 1082)

§ 1 Ziel und Anwendungsbereich

(1) Ziel der Verordnung ist es, durch Maßnahmen der arbeitsmedizinischen Vorsorge arbeitsbedingte Erkrankungen einschließlich Berufskrankheiten frühzeitig zu erkennen und zu verhüten. Arbeitsmedizinische Vorsorge soll zugleich einen Beitrag zum Erhalt der Beschäftigungsfähigkeit und zur Fortentwicklung des betrieblichen Gesundheitsschutzes leisten.

(2) Diese Verordnung gilt für die arbeitsmedizinische Vorsorge im Geltungsbereich des Arbeitsschutzgesetzes.

(3) Diese Verordnung lässt sonstige arbeitsmedizinische Präventionsmaßnahmen, insbesondere nach dem Arbeitsschutzgesetz und dem Gesetz über Betriebsärzte, Sicherheitsingenieure und andere Fachkräfte für Arbeitssicherheit (Arbeitssicherheitsgesetz), unberührt.

§ 2 Begriffsbestimmungen

(1) Arbeitsmedizinische Vorsorge im Sinne dieser Verordnung

1. ist Teil der arbeitsmedizinischen Präventionsmaßnahmen im Betrieb;
2. dient der Beurteilung der individuellen Wechselwirkungen von Arbeit und physischer und psychischer Gesundheit und der Früherkennung arbeitsbedingter Gesundheitsstörungen sowie der Feststellung, ob bei Ausübung einer bestimmten Tätigkeit eine erhöhte gesundheitliche Gefährdung besteht;
3. beinhaltet ein ärztliches Beratungsgespräch mit Anamnese einschließlich Arbeitsanamnese sowie körperliche oder klinische Untersuchungen, soweit diese für die individuelle Aufklärung und Beratung erforderlich sind und der oder die Beschäftigte diese Untersuchungen nicht ablehnt;
4. umfasst die Nutzung von Erkenntnissen aus der Vorsorge für die Gefährdungsbeurteilung und für sonstige Maßnahmen des Arbeitsschutzes;
5. umfasst nicht den Nachweis der gesundheitlichen Eignung für berufliche Anforderungen nach sonstigen Rechtsvorschriften oder individual- oder kollektivrechtlichen Vereinbarungen.

(2) Pflichtvorsorge ist arbeitsmedizinische Vorsorge, die bei bestimmten besonders gefährdenden Tätigkeiten veranlasst werden muss.

(3) Angebotsvorsorge ist arbeitsmedizinische Vorsorge, die bei bestimmten gefährdenden Tätigkeiten angeboten werden muss.

(4) Wunschvorsorge ist arbeitsmedizinische Vorsorge, die bei Tätigkeiten, bei denen ein Gesundheitsschaden nicht ausgeschlossen werden kann, auf Wunsch des oder der Beschäftigten ermöglicht werden muss.

§ 3 Allgemeine Pflichten des Arbeitgebers

(1) Der Arbeitgeber hat auf der Grundlage der Gefährdungsbeurteilung für eine angemessene arbeitsmedizinische Vorsorge zu sorgen. Dabei hat er die Vorschriften dieser Verordnung einschließlich des Anhangs zu beachten und die nach § 9 Abs. 4 bekannt gegebenen Regeln und Erkenntnisse zu berücksichtigen. Bei Einhaltung der Regeln und Erkenntnisse nach Satz 2 ist davon auszugehen, dass die gestellten Anforderungen erfüllt sind. Arbeitsmedizinische Vorsorge kann auch weitere Maßnahmen der Gesundheitsvorsorge umfassen.

(2) Der Arbeitgeber hat zur Durchführung der arbeitsmedizinischen Vorsorge einen Arzt oder eine Ärztin nach § 7 zu beauftragen. Ist ein Betriebsarzt oder eine Betriebsärztin nach § 2 des Arbeitssicherheitsgesetzes bestellt, soll der Arbeitgeber vorrangig diesen oder diese auch mit der arbeitsmedizinischen Vorsorge beauftragen. Dem Arzt oder der Ärztin sind alle erforderlichen Auskünfte über die

Arbeitsplatzverhältnisse, insbesondere über den Anlass der arbeitsmedizinischen Vorsorge und die Ergebnisse der Gefährdungsbeurteilung, zu erteilen und die Begehung des Arbeitsplatzes zu ermöglichen. Ihm oder ihr ist auf Verlangen Einsicht in die Unterlagen nach Absatz 4 Satz 1 zu gewähren.

(3) Arbeitsmedizinische Vorsorge soll während der Arbeitszeit stattfinden. Ergibt die Gefährdungsbeurteilung für die Tätigkeit oder die Tätigkeiten des oder der Beschäftigten mehrere Vorsorgeanlässe, soll die arbeitsmedizinische Vorsorge in einem Termin stattfinden. Arbeitsmedizinische Vorsorge soll nicht zusammen mit Untersuchungen, die dem Nachweis der gesundheitlichen Eignung für berufliche Anforderungen dienen, durchgeführt werden, es sei denn, betriebliche Gründe erfordern dies; in diesem Fall hat der Arbeitgeber den Arzt oder die Ärztin zu verpflichten, die unterschiedlichen Zwecke von arbeitsmedizinischer Vorsorge und Eignungsuntersuchung gegenüber dem oder der Beschäftigten offenzulegen.

(4) Der Arbeitgeber hat eine Vorsorgekartei zu führen mit Angaben, dass, wann und aus welchen Anlässen arbeitsmedizinische Vorsorge stattgefunden hat; die Kartei kann automatisiert geführt werden. Die Angaben sind bis zur Beendigung des Beschäftigungsverhältnisses aufzubewahren und anschließend zu löschen, es sei denn, dass Rechtsvorschriften oder die nach § 9 Absatz 4 bekannt gegebenen Regeln etwas anderes bestimmen. Der Arbeitgeber hat der zuständigen Behörde auf Anordnung eine Kopie der Vorsorgekartei zu übermitteln. Bei Beendigung des Beschäftigungsverhältnisses hat der Arbeitgeber der betroffenen Person eine Kopie der sie betreffenden Angaben auszuhändigen; § 34 des Bundesdatenschutzgesetzes bleibt unberührt.

§ 4 Pflichtvorsorge

(1) Der Arbeitgeber hat nach Maßgabe des Anhangs Pflichtvorsorge für die Beschäftigten zu veranlassen. Pflichtvorsorge muss vor Aufnahme der Tätigkeit und anschließend in regelmäßigen Abständen veranlasst werden.

(2) Der Arbeitgeber darf eine Tätigkeit nur ausüben lassen, wenn der oder die Beschäftigte an der Pflichtvorsorge teilgenommen hat.

§ 5 Angebotsvorsorge

(1) Der Arbeitgeber hat den Beschäftigten Angebotsvorsorge nach Maßgabe des Anhangs anzubieten. Angebotsvorsorge muss vor Aufnahme der Tätigkeit und anschließend in regelmäßigen Abständen angeboten werden. Das Ausschlagen eines Angebots entbindet den Arbeitgeber nicht von der Verpflichtung, weiter regelmäßig Angebotsvorsorge anzubieten.

(2) Erhält der Arbeitgeber Kenntnis von einer Erkrankung, die im ursächlichen Zusammenhang mit der Tätigkeit des oder der Beschäftigten stehen kann, so hat er ihm oder ihr unverzüglich Angebotsvorsorge anzubieten. Dies gilt auch für Beschäftigte mit vergleichbaren Tätigkeiten, wenn Anhaltspunkte dafür bestehen, dass sie ebenfalls gefährdet sein können.

(3) Der Arbeitgeber hat Beschäftigten sowie ehemals Beschäftigten nach Maßgabe des Anhangs nach Beendigung bestimmter Tätigkeiten, bei denen nach längeren Latenzzeiten Gesundheitsstörungen auftreten können, nachgehende Vorsorge anzubieten. Am Ende des Beschäftigungsverhältnisses überträgt der Arbeitgeber diese Verpflichtung auf den zuständigen gesetzlichen Unfallversicherungsträger und überlässt ihm die erforderlichen Unterlagen in Kopie, sofern der oder die Beschäftigte eingewilligt hat.

§ 5a Wunschvorsorge

Über die Vorschriften des Anhangs hinaus hat der Arbeitgeber den Beschäftigten auf ihren Wunsch hin regelmäßig arbeitsmedizinische Vorsorge nach § 11 des Arbeitsschutzgesetzes zu ermöglichen, es sei denn, auf Grund der Beurteilung der Arbeitsbedingungen und der getroffenen Schutzmaßnahmen ist nicht mit einem Gesundheitsschaden zu rechnen.

§ 6 Pflichten des Arztes oder der Ärztin

(1) Bei der arbeitsmedizinischen Vorsorge hat der Arzt oder die Ärztin die Vorschriften dieser Verordnung einschließlich des Anhangs zu beachten und die dem Stand der Arbeitsme-

2

dizin entsprechenden Regeln und Erkenntnisse zu berücksichtigen. Vor Durchführung der arbeitsmedizinischen Vorsorge muss er oder sie sich die notwendigen Kenntnisse über die Arbeitsplatzverhältnisse verschaffen. In die Arbeitsanamnese müssen alle Arbeitsbedingungen und arbeitsbedingten Gefährdungen einfließen. Vor Durchführung körperlicher oder klinischer Untersuchungen hat der Arzt oder die Ärztin deren Erforderlichkeit nach pflichtgemäßem ärztlichen Ermessen zu prüfen und den oder die Beschäftigte über die Inhalte, den Zweck und die Risiken der Untersuchung aufzuklären. Untersuchungen nach Satz 3 dürfen nicht gegen den Willen des oder der Beschäftigten durchgeführt werden. Der Arzt oder die Ärztin hat die ärztliche Schweigepflicht zu beachten.

(2) Biomonitoring ist Bestandteil der arbeitsmedizinischen Vorsorge, soweit dafür arbeitsmedizinisch anerkannte Analyseverfahren und geeignete Werte zur Beurteilung zur Verfügung stehen. Biomonitoring darf nicht gegen den Willen der oder des Beschäftigten durchgeführt werden. Impfungen sind Bestandteil der arbeitsmedizinischen Vorsorge und den Beschäftigten anzubieten, soweit das Risiko einer Infektion tätigkeitsbedingt und im Vergleich zur Allgemeinbevölkerung erhöht ist. Satz 3 gilt nicht, wenn der oder die Beschäftigte bereits über einen ausreichenden Immunschutz verfügt.

(3) Der Arzt oder die Ärztin hat

1. das Ergebnis sowie die Befunde der arbeitsmedizinischen Vorsorge schriftlich festzuhalten und den oder die Beschäftigte darüber zu beraten,
2. dem oder der Beschäftigten auf seinen oder ihren Wunsch hin das Ergebnis zur Verfügung zu stellen sowie
3. der oder dem Beschäftigten und dem Arbeitgeber eine Vorsorgebescheinigung darüber auszustellen, dass, wann und aus welchem Anlass ein arbeitsmedizinischer Vorsorgetermin stattgefunden hat; die Vorsorgebescheinigung enthält auch die Angabe, wann eine weitere arbeitsmedizinische Vorsorge aus ärztlicher Sicht angezeigt ist.

(4) Der Arzt oder die Ärztin hat die Erkenntnisse arbeitsmedizinischer Vorsorge auszuwerten. Ergeben sich Anhaltspunkte dafür, dass die Maßnahmen des Arbeitsschutzes für den Beschäftigten oder die Beschäftigte oder andere Beschäftigte nicht ausreichen, so hat der Arzt oder die Ärztin dies dem Arbeitgeber mitzuteilen und Maßnahmen des Arbeitsschutzes vorzuschlagen. Hält der Arzt oder die Ärztin aus medizinischen Gründen, die ausschließlich in der Person des oder der Beschäftigten liegen, einen Tätigkeitswechsel für erforderlich, so bedarf diese Mitteilung an den Arbeitgeber der Einwilligung des oder der Beschäftigten.

§ 7 Anforderungen an den Arzt oder die Ärztin

(1) Unbeschadet anderer Bestimmungen im Anhang für einzelne Anlässe arbeitsmedizinischer Vorsorge muss der Arzt oder die Ärztin berechtigt sein, die Gebietsbezeichnung „Arbeitsmedizin" oder die Zusatzbezeichnung „Betriebsmedizin" zu führen. Er oder sie darf selbst keine Arbeitgeberfunktion gegenüber dem oder der Beschäftigten ausüben. Verfügt der Arzt oder die Ärztin nach Satz 1 für bestimmte Untersuchungsmethoden nicht über die erforderlichen Fachkenntnisse oder die speziellen Anerkennungen oder Ausrüstungen, so hat er oder sie Ärzte oder Ärztinnen hinzuzuziehen, die diese Anforderungen erfüllen.

(2) Die zuständige Behörde kann für Ärzte oder Ärztinnen in begründeten Einzelfällen Ausnahmen von Absatz 1 Satz 1 zulassen.

§ 8 Maßnahmen nach der arbeitsmedizinischen Vorsorge

(1) Im Fall von § 6 Absatz 4 Satz 2 hat der Arbeitgeber die Gefährdungsbeurteilung zu überprüfen und unverzüglich die erforderlichen Maßnahmen des Arbeitsschutzes zu treffen. Wird ein Tätigkeitswechsel vorgeschlagen, so hat der Arbeitgeber nach Maßgabe der dienst- und arbeitsrechtlichen Regelungen dem oder der Beschäftigten eine andere Tätigkeit zuzuweisen.

(2) Dem Betriebs- oder Personalrat und der zuständigen Behörde sind die getroffenen Maßnahmen mitzuteilen.

(3) Halten der oder die Beschäftigte oder der Arbeitgeber das Ergebnis der Auswertung nach § 6 Absatz 4 für unzutreffend, so entscheidet auf Antrag die zuständige Behörde.

§ 9 Ausschuss für Arbeitsmedizin

(1) Beim Bundesministerium für Arbeit und Soziales wird ein Ausschuss für Arbeitsmedizin gebildet, in dem fachkundige Vertreter der Arbeitgeber, der Gewerkschaften, der Länderbehörden, der gesetzlichen Unfallversicherung und weitere fachkundige Personen, insbesondere der Wissenschaft, vertreten sein sollen. Die Gesamtzahl der Mitglieder soll zwölf Personen nicht überschreiten. Für jedes Mitglied ist ein stellvertretendes Mitglied zu benennen. Die Mitgliedschaft im Ausschuss für Arbeitsmedizin ist ehrenamtlich.

(2) Das Bundesministerium für Arbeit und Soziales beruft die Mitglieder des Ausschusses und die stellvertretenden Mitglieder. Der Ausschuss gibt sich eine Geschäftsordnung und wählt den Vorsitzenden oder die Vorsitzende aus seiner Mitte. Die Geschäftsordnung und die Wahl des oder der Vorsitzenden bedürfen der Zustimmung des Bundesministeriums für Arbeit und Soziales.

(3) Zu den Aufgaben des Ausschusses gehört es,

1. dem Stand der Arbeitsmedizin entsprechende Regeln und sonstige gesicherte arbeitsmedizinische Erkenntnisse zu ermitteln,
2. Regeln und Erkenntnisse zu ermitteln, wie die in dieser Verordnung gestellten Anforderungen insbesondere zu Inhalt und Umfang von Pflicht-, Angebots- oder Wunschvorsorge erfüllt werden können,
3. Empfehlungen zur arbeitsmedizinischen Vorsorge aufzustellen,
4. Empfehlungen für weitere Maßnahmen der Gesundheitsvorsorge auszusprechen, insbesondere für betriebliche Gesundheitsprogramme,
5. Regeln und Erkenntnisse zu sonstigen arbeitsmedizinischen Präventionsmaßnahmen nach § 1 Abs. 3 zu ermitteln, insbesondere zur allgemeinen arbeitsmedizinischen Beratung der Beschäftigten,
6. das Bundesministerium für Arbeit und Soziales in allen Fragen der arbeitsmedizinischen Vorsorge sowie zu sonstigen Fragen des medizinischen Arbeitsschutzes zu beraten.

Das Arbeitsprogramm des Ausschusses für Arbeitsmedizin wird mit dem Bundesministerium für Arbeit und Soziales abgestimmt. Der Ausschuss arbeitet eng mit den anderen Ausschüssen beim Bundesministerium für Arbeit und Soziales zusammen.

(4) Das Bundesministerium für Arbeit und Soziales kann die vom Ausschuss für Arbeitsmedizin ermittelten Regeln und Erkenntnisse sowie Empfehlungen im Gemeinsamen Ministerialblatt bekannt geben.

(5) Die Bundesministerien sowie die obersten Landesbehörden können zu den Sitzungen des Ausschusses Vertreter entsenden. Auf Verlangen ist diesen in der Sitzung das Wort zu erteilen.

(6) Die Geschäfte des Ausschusses führt die Bundesanstalt für Arbeitsschutz und Arbeitsmedizin.

§ 10 Ordnungswidrigkeiten und Straftaten

(1) Ordnungswidrig im Sinne des § 25 Abs. 1 Nr. 1 des Arbeitsschutzgesetzes handelt, wer vorsätzlich oder fahrlässig

1. entgegen § 4 Abs. 1 eine Pflichtvorsorge nicht oder nicht rechtzeitig veranlasst,
2. entgegen § 4 Abs. 2 eine Tätigkeit ausüben lässt,
3. entgegen § 4 Absatz 4 Satz 1 Halbsatz 1 eine Vorsorgekartei nicht, nicht richtig oder nicht vollständig führt oder
4. entgegen § 5 Abs. 1 Satz 1 eine Angebotsvorsorge nicht oder nicht rechtzeitig anbietet.

(2) Wer durch eine in Absatz 1 bezeichnete vorsätzliche Handlung Leben oder Gesundheit eines oder einer Beschäftigten gefährdet, ist nach § 26 Nr. 2 des Arbeitsschutzgesetzes strafbar.

2

Anhang

Arbeitsmedizinische Pflicht- und Angebotsvorsorge

Teil 1
Tätigkeiten mit Gefahrstoffen

(1) Pflichtvorsorge bei:

1. Tätigkeiten mit den Gefahrstoffen:
   - Acrylnitril,
   - Alkylquecksilberverbindungen,
   - Alveolengängiger Staub (A-Staub),
   - Aromatische Nitro- und Aminoverbindungen,
   - Arsen und Arsenverbindungen,
   - Asbest,
   - Benzol,
   - Beryllium,
   - Bleitetraethyl und Bleitetramethyl,
   - Cadmium und Cadmiumverbindungen,
   - Chrom-VI-Verbindungen,
   - Dimethylformamid,
   - Einatembarer Staub (E-Staub),
   - Fluor und anorganische Fluorverbindungen,
   - Glycerintrinitrat und Glykoldinitrat (Nitroglycerin/Nitroglykol),
   - Hartholzstaub,
   - Kohlenstoffdisulfid,
   - Kohlenmonoxid,
   - Methanol,
   - Nickel und Nickelverbindungen,
   - Polycyclische aromatische Kohlenwasserstoffe (Pyrolyseprodukte aus organischem Material),
   - weißer Phosphor (Tetraphosphor),
   - Platinverbindungen,
   - Quecksilber und anorganische Quecksilberverbindungen,
   - Schwefelwasserstoff,
   - Silikogener Staub,
   - Styrol,
   - Tetrachlorethen,
   - Toluol,
   - Trichlorethen,
   - Vinylchlorid,
   - Xylol (alle Isomeren),

   wenn

   a) der Arbeitsplatzgrenzwert für den Gefahrstoff nach der Gefahrstoffverordnung nicht eingehalten wird,

   b) eine wiederholte Exposition nicht ausgeschlossen werden kann und der Gefahrstoff ein krebserzeugender oder keimzellmutagener Stoff der Kategorie 1A oder 1B oder ein krebserzeugendes oder keimzellmutagenes Gemisch der Kategorie 1A oder 1B im Sinne der Gefahrstoffverordnung ist oder die Tätigkeiten mit dem Gefahrstoff als krebserzeugende Tätigkeiten oder Verfahren Kategorie 1A oder 1B im Sinne der Gefahrstoffverordnung bezeichnet werden oder

   c) der Gefahrstoff hautresorptiv ist und eine Gesundheitsgefährdung durch Hautkontakt nicht ausgeschlossen werden kann;

2. Sonstige Tätigkeiten mit Gefahrstoffen:

   a) Feuchtarbeit von regelmäßig vier Stunden oder mehr je Tag,

   b) Schweißen und Trennen von Metallen bei Überschreitung einer Luftkonzentration von 3 Milligramm pro Kubikmeter Schweißrauch,

   c) Tätigkeiten mit Exposition gegenüber Getreide- und Futtermittelstäuben bei Überschreitung einer Luftkonzentration von 4 Milligramm pro Kubikmeter einatembarem Staub,

   d) Tätigkeiten mit Exposition gegenüber Isocyanaten, bei denen ein regelmäßiger Hautkontakt nicht ausgeschlossen werden kann oder eine Luftkonzentration von 0,05 Milligramm pro Kubikmeter überschritten wird,

   e) Tätigkeiten mit einer Exposition mit Gesundheitsgefährdung durch Labortierstaub in Tierhaltungsräumen und -anlagen,

f) Tätigkeiten mit Benutzung von Naturgummilatexhandschuhen mit mehr als 30 Mikrogramm Protein je Gramm im Handschuhmaterial,

g) Tätigkeiten mit dermaler Gefährdung oder inhalativer Exposition mit Gesundheitsgefährdung, verursacht durch Bestandteile unausgehärteter Epoxidharze, insbesondere durch Versprühen von Epoxidharzen,

h) Tätigkeiten mit Exposition gegenüber Blei und anorganischen Bleiverbindungen bei Überschreitung einer Luftkonzentration von 0,075 Milligramm pro Kubikmeter,

i) Tätigkeiten mit Hochtemperaturwollen, soweit dabei als krebserzeugend Kategorie 1A oder 1B im Sinne der Gefahrstoffverordnung eingestufte Faserstäube freigesetzt werden können,

j) Tätigkeiten mit Exposition gegenüber Mehlstaub bei Überschreitung einer Mehlstaubkonzentration von 4 Milligramm pro Kubikmeter Luft.

(2) Angebotsvorsorge bei:

1. Tätigkeiten mit den in Absatz 1 Nr. 1 genannten Gefahrstoffen, wenn eine Exposition nicht ausgeschlossen werden kann und der Arbeitgeber keine Pflichtvorsorge zu veranlassen hat;
2. Sonstige Tätigkeiten mit Gefahrstoffen:

   a) Schädlingsbekämpfung nach der Gefahrstoffverordnung,

   b) Begasungen nach der Gefahrstoffverordnung,

   c) Tätigkeiten mit folgenden Stoffen oder deren Gemischen: n-Hexan, n-Heptan, 2-Butanon, 2-Hexanon, Methanol, Ethanol, 2-Methoxyethanol, Benzol, Toluol, Xylol, Styrol, Dichlormethan, 1,1,1-Trichlorethan, Trichlorethen, Tetrachlorethen,

   d) Tätigkeiten mit einem Gefahrstoff, sofern der Gefahrstoff nicht in Absatz 1 Nummer 1 genannt ist, eine wiederholte Exposition nicht ausgeschlossen werden kann und

      aa) der Gefahrstoff ein krebserzeugender oder keimzellmutagener Stoff der Kategorie 1A oder 1B oder ein krebserzeugendes oder keimzellmutagenes Gemisch der Kategorie 1A oder 1B im Sinne der Gefahrstoffverordnung ist oder

      bb) die Tätigkeiten mit dem Gefahrstoff als krebserzeugende Tätigkeiten oder Verfahren Kategorie 1A oder 1B im Sinne der Gefahrstoffverordnung bezeichnet werden,

   e) Feuchtarbeit von regelmäßig mehr als zwei Stunden je Tag,

   f) Schweißen und Trennen von Metallen bei Einhaltung einer Luftkonzentration von 3 Milligramm pro Kubikmeter Schweißrauch,

   g) Tätigkeiten mit Exposition gegenüber Getreide- und Futtermittelstäuben bei Überschreitung einer Luftkonzentration von 1 Milligramm je Kubikmeter einatembarem Staub,

   h) Tätigkeiten mit Exposition gegenüber Isocyanaten, bei denen ein Hautkontakt nicht ausgeschlossen werden kann oder eine Luftkonzentration von 0,05 Milligramm pro Kubikmeter eingehalten wird,

   i) Tätigkeiten mit Exposition gegenüber Blei und anorganischen Bleiverbindungen bei Einhaltung einer Luftkonzentration von 0,075 Milligramm pro Kubikmeter,

   j) Tätigkeiten mit Exposition gegenüber Mehlstaub bei Einhaltung einer Mehlstaubkonzentration von 4 Milligramm pro Kubikmeter Luft,

   k) Tätigkeiten mit Exposition gegenüber sonstigen atemwegssensibilisierend oder hautsensibilisierend wirkenden Stoffen, für die nach Absatz 1, Nummer 1 oder Buchstabe a bis j keine arbeitsmedizinische Vorsorge vorgesehen ist.

(3) Anlässe für nachgehende Vorsorge:

1. Tätigkeiten mit Exposition gegenüber einem Gefahrstoff, sofern
   a) der Gefahrstoff ein krebserzeugender oder keimzellmutagener Stoff der Kategorie 1A oder 1B oder ein krebserzeugendes oder keimzellmutagenes Gemisch der Kategorie 1A oder 1B im Sinne der Gefahrstoffverordnung ist oder
   b) die Tätigkeiten mit dem Gefahrstoff als krebserzeugende Tätigkeiten oder Verfahren Kategorie 1A oder 1B im Sinne der Gefahrstoffverordnung bezeichnet werden;
2. Tätigkeiten mit Exposition gegenüber Blei oder anorganischen Bleiverbindungen;
3. Tätigkeiten mit Hochtemperaturwollen nach Absatz 1 Nummer 2 Buchstabe i.

(4) Abweichungen:

Vorsorge nach den Absätzen 1 bis 3 muss nicht veranlasst oder angeboten werden, wenn und soweit die auf der Grundlage von § 9 Absatz 3 Satz 1 Nummer 1 ermittelten und nach § 9 Absatz 4 bekannt gegebenen Regeln etwas anderes bestimmen.

Teil 2
Tätigkeiten mit biologischen Arbeitsstoffen einschließlich gentechnischen Arbeiten mit humanpathogenen Organismen

(1) Pflichtvorsorge bei:

1. gezielten Tätigkeiten mit einem biologischen Arbeitsstoff der Risikogruppe 4 oder mit
   - Bacillus anthracis,
   - Bartonella bacilliformis,
   - Bartonella henselae,
   - Bartonella quintana,
   - Bordetella pertussis,
   - Borellia burgdorferi,
   - Borrelia burgdorferi sensu lato,
   - Brucella melitensis,
   - Burkholderia pseudomallei (Pseudomonas pseudomallei),
   - Chlamydophila pneumoniae,
   - Chlamydophila psittaci (aviäre Stämme),
   - Coxiella burnetii,
   - Francisella tularensis,
   - Frühsommermeningoenzephalitis-(FSME)-Virus,
   - Gelbfieber-Virus,
   - Helicobacter pylori,
   - Hepatitis-A-Virus (HAV),
   - Hepatitis-B-Virus (HBV),
   - Hepatitis-C-Virus (HCV),
   - Influenzavirus A oder B,
   - Japanenzephalitisvirus,
   - Leptospira spp.,
   - Masernvirus,
   - Mumpsvirus,
   - Mycobacterium bovis,
   - Mycobacterium tuberculosis,
   - Neisseria meningitidis,
   - Poliomyelitisvirus,
   - Rubivirus,
   - Salmonella typhi,
   - Schistosoma mansoni,
   - Streptococcus pneumoniae,
   - Tollwutvirus,
   - Treponema pallidum (Lues),
   - Tropheryma whipplei,
   - Trypanosoma cruzi,
   - Yersinia pestis,
   - Varizelle-Zoster-Virus (VZV) oder
   - Vibrio cholerae;
2. nicht gezielten Tätigkeiten mit biologischen Arbeitsstoffen der Risikogruppe 4 bei Kontaktmöglichkeit zu infizierten Proben oder Verdachtsproben oder erkrankten oder krankheitsverdächtigen Personen oder Tieren einschließlich deren Transport sowie
3. nachfolgend aufgeführten nicht gezielten Tätigkeiten
   a) in Forschungseinrichtungen oder Laboratorien: regelmäßige Tätigkeiten mit Kontaktmöglichkeit zu infizierten

Proben oder Verdachtsproben, zu infizierten Tieren oder krankheitsverdächtigen Tieren beziehungsweise zu erregerhaltigen oder kontaminierten Gegenständen oder Materialien hinsichtlich eines biologischen Arbeitsstoffes nach Nummer 1;

b) in Tuberkuloseabteilungen und anderen pulmologischen Einrichtungen: Tätigkeiten mit regelmäßigem Kontakt zu erkrankten oder krankheitsverdächtigen Personen hinsichtlich Mycobacterium bovis oder Mycobacterium tuberculosis;

c) in Einrichtungen zur medizinischen Untersuchung, Behandlung und Pflege von Menschen:

aa) Tätigkeiten mit regelmäßigem direkten Kontakt zu erkrankten oder krankheitsverdächtigen Personen hinsichtlich

- Bordetella pertussis,
- Hepatitis-A-Virus (HAV),
- Masernvirus,
- Mumpsvirus oder
- Rubivirus,

bb) Tätigkeiten, bei denen es regelmäßig und in größerem Umfang zu Kontakt mit Körperflüssigkeiten, Körperausscheidungen oder Körpergewebe kommen kann, insbesondere Tätigkeiten mit erhöhter Verletzungsgefahr oder Gefahr von Verspritzen und Aerosolbildung, hinsichtlich

- Hepatitis-B-Virus (HBV) oder
- Hepatitis-C-Virus (HCV);

dies gilt auch für Bereiche, die der Versorgung oder der Aufrechterhaltung dieser Einrichtungen dienen;

d) in Einrichtungen zur medizinischen Untersuchung, Behandlung und Pflege von Kindern, ausgenommen Einrichtungen ausschließlich zur Betreuung von Kindern: Tätigkeiten mit regelmäßigem direkten Kontakt zu erkrankten oder krankheitsverdächtigen Kindern hinsichtlich Varizella-Zoster-Virus (VZV); Buchstabe c bleibt unberührt;

e) in Einrichtungen ausschließlich zur Betreuung von Menschen: Tätigkeiten, bei denen es regelmäßig und in größerem Umfang zu Kontakt mit Körperflüssigkeiten, Körperausscheidungen oder Körpergewebe kommen kann, insbesondere Tätigkeiten mit erhöhter Verletzungsgefahr oder Gefahr von Verspritzen und Aerosolbildung, hinsichtlich

- Hepatitis-A-Virus (HAV),
- Hepatitis-B-Virus (HBV) oder
- Hepatitis-C-Virus (HCV);

f) in Einrichtungen zur vorschulischen Betreuung von Kindern: Tätigkeiten mit regelmäßigem direkten Kontakt zu Kindern hinsichtlich

- Bordetella pertussis,
- Masernvirus,
- Mumpsvirus,
- Rubivirus oder
- Varizella-Zoster-Virus (VZV); Buchstabe e bleibt unberührt;

g) in Notfall- und Rettungsdiensten: Tätigkeiten, bei denen es regelmäßig und in größerem Umfang zu Kontakt mit Körperflüssigkeiten, Körperausscheidungen oder Körpergewebe kommen kann, insbesondere Tätigkeiten mit erhöhter Verletzungsgefahr oder Gefahr von Verspritzen und Aerosolbildung, hinsichtlich Hepatitis-B-Virus (HBV) oder Hepatitis-C-Virus (HCV);

h) in der Pathologie: Tätigkeiten, bei denen es regelmäßig und in größerem Umfang zu Kontakt mit Körperflüssigkeiten, Körperausscheidungen oder Körpergewebe kommen kann, insbesondere Tätigkeiten mit erhöhter Verletzungsgefahr oder Gefahr von Verspritzen und Aerosolbildung, hinsichtlich Hepatitis-B-Virus (HBV) oder Hepatitis-C-Virus (HCV);

2

i) in Kläranlagen oder in der Kanalisation: Tätigkeiten mit regelmäßigem Kontakt zu fäkalienhaltigen Abwässern oder mit fäkalienkontaminierten Gegenständen hinsichtlich Hepatitis-A-Virus (HAV);
j) in Einrichtungen zur Aufzucht und Haltung von Vögeln oder zur Geflügelschlachtung: regelmäßige Tätigkeiten mit Kontaktmöglichkeit zu infizierten Proben oder Verdachtsproben, zu infizierten Tieren oder krankheitsverdächtigen Tieren beziehungsweise zu erregerhaltigen oder kontaminierten Gegenständen oder Materialien, wenn dabei der Übertragungsweg gegeben ist, hinsichtlich Chlamydophila psittaci (aviäre Stämme);
k) in einem Tollwut gefährdeten Bezirk: Tätigkeiten mit regelmäßigem Kontakt zu frei lebenden Tieren hinsichtlich Tollwutvirus;
l) in oder in der Nähe von Fledermaus-Unterschlupfen: Tätigkeiten mit engem Kontakt zu Fledermäusen hinsichtlich Europäischem Fledermaus-Lyssavirus (EBLV 1 und 2);
m) auf Freiflächen, in Wäldern, Parks und Gartenanlagen, Tiergärten und Zoos: regelmäßige Tätigkeiten in niederer Vegetation oder direkter Kontakt zu frei lebenden Tieren hinsichtlich
   aa) Borrellia burgdorferi oder
   bb) in Endemiegebieten Frühsommer-meningoenzephalitis-(FSME)-Virus.

(2) Angebotsvorsorge:

1. Hat der Arbeitgeber keine Pflichtvorsorge nach Absatz 1 zu veranlassen, muss er den Beschäftigten Angebotsvorsorge anbieten bei
   a) gezielten Tätigkeiten mit biologischen Arbeitsstoffen der Risikogruppe 3 der Biostoffverordnung und nicht gezielten Tätigkeiten, die der Schutzstufe 3 der Biostoffverordnung zuzuordnen sind oder für die eine vergleichbare Gefährdung besteht,
   b) gezielten Tätigkeiten mit biologischen Arbeitsstoffen der Risikogruppe 2 der Biostoffverordnung und nicht gezielten Tätigkeiten, die der Schutzstufe 2 der Biostoffverordnung zuzuordnen sind oder für die eine vergleichbare Gefährdung besteht, es sei denn, nach der Gefährdungsbeurteilung und auf Grund der getroffenen Schutzmaßnahmen ist nicht von einer Infektionsgefährdung auszugehen;
   c) Tätigkeiten mit Exposition gegenüber sensibilisierend oder toxisch wirkenden biologischen Arbeitsstoffen, für die nach Absatz 1, Buchstabe a oder b keine arbeitsmedizinische Vorsorge vorgesehen ist;
2. § 5 Abs. 2 gilt entsprechend, wenn als Folge einer Exposition gegenüber biologischen Arbeitsstoffen
   a) mit einer schweren Infektionskrankheit gerechnet werden muss und Maßnahmen der postexpositionellen Prophylaxe möglich sind oder
   b) eine Infektion erfolgt ist;
3. Am Ende einer Tätigkeit, bei der eine Pflichtvorsorge nach Absatz 1 zu veranlassen war, hat der Arbeitgeber eine Angebotsvorsorge anzubieten.

(3) Gentechnische Arbeiten mit humanpathogenen Organismen:

Die Absätze 1 und 2 zu Pflicht- und Angebotsvorsorge gelten entsprechend bei gentechnischen Arbeiten mit humanpathogenen Organismen.

Teil 3
Tätigkeiten mit physikalischen Einwirkungen

(1) Pflichtvorsorge bei:

1. Tätigkeiten mit extremer Hitzebelastung, die zu einer besonderen Gefährdung führen können;
2. Tätigkeiten mit extremer Kältebelastung (– 25° Celsius und kälter);
3. Tätigkeiten mit Lärmexposition, wenn die oberen Auslösewerte von $L_{ex,8h}$ = 85 dB(A)

beziehungsweise $L_{pC,peak}$ = 137 dB(C) erreicht oder überschritten werden.
Bei der Anwendung der Auslösewerte nach Satz 1 wird die dämmende Wirkung eines persönlichen Gehörschutzes der Beschäftigten nicht berücksichtigt;

4. Tätigkeiten mit Exposition durch Vibrationen, wenn die Expositionsgrenzwerte
   a) A(8) = 5 m/s^2 für Tätigkeiten mit Hand Arm-Vibrationen oder
   b) A(8) = 1,15 m/s^2 in X- oder Y-Richtung oder A(8) = 0,8 m/s^2 in Z-Richtung für Tätigkeiten mit Ganzkörper-Vibrationen

   erreicht oder überschritten werden;
5. Tätigkeiten unter Wasser, bei denen der oder die Beschäftigte über ein Tauchgerät mit Atemgas versorgt wird (Taucherarbeiten);
6. Tätigkeiten mit Exposition durch inkohärente künstliche optische Strahlung, wenn am Arbeitsplatz die Expositionsgrenzwerte nach § 6 der Arbeitsschutzverordnung zu künstlicher optischer Strahlung vom 19. Juli 2010 (BGBl. I S. 960) in der jeweils geltenden Fassung überschritten werden.

(2) Angebotsvorsorge bei:

1. Tätigkeiten mit Lärmexposition, wenn die unteren Auslösewerte von $L_{ex,8h}$ = 80 dB(A) beziehungsweise $L_{pC,peak}$ = 135 dB(C) überschritten werden.
   Bei der Anwendung der Auslösewerte nach Satz 1 wird die dämmende Wirkung eines persönlichen Gehörschutzes der Beschäftigten nicht berücksichtigt;
2. Tätigkeiten mit Exposition durch Vibrationen, wenn die Auslösewerte von
   a) A(8) = 2,5 m/s^2 für Tätigkeiten mit Hand-Arm-Vibrationen oder
   b) A(8) = 0,5 m/s^2 für Tätigkeiten mit Ganzkörper-Vibrationen

   überschritten werden;
3. Tätigkeiten mit Exposition durch inkohärente künstliche optische Strahlung, wenn am Arbeitsplatz die Expositionsgrenzwerte nach § 6 der Arbeitsschutzverordnung zu künstlicher optischer Strahlung vom 19. Juli 2010 (BGBl. I S. 960) in der jeweils geltenden Fassung überschritten werden können;
4. Tätigkeiten mit wesentlich erhöhten körperlichen Belastungen, die mit Gesundheitsgefährdungen für das Muskel-Skelett-System verbunden sind durch
   a) Lastenhandhabung beim Heben, Halten, Tragen, Ziehen oder Schieben von Lasten,
   b) repetitive manuelle Tätigkeiten oder
   c) Arbeiten in erzwungenen Körperhaltungen im Knien, in langdauerndem Rumpfbeugen oder -drehen oder in vergleichbaren Zwangshaltungen;
5. Tätigkeiten im Freien mit intensiver Belastung durch natürliche UV-Strahlung von regelmäßig einer Stunde oder mehr je Tag. Der Arbeitgeber hat Maßnahmen des Arbeitsschutzes zu treffen, durch die die Belastung durch natürliche UV-Strahlung möglichst gering gehalten wird.

Teil 4
Sonstige Tätigkeiten

(1) Pflichtvorsorge bei:

1. Tätigkeiten, die das Tragen von Atemschutzgeräten der Gruppen 2 und 3 erfordern;
2. Tätigkeiten in Tropen, Subtropen und sonstige Auslandsaufenthalte mit besonderen klimatischen Belastungen und Infektionsgefährdungen. Abweichend von § 3 Abs. 2 Satz 1 in Verbindung mit § 7 dürfen auch Ärzte oder Ärztinnen beauftragt werden, die zur Führung der Zusatzbezeichnung Tropenmedizin berechtigt sind.

(2) Angebotsvorsorge bei:

1. Tätigkeiten an Bildschirmgeräten
   Die Angebotsvorsorge enthält das Angebot auf eine angemessene Untersuchung der Augen und des Sehvermögens. Erweist sich auf Grund der Angebotsvorsorge eine augenärztliche Untersuchung als erforderlich, so ist diese zu ermöglichen. § 5 Abs. 2 gilt entsprechend für Sehbeschwerden. Den Beschäftigten sind im erforderlichen

Umfang spezielle Sehhilfen für ihre Arbeit an Bildschirmgeräten zur Verfügung zu stellen, wenn Ergebnis der Angebotsvorsorge ist, dass spezielle Sehhilfen notwendig und normale Sehhilfen nicht geeignet sind;

2. Tätigkeiten, die das Tragen von Atemschutzgeräten der Gruppe 1 erfordern;
3. Am Ende einer Tätigkeit, bei der nach Absatz 1 Nummer 2 eine Pflichtvorsorge zu veranlassen war, hat der Arbeitgeber eine Angebotsvorsorge anzubieten.

Gesetz über die Durchführung von Maßnahmen des Arbeitsschutzes zur Verbesserung der Sicherheit und des Gesundheitsschutzes der Beschäftigten bei der Arbeit (Arbeitsschutzgesetz – ArbSchG)

Vom 7. August 1996 (BGBl. I S. 1246)

Zuletzt geändert durch
Arbeitsschutzkontrollgesetz
vom 22. Dezember 2020 (BGBl. I S. 3334)

Erster Abschnitt
Allgemeine Vorschriften

§ 1 Zielsetzung und Anwendungsbereich

(1) 1Dieses Gesetz dient dazu, Sicherheit und Gesundheitsschutz der Beschäftigten bei der Arbeit durch Maßnahmen des Arbeitsschutzes zu sichern und zu verbessern. 2Es gilt in allen Tätigkeitsbereichen und findet im Rahmen der Vorgaben des Seerechtsübereinkommens der Vereinten Nationen vom 10. Dezember 1982 (BGBl. 1994 II S. 1799) auch in der ausschließlichen Wirtschaftszone Anwendung.

(2) 1Dieses Gesetz gilt nicht für den Arbeitsschutz von Hausangestellten in privaten Haushalten. 2Es gilt nicht für den Arbeitsschutz von Beschäftigten auf Seeschiffen und in Betrieben, die dem Bundesberggesetz unterliegen, soweit dafür entsprechende Rechtsvorschriften bestehen.

(3) 1Pflichten, die die Arbeitgeber zur Gewährleistung von Sicherheit und Gesundheitsschutz der Beschäftigten bei der Arbeit nach sonstigen Rechtsvorschriften haben, bleiben unberührt. 2Satz 1 gilt entsprechend für Pflichten und Rechte der Beschäftigten. 3Unberührt bleiben Gesetze, die andere Personen als Arbeitgeber zu Maßnahmen des Arbeitsschutzes verpflichten.

(4) Bei öffentlich-rechtlichen Religionsgemeinschaften treten an die Stelle der Betriebs- oder Personalräte die Mitarbeitervertretungen entsprechend dem kirchlichen Recht.

§ 2 Begriffsbestimmungen

(1) Maßnahmen des Arbeitsschutzes im Sinne dieses Gesetzes sind Maßnahmen zur Verhütung von Unfällen bei der Arbeit und arbeitsbedingten Gesundheitsgefahren einschließlich Maßnahmen der menschengerechten Gestaltung der Arbeit.

(2) Beschäftigte im Sinne dieses Gesetzes sind:

1. Arbeitnehmerinnen und Arbeitnehmer,
2. die zu ihrer Berufsbildung Beschäftigten,
3. arbeitnehmerähnliche Personen im Sinne des § 5 Abs. 1 des Arbeitsgerichtsgesetzes, ausgenommen die in Heimarbeit Beschäftigten und die ihnen Gleichgestellten,
4. Beamtinnen und Beamte,
5. Richterinnen und Richter,
6. Soldatinnen und Soldaten,
7. die in Werkstätten für Behinderte Beschäftigten.

(3) Arbeitgeber im Sinne dieses Gesetzes sind natürliche und juristische Personen und rechtsfähige Personengesellschaften, die Personen nach Absatz 2 beschäftigen.

(4) Sonstige Rechtsvorschriften im Sinne dieses Gesetzes sind Regelungen über Maßnahmen des Arbeitsschutzes in anderen Gesetzen, in Rechtsverordnungen und Unfallverhütungsvorschriften.

(5) 1Als Betriebe im Sinne dieses Gesetzes gelten für den Bereich des öffentlichen Dienstes die Dienststellen. 2Dienststellen sind die einzelnen Behörden, Verwaltungsstellen und Betriebe der Verwaltungen des Bundes, der Länder, der Gemeinden und der sonstigen Körperschaften, Anstalten und Stiftungen des öffentlichen Rechts, die Gerichte des Bundes und der Länder sowie die entsprechenden Einrichtungen der Streitkräfte.

Zweiter Abschnitt
Pflichten des Arbeitgebers

§ 3 Grundpflichten des Arbeitgebers

(1) [1]Der Arbeitgeber ist verpflichtet, die erforderlichen Maßnahmen des Arbeitsschutzes unter Berücksichtigung der Umstände zu treffen, die Sicherheit und Gesundheit der Beschäftigten bei der Arbeit beeinflussen. [2]Er hat die Maßnahmen auf ihre Wirksamkeit zu überprüfen und erforderlichenfalls sich ändernden Gegebenheiten anzupassen. [3]Dabei hat er eine Verbesserung von Sicherheit und Gesundheitsschutz der Beschäftigten anzustreben.

(2) Zur Planung und Durchführung der Maßnahmen nach Absatz 1 hat der Arbeitgeber unter Berücksichtigung der Art der Tätigkeiten und der Zahl der Beschäftigten

1. für eine geeignete Organisation zu sorgen und die erforderlichen Mittel bereitzustellen sowie
2. Vorkehrungen zu treffen, daß die Maßnahmen erforderlichenfalls bei allen Tätigkeiten und eingebunden in die betrieblichen Führungsstrukturen beachtet werden und die Beschäftigten ihren Mitwirkungspflichten nachkommen können.

(3) Kosten für Maßnahmen nach diesem Gesetz darf der Arbeitgeber nicht den Beschäftigten auferlegen.

§ 4 Allgemeine Grundsätze

Der Arbeitgeber hat bei Maßnahmen des Arbeitsschutzes von folgenden allgemeinen Grundsätzen auszugehen:

1. Die Arbeit ist so zu gestalten, daß eine Gefährdung für das Leben sowie die physische und die psychische Gesundheit möglichst vermieden und die verbleibende Gefährdung möglichst gering gehalten wird;
2. Gefahren sind an ihrer Quelle zu bekämpfen;
3. bei den Maßnahmen sind der Stand von Technik, Arbeitsmedizin und Hygiene sowie sonstige gesicherte arbeitswissenschaftliche Erkenntnisse zu berücksichtigen;
4. Maßnahmen sind mit dem Ziel zu planen, Technik, Arbeitsorganisation, sonstige Arbeitsbedingungen, soziale Beziehungen und Einfluß der Umwelt auf den Arbeitsplatz sachgerecht zu verknüpfen;
5. individuelle Schutzmaßnahmen sind nachrangig zu anderen Maßnahmen;
6. spezielle Gefahren für besonders schutzbedürftige Beschäftigtengruppen sind zu berücksichtigen;
7. den Beschäftigten sind geeignete Anweisungen zu erteilen;
8. mittelbar oder unmittelbar geschlechtsspezifisch wirkende Regelungen sind nur zulässig, wenn dies aus biologischen Gründen zwingend geboten ist.

§ 5 Beurteilung der Arbeitsbedingungen

(1) Der Arbeitgeber hat durch eine Beurteilung der für die Beschäftigten mit ihrer Arbeit verbundenen Gefährdung zu ermitteln, welche Maßnahmen des Arbeitsschutzes erforderlich sind.

(2) [1]Der Arbeitgeber hat die Beurteilung je nach Art der Tätigkeiten vorzunehmen. [2]Bei gleichartigen Arbeitsbedingungen ist die Beurteilung eines Arbeitsplatzes oder einer Tätigkeit ausreichend.

(3) Eine Gefährdung kann sich insbesondere ergeben durch

1. die Gestaltung und die Einrichtung der Arbeitsstätte und des Arbeitsplatzes,
2. physikalische, chemische und biologische Einwirkungen,
3. die Gestaltung, die Auswahl und den Einsatz von Arbeitsmitteln, insbesondere von Arbeitsstoffen, Maschinen, Geräten und Anlagen sowie den Umgang damit,
4. die Gestaltung von Arbeits- und Fertigungsverfahren, Arbeitsabläufen und Arbeitszeit und deren Zusammenwirken,
5. unzureichende Qualifikation und Unterweisung der Beschäftigten,
6. psychische Belastungen bei der Arbeit.

§ 6 Dokumentation

(1) 1Der Arbeitgeber muß über die je nach Art der Tätigkeiten und der Zahl der Beschäftigten erforderlichen Unterlagen verfügen, aus denen das Ergebnis der Gefährdungsbeurteilung, die von ihm festgelegten Maßnahmen des Arbeitsschutzes und das Ergebnis ihrer Überprüfung ersichtlich sind. 2Bei gleichartiger Gefährdungssituation ist es ausreichend, wenn die Unterlagen zusammengefaßte Angaben enthalten.

(2) Unfälle in seinem Betrieb, bei denen ein Beschäftigter getötet oder so verletzt wird, daß er stirbt oder für mehr als drei Tage völlig oder teilweise arbeits- oder dienstunfähig wird, hat der Arbeitgeber zu erfassen.

§ 7 Übertragung von Aufgaben

Bei der Übertragung von Aufgaben auf Beschäftigte hat der Arbeitgeber je nach Art der Tätigkeiten zu berücksichtigen, ob die Beschäftigten befähigt sind, die für die Sicherheit und den Gesundheitsschutz bei der Aufgabenerfüllung zu beachtenden Bestimmungen und Maßnahmen einzuhalten.

§ 8 Zusammenarbeit mehrerer Arbeitgeber

(1) 1Werden Beschäftigte mehrerer Arbeitgeber an einem Arbeitsplatz tätig, sind die Arbeitgeber verpflichtet, bei der Durchführung der Sicherheits- und Gesundheitsschutzbestimmungen zusammenzuarbeiten. 2Soweit dies für die Sicherheit und den Gesundheitsschutz der Beschäftigten bei der Arbeit erforderlich ist, haben die Arbeitgeber je nach Art der Tätigkeiten insbesondere sich gegenseitig und ihre Beschäftigten über die mit den Arbeiten verbundenen Gefahren für Sicherheit und Gesundheit der Beschäftigten zu unterrichten und Maßnahmen zur Verhütung dieser Gefahren abzustimmen.

(2) Der Arbeitgeber muß sich je nach Art der Tätigkeit vergewissern, daß die Beschäftigten anderer Arbeitgeber, die in seinem Betrieb tätig werden, hinsichtlich der Gefahren für ihre Sicherheit und Gesundheit während ihrer Tätigkeit in seinem Betrieb angemessene Anweisungen erhalten haben.

§ 9 Besondere Gefahren

(1) Der Arbeitgeber hat Maßnahmen zu treffen, damit nur Beschäftigte Zugang zu besonders gefährlichen Arbeitsbereichen haben, die zuvor geeignete Anweisungen erhalten haben.

(2) 1Der Arbeitgeber hat Vorkehrungen zu treffen, daß alle Beschäftigten, die einer unmittelbaren erheblichen Gefahr ausgesetzt sind oder sein können, möglichst frühzeitig über diese Gefahr und die getroffenen oder zu treffenden Schutzmaßnahmen unterrichtet sind. 2Bei unmittelbarer erheblicher Gefahr für die eigene Sicherheit oder die Sicherheit anderer Personen müssen die Beschäftigten die geeigneten Maßnahmen zur Gefahrenabwehr und Schadensbegrenzung selbst treffen können, wenn der zuständige Vorgesetzte nicht erreichbar ist; dabei sind die Kenntnisse der Beschäftigten und die vorhandenen technischen Mittel zu berücksichtigen. 3Den Beschäftigten dürfen aus ihrem Handeln keine Nachteile entstehen, es sei denn, sie haben vorsätzlich oder grob fahrlässig ungeeignete Maßnahmen getroffen.

(3) 1Der Arbeitgeber hat Maßnahmen zu treffen, die es den Beschäftigten bei unmittelbarer erheblicher Gefahr ermöglichen, sich durch sofortiges Verlassen der Arbeitsplätze in Sicherheit zu bringen. 2Den Beschäftigten dürfen hierdurch keine Nachteile entstehen. 3Hält die unmittelbare erhebliche Gefahr an, darf der Arbeitgeber die Beschäftigten nur in besonders begründeten Ausnahmefällen auffordern, ihre Tätigkeit wieder aufzunehmen. 4Gesetzliche Pflichten der Beschäftigten zur Abwehr von Gefahren für die öffentliche Sicherheit sowie die §§ 7 und 11 des Soldatengesetzes bleiben unberührt.

§ 10 Erste Hilfe und sonstige Notfallmaßnahmen

(1) 1Der Arbeitgeber hat entsprechend der Art der Arbeitsstätte und der Tätigkeiten sowie der Zahl der Beschäftigten die Maßnahmen zu treffen, die zur Ersten Hilfe, Brandbekämpfung und Evakuierung der Beschäftigten erforderlich sind. 2Dabei hat er der Anwesenheit anderer Personen Rechnung zu

3

tragen. 3Er hat auch dafür zu sorgen, daß im Notfall die erforderlichen Verbindungen zu außerbetrieblichen Stellen, insbesondere in den Bereichen der Ersten Hilfe, der medizinischen Notversorgung, der Bergung und der Brandbekämpfung eingerichtet sind.

(2) 1Der Arbeitgeber hat diejenigen Beschäftigten zu benennen, die Aufgaben der Ersten Hilfe, Brandbekämpfung und Evakuierung der Beschäftigten übernehmen. 2Anzahl, Ausbildung und Ausrüstung der nach Satz 1 benannten Beschäftigten müssen in einem angemessenen Verhältnis zur Zahl der Beschäftigten und zu den bestehenden besonderen Gefahren stehen. 3Vor der Benennung hat der Arbeitgeber den Betriebs- oder Personalrat zu hören. 4Weitergehende Beteiligungsrechte bleiben unberührt. 5Der Arbeitgeber kann die in Satz 1 genannten Aufgaben auch selbst wahrnehmen, wenn er über die nach Satz 2 erforderliche Ausbildung und Ausrüstung verfügt.

§ 11 Arbeitsmedizinische Vorsorge

Der Arbeitgeber hat den Beschäftigten auf ihren Wunsch unbeschadet der Pflichten aus anderen Rechtsvorschriften zu ermöglichen, sich je nach den Gefahren für ihre Sicherheit und Gesundheit bei der Arbeit regelmäßig arbeitsmedizinisch untersuchen zu lassen, es sei denn, auf Grund der Beurteilung der Arbeitsbedingungen und der getroffenen Schutzmaßnahmen ist nicht mit einem Gesundheitsschaden zu rechnen.

§ 12 Unterweisung

(1) 1Der Arbeitgeber hat die Beschäftigten über Sicherheit und Gesundheitsschutz bei der Arbeit während ihrer Arbeitszeit ausreichend und angemessen zu unterweisen. 2Die Unterweisung umfaßt Anweisungen und Erläuterungen, die eigens auf den Arbeitsplatz oder den Aufgabenbereich der Beschäftigten ausgerichtet sind. 3Die Unterweisung muß bei der Einstellung, bei Veränderungen im Aufgabenbereich, der Einführung neuer Arbeitsmittel oder einer neuen Technologie vor Aufnahme der Tätigkeit der Beschäftigten erfolgen. 4Die Unterweisung muß an die Gefährdungsentwicklung angepaßt sein und erforderlichenfalls regelmäßig wiederholt werden.

(2) 1Bei einer Arbeitnehmerüberlassung trifft die Pflicht zur Unterweisung nach Absatz 1 den Entleiher. 2Er hat die Unterweisung unter Berücksichtigung der Qualifikation und der Erfahrung der Personen, die ihm zur Arbeitsleistung überlassen werden, vorzunehmen. 3Die sonstigen Arbeitsschutzpflichten des Verleihers bleiben unberührt.

§ 13 Verantwortliche Personen

(1) Verantwortlich für die Erfüllung der sich aus diesem Abschnitt ergebenden Pflichten sind neben dem Arbeitgeber

1. sein gesetzlicher Vertreter,
2. das vertretungsberechtigte Organ einer juristischen Person,
3. der vertretungsberechtigte Gesellschafter einer Personenhandelsgesellschaft,
4. Personen, die mit der Leitung eines Unternehmens oder eines Betriebes beauftragt sind, im Rahmen der ihnen übertragenen Aufgaben und Befugnisse,
5. sonstige nach Absatz 2 oder nach einer auf Grund dieses Gesetzes erlassenen Rechtsverordnung oder nach einer Unfallverhütungsvorschrift verpflichtete Personen im Rahmen ihrer Aufgaben und Befugnisse.

(2) Der Arbeitgeber kann zuverlässige und fachkundige Personen schriftlich damit beauftragen ihm obliegende Aufgaben nach diesem Gesetz in eigener Verantwortung wahrzunehmen.

§ 14 Unterrichtung und Anhörung der Beschäftigten des öffentlichen Dienstes

(1) Die Beschäftigten des öffentlichen Dienstes sind vor Beginn der Beschäftigung und bei Veränderungen in ihren Arbeitsbereichen über Gefahren für Sicherheit und Gesundheit, denen sie bei der Arbeit ausgesetzt sein können, sowie über die Maßnahmen und Einrichtungen zur Verhütung dieser Gefahren und die nach § 10 Abs. 2 getroffenen Maßnahmen zu unterrichten.

(2) Soweit in Betrieben des öffentlichen Dienstes keine Vertretung der Beschäftigten besteht, hat der Arbeitgeber die Beschäftigten zu allen Maßnahmen zu hören, die Auswirkungen auf Sicherheit und Gesundheit der Beschäftigten haben können.

Dritter Abschnitt Pflichten und Rechte der Beschäftigten

§ 15 Pflichten der Beschäftigten

(1) 1Die Beschäftigten sind verpflichtet, nach ihren Möglichkeiten sowie gemäß der Unterweisung und Weisung des Arbeitgebers für ihre Sicherheit und Gesundheit bei der Arbeit Sorge zu tragen. 2Entsprechend Satz 1 haben die Beschäftigten auch für die Sicherheit und Gesundheit der Personen zu sorgen, die von ihren Handlungen oder Unterlassungen bei der Arbeit betroffen sind.

(2) Im Rahmen des Absatzes 1 haben die Beschäftigten insbesondere Maschinen, Geräte, Werkzeuge, Arbeitsstoffe, Transportmittel und sonstige Arbeitsmittel sowie Schutzvorrichtungen und die ihnen zur Verfügung gestellte persönliche Schutzausrüstung bestimmungsgemäß zu verwenden.

§ 16 Besondere Unterstützungspflichten

(1) Die Beschäftigten haben dem Arbeitgeber oder dem zuständigen Vorgesetzten jede von ihnen festgestellte unmittelbare erhebliche Gefahr für die Sicherheit und Gesundheit sowie jeden an den Schutzsystemen festgestellten Defekt unverzüglich zu melden.

(2) 1Die Beschäftigten haben gemeinsam mit dem Betriebsarzt und der Fachkraft für Arbeitssicherheit den Arbeitgeber darin zu unterstützen, die Sicherheit und den Gesundheitsschutz der Beschäftigten bei der Arbeit zu gewährleisten und seine Pflichten entsprechend den behördlichen Aufgaben zu erfüllen. 2Unbeschadet ihrer Pflicht nach Absatz 1 sollen die Beschäftigten von ihnen festgestellte Gefahren für Sicherheit und Gesundheit und Mängel an den Schutzsystemen auch der Fachkraft für Arbeitssicherheit, dem Betriebsarzt oder dem Sicherheitsbeauftragten nach § 22 des Siebten Buches Sozialgesetzbuch mitteilen.

§ 17 Rechte der Beschäftigten

(1) 1Die Beschäftigten sind berechtigt, dem Arbeitgeber Vorschläge zu allen Fragen der Sicherheit und des Gesundheitsschutzes bei der Arbeit zu machen. 2Für Beamtinnen und Beamte des Bundes ist § 125 des Bundesbeamtengesetzes anzuwenden. 3Entsprechendes Landesrecht bleibt unberührt.

(2) 1Sind Beschäftigte auf Grund konkreter Anhaltspunkte der Auffassung, daß die vom Arbeitgeber getroffenen Maßnahmen und bereitgestellten Mittel nicht ausreichen, um die Sicherheit und den Gesundheitsschutz bei der Arbeit zu gewährleisten, und hilft der Arbeitgeber darauf gerichteten Beschwerden von Beschäftigten nicht ab, können sich diese an die zuständige Behörde wenden. 2Hierdurch dürfen den Beschäftigten keine Nachteile entstehen. 3Die in Absatz 1 Satz 2 und 3 genannten Vorschriften sowie die Vorschriften der Wehrbeschwerdeordnung und des Gesetzes über den Wehrbeauftragten des Deutschen Bundestages bleiben unberührt.

Vierter Abschnitt Verordnungsermächtigungen

§ 18 Verordnungsermächtigungen

(1) 1Die Bundesregierung wird ermächtigt, durch Rechtsverordnung mit Zustimmung des Bundesrates vorzuschreiben, welche Maßnahmen der Arbeitgeber und die sonstigen verantwortlichen Personen zu treffen haben und wie sich die Beschäftigten zu verhalten haben, um ihre jeweiligen Pflichten, die sich aus diesem Gesetz ergeben, zu erfüllen. 2In diesen Rechtsverordnungen kann auch bestimmt werden, daß bestimmte Vorschriften des Gesetzes zum Schutz anderer als in § 2 Abs. 2 genannter Personen anzuwenden sind.

(2) Durch Rechtsverordnungen nach Absatz 1 kann insbesondere bestimmt werden,

1. daß und wie zur Abwehr bestimmter Gefahren Dauer oder Lage der Beschäftigung oder die Zahl der Beschäftigten begrenzt werden muß,

2. daß der Einsatz bestimmter Arbeitsmittel oder -verfahren mit besonderen Gefahren für die Beschäftigten verboten ist oder der zuständigen Behörde angezeigt oder von ihr erlaubt sein muß oder besonders gefährdete Personen dabei nicht beschäftigt werden dürfen,
3. daß bestimmte, besonders gefährliche Betriebsanlagen einschließlich der Arbeits- und Fertigungsverfahren vor Inbetriebnahme, in regelmäßigen Abständen oder auf behördliche Anordnung fachkundig geprüft werden müssen,

3a. dass für bestimmte Beschäftigte angemessene Unterkünfte bereitzustellen sind, wenn dies aus Gründen der Sicherheit, zum Schutz der Gesundheit oder aus Gründen der menschengerechten Gestaltung der Arbeit erforderlich ist und welche Anforderungen dabei zu erfüllen sind,

4. daß Beschäftigte, bevor sie eine bestimmte gefährdende Tätigkeit aufnehmen oder fortsetzen oder nachdem sie sie beendet haben, arbeitsmedizinisch zu untersuchen sind, und welche besonderen Pflichten der Arzt dabei zu beachten hat,
5. dass Ausschüsse zu bilden sind, denen die Aufgabe übertragen wird, die Bundesregierung oder das zuständige Bundesministerium zur Anwendung der Rechtsverordnungen zu beraten, dem Stand der Technik, Arbeitsmedizin und Hygiene entsprechende Regeln und sonstige gesicherte arbeitswissenschaftliche Erkenntnisse zu ermitteln sowie Regeln zu ermitteln, wie die in den Rechtsverordnungen gestellten Anforderungen erfüllt werden können. Das Bundesministerium für Arbeit und Soziales kann die Regeln und Erkenntnisse amtlich bekannt machen.

(3) In epidemischen Lagen von nationaler Tragweite nach § 5 Absatz 1 des Infektionsschutzgesetzes kann das Bundesministerium für Arbeit und Soziales ohne Zustimmung des Bundesrates spezielle Rechtsverordnungen nach Absatz 1 für einen befristeten Zeitraum erlassen.

§ 19 Rechtsakte der Europäischen Gemeinschaften und zwischenstaatliche Vereinbarungen

Rechtsverordnungen nach § 18 können auch erlassen werden, soweit dies zur Durchführung von Rechtsakten des Rates oder der Kommission der Europäischen Gemeinschaften oder von Beschlüssen internationaler Organisationen oder von zwischenstaatlichen Vereinbarungen, die Sachbereiche dieses Gesetzes betreffen, erforderlich ist, insbesondere um Arbeitsschutzpflichten für andere als in § 2 Abs. 3 genannte Personen zu regeln.

§ 20 Regelungen für den öffentlichen Dienst

(1) Für die Beamten der Länder, Gemeinden und sonstigen Körperschaften, Anstalten und Stiftungen des öffentlichen Rechts regelt das Landesrecht, ob und inwieweit die nach § 18 erlassenen Rechtsverordnungen gelten.

(2) $_1$Für bestimmte Tätigkeiten im öffentlichen Dienst des Bundes, insbesondere bei der Bundeswehr, der Polizei, den Zivil- und Katastrophenschutzdiensten, dem Zoll oder den Nachrichtendiensten, können das Bundeskanzleramt, das Bundesministerium des Innern, für Bau und Heimat, das Bundesministerium für Verkehr und digitale Infrastruktur, das Bundesministerium der Verteidigung oder das Bundesministerium der Finanzen, soweit sie hierfür jeweils zuständig sind, durch Rechtsverordnung ohne Zustimmung des Bundesrates bestimmen, daß Vorschriften dieses Gesetzes ganz oder zum Teil nicht anzuwenden sind, soweit öffentliche Belange dies zwingend erfordern, insbesondere zur Aufrechterhaltung oder Wiederherstellung der öffentlichen Sicherheit. $_2$Rechtsverordnungen nach Satz 1 werden im Einvernehmen mit dem Bundesministerium für Arbeit und Soziales und, soweit nicht das Bundesministerium des Innern, für Bau und Heimat selbst ermächtigt ist, im Einvernehmen mit diesem Ministerium erlassen. $_3$In den Rechtsverordnungen ist gleichzeitig festzulegen, wie die Sicherheit und der Gesundheitsschutz bei der Arbeit unter Berücksichtigung der Ziele dieses Gesetzes auf andere Weise gewährleistet

werden. ₄Für Tätigkeiten im öffentlichen Dienst der Länder, Gemeinden und sonstigen landesunmittelbaren Körperschaften, Anstalten und Stiftungen des öffentlichen Rechts können den Sätzen 1 und 3 entsprechende Regelungen durch Landesrecht getroffen werden.

Fünfter Abschnitt Gemeinsame deutsche Arbeitsschutzstrategie

§ 20a Gemeinsame deutsche Arbeitsschutzstrategie

(1) ₁Nach den Bestimmungen dieses Abschnitts entwickeln Bund, Länder und Unfallversicherungsträger im Interesse eines wirksamen Arbeitsschutzes eine gemeinsame deutsche Arbeitsschutzstrategie und gewährleisten ihre Umsetzung und Fortschreibung. ₂Mit der Wahrnehmung der ihnen gesetzlich zugewiesenen Aufgaben zur Verhütung von Arbeitsunfällen, Berufskrankheiten und arbeitsbedingten Gesundheitsgefahren sowie zur menschengerechten Gestaltung der Arbeit tragen Bund, Länder und Unfallversicherungsträger dazu bei, die Ziele der gemeinsamen deutschen Arbeitsschutzstrategie zu erreichen.

(2) Die gemeinsame deutsche Arbeitsschutzstrategie umfasst

1. die Entwicklung gemeinsamer Arbeitsschutzziele,
2. die Festlegung vorrangiger Handlungsfelder und von Eckpunkten für Arbeitsprogramme sowie deren Ausführung nach einheitlichen Grundsätzen,
3. die Evaluierung der Arbeitsschutzziele, Handlungsfelder und Arbeitsprogramme mit geeigneten Kennziffern,
4. die Festlegung eines abgestimmten Vorgehens der für den Arbeitsschutz zuständigen Landesbehörden und der Unfallversicherungsträger bei der Beratung und Überwachung der Betriebe,
5. die Herstellung eines verständlichen, überschaubaren und abgestimmten Vorschriften- und Regelwerks.

§ 20b Nationale Arbeitsschutzkonferenz

(1) ₁Die Aufgabe der Entwicklung, Steuerung und Fortschreibung der gemeinsamen deutschen Arbeitsschutzstrategie nach § 20a Abs. 1 Satz 1 wird von der Nationalen Arbeitsschutzkonferenz wahrgenommen. ₂Sie setzt sich aus jeweils drei stimmberechtigten Vertretern von Bund, Ländern und den Unfallversicherungsträgern zusammen und bestimmt für jede Gruppe drei Stellvertreter. ₃Außerdem entsenden die Spitzenorganisationen der Arbeitgeber und Arbeitnehmer für die Behandlung von Angelegenheiten nach § 20a Abs. 2 Nr. 1 bis 3 und 5 jeweils bis zu drei Vertreter in die Nationale Arbeitsschutzkonferenz; sie nehmen mit beratender Stimme an den Sitzungen teil. ₄Die Nationale Arbeitsschutzkonferenz gibt sich eine Geschäftsordnung; darin werden insbesondere die Arbeitsweise und das Beschlussverfahren festgelegt. ₅Die Geschäftsordnung muss einstimmig angenommen werden.

(2) Alle Einrichtungen, die mit Sicherheit und Gesundheit bei der Arbeit befasst sind, können der Nationalen Arbeitsschutzkonferenz Vorschläge für Arbeitsschutzziele, Handlungsfelder und Arbeitsprogramme unterbreiten.

(3) ₁Die Nationale Arbeitsschutzkonferenz wird durch ein Arbeitsschutzforum unterstützt, das in der Regel einmal jährlich stattfindet. ₂Am Arbeitsschutzforum sollen sachverständige Vertreter der Spitzenorganisationen der Arbeitgeber und Arbeitnehmer, der Berufs- und Wirtschaftsverbände, der Wissenschaft, der Kranken- und Rentenversicherungsträger, von Einrichtungen im Bereich Sicherheit und Gesundheit bei der Arbeit sowie von Einrichtungen, die der Förderung der Beschäftigungsfähigkeit dienen, teilnehmen. ₃Das Arbeitsschutzforum hat die Aufgabe, eine frühzeitige und aktive Teilhabe der sachverständigen Fachöffentlichkeit an der Entwicklung und Fortschreibung der gemeinsamen deutschen Arbeitsschutzstrategie sicherzustellen und die Nationale Arbeitsschutzkonferenz entsprechend zu beraten.

(4) Einzelheiten zum Verfahren der Einreichung von Vorschlägen nach Absatz 2 und zur

Durchführung des Arbeitsschutzforums nach Absatz 3 werden in der Geschäftsordnung der Nationalen Arbeitsschutzkonferenz geregelt.

(5) $_{1}$Die Geschäfte der Nationalen Arbeitsschutzkonferenz und des Arbeitsschutzforums führt die Bundesanstalt für Arbeitsschutz und Arbeitsmedizin. $_{2}$Einzelheiten zu Arbeitsweise und Verfahren werden in der Geschäftsordnung der Nationalen Arbeitsschutzkonferenz festgelegt.

Sechster Abschnitt Schlußvorschriften

§ 21 Zuständige Behörden; Zusammenwirken mit den Trägern der gesetzlichen Unfallversicherung

(1) $_{1}$Die Überwachung des Arbeitsschutzes nach diesem Gesetz ist staatliche Aufgabe. $_{2}$Die zuständigen Behörden haben die Einhaltung dieses Gesetzes und der auf Grund dieses Gesetzes erlassenen Rechtsverordnungen zu überwachen und die Arbeitgeber bei der Erfüllung ihrer Pflichten zu beraten. $_{3}$Bei der Überwachung haben die zuständigen Behörden bei der Auswahl von Betrieben Art und Umfang des betrieblichen Gefährdungspotenzials zu berücksichtigen.

(1a) $_{1}$Die zuständigen Landesbehörden haben bei der Überwachung nach Absatz 1 sicherzustellen, dass im Laufe eines Kalenderjahres eine Mindestanzahl an Betrieben besichtigt wird. $_{2}$Beginnend mit dem Kalenderjahr 2026 sind im Laufe eines Kalenderjahres mindestens 5 Prozent der im Land vorhandenen Betriebe zu besichtigen (Mindestbesichtigungsquote). $_{3}$Von der Mindestbesichtigungsquote kann durch Landesrecht nicht abgewichen werden. $_{4}$Erreicht eine Landesbehörde die Mindestbesichtigungsquote nicht, so hat sie die Zahl der besichtigten Betriebe bis zum Kalenderjahr 2026 schrittweise mindestens so weit zu erhöhen, dass sie die Mindestbesichtigungsquote erreicht. $_{5}$Maßgeblich für die Anzahl der im Land vorhandenen Betriebe ist die amtliche Statistik der Bundesagentur für Arbeit des Vorjahres.

(2) $_{1}$Die Aufgaben und Befugnisse der Träger der gesetzlichen Unfallversicherung richten sich, soweit nichts anderes bestimmt ist, nach den Vorschriften des Sozialgesetzbuchs. $_{2}$Soweit die Träger der gesetzlichen Unfallversicherung nach dem Sozialgesetzbuch im Rahmen ihres Präventionsauftrags auch Aufgaben zur Gewährleistung von Sicherheit und Gesundheitsschutz der Beschäftigten wahrnehmen, werden sie ausschließlich im Rahmen ihrer autonomen Befugnisse tätig.

(3) $_{1}$Die zuständigen Landesbehörden und die Unfallversicherungsträger wirken auf der Grundlage einer gemeinsamen Beratungs- und Überwachungsstrategie nach § 20a Abs. 2 Nr. 4 eng zusammen und stellen den Erfahrungsaustausch sicher. $_{2}$Diese Strategie umfasst die Abstimmung allgemeiner Grundsätze zur methodischen Vorgehensweise bei

1. der Beratung und Überwachung der Betriebe,
2. der Festlegung inhaltlicher Beratungs- und Überwachungsschwerpunkte, aufeinander abgestimmter oder gemeinsamer Schwerpunktaktionen und Arbeitsprogramme und
3. der Förderung eines Daten- und sonstigen Informationsaustausches, insbesondere über Betriebsbesichtigungen und deren wesentliche Ergebnisse.

$_{3}$Die zuständigen Landesbehörden vereinbaren mit den Unfallversicherungsträgern nach § 20 Abs. 2 Satz 3 des Siebten Buches Sozialgesetzbuch die Maßnahmen, die zur Umsetzung der gemeinsamen Arbeitsprogramme nach § 20a Abs. 2 Nr. 2 und der gemeinsamen Beratungs- und Überwachungsstrategie notwendig sind; sie evaluieren deren Zielerreichung mit den von der Nationalen Arbeitsschutzkonferenz nach § 20a Abs. 2 Nr. 3 bestimmten Kennziffern.

(4) $_{1}$Die für den Arbeitsschutz zuständige oberste Landesbehörde kann mit Trägern der gesetzlichen Unfallversicherung vereinbaren, daß diese in näher zu bestimmenden Tätigkeitsbereichen die Einhaltung dieses Gesetzes, bestimmter Vorschriften dieses Gesetzes oder der auf Grund dieses Gesetzes erlassenen Rechtsverordnungen überwachen. $_{2}$In der Ver-

einbarung sind Art und Umfang der Überwachung sowie die Zusammenarbeit mit den staatlichen Arbeitsschutzbehörden festzulegen.

(5) ₁Soweit nachfolgend nichts anderes bestimmt ist, ist zuständige Behörde für die Durchführung dieses Gesetzes und der auf dieses Gesetz gestützten Rechtsverordnungen in den Betrieben und Verwaltungen des Bundes die Zentralstelle für Arbeitsschutz beim Bundesministerium des Innern, für Bau und Heimat. ₂Im Auftrag der Zentralstelle handelt, soweit nichts anderes bestimmt ist, die Unfallversicherung Bund und Bahn, die insoweit der Aufsicht des Bundesministeriums des Innern, für Bau und Heimat unterliegt; Aufwendungen werden nicht erstattet. ₃Im öffentlichen Dienst im Geschäftsbereich des Bundesministeriums für Verkehr und digitale Infrastruktur führt die Unfallversicherung Bund und Bahn, soweit die Eisenbahn-Unfallkasse bis zum 31. Dezember 2014 Träger der Unfallversicherung war, dieses Gesetz durch. ₄Für Betriebe und Verwaltungen in den Geschäftsbereichen des Bundesministeriums der Verteidigung und des Auswärtigen Amtes hinsichtlich seiner Auslandsvertretungen führt das jeweilige Bundesministerium, soweit es jeweils zuständig ist, oder die von ihm jeweils bestimmte Stelle dieses Gesetz durch. ₅Im Geschäftsbereich des Bundesministeriums der Finanzen führt die Berufsgenossenschaft Verkehrswirtschaft Post-Logistik Telekommunikation dieses Gesetz durch, soweit der Geschäftsbereich des ehemaligen Bundesministeriums für Post und Telekommunikation betroffen ist. ₆Die Sätze 1 bis 4 gelten auch für Betriebe und Verwaltungen, die zur Bundesverwaltung gehören, für die aber eine Berufsgenossenschaft Träger der Unfallversicherung ist. ₇Die zuständigen Bundesministerien können mit den Berufsgenossenschaften für diese Betriebe und Verwaltungen vereinbaren, daß das Gesetz von den Berufsgenossenschaften durchgeführt wird; Aufwendungen werden nicht erstattet.

§ 22 Befugnisse der zuständigen Behörden

(1) ₁Die zuständige Behörde kann vom Arbeitgeber oder von den verantwortlichen Personen die zur Durchführung ihrer Überwachungsaufgabe erforderlichen Auskünfte und die Überlassung von entsprechenden Unterlagen verlangen. ₂Werden Beschäftigte mehrerer Arbeitgeber an einem Arbeitsplatz tätig, kann die zuständige Behörde von den Arbeitgebern oder von den verantwortlichen Personen verlangen, dass das Ergebnis der Abstimmung über die zu treffenden Maßnahmen nach § 8 Absatz 1 schriftlich vorgelegt wird. ₃Die auskunftspflichtige Person kann die Auskunft auf solche Fragen oder die Vorlage derjenigen Unterlagen verweigern, deren Beantwortung oder Vorlage sie selbst oder einen ihrer in § 383 Abs. 1 Nr. 1 bis 3 der Zivilprozeßordnung bezeichneten Angehörigen der Gefahr der Verfolgung wegen einer Straftat oder Ordnungswidrigkeit aussetzen würde. ₄Die auskunftspflichtige Person ist darauf hinzuweisen.

(2) ₁Die mit der Überwachung beauftragten Personen sind befugt, zu den Betriebs- und Arbeitszeiten Betriebsstätten, Geschäfts- und Betriebsräume zu betreten, zu besichtigen und zu prüfen sowie in die geschäftlichen Unterlagen der auskunftspflichtigen Person Einsicht zu nehmen, soweit dies zur Erfüllung ihrer Aufgaben erforderlich ist. ₂Außerdem sind sie befugt, Betriebsanlagen, Arbeitsmittel und persönliche Schutzausrüstungen zu prüfen, Arbeitsverfahren und Arbeitsabläufe zu untersuchen, Messungen vorzunehmen und insbesondere arbeitsbedingte Gesundheitsgefahren festzustellen und zu untersuchen, auf welche Ursachen ein Arbeitsunfall, eine arbeitsbedingte Erkrankung oder ein Schadensfall zurückzuführen ist. ₃Sie sind berechtigt, die Begleitung durch den Arbeitgeber oder eine von ihm beauftragte Person zu verlangen. ₄Der Arbeitgeber oder die verantwortlichen Personen haben die mit der Überwachung beauftragten Personen bei der Wahrnehmung ihrer Befugnisse nach den Sätzen 1 und 2 zu unterstützen. ₅Außerhalb der in Satz 1 genannten Zeiten dürfen die mit der Überwachung beauftragten Personen ohne Einverständnis des Arbeitgebers die Maßnahmen nach den Sätzen 1 und 2 nur treffen, soweit sie zur Verhütung dringender

3

Gefahren für die öffentliche Sicherheit und Ordnung erforderlich sind. 6Wenn sich die Arbeitsstätte in einer Wohnung befindet, dürfen die mit der Überwachung beauftragten Personen die Maßnahmen nach den Sätzen 1 und 2 ohne Einverständnis der Bewohner oder Nutzungsberechtigten nur treffen, soweit sie zur Verhütung dringender Gefahren für die öffentliche Sicherheit und Ordnung erforderlich sind. 7Die auskunftspflichtige Person hat die Maßnahmen nach den Sätzen 1, 2, 5 und 6 zu dulden. 8Die Sätze 1 und 5 gelten entsprechend, wenn nicht feststeht, ob in der Arbeitsstätte Personen beschäftigt werden, jedoch Tatsachen gegeben sind, die diese Annahme rechtfertigen. 9Das Grundrecht der Unverletzlichkeit der Wohnung (Artikel 13 des Grundgesetzes) wird insoweit eingeschränkt.

(3) 1Die zuständige Behörde kann im Einzelfall anordnen,

1. welche Maßnahmen der Arbeitgeber und die verantwortlichen Personen oder die Beschäftigten zur Erfüllung der Pflichten zu treffen haben, die sich aus diesem Gesetz und den auf Grund dieses Gesetzes erlassenen Rechtsverordnungen ergeben,
2. welche Maßnahmen der Arbeitgeber und die verantwortlichen Personen zur Abwendung einer besonderen Gefahr für Leben und Gesundheit der Beschäftigten zu treffen haben.

2Die zuständige Behörde hat, wenn nicht Gefahr im Verzug ist, zur Ausführung der Anordnung eine angemessene Frist zu setzen. 3Wird eine Anordnung nach Satz 1 nicht innerhalb einer gesetzten Frist oder eine für sofort vollziehbar erklärte Anordnung nicht sofort ausgeführt, kann die zuständige Behörde die von der Anordnung betroffene Arbeit oder die Verwendung oder den Betrieb der von der Anordnung betroffenen Arbeitsmittel untersagen. 4Maßnahmen der zuständigen Behörde im Bereich des öffentlichen Dienstes, die den Dienstbetrieb wesentlich beeinträchtigen, sollen im Einvernehmen mit der obersten Bundes- oder Landesbehörde oder dem Hauptverwaltungsbeamten der Gemeinde getroffen werden.

§ 23 Betriebliche Daten; Zusammenarbeit mit anderen Behörden; Jahresbericht, Bundesfachstelle

(1) 1Der Arbeitgeber hat der zuständigen Behörde zu einem von ihr bestimmten Zeitpunkt Mitteilungen über

1. die Zahl der Beschäftigten und derer, an die er Heimarbeit vergibt, aufgegliedert nach Geschlecht, Alter und Staatsangehörigkeit,
2. den Namen oder die Bezeichnung und Anschrift des Betriebes, in dem er sie beschäftigt,
3. seinen Namen, seine Firma und seine Anschrift sowie
4. den Wirtschaftszweig, dem sein Betrieb angehört,

zu machen. 2Das Bundesministerium für Arbeit und Soziales wird ermächtigt, durch Rechtsverordnung mit Zustimmung des Bundesrates zu bestimmen, daß die Stellen der Bundesverwaltung, denen der Arbeitgeber die in Satz 1 genannten Mitteilungen bereits auf Grund einer Rechtsvorschrift mitgeteilt hat, diese Angaben an die für die Behörden nach Absatz 1 zuständigen obersten Landesbehörden als Schreiben oder auf maschinell verwertbaren Datenträgern oder durch Datenübertragung weiterzuleiten haben. 3In der Rechtsverordnung können das Nähere über die Form der weiterzuleitenden Angaben sowie die Frist für die Weiterleitung bestimmt werden. 4Die weitergeleiteten Angaben dürfen nur zur Erfüllung der in der Zuständigkeit der Behörden nach § 21 Abs. 1 liegenden Arbeitsschutzaufgaben verarbeitet werden.

(2) 1Die mit der Überwachung beauftragten Personen dürfen die ihnen bei ihrer Überwachungstätigkeit zur Kenntnis gelangenden Geschäfts- und Betriebsgeheimnisse nur in den gesetzlich geregelten Fällen oder zur Verfolgung von Gesetzwidrigkeiten oder zur Erfüllung von gesetzlich geregelten Aufgaben zum Schutz der Versicherten dem Träger der gesetzlichen Unfallversicherung oder zum Schutz der Umwelt den dafür zuständigen Behörden offenbaren. 2Soweit es sich bei Geschäfts- und Betriebsgeheimnissen um In-

formationen über die Umwelt im Sinne des Umweltinformationsgesetzes handelt, richtet sich die Befugnis zu ihrer Offenbarung nach dem Umweltinformationsgesetz.

(3) 1Ergeben sich im Einzelfall für die zuständigen Behörden konkrete Anhaltspunkte für

1. eine Beschäftigung oder Tätigkeit von Ausländern ohne den erforderlichen Aufenthaltstitel nach § 4 Abs. 3 des Aufenthaltsgesetzes, eine Aufenthaltsgestattung oder eine Duldung, die zur Ausübung der Beschäftigung berechtigen, oder eine Genehmigung nach § 284 Abs. 1 des Dritten Buches Sozialgesetzbuch,
2. Verstöße gegen die Mitwirkungspflicht nach § 60 Abs. 1 Satz 1 Nr. 2 des Ersten Buches Sozialgesetzbuch gegenüber einer Dienststelle der Bundesagentur für Arbeit, einem Träger der gesetzlichen Kranken-, Pflege-, Unfall- oder Rentenversicherung oder einem Träger der Sozialhilfe oder gegen die Meldepflicht nach § 8a des Asylbewerberleistungsgesetzes,
3. Verstöße gegen das Gesetz zur Bekämpfung der Schwarzarbeit,
4. Verstöße gegen das Arbeitnehmerüberlassungsgesetz,
5. Verstöße gegen die Vorschriften des Vierten und des Siebten Buches Sozialgesetzbuch über die Verpflichtung zur Zahlung von Sozialversicherungsbeiträgen,
6. Verstöße gegen das Aufenthaltsgesetz,
7. Verstöße gegen die Steuergesetze,
8. Verstöße gegen das Gesetz zur Sicherung von Arbeitnehmerrechten in der Fleischwirtschaft,

unterrichten sie die für die Verfolgung und Ahndung der Verstöße nach den Nummern 1 bis 8 zuständigen Behörden, die Träger der Sozialhilfe sowie die Behörden nach § 71 des Aufenthaltsgesetzes. 2In den Fällen des Satzes 1 arbeiten die zuständigen Behörden insbesondere mit den Agenturen für Arbeit, den Hauptzollämtern, den Rentenversicherungsträgern, den Krankenkassen als Einzugsstellen für die Sozialversicherungsbeiträge, den Trägern der gesetzlichen Unfallversicherung, den nach Landesrecht für die Verfolgung und Ahndung von Verstößen gegen das Gesetz zur Bekämpfung der Schwarzarbeit zuständigen Behörden, den Trägern der Sozialhilfe, den in § 71 des Aufenthaltsgesetzes genannten Behörden und den Finanzbehörden zusammen.

(4) 1Die zuständigen obersten Landesbehörden haben über die Überwachungstätigkeit der ihnen unterstellten Behörden einen Jahresbericht zu veröffentlichen. 2Der Jahresbericht umfaßt auch Angaben zur Erfüllung von Unterrichtungspflichten aus internationalen Übereinkommen oder Rechtsakten der Europäischen Gemeinschaften, soweit sie den Arbeitsschutz betreffen.

(5) 1Bei der Bundesanstalt für Arbeitsschutz und Arbeitsmedizin wird eine Bundesfachstelle für Sicherheit und Gesundheit bei der Arbeit eingerichtet. 2Sie hat die Aufgabe, die Jahresberichte der Länder einschließlich der Besichtigungsquote nach § 21 Absatz 1a auszuwerten und die Ergebnisse für den statistischen Bericht über den Stand von Sicherheit und Gesundheit bei der Arbeit und über das Unfall- und Berufskrankheitengeschehen in der Bundesrepublik Deutschland nach § 25 Absatz 1 des Siebten Buches Sozialgesetzbuch zusammenzufassen. 3Das Bundesministerium für Arbeit und Soziales kann die Arbeitsweise und das Verfahren der Bundesfachstelle für Sicherheit und Gesundheit bei der Arbeit im Errichtungserlass der Bundesanstalt für Arbeitsschutz und Arbeitsmedizin festlegen.

§ 24 Ermächtigung zum Erlaß von allgemeinen Verwaltungsvorschriften

Die Bundesregierung kann mit Zustimmung des Bundesrates allgemeine Verwaltungsvorschriften erlassen insbesondere

1. zur Durchführung dieses Gesetzes und der auf Grund dieses Gesetzes erlassenen Rechtsverordnungen, insbesondere dazu, welche Kriterien zur Auswahl von Betrieben bei der Überwachung anzuwenden, welche Sachverhalte im Rahmen einer Betriebsbesichtigung mindestens zu prüfen und welche Ergebnisse aus der Überwachung für die Berichterstattung zu erfassen sind,

2. über die Gestaltung der Jahresberichte nach § 23 Abs. 4 und
3. über die Angaben, die die zuständigen obersten Landesbehörden dem Bundesministerium für Arbeit und Soziales für den Unfallverhütungsbericht nach § 25 Abs. 2 des Siebten Buches Sozialgesetzbuch bis zu einem bestimmten Zeitpunkt mitzuteilen haben.

§ 24a Ausschuss für Sicherheit und Gesundheit bei der Arbeit

(1) $_{1}$Beim Bundesministerium für Arbeit und Soziales wird ein Ausschuss für Sicherheit und Gesundheit bei der Arbeit gebildet, in dem geeignete Personen vonseiten der öffentlichen und privaten Arbeitgeber, der Gewerkschaften, der Landesbehörden, der gesetzlichen Unfallversicherung und weitere geeignete Personen, insbesondere aus der Wissenschaft, vertreten sein sollen. $_{2}$Dem Ausschuss sollen nicht mehr als 15 Mitglieder angehören. $_{3}$Für jedes Mitglied ist ein stellvertretendes Mitglied zu benennen. $_{4}$Die Mitgliedschaft im Ausschuss ist ehrenamtlich. $_{5}$Ein Mitglied oder ein stellvertretendes Mitglied aus den anderen Ausschüssen beim Bundesministerium für Arbeit und Soziales nach § 18 Absatz 2 Nummer 5 soll dauerhaft als Gast im Ausschuss für Sicherheit und Gesundheit bei der Arbeit vertreten sein.

(2) $_{1}$Das Bundesministerium für Arbeit und Soziales beruft die Mitglieder des Ausschusses für Sicherheit und Gesundheit bei der Arbeit und die stellvertretenden Mitglieder. $_{2}$Der Ausschuss gibt sich eine Geschäftsordnung und wählt die Vorsitzende oder den Vorsitzenden aus seiner Mitte. $_{3}$Die Geschäftsordnung und die Wahl der oder des Vorsitzenden bedürfen der Zustimmung des Bundesministeriums für Arbeit und Soziales.

(3) $_{1}$Zu den Aufgaben des Ausschusses für Sicherheit und Gesundheit bei der Arbeit gehört es, soweit hierfür kein anderer Ausschuss beim Bundesministerium für Arbeit und Soziales nach § 18 Absatz 2 Nummer 5 zuständig ist,

1. den Stand von Technik, Arbeitsmedizin und Hygiene sowie sonstige gesicherte arbeitswissenschaftliche Erkenntnisse für die Sicherheit und Gesundheit der Beschäftigten zu ermitteln,
2. Regeln und Erkenntnisse zu ermitteln, wie die in diesem Gesetz gestellten Anforderungen erfüllt werden können,
3. Empfehlungen zu Sicherheit und Gesundheit bei der Arbeit aufzustellen,
4. das Bundesministerium für Arbeit und Soziales in allen Fragen des Arbeitsschutzes zu beraten.

$_{2}$Das Arbeitsprogramm des Ausschusses für Sicherheit und Gesundheit bei der Arbeit wird mit dem Bundesministerium für Arbeit und Soziales abgestimmt. $_{3}$Der Ausschuss arbeitet eng mit den anderen Ausschüssen beim Bundesministerium für Arbeit und Soziales nach § 18 Absatz 2 Nummer 5 zusammen.

(4) $_{1}$Das Bundesministerium für Arbeit und Soziales kann die vom Ausschuss für Sicherheit und Gesundheit bei der Arbeit ermittelten Regeln und Erkenntnisse im Gemeinsamen Ministerialblatt bekannt geben und die Empfehlungen veröffentlichen. $_{2}$Der Arbeitgeber hat die bekannt gegebenen Regeln und Erkenntnisse zu berücksichtigen. $_{3}$Bei Einhaltung dieser Regeln und bei Beachtung dieser Erkenntnisse ist davon auszugehen, dass die in diesem Gesetz gestellten Anforderungen erfüllt sind, soweit diese von der betreffenden Regel abgedeckt sind. $_{4}$Die Anforderungen aus Rechtsverordnungen nach § 18 und dazu bekannt gegebene Regeln und Erkenntnisse bleiben unberührt.

(5) $_{1}$Die Bundesministerien sowie die obersten Landesbehörden können zu den Sitzungen des Ausschusses für Sicherheit und Gesundheit bei der Arbeit Vertreterinnen oder Vertreter entsenden. $_{2}$Auf Verlangen ist ihnen in der Sitzung das Wort zu erteilen.

(6) Die Geschäfte des Ausschusses für Sicherheit und Gesundheit bei der Arbeit führt die Bundesanstalt für Arbeitsschutz und Arbeitsmedizin.

§ 25 Bußgeldvorschriften

(1) Ordnungswidrig handelt, wer vorsätzlich oder fahrlässig

1. einer Rechtsverordnung nach § 18 Abs. 1 oder § 19 zuwiderhandelt, soweit sie für einen bestimmten Tatbestand auf diese Bußgeldvorschrift verweist oder
2. a) als Arbeitgeber oder als verantwortliche Person einer vollziehbaren Anordnung nach § 22 Abs. 3 oder
   b) als Beschäftigter einer vollziehbaren Anordnung nach § 22 Abs. 3 Satz 1 Nr. 1 zuwiderhandelt.

(2) Die Ordnungswidrigkeit kann in den Fällen des Absatzes 1 Nr. 1 und 2 Buchstabe b mit einer Geldbuße bis zu fünftausend Euro, in den Fällen des Absatzes 1 Nr. 2 Buchstabe a mit einer Geldbuße bis zu dreißigtausend Euro geahndet werden.

§ 26 Strafvorschriften

Mit Freiheitsstrafe bis zu einem Jahr oder mit Geldstrafe wird bestraft, wer

1. eine in § 25 Abs. 1 Nr. 2 Buchstabe a bezeichnete Handlung beharrlich wiederholt oder
2. durch eine in § 25 Abs. 1 Nr. 1 oder Nr. 2 Buchstabe a bezeichnete vorsätzliche Handlung Leben oder Gesundheit eines Beschäftigten gefährdet.

3

Gesetz über Betriebsärzte, Sicherheitsingenieure und andere Fachkräfte für Arbeitssicherheit

Vom 12. Dezember 1973 (BGBl. I S. 1885)

Zuletzt geändert durch
Gesetz zur Umsetzung des Seearbeitsübereinkommens 2006 der Internationalen Arbeitsorganisation
vom 20. April 2013 (BGBl. I S. 868)

Erster Abschnitt

§ 1 Grundsatz

4

Der Arbeitgeber hat nach Maßgabe dieses Gesetzes Betriebsärzte und Fachkräfte für Arbeitssicherheit zu bestellen. Diese sollen ihn beim Arbeitsschutz und bei der Unfallverhütung unterstützen. Damit soll erreicht werden, daß

1. die dem Arbeitsschutz und der Unfallverhütung dienenden Vorschriften den besonderen Betriebsverhältnissen entsprechend angewandt werden,
2. gesicherte arbeitsmedizinische und sicherheitstechnische Erkenntnisse zur Verbesserung des Arbeitsschutzes und der Unfallverhütung verwirklicht werden können,
3. die dem Arbeitsschutz und der Unfallverhütung dienenden Maßnahmen einen möglichst hohen Wirkungsgrad erreichen.

Zweiter Abschnitt Betriebsärzte

§ 2 Bestellung von Betriebsärzten

(1) Der Arbeitgeber hat Betriebsärzte schriftlich zu bestellen und ihnen die in § 3 genannten Aufgaben zu übertragen, soweit dies erforderlich ist im Hinblick auf

1. die Betriebsart und die damit für die Arbeitnehmer verbundenen Unfall- und Gesundheitsgefahren,
2. die Zahl der beschäftigten Arbeitnehmer und die Zusammensetzung der Arbeitnehmerschaft und
3. die Betriebsorganisation, insbesondere im Hinblick auf die Zahl und die Art der für den Arbeitsschutz und die Unfallverhütung verantwortlichen Personen.

(2) Der Arbeitgeber hat dafür zu sorgen, daß die von ihm bestellten Betriebsärzte ihre Aufgaben erfüllen. Er hat sie bei der Erfüllung ihrer Aufgaben zu unterstützen; insbesondere ist er verpflichtet, ihnen, soweit dies zur Erfüllung ihrer Aufgaben erforderlich ist, Hilfspersonal sowie Räume, Einrichtungen, Geräte und Mittel zur Verfügung zu stellen. Er hat sie über den Einsatz von Personen zu unterrichten, die mit einem befristeten Arbeitsvertrag beschäftigt oder ihm zur Arbeitsleistung überlassen sind.

(3) Der Arbeitgeber hat den Betriebsärzten die zur Erfüllung ihrer Aufgaben erforderliche Fortbildung unter Berücksichtigung der betrieblichen Belange zu ermöglichen. Ist der Betriebsarzt als Arbeitnehmer eingestellt, so ist er für die Zeit der Fortbildung unter Fortentrichtung der Arbeitsvergütung von der Arbeit freizustellen. Die Kosten der Fortbildung trägt der Arbeitgeber. Ist der Betriebsarzt nicht als Arbeitnehmer eingestellt, so ist er für die Zeit der Fortbildung von der Erfüllung der ihm übertragenen Aufgaben freizustellen.

§ 3 Aufgaben der Betriebsärzte

(1) Die Betriebsärzte haben die Aufgabe, den Arbeitgeber beim Arbeitsschutz und bei der Unfallverhütung in allen Fragen des Gesundheitsschutzes zu unterstützen. Sie haben insbesondere

1. den Arbeitgeber und die sonst für den Arbeitsschutz und die Unfallverhütung verantwortlichen Personen zu beraten, insbesondere bei

a) der Planung, Ausführung und Unterhaltung von Betriebsanlagen und von sozialen und sanitären Einrichtungen,
b) der Beschaffung von technischen Arbeitsmitteln und der Einführung von Arbeitsverfahren und Arbeitsstoffen,
c) der Auswahl und Erprobung von Körperschutzmitteln,
d) arbeitsphysiologischen, arbeitspsychologischen und sonstigen ergonomischen sowie arbeitshygienischen Fragen, insbesondere
des Arbeitsrhythmus, der Arbeitszeit und der Pausenregelung,
der Gestaltung der Arbeitsplätze, des Arbeitsablaufs und der Arbeitsumgebung,
e) der Organisation der „Ersten Hilfe" im Betrieb,
f) Fragen des Arbeitsplatzwechsels sowie der Eingliederung und Wiedereingliederung Behinderter in den Arbeitsprozeß,
g) der Beurteilung der Arbeitsbedingungen,

2. die Arbeitnehmer zu untersuchen, arbeitsmedizinisch zu beurteilen und zu beraten sowie die Untersuchungsergebnisse zu erfassen und auszuwerten,
3. die Durchführung des Arbeitsschutzes und der Unfallverhütung zu beobachten und im Zusammenhang damit
   a) die Arbeitsstätten in regelmäßigen Abständen zu begehen und festgestellte Mängel dem Arbeitgeber oder der sonst für den Arbeitsschutz und die Unfallverhütung verantwortlichen Person mitzuteilen, Maßnahmen zur Beseitigung dieser Mängel vorzuschlagen und auf deren Durchführung hinzuwirken,
   b) auf die Benutzung der Körperschutzmittel zu achten,
   c) Ursachen von arbeitsbedingten Erkrankungen zu untersuchen, die Untersuchungsergebnisse zu erfassen und auszuwerten und dem Arbeitgeber Maßnahmen zur Verhütung dieser Erkrankungen vorzuschlagen,
4. darauf hinzuwirken, daß sich alle im Betrieb Beschäftigten den Anforderungen des Arbeitsschutzes und der Unfallverhütung entsprechend verhalten, insbesondere sie über die Unfall- und Gesundheitsgefahren, denen sie bei der Arbeit ausgesetzt sind, sowie über die Einrichtungen und Maßnahmen zur Abwendung dieser Gefahren zu belehren und bei der Einsatzplanung und Schulung der Helfer in „Erster Hilfe" und des medizinischen Hilfspersonals mitzuwirken.

(2) Die Betriebsärzte haben auf Wunsch des Arbeitnehmers diesem das Ergebnis arbeitsmedizinischer Untersuchungen mitzuteilen; § 8 Abs. 1 Satz 3 bleibt unberührt.

(3) Zu den Aufgaben der Betriebsärzte gehört es nicht, Krankmeldungen der Arbeitnehmer auf ihre Berechtigung zu überprüfen.

§ 4 Anforderungen an Betriebsärzte

Der Arbeitgeber darf als Betriebsärzte nur Personen bestellen, die berechtigt sind, den ärztlichen Beruf auszuüben, und die über die zur Erfüllung der ihnen übertragenen Aufgaben erforderliche arbeitsmedizinische Fachkunde verfügen.

Dritter Abschnitt
Fachkräfte für Arbeitssicherheit

§ 5 Bestellung von Fachkräften für Arbeitssicherheit

(1) Der Arbeitgeber hat Fachkräfte für Arbeitssicherheit (Sicherheitsingenieure, -techniker, -meister) schriftlich zu bestellen und ihnen die in § 6 genannten Aufgaben zu übertragen, soweit dies erforderlich ist im Hinblick auf

1. die Betriebsart und die damit für die Arbeitnehmer verbundenen Unfall- und Gesundheitsgefahren,
2. die Zahl der beschäftigten Arbeitnehmer und die Zusammensetzung der Arbeitnehmerschaft,
3. die Betriebsorganisation, insbesondere im Hinblick auf die Zahl und Art der für den

Arbeitsschutz und die Unfallverhütung verantwortlichen Personen,

4. die Kenntnisse und die Schulung des Arbeitgebers oder der nach § 13 Abs. 1 Nr. 1, 2 oder 3 des Arbeitsschutzgesetzes verantwortlichen Personen in Fragen des Arbeitsschutzes.

(2) Der Arbeitgeber hat dafür zu sorgen, daß die von ihm bestellten Fachkräfte für Arbeitssicherheit ihre Aufgaben erfüllen. Er hat sie bei der Erfüllung ihrer Aufgaben zu unterstützen; insbesondere ist er verpflichtet, ihnen, soweit dies zur Erfüllung ihrer Aufgaben erforderlich ist, Hilfspersonal sowie Räume, Einrichtungen, Geräte und Mittel zur Verfügung zu stellen. Er hat sie über den Einsatz von Personen zu unterrichten, die mit einem befristeten Arbeitsvertrag beschäftigt oder ihm zur Arbeitsleistung überlassen sind.

(3) Der Arbeitgeber hat den Fachkräften für Arbeitssicherheit die zur Erfüllung ihrer Aufgaben erforderliche Fortbildung unter Berücksichtigung der betrieblichen Belange zu ermöglichen. Ist die Fachkraft für Arbeitssicherheit als Arbeitnehmer eingestellt, so ist sie für die Zeit der Fortbildung unter Fortentrichtung der Arbeitsvergütung von der Arbeit freizustellen. Die Kosten der Fortbildung trägt der Arbeitgeber. Ist die Fachkraft für Arbeitssicherheit nicht als Arbeitnehmer eingestellt, so ist sie für die Zeit der Fortbildung von der Erfüllung der ihr übertragenen Aufgaben freizustellen.

§ 6 Aufgaben der Fachkräfte für Arbeitssicherheit

Die Fachkräfte für Arbeitssicherheit haben die Aufgabe, den Arbeitgeber beim Arbeitsschutz und bei der Unfallverhütung in allen Fragen der Arbeitssicherheit einschließlich der menschengerechten Gestaltung der Arbeit zu unterstützen. Sie haben insbesondere

1. den Arbeitgeber und die sonst für den Arbeitsschutz und die Unfallverhütung verantwortlichen Personen zu beraten, insbesondere bei
   a) der Planung, Ausführung und Unterhaltung von Betriebsanlagen und von sozialen und sanitären Einrichtungen,
   b) der Beschaffung von technischen Arbeitsmitteln und der Einführung von Arbeitsverfahren und Arbeitsstoffen,
   c) der Auswahl und Erprobung von Körperschutzmitteln,
   d) der Gestaltung der Arbeitsplätze, des Arbeitsablaufs, der Arbeitsumgebung und in sonstigen Fragen der Ergonomie,
   e) der Beurteilung der Arbeitsbedingungen,
2. die Betriebsanlagen und die technischen Arbeitsmittel, insbesondere vor der Inbetriebnahme und Arbeitsverfahren, insbesondere vor ihrer Einführung sicherheitstechnisch zu überprüfen,
3. die Durchführung des Arbeitsschutzes und der Unfallverhütung zu beobachten und im Zusammenhang damit
   a) die Arbeitsstätten in regelmäßigen Abständen zu begehen und festgestellte Mängel dem Arbeitgeber oder der sonst für den Arbeitsschutz und die Unfallverhütung verantwortlichen Person mitzuteilen, Maßnahmen zur Beseitigung dieser Mängel vorzuschlagen und auf deren Durchführung hinzuwirken,
   b) auf die Benutzung der Körperschutzmittel zu achten,
   c) Ursachen von Arbeitsunfällen zu untersuchen, die Untersuchungsergebnisse zu erfassen und auszuwerten und dem Arbeitgeber Maßnahmen zur Verhütung dieser Arbeitsunfälle vorzuschlagen,
4. darauf hinzuwirken, daß sich alle im Betrieb Beschäftigten den Anforderungen des Arbeitsschutzes und der Unfallverhütung entsprechend verhalten, insbesondere sie über die Unfall- und Gesundheitsgefahren, denen sie bei der Arbeit ausgesetzt sind, sowie über die Einrichtungen und Maßnahmen zur Abwendung dieser Gefahren zu belehren und bei der Schulung der Sicherheitsbeauftragten mitzuwirken.

§ 7 Anforderungen an Fachkräfte für Arbeitssicherheit

(1) Der Arbeitgeber darf als Fachkräfte für Arbeitssicherheit nur Personen bestellen, die den nachstehenden Anforderungen genügen: Der Sicherheitsingenieur muß berechtigt sein, die Berufsbezeichnung Ingenieur zu führen und über die zur Erfüllung der ihm übertragenen Aufgaben erforderliche sicherheitstechnische Fachkunde verfügen. Der Sicherheitstechniker oder -meister muß über die zur Erfüllung der ihm übertragenen Aufgaben erforderliche sicherheitstechnische Fachkunde verfügen.

(2) Die zuständige Behörde kann es im Einzelfall zulassen, daß an Stelle eines Sicherheitsingenieurs, der berechtigt ist, die Berufsbezeichnung Ingenieur zu führen, jemand bestellt werden darf, der zur Erfüllung der sich aus § 6 ergebenden Aufgaben über entsprechende Fachkenntnisse verfügt.

Vierter Abschnitt Gemeinsame Vorschriften

§ 8 Unabhängigkeit bei der Anwendung der Fachkunde

(1) Betriebsärzte und Fachkräfte für Arbeitssicherheit sind bei der Anwendung ihrer arbeitsmedizinischen und sicherheitstechnischen Fachkunde weisungsfrei. Sie dürfen wegen der Erfüllung der ihnen übertragenen Aufgaben nicht benachteiligt werden. Betriebsärzte sind nur ihrem ärztlichen Gewissen unterworfen und haben die Regeln der ärztlichen Schweigepflicht zu beachten.

(2) Betriebsärzte und Fachkräfte für Arbeitssicherheit oder, wenn für einen Betrieb mehrere Betriebsärzte oder Fachkräfte für Arbeitssicherheit bestellt sind, der leitende Betriebsarzt und die leitende Fachkraft für Arbeitssicherheit, unterstehen unmittelbar dem Leiter des Betriebes.

(3) Können sich Betriebsärzte oder Fachkräfte für Arbeitssicherheit über eine von ihnen vorgeschlagene arbeitsmedizinische oder sicherheitstechnische Maßnahme mit dem Leiter des Betriebs nicht verständigen, so können sie ihren Vorschlag unmittelbar dem Arbeitgeber und, wenn dieser eine juristische Person ist, dem zuständigen Mitglied des zur gesetzlichen Vertretung berufenen Organs unterbreiten. Ist für einen Betrieb oder ein Unternehmen ein leitender Betriebsarzt oder eine leitende Fachkraft für Arbeitssicherheit bestellt, steht diesem das Vorschlagsrecht nach Satz 1 zu. Lehnt der Arbeitgeber oder das zuständige Mitglied des zur gesetzlichen Vertretung berufenen Organs den Vorschlag ab, so ist dies den Vorschlagenden schriftlich mitzuteilen und zu begründen; der Betriebsrat erhält eine Abschrift.

§ 9 Zusammenarbeit mit dem Betriebsrat

(1) Die Betriebsärzte und die Fachkräfte für Arbeitssicherheit haben bei der Erfüllung ihrer Aufgaben mit dem Betriebsrat zusammenzuarbeiten.

(2) Die Betriebsärzte und die Fachkräfte für Arbeitssicherheit haben den Betriebsrat über wichtige Angelegenheiten des Arbeitsschutzes und der Unfallverhütung zu unterrichten; sie haben ihm den Inhalt eines Vorschlages mitzuteilen, den sie nach § 8 Abs. 3 dem Arbeitgeber machen. Sie haben den Betriebsrat auf sein Verlangen in Angelegenheiten des Arbeitsschutzes und der Unfallverhütung zu beraten.

(3) Die Betriebsärzte und Fachkräfte für Arbeitssicherheit sind mit Zustimmung des Betriebsrats zu bestellen und abzuberufen. Das gleiche gilt, wenn deren Aufgaben erweitert oder eingeschränkt werden sollen; im übrigen gilt § 87 in Verbindung mit § 76 des Betriebsverfassungsgesetzes. Vor der Verpflichtung oder Entpflichtung eines freiberuflich tätigen Arztes, einer freiberuflich tätigen Fachkraft für Arbeitssicherheit oder eines überbetrieblichen Dienstes ist der Betriebsrat zu hören.

§ 10 Zusammenarbeit der Betriebsärzte und der Fachkräfte für Arbeitssicherheit

Die Betriebsärzte und die Fachkräfte für Arbeitssicherheit haben bei der Erfüllung ihrer

Aufgaben zusammenzuarbeiten. Dazu gehört es insbesondere, gemeinsame Betriebsbegehungen vorzunehmen. Die Betriebsärzte und die Fachkräfte für Arbeitssicherheit arbeiten bei der Erfüllung ihrer Aufgaben mit den anderen im Betrieb für Angelegenheiten der technischen Sicherheit, des Gesundheits- und des Umweltschutzes beauftragten Personen zusammen.

§ 11 Arbeitsschutzausschuß

Soweit in einer sonstigen Rechtsvorschrift nichts anderes bestimmt ist, hat der Arbeitgeber in Betrieben mit mehr als zwanzig Beschäftigten einen Arbeitsschutzausschuß zu bilden; bei der Feststellung der Zahl der Beschäftigten sind Teilzeitbeschäftigte mit einer regelmäßigen wöchentlichen Arbeitszeit von nicht mehr als 20 Stunden mit 0,5 und nicht mehr als 30 Stunden mit 0,75 zu berücksichtigen. Dieser Ausschuß setzt sich zusammen aus:

dem Arbeitgeber oder einem von ihm Beauftragten,

zwei vom Betriebsrat bestimmten Betriebsratsmitgliedern,

Betriebsärzten,

Fachkräften für Arbeitssicherheit und

Sicherheitsbeauftragten nach § 22 des Siebten Buches Sozialgesetzbuch.

Der Arbeitsschutzausschuß hat die Aufgabe, Anliegen des Arbeitsschutzes und der Unfallverhütung zu beraten. Der Arbeitsschutzausschuß tritt mindestens einmal vierteljährlich zusammen.

§ 12 Behördliche Anordnungen

(1) Die zuständige Behörde kann im Einzelfall anordnen, welche Maßnahmen der Arbeitgeber zur Erfüllung der sich aus diesem Gesetz und den die gesetzlichen Pflichten näher bestimmenden Rechtsverordnungen und Unfallverhütungsvorschriften ergebenden Pflichten, insbesondere hinsichtlich der Bestellung von Betriebsärzten und Fachkräften für Arbeitssicherheit, zu treffen hat.

(2) Die zuständige Behörde hat, bevor sie eine Anordnung trifft,

1. den Arbeitgeber und den Betriebsrat zu hören und mit ihnen zu erörtern, welche Maßnahmen angebracht erscheinen und
2. dem zuständigen Träger der gesetzlichen Unfallversicherung Gelegenheit zu geben, an der Erörterung mit dem Arbeitgeber teilzunehmen und zu der von der Behörde in Aussicht genommenen Anordnung Stellung zu nehmen.

(3) Die zuständige Behörde hat dem Arbeitgeber zur Ausführung der Anordnung eine angemessene Frist zu setzen.

(4) Die zuständige Behörde hat den Betriebsrat über eine gegenüber dem Arbeitgeber getroffene Anordnung schriftlich in Kenntnis zu setzen.

§ 13 Auskunfts- und Besichtigungsrechte

(1) Der Arbeitgeber hat der zuständigen Behörde auf deren Verlangen die zur Durchführung des Gesetzes erforderlichen Auskünfte zu erteilen. Er kann die Auskunft auf solche Fragen verweigern, deren Beantwortung ihn selbst oder einen der in § 383 Abs. 1 Nr. 1 bis 3 der Zivilprozeßordnung bezeichneten Angehörigen der Gefahr strafgerichtlicher Verfolgung oder eines Verfahrens nach dem Gesetz über Ordnungswidrigkeiten aussetzen würde.

(2) Die Beauftragten der zuständigen Behörde sind berechtigt, die Arbeitsstätten während der üblichen Betriebs- und Arbeitszeit zu betreten und zu besichtigen; außerhalb dieser Zeit oder wenn sich die Arbeitsstätten in einer Wohnung befinden, dürfen sie nur zur Verhütung von dringenden Gefahren für die öffentliche Sicherheit und Ordnung betreten und besichtigt werden. Das Grundrecht der Unverletzlichkeit der Wohnung (Artikel 13 des Grundgesetzes) wird insoweit eingeschränkt.

§ 14 Ermächtigung zum Erlaß von Rechtsverordnungen

Das Bundesministerium für Arbeit und Soziales kann mit Zustimmung des Bundesrates durch Rechtsverordnung bestimmen, welche Maßnahmen der Arbeitgeber zur Erfüllung der sich aus diesem Gesetz ergebenden Pflichten zu treffen hat. Soweit die Träger der gesetzlichen Unfallversicherung ermächtigt sind, die gesetzlichen Pflichten durch Unfallverhütungsvorschriften näher zu bestimmen, macht das Bundesministerium für Arbeit und Soziales von der Ermächtigung erst Gebrauch, nachdem innerhalb einer von ihm gesetzten angemessenen Frist der Träger der gesetzlichen Unfallversicherung eine entsprechende Unfallverhütungsvorschrift nicht erlassen hat oder eine unzureichend gewordene Unfallverhütungsvorschrift nicht ändert.

§ 15 Ermächtigung zum Erlaß von allgemeinen Verwaltungsvorschriften

Das Bundesministerium für Arbeit und Soziales erläßt mit Zustimmung des Bundesrates allgemeine Verwaltungsvorschriften zu diesem Gesetz und den aufgrund des Gesetzes erlassenen Rechtsverordnungen.

§ 16 Öffentliche Verwaltung

In Verwaltungen und Betrieben des Bundes, der Länder, der Gemeinden und der sonstigen Körperschaften, Anstalten und Stiftungen des öffentlichen Rechts ist ein den Grundsätzen dieses Gesetzes gleichwertiger arbeitsmedizinischer und sicherheitstechnischer Arbeitsschutz zu gewährleisten.

§ 17 Nichtanwendung des Gesetzes

(1) Dieses Gesetz ist nicht anzuwenden, soweit Arbeitnehmer im Haushalt beschäftigt werden.

(2) Soweit im Seearbeitsgesetz und in anderen Vorschriften im Bereich der Seeschifffahrt gleichwertige Regelungen enthalten sind, gelten diese Regelungen für die Besatzungsmitglieder auf Kauffahrteischiffen unter deutscher Flagge. Soweit dieses Gesetz auf die Seeschifffahrt nicht anwendbar ist, wird das Nähere durch Rechtsverordnung geregelt.

(3) Soweit das Bergrecht diesem Gesetz gleichwertige Regelungen enthält, gelten diese Regelungen. Im übrigen gilt dieses Gesetz.

§ 18 Ausnahmen

Die zuständige Behörde kann dem Arbeitgeber gestatten, auch solche Betriebsärzte und Fachkräfte für Arbeitssicherheit zu bestellen, die noch nicht über die erforderliche Fachkunde im Sinne des § 4 oder § 7 verfügen, wenn der Arbeitgeber sich verpflichtet, in einer festzulegenden Frist den Betriebsarzt oder die Fachkraft für Arbeitssicherheit entsprechend fortbilden zu lassen.

§ 19 Überbetriebliche Dienste

Die Verpflichtung des Arbeitgebers, Betriebsärzte und Fachkräfte für Arbeitssicherheit zu bestellen, kann auch dadurch erfüllt werden, daß der Arbeitgeber einen überbetrieblichen Dienst von Betriebsärzten oder Fachkräften für Arbeitssicherheit zur Wahrnehmung der Aufgaben nach § 3 oder § 6 verpflichtet.

§ 20 Ordnungswidrigkeiten

(1) Ordnungswidrig handelt, wer vorsätzlich oder fahrlässig

1. einer vollziehbaren Anordnung nach § 12 Abs. 1 zuwiderhandelt,
2. entgegen § 13 Abs. 1 Satz 1 eine Auskunft nicht, nicht richtig oder nicht vollständig erteilt oder
3. entgegen § 13 Abs. 2 Satz 1 eine Besichtigung nicht duldet.

(2) Eine Ordnungswidrigkeit nach Absatz 1 Nr. 1 kann mit einer Geldbuße bis zu fünfundzwanzigtausend Euro, eine Ordnungswidrigkeit nach Absatz 1 Nr. 2 und 3 mit einer Geldbuße bis zu fünfhundert Euro geahndet werden.

§ 21 Änderung der Reichsversicherungsordnung

(hier nicht aufgenommen)

§ 22 (gegenstandslos)

§ 23 Inkrafttreten

(1) Dieses Gesetz, ausgenommen § 14 und § 21, tritt am ersten Tage des auf die Verkündung folgenden zwölften Kalendermonats in Kraft. § 14 und § 21 treten am Tage nach der Verkündung des Gesetzes in Kraft.

(2) § 6 Abs. 3 Satz 2 und § 7 des Berliner Gesetzes über die Durchführung des Arbeitsschutzes vom 9. August 1949 (VOBl. I S. 265), zuletzt geändert durch Artikel LVIII des Gesetzes vom 6. März 1970 (GVBl. S. 474), treten außer Kraft. Im übrigen bleibt das Gesetz unberührt.

Verordnung über Arbeitsstätten (Arbeitsstättenverordnung – ArbStättV)

Vom 12. August 2004 (BGBl. I S. 2179)

Zuletzt geändert durch
Arbeitsschutzkontrollgesetz
vom 22. Dezember 2020 (BGBl. I S. 3334)

Auf Grund des § 18 des Arbeitsschutzgesetzes vom 7. August 1996 (BGBl. I S. 1246), der zuletzt durch Artikel 179 der Verordnung vom 25. November 2003 (BGBl. I S. 2304) geändert worden ist, verordnet die Bundesregierung sowie auf Grund des § 66 Satz 3 und des § 68 Abs. 2 Nr. 3 des Bundesberggesetzes vom 13. August 1980 (BGBl. I S. 1310), von denen § 66 Satz 3 durch Artikel 8 Nr. 2 des Gesetzes vom 6. Juni 1995 (BGBl. I S. 778) eingefügt und § 68 Abs. 2 zuletzt durch Artikel 123 Nr. 2 Buchstabe a der Verordnung vom 25. November 2003 (BGBl. I S. 2304) geändert worden sind, verordnet das Bundesministerium für Wirtschaft und Arbeit:

§ 1 Ziel, Anwendungsbereich

(1) Diese Verordnung dient der Sicherheit und dem Schutz der Gesundheit der Beschäftigten beim Einrichten und Betreiben von Arbeitsstätten.

(2) Für folgende Arbeitsstätten gelten nur § 5 und der Anhang Nummer 1.3:

1. Arbeitsstätten im Reisegewerbe und im Marktverkehr,
2. Transportmittel, die im öffentlichen Verkehr eingesetzt werden,
3. Felder, Wälder und sonstige Flächen, die zu einem land- oder forstwirtschaftlichen Betrieb gehören, aber außerhalb der von ihm bebauten Fläche liegen.

(3) Für Gemeinschaftsunterkünfte außerhalb des Geländes eines Betriebes oder einer Baustelle gelten nur

1. § 3,
2. § 3a und
3. Nummer 4.4 des Anhangs.

(4) Für Telearbeitsplätze gelten nur

1. § 3 bei der erstmaligen Beurteilung der Arbeitsbedingungen und des Arbeitsplatzes,
2. § 6 und der Anhang Nummer 6,

soweit der Arbeitsplatz von dem im Betrieb abweicht. Die in Satz 1 genannten Vorschriften gelten, soweit Anforderungen unter Beachtung der Eigenart von Telearbeitsplätzen auf diese anwendbar sind.

(5) Der Anhang Nummer 6 gilt nicht für

1. Bedienerplätze von Maschinen oder Fahrerplätze von Fahrzeugen mit Bildschirmgeräten,
2. tragbare Bildschirmgeräte für die ortsveränderliche Verwendung, die nicht regelmäßig an einem Arbeitsplatz verwendet werden,
3. Rechenmaschinen, Registrierkassen oder andere Arbeitsmittel mit einer kleinen Daten- oder Messwertanzeigevorrichtung, die zur unmittelbaren Benutzung des Arbeitsmittels erforderlich ist und
4. Schreibmaschinen klassischer Bauart mit einem Display.

(6) Diese Verordnung ist für Arbeitsstätten in Betrieben, die dem Bundesberggesetz unterliegen, nur für Bildschirmarbeitsplätze einschließlich Telearbeitsplätze anzuwenden.

(7) Das Bundeskanzleramt, das Bundesministerium des Innern, für Bau und Heimat, das Bundesministerium für Verkehr und digitale Infrastruktur, das Bundesministerium für Umwelt, Naturschutz und nukleare Sicherheit, das Bundesministerium der Verteidigung oder das Bundesministerium der Finanzen können, soweit sie hierfür jeweils zuständig sind, im Einvernehmen mit dem Bundesministerium für Arbeit und Soziales und, soweit nicht das Bundesministerium des Innern, für Bau und Heimat selbst zuständig ist, im Einvernehmen mit dem Bundesministerium des Innern, für Bau und Heimat Ausnahmen von den Vorschriften dieser Verordnung zulassen, soweit

öffentliche Belange dies zwingend erfordern, insbesondere zur Aufrechterhaltung oder Wiederherstellung der öffentlichen Sicherheit. In diesem Fall ist gleichzeitig festzulegen, wie die Sicherheit und der Schutz der Gesundheit der Beschäftigten nach dieser Verordnung auf andere Weise gewährleistet werden.

§2 Begriffsbestimmungen

(1) Arbeitsstätten sind

1. Arbeitsräume oder andere Orte in Gebäuden auf dem Gelände eines Betriebes,
2. Orte im Freien auf dem Gelände eines Betriebes,
3. Orte auf Baustellen,

sofern sie zur Nutzung für Arbeitsplätze vorgesehen sind.

5

(2) Zur Arbeitsstätte gehören insbesondere auch:

1. Orte auf dem Gelände eines Betriebes oder einer Baustelle, zu denen Beschäftigte im Rahmen ihrer Arbeit Zugang haben,
2. Verkehrswege, Fluchtwege, Notausgänge, Lager-, Maschinen- und Nebenräume, Sanitärräume, Kantinen, Pausen- und Bereitschaftsräume, Erste-Hilfe-Räume, Unterkünfte sowie
3. Einrichtungen, die dem Betreiben der Arbeitsstätte dienen, insbesondere Sicherheitsbeleuchtungen, Feuerlöscheinrichtungen, Versorgungseinrichtungen, Beleuchtungsanlagen, raumlufttechnische Anlagen, Signalanlagen, Energieverteilungsanlagen, Türen und Tore, Fahrsteige, Fahrtreppen, Laderampen und Steigleitern.

(3) Arbeitsräume sind die Räume, in denen Arbeitsplätze innerhalb von Gebäuden dauerhaft eingerichtet sind.

(4) Arbeitsplätze sind Bereiche, in denen Beschäftigte im Rahmen ihrer Arbeit tätig sind.

(5) Bildschirmarbeitsplätze sind Arbeitsplätze, die sich in Arbeitsräumen befinden und die mit Bildschirmgeräten und sonstigen Arbeitsmitteln ausgestattet sind.

(6) Bildschirmgeräte sind Funktionseinheiten, zu denen insbesondere Bildschirme zur Darstellung von visuellen Informationen, Einrichtungen zur Datenein- und -ausgabe, sonstige Steuerungs- und Kommunikationseinheiten (Rechner) sowie eine Software zur Steuerung und Umsetzung der Arbeitsaufgabe gehören.

(7) Telearbeitsplätze sind vom Arbeitgeber fest eingerichtete Bildschirmarbeitsplätze im Privatbereich der Beschäftigten, für die der Arbeitgeber eine mit den Beschäftigten vereinbarte wöchentliche Arbeitszeit und die Dauer der Einrichtung festgelegt hat. Ein Telearbeitsplatz ist vom Arbeitgeber erst dann eingerichtet, wenn Arbeitgeber und Beschäftigte die Bedingungen der Telearbeit arbeitsvertraglich oder im Rahmen einer Vereinbarung festgelegt haben und die benötigte Ausstattung des Telearbeitsplatzes mit Mobiliar, Arbeitsmitteln einschließlich der Kommunikationseinrichtungen durch den Arbeitgeber oder eine von ihm beauftragte Person im Privatbereich des Beschäftigten bereitgestellt und installiert ist.

(8) Gemeinschaftsunterkünfte im Sinne dieser Verordnung sind Unterkünfte innerhalb oder außerhalb des Geländes eines Betriebes oder einer Baustelle, die

1. den Beschäftigten durch den Arbeitgeber oder auf dessen Veranlassung durch Dritte entgeltlich oder unentgeltlich zur Verfügung gestellt werden und
2. von mehreren Beschäftigten und insgesamt von mindestens vier Personen gemeinschaftlich genutzt werden.

(9) Einrichten ist das Bereitstellen und Ausgestalten der Arbeitsstätte. Das Einrichten umfasst insbesondere:

1. bauliche Maßnahmen oder Veränderungen,
2. das Ausstatten mit Maschinen, Anlagen, anderen Arbeitsmitteln und Mobiliar sowie mit Beleuchtungs-, Lüftungs-, Heizungs-, Feuerlösch- und Versorgungseinrichtungen,
3. das Anlegen und Kennzeichnen von Verkehrs- und Fluchtwegen sowie das Kennzeichnen von Gefahrenstellen und brandschutztechnischen Ausrüstungen und
4. das Festlegen von Arbeitsplätzen.

(10) Das Betreiben von Arbeitsstätten umfasst das Benutzen, Instandhalten und Optimieren der Arbeitsstätten sowie die Organisation und

Gestaltung der Arbeit einschließlich der Arbeitsabläufe in Arbeitsstätten.

(11) Instandhalten ist die Wartung, Inspektion, Instandsetzung oder Verbesserung der Arbeitsstätten zum Erhalt des baulichen und technischen Zustandes.

(12) Stand der Technik ist der Entwicklungsstand fortschrittlicher Verfahren, Einrichtungen oder Betriebsweisen, der die praktische Eignung einer Maßnahme zur Gewährleistung der Sicherheit und zum Schutz der Gesundheit der Beschäftigten gesichert erscheinen lässt. Bei der Bestimmung des Stands der Technik sind insbesondere vergleichbare Verfahren, Einrichtungen oder Betriebsweisen heranzuziehen, die mit Erfolg in der Praxis erprobt worden sind. Gleiches gilt für die Anforderungen an die Arbeitsmedizin und die Hygiene.

(13) Fachkundig ist, wer über die zur Ausübung einer in dieser Verordnung bestimmten Aufgabe erforderlichen Fachkenntnisse verfügt. Die Anforderungen an die Fachkunde sind abhängig von der jeweiligen Art der Aufgabe. Zu den Anforderungen zählen eine entsprechende Berufsausbildung, Berufserfahrung oder eine zeitnah ausgeübte entsprechende berufliche Tätigkeit. Die Fachkenntnisse sind durch Teilnahme an Schulungen auf aktuellem Stand zu halten.

§ 3 Gefährdungsbeurteilung

(1) Bei der Beurteilung der Arbeitsbedingungen nach § 5 des Arbeitsschutzgesetzes hat der Arbeitgeber zunächst festzustellen, ob die Beschäftigten Gefährdungen beim Einrichten und Betreiben von Arbeitsstätten ausgesetzt sind oder ausgesetzt sein können. Ist dies der Fall, hat er alle möglichen Gefährdungen der Sicherheit und der Gesundheit der Beschäftigten zu beurteilen und dabei die Auswirkungen der Arbeitsorganisation und der Arbeitsabläufe in der Arbeitsstätte zu berücksichtigen. Bei der Gefährdungsbeurteilung hat er die physischen und psychischen Belastungen sowie bei Bildschirmarbeitsplätzen insbesondere die Belastungen der Augen oder die Gefährdung des Sehvermögens der Beschäftigten zu berücksichtigen. Entsprechend dem Ergebnis der Gefährdungsbeurteilung hat der Arbeitgeber Maßnahmen zum Schutz der Beschäftigten gemäß den Vorschriften dieser Verordnung einschließlich ihres Anhangs nach dem Stand der Technik, Arbeitsmedizin und Hygiene festzulegen. Sonstige gesicherte arbeitswissenschaftliche Erkenntnisse sind zu berücksichtigen.

(2) Der Arbeitgeber hat sicherzustellen, dass die Gefährdungsbeurteilung fachkundig durchgeführt wird. Verfügt der Arbeitgeber nicht selbst über die entsprechenden Kenntnisse, hat er sich fachkundig beraten zu lassen.

(3) Der Arbeitgeber hat die Gefährdungsbeurteilung vor Aufnahme der Tätigkeiten zu dokumentieren. In der Dokumentation ist anzugeben, welche Gefährdungen am Arbeitsplatz auftreten können und welche Maßnahmen nach Absatz 1 Satz 4 durchgeführt werden müssen.

§ 3a Einrichten und Betreiben von Arbeitsstätten

(1) Der Arbeitgeber hat dafür zu sorgen, dass Arbeitsstätten so eingerichtet und betrieben werden, dass Gefährdungen für die Sicherheit und die Gesundheit der Beschäftigten möglichst vermieden und verbleibende Gefährdungen möglichst gering gehalten werden. Beim Einrichten und Betreiben der Arbeitsstätten hat der Arbeitgeber die Maßnahmen nach § 3 Absatz 1 durchzuführen und dabei den Stand der Technik, Arbeitsmedizin und Hygiene, die ergonomischen Anforderungen sowie insbesondere die vom Bundesministerium für Arbeit und Soziales nach § 7 Absatz 4 bekannt gemachten Regeln und Erkenntnisse zu berücksichtigen. Bei Einhaltung der bekannt gemachten Regeln ist davon auszugehen, dass die in dieser Verordnung gestellten Anforderungen diesbezüglich erfüllt sind. Wendet der Arbeitgeber diese Regeln nicht an, so muss er durch andere Maßnahmen die gleiche Sicherheit und den gleichen Schutz der Gesundheit der Beschäftigten erreichen.

(2) Beschäftigt der Arbeitgeber Menschen mit Behinderungen, hat er die Arbeitsstätte so einzurichten und zu betreiben, dass die besonderen Belange dieser Beschäftigten im Hinblick auf die Sicherheit und den Schutz der Gesundheit berücksichtigt werden. Dies gilt

insbesondere für die barrierefreie Gestaltung von Arbeitsplätzen, Sanitär-, Pausen- und Bereitschaftsräumen, Kantinen, Erste-Hilfe-Räumen und Unterkünften sowie den zugehörigen Türen, Verkehrswegen, Fluchtwegen, Notausgängen, Treppen und Orientierungssystemen, die von den Beschäftigten mit Behinderungen benutzt werden.

(3) Die zuständige Behörde kann auf schriftlichen Antrag des Arbeitgebers Ausnahmen von den Vorschriften dieser Verordnung einschließlich ihres Anhanges zulassen, wenn

1. der Arbeitgeber andere, ebenso wirksame Maßnahmen trifft oder
2. die Durchführung der Vorschrift im Einzelfall zu einer unverhältnismäßigen Härte führen würde und die Abweichung mit dem Schutz der Beschäftigten vereinbar ist.

Der Antrag des Arbeitgebers kann in Papierform oder elektronisch übermittelt werden. Bei der Beurteilung sind die Belange der kleineren Betriebe besonders zu berücksichtigen.

(4) Anforderungen in anderen Rechtsvorschriften, insbesondere im Bauordnungsrecht der Länder, gelten vorrangig, soweit sie über die Anforderungen dieser Verordnung hinausgehen.

§ 4 Besondere Anforderungen an das Betreiben von Arbeitsstätten

(1) Der Arbeitgeber hat die Arbeitsstätte instand zu halten und dafür zu sorgen, dass festgestellte Mängel unverzüglich beseitigt werden. Können Mängel, mit denen eine unmittelbare erhebliche Gefahr verbunden ist, nicht sofort beseitigt werden, hat er dafür zu sorgen, dass die gefährdeten Beschäftigten ihre Tätigkeit unverzüglich einstellen.

(2) Der Arbeitgeber hat dafür zu sorgen, dass Arbeitsstätten den hygienischen Erfordernissen entsprechend gereinigt werden. Verunreinigungen und Ablagerungen, die zu Gefährdungen führen können, sind unverzüglich zu beseitigen.

(3) Der Arbeitgeber hat die Sicherheitseinrichtungen, insbesondere Sicherheitsbeleuchtung, Brandmelde- und Feuerlöscheinrichtungen, Signalanlagen, Notaggregate und Notschalter sowie raumlufttechnische Anlagen instand zu halten und in regelmäßigen Abständen auf ihre Funktionsfähigkeit prüfen zu lassen.

(4) Der Arbeitgeber hat dafür zu sorgen, dass Verkehrswege, Fluchtwege und Notausgänge ständig freigehalten werden, damit sie jederzeit benutzbar sind. Der Arbeitgeber hat Vorkehrungen so zu treffen, dass die Beschäftigten bei Gefahr sich unverzüglich in Sicherheit bringen und schnell gerettet werden können. Der Arbeitgeber hat einen Flucht- und Rettungsplan aufzustellen, wenn Lage, Ausdehnung und Art der Benutzung der Arbeitsstätte dies erfordern. Der Plan ist an geeigneten Stellen in der Arbeitsstätte auszulegen oder auszuhängen. In angemessenen Zeitabständen ist entsprechend diesem Plan zu üben.

(5) Der Arbeitgeber hat beim Einrichten und Betreiben von Arbeitsstätten Mittel und Einrichtungen zur Ersten Hilfe zur Verfügung zu stellen und regelmäßig auf ihre Vollständigkeit und Verwendungsfähigkeit prüfen zu lassen.

§ 5 Nichtraucherschutz

(1) Der Arbeitgeber hat die erforderlichen Maßnahmen zu treffen, damit die nicht rauchenden Beschäftigten in Arbeitsstätten wirksam vor den Gesundheitsgefahren durch Tabakrauch geschützt sind. Soweit erforderlich, hat der Arbeitgeber ein allgemeines oder auf einzelne Bereiche der Arbeitsstätte beschränktes Rauchverbot zu erlassen.

(2) In Arbeitsstätten mit Publikumsverkehr hat der Arbeitgeber beim Einrichten und Betreiben von Arbeitsräumen der Natur des Betriebes entsprechende und der Art der Beschäftigung angepasste technische oder organisatorische Maßnahmen nach Absatz 1 zum Schutz der nicht rauchenden Beschäftigten zu treffen.

§ 6 Unterweisung der Beschäftigten

(1) Der Arbeitgeber hat den Beschäftigten ausreichende und angemessene Informationen anhand der Gefährdungsbeurteilung in einer für die Beschäftigten verständlichen Form und Sprache zur Verfügung zu stellen über

1. das bestimmungsgemäße Betreiben der Arbeitsstätte,

2. alle gesundheits- und sicherheitsrelevanten Fragen im Zusammenhang mit ihrer Tätigkeit,
3. Maßnahmen, die zur Gewährleistung der Sicherheit und zum Schutz der Gesundheit der Beschäftigten durchgeführt werden müssen, und
4. arbeitsplatzspezifische Maßnahmen, insbesondere bei Tätigkeiten auf Baustellen oder an Bildschirmgeräten,

und sie anhand dieser Informationen zu unterweisen.

(2) Die Unterweisung nach Absatz 1 muss sich auf Maßnahmen im Gefahrenfall erstrecken, insbesondere auf

1. die Bedienung von Sicherheits- und Warneinrichtungen,
2. die Erste Hilfe und die dazu vorgehaltenen Mittel und Einrichtungen und
3. den innerbetrieblichen Verkehr.

(3) Die Unterweisung nach Absatz 1 muss sich auf Maßnahmen der Brandverhütung und Verhaltensmaßnahmen im Brandfall erstrecken, insbesondere auf die Nutzung der Fluchtwege und Notausgänge. Diejenigen Beschäftigten, die Aufgaben der Brandbekämpfung übernehmen, hat der Arbeitgeber in der Bedienung der Feuerlöscheinrichtungen zu unterweisen.

(4) Die Unterweisungen müssen vor Aufnahme der Tätigkeit stattfinden. Danach sind sie mindestens jährlich zu wiederholen. Sie haben in einer für die Beschäftigten verständlichen Form und Sprache zu erfolgen. Unterweisungen sind unverzüglich zu wiederholen, wenn sich die Tätigkeiten der Beschäftigten, die Arbeitsorganisation, die Arbeits- und Fertigungsverfahren oder die Einrichtungen und Betriebsweisen in der Arbeitsstätte wesentlich verändern und die Veränderung mit zusätzlichen Gefährdungen verbunden ist.

§ 7 Ausschuss für Arbeitsstätten

(1) Beim Bundesministerium für Arbeit und Soziales wird ein Ausschuss für Arbeitsstätten gebildet, in dem fachkundige Vertreter der Arbeitgeber, der Gewerkschaften, der Länderbehörden, der gesetzlichen Unfallversicherung und weitere fachkundige Personen, insbesondere der Wissenschaft, in angemessener Zahl vertreten sein sollen. Die Gesamtzahl der Mitglieder soll 16 Personen nicht überschreiten. Für jedes Mitglied ist ein stellvertretendes Mitglied zu benennen. Die Mitgliedschaft im Ausschuss für Arbeitsstätten ist ehrenamtlich.

(2) Das Bundesministerium für Arbeit und Soziales beruft die Mitglieder des Ausschusses und die stellvertretenden Mitglieder. Der Ausschuss gibt sich eine Geschäftsordnung und wählt den Vorsitzenden aus seiner Mitte. Die Geschäftsordnung und die Wahl des Vorsitzenden bedürfen der Zustimmung des Bundesministeriums für Arbeit und Soziales.

(3) Zu den Aufgaben des Ausschusses gehört es,

1. dem Stand der Technik, Arbeitsmedizin und Hygiene entsprechende Regeln und sonstige gesicherte wissenschaftliche Erkenntnisse für die Sicherheit und Gesundheit der Beschäftigten in Arbeitsstätten zu ermitteln,
2. Regeln und Erkenntnisse zu ermitteln, wie die Anforderungen dieser Verordnung erfüllt werden können, sowie Empfehlungen für weitere Maßnahmen zur Gewährleistung der Sicherheit und zum Schutz der Gesundheit der Beschäftigten auszuarbeiten und
3. das Bundesministerium für Arbeit und Soziales in allen Fragen der Sicherheit und der Gesundheit der Beschäftigten in Arbeitsstätten zu beraten.

Bei der Wahrnehmung seiner Aufgaben soll der Ausschuss die allgemeinen Grundsätze des Arbeitsschutzes nach § 4 des Arbeitsschutzgesetzes berücksichtigen. Das Arbeitsprogramm des Ausschusses für Arbeitsstätten wird mit dem Bundesministerium für Arbeit und Soziales abgestimmt. Der Ausschuss arbeitet eng mit den anderen Ausschüssen beim Bundesministerium für Arbeit und Soziales zusammen. Die Sitzungen des Ausschusses sind nicht öffentlich. Beratungs- und Abstimmungsergebnisse des Ausschusses sowie Niederschriften der Untergremien sind vertraulich zu behandeln, soweit die Erfüllung der Aufgaben, die den Untergremien oder den Mitgliedern des Ausschusses obliegen, dem nicht entgegenstehen.

(4) Das Bundesministerium für Arbeit und Soziales kann die vom Ausschuss nach Absatz 3 ermittelten Regeln und Erkenntnisse sowie Empfehlungen im Gemeinsamen Ministerialblatt bekannt machen.

(5) Die Bundesministerien sowie die zuständigen obersten Landesbehörden können zu den Sitzungen des Ausschusses Vertreter entsenden. Diesen ist auf Verlangen in der Sitzung das Wort zu erteilen.

(6) Die Geschäfte des Ausschusses führt die Bundesanstalt für Arbeitsschutz und Arbeitsmedizin.

§ 8 Übergangsvorschriften

(1) Soweit für Arbeitsstätten,

1. die am 1. Mai 1976 eingerichtet waren oder mit deren Einrichtung vor diesem Zeitpunkt begonnen worden war oder
2. die am 20. Dezember 1996 eingerichtet waren oder mit deren Einrichtung vor diesem Zeitpunkt begonnen worden war und für die zum Zeitpunkt der Einrichtung die Gewerbeordnung keine Anwendung fand,

in dieser Verordnung Anforderungen gestellt werden, die umfangreiche Änderungen der Arbeitsstätte, der Betriebseinrichtungen, Arbeitsverfahren oder Arbeitsabläufe notwendig machen, gelten hierfür bis zum 31. Dezember 2020 mindestens die entsprechenden Anforderungen des Anhangs II der Richtlinie 89/654/EWG des Rates vom 30. November 1989 über Mindestvorschriften für Sicherheit und Gesundheitsschutz in Arbeitsstätten (ABl. EG Nr. L 393 S. 1). Soweit diese Arbeitsstätten oder ihre Betriebseinrichtungen wesentlich erweitert oder umgebaut oder die Arbeitsverfahren oder Arbeitsabläufe wesentlich umgestaltet werden, hat der Arbeitgeber die erforderlichen Maßnahmen zu treffen, damit diese Änderungen, Erweiterungen oder Umgestaltungen mit den Anforderungen dieser Verordnung übereinstimmen.

(2) Bestimmungen in den vom Ausschuss für Arbeitsstätten ermittelten und vom Bundesministerium für Arbeit und Soziales im Gemeinsamen Ministerialblatt bekannt gemachten Regeln für Arbeitsstätten, die Anforderungen an den Arbeitsplatz enthalten, gelten unter Berücksichtigung der Begriffsbestimmung des Arbeitsplatzes in § 2 Absatz 2 der Arbeitsstättenverordnung vom 12. August 2004 (BGBl. I S. 2179), die zuletzt durch Artikel 282 der Verordnung vom 31. August 2015 (BGBl. I S. 1474) geändert worden ist, solange fort, bis sie vom Ausschuss für Arbeitsstätten überprüft und erforderlichenfalls vom Bundesministerium für Arbeit und Soziales im Gemeinsamen Ministerialblatt neu bekannt gemacht worden sind.

§ 9 Straftaten und Ordnungswidrigkeiten

(1) Ordnungswidrig im Sinne des § 25 Absatz 1 Nummer 1 des Arbeitsschutzgesetzes handelt, wer vorsätzlich oder fahrlässig

1. entgegen § 3 Absatz 3 eine Gefährdungsbeurteilung nicht richtig, nicht vollständig oder nicht rechtzeitig dokumentiert,
2. entgegen § 3a Absatz 1 Satz 1 nicht dafür sorgt, dass eine Arbeitsstätte in der dort vorgeschriebenen Weise eingerichtet ist oder betrieben wird,
3. entgegen § 3a Absatz 1 Satz 2 in Verbindung mit Nummer 4.1 Absatz 1 des Anhangs einen dort genannten Toilettenraum oder eine dort genannte mobile, anschlussfreie Toilettenkabine nicht oder nicht in der vorgeschriebenen Weise zur Verfügung stellt,
4. entgegen § 3a Absatz 1 Satz 2 in Verbindung mit Nummer 4.2 Absatz 1 des Anhangs einen dort genannten Pausenraum oder einen dort genannten Pausenbereich nicht oder nicht in der vorgeschriebenen Weise zur Verfügung stellt,

4a. entgegen § 3a Absatz 1 Satz 2 in Verbindung mit Nummer 4.4 Absatz 1 Satz 1 des Anhangs eine Unterkunft in den Fällen der Nummer 4.4 Absatz 1 Satz 3 des Anhangs nicht oder nicht rechtzeitig zur Verfügung stellt,

4b. entgegen § 3a Absatz 1 Satz 2 in Verbindung mit Nummer 4.4 Absatz 4 Satz 1 des Anhangs eine Unterbringung in einer Gemeinschaftsunterkunft nicht, nicht richtig, nicht vollständig oder nicht rechtzeitig dokumentiert,

5. entgegen § 3a Absatz 2 eine Arbeitsstätte nicht in der dort vorgeschriebenen Weise einrichtet oder betreibt,
6. entgegen § 4 Absatz 1 Satz 2 nicht dafür sorgt, dass die gefährdeten Beschäftigten ihre Tätigkeit unverzüglich einstellen,
7. entgegen § 4 Absatz 4 Satz 1 nicht dafür sorgt, dass Verkehrswege, Fluchtwege und Notausgänge freigehalten werden,
8. entgegen § 4 Absatz 5 ein Mittel oder eine Einrichtung zur Ersten Hilfe nicht zur Verfügung stellt,
9. entgegen § 6 Absatz 4 Satz 1 nicht sicherstellt, dass die Beschäftigten vor Aufnahme der Tätigkeit unterwiesen werden.

(2) Wer durch eine in Absatz 1 bezeichnete vorsätzliche Handlung das Leben oder die Gesundheit von Beschäftigten gefährdet, ist nach § 26 Nummer 2 des Arbeitsschutzgesetzes strafbar.

5

Anhang

Anforderungen und Maßnahmen für Arbeitsstätten nach § 3 Absatz 1

Inhaltsübersicht

1 Allgemeine Anforderungen

1.1 Anforderungen an Konstruktion und Festigkeit von Gebäuden

Gebäude für Arbeitsstätten müssen eine der Nutzungsart entsprechende Konstruktion und Festigkeit aufweisen.

1.2 Abmessungen von Räumen, Luftraum

(1) Arbeitsräume, Sanitär-, Pausen- und Bereitschaftsräume, Kantinen, Erste-Hilfe-Räume und Unterkünfte müssen eine ausreichende Grundfläche und eine, in Abhängigkeit von der Größe der Grundfläche der Räume, ausreichende lichte Höhe aufweisen, so dass die Beschäftigten ohne Beeinträchtigung ihrer Sicherheit, ihrer Gesundheit oder ihres Wohlbefindens die Räume nutzen oder ihre Arbeit verrichten können.

(2) Die Abmessungen der Räume richten sich nach der Art ihrer Nutzung.

(3) Die Größe des notwendigen Luftraumes ist in Abhängigkeit von der Art der physischen Belastung und der Anzahl der Beschäftigten sowie der sonstigen anwesenden Personen zu bemessen.

1.3 Sicherheits- und Gesundheitsschutzkennzeichnung

(1) Unberührt von den nachfolgenden Anforderungen sind Sicherheits- und Gesundheitsschutzkennzeichnungen einzusetzen, wenn Gefährdungen der Sicherheit und Gesundheit der Beschäftigten nicht durch technische oder organisatorische Maßnahmen vermieden oder ausreichend begrenzt werden können. Das Ergebnis der Gefährdungsbeurteilung und die Maßnahmen nach § 3 Absatz 1 sind dabei zu berücksichtigen.

(2) Die Kennzeichnung ist nach Art der Gefährdung dauerhaft oder vorübergehend nach den Vorgaben der Richtlinie 92/58/EWG des Rates vom 24. Juni 1992 über Mindestvorschriften für die Sicherheits- und/oder Gesundheitsschutzkennzeichnung am Arbeitsplatz (Neunte Einzelrichtlinie im Sinne des Artikels 16 Absatz 1 der Richtlinie 89/391/EWG) (ABl. EG Nr. L 245 S. 23) auszuführen. Diese Richtlinie gilt in der jeweils aktuellen Fassung. Wird diese Richtlinie geändert oder nach den in dieser Richtlinie vorgesehenen Verfahren an den technischen Fortschritt angepasst, gilt sie in der geänderten im Amtsblatt der Europäischen Gemeinschaften veröffentlichten Fassung nach Ablauf der in der Änderungs- oder Anpassungsrichtlinie festgelegten Umsetzungsfrist. Die geänderte Fassung kann bereits ab Inkrafttreten der Änderungs- oder Anpassungsrichtlinie angewendet werden.

1.4 Energieverteilungsanlagen

Anlagen, die der Versorgung der Arbeitsstätte mit Energie dienen, müssen so ausgewählt, installiert und betrieben werden, dass die Beschäftigten vor dem direkten oder indirekten Berühren spannungsführender Teile geschützt sind und dass von den Anlagen keine Brand- oder Explosionsgefahren ausgehen. Bei der Konzeption und der Ausführung sowie der Wahl des Materials und der Schutzvorrichtungen sind Art und Stärke der verteilten Energie, die äußeren Einwirkbedingungen und die Fachkenntnisse der Personen zu berücksichtigen, die zu Teilen der Anlage Zugang haben.

1.5 Fußböden, Wände, Decken, Dächer

(1) Die Oberflächen der Fußböden, Wände und Decken der Räume müssen so gestaltet sein, dass sie den Erfordernissen des sicheren Betreibens entsprechen sowie leicht und sicher zu reinigen sind. Arbeitsräume müssen unter Berücksichtigung der Art des Betriebes und der physischen Belastungen eine angemessene Dämmung gegen Wärme und Kälte sowie eine ausreichende Isolierung gegen Feuchtigkeit aufweisen. Auch Sanitär-, Pausen- und Bereitschaftsräume, Kantinen, Erste-Hilfe-Räume und Unterkünfte müssen über eine angemessene Dämmung gegen Wärme und Kälte sowie eine ausreichende Isolierung gegen Feuchtigkeit verfügen.

(2) Die Fußböden der Räume dürfen keine Unebenheiten, Löcher, Stolperstellen oder gefährliche Schrägen aufweisen. Sie müssen gegen Verrutschen gesichert, tragfähig, trittsicher und rutschhemmend sein.

(3) Durchsichtige oder lichtdurchlässige Wände, insbesondere Ganzglaswände in Arbeitsräumen oder im Bereich von Verkehrswegen, müssen deutlich gekennzeichnet sein. Sie müssen entweder aus bruchsicherem Werkstoff bestehen oder so gegen die Arbeitsplätze in Arbeitsräumen oder die Verkehrswege abgeschirmt sein, dass die Beschäftigten nicht mit den Wänden in Berührung kommen und beim Zersplittern der Wände nicht verletzt werden können.

(4) Dächer aus nicht durchtrittsicherem Material dürfen nur betreten werden, wenn Ausrüstungen benutzt werden, die ein sicheres Arbeiten ermöglichen.

1.6 Fenster, Oberlichter

(1) Fenster, Oberlichter und Lüftungsvorrichtungen müssen sich von den Beschäftigten sicher öffnen, schließen, verstellen und arretieren lassen. Sie dürfen nicht so angeordnet sein, dass sie in geöffnetem Zustand eine Gefahr für die Beschäftigten darstellen.

(2) Fenster und Oberlichter müssen so ausgewählt oder ausgerüstet und eingebaut sein, dass sie ohne Gefährdung der Ausführenden und anderer Personen gereinigt werden können.

1.7 Türen, Tore

(1) Die Lage, Anzahl, Abmesssungen und Ausführung insbesondere hinsichtlich der verwendeten Werkstoffe von Türen und Toren müssen sich nach der Art und Nutzung der Räume oder Bereiche richten.

(2) Durchsichtige Türen müssen in Augenhöhe gekennzeichnet sein.

(3) Pendeltüren und -tore müssen durchsichtig sein oder ein Sichtfenster haben.

(4) Bestehen durchsichtige oder lichtdurchlässige Flächen von Türen und Toren nicht aus bruchsicherem Werkstoff und ist zu befürchten, dass sich die Beschäftigten beim Zersplittern verletzen können, sind diese Flächen gegen Eindrücken zu schützen.

(5) Schiebetüren und -tore müssen gegen Ausheben und Herausfallen gesichert sein. Türen und Tore, die sich nach oben öffnen, müssen gegen Herabfallen gesichert sein.

(6) In unmittelbarer Nähe von Toren, die vorwiegend für den Fahrzeugverkehr bestimmt sind, müssen gut sichtbar gekennzeichnete, stets zugängliche Türen für Fußgänger vorhanden sein. Diese Türen sind nicht erforderlich, wenn der Durchgang durch die Tore für Fußgänger gefahrlos möglich ist.

(7) Kraftbetätigte Türen und Tore müssen sicher benutzbar sein. Dazu gehört, dass sie

a) ohne Gefährdung der Beschäftigten bewegt werden oder zum Stillstand kommen können,
b) mit selbsttätig wirkenden Sicherungen ausgestattet sind,
c) auch von Hand zu öffnen sind, sofern sie sich bei Stromausfall nicht automatisch öffnen.

(8) Besondere Anforderungen gelten für Türen im Verlauf von Fluchtwegen (Nummer 2.3).

1.8 Verkehrswege

(1) Verkehrswege, einschließlich Treppen, fest angebrachte Steigleitern und Laderampen müssen so angelegt und bemessen sein, dass sie je nach ihrem Bestimmungszweck leicht und sicher begangen oder befahren werden können und in der Nähe Beschäftigte nicht gefährdet werden.

(2) Die Bemessung der Verkehrswege, die dem Personenverkehr, Güterverkehr oder Personen- und Güterverkehr dienen, muss sich nach der Anzahl der möglichen Benutzer und der Art des Betriebes richten.

(3) Werden Transportmittel auf Verkehrswegen eingesetzt, muss für Fußgänger ein ausreichender Sicherheitsabstand gewahrt werden.

(4) Verkehrswege für Fahrzeuge müssen an Türen und Toren, Durchgängen, Fußgängerwegen und Treppenaustritten in ausreichendem Abstand vorbeiführen.

(5) Soweit Nutzung und Einrichtung der Räume es zum Schutz der Beschäftigten erfordern, müssen die Begrenzungen der Verkehrswege gekennzeichnet sein.

(6) Besondere Anforderungen gelten für Fluchtwege (Nummer 2.3).

1.9 Fahrtreppen, Fahrsteige

Fahrtreppen und Fahrsteige müssen so ausgewählt und installiert sein, dass sie sicher funktionieren und sicher benutzbar sind. Dazu gehört, dass die Notbefehlseinrichtungen gut erkennbar und leicht zugänglich sind und nur solche Fahrtreppen und Fahrsteige eingesetzt werden, die mit den notwendigen Sicherheitsvorrichtungen ausgestattet sind.

1.10 Laderampen

(1) Laderampen sind entsprechend den Abmessungen der Transportmittel und der Ladung auszulegen.

(2) Sie müssen mindestens einen Abgang haben; lange Laderampen müssen, soweit betriebstechnisch möglich, an jedem Endbereich einen Abgang haben.

(3) Sie müssen einfach und sicher benutzbar sein. Dazu gehört, dass sie nach Möglichkeit mit Schutzvorrichtungen gegen Absturz auszurüsten sind; das gilt insbesondere in Bereichen von Laderampen, die keine ständigen Be- und Entladestellen sind.

1.11 Steigleitern, Steigeisengänge

Steigleitern und Steigeisengänge müssen sicher benutzbar sein. Dazu gehört, dass sie

a) nach Notwendigkeit über Schutzvorrichtungen gegen Absturz, vorzugsweise über Steigschutzeinrichtungen verfügen,

b) an ihren Austrittsstellen eine Haltevorrichtung haben,

c) nach Notwendigkeit in angemessenen Abständen mit Ruhebühnen ausgerüstet sind.

2 Maßnahmen zum Schutz vor besonderen Gefahren

2.1 Schutz vor Absturz und herabfallenden Gegenständen, Betreten von Gefahrenbereichen

(1) Arbeitsplätze und Verkehrswege, bei denen eine Absturzgefahr für Beschäftigte oder die Gefahr des Herabfallens von Gegenständen besteht, müssen mit Schutzvorrichtungen versehen sein, die verhindern, dass Beschäftigte abstürzen oder durch herabfallende Gegenstände verletzt werden können. Sind aufgrund der Eigenart des Arbeitsplatzes oder der durchzuführenden Arbeiten Schutzvorrichtungen gegen Absturz nicht geeignet, muss der Arbeitgeber die Sicherheit der Beschäftigten durch andere wirksame Maßnahmen gewährleisten. Eine Absturzgefahr besteht bei einer Absturzhöhe von mehr als 1 Meter.

(2) Arbeitsplätze und Verkehrswege, die an Gefahrenbereiche grenzen, müssen mit Schutzvorrichtungen versehen sein, die verhindern, dass Beschäftigte in die Gefahrenbereiche gelangen.

(3) Die Arbeitsplätze und Verkehrswege nach den Absätzen 1 und 2 müssen gegen unbefugtes Betreten gesichert und gut sichtbar als Gefahrenbereiche gekennzeichnet sein. Zum Schutz derjenigen, die diese Bereiche betreten müssen, sind geeignete Maßnahmen zu treffen.

2.2 Maßnahmen gegen Brände

(1) Arbeitsstätten müssen je nach

a) Abmessung und Nutzung,

b) der Brandgefährdung vorhandener Einrichtungen und Materialien,

c) der größtmöglichen Anzahl anwesender Personen

mit einer ausreichenden Anzahl geeigneter Feuerlöscheinrichtungen und erforderlichenfalls Brandmeldern und Alarmanlagen ausgestattet sein.

(2) Nicht selbsttätige Feuerlöscheinrichtungen müssen als solche dauerhaft gekennzeichnet, leicht zu erreichen und zu handhaben sein.

(3) Selbsttätig wirkende Feuerlöscheinrichtungen müssen mit Warneinrichtungen ausgerüstet sein, wenn bei ihrem Einsatz Gefahren für die Beschäftigten auftreten können.

2.3 Fluchtwege und Notausgänge

(1) Fluchtwege und Notausgänge müssen

a) sich in Anzahl, Anordnung und Abmessung nach der Nutzung, der Einrichtung und den Abmessungen der Arbeitsstätte sowie nach der höchstmöglichen Anzahl der dort anwesenden Personen richten,

b) auf möglichst kurzem Weg ins Freie oder, falls dies nicht möglich ist, in einen gesicherten Bereich führen,

c) in angemessener Form und dauerhaft gekennzeichnet sein.

Sie sind mit einer Sicherheitsbeleuchtung auszurüsten, wenn das gefahrlose Verlassen der Arbeitsstätte für die Beschäftigten, insbesondere bei Ausfall der allgemeinen Beleuchtung, nicht gewährleistet ist.

(2) Türen im Verlauf von Fluchtwegen oder Türen von Notausgängen müssen

a) sich von innen ohne besondere Hilfsmittel jederzeit leicht öffnen lassen, solange sich Beschäftigte in der Arbeitsstätte befinden,

b) in angemessener Form und dauerhaft gekennzeichnet sein.

Türen von Notausgängen müssen sich nach außen öffnen lassen. In Notausgängen, die ausschließlich für den Notfall konzipiert und ausschließlich im Notfall benutzt werden, sind Karussell- und Schiebetüren nicht zulässig.

3 Arbeitsbedingungen

3.1 Bewegungsfläche

(1) Die freie unverstellte Fläche am Arbeitsplatz muss so bemessen sein, dass sich die Beschäftigten bei ihrer Tätigkeit ungehindert bewegen können.

(2) Ist dies nicht möglich, muss den Beschäftigten in der Nähe des Arbeitsplatzes eine andere ausreichend große Bewegungsfläche zur Verfügung stehen.

3.2 Anordnung der Arbeitsplätze

Arbeitsplätze sind in der Arbeitsstätte so anzuordnen, dass Beschäftigte

a) sie sicher erreichen und verlassen können,
b) sich bei Gefahr schnell in Sicherheit bringen können,
c) durch benachbarte Arbeitsplätze, Transporte oder Einwirkungen von außerhalb nicht gefährdet werden.

3.3 Ausstattung

(1) Jedem Beschäftigten muss mindestens eine Kleiderablage zur Verfügung stehen, sofern keine Umkleideräume vorhanden sind.

(2) Kann die Arbeit ganz oder teilweise sitzend verrichtet werden oder lässt es der Arbeitsablauf zu, sich zeitweise zu setzen, sind den Beschäftigten am Arbeitsplatz Sitzgelegenheiten zur Verfügung zu stellen. Können aus betriebstechnischen Gründen keine Sitzgelegenheiten unmittelbar am Arbeitsplatz aufgestellt werden, obwohl es der Arbeitsablauf zulässt, sich zeitweise zu setzen, müssen den Beschäftigten in der Nähe der Arbeitsplätze Sitzgelegenheiten bereitgestellt werden.

3.4 Beleuchtung und Sichtverbindung

(1) Der Arbeitgeber darf als Arbeitsräume nur solche Räume betreiben, die möglichst ausreichend Tageslicht erhalten und die eine Sichtverbindung nach außen haben.

Dies gilt nicht für

1. Räume, bei denen betriebs-, produktions- oder bautechnische Gründe Tageslicht oder einer Sichtverbindung nach außen entgegenstehen,
2. Räume, in denen sich Beschäftigte zur Verrichtung ihrer Tätigkeit regelmäßig nicht über einen längeren Zeitraum oder im Verlauf der täglichen Arbeitszeit nur kurzzeitig aufhalten müssen, insbesondere Archive, Lager-, Maschinen- und Nebenräume, Teeküchen,
3. Räume, die vollständig unter Erdgleiche liegen, soweit es sich dabei um Tiefgaragen oder ähnliche Einrichtungen, um kulturelle Einrichtungen, um Verkaufsräume oder um Schank- und Speiseräume handelt,
4. Räume in Bahnhofs- oder Flughafenhallen, Passagen oder innerhalb von Kaufhäusern und Einkaufszentren,
5. Räume mit einer Grundfläche von mindestens 2000 Quadratmetern, sofern Oberlichter oder andere bauliche Vorrichtungen vorhanden sind, die Tageslicht in den Arbeitsraum lenken.

(2) Pausen- und Bereitschaftsräume sowie Unterkünfte müssen möglichst ausreichend mit Tageslicht beleuchtet sein und eine Sichtverbindung nach außen haben. Kantinen sollen möglichst ausreichend Tageslicht erhalten und eine Sichtverbindung nach außen haben.

(3) Räume, die bis zum 3. Dezember 2016 eingerichtet worden sind oder mit deren Einrichtung begonnen worden war und die die Anforderungen nach Absatz 1 Satz 1 oder Absatz 2 nicht erfüllen, dürfen ohne eine Sichtverbindung nach außen weiter betrieben werden, bis sie wesentlich erweitert oder umgebaut werden.

(4) In Arbeitsräumen muss die Stärke des Tageslichteinfalls am Arbeitsplatz je nach Art der Tätigkeit reguliert werden können.

(5) Arbeitsstätten müssen mit Einrichtungen ausgestattet sein, die eine angemessene künstliche Beleuchtung ermöglichen, so dass die Sicherheit und der Schutz der Gesundheit der Beschäftigten gewährleistet sind.

(6) Die Beleuchtungsanlagen sind so auszuwählen und anzuordnen, dass dadurch die Sicherheit und die Gesundheit der Beschäftigten nicht gefährdet werden.

(7) Arbeitsstätten, in denen bei Ausfall der Allgemeinbeleuchtung die Sicherheit der Beschäftigten gefährdet werden kann, müssen eine ausreichende Sicherheitsbeleuchtung haben.

3.5 Raumtemperatur

(1) Arbeitsräume, in denen aus betriebstechnischer Sicht keine spezifischen Anforderungen an die Raumtemperatur gestellt werden, müssen während der Nutzungsdauer unter Berücksichtigung der Arbeitsverfahren und der physischen Belastungen der Beschäftigten eine gesundheitlich zuträgliche Raumtemperatur haben.

(2) Sanitär-, Pausen- und Bereitschaftsräume, Kantinen, Erste-Hilfe-Räume und Unterkünfte müssen während der Nutzungsdauer unter Berücksichtigung des spezifischen Nutzungszwecks eine gesundheitlich zuträgliche Raumtemperatur haben.

(3) Fenster, Oberlichter und Glaswände müssen unter Berücksichtigung der Arbeitsverfahren und der Art der Arbeitsstätte eine Abschirmung gegen übermäßige Sonneneinstrahlung ermöglichen.

3.6 Lüftung

(1) In Arbeitsräumen, Sanitär-, Pausen- und Bereitschaftsräumen, Kantinen, Erste-Hilfe-Räumen und Unterkünften muss unter Berücksichtigung des spezifischen Nutzungszwecks, der Arbeitsverfahren, der physischen Belastungen und der Anzahl der Beschäftigten sowie der sonstigen anwesenden Personen während der Nutzungsdauer ausreichend gesundheitlich zuträgliche Atemluft vorhanden sein.

(2) Ist für das Betreiben von Arbeitsstätten eine raumlufttechnische Anlage erforderlich, muss diese jederzeit funktionsfähig sein und die Anforderungen nach Absatz 1 erfüllen. Bei raumlufttechnischen Anlagen muss eine Störung durch eine selbsttätige Warneinrichtung angezeigt werden. Es müssen Vorkehrungen getroffen sein, durch die die Beschäftigten im Fall einer Störung gegen Gesundheitsgefahren geschützt sind.

(3) Werden raumlufttechnische Anlagen verwendet, ist sicherzustellen, dass die Beschäftigten keinem störenden Luftzug ausgesetzt sind.

(4) Ablagerungen und Verunreinigungen in raumlufttechnischen Anlagen, die zu einer unmittelbaren Gesundheitsgefährdung durch die Raumluft führen können, müssen umgehend beseitigt werden.

3.7 Lärm

In Arbeitsstätten ist der Schalldruckpegel so niedrig zu halten, wie es nach der Art des Betriebes möglich ist. Der Schalldruckpegel am Arbeitsplatz in Arbeitsräumen ist in Abhängigkeit von der Nutzung und den zu verrichtenden Tätigkeiten so weit zu reduzieren, dass keine Beeinträchtigungen der Gesundheit der Beschäftigten entstehen.

5

4 Sanitär-, Pausen- und Bereitschaftsräume, Kantinen, Erste-Hilfe-Räume und Unterkünfte

4.1 Sanitärräume

(1) Der Arbeitgeber hat Toilettenräume zur Verfügung zu stellen. Toilettenräume sind für Männer und Frauen getrennt einzurichten oder es ist eine getrennte Nutzung zu ermöglichen. Toilettenräume sind mit verschließbaren Zugängen, einer ausreichenden Anzahl von Toilettenbecken und Handwaschgelegenheiten zur Verfügung zu stellen. Sie müssen sich sowohl in der Nähe der Arbeitsräume als auch in der Nähe von Kantinen, Pausen- und Bereitschaftsräumen, Wasch- und Umkleideräumen befinden. Bei Arbeiten im Freien und auf Baustellen mit wenigen Beschäftigten sind mobile, anschlussfreie Toilettenkabinen in der Nähe der Arbeitsplätze ausreichend.

(2) Der Arbeitgeber hat – wenn es die Art der Tätigkeit oder gesundheitliche Gründe erfordern – Waschräume zur Verfügung zu stellen. Diese sind für Männer und Frauen getrennt einzurichten oder es ist eine getrennte Nutzung zu ermöglichen. Bei Arbeiten im Freien und auf Baustellen mit wenigen Beschäftigten sind Waschgelegenheiten ausreichend. Waschräume sind

a) in der Nähe von Arbeitsräumen und sichtgeschützt einzurichten,

b) so zu bemessen, dass die Beschäftigten sich den hygienischen Erfordernissen entsprechend und ungehindert reinigen können; dazu müssen fließendes warmes und kaltes Wasser, Mittel zum Reinigen und gegebenenfalls zum Desinfizieren sowie zum Abtrocknen der Hände vorhanden sein,
c) mit einer ausreichenden Anzahl geeigneter Duschen zur Verfügung zu stellen, wenn es die Art der Tätigkeit oder gesundheitliche Gründe erfordern.

Sind Waschräume nicht erforderlich, müssen in der Nähe des Arbeitsplatzes und der Umkleideräume ausreichende und angemessene Waschgelegenheiten mit fließendem Wasser (erforderlichenfalls mit warmem Wasser), Mitteln zum Reinigen und zum Abtrocknen der Hände zur Verfügung stehen.

(3) Der Arbeitgeber hat geeignete Umkleideräume zur Verfügung zu stellen, wenn die Beschäftigten bei ihrer Tätigkeit besondere Arbeitskleidung tragen müssen und es ihnen nicht zuzumuten ist, sich in einem anderen Raum umzukleiden. Umkleideräume sind für Männer und Frauen getrennt einzurichten oder es ist eine getrennte Nutzung zu ermöglichen. Umkleideräume müssen

a) leicht zugänglich und von ausreichender Größe und sichtgeschützt eingerichtet werden; entsprechend der Anzahl gleichzeitiger Benutzer muss genügend freie Bodenfläche für ungehindertes Umkleiden vorhanden sein,
b) mit Sitzgelegenheiten sowie mit verschließbaren Einrichtungen ausgestattet sein, in denen jeder Beschäftigte seine Kleidung aufbewahren kann.

Kleiderschränke für Arbeitskleidung und Schutzkleidung sind von Kleiderschränken für persönliche Kleidung und Gegenstände zu trennen, wenn die Umstände dies erfordern.

(4) Wasch- und Umkleideräume, die voneinander räumlich getrennt sind, müssen untereinander leicht erreichbar sein.

4.2 Pausen- und Bereitschaftsräume

(1) Bei mehr als zehn Beschäftigten oder wenn die Sicherheit und der Schutz der Gesundheit es erfordern, ist den Beschäftigten ein Pausenraum oder ein entsprechender Pausenbereich zur Verfügung zu stellen. Dies gilt nicht, wenn die Beschäftigten in Büroräumen oder vergleichbaren Arbeitsräumen beschäftigt sind und dort gleichwertige Voraussetzungen für eine Erholung während der Pause gegeben sind. Fallen in die Arbeitszeit regelmäßig und häufig Arbeitsbereitschaftszeiten oder Arbeitsunterbrechungen und sind keine Pausenräume vorhanden, so sind für die Beschäftigten Räume für Bereitschaftszeiten einzurichten. Schwangere Frauen und stillende Mütter müssen sich während der Pausen und, soweit es erforderlich ist, auch während der Arbeitszeit unter geeigneten Bedingungen hinlegen und ausruhen können.

(2) Pausenräume oder entsprechende Pausenbereiche sind

a) für die Beschäftigten leicht erreichbar an ungefährdeter Stelle und in ausreichender Größe bereitzustellen,
b) entsprechend der Anzahl der gleichzeitigen Benutzer mit leicht zu reinigenden Tischen und Sitzgelegenheiten mit Rückenlehne auszustatten,
c) als separate Räume zu gestalten, wenn die Beurteilung der Arbeitsbedingungen und der Arbeitsstätte dies erfordern.

(3) Bereitschaftsräume und Pausenräume, die als Bereitschaftsräume genutzt werden, müssen dem Zweck entsprechend ausgestattet sein.

4.3 Erste-Hilfe-Räume

(1) Erste-Hilfe-Räume oder vergleichbare Bereiche sind entsprechend der Art der Gefährdungen in der Arbeitsstätte oder der Anzahl der Beschäftigten, der Art der auszuübenden Tätigkeiten sowie der räumlichen Größe der Betriebe zur Verfügung zu stellen.

(2) Erste-Hilfe-Räume müssen an ihren Zugängen als solche gekennzeichnet und für Personen mit Rettungstransportmitteln leicht zugänglich sein.

(3) Sie sind mit den erforderlichen Mitteln und Einrichtungen zur Ersten Hilfe auszustatten. An einer deutlich gekennzeichneten Stelle

müssen Anschrift und Telefonnummer der örtlichen Rettungsdienste angegeben sein.

(4) Darüber hinaus sind überall dort, wo es die Arbeitsbedingungen erfordern, Mittel und Einrichtungen zur Ersten Hilfe aufzubewahren. Sie müssen leicht zugänglich und einsatzbereit sein. Die Aufbewahrungsstellen müssen als solche gekennzeichnet und gut erreichbar sein.

4.4 Unterkünfte

(1) Der Arbeitgeber hat angemessene Unterkünfte für Beschäftigte zur Verfügung zu stellen, gegebenenfalls auch außerhalb des Geländes eines Betriebes oder einer Baustelle, wenn es aus Gründen der Sicherheit, zum Schutz der Gesundheit oder aus Gründen der menschengerechten Gestaltung der Arbeit erforderlich ist. Die Bereitstellung angemessener Unterkünfte kann insbesondere wegen der Abgelegenheit der Arbeitsstätte, der Art der auszuübenden Tätigkeiten oder der Anzahl der im Betrieb beschäftigten Personen erforderlich sein. Sie ist stets erforderlich, wenn den Beschäftigten im Zusammenhang mit der Anwerbung oder Entsendung zur zeitlich befristeten Erbringung einer vertraglich geschuldeten Arbeitsleistung die Bereitstellung oder Vermittlung einer Unterbringung in Gemeinschaftsunterkünften in Aussicht gestellt wird und zu erwarten ist, dass der Beschäftigte die Verpflichtung zur Erbringung seiner Arbeitsleistung anderenfalls nicht eingehen würde. Kann der Arbeitgeber erforderliche Unterkünfte innerhalb des Geländes eines Betriebes oder einer Baustelle nicht zur Verfügung stellen, hat er für eine andere angemessene Unterbringung der Beschäftigten außerhalb des Geländes eines Betriebes oder einer Baustelle zu sorgen. Wird die Unterkunft als Gemeinschaftsunterkunft außerhalb des Geländes eines Betriebes oder einer Baustelle durch den Arbeitgeber oder auf dessen Veranlassung durch Dritte zur Verfügung gestellt, so hat der Arbeitgeber auch in diesem Fall für die Angemessenheit der Unterkunft zu sorgen.

(2) Unterkünfte müssen entsprechend ihrer Belegungszahl und der Dauer der Unterbringung ausgestattet sein mit:

1. Wohn- und Schlafbereich (Betten, Schränken, Tischen, Stühlen),
2. Essbereich,
3. Sanitäreinrichtungen.

(3) Wird die Unterkunft von Männern und Frauen gemeinsam genutzt, ist dies bei der Zuteilung der Räume zu berücksichtigen.

(4) Der Arbeitgeber hat die Unterbringung von Beschäftigten in Gemeinschaftsunterkünften innerhalb oder außerhalb des Geländes eines Betriebes oder einer Baustelle nach den Sätzen 2 und 3 zu dokumentieren. In der Dokumentation sind anzugeben:

1. die Adressen der Gemeinschaftsunterkünfte,
2. die Unterbringungskapazitäten der Gemeinschaftsunterkünfte,
3. die Zuordnung der untergebrachten Beschäftigten zu den Gemeinschaftsunterkünften sowie
4. der zugehörige Zeitraum der Unterbringung der jeweiligen Beschäftigten.

Die Dokumentation muss ab Beginn der Bereitstellung der Gemeinschaftsunterkünfte am Ort der Leistungserbringung verfügbar sein. Die Dokumentation ist nach Beendigung der Unterbringung vier Wochen aufzubewahren.

5 Ergänzende Anforderungen und Maßnahmen für besondere Arbeitsstätten und Arbeitsplätze

5.1 Arbeitsplätze in nicht allseits umschlossenen Arbeitsstätten und Arbeitsplätze im Freien

Arbeitsplätze in nicht allseits umschlossenen Arbeitsstätten und Arbeitsplätze im Freien sind so einzurichten und zu betreiben, dass sie von den Beschäftigten bei jeder Witterung sicher und ohne Gesundheitsgefährdung erreicht, benutzt und wieder verlassen werden können. Dazu gehört, dass diese Arbeitsplätze gegen Witterungseinflüsse geschützt sind oder den Beschäftigten geeignete persönliche Schutzausrüstungen zur Verfügung gestellt werden.

Werden die Beschäftigten auf Arbeitsplätzen im Freien beschäftigt, so sind die Arbeitsplätze nach Möglichkeit so einzurichten, dass die

5

Beschäftigten nicht gesundheitsgefährdenden äußeren Einwirkungen ausgesetzt sind.

5.2 Baustellen

(1) Die Beschäftigten müssen

a) sich gegen Witterungseinflüsse geschützt umkleiden, waschen und wärmen können,

b) über Einrichtungen verfügen, um ihre Mahlzeiten einnehmen und gegebenenfalls auch zubereiten zu können,

c) in der Nähe der Arbeitsplätze über Trinkwasser oder ein anderes alkoholfreies Getränk verfügen können.

Weiterhin sind auf Baustellen folgende Anforderungen umzusetzen:

d) Sind Umkleideräume nicht erforderlich, muss für jeden regelmäßig auf der Baustelle anwesenden Beschäftigten eine Kleiderablage und ein abschließbares Fach vorhanden sein, damit persönliche Gegenstände unter Verschluss aufbewahrt werden können.

e) Unter Berücksichtigung der Arbeitsverfahren und der physischen Belastungen der Beschäftigten ist dafür zu sorgen, dass ausreichend gesundheitlich zuträgliche Atemluft vorhanden ist.

f) Beschäftigte müssen die Möglichkeit haben, Arbeitskleidung und Schutzkleidung außerhalb der Arbeitszeit zu lüften und zu trocknen.

g) In regelmäßigen Abständen sind geeignete Versuche und Übungen an Feuerlöscheinrichtungen und Brandmelde- und Alarmanlagen durchzuführen.

(2) Schutzvorrichtungen, die ein Abstürzen von Beschäftigten an Arbeitsplätzen und Verkehrswegen auf Baustellen verhindern, müssen vorhanden sein:

1. unabhängig von der Absturzhöhe bei
   a) Arbeitsplätzen am und über Wasser oder an und über anderen festen oder flüssigen Stoffen, in denen man versinken kann,
   b) Verkehrswegen über Wasser oder anderen festen oder flüssigen Stoffen, in denen man versinken kann,
2. bei mehr als 1 Meter Absturzhöhe an Wandöffnungen, an freiliegenden Treppenläufen und -absätzen sowie
3. bei mehr als 2 Meter Absturzhöhe an allen übrigen Arbeitsplätzen.

Bei einer Absturzhöhe bis zu 3 Metern ist eine Schutzvorrichtung entbehrlich an Arbeitsplätzen und Verkehrswegen auf Dächern und Geschossdecken von baulichen Anlagen mit bis zu 22,5 Grad Neigung und nicht mehr als 50 Quadratmeter Grundfläche, sofern die Arbeiten von hierfür fachlich qualifizierten und körperlich geeigneten Beschäftigten ausgeführt werden und diese Beschäftigten besonders unterwiesen sind. Die Absturzkante muss für die Beschäftigten deutlich erkennbar sein.

(3) Räumliche Begrenzungen der Arbeitsplätze, Materialien, Ausrüstungen und ganz allgemein alle Elemente, die durch Ortsveränderung die Sicherheit und die Gesundheit der Beschäftigten beeinträchtigen können, müssen auf geeignete Weise stabilisiert werden. Hierzu zählen auch Maßnahmen, die verhindern, dass Fahrzeuge, Erdbaumaschinen und Förderzeuge abstürzen, umstürzen, abrutschen oder einbrechen.

(4) Werden Beförderungsmittel auf Verkehrswegen verwendet, so müssen für andere, den Verkehrsweg nutzende Personen ein ausreichender Sicherheitsabstand oder geeignete Schutzvorrichtungen vorgesehen werden. Die Wege müssen regelmäßig überprüft und gewartet werden.

(5) Bei Arbeiten, aus denen sich im besonderen Maße Gefährdungen für die Beschäftigten ergeben können, müssen geeignete Sicherheitsvorkehrungen getroffen werden. Dies gilt insbesondere für Abbrucharbeiten sowie Montage- oder Demontagearbeiten. Zur Erfüllung der Schutzmaßnahmen des Satzes 1 sind

a) bei Arbeiten an erhöhten oder tiefer gelegenen Standorten Standsicherheit und Stabilität der Arbeitsplätze und ihrer Zugänge auf geeignete Weise zu gewährleisten und zu überprüfen, insbesondere nach einer Veränderung der Höhe oder Tiefe des Arbeitsplatzes,

b) bei Aushubarbeiten Brunnenbauarbeiten, unterirdischen oder Tunnelarbeiten die Erd- oder Felswände so abzuböschen, zu verbauen oder anderweitig so zu sichern, dass sie während der einzelnen Bauzustände standsicher sind; vor Beginn von Erdarbeiten sind geeignete Maßnahmen durchzuführen, um die Gefährdung durch unterirdisch verlegte Kabel und andere Versorgungsleitungen festzustellen und auf ein Mindestmaß zu verringern,
c) bei Arbeiten, bei denen Sauerstoffmangel auftreten kann, geeignete Maßnahmen zu treffen, um einer Gefahr vorzubeugen und eine wirksame und sofortige Hilfeleistung zu ermöglichen; Einzelarbeitsplätze in Bereichen, in denen erhöhte Gefährdung durch Sauerstoffmangel besteht, sind nur zulässig, wenn diese ständig von außen überwacht werden und alle geeigneten Vorkehrungen getroffen sind, um eine wirksame und sofortige Hilfeleistung zu ermöglichen,
d) beim Auf-, Um- sowie Abbau von Spundwänden und Senkkästen angemessene Vorrichtungen vorzusehen, damit sich die Beschäftigten beim Eindringen von Wasser und Material retten können,
e) bei Laderampen Absturzsicherungen vorzusehen,
f) bei Arbeiten, bei denen mit Gefährdungen aus dem Verkehr von Land-, Wasser- oder Luftfahrzeugen zu rechnen ist, geeignete Vorkehrungen zu treffen.

Abbrucharbeiten, Montage- oder Demontagearbeiten, insbesondere der Auf- oder Abbau von Stahl- oder Betonkonstruktionen, die Montage oder Demontage von Verbau zur Sicherung von Erd- oder Felswänden oder Senkkästen sind fachkundig zu planen und nur unter fachkundiger Aufsicht sowie nach schriftlicher Abbruch-, Montage- oder Demontageanweisung durchzuführen; die Abbruch-, Montage- oder Demontageanweisung muss die erforderlichen sicherheitstechnischen Angaben enthalten; auf die Schriftform kann verzichtet werden, wenn für die jeweiligen Abbruch-, Montage- oder Demontagearbeiten besondere sicherheitstechnische Angaben nicht erforderlich sind.

(6) Vorhandene elektrische Freileitungen müssen nach Möglichkeit außerhalb des Baustellengeländes verlegt oder freigeschaltet werden. Wenn dies nicht möglich ist, sind geeignete Abschrankungen, Abschirmungen oder Hinweise anzubringen, um Fahrzeuge und Einrichtungen von diesen Leitungen fern zu halten.

6. Maßnahmen zur Gestaltung von Bildschirmarbeitsplätzen

6.1 Allgemeine Anforderungen an Bildschirmarbeitsplätze

(1) Bildschirmarbeitsplätze sind so einzurichten und zu betreiben, dass die Sicherheit und der Schutz der Gesundheit der Beschäftigten gewährleistet sind. Die Grundsätze der Ergonomie sind auf die Bildschirmarbeitsplätze und die erforderlichen Arbeitsmittel sowie die für die Informationsverarbeitung durch die Beschäftigten erforderlichen Bildschirmgeräte entsprechend anzuwenden.

(2) Der Arbeitgeber hat dafür zu sorgen, dass die Tätigkeiten der Beschäftigten an Bildschirmgeräten insbesondere durch andere Tätigkeiten oder regelmäßige Erholungszeiten unterbrochen werden.

(3) Für die Beschäftigten ist ausreichend Raum für wechselnde Arbeitshaltungen und -bewegungen vorzusehen.

(4) Die Bildschirmgeräte sind so aufzustellen und zu betreiben, dass die Oberflächen frei von störenden Reflexionen und Blendungen sind.

(5) Die Arbeitstische oder Arbeitsflächen müssen eine reflexionsarme Oberfläche haben und so aufgestellt werden, dass die Oberflächen bei der Arbeit frei von störenden Reflexionen und Blendungen sind.

(6) Die Arbeitsflächen sind entsprechend der Arbeitsaufgabe so zu bemessen, dass alle Eingabemittel auf der Arbeitsfläche variabel angeordnet werden können und eine flexible Anordnung des Bildschirms, des Schriftguts und der sonstigen Arbeitsmittel möglich ist. Die Arbeitsfläche vor der Tastatur muss ein Auflegen der Handballen ermöglichen.

(7) Auf Wunsch der Beschäftigten hat der Arbeitgeber eine Fußstütze und einen Manuskripthalter zur Verfügung zu stellen, wenn eine ergonomisch günstige Arbeitshaltung auf andere Art und Weise nicht erreicht werden kann.

(8) Die Beleuchtung muss der Art der Arbeitsaufgabe entsprechen und an das Sehvermögen der Beschäftigten angepasst sein; ein angemessener Kontrast zwischen Bildschirm und Arbeitsumgebung ist zu gewährleisten. Durch die Gestaltung des Bildschirmarbeitsplatzes sowie der Auslegung und der Anordnung der Beleuchtung sind störende Blendungen, Reflexionen oder Spiegelungen auf dem Bildschirm und den sonstigen Arbeitsmitteln zu vermeiden.

(9) Werden an einem Arbeitsplatz mehrere Bildschirmgeräte oder Bildschirme betrieben, müssen diese ergonomisch angeordnet sein. Die Eingabegeräte müssen sich eindeutig dem jeweiligen Bildschirmgerät zuordnen lassen.

(10) Die Arbeitsmittel dürfen nicht zu einer erhöhten, gesundheitlich unzuträglichen Wärmebelastung am Arbeitsplatz führen.

6.2 Allgemeine Anforderungen an Bildschirme und Bildschirmgeräte

(1) Die Text- und Grafikdarstellungen auf dem Bildschirm müssen entsprechend der Arbeitsaufgabe und dem Sehabstand scharf und deutlich sowie ausreichend groß sein. Der Zeichen- und der Zeilenabstand müssen angemessen sein. Die Zeichengröße und der Zeilenabstand müssen auf dem Bildschirm individuell eingestellt werden können.

(2) Das auf dem Bildschirm dargestellte Bild muss flimmerfrei sein. Das Bild darf keine Verzerrungen aufweisen.

(3) Die Helligkeit der Bildschirmanzeige und der Kontrast der Text- und Grafikdarstellungen auf dem Bildschirm müssen von den Beschäftigten einfach eingestellt werden können. Sie müssen den Verhältnissen der Arbeitsumgebung individuell angepasst werden können.

(4) Die Bildschirmgröße und -form müssen der Arbeitsaufgabe angemessen sein.

(5) Die von den Bildschirmgeräten ausgehende elektromagnetische Strahlung muss so niedrig gehalten werden, dass die Sicherheit und die Gesundheit der Beschäftigten nicht gefährdet werden.

6.3 Anforderungen an Bildschirmgeräte und Arbeitsmittel für die ortsgebundene Verwendung an Arbeitsplätzen

(1) Bildschirme müssen frei und leicht dreh- und neigbar sein sowie über reflexionsarme Oberflächen verfügen. Bildschirme, die über reflektierende Oberflächen verfügen, dürfen nur dann betrieben werden, wenn dies aus zwingenden aufgabenbezogenen Gründen erforderlich ist.

(2) Tastaturen müssen die folgenden Eigenschaften aufweisen:

1. sie müssen vom Bildschirm getrennte Einheiten sein,
2. sie müssen neigbar sein,
3. die Oberflächen müssen reflexionsarm sein,
4. die Form und der Anschlag der Tasten müssen den Arbeitsaufgaben angemessen sein und eine ergonomische Bedienung ermöglichen,
5. die Beschriftung der Tasten muss sich vom Untergrund deutlich abheben und bei normaler Arbeitshaltung gut lesbar sein.

(3) Alternative Eingabemittel (zum Beispiel Eingabe über den Bildschirm, Spracheingabe, Scanner) dürfen nur eingesetzt werden, wenn dadurch die Arbeitsaufgaben leichter ausgeführt werden können und keine zusätzlichen Belastungen für die Beschäftigten entstehen.

6.4 Anforderungen an tragbare Bildschirmgeräte für die ortsveränderliche Verwendung an Arbeitsplätzen

(1) Größe, Form und Gewicht tragbarer Bildschirmgeräte müssen der Arbeitsaufgabe entsprechend angemessen sein.

(2) Tragbare Bildschirmgeräte müssen

1. über Bildschirme mit reflexionsarmen Oberflächen verfügen und

2. so betrieben werden, dass der Bildschirm frei von störenden Reflexionen und Blendungen ist.

(3) Tragbare Bildschirmgeräte ohne Trennung zwischen Bildschirm und externem Eingabemittel (insbesondere Geräte ohne Tastatur) dürfen nur an Arbeitsplätzen betrieben werden, an denen die Geräte nur kurzzeitig verwendet werden oder an denen die Arbeitsaufgaben mit keinen anderen Bildschirmgeräten ausgeführt werden können.

(4) Tragbare Bildschirmgeräte mit alternativen Eingabemitteln sind den Arbeitsaufgaben angemessen und mit dem Ziel einer optimalen Entlastung der Beschäftigten zu betreiben.

(5) Werden tragbare Bildschirmgeräte ortsgebunden an Arbeitsplätzen verwendet, gelten zusätzlich die Anforderungen nach Nummer 6.1.

6.5 Anforderungen an die Benutzerfreundlichkeit von Bildschirmarbeitsplätzen

(1) Beim Betreiben der Bildschirmarbeitsplätze hat der Arbeitgeber dafür zu sorgen, dass der Arbeitsplatz den Arbeitsaufgaben angemessen gestaltet ist. Er hat insbesondere geeignete Softwaresysteme bereitzustellen.

(2) Die Bildschirmgeräte und die Software müssen entsprechend den Kenntnissen und Erfahrungen der Beschäftigten im Hinblick auf die jeweilige Arbeitsaufgabe angepasst werden können.

(3) Das Softwaresystem muss den Beschäftigten Angaben über die jeweiligen Dialogabläufe machen.

(4) Die Bildschirmgeräte und die Software müssen es den Beschäftigten ermöglichen, die Dialogabläufe zu beeinflussen. Sie müssen eventuelle Fehler bei der Handhabung beschreiben und eine Fehlerbeseitigung mit begrenztem Arbeitsaufwand erlauben.

(5) Eine Kontrolle der Arbeit hinsichtlich der qualitativen oder quantitativen Ergebnisse darf ohne Wissen der Beschäftigten nicht durchgeführt werden.

Arbeitszeitgesetz (ArbZG)

Vom 6. Juni 1994 (BGBl. I S. 1170)

Zuletzt geändert durch
Arbeitsschutzkontrollgesetz
vom 22. Dezember 2020 (BGBl. I S. 3334)

Erster Abschnitt Allgemeine Vorschriften

§ 1 Zweck des Gesetzes

Zweck des Gesetzes ist es,

1. die Sicherheit und den Gesundheitsschutz der Arbeitnehmer in der Bundesrepublik Deutschland und in der ausschließlichen Wirtschaftszone bei der Arbeitszeitgestaltung zu gewährleisten und die Rahmenbedingungen für flexible Arbeitszeiten zu verbessern sowie
2. den Sonntag und die staatlich anerkannten Feiertage als Tage der Arbeitsruhe und der seelischen Erhebung der Arbeitnehmer zu schützen.

§ 2 Begriffsbestimmungen

(1) Arbeitszeit im Sinne dieses Gesetzes ist die Zeit vom Beginn bis zum Ende der Arbeit ohne die Ruhepausen; Arbeitszeiten bei mehreren Arbeitgebern sind zusammenzurechnen. Im Bergbau unter Tage zählen die Ruhepausen zur Arbeitszeit.

(2) Arbeitnehmer im Sinne dieses Gesetzes sind Arbeiter und Angestellte sowie die zu ihrer Berufsbildung Beschäftigten.

(3) Nachtzeit im Sinne dieses Gesetzes ist die Zeit von 23 bis 6 Uhr, in Bäckereien und Konditoreien die Zeit von 22 bis 5 Uhr.

(4) Nachtarbeit im Sinne dieses Gesetzes ist jede Arbeit, die mehr als zwei Stunden der Nachtzeit umfaßt.

(5) Nachtarbeitnehmer im Sinne dieses Gesetzes sind Arbeitnehmer, die

1. auf Grund ihrer Arbeitszeitgestaltung normalerweise Nachtarbeit in Wechselschicht zu leisten haben oder
2. Nachtarbeit an mindestens 48 Tagen im Kalenderjahr leisten.

Zweiter Abschnitt Werktägliche Arbeitszeit und arbeitsfreie Zeiten

§ 3 Arbeitszeit der Arbeitnehmer

Die werktägliche Arbeitszeit der Arbeitnehmer darf acht Stunden nicht überschreiten. Sie kann auf bis zu zehn Stunden nur verlängert werden, wenn innerhalb von sechs Kalendermonaten oder innerhalb von 24 Wochen im Durchschnitt acht Stunden werktäglich nicht überschritten werden.

§ 4 Ruhepausen

Die Arbeit ist durch im voraus feststehende Ruhepausen von mindestens 30 Minuten bei einer Arbeitszeit von mehr als sechs bis zu neun Stunden und 45 Minuten bei einer Arbeitszeit von mehr als neun Stunden insgesamt zu unterbrechen. Die Ruhepausen nach Satz 1 können in Zeitabschnitte von jeweils mindestens 15 Minuten aufgeteilt werden. Länger als sechs Stunden hintereinander dürfen Arbeitnehmer nicht ohne Ruhepause beschäftigt werden.

§ 5 Ruhezeit

(1) Die Arbeitnehmer müssen nach Beendigung der täglichen Arbeitszeit eine ununterbrochene Ruhezeit von mindestens elf Stunden haben.

(2) Die Dauer der Ruhezeit des Absatzes 1 kann in Krankenhäusern und anderen Einrichtungen zur Behandlung, Pflege und Betreuung von Personen, in Gaststätten und anderen Einrichtungen zur Bewirtung und

Beherbergung, in Verkehrsbetrieben, beim Rundfunk sowie in der Landwirtschaft und in der Tierhaltung um bis zu eine Stunde verkürzt werden, wenn jede Verkürzung der Ruhezeit innerhalb eines Kalendermonats oder innerhalb von vier Wochen durch Verlängerung einer anderen Ruhezeit auf mindestens zwölf Stunden ausgeglichen wird.

(3) Abweichend von Absatz 1 können in Krankenhäusern und anderen Einrichtungen zur Behandlung, Pflege und Betreuung von Personen Kürzungen der Ruhezeit durch Inanspruchnahme während der Rufbereitschaft, die nicht mehr als die Hälfte der Ruhezeit betragen, zu anderen Zeiten ausgeglichen werden.

§ 6 Nacht- und Schichtarbeit

(1) Die Arbeitszeit der Nacht- und Schichtarbeitnehmer ist nach den gesicherten arbeitswissenschaftlichen Erkenntnissen über die menschengerechte Gestaltung der Arbeit festzulegen.

(2) Die werktägliche Arbeitszeit der Nachtarbeitnehmer darf acht Stunden nicht überschreiten. Sie kann auf bis zu zehn Stunden nur verlängert werden, wenn abweichend von § 3 innerhalb von einem Kalendermonat oder innerhalb von vier Wochen im Durchschnitt acht Stunden werktäglich nicht überschritten werden. Für Zeiträume, in denen Nachtarbeitnehmer im Sinne des § 2 Abs. 5 Nr. 2 nicht zur Nachtarbeit herangezogen werden, findet § 3 Satz 2 Anwendung.

(3) Nachtarbeitnehmer sind berechtigt, sich vor Beginn der Beschäftigung und danach in regelmäßigen Zeitabständen von nicht weniger als drei Jahren arbeitsmedizinisch untersuchen zu lassen. Nach Vollendung des 50. Lebensjahres steht Nachtarbeitnehmern dieses Recht in Zeitabständen von einem Jahr zu. Die Kosten der Untersuchungen hat der Arbeitgeber zu tragen, sofern er die Untersuchungen den Nachtarbeitnehmern nicht kostenlos durch einen Betriebsarzt oder einen überbetrieblichen Dienst von Betriebsärzten anbietet.

(4) Der Arbeitgeber hat den Nachtarbeitnehmer auf dessen Verlangen auf einen für ihn geeigneten Tagesarbeitsplatz umzusetzen, wenn

a) nach arbeitsmedizinischer Feststellung die weitere Verrichtung von Nachtarbeit den Arbeitnehmer in seiner Gesundheit gefährdet oder
b) im Haushalt des Arbeitnehmers ein Kind unter zwölf Jahren lebt, das nicht von einer anderen im Haushalt lebenden Person betreut werden kann, oder
c) der Arbeitnehmer einen schwerpflegebedürftigen Angehörigen zu versorgen hat, der nicht von einem anderen im Haushalt lebenden Angehörigen versorgt werden kann,

sofern dem nicht dringende betriebliche Erfordernisse entgegenstehen. Stehen der Umsetzung des Nachtarbeitnehmers auf einen für ihn geeigneten Tagesarbeitsplatz nach Auffassung des Arbeitgebers dringende betriebliche Erfordernisse entgegen, so ist der Betriebs- oder Personalrat zu hören. Der Betriebs- oder Personalrat kann dem Arbeitgeber Vorschläge für eine Umsetzung unterbreiten.

(5) Soweit keine tarifvertraglichen Ausgleichsregelungen bestehen, hat der Arbeitgeber dem Nachtarbeitnehmer für die während der Nachtzeit geleisteten Arbeitsstunden eine angemessene Zahl bezahlter freier Tage oder einen angemessenen Zuschlag auf das ihm hierfür zustehende Bruttoarbeitsentgelt zu gewähren.

(6) Es ist sicherzustellen, daß Nachtarbeitnehmer den gleichen Zugang zur betrieblichen Weiterbildung und zu aufstiegsfördernden Maßnahmen haben wie die übrigen Arbeitnehmer.

§ 7 Abweichende Regelungen

(1) In einem Tarifvertrag oder auf Grund eines Tarifvertrags in einer Betriebs- oder Dienstvereinbarung kann zugelassen werden,

1. abweichend von § 3
   a) die Arbeitszeit über zehn Stunden werktäglich zu verlängern, wenn in die Arbeitszeit regelmäßig und in erheblichem Umfang Arbeitsbereitschaft oder Bereitschaftsdienst fällt,

   b) einen anderen Ausgleichszeitraum festzulegen,
2. abweichend von § 4 Satz 2 die Gesamtdauer der Ruhepausen in Schichtbetrieben und Verkehrsbetrieben auf Kurzpausen von angemessener Dauer aufzuteilen,
3. abweichend von § 5 Abs. 1 die Ruhezeit um bis zu zwei Stunden zu kürzen, wenn die Art der Arbeit dies erfordert und die Kürzung der Ruhezeit innerhalb eines festzulegenden Ausgleichszeitraums ausgeglichen wird,
4. abweichend von § 6 Abs. 2
   a) die Arbeitszeit über zehn Stunden werktäglich hinaus zu verlängern, wenn in die Arbeitszeit regelmäßig und in erheblichem Umfang Arbeitsbereitschaft oder Bereitschaftsdienst fällt,
   b) einen anderen Ausgleichszeitraum festzulegen,
5. den Beginn des siebenstündigen Nachtzeitraums des § 2 Abs. 3 auf die Zeit zwischen 22 und 24 Uhr festzulegen.

(2) Sofern der Gesundheitsschutz der Arbeitnehmer durch einen entsprechenden Zeitausgleich gewährleistet wird, kann in einem Tarifvertrag oder auf Grund eines Tarifvertrags in einer Betriebs- oder Dienstvereinbarung ferner zugelassen werden,

1. abweichend von § 5 Abs. 1 die Ruhezeiten bei Rufbereitschaft den Besonderheiten dieses Dienstes anzupassen, insbesondere Kürzungen der Ruhezeit infolge von Inanspruchnahmen während dieses Dienstes zu anderen Zeiten auszugleichen,
2. die Regelungen der §§ 3, 5 Abs. 1 und § 6 Abs. 2 in der Landwirtschaft der Bestellungs- und Erntezeit sowie den Witterungseinflüssen anzupassen,
3. die Regelungen der §§ 3, 4, 5 Abs. 1 und § 6 Abs. 2 bei der Behandlung, Pflege und Betreuung von Personen der Eigenart dieser Tätigkeit und dem Wohl dieser Personen entsprechend anzupassen,
4. die Regelungen der §§ 3, 4, 5 Abs. 1 und § 6 Abs. 2 bei Verwaltungen und Betrieben des Bundes, der Länder, der Gemeinden und sonstigen Körperschaften, Anstalten und Stiftungen des öffentlichen Rechts sowie bei anderen Arbeitgebern, die der Tarifbindung eines für den öffentlichen Dienst geltenden oder eines im wesentlichen inhaltsgleichen Tarifvertrags unterliegen, der Eigenart der Tätigkeit bei diesen Stellen anzupassen.

(2a) In einem Tarifvertrag oder auf Grund eines Tarifvertrags in einer Betriebs- oder Dienstvereinbarung kann abweichend von den §§ 3, 5 Abs. 1 und § 6 Abs. 2 auch zugelassen werden, die werktägliche Arbeitszeit auch ohne Ausgleich über acht Stunden zu verlängern, wenn in die Arbeitszeit regelmäßig und in erheblichem Umfang Arbeitsbereitschaft oder Bereitschaftsdienst fällt und durch besondere Regelungen sichergestellt wird, dass die Gesundheit der Arbeitnehmer nicht gefährdet wird.

(3) Im Geltungsbereich eines Tarifvertrags nach Absatz 1, 2 oder 2a können abweichende tarifvertragliche Regelungen im Betrieb eines nicht tarifgebundenen Arbeitgebers durch Betriebs- oder Dienstvereinbarung oder, wenn ein Betriebs- oder Personalrat nicht besteht, durch schriftliche Vereinbarung zwischen dem Arbeitgeber und dem Arbeitnehmer übernommen werden. Können auf Grund eines solchen Tarifvertrags abweichende Regelungen in einer Betriebs- oder Dienstvereinbarung getroffen werden, kann auch in Betrieben eines nicht tarifgebundenen Arbeitgebers davon Gebrauch gemacht werden. Eine nach Absatz 2 Nr. 4 getroffene abweichende tarifvertragliche Regelung hat zwischen nicht tarifgebundenen Arbeitgebern und Arbeitnehmern Geltung, wenn zwischen ihnen die Anwendung der für den öffentlichen Dienst geltenden tarifvertraglichen Bestimmungen vereinbart ist und die Arbeitgeber die Kosten des Betriebs überwiegend mit Zuwendungen im Sinne des Haushaltsrechts decken.

(4) Die Kirchen und die öffentlich-rechtlichen Religionsgesellschaften können die in Absatz 1, 2 oder 2a genannten Abweichungen in ihren Regelungen vorsehen.

(5) In einem Bereich, in dem Regelungen durch Tarifvertrag üblicherweise nicht getrof-

fen werden, können Ausnahmen im Rahmen des Absatzes 1, 2 oder 2a durch die Aufsichtsbehörde bewilligt werden, wenn dies aus betrieblichen Gründen erforderlich ist und die Gesundheit der Arbeitnehmer nicht gefährdet wird.

(6) Die Bundesregierung kann durch Rechtsverordnung mit Zustimmung des Bundesrates Ausnahmen im Rahmen des Absatzes 1 oder 2 zulassen, sofern dies aus betrieblichen Gründen erforderlich ist und die Gesundheit der Arbeitnehmer nicht gefährdet wird.

(7) Auf Grund einer Regelung nach Absatz 2a oder den Absätzen 3 bis 5 jeweils in Verbindung mit Absatz 2a darf die Arbeitszeit nur verlängert werden, wenn der Arbeitnehmer schriftlich eingewilligt hat. Der Arbeitnehmer kann die Einwilligung mit einer Frist von sechs Monaten schriftlich widerrufen. Der Arbeitgeber darf einen Arbeitnehmer nicht benachteiligen, wenn dieser die Einwilligung zur Verlängerung der Arbeitszeit nicht erklärt oder die Einwilligung widerrufen hat.

(8) Werden Regelungen nach Absatz 1 Nr. 1 und 4, Absatz 2 Nr. 2 bis 4 oder solche Regelungen auf Grund der Absätze 3 und 4 zugelassen, darf die Arbeitszeit 48 Stunden wöchentlich im Durchschnitt von zwölf Kalendermonaten nicht überschreiten. Erfolgt die Zulassung auf Grund des Absatzes 5, darf die Arbeitszeit 48 Stunden wöchentlich im Durchschnitt von sechs Kalendermonaten oder 24 Wochen nicht überschreiten.

(9) Wird die werktägliche Arbeitszeit über zwölf Stunden hinaus verlängert, muss im unmittelbaren Anschluss an die Beendigung der Arbeitszeit eine Ruhezeit von mindestens elf Stunden gewährt werden.

§ 8 Gefährliche Arbeiten

Die Bundesregierung kann durch Rechtsverordnung mit Zustimmung des Bundesrates für einzelne Beschäftigungsbereiche, für bestimmte Arbeiten oder für bestimmte Arbeitnehmergruppen, bei denen besondere Gefahren für die Gesundheit der Arbeitnehmer zu erwarten sind, die Arbeitszeit über § 3 hinaus beschränken, die Ruhepausen und Ruhezeiten über die §§ 4 und 5 hinaus ausdehnen, die Regelungen zum Schutz der Nacht- und Schichtarbeitnehmer in § 6 erweitern und die Abweichungsmöglichkeiten nach § 7 beschränken, soweit dies zum Schutz der Gesundheit der Arbeitnehmer erforderlich ist. Satz 1 gilt nicht für Beschäftigungsbereiche und Arbeiten in Betrieben, die der Bergaufsicht unterliegen.

Dritter Abschnitt
Sonn- und Feiertagsruhe

§ 9 Sonn- und Feiertagsruhe

(1) Arbeitnehmer dürfen an Sonn- und gesetzlichen Feiertagen von 0 bis 24 Uhr nicht beschäftigt werden.

(2) In mehrschichtigen Betrieben mit regelmäßiger Tag- und Nachtschicht kann Beginn oder Ende der Sonn- und Feiertagsruhe um bis zu sechs Stunden vor- oder zurückverlegt werden, wenn für die auf den Beginn der Ruhezeit folgenden 24 Stunden der Betrieb ruht.

(3) Für Kraftfahrer und Beifahrer kann der Beginn der 24stündigen Sonn- und Feiertagsruhe um bis zu zwei Stunden vorverlegt werden.

§ 10 Sonn- und Feiertagsbeschäftigung

(1) Sofern die Arbeiten nicht an Werktagen vorgenommen werden können, dürfen Arbeitnehmer an Sonn- und Feiertagen abweichend von § 9 beschäftigt werden

1. in Not- und Rettungsdiensten sowie bei der Feuerwehr,
2. zur Aufrechterhaltung der öffentlichen Sicherheit und Ordnung sowie der Funktionsfähigkeit von Gerichten und Behörden und für Zwecke der Verteidigung,
3. in Krankenhäusern und anderen Einrichtungen zur Behandlung, Pflege und Betreuung von Personen,
4. in Gaststätten und anderen Einrichtungen zur Bewirtung und Beherbergung sowie im Haushalt,
5. bei Musikaufführungen, Theatervorstellungen, Filmvorführungen, Schaustellun-

gen, Darbietungen und anderen ähnlichen Veranstaltungen,

6. bei nichtgewerblichen Aktionen und Veranstaltungen der Kirchen, Religionsgesellschaften, Verbände, Vereine, Parteien und anderer ähnlicher Vereinigungen,
7. beim Sport und in Freizeit-, Erholungs- und Vergnügungseinrichtungen, beim Fremdenverkehr sowie in Museen und wissenschaftlichen Präsenzbibliotheken,
8. beim Rundfunk, bei der Tages- und Sportpresse, bei Nachrichtenagenturen sowie bei den der Tagesaktualität dienenden Tätigkeiten für andere Presseerzeugnisse einschließlich des Austragens, bei der Herstellung von Satz, Filmen und Druckformen für tagesaktuelle Nachrichten und Bilder, bei tagesaktuellen Aufnahmen auf Ton- und Bildträger sowie beim Transport und Kommissionieren von Presseerzeugnissen, deren Erstererscheinungstag am Montag oder am Tag nach einem Feiertag liegt,
9. bei Messen, Ausstellungen und Märkten im Sinne des Titels IV der Gewerbeordnung sowie bei Volksfesten,
10. in Verkehrsbetrieben sowie beim Transport und Kommissionieren von leichtverderblichen Waren im Sinne des § 30 Abs. 3 Nr. 2 der Straßenverkehrsordnung,
11. in den Energie- und Wasserversorgungsbetrieben sowie in Abfall- und Abwasserentsorgungsbetrieben,
12. in der Landwirtschaft und in der Tierhaltung sowie in Einrichtungen zur Behandlung und Pflege von Tieren,
13. im Bewachungsgewerbe und bei der Bewachung von Betriebsanlagen,
14. bei der Reinigung und Instandhaltung von Betriebseinrichtungen, soweit hierdurch der regelmäßige Fortgang des eigenen oder eines fremden Betriebs bedingt ist, bei der Vorbereitung der Wiederaufnahme des vollen werktägigen Betriebs sowie bei der Aufrechterhaltung der Funktionsfähigkeit von Datennetzen und Rechnersystemen,
15. zur Verhütung des Verderbens von Naturerzeugnissen oder Rohstoffen oder des Mißlingens von Arbeitsergebnissen sowie bei kontinuierlich durchzuführenden Forschungsarbeiten,
16. zur Vermeidung einer Zerstörung oder erheblichen Beschädigung der Produktionseinrichtungen.

(2) Abweichend von § 9 dürfen Arbeitnehmer an Sonn- und Feiertagen mit den Produktionsarbeiten beschäftigt werden, wenn die infolge der Unterbrechung der Produktion nach Absatz 1 Nr. 14 zulässigen Arbeiten den Einsatz von mehr Arbeitnehmern als bei durchgehender Produktion erfordern.

(3) Abweichend von § 9 dürfen Arbeitnehmer an Sonn- und Feiertagen in Bäckereien und Konditoreien für bis zu drei Stunden mit der Herstellung und dem Austragen oder Ausfahren von Konditorwaren und an diesem Tag zum Verkauf kommenden Bäckerwaren beschäftigt werden.

(4) Sofern die Arbeiten nicht an Werktagen vorgenommen werden können, dürfen Arbeitnehmer zur Durchführung des Eil- und Großbetragszahlungsverkehrs und des Geld-, Devisen-, Wertpapier- und Derivatehandels abweichend von § 9 Abs. 1 an den auf einen Werktag fallenden Feiertagen beschäftigt werden, die nicht in allen Mitgliedstaaten der Europäischen Union Feiertage sind.

§ 11 Ausgleich für Sonn- und Feiertagsbeschäftigung

(1) Mindestens 15 Sonntage im Jahr müssen beschäftigungsfrei bleiben.

(2) Für die Beschäftigung an Sonn- und Feiertagen gelten die §§ 3 bis 8 entsprechend, jedoch dürfen durch die Arbeitszeit an Sonn- und Feiertagen die in den §§ 3, 6 Abs. 2, §§ 7 und 21a Abs. 4 bestimmten Höchstarbeitszeiten und Ausgleichszeiträume nicht überschritten werden.

(3) Werden Arbeitnehmer an einem Sonntag beschäftigt, müssen sie einen Ersatzruhetag haben, der innerhalb eines den Beschäftigungstag einschließenden Zeitraums von zwei Wochen zu gewähren ist. Werden Arbeitnehmer an einem auf einen Werktag fal-

lenden Feiertag beschäftigt, müssen sie einen Ersatzruhetag haben, der innerhalb eines den Beschäftigungstag einschließenden Zeitraums von acht Wochen zu gewähren ist.

(4) Die Sonn- oder Feiertagsruhe des § 9 oder der Ersatzruhetag des Absatzes 3 ist den Arbeitnehmern unmittelbar in Verbindung mit einer Ruhezeit nach § 5 zu gewähren, soweit dem technische oder arbeitsorganisatorische Gründe nicht entgegenstehen.

§ 12 Abweichende Regelungen

In einem Tarifvertrag oder auf Grund eines Tarifvertrags in einer Betriebs- oder Dienstvereinbarung kann zugelassen werden,

1. abweichend von § 11 Abs. 1 die Anzahl der beschäftigungsfreien Sonntage in den Einrichtungen des § 10 Abs. 1 Nr. 2, 3, 4 und 10 auf mindestens zehn Sonntage, im Rundfunk, in Theaterbetrieben, Orchestern sowie bei Schaustellungen auf mindestens acht Sonntage, in Filmtheatern und in der Tierhaltung auf mindestens sechs Sonntage im Jahr zu verringern,
2. abweichend von § 11 Abs. 3 den Wegfall von Ersatzruhetagen für auf Werktage fallende Feiertage zu vereinbaren oder Arbeitnehmer innerhalb eines festzulegenden Ausgleichszeitraums beschäftigungsfrei zu stellen,
3. abweichend von § 11 Abs. 1 bis 3 in der Seeschifffahrt die den Arbeitnehmern nach diesen Vorschriften zustehenden freien Tage zusammenhängend zu geben,
4. abweichend von § 11 Abs. 2 die Arbeitszeit in vollkontinuierlichen Schichtbetrieben an Sonn- und Feiertagen auf bis zu zwölf Stunden zu verlängern, wenn dadurch zusätzliche freie Schichten an Sonn- und Feiertagen erreicht werden.

§ 7 Abs. 3 bis 6 findet Anwendung.

§ 13 Ermächtigung, Anordnung, Bewilligung

(1) Die Bundesregierung kann durch Rechtsverordnung mit Zustimmung des Bundesrates zur Vermeidung erheblicher Schäden unter Berücksichtigung des Schutzes der Arbeitnehmer und der Sonn- und Feiertagsruhe

1. die Bereiche mit Sonn- und Feiertagsbeschäftigung nach § 10 sowie die dort zugelassenen Arbeiten näher bestimmen,
2. über die Ausnahmen nach § 10 hinaus weitere Ausnahmen abweichend von § 9
   a) für Betriebe, in denen die Beschäftigung von Arbeitnehmern an Sonn- oder Feiertagen zur Befriedigung täglicher oder an diesen Tagen besonders hervortretender Bedürfnisse der Bevölkerung erforderlich ist,
   b) für Betriebe, in denen Arbeiten vorkommen, deren Unterbrechung oder Aufschub
      aa) nach dem Stand der Technik ihrer Art nach nicht oder nur mit erheblichen Schwierigkeiten möglich ist,
      bb) besondere Gefahren für Leben oder Gesundheit der Arbeitnehmer zur Folge hätte,
      cc) zu erheblichen Belastungen der Umwelt oder der Energie- oder Wasserversorgung führen würde,
   c) aus Gründen des Gemeinwohls, insbesondere auch zur Sicherung der Beschäftigung,

   zulassen und die zum Schutz der Arbeitnehmer und der Sonn- und Feiertagsruhe notwendigen Bedingungen bestimmen.

(2) Soweit die Bundesregierung von der Ermächtigung des Absatzes 1 Nr. 2 Buchstabe a keinen Gebrauch gemacht hat, können die Landesregierungen durch Rechtsverordnung entsprechende Bestimmungen erlassen. Die Landesregierungen können diese Ermächtigung durch Rechtsverordnung auf oberste Landesbehörden übertragen.

(3) Die Aufsichtsbehörde kann

1. feststellen, ob eine Beschäftigung nach § 10 zulässig ist,
2. abweichend von § 9 bewilligen, Arbeitnehmer zu beschäftigen
   a) im Handelsgewerbe an bis zu zehn Sonn- und Feiertagen im Jahr, an denen besondere Verhältnisse einen erweiterten Geschäftsverkehr erforderlich machen,

6

b) an bis zu fünf Sonn- und Feiertagen im Jahr, wenn besondere Verhältnisse zur Verhütung eines unverhältnismäßigen Schadens dies erfordern,

c) an einem Sonntag im Jahr zur Durchführung einer gesetzlich vorgeschriebenen Inventur,

und Anordnungen über die Beschäftigungszeit unter Berücksichtigung der für den öffentlichen Gottesdienst bestimmten Zeit treffen.

(4) Die Aufsichtsbehörde soll abweichend von § 9 bewilligen, daß Arbeitnehmer an Sonn- und Feiertagen mit Arbeiten beschäftigt werden, die aus chemischen, biologischen, technischen oder physikalischen Gründen einen ununterbrochenen Fortgang auch an Sonn- und Feiertagen erfordern.

(5) Die Aufsichtsbehörde hat abweichend von § 9 die Beschäftigung von Arbeitnehmern an Sonn- und Feiertagen zu bewilligen, wenn bei einer weitgehenden Ausnutzung der gesetzlich zulässigen wöchentlichen Betriebszeiten und bei längeren Betriebszeiten im Ausland die Konkurrenzfähigkeit unzumutbar beeinträchtigt ist und durch die Genehmigung von Sonn- und Feiertagsarbeit die Beschäftigung gesichert werden kann.

Vierter Abschnitt Ausnahmen in besonderen Fällen

§ 14 Außergewöhnliche Fälle

(1) Von den §§ 3 bis 5, 6 Abs. 2, §§ 7, 9 bis 11 darf abgewichen werden bei vorübergehenden Arbeiten in Notfällen und in außergewöhnlichen Fällen, die unabhängig vom Willen der Betroffenen eintreten und deren Folgen nicht auf andere Weise zu beseitigen sind, besonders wenn Rohstoffe oder Lebensmittel zu verderben oder Arbeitsergebnisse zu mißlingen drohen.

(2) Von den §§ 3 bis 5, 6 Abs. 2, §§ 7, 11 Abs. 1 bis 3 und § 12 darf ferner abgewichen werden,

1. wenn eine verhältnismäßig geringe Zahl von Arbeitnehmern vorübergehend mit Arbeiten beschäftigt wird, deren Nichterledigung das Ergebnis der Arbeiten gefährden oder einen unverhältnismäßigen Schaden zur Folge haben würden,
2. bei Forschung und Lehre, bei unaufschiebbaren Vor- und Abschlußarbeiten sowie bei unaufschiebbaren Arbeiten zur Behandlung, Pflege und Betreuung von Personen oder zur Behandlung und Pflege von Tieren an einzelnen Tagen,

wenn dem Arbeitgeber andere Vorkehrungen nicht zugemutet werden können.

(3) Wird von den Befugnissen nach Absatz 1 oder 2 Gebrauch gemacht, darf die Arbeitszeit 48 Stunden wöchentlich im Durchschnitt von sechs Kalendermonaten oder 24 Wochen nicht überschreiten.

§ 15 Bewilligung, Ermächtigung

(1) Die Aufsichtsbehörde kann

1. eine von den §§ 3, 6 Abs. 2 und § 11 Abs. 2 abweichende längere tägliche Arbeitszeit bewilligen
   a) für kontinuierliche Schichtbetriebe zur Erreichung zusätzlicher Freischichten,
   b) für Bau- und Montagestellen,
2. eine von den §§ 3, 6 Abs. 2 und § 11 Abs. 2 abweichende längere tägliche Arbeitszeit für Saison- und Kampagnebetriebe für die Zeit der Saison oder Kampagne bewilligen, wenn die Verlängerung der Arbeitszeit über acht Stunden werktäglich durch eine entsprechende Verkürzung der Arbeitszeit zu anderen Zeiten ausgeglichen wird,
3. eine von den §§ 5 und 11 Abs. 2 abweichende Dauer und Lage der Ruhezeit bei Arbeitsbereitschaft, Bereitschaftsdienst und Rufbereitschaft den Besonderheiten dieser Inanspruchnahmen im öffentlichen Dienst entsprechend bewilligen,
4. eine von den §§ 5 und 11 Abs. 2 abweichende Ruhezeit zur Herbeiführung eines regelmäßigen wöchentlichen Schichtwechsels zweimal innerhalb eines Zeitraums von drei Wochen bewilligen.

(2) Die Aufsichtsbehörde kann über die in diesem Gesetz vorgesehenen Ausnahmen hinaus weitergehende Ausnahmen zulassen,

soweit sie im öffentlichen Interesse dringend nötig werden.

(2a) Die Bundesregierung kann durch Rechtsverordnung mit Zustimmung des Bundesrates

1. Ausnahmen von den §§ 3, 4, 5 und 6 Absatz 2 sowie von den §§ 9 und 11 für Arbeitnehmer, die besondere Tätigkeiten zur Errichtung, zur Änderung oder zum Betrieb von Bauwerken, künstlichen Inseln oder sonstigen Anlagen auf See (Offshore-Tätigkeiten) durchführen, zulassen und
2. die zum Schutz der in Nummer 1 genannten Arbeitnehmer sowie der Sonn- und Feiertagsruhe notwendigen Bedingungen bestimmen.

(3) Das Bundesministerium der Verteidigung kann in seinem Geschäftsbereich durch Rechtsverordnung mit Zustimmung des Bundesministeriums für Arbeit und Soziales aus zwingenden Gründen der Verteidigung Arbeitnehmer verpflichten, über die in diesem Gesetz und in den auf Grund dieses Gesetzes erlassenen Rechtsverordnungen und Tarifverträgen festgelegten Arbeitszeitgrenzen und -beschränkungen hinaus Arbeit zu leisten.

(3a) Das Bundesministerium der Verteidigung kann in seinem Geschäftsbereich durch Rechtsverordnung im Einvernehmen mit dem Bundesministerium für Arbeit und Soziales für besondere Tätigkeiten der Arbeitnehmer bei den Streitkräften Abweichungen von in diesem Gesetz sowie von in den auf Grund dieses Gesetzes erlassenen Rechtsverordnungen bestimmten Arbeitszeitgrenzen und -beschränkungen zulassen, soweit die Abweichungen aus zwingenden Gründen erforderlich sind und die größtmögliche Sicherheit und der bestmögliche Gesundheitsschutz der Arbeitnehmer gewährleistet werden.

(4) Werden Ausnahmen nach Absatz 1 oder 2 zugelassen, darf die Arbeitszeit 48 Stunden wöchentlich im Durchschnitt von sechs Kalendermonaten oder 24 Wochen nicht überschreiten.

Fünfter Abschnitt Durchführung des Gesetzes

§ 16 Aushang und Arbeitszeitnachweise

(1) Der Arbeitgeber ist verpflichtet, einen Abdruck dieses Gesetzes, der auf Grund dieses Gesetzes erlassenen, für den Betrieb geltenden Rechtsverordnungen und der für den Betrieb geltenden Tarifverträge und Betriebs- oder Dienstvereinbarungen im Sinne des § 7 Abs. 1 bis 3, §§ 12 und 21a Abs. 6 an geeigneter Stelle im Betrieb zur Einsichtnahme auszulegen oder auszuhängen.

(2) Der Arbeitgeber ist verpflichtet, die über die werktägliche Arbeitszeit des § 3 Satz 1 hinausgehende Arbeitszeit der Arbeitnehmer aufzuzeichnen und ein Verzeichnis der Arbeitnehmer zu führen, die in eine Verlängerung der Arbeitszeit gemäß § 7 Abs. 7 eingewilligt haben. Die Nachweise sind mindestens zwei Jahre aufzubewahren.

§ 17 Aufsichtsbehörde

(1) Die Einhaltung dieses Gesetzes und der auf Grund dieses Gesetzes erlassenen Rechtsverordnungen wird von den nach Landesrecht zuständigen Behörden (Aufsichtsbehörden) überwacht.

(2) Die Aufsichtsbehörde kann die erforderlichen Maßnahmen anordnen, die der Arbeitgeber zur Erfüllung der sich aus diesem Gesetz und den auf Grund dieses Gesetzes erlassenen Rechtsverordnungen ergebenden Pflichten zu treffen hat.

(3) Für den öffentlichen Dienst des Bundes sowie für die bundesunmittelbaren Körperschaften, Anstalten und Stiftungen des öffentlichen Rechts werden die Aufgaben und Befugnisse der Aufsichtsbehörde vom zuständigen Bundesministerium oder den von ihm bestimmten Stellen wahrgenommen; das gleiche gilt für die Befugnisse nach § 15 Abs. 1 und 2.

(4) Die Aufsichtsbehörde kann vom Arbeitgeber die für die Durchführung dieses Gesetzes und der auf Grund dieses Gesetzes erlassenen Rechtsverordnungen erforderlichen Auskünfte verlangen. Sie kann ferner vom Arbeitgeber verlangen, die Arbeitszeitnachwei-

se und Tarifverträge oder Betriebs- oder Dienstvereinbarungen im Sinne des § 7 Abs. 1 bis 3, §§ 12 und 21a Abs. 6 sowie andere Arbeitszeitnachweise oder Geschäftsunterlagen, die mittelbar oder unmittelbar Auskunft über die Einhaltung des Arbeitszeitgesetzes geben, vorzulegen oder zur Einsicht einzusenden.

(5) Die Beauftragten der Aufsichtsbehörde sind berechtigt, die Arbeitsstätten während der Betriebs- und Arbeitszeit zu betreten und zu besichtigen; außerhalb dieser Zeit oder wenn sich die Arbeitsstätten in einer Wohnung befinden, dürfen sie ohne Einverständnis des Inhabers nur zur Verhütung von dringenden Gefahren für die öffentliche Sicherheit und Ordnung betreten und besichtigt werden. Der Arbeitgeber hat das Betreten und Besichtigen der Arbeitsstätten zu gestatten. Das Grundrecht der Unverletzlichkeit der Wohnung (Artikel 13 des Grundgesetzes) wird insoweit eingeschränkt.

(6) Der zur Auskunft Verpflichtete kann die Auskunft auf solche Fragen verweigern, deren Beantwortung ihn selbst oder einen der in § 383 Abs. 1 Nr. 1 bis 3 der Zivilprozeßordnung bezeichneten Angehörigen der Gefahr strafgerichtlicher Verfolgung oder eines Verfahrens nach dem Gesetz über Ordnungswidrigkeiten aussetzen würde.

Sechster Abschnitt Sonderregelungen

§ 18 Nichtanwendung des Gesetzes

(1) Dieses Gesetz ist nicht anzuwenden auf

1. leitende Angestellte im Sinne des § 5 Abs. 3 des Betriebsverfassungsgesetzes sowie Chefärzte,
2. Leiter von öffentlichen Dienststellen und deren Vertreter sowie Arbeitnehmer im öffentlichen Dienst, die zu selbständigen Entscheidungen in Personalangelegenheiten befugt sind,
3. Arbeitnehmer, die in häuslicher Gemeinschaft mit den ihnen anvertrauten Personen zusammenleben und sie eigenverantwortlich erziehen, pflegen oder betreuen,
4. den liturgischen Bereich der Kirchen und der Religionsgemeinschaften.

(2) Für die Beschäftigung von Personen unter 18 Jahren gilt anstelle dieses Gesetzes das Jugendarbeitsschutzgesetz.

(3) Für die Beschäftigung von Arbeitnehmern als Besatzungsmitglieder auf Kauffahrteischiffen im Sinne des § 3 des Seearbeitsgesetzes gilt anstelle dieses Gesetzes das Seearbeitsgesetz.

§ 19 Beschäftigung im öffentlichen Dienst

Bei der Wahrnehmung hoheitlicher Aufgaben im öffentlichen Dienst können, soweit keine tarifvertragliche Regelung besteht, durch die zuständige Dienstbehörde die für Beamte geltenden Bestimmungen über die Arbeitszeit auf die Arbeitnehmer übertragen werden; insoweit finden die §§ 3 bis 13 keine Anwendung.

§ 20 Beschäftigung in der Luftfahrt

Für die Beschäftigung von Arbeitnehmern als Besatzungsmitglieder von Luftfahrzeugen gelten anstelle der Vorschriften dieses Gesetzes über Arbeits- und Ruhezeiten die Vorschriften über Flug-, Flugdienst- und Ruhezeiten der Zweiten Durchführungsverordnung zur Betriebsordnung für Luftfahrtgerät in der jeweils geltenden Fassung.

§ 21 Beschäftigung in der Binnenschifffahrt

(1) Die Bundesregierung kann durch Rechtsverordnung mit Zustimmung des Bundesrates, auch zur Umsetzung zwischenstaatlicher Vereinbarungen oder Rechtsakten der Europäischen Union, abweichend von den Vorschriften dieses Gesetzes die Bedingungen für die Arbeitszeitgestaltung von Arbeitnehmern, die als Mitglied der Besatzung oder des Bordpersonals an Bord eines Fahrzeugs in der Binnenschifffahrt beschäftigt sind, regeln, soweit dies erforderlich ist, um den besonderen Bedingungen an Bord von Binnenschiffen Rechnung zu tragen. Insbesondere können in diesen Rechtsverordnungen die notwendigen Bedingungen für die Sicherheit und den Gesundheitsschutz im Sinne des § 1, einschließ-

lich gesundheitlicher Untersuchungen hinsichtlich der Auswirkungen der Arbeitszeitbedingungen auf einem Schiff in der Binnenschifffahrt, sowie die notwendigen Bedingungen für den Schutz der Sonn- und Feiertagsruhe bestimmt werden. In Rechtsverordnungen nach Satz 1 kann ferner bestimmt werden, dass von den Vorschriften der Rechtsverordnung durch Tarifvertrag abgewichen werden kann.

(2) Soweit die Bundesregierung von der Ermächtigung des Absatzes 1 keinen Gebrauch macht, gelten die Vorschriften dieses Gesetzes für das Fahrpersonal auf Binnenschiffen, es sei denn, binnenschifffahrtsrechtliche Vorschriften über Ruhezeiten stehen dem entgegen. Bei Anwendung des Satzes 1 kann durch Tarifvertrag von den Vorschriften dieses Gesetzes abgewichen werden, um der Eigenart der Binnenschifffahrt Rechnung zu tragen.

§ 21a Beschäftigung im Straßentransport

(1) Für die Beschäftigung von Arbeitnehmern als Fahrer oder Beifahrer bei Straßenverkehrstätigkeiten im Sinne der Verordnung (EG) Nr. 561/2006 des Europäischen Parlaments und des Rates vom 15. März 2006 zur Harmonisierung bestimmter Sozialvorschriften im Straßenverkehr und zur Änderung der Verordnungen (EWG) Nr. 3821/85 und (EG) Nr. 2135/98 des Rates sowie zur Aufhebung der Verordnung (EWG) Nr. 3820/85 des Rates (ABl. EG Nr. L 102 S. 1) oder des Europäischen Übereinkommens über die Arbeit des im internationalen Straßenverkehr beschäftigten Fahrpersonals (AETR) vom 1. Juli 1970 (BGBl. II 1974 S. 1473) in ihren jeweiligen Fassungen gelten die Vorschriften dieses Gesetzes, soweit nicht die folgenden Absätze abweichende Regelungen enthalten. Die Vorschriften der Verordnung (EG) Nr. 561/2006 und des AETR bleiben unberührt.

(2) Eine Woche im Sinne dieser Vorschriften ist der Zeitraum von Montag 0 Uhr bis Sonntag 24 Uhr.

(3) Abweichend von § 2 Abs. 1 ist keine Arbeitszeit:

1. die Zeit, während derer sich ein Arbeitnehmer am Arbeitsplatz bereithalten muss, um seine Tätigkeit aufzunehmen,
2. die Zeit, während derer sich ein Arbeitnehmer bereithalten muss, um seine Tätigkeit auf Anweisung aufnehmen zu können, ohne sich an seinem Arbeitsplatz aufhalten zu müssen,
3. für Arbeitnehmer, die sich beim Fahren abwechseln, die während der Fahrt neben dem Fahrer oder in einer Schlafkabine verbrachte Zeit.

Für die Zeiten nach Satz 1 Nr. 1 und 2 gilt dies nur, wenn der Zeitraum und dessen voraussichtliche Dauer im Voraus, spätestens unmittelbar vor Beginn des betreffenden Zeitraums bekannt ist. Die in Satz 1 genannten Zeiten sind keine Ruhezeiten. Die in Satz 1 Nr. 1 und 2 genannten Zeiten sind keine Ruhepausen.

(4) Die Arbeitszeit darf 48 Stunden wöchentlich nicht überschreiten. Sie kann auf bis zu 60 Stunden verlängert werden, wenn innerhalb von vier Kalendermonaten oder 16 Wochen im Durchschnitt 48 Stunden wöchentlich nicht überschritten werden.

(5) Die Ruhezeiten bestimmen sich nach den Vorschriften der Europäischen Gemeinschaften für Kraftfahrer und Beifahrer sowie nach dem AETR. Dies gilt auch für Auszubildende und Praktikanten.

(6) In einem Tarifvertrag oder auf Grund eines Tarifvertrags in einer Betriebs- oder Dienstvereinbarung kann zugelassen werden,

1. nähere Einzelheiten zu den in Absatz 3 Satz 1 Nr. 1, 2 und Satz 2 genannten Voraussetzungen zu regeln,
2. abweichend von Absatz 4 sowie den §§ 3 und 6 Abs. 2 die Arbeitszeit festzulegen, wenn objektive, technische oder arbeitszeitorganisatorische Gründe vorliegen. Dabei darf die Arbeitszeit 48 Stunden wöchentlich im Durchschnitt von sechs Kalendermonaten nicht überschreiten.

§ 7 Abs. 1 Nr. 2 und Abs. 2a gilt nicht. § 7 Abs. 3 gilt entsprechend.

(7) Der Arbeitgeber ist verpflichtet, die Arbeitszeit der Arbeitnehmer aufzuzeichnen.

6

Die Aufzeichnungen sind mindestens zwei Jahre aufzubewahren. Der Arbeitgeber hat dem Arbeitnehmer auf Verlangen eine Kopie der Aufzeichnungen seiner Arbeitszeit auszuhändigen.

(8) Zur Berechnung der Arbeitszeit fordert der Arbeitgeber den Arbeitnehmer schriftlich auf, ihm eine Aufstellung der bei einem anderen Arbeitgeber geleisteten Arbeitszeit vorzulegen. Der Arbeitnehmer legt diese Angaben schriftlich vor.

Siebter Abschnitt
Straf- und Bußgeldvorschriften

§ 22 Bußgeldvorschriften

(1) Ordnungswidrig handelt, wer als Arbeitgeber vorsätzlich oder fahrlässig

1. entgegen §§ 3, 6 Abs. 2 oder § 21a Abs. 4, jeweils auch in Verbindung mit § 11 Abs. 2, einen Arbeitnehmer über die Grenzen der Arbeitszeit hinaus beschäftigt,
2. entgegen § 4 Ruhepausen nicht, nicht mit der vorgeschriebenen Mindestdauer oder nicht rechtzeitig gewährt,
3. entgegen § 5 Abs. 1 die Mindestruhezeit nicht gewährt oder entgegen § 5 Abs. 2 die Verkürzung der Ruhezeit durch Verlängerung einer anderen Ruhezeit nicht oder nicht rechtzeitig ausgleicht,
4. einer Rechtsverordnung nach § 8 Satz 1, § 13 Abs. 1 oder 2, § 15 Absatz 2a Nummer 2, § 21 Absatz 1 oder § 24 zuwiderhandelt, soweit sie für einen bestimmten Tatbestand auf diese Bußgeldvorschrift verweist,
5. entgegen § 9 Abs. 1 einen Arbeitnehmer an Sonn- oder Feiertagen beschäftigt,
6. entgegen § 11 Abs. 1 einen Arbeitnehmer an allen Sonntagen beschäftigt oder entgegen § 11 Abs. 3 einen Ersatzruhetag nicht oder nicht rechtzeitig gewährt,
7. einer vollziehbaren Anordnung nach § 13 Abs. 3 Nr. 2 zuwiderhandelt,
8. entgegen § 16 Abs. 1 die dort bezeichnete Auslage oder den dort bezeichneten Aushang nicht vornimmt,
9. entgegen § 16 Abs. 2 oder § 21a Abs. 7 Aufzeichnungen nicht oder nicht richtig erstellt oder nicht für die vorgeschriebene Dauer aufbewahrt oder
10. entgegen § 17 Abs. 4 eine Auskunft nicht, nicht richtig oder nicht vollständig erteilt, Unterlagen nicht oder nicht vollständig vorlegt oder nicht einsendet oder entgegen § 17 Abs. 5 Satz 2 eine Maßnahme nicht gestattet.

(2) Die Ordnungswidrigkeit kann in den Fällen des Absatzes 1 Nr. 1 bis 7, 9 und 10 mit einer Geldbuße bis zu dreißigtausend Euro, in den Fällen des Absatzes 1 Nr. 8 mit einer Geldbuße bis zu fünftausend Euro geahndet werden.

§ 23 Strafvorschriften

(1) Wer eine der in § 22 Abs. 1 Nr. 1 bis 3, 5 bis 7 bezeichneten Handlungen

1. vorsätzlich begeht und dadurch Gesundheit oder Arbeitskraft eines Arbeitnehmers gefährdet oder
2. beharrlich wiederholt,

wird mit Freiheitsstrafe bis zu einem Jahr oder mit Geldstrafe bestraft.

(2) Wer in den Fällen des Absatzes 1 Nr. 1 die Gefahr fahrlässig verursacht, wird mit Freiheitsstrafe bis zu sechs Monaten oder mit Geldstrafe bis zu 180 Tagessätzen bestraft.

Achter Abschnitt
Schlußvorschriften

§ 24 Umsetzung von zwischenstaatlichen Vereinbarungen und Rechtsakten der EG

Die Bundesregierung kann mit Zustimmung des Bundesrates zur Erfüllung von Verpflichtungen aus zwischenstaatlichen Vereinbarungen oder zur Umsetzung von Rechtsakten des Rates oder der Kommission der Europäischen Gemeinschaften, die Sachbereiche dieses Gesetzes betreffen, Rechtsverordnungen nach diesem Gesetz erlassen.

§ 25 Übergangsregelung für Tarifverträge

Enthält ein am 1. Januar 2004 bestehender oder nachwirkender Tarifvertrag abweichende Regelungen nach § 7 Abs. 1 oder 2 oder § 12 Satz 1, die den in diesen Vorschriften festgelegten Höchstrahmen überschreiten, bleiben diese tarifvertraglichen Bestimmungen bis zum 31. Dezember 2006 unberührt. Tarifverträgen nach Satz 1 stehen durch Tarifvertrag zugelassene Betriebsvereinbarungen sowie Regelungen nach § 7 Abs. 4 gleich.

Verordnung über Sicherheit und Gesundheitsschutz bei Tätigkeiten mit Biologischen Arbeitsstoffen (Biostoffverordnung – BioStoffV)

Vom 15. Juli 2013 (BGBl. I S. 2514)

Zuletzt geändert durch
Verordnung zur Änderung der Biostoffverordnung und anderer Arbeitsschutzverordnungen
vom 21. Juli 2021 (BGBl. I S. 3115)

Abschnitt 1 Anwendungsbereich, Begriffsbestimmungen und Risikogruppeneinstufung

§ 1 Anwendungsbereich

(1) Diese Verordnung gilt für Tätigkeiten mit Biologischen Arbeitsstoffen (Biostoffen). Sie regelt Maßnahmen zum Schutz von Sicherheit und Gesundheit der Beschäftigten vor Gefährdungen durch diese Tätigkeiten. Sie regelt zugleich auch Maßnahmen zum Schutz von

1. Beschäftigten in Arbeitsbereichen, in denen diese durch Tätigkeiten nach § 2 Absatz 7 gefährdet werden können, ohne selbst diese Tätigkeiten auszuüben sowie
2. anderen Personen, soweit diese aufgrund des Verwendens von Biostoffen durch Beschäftigte oder durch Unternehmer ohne Beschäftigte gefährdet werden können.

(2) Die Verordnung gilt auch für Tätigkeiten, die dem Gentechnikrecht unterliegen, sofern dort keine gleichwertigen oder strengeren Regelungen zum Schutz der Beschäftigten bestehen.

§ 2 Begriffsbestimmungen

(1) Biostoffe sind

1. Mikroorganismen, Zellkulturen und Endoparasiten einschließlich ihrer gentechnisch veränderten Formen,
2. mit Transmissibler Spongiformer Enzephalopathie (TSE) assoziierte Agenzien,

die den Menschen durch Infektionen, infektionsbedingte akute oder chronische Krankheiten, Toxinbildung oder sensibilisierende Wirkungen gefährden können.

(2) Den Biostoffen gleichgestellt sind

1. Ektoparasiten, die beim Menschen eigenständige Erkrankungen verursachen oder sensibilisierende oder toxische Wirkungen hervorrufen können,
2. technisch hergestellte biologische Einheiten mit neuen Eigenschaften, die den Menschen in gleicher Weise gefährden können wie Biostoffe.

(3) Mikroorganismen sind alle zellulären oder nichtzellulären mikroskopisch oder submikroskopisch kleinen biologischen Einheiten, die zur Vermehrung oder zur Weitergabe von genetischem Material fähig sind, insbesondere Bakterien, Viren, Protozoen und Pilze.

(4) Zellkulturen sind in-vitro-vermehrte Zellen, die aus vielzelligen Organismen isoliert worden sind.

(5) Toxine im Sinne von Absatz 1 sind Stoffwechselprodukte oder Zellbestandteile von Biostoffen, die infolge von Einatmen, Verschlucken oder Aufnahme über die Haut beim Menschen toxische Wirkungen hervorrufen und dadurch akute oder chronische Gesundheitsschäden oder den Tod bewirken können.

(6) Biostoffe der Risikogruppe 3, die mit (**) gekennzeichnet sind, sind solche Biostoffe, bei denen das Infektionsrisiko für Beschäftigte begrenzt ist, weil eine Übertragung über den Luftweg normalerweise nicht erfolgen kann. Diese Biostoffe sind in Anhang III der Richtlinie 2000/54/EG des Europäischen Parlaments und des Rates vom 18. September 2000 über den Schutz der Arbeitnehmer gegen Gefährdung durch biologische Arbeitsstoffe bei der Arbeit (ABl. L 262 vom 17. 10.

2000, S. 21) sowie in den Bekanntmachungen nach § 19 Absatz 4 Nummer 1 entsprechend aufgeführt.

(7) Tätigkeiten sind

1. das Verwenden von Biostoffen, insbesondere das Isolieren, Erzeugen und Vermehren, das Aufschließen, das Ge- und Verbrauchen, das Be- und Verarbeiten, das Ab- und Umfüllen, das Mischen und Abtrennen sowie das innerbetriebliche Befördern, das Aufbewahren einschließlich des Lagerns, das Inaktivieren und das Entsorgen sowie
2. die berufliche Arbeit mit Menschen, Tieren, Pflanzen, Produkten, Gegenständen oder Materialien, wenn aufgrund dieser Arbeiten Biostoffe auftreten oder freigesetzt werden und Beschäftigte damit in Kontakt kommen können.

(8) Gezielte Tätigkeiten liegen vor, wenn

1. die Tätigkeiten auf einen oder mehrere Biostoffe unmittelbar ausgerichtet sind,
2. der Biostoff oder die Biostoffe mindestens der Spezies nach bekannt sind und
3. die Exposition der Beschäftigten im Normalbetrieb hinreichend bekannt oder abschätzbar ist.

Nicht gezielte Tätigkeiten liegen vor, wenn mindestens eine Voraussetzung nach Satz 1 nicht vorliegt. Dies ist insbesondere bei Tätigkeiten nach Absatz 7 Nummer 2 gegeben.

(9) Beschäftigte sind Personen, die nach § 2 Absatz 2 des Arbeitsschutzgesetzes als solche bestimmt sind. Den Beschäftigten stehen folgende Personen gleich, sofern sie Tätigkeiten mit Biostoffen durchführen:

1. Schülerinnen und Schüler,
2. Studierende,
3. sonstige Personen, insbesondere in wissenschaftlichen Einrichtungen und in Einrichtungen des Gesundheitsdienstes Tätige,
4. in Heimarbeit Beschäftigte nach § 1 Absatz 1 des Heimarbeitsgesetzes.

Auf Schülerinnen und Schüler, Studierende sowie sonstige Personen nach Nummer 3 finden die Regelungen dieser Verordnung über die Beteiligung der Vertretungen keine Anwendung.

(10) Arbeitgeber ist, wer nach § 2 Absatz 3 des Arbeitsschutzgesetzes als solcher bestimmt ist. Dem Arbeitgeber stehen gleich

1. der Unternehmer ohne Beschäftigte,
2. der Auftraggeber und der Zwischenmeister im Sinne des Heimarbeitsgesetzes.

(11) Fachkundig im Sinne dieser Verordnung ist, wer zur Ausübung einer in dieser Verordnung bestimmten Aufgabe befähigt ist. Die Anforderungen an die Fachkunde sind abhängig von der jeweiligen Art der Aufgabe und der Höhe der Gefährdung. Die für die Fachkunde erforderlichen Kenntnisse sind durch eine geeignete Berufsausbildung und eine zeitnahe einschlägige berufliche Tätigkeit nachzuweisen. In Abhängigkeit von der Aufgabe und der Höhe der Gefährdung kann zusätzlich die Teilnahme an spezifischen Fortbildungsmaßnahmen erforderlich sein.

(12) Stand der Technik ist der Entwicklungsstand fortschrittlicher Verfahren, Einrichtungen oder Betriebsweisen, der die praktische Eignung einer Maßnahme zum Schutz von Sicherheit und Gesundheit der Beschäftigten gesichert erscheinen lässt. Bei der Bestimmung des Standes der Technik sind insbesondere vergleichbare Verfahren, Einrichtungen oder Betriebsweisen heranzuziehen, die mit Erfolg in der Praxis erprobt worden sind.

(13) Schutzstufen orientieren sich an der Risikogruppe des jeweiligen Biostoffs und sind ein Maßstab für die Höhe der Infektionsgefährdung einer Tätigkeit. Entsprechend den Risikogruppen nach § 3 werden vier Schutzstufen unterschieden. Die Schutzstufen umfassen die zusätzlichen Schutzmaßnahmen, die in den Anhängen II und III festgelegt oder empfohlen sind.

(14) Einrichtungen des Gesundheitsdienstes nach dieser Verordnung sind Arbeitsstätten, in denen Menschen stationär medizinisch untersucht, behandelt oder gepflegt werden oder ambulant medizinisch untersucht oder behandelt werden.

(15) Biotechnologie im Sinne dieser Verordnung umfasst die biotechnologische Produk-

tion sowie die biotechnologische Forschung unter gezieltem Einsatz definierter Biostoffe.

§ 3 Einstufung von Biostoffen in Risikogruppen

(1) Biostoffe werden entsprechend dem von ihnen ausgehenden Infektionsrisiko nach dem Stand der Wissenschaft in eine der folgenden Risikogruppen eingestuft:

1. Risikogruppe 1: Biostoffe, bei denen es unwahrscheinlich ist, dass sie beim Menschen eine Krankheit hervorrufen,
2. Risikogruppe 2: Biostoffe, die eine Krankheit beim Menschen hervorrufen können und eine Gefahr für Beschäftigte darstellen könnten; eine Verbreitung in der Bevölkerung ist unwahrscheinlich; eine wirksame Vorbeugung oder Behandlung ist normalerweise möglich,
3. Risikogruppe 3: Biostoffe, die eine schwere Krankheit beim Menschen hervorrufen und eine ernste Gefahr für Beschäftigte darstellen können; die Gefahr einer Verbreitung in der Bevölkerung kann bestehen, doch ist normalerweise eine wirksame Vorbeugung oder Behandlung möglich,
4. Risikogruppe 4: Biostoffe, die eine schwere Krankheit beim Menschen hervorrufen und eine ernste Gefahr für Beschäftigte darstellen; die Gefahr einer Verbreitung in der Bevölkerung ist unter Umständen groß; normalerweise ist eine wirksame Vorbeugung oder Behandlung nicht möglich.

(2) Für die Einstufung der Biostoffe in die Risikogruppen 2 bis 4 gilt Anhang III der Richtlinie 2000/54/EG des Europäischen Parlaments und des Rates vom 18. September 2000 über den Schutz der Arbeitnehmer gegen Gefährdung durch biologische Arbeitsstoffe bei der Arbeit (ABl. L 262 vom 17. 10. 2000, S. 21). Wird dieser Anhang im Verfahren nach Artikel 19 dieser Richtlinie an den technischen Fortschritt angepasst, so kann die geänderte Fassung bereits ab ihrem Inkrafttreten angewendet werden. Sie ist nach Ablauf der festgelegten Umsetzungsfrist anzuwenden.

(3) Ist ein Biostoff nicht nach Absatz 2 eingestuft, kann das Bundesministerium für Arbeit und Soziales nach Beratung durch den Ausschuss nach § 19 die Einstufung in eine Risikogruppe nach Absatz 1 vornehmen. Die Einstufungen werden im Gemeinsamen Ministerialblatt bekannt gegeben. Der Arbeitgeber hat diese Einstufungen zu beachten.

(4) Liegt für einen Biostoff weder eine Einstufung nach Absatz 2 noch eine nach Absatz 3 vor, hat der Arbeitgeber, der eine gezielte Tätigkeit mit diesem Biostoff beabsichtigt, diesen in eine der Risikogruppen nach Absatz 1 einzustufen. Dabei hat der Arbeitgeber Folgendes zu beachten:

1. kommen für die Einstufung mehrere Risikogruppen in Betracht, ist der Biostoff in die höchste infrage kommende Risikogruppe einzustufen,
2. Viren, die bereits beim Menschen isoliert wurden, sind mindestens in die Risikogruppe 2 einzustufen, es sei denn, es ist unwahrscheinlich, dass diese Viren beim Menschen eine Krankheit verursachen,
3. Stämme, die abgeschwächt sind oder bekannte Virulenzgene verloren haben, können vorbehaltlich einer angemessenen Ermittlung und Bewertung in eine niedrigere Risikogruppe eingestuft werden als der Elternstamm (parentaler Stamm); ist der Elternstamm in die Risikogruppe 3 oder 4 eingestuft, kann eine Herabstufung nur auf der Grundlage einer wissenschaftlichen Bewertung erfolgen, die insbesondere der Ausschuss nach § 19 vornehmen kann.

Abschnitt 2
Gefährdungsbeurteilung, Schutzstufenzuordnung, Dokumentations- und Aufzeichnungspflichten

§ 4 Gefährdungsbeurteilung

(1) Im Rahmen der Gefährdungsbeurteilung nach § 5 des Arbeitsschutzgesetzes hat der Arbeitgeber die Gefährdung der Beschäftigten durch die Tätigkeiten mit Biostoffen vor

Aufnahme der Tätigkeit zu beurteilen. Die Gefährdungsbeurteilung ist fachkundig durchzuführen. Verfügt der Arbeitgeber nicht selbst über die entsprechenden Kenntnisse, so hat er sich fachkundig beraten zu lassen.

(2) Der Arbeitgeber hat die Gefährdungsbeurteilung unverzüglich zu aktualisieren, wenn

1. maßgebliche Veränderungen der Arbeitsbedingungen oder neue Informationen, zum Beispiel Unfallberichte oder Erkenntnisse aus arbeitsmedizinischen Vorsorgeuntersuchungen, dies erfordern oder
2. die Prüfung von Funktion und Wirksamkeit der Schutzmaßnahmen ergeben hat, dass die festgelegten Schutzmaßnahmen nicht wirksam sind.

Ansonsten hat der Arbeitgeber die Gefährdungsbeurteilung mindestens jedes zweite Jahr zu überprüfen und bei Bedarf zu aktualisieren. Ergibt die Überprüfung, dass eine Aktualisierung der Gefährdungsbeurteilung nicht erforderlich ist, so hat der Arbeitgeber dies unter Angabe des Datums der Überprüfung in der Dokumentation nach § 7 zu vermerken.

(3) Für die Gefährdungsbeurteilung hat der Arbeitgeber insbesondere Folgendes zu ermitteln:

1. Identität, Risikogruppeneinstufung und Übertragungswege der Biostoffe, deren mögliche sensibilisierende und toxische Wirkungen und Aufnahmepfade, soweit diese Informationen ermittelt werden können,
2. Art der Tätigkeit unter Berücksichtigung der Betriebsabläufe, Arbeitsverfahren und verwendeten Arbeitsmittel einschließlich der Betriebsanlagen,
3. Art, Dauer und Häufigkeit der Exposition der Beschäftigten, soweit diese Informationen für den Arbeitgeber zugänglich sind,
4. Möglichkeit des Einsatzes von Biostoffen, Arbeitsverfahren oder Arbeitsmitteln, die zu keiner oder einer geringeren Gefährdung der Beschäftigten führen würden (Substitutionsprüfung),
5. tätigkeitsbezogene Erkenntnisse
   a) über Belastungs- und Expositionssituationen, einschließlich psychischer Belastungen,
   b) über bekannte Erkrankungen und die zu ergreifenden Gegenmaßnahmen,
   c) aus der arbeitsmedizinischen Vorsorge.

(4) Der Arbeitgeber hat auf der Grundlage der nach Absatz 3 ermittelten Informationen die Infektionsgefährdung und die Gefährdungen durch sensibilisierende oder toxische Wirkungen unabhängig voneinander zu beurteilen. Diese Einzelbeurteilungen sind zu einer Gesamtbeurteilung zusammenzuführen, auf deren Grundlage die Schutzmaßnahmen festzulegen und zu ergreifen sind. Dies gilt auch, wenn bei einer Tätigkeit mehrere Biostoffe gleichzeitig auftreten oder verwendet werden.

(5) Sind bei Tätigkeiten mit Produkten, die Biostoffe enthalten, die erforderlichen Informationen zur Gefährdungsbeurteilung wie zum Beispiel die Risikogruppeneinstufung nicht zu ermitteln, so muss der Arbeitgeber diese beim Hersteller, Einführer oder Inverkehrbringer einholen. Satz 1 gilt nicht für Lebensmittel in Form von Fertigerzeugnissen, die für den Endverbrauch bestimmt sind.

§ 5 Tätigkeiten mit Schutzstufenzuordnung

(1) Bei Tätigkeiten in Laboratorien, in der Versuchstierhaltung, in der Biotechnologie sowie in Einrichtungen des Gesundheitsdienstes hat der Arbeitgeber ergänzend zu § 4 Absatz 3 zu ermitteln, ob gezielte oder nicht gezielte Tätigkeiten ausgeübt werden. Er hat diese Tätigkeiten hinsichtlich ihrer Infektionsgefährdung einer Schutzstufe zuzuordnen.

(2) Die Schutzstufenzuordnung richtet sich

1. bei gezielten Tätigkeiten nach der Risikogruppe des ermittelten Biostoffs; werden Tätigkeiten mit mehreren Biostoffen ausgeübt, so richtet sich die Schutzstufenzuordnung nach dem Biostoff mit der höchsten Risikogruppe,
2. bei nicht gezielten Tätigkeiten nach der Risikogruppe des Biostoffs, der aufgrund

a) der Wahrscheinlichkeit seines Auftretens,
b) der Art der Tätigkeit,
c) der Art, Dauer, Höhe und Häufigkeit der ermittelten Exposition

den Grad der Infektionsgefährdung der Beschäftigten bestimmt.

§ 6 Tätigkeiten ohne Schutzstufenzuordnung

(1) Tätigkeiten, die nicht unter § 5 Absatz 1 fallen, müssen keiner Schutzstufe zugeordnet werden. Dabei handelt es sich um Tätigkeiten im Sinne von § 2 Absatz 7 Nummer 2. Zu diesen Tätigkeiten gehören beispielsweise Reinigungs- und Sanierungsarbeiten, Tätigkeiten in der Veterinärmedizin, der Land-, Forst-, Abwasser- und Abfallwirtschaft sowie in Biogasanlagen und Betrieben der Futter- und Nahrungsmittelproduktion einschließlich Schlachtbetrieben.

(2) Kann bei diesen Tätigkeiten eine der in § 4 Absatz 3 Nummer 1 und 3 genannten Informationen nicht ermittelt werden, weil das Spektrum der auftretenden Biostoffe Schwankungen unterliegt oder Art, Dauer, Höhe oder Häufigkeit der Exposition wechseln können, so hat der Arbeitgeber die für die Gefährdungsbeurteilung und Festlegung der Schutzmaßnahmen erforderlichen Informationen insbesondere zu ermitteln auf der Grundlage von

1. Bekanntmachungen nach § 19 Absatz 4,
2. Erfahrungen aus vergleichbaren Tätigkeiten oder
3. sonstigen gesicherten arbeitswissenschaftlichen Erkenntnissen.

§ 7 Dokumentation der Gefährdungsbeurteilung und Aufzeichnungspflichten

(1) Der Arbeitgeber hat die Gefährdungsbeurteilung unabhängig von der Zahl der Beschäftigten erstmals vor Aufnahme der Tätigkeit sowie danach jede Aktualisierung gemäß Satz 2 zu dokumentieren. Die Dokumentation der Gefährdungsbeurteilung umfasst insbesondere folgende Angaben:

1. die Art der Tätigkeit einschließlich der Expositionsbedingungen,
2. das Ergebnis der Substitutionsprüfung nach § 4 Absatz 3 Nummer 4,
3. die nach § 5 Absatz 2 festgelegten Schutzstufen,
4. die zu ergreifenden Schutzmaßnahmen,
5. eine Begründung, wenn von den nach § 19 Absatz 4 Nummer 1 bekannt gegebenen Regeln und Erkenntnissen abgewichen wird.

(2) Als Bestandteil der Dokumentation hat der Arbeitgeber ein Verzeichnis der verwendeten oder auftretenden Biostoffe zu erstellen (Biostoffverzeichnis), soweit diese bekannt sind. Das Verzeichnis muss Angaben zur Einstufung der Biostoffe in eine Risikogruppe nach § 3 und zu ihren sensibilisierenden und toxischen Wirkungen beinhalten. Die Angaben müssen allen betroffenen Beschäftigten und ihren Vertretungen zugänglich sein.

(3) Bei Tätigkeiten der Schutzstufe 3 oder 4 hat der Arbeitgeber zusätzlich ein Verzeichnis über die Beschäftigten zu führen, die diese Tätigkeiten ausüben. In dem Verzeichnis sind die Art der Tätigkeiten und die vorkommenden Biostoffe sowie aufgetretene Unfälle und Betriebsstörungen anzugeben. Es ist personenbezogen für den Zeitraum von mindestens zehn Jahren nach Beendigung der Tätigkeit aufzubewahren. Der Arbeitgeber hat

1. den Beschäftigten die sie betreffenden Angaben in dem Verzeichnis zugänglich zu machen; der Schutz der personenbezogenen Daten ist zu gewährleisten,
2. bei Beendigung des Beschäftigungsverhältnisses dem Beschäftigten einen Auszug über die ihn betreffenden Angaben des Verzeichnisses auszuhändigen; der Nachweis über die Aushändigung ist vom Arbeitgeber wie Personalunterlagen aufzubewahren.

Das Verzeichnis über die Beschäftigten kann zusammen mit dem Biostoffverzeichnis nach Absatz 2 geführt werden.

(4) Auf die Dokumentation der Angaben nach Absatz 1 Satz 2 Nummer 2 und 5 sowie auf

das Verzeichnis nach Absatz 2 kann verzichtet werden, wenn ausschließlich Tätigkeiten mit Biostoffen der Risikogruppe 1 ohne sensibilisierende oder toxische Wirkungen durchgeführt werden.

Abschnitt 3 Grundpflichten und Schutzmaßnahmen

§ 8 Grundpflichten

(1) Der Arbeitgeber hat die Belange des Arbeitsschutzes in Bezug auf Tätigkeiten mit Biostoffen in seine betriebliche Organisation einzubinden und hierfür die erforderlichen personellen, finanziellen und organisatorischen Voraussetzungen zu schaffen. Dabei hat er die Vertretungen der Beschäftigten in geeigneter Form zu beteiligen. Insbesondere hat er sicherzustellen, dass

1. bei der Gestaltung der Arbeitsorganisation, des Arbeitsverfahrens und des Arbeitsplatzes sowie bei der Auswahl und Bereitstellung der Arbeitsmittel alle mit der Sicherheit und Gesundheit der Beschäftigten zusammenhängenden Faktoren, einschließlich der psychischen, ausreichend berücksichtigt werden,
2. die Beschäftigten oder ihre Vertretungen im Rahmen der betrieblichen Möglichkeiten beteiligt werden, wenn neue Arbeitsmittel eingeführt werden sollen, die Einfluss auf die Sicherheit und Gesundheit der Beschäftigten haben.

(2) Der Arbeitgeber hat geeignete Maßnahmen zu ergreifen, um bei den Beschäftigten ein Sicherheitsbewusstsein zu schaffen und den innerbetrieblichen Arbeitsschutz bei Tätigkeiten mit Biostoffen fortzuentwickeln.

(3) Der Arbeitgeber darf eine Tätigkeit mit Biostoffen erst aufnehmen lassen, nachdem die Gefährdungsbeurteilung nach § 4 durchgeführt und die erforderlichen Maßnahmen ergriffen wurden.

(4) Der Arbeitgeber hat vor Aufnahme der Tätigkeit

1. gefährliche Biostoffe vorrangig durch solche zu ersetzen, die nicht oder weniger gefährlich sind, soweit dies nach der Art der Tätigkeit oder nach dem Stand der Technik möglich ist,
2. Arbeitsverfahren und Arbeitsmittel so auszuwählen oder zu gestalten, dass Biostoffe am Arbeitsplatz nicht frei werden, wenn die Gefährdung der Beschäftigten nicht durch eine Maßnahme nach Nummer 1 ausgeschlossen werden kann,
3. die Exposition der Beschäftigten durch geeignete bauliche, technische und organisatorische Maßnahmen auf ein Minimum zu reduzieren, wenn eine Gefährdung der Beschäftigten nicht durch eine Maßnahme nach Nummer 1 oder Nummer 2 verhindert werden kann oder die Biostoffe bestimmungsgemäß freigesetzt werden,
4. zusätzlich persönliche Schutzausrüstung zur Verfügung zu stellen, wenn die Maßnahmen nach den Nummern 1 bis 3 nicht ausreichen, um die Gefährdung auszuschließen oder ausreichend zu verringern; der Arbeitgeber hat den Einsatz belastender persönlicher Schutzausrüstung auf das unbedingt erforderliche Maß zu beschränken und darf sie nicht als Dauermaßnahme vorsehen.

(5) Der Arbeitgeber hat die Schutzmaßnahmen auf der Grundlage der Gefährdungsbeurteilung nach dem Stand der Technik sowie nach gesicherten wissenschaftlichen Erkenntnissen festzulegen und zu ergreifen. Dazu hat er die Vorschriften dieser Verordnung einschließlich der Anhänge zu beachten und die nach § 19 Absatz 4 Nummer 1 bekannt gegebenen Regeln und Erkenntnisse zu berücksichtigen. Bei Einhaltung der Regeln und Erkenntnisse ist davon auszugehen, dass die gestellten Anforderungen erfüllt sind (Vermutungswirkung). Von diesen Regeln und Erkenntnissen kann abgewichen werden, wenn durch andere Maßnahmen zumindest in vergleichbarer Weise der Schutz von Sicherheit und Gesundheit der Beschäftigten gewährleistet wird. Haben sich der Stand der Technik oder gesicherte wissenschaftliche Erkenntnisse fortentwickelt und erhöht sich die Arbeitssicherheit durch diese Fortentwick-

lung erheblich, sind die Schutzmaßnahmen innerhalb einer angemessenen Frist anzupassen.

(6) Der Arbeitgeber hat die Funktion der technischen Schutzmaßnahmen regelmäßig und deren Wirksamkeit mindestens jedes zweite Jahr zu überprüfen. Die Ergebnisse und das Datum der Wirksamkeitsprüfung sind in der Dokumentation nach § 7 zu vermerken. Wurde für einen Arbeitsbereich, ein Arbeitsverfahren oder einen Anlagetyp in einer Bekanntmachung nach § 19 Absatz 4 ein Wert festgelegt, der die nach dem Stand der Technik erreichbare Konzentration der Biostoffe in der Luft am Arbeitsplatz beschreibt (Technischer Kontrollwert), so ist dieser Wert für die Wirksamkeitsüberprüfung der entsprechenden Schutzmaßnahmen heranzuziehen.

(7) Der Arbeitgeber darf in Heimarbeit nur Tätigkeiten mit Biostoffen der Risikogruppe 1 ohne sensibilisierende oder toxische Wirkung ausüben lassen.

§ 9 Allgemeine Schutzmaßnahmen

(1) Bei allen Tätigkeiten mit Biostoffen müssen mindestens die allgemeinen Hygienemaßnahmen eingehalten werden. Insbesondere hat der Arbeitgeber dafür zu sorgen, dass

1. Arbeitsplätze und Arbeitsmittel in einem dem Arbeitsablauf entsprechenden sauberen Zustand gehalten und regelmäßig gereinigt werden,
2. Fußböden und Oberflächen von Arbeitsmitteln und Arbeitsflächen leicht zu reinigen sind,
3. Waschgelegenheiten zur Verfügung stehen,
4. vom Arbeitsplatz getrennte Umkleidemöglichkeiten vorhanden sind, sofern Arbeitskleidung erforderlich ist; die Arbeitskleidung ist regelmäßig sowie bei Bedarf zu wechseln und zu reinigen.

(2) Bei Tätigkeiten in Laboratorien, in der Versuchstierhaltung, in der Biotechnologie und in Einrichtungen des Gesundheitsdienstes hat der Arbeitgeber für die Schutzstufe 1 über die Maßnahmen des Absatzes 1 hinaus spezielle Hygienemaßnahmen entsprechend den nach § 19 Absatz 4 Nummer 1 bekannt gegebenen Regeln und Erkenntnissen zu berücksichtigen.

(3) Werden nicht ausschließlich Tätigkeiten mit Biostoffen der Risikogruppe 1 ohne sensibilisierende und toxische Wirkungen ausgeübt, hat der Arbeitgeber in Abhängigkeit von der Gefährdungsbeurteilung weitergehende Schutzmaßnahmen zu ergreifen. Dabei hat er insbesondere

1. Arbeitsverfahren und Arbeitsmittel so zu gestalten oder auszuwählen, dass die Exposition der Beschäftigten gegenüber Biostoffen und die Gefahr durch Stich- und Schnittverletzungen verhindert oder minimiert werden, soweit dies technisch möglich ist,
2. Tätigkeiten und Arbeitsverfahren mit Staub- oder Aerosolbildung, einschließlich Reinigungsverfahren, durch solche ohne oder mit geringerer Staub- oder Aerosolbildung zu ersetzen, soweit dies nach dem Stand der Technik möglich ist; ist dies nicht möglich, hat der Arbeitgeber geeignete Maßnahmen zur Minimierung der Exposition zu ergreifen,
3. die Zahl der exponierten Beschäftigten auf das für die Durchführung der Tätigkeit erforderliche Maß zu begrenzen,
4. die erforderlichen Maßnahmen zur Desinfektion, Inaktivierung oder Dekontamination sowie zur sachgerechten und sicheren Entsorgung von Biostoffen, kontaminierten Gegenständen, Materialien und Arbeitsmitteln zu ergreifen,
5. zur Verfügung gestellte persönliche Schutzausrüstung einschließlich Schutzkleidung zu reinigen, zu warten, instand zu halten und sachgerecht zu entsorgen; Beschäftigte müssen die bereitgestellte persönliche Schutzausrüstung verwenden, solange eine Gefährdung besteht,
6. die Voraussetzungen dafür zu schaffen, dass persönliche Schutzausrüstung einschließlich Schutzkleidung beim Verlassen des Arbeitsplatzes sicher abgelegt und

getrennt von anderen Kleidungsstücken aufbewahrt werden kann,

7. sicherzustellen, dass die Beschäftigten in Arbeitsbereichen, in denen Biostoffe auftreten können, keine Nahrungs- und Genussmittel zu sich nehmen; hierzu hat der Arbeitgeber vor Aufnahme der Tätigkeiten gesonderte Bereiche einzurichten, die nicht mit persönlicher Schutzausrüstung einschließlich Schutzkleidung betreten werden dürfen.

(4) Der Arbeitgeber hat Biostoffe sicher zu lagern, innerbetrieblich sicher zu befördern und Vorkehrungen zu treffen, um Missbrauch oder Fehlgebrauch zu verhindern. Dabei hat er sicherzustellen, dass nur Behälter verwendet werden, die

1. hinsichtlich ihrer Beschaffenheit geeignet sind, den Inhalt sicher zu umschließen,
2. so gekennzeichnet sind, dass die davon ausgehenden Gefahren in geeigneter Weise deutlich erkennbar sind,
3. hinsichtlich Form und Kennzeichnung so gestaltet sind, dass der Inhalt nicht mit Lebensmitteln verwechselt werden kann.

(5) Bei der medizinischen Untersuchung, Behandlung und Pflege von Patienten außerhalb von Einrichtungen des Gesundheitsdienstes findet § 11 Absatz 2 bis 5 Anwendung. Bei diesen Tätigkeiten hat der Arbeitgeber in Arbeitsanweisungen den Umgang mit persönlicher Schutzausrüstung und Arbeitskleidung sowie die erforderlichen Maßnahmen zur Hygiene und zur Desinfektion festzulegen.

§ 10 Zusätzliche Schutzmaßnahmen und Anforderungen bei Tätigkeiten der Schutzstufe 2, 3 oder 4 in Laboratorien, in der Versuchstierhaltung sowie in der Biotechnologie

(1) Zusätzlich zu den Schutzmaßnahmen nach § 9 hat der Arbeitgeber vor Aufnahme der Tätigkeiten der Schutzstufe 2, 3 oder 4 in Laboratorien, in der Versuchstierhaltung oder in der Biotechnologie

1. entsprechend der Schutzstufenzuordnung
   a) geeignete räumliche Schutzstufenbereiche festzulegen und mit der Schutzstufenbezeichnung sowie mit dem Symbol für Biogefährdung nach Anhang I zu kennzeichnen,
   b) die Schutzmaßnahmen nach Anhang II oder III zu ergreifen; die als empfohlen bezeichneten Schutzmaßnahmen sind zu ergreifen, wenn dadurch die Gefährdung der Beschäftigten verringert werden kann,
2. gebrauchte spitze und scharfe Arbeitsmittel entsprechend der Anforderung nach § 11 Absatz 4 sicher zu entsorgen,
3. den Zugang zu Biostoffen der Risikogruppe 3 oder 4 auf dazu berechtigte, fachkundige und zuverlässige Beschäftigte zu beschränken; Tätigkeiten der Schutzstufe 3 oder 4 dürfen diesen Beschäftigten nur übertragen werden, wenn sie anhand von Arbeitsanweisungen eingewiesen und geschult sind.

(2) Der Arbeitgeber hat vor Aufnahme von Tätigkeiten der Schutzstufe 3 oder 4 eine Person zu benennen, die zuverlässig ist und über eine Fachkunde verfügt, die der hohen Gefährdung entspricht. Er hat diese Person mit folgenden Aufgaben zu beauftragen:

1. Beratung bei
   a) der Gefährdungsbeurteilung nach § 4,
   b) sonstigen sicherheitstechnisch relevanten Fragestellungen,
2. Unterstützung bei der
   a) Kontrolle der Wirksamkeit der Schutzmaßnahmen,
   b) Durchführung der Unterweisung nach § 14 Absatz 2,
3. Überprüfung der Einhaltung der Schutzmaßnahmen.

Der Arbeitgeber hat die Aufgaben und die Befugnisse dieser Person schriftlich festzulegen. Sie darf wegen der Erfüllung der ihr übertragenen Aufgaben nicht benachteiligt werden. Ihr ist für die Durchführung der Aufgaben ausreichend Zeit zur Verfügung zu stellen. Satz 1 gilt nicht für Tätigkeiten mit Biostoffen der Risikogruppe 3, die mit (**) gekennzeichnet sind.

7

§ 11 Zusätzliche Schutzmaßnahmen und Anforderungen in Einrichtungen des Gesundheitsdienstes

(1) Zusätzlich zu den Schutzmaßnahmen nach § 9 hat der Arbeitgeber vor Aufnahme der Tätigkeiten der Schutzstufe 2, 3 oder 4 in Einrichtungen des Gesundheitsdienstes in Abhängigkeit von der Gefährdungsbeurteilung

1. wirksame Desinfektions- und Inaktivierungsverfahren festzulegen,
2. Oberflächen, die desinfiziert werden müssen, so zu gestalten, dass sie leicht zu reinigen und beständig gegen die verwendeten Desinfektionsmittel sind; für Tätigkeiten der Schutzstufe 4 gelten zusätzlich die Anforderungen des Anhangs II an Oberflächen.

(2) Der Arbeitgeber hat entsprechend § 9 Absatz 3 Satz 2 Nummer 1 spitze und scharfe medizinische Instrumente vor Aufnahme der Tätigkeit durch solche zu ersetzen, bei denen keine oder eine geringere Gefahr von Stich- und Schnittverletzungen besteht, soweit dies technisch möglich und zur Vermeidung einer Infektionsgefährdung erforderlich ist.

(3) Der Arbeitgeber hat sicherzustellen, dass gebrauchte Kanülen nicht in die Schutzkappen zurückgesteckt werden. Werden Tätigkeiten ausgeübt, die nach dem Stand der Technik eine Mehrfachverwendung des medizinischen Instruments erforderlich machen, und muss dabei die Kanüle in die Schutzkappe zurückgesteckt werden, ist dies zulässig, wenn ein Verfahren angewendet wird, das ein sicheres Zurückstecken der Kanüle in die Schutzkappe mit einer Hand erlaubt.

(4) Spitze und scharfe medizinische Instrumente sind nach Gebrauch sicher zu entsorgen. Hierzu hat der Arbeitgeber vor Aufnahme der Tätigkeiten Abfallbehältnisse bereitzustellen, die stich- und bruchfest sind und den Abfall sicher umschließen. Er hat dafür zu sorgen, dass diese Abfallbehältnisse durch Farbe, Form und Beschriftung eindeutig als Abfallbehältnisse erkennbar sind. Satz 1 und 2 gelten auch für gebrauchte medizinische Instrumente mit Schutzeinrichtungen gegen Stich- und Schnittverletzungen.

(5) Der Arbeitgeber hat die Beschäftigten und ihre Vertretungen über Verletzungen durch gebrauchte spitze oder scharfe medizinische Instrumente, die organisatorische oder technische Ursachen haben, zeitnah zu unterrichten. Er hat die Vorgehensweise hierfür festzulegen.

(6) Tätigkeiten der Schutzstufe 3 oder 4 dürfen nur fachkundigen Beschäftigten übertragen werden, die anhand von Arbeitseinweisungen eingewiesen und geschult sind.

(7) Vor Aufnahme von Tätigkeiten der Schutzstufe 4 hat der Arbeitgeber

1. geeignete räumliche Schutzstufenbereiche festzulegen und mit der Schutzstufenbezeichnung sowie mit dem Symbol für Biogefährdung nach Anhang I zu kennzeichnen,
2. die Maßnahmen der Schutzstufe 4 aus Anhang II auszuwählen und zu ergreifen, die erforderlich und geeignet sind, die Gefährdung der Beschäftigten und anderer Personen zu verringern,
3. eine Person im Sinne von § 10 Absatz 2 Satz 1 zu benennen und mit den Aufgaben nach § 10 Absatz 2 Satz 2 zu beauftragen.

§ 12 Arbeitsmedizinische Vorsorge

Die Verordnung zur arbeitsmedizinischen Vorsorge in der jeweils geltenden Fassung gilt auch für den in § 2 Absatz 9 Satz 2 genannten Personenkreis.

§ 13 Betriebsstörungen, Unfälle

(1) Der Arbeitgeber hat vor Aufnahme einer Tätigkeit der Schutzstufen 2 bis 4 die erforderlichen Maßnahmen festzulegen, die bei Betriebsstörungen oder Unfällen notwendig sind, um die Auswirkungen auf die Sicherheit und Gesundheit der Beschäftigten und anderer Personen zu minimieren und den normalen Betriebsablauf wiederherzustellen. In Abhängigkeit von der Art möglicher Ereignisse und verwendeter oder vorkommender Biostoffe ist insbesondere Folgendes festzulegen:

1. Maßnahmen zur Ersten Hilfe und weitergehende Hilfsmaßnahmen für Beschäftigte bei unfallbedingter Übertragung von Biostoffen einschließlich der Möglichkeit zur postexpositionellen Prophylaxe,
2. Maßnahmen, um eine Verschleppung von Biostoffen zu verhindern,
3. Desinfektions-, Inaktivierungs- oder Dekontaminationsmaßnahmen,
4. dass getestet wird, ob bei Betriebsstörungen oder Unfällen die verwendeten Biostoffe in die Arbeitsumgebung gelangt sind, soweit dies technisch möglich ist und validierte Testverfahren bestehen.

Die Festlegungen sind gemäß § 14 Absatz 1 Satz 4 Nummer 3 ein Bestandteil der Betriebsanweisung.

(2) Der Arbeitgeber hat die Beschäftigten über die festgelegten Maßnahmen und ihre Anwendung zu informieren. Tritt eine Betriebsstörung oder ein Unfall im Sinne von Absatz 1 Satz 1 ein, so hat der Arbeitgeber unverzüglich die gemäß Absatz 1 Satz 2 festgelegten Maßnahmen zu ergreifen. Dabei dürfen im Gefahrenbereich nur die Personen verbleiben, die erforderlich sind, um die in Absatz 1 genannten Ziele zu erreichen.

(3) Vor Aufnahme von Tätigkeiten der Schutzstufe 3 oder 4 in Laboratorien, in der Versuchstierhaltung, in der Biotechnologie sowie vor Aufnahme von Tätigkeiten der Schutzstufe 4 in Einrichtungen des Gesundheitsdienstes hat der Arbeitgeber ergänzend zu den Festlegungen nach Absatz 1 einen innerbetrieblichen Plan darüber zu erstellen, wie Gefahren abzuwehren sind, die beim Versagen einer Einschließungsmaßnahme durch eine Freisetzung von Biostoffen auftreten können. Darin hat er die spezifischen Gefahren und die Namen der für die innerbetrieblichen Rettungsmaßnahmen zuständigen Personen festzulegen. Die Festlegungen sind regelmäßig zu aktualisieren. Satz 1 gilt nicht für Tätigkeiten mit Biostoffen der Risikogruppe 3, die mit (**) gekennzeichnet sind.

(4) Bei Tätigkeiten der Schutzstufe 4 hat der Plan nach Absatz 3 Angaben über den Umfang von Sicherheitsübungen und deren regelmäßige Durchführung zu enthalten, sofern solche Sicherheitsübungen aufgrund der Gefährdungsbeurteilung erforderlich sind. Die Maßnahmen nach Absatz 3 sind mit den zuständigen Rettungs- und Sicherheitsdiensten abzustimmen. Darüber hinaus hat der Arbeitgeber Warnsysteme einzurichten und Kommunikationsmöglichkeiten zu schaffen, durch die alle betroffenen Beschäftigten unverzüglich gewarnt und der Rettungs- und Sicherheitsdienst alarmiert werden können. Der Arbeitgeber hat sicherzustellen, dass diese Systeme funktionstüchtig sind.

(5) Der Arbeitgeber hat vor Aufnahme der Tätigkeiten ein Verfahren für Unfallmeldungen und -untersuchungen sowie die Vorgehensweise zur Unterrichtung der Beschäftigten und ihrer Vertretungen festzulegen. Das Verfahren ist so zu gestalten, dass bei schweren Unfällen sowie bei Nadelstichverletzungen mögliche organisatorische und technische Unfallursachen erkannt werden können und individuelle Schuldzuweisungen vermieden werden. Die Beschäftigten und ihre Vertretungen sind über Betriebsstörungen und Unfälle mit Biostoffen, die die Sicherheit oder Gesundheit der Beschäftigten gefährden können, unverzüglich zu unterrichten.

§ 14 Betriebsanweisung und Unterweisung der Beschäftigten

(1) Der Arbeitgeber hat auf der Grundlage der Gefährdungsbeurteilung nach § 4 vor Aufnahme der Tätigkeit eine schriftliche Betriebsanweisung arbeitsbereichs- und biostoffbezogen zu erstellen. Satz 1 gilt nicht, wenn ausschließlich Tätigkeiten mit Biostoffen der Risikogruppe 1 ohne sensibilisierende oder toxische Wirkungen ausgeübt werden. Die Betriebsanweisung ist den Beschäftigten zur Verfügung zu stellen. Sie muss in einer für die Beschäftigten verständlichen Form und Sprache verfasst sein und insbesondere folgende Informationen enthalten:

1. die mit den vorgesehenen Tätigkeiten verbundenen Gefahren für die Beschäftigten, insbesondere zu

   a) der Art der Tätigkeit,
   b) den am Arbeitsplatz verwendeten oder auftretenden, tätigkeitsrelevanten Biostoffen einschließlich der Risikogruppe, Übertragungswege und gesundheitlichen Wirkungen,
2. Informationen über Schutzmaßnahmen und Verhaltensregeln, die die Beschäftigten zu ihrem eigenen Schutz und zum Schutz anderer Beschäftigter am Arbeitsplatz durchzuführen oder einzuhalten haben; dazu gehören insbesondere
   a) innerbetriebliche Hygienevorgaben,
   b) Informationen über Maßnahmen, die zur Verhütung einer Exposition zu ergreifen sind, einschließlich der richtigen Verwendung scharfer oder spitzer medizinischer Instrumente,
   c) Informationen zum Tragen, Verwenden und Ablegen persönlicher Schutzausrüstung einschließlich Schutzkleidung,
3. Anweisungen zum Verhalten und zu Maßnahmen bei Verletzungen, bei Unfällen und Betriebsstörungen sowie zu deren innerbetrieblicher Meldung und zur Ersten Hilfe,
4. Informationen zur sachgerechten Inaktivierung oder Entsorgung von Biostoffen und kontaminierten Gegenständen, Materialien oder Arbeitsmitteln.

Die Betriebsanweisung muss bei jeder maßgeblichen Veränderung der Arbeitsbedingungen aktualisiert werden.

(2) Der Arbeitgeber hat sicherzustellen, dass die Beschäftigten auf der Grundlage der jeweils aktuellen Betriebsanweisung nach Absatz 1 Satz 1 über alle auftretenden Gefährdungen und erforderlichen Schutzmaßnahmen mündlich unterwiesen werden. Die Unterweisung ist so durchzuführen, dass bei den Beschäftigten ein Sicherheitsbewusstsein geschaffen wird. Die Beschäftigten sind auch über die Voraussetzungen zu informieren, unter denen sie Anspruch auf arbeitsmedizinische Vorsorge nach der Verordnung zur arbeitsmedizinischen Vorsorge haben. Im Rahmen der Unterweisung ist auch eine allgemeine arbeitsmedizinische Beratung durchzuführen mit Hinweisen zu besonderen Gefährdungen zum Beispiel bei verminderter Immunabwehr. Soweit erforderlich ist bei der Beratung die Ärztin oder der Arzt nach § 7 Absatz 1 der Verordnung zur arbeitsmedizinischen Vorsorge zu beteiligen.

(3) Die Unterweisung muss vor Aufnahme der Beschäftigung und danach mindestens jährlich arbeitsplatzbezogen durchgeführt werden sowie in einer für die Beschäftigten verständlichen Form und Sprache erfolgen. Inhalt und Zeitpunkt der Unterweisung hat der Arbeitgeber schriftlich festzuhalten und sich von den unterwiesenen Beschäftigten durch Unterschrift bestätigen zu lassen.

(4) Für Tätigkeiten der Schutzstufen 3 und 4 sind zusätzlich zur Betriebsanweisung Arbeitsanweisungen zu erstellen, die am Arbeitsplatz vorliegen müssen. Arbeitsanweisungen sind auch erforderlich für folgende Tätigkeiten mit erhöhter Infektionsgefährdung:

1. Instandhaltungs-, Reinigungs-, Änderungs- oder Abbrucharbeiten in oder an kontaminierten Arbeitsmitteln,
2. Tätigkeiten, bei denen erfahrungsgemäß eine erhöhte Unfallgefahr besteht,
3. Tätigkeiten, bei denen bei einem Unfall mit schweren Infektionen zu rechnen ist; dies kann bei der Entnahme von Proben menschlichen oder tierischen Ursprungs der Fall sein.

Abschnitt 4
Erlaubnis- und Anzeigepflichten

§ 15 Erlaubnispflicht

(1) Der Arbeitgeber bedarf der Erlaubnis der zuständigen Behörde, bevor Tätigkeiten der Schutzstufe 3 oder 4 in Laboratorien, in der Versuchstierhaltung oder in der Biotechnologie erstmals aufgenommen werden. Die Erlaubnis umfasst die baulichen, technischen und organisatorischen Voraussetzungen nach dieser Verordnung zum Schutz der Beschäftigten und anderer Personen vor den Gefährdungen durch diese Tätigkeiten. Satz 1 gilt auch für Einrichtungen des Gesundheits-

7

dienstes, die für Tätigkeiten der Schutzstufe 4 vorgesehen sind. Tätigkeiten mit Biostoffen der Risikogruppe 3, die mit (**) gekennzeichnet sind, bedürfen keiner Erlaubnis.

(2) Schließt eine andere behördliche Entscheidung, insbesondere eine öffentlich-rechtliche Genehmigung oder Erlaubnis, die Erlaubnis nach Absatz 1 ein, so wird die Anforderung nach Absatz 1 durch Übersendung einer Kopie dieser behördlichen Entscheidung an die zuständige Behörde erfüllt. Bei Bedarf kann die zuständige Behörde weitere Unterlagen anfordern.

(3) Die Erlaubnis nach Absatz 1 ist schriftlich oder elektronisch zu beantragen. Dem Antrag sind folgende Unterlagen beizufügen:

1. Name und Anschrift des Arbeitgebers,
2. Name und Befähigung der nach § 10 Absatz 2 oder § 11 Absatz 7 Nummer 3 benannten Person,
3. Name des Erlaubnisinhabers nach § 44 des Infektionsschutzgesetzes,
4. Lageplan, Grundriss und Bezeichnung der Räumlichkeiten einschließlich Flucht- und Rettungswege,
5. Beschreibung der vorgesehenen Tätigkeiten,
6. Ergebnis der Gefährdungsbeurteilung unter Angabe
   a) der eingesetzten oder vorkommenden Biostoffe und der Schutzstufe der Tätigkeit,
   b) der baulichen, technischen, organisatorischen und persönlichen Schutzmaßnahmen einschließlich der Angaben zur geplanten Wartung und Instandhaltung der baulichen und technischen Maßnahmen,
7. Plan nach § 13 Absatz 3,
8. Informationen über die Abfall- und Abwasserentsorgung.

Bei Bedarf kann die zuständige Behörde weitere Unterlagen anfordern. Erfolgt die Antragstellung elektronisch, kann die zuständige Behörde Mehrfertigungen sowie die Übermittlung der dem Antrag beizufügenden Unterlagen auch in schriftlicher Form verlangen.

(4) Die Erlaubnis ist zu erteilen, wenn die Anforderungen dieser Verordnung erfüllt werden, die erforderlich sind, um den Schutz der Beschäftigten und anderer Personen vor den Gefährdungen durch Biostoffe sicherzustellen.

§ 16 Anzeigepflicht

(1) Der Arbeitgeber hat der zuständigen Behörde nach Maßgabe der Absätze 2 und 3 anzuzeigen:

1. die erstmalige Aufnahme
   a) gezielter Tätigkeiten mit Biostoffen der Risikogruppe 2 sowie mit Biostoffen der Risikogruppe 3, die mit (**) gekennzeichnet sind,
   b) nicht gezielter Tätigkeiten der Schutzstufe 2 mit Biostoffen der Risikogruppe 3 einschließlich solcher, die mit (**) gekennzeichnet sind, sofern die Tätigkeiten auf diese Biostoffe ausgerichtet sind und regelmäßig durchgeführt werden sollen,

   in Laboratorien, in der Versuchstierhaltung und in der Biotechnologie,
2. jede Änderung der erlaubten oder angezeigten Tätigkeiten, wenn diese für die Sicherheit und den Gesundheitsschutz bedeutsam sind, zum Beispiel Tätigkeiten, die darauf abzielen, die Virulenz des Biostoffs zu erhöhen oder die Aufnahme von Tätigkeiten mit weiteren Biostoffen der Risikogruppe 3 oder 4,
3. die Inbetriebnahme einer Patientenstation der Schutzstufe 4 bei Aufnahme einer infizierten Patientin oder eines infizierten Patienten sowie die anschließende Außerbetriebnahme,
4. das Einstellen einer nach § 15 erlaubnispflichtigen Tätigkeit.

(2) Die Anzeige hat folgende Angaben zu umfassen:

1. Name und Anschrift des Arbeitgebers,
2. Beschreibung der vorgesehenen Tätigkeiten einschließlich der Bezeichnung der Räumlichkeiten, in denen diese Tätigkeiten durchgeführt werden sollen,
3. das Ergebnis der Gefährdungsbeurteilung nach § 4,

7

4. die Art des Biostoffs,
5. die vorgesehenen Maßnahmen zum Schutz der Sicherheit und Gesundheit der Beschäftigten.

(3) Die Anzeige nach Absatz 1 hat zu erfolgen bei Tätigkeiten nach

1. Nummer 1 spätestens 30 Tage vor deren erstmaliger Aufnahme,
2. Nummer 2 spätestens 30 Tage vor der geplanten Änderung,
3. Nummer 3 unverzüglich,
4. Nummer 4 spätestens 30 Tage vor deren Einstellung.

(4) Die Anzeigepflicht kann auch dadurch erfüllt werden, dass der zuständigen Behörde innerhalb der in Absatz 3 bestimmten Frist die Kopie einer Anzeige, Genehmigung oder Erlaubnis nach einer anderen Rechtsvorschrift übermittelt wird, wenn diese gleichwertige Angaben beinhaltet.

Abschnitt 5 Vollzugsregelungen und Ausschuss für Biologische Arbeitsstoffe

§ 17 Unterrichtung der Behörde

(1) Der Arbeitgeber hat die zuständige Behörde unverzüglich zu unterrichten über

1. jeden Unfall und jede Betriebsstörung bei Tätigkeiten mit Biostoffen der Risikogruppe 3 oder 4, die zu einer Gesundheitsgefahr der Beschäftigten führen können,
2. Krankheits- und Todesfälle Beschäftigter, die auf Tätigkeiten mit Biostoffen zurückzuführen sind, unter genauer Angabe der Tätigkeit.

(2) Unbeschadet des § 22 des Arbeitsschutzgesetzes hat der Arbeitgeber der zuständigen Behörde auf ihr Verlangen Folgendes zu übermitteln:

1. die Dokumentation der Gefährdungsbeurteilung,
2. das Verzeichnis nach § 7 Absatz 3 Satz 1 sowie den Nachweis nach § 7 Absatz 3 Satz 4 Nummer 2,
3. die Tätigkeiten, bei denen Beschäftigte tatsächlich oder möglicherweise gegenüber Biostoffen exponiert worden sind, und die Anzahl dieser Beschäftigten,
4. die ergriffenen Schutz- und Vorsorgemaßnahmen einschließlich der Betriebs- und Arbeitsanweisungen,
5. die nach § 13 Absatz 1 und 2 festgelegten oder ergriffenen Maßnahmen und den nach § 13 Absatz 3 erstellten Plan.

§ 18 Behördliche Ausnahmen

Die zuständige Behörde kann auf schriftlichen oder elektronischen Antrag des Arbeitgebers Ausnahmen von den Vorschriften der §§ 9, 10, 11 und 13 einschließlich der Anhänge II und III erteilen, wenn die Durchführung der Vorschrift im Einzelfall zu einer unverhältnismäßigen Härte führen würde und die beantragte Abweichung mit dem Schutz der betroffenen Beschäftigten vereinbar ist.

§ 19 Ausschuss für Biologische Arbeitsstoffe

(1) Beim Bundesministerium für Arbeit und Soziales wird ein Ausschuss für Biologische Arbeitsstoffe (ABAS) gebildet, in dem fachlich geeignete Personen vonseiten der Arbeitgeber, der Gewerkschaften, der Länderbehörden, der gesetzlichen Unfallversicherung und weitere fachlich geeignete Personen, insbesondere der Wissenschaft, vertreten sein sollen. Die Gesamtzahl der Mitglieder soll 16 Personen nicht überschreiten. Für jedes Mitglied ist ein stellvertretendes Mitglied zu benennen. Die Mitgliedschaft im Ausschuss ist ehrenamtlich.

(2) Das Bundesministerium für Arbeit und Soziales beruft die Mitglieder des Ausschusses und die stellvertretenden Mitglieder. Der Ausschuss gibt sich eine Geschäftsordnung und wählt die Vorsitzende oder den Vorsitzenden aus seiner Mitte. Die Geschäftsordnung und die Wahl des oder der Vorsitzenden bedürfen der Zustimmung des Bundesministeriums für Arbeit und Soziales.

(3) Zu den Aufgaben des Ausschusses gehört es,

1. den Stand der Wissenschaft, Technik, Arbeitsmedizin und Arbeitshygiene sowie

sonstige gesicherte Erkenntnisse für Tätigkeiten mit Biostoffen zu ermitteln und entsprechende Empfehlungen auszusprechen einschließlich solcher Beiträge, die in öffentlich nutzbaren Informationssystemen über Biostoffe genutzt werden können,

2. zu ermitteln, wie die in dieser Verordnung gestellten Anforderungen erfüllt werden können und dazu die dem jeweiligen Stand von Technik und Medizin entsprechenden Regeln und Erkenntnisse zu erarbeiten,
3. wissenschaftliche Bewertungen von Biostoffen vorzunehmen und deren Einstufung in Risikogruppen vorzuschlagen,
4. das Bundesministerium für Arbeit und Soziales in Fragen der biologischen Sicherheit, insbesondere zu epidemischen Lagen von nationaler Tragweite im Sinne von § 5 Absatz 1 Satz 6 des Infektionsschutzgesetzes vom 20. Juli 2000 (BGBl. I S. 1045) in der am 31. März 2021 geltenden Fassung, zu beraten.

Das Arbeitsprogramm des Ausschusses wird mit dem Bundesministerium für Arbeit und Soziales abgestimmt. Der Ausschuss arbeitet eng mit den anderen Ausschüssen beim Bundesministerium für Arbeit und Soziales zusammen.

(4) Nach Prüfung kann das Bundesministerium für Arbeit und Soziales

1. die vom Ausschuss ermittelten Regeln und Erkenntnisse nach Absatz 3 Satz 1 Nummer 2 sowie die Einstufungen nach § 3 Absatz 3 im Gemeinsamen Ministerialblatt bekannt geben,
2. die Empfehlungen nach Absatz 3 Satz 1 Nummer 1 sowie die Beratungsergebnisse nach Absatz 3 Satz 1 Nummer 4 in geeigneter Weise veröffentlichen.

(5) Die Bundesministerien sowie die zuständigen obersten Landesbehörden können zu den Sitzungen des Ausschusses Vertreter entsenden. Diesen ist auf Verlangen in der Sitzung das Wort zu erteilen.

(6) Die Bundesanstalt für Arbeitsschutz und Arbeitsmedizin führt die Geschäfte des Ausschusses.

Abschnitt 6
Ordnungswidrigkeiten, Straftaten und Übergangsvorschriften

§ 20 Ordnungswidrigkeiten

(1) Ordnungswidrig im Sinne des § 25 Absatz 1 Nummer 1 des Arbeitsschutzgesetzes handelt, wer vorsätzlich oder fahrlässig

1. entgegen § 4 Absatz 1 Satz 1 oder 2 die Gefährdung der Beschäftigten nicht, nicht richtig, nicht vollständig oder nicht rechtzeitig beurteilt,
2. entgegen § 4 Absatz 2 Satz 1 eine Gefährdungsbeurteilung nicht oder nicht rechtzeitig aktualisiert,
3. entgegen § 4 Absatz 2 Satz 2 eine Gefährdungsbeurteilung nicht oder nicht rechtzeitig überprüft,
4. entgegen § 7 Absatz 1 Satz 1 eine Gefährdungsbeurteilung nicht, nicht richtig, nicht vollständig oder nicht rechtzeitig dokumentiert,
5. entgegen § 7 Absatz 3 Satz 1 ein dort genanntes Verzeichnis nicht, nicht richtig oder nicht vollständig führt,
6. entgegen § 7 Absatz 3 Satz 3 ein dort genanntes Verzeichnis nicht oder nicht mindestens zehn Jahre aufbewahrt,
7. entgegen § 8 Absatz 4 Nummer 4 persönliche Schutzausrüstung nicht oder nicht rechtzeitig zur Verfügung stellt oder das Verwenden einer dort genannten Schutzausrüstung als Dauermaßnahme vorsieht,

7a. entgegen § 8 Absatz 6 Satz 1 die Wirksamkeit einer dort genannten Schutzmaßnahme nicht oder nicht rechtzeitig überprüft,

8. entgegen § 9 Absatz 1 Satz 2 Nummer 3 nicht dafür sorgt, dass eine Waschgelegenheit zur Verfügung steht,
9. entgegen § 9 Absatz 1 Satz 2 Nummer 4 erster Halbsatz nicht dafür sorgt, dass eine Umkleidemöglichkeit vorhanden ist,
10. entgegen § 9 Absatz 3 Satz 2 Nummer 5 erster Halbsatz zur Verfügung gestellte persönliche Schutzausrüstung nicht instand hält,

11. entgegen § 9 Absatz 3 Satz 2 Nummer 7 zweiter Halbsatz dort genannte Bereiche nicht oder nicht rechtzeitig einrichtet,
12. entgegen § 9 Absatz 4 Satz 2 nicht sicherstellt, dass nur dort genannte Behälter verwendet werden,
13. entgegen § 10 Absatz 1 Nummer 1 Buchstabe a oder § 11 Absatz 7 Nummer 1 einen Schutzstufenbereich nicht oder nicht rechtzeitig festlegt oder nicht, nicht richtig oder nicht rechtzeitig kennzeichnet,
14. entgegen § 10 Absatz 2 Satz 1 oder § 11 Absatz 7 Nummer 3 eine Person nicht oder nicht rechtzeitig benennt,
15. entgegen § 11 Absatz 1 Nummer 1 ein dort genanntes Verfahren nicht oder nicht rechtzeitig festlegt,
16. entgegen § 11 Absatz 2 ein dort genanntes Instrument nicht oder nicht rechtzeitig ersetzt,
17. entgegen § 11 Absatz 3 Satz 1 nicht sicherstellt, dass eine gebrauchte Kanüle nicht in die Schutzkappe zurückgesteckt wird,
18. entgegen § 11 Absatz 4 Satz 1, auch in Verbindung mit Satz 4, ein dort genanntes Instrument nicht oder nicht rechtzeitig entsorgt,
19. entgegen § 13 Absatz 1 Satz 2 Nummer 1, 2 oder 3 eine dort genannte Maßnahme nicht oder nicht rechtzeitig festlegt,
20. entgegen § 13 Absatz 3 Satz 1 einen innerbetrieblichen Plan nicht, nicht richtig, nicht vollständig oder nicht rechtzeitig erstellt,
21. entgegen § 13 Absatz 5 Satz 1 ein Verfahren für Unfallmeldungen und -untersuchungen nicht oder nicht rechtzeitig festlegt,
22. entgegen § 14 Absatz 1 Satz 1 eine schriftliche Betriebsanweisung nicht, nicht richtig, nicht vollständig oder nicht rechtzeitig erstellt,
23. entgegen § 14 Absatz 2 Satz 1 nicht sicherstellt, dass ein Beschäftigter unterwiesen wird,
24. ohne Erlaubnis nach § 15 Absatz 1 Satz 1 eine dort genannte Tätigkeit aufnimmt,
25. entgegen § 16 Absatz 1 eine Anzeige nicht, nicht richtig, nicht vollständig oder nicht rechtzeitig erstattet oder
26. entgegen § 17 Absatz 1 die zuständige Behörde nicht, nicht richtig, nicht vollständig oder nicht rechtzeitig unterrichtet.

(2) Ordnungswidrig im Sinne des § 32 Absatz 1 Nummer 1 des Heimarbeitsgesetzes handelt, wer vorsätzlich oder fahrlässig entgegen § 8 Absatz 7 eine dort genannte Tätigkeit ausüben lässt.

§ 21 Straftaten

(1) Wer durch eine in § 20 Absatz 1 bezeichnete vorsätzliche Handlung Leben oder Gesundheit eines Beschäftigten gefährdet, ist nach § 26 Nummer 2 des Arbeitsschutzgesetzes strafbar.

(2) Wer durch eine in § 20 Absatz 2 bezeichnete vorsätzliche Handlung in Heimarbeit Beschäftigte in ihrer Arbeitskraft oder Gesundheit gefährdet, ist nach § 32 Absatz 3 oder Absatz 4 des Heimarbeitsgesetzes strafbar.

§ 22 Übergangsvorschriften

Bei Tätigkeiten, die vor dem 23. Juli 2013 aufgenommen worden sind, besteht keine Erlaubnispflicht nach § 15 Absatz 1, sofern

1. diese Tätigkeiten der zuständigen Behörde angezeigt wurden und
2. die der Anzeige zugrundeliegenden baulichen, technischen und organisatorischen Bedingungen nach dem 30. September 2021 nicht wesentlich verändert wurden.

Die Anzeigepflicht nach § 16 Absatz 1 Nummer 4 bleibt unberührt.

Anhang I

Symbol für Biogefährdung

Anhang II

Zusätzliche Schutzmaßnahmen bei Tätigkeiten in Laboratorien und vergleichbaren Einrichtungen sowie in der Versuchstierhaltung

A Schutzmaßnahmen	B Schutzstufen		
	2	3	4
1. Der Schutzstufenbereich ist von anderen Schutzstufen- oder Arbeitsbereichen in demselben Gebäude abzugrenzen.	empfohlen	verbindlich	verbindlich
2. Der Schutzstufenbereich muss als Zugang eine Schleuse mit gegeneinander verriegelbaren Türen haben.	nein	verbindlich, wenn die Übertragung über die Luft erfolgen kann	verbindlich
3. Der Zugang zum Schutzstufenbereich ist auf benannte Beschäftigte zu beschränken.	verbindlich bei gelisteten humanpathogenen Biostoffen*) mit Zugangskontrolle	verbindlich mit Zugangskontrolle	verbindlich mit Zugangskontrolle
4. Im Schutzstufenbereich muss ein ständiger Unterdruck aufrechterhalten werden.	nein	verbindlich alarmüberwacht, wenn die Übertragung über die Luft erfolgen kann	verbindlich alarmüberwacht
5. Zu- und Abluft müssen durch Hochleistungsschwebstoff-Filter oder eine vergleichbare Vorrichtung geführt werden.	nein	verbindlich für Abluft, wenn die Übertragung über die Luft erfolgen kann	verbindlich für Zu- und Abluft
6. Der Schutzstufenbereich muss zum Zweck der Begasung abdichtbar sein.	nein	verbindlich, wenn die Übertragung über die Luft erfolgen kann	verbindlich
7. Eine mikrobiologische Sicherheitswerkbank oder eine technische Einrichtung mit gleichwertigem Schutzniveau muss verwendet werden.	verbindlich für Tätigkeiten mit Aerosolbildung	verbindlich	verbindlich
8. Jeder Schutzstufenbereich muss über eine eigene Ausrüstung verfügen.	empfohlen	verbindlich	verbindlich
9. Jeder Schutzstufenbereich muss über einen Autoklaven oder eine gleichwertige Sterilisationseinheit verfügen.	empfohlen	verbindlich, wenn die Übertragung über die Luft erfolgen kann	verbindlich
10. Kontaminierte Prozessabluft darf nicht in den Arbeitsbereich abgegeben werden.	verbindlich	verbindlich	verbindlich

A Schutzmaßnahmen	B Schutzstufen		
	2	3	4
11. Wirksame Desinfektions- und Inaktivierungsverfahren sind festzulegen.	verbindlich	verbindlich	verbindlich
12. Die jeweils genannten Flächen müssen wasserundurchlässig und leicht zu reinigen sein.	Werkbänke, Fußböden	Werkbänke, Fußböden sowie andere Flächen, die aufgrund der Gefährdungsbeurteilung festzulegen sind	Werkbänke, Wände, Fußböden und Decken
13. Oberflächen müssen beständig gegen die verwendeten Chemikalien und Desinfektionsmittel sein.	verbindlich	verbindlich	verbindlich
14. Dekontaminations- und Wascheinrichtungen für die Beschäftigten müssen vorhanden sein.	verbindlich	verbindlich	verbindlich
15. Beschäftigte müssen vor dem Verlassen des Schutzstufenbereichs duschen.	nein	empfohlen	verbindlich
16. Kontaminierte feste und flüssige Abfälle sind vor der endgültigen Entsorgung mittels erprobter physikalischer oder chemischer Verfahren zu inaktivieren.	verbindlich, wenn keine sachgerechte Auftragsentsorgung erfolgt	verbindlich, wenn die Übertragung über die Luft erfolgen kann; ansonsten grundsätzlich verbindlich, nur in ausreichend begründeten Einzelfällen ist eine sachgerechte Auftragsentsorgung möglich	verbindlich
17. Abwässer sind mittels erprobter physikalischer oder chemischer Verfahren vor der endgültigen Entsorgung zu inaktivieren.	nein für Handwasch- und Duschwasser oder vergleichbare Abwässer	empfohlen für Handwasch- und Duschwasser	verbindlich
18. Ein Sichtfenster oder eine vergleichbare Vorrichtung zur Einsicht in den Arbeitsbereich ist vorzusehen.	verbindlich	verbindlich	verbindlich
19. Bei Alleinarbeit ist eine Notrufmöglichkeit vorzusehen.	empfohlen	verbindlich	verbindlich
20. Fenster dürfen nicht zu öffnen sein.	nein; Fenster müssen während der Tätigkeit geschlossen sein	verbindlich	verbindlich

7

A Schutzmaßnahmen	B Schutzstufen		
	2	3	4
21. Für sicherheitsrelevante Einrichtungen ist eine Notstromversorgung vorzusehen.	empfohlen	verbindlich	verbindlich
22. Biostoffe sind unter Verschluss aufzubewahren.	verbindlich bei gelisteten humanpathogenen Biostoffen*)	verbindlich bei gelisteten humanpathogenen Biostoffen*)	verbindlich
23. Eine wirksame Kontrolle von Vektoren (zum Beispiel von Nagetieren und Insekten) ist durchzuführen.	empfohlen	verbindlich	verbindlich
24. Sichere Entsorgung von infizierten Tierkörpern, zum Beispiel durch thermische Inaktivierung, Verbrennungsanlagen für Tierkörper oder andere geeignete Einrichtungen zur Sterilisation/ Inaktivierung.	verbindlich	verbindlich	verbindlich vor Ort

*) Im Anhang I der Verordnung (EU) Nr. 388/2012 des Europäischen Parlaments und des Rates vom 19. April 2012 zur Änderung der Verordnung (EG) Nr. 428/2009 des Rates über eine Gemeinschaftsregelung für die Kontrolle der Ausfuhr, der Verbringung, der Vermittlung und der Durchfuhr von Gütern mit doppeltem Verwendungszweck (ABl. L 129 vom 16. 5. 2012, S. 12) unter 1C351 gelistete humanpathogene Erreger sowie unter 1C353 aufgeführte genetisch modifizierte Organismen.

Anmerkung:
Gemäß § 10 Absatz 1 sind die als empfohlen bezeichneten Schutzmaßnahmen dann zu ergreifen, wenn dadurch die Gefährdung der Beschäftigten verringert werden kann.

Anhang III

Zusätzliche Schutzmaßnahmen bei Tätigkeiten in der Biotechnologie

Es gelten die Anforderungen nach Anhang II. Für Tätigkeiten mit Biostoffen in bioverfahrenstechnischen Apparaturen, zum Beispiel Bioreaktoren und Separatoren, gilt darüber hinaus:

A Schutzmaßnahmen	B Schutzstufen		
	2	3	4
1. Die Apparatur muss den Prozess physisch von der Umwelt trennen.	verbindlich	verbindlich	verbindlich
2. Die Apparatur oder eine vergleichbare Anlage muss innerhalb eines entsprechenden Schutzstufenbereichs liegen.	verbindlich	verbindlich	verbindlich
3. Die Prozessabluft der Apparatur muss so behandelt werden, dass ein Freisetzen von Biostoffen	minimiert wird.	verhindert wird.	zuverlässig verhindert wird.
4. Das Öffnen der Apparatur zum Beispiel zur Probenahme, zum Hinzufügen von Substanzen oder zur Übertragung von Biostoffen muss so durchgeführt werden, dass ein Freisetzen von Biostoffen	minimiert wird.	verhindert wird.	zuverlässig verhindert wird.
5. Kulturflüssigkeiten dürfen zur Weiterverarbeitung nur aus der Apparatur entnommen werden, wenn die Entnahme in einem geschlossenen System erfolgt oder die Biostoffe durch wirksame physikalische oder chemische Verfahren inaktiviert worden sind.	verbindlich	verbindlich	verbindlich
6. Dichtungen an der Apparatur müssen so beschaffen sein, dass ein unbeabsichtigtes Freisetzen von Biostoffen	minimiert wird.	verhindert wird.	zuverlässig verhindert wird.
7. Der gesamte Inhalt der Apparatur muss aufgefangen werden können.	verbindlich	verbindlich	verbindlich

Anmerkung:
Gemäß § 10 Absatz 1 sind die als empfohlen bezeichneten Schutzmaßnahmen dann zu ergreifen, wenn dadurch die Gefährdung der Beschäftigten verringert werden kann.

Gesetz zum Elterngeld und zur Elternzeit (Bundeselterngeld- und Elternzeitgesetz – BEEG)

in der Fassung der Bekanntmachung vom 27. Januar 2015 (BGBl. I S. 33)

Zuletzt geändert durch
Zweites Gesetz zur Änderung des Bundeselterngeld- und Elternzeitgesetzes
vom 15. Februar 2021 (BGBl. I S. 239)[1])

Abschnitt 1 Elterngeld

§ 1 Berechtigte

(1) 1Anspruch auf Elterngeld hat, wer

1. einen Wohnsitz oder seinen gewöhnlichen Aufenthalt in Deutschland hat,
2. mit seinem Kind in einem Haushalt lebt,
3. dieses Kind selbst betreut und erzieht und
4. keine oder keine volle Erwerbstätigkeit ausübt.

2Bei Mehrlingsgeburten besteht nur ein Anspruch auf Elterngeld.

(2) 1Anspruch auf Elterngeld hat auch, wer, ohne eine der Voraussetzungen des Absatzes 1 Satz 1 Nummer 1 zu erfüllen,

1. nach § 4 des Vierten Buches Sozialgesetzbuch dem deutschen Sozialversicherungsrecht unterliegt oder im Rahmen seines in Deutschland bestehenden öffentlich-rechtlichen Dienst- oder Amtsverhältnisses vorübergehend ins Ausland abgeordnet, versetzt oder kommandiert ist,
2. Entwicklungshelfer oder Entwicklungshelferin im Sinne des § 1 des Entwicklungshelfer-Gesetzes ist oder als Missionar oder Missionarin der Missionswerke und -gesellschaften, die Mitglieder oder Vereinbarungspartner des Evangelischen Missionswerkes Hamburg, der Arbeitsgemeinschaft Evangelikaler Missionen e. V. oder der Arbeitsgemeinschaft pfingstlich-charismatischer Missionen sind, tätig ist oder
3. die deutsche Staatsangehörigkeit besitzt und nur vorübergehend bei einer zwischen- oder überstaatlichen Einrichtung tätig ist, insbesondere nach den Entsenderichtlinien des Bundes beurlaubte Beamte und Beamtinnen, oder wer vorübergehend eine nach § 123a des Beamtenrechtsrahmengesetzes oder § 29 des Bundesbeamtengesetzes zugewiesene Tätigkeit im Ausland wahrnimmt.

2Dies gilt auch für mit der nach Satz 1 berechtigten Person in einem Haushalt lebende Ehegatten oder Ehegattinnen.

(3) 1Anspruch auf Elterngeld hat abweichend von Absatz 1 Satz 1 Nummer 2 auch, wer

1. mit einem Kind in einem Haushalt lebt, das er mit dem Ziel der Annahme als Kind aufgenommen hat,
2. ein Kind des Ehegatten oder der Ehegattin in seinen Haushalt aufgenommen hat oder
3. mit einem Kind in einem Haushalt lebt und die von ihm erklärte Anerkennung der Vaterschaft nach § 1594 Absatz 2 des Bürgerlichen Gesetzbuchs noch nicht wirksam oder über die von ihm beantragte Vaterschaftsfeststellung nach § 1600d des Bürgerlichen Gesetzbuchs noch nicht entschieden ist.

2Für angenommene Kinder und Kinder im Sinne des Satzes 1 Nummer 1 sind die Vorschriften dieses Gesetzes mit der Maßgabe anzuwenden, dass statt des Zeitpunktes der Geburt der Zeitpunkt der Aufnahme des Kindes bei der berechtigten Person maßgeblich ist.

[1]) Die Änderungen der Elterngeldreform traten am 1. September 2021 in Kraft.

(4) Können die Eltern wegen einer schweren Krankheit, Schwerbehinderung oder Todes der Eltern ihr Kind nicht betreuen, haben Verwandte bis zum dritten Grad und ihre Ehegatten oder Ehegattinnen Anspruch auf Elterngeld, wenn sie die übrigen Voraussetzungen nach Absatz 1 erfüllen und wenn von anderen Berechtigten Elterngeld nicht in Anspruch genommen wird.

(5) Der Anspruch auf Elterngeld bleibt unberührt, wenn die Betreuung und Erziehung des Kindes aus einem wichtigen Grund nicht sofort aufgenommen werden kann oder wenn sie unterbrochen werden muss.

(6) Eine Person ist nicht voll erwerbstätig, wenn ihre Arbeitszeit 32 Wochenstunden im Durchschnitt des Lebensmonats nicht übersteigt, sie eine Beschäftigung zur Berufsbildung ausübt oder sie eine geeignete Tagespflegeperson im Sinne des § 23 des Achten Buches Sozialgesetzbuch ist und nicht mehr als fünf Kinder in Tagespflege betreut.

(7) $_1$Ein nicht freizügigkeitsberechtigter Ausländer oder eine nicht freizügigkeitsberechtigte Ausländerin ist nur anspruchsberechtigt, wenn diese Person

1. eine Niederlassungserlaubnis oder eine Erlaubnis zum Daueraufenthalt-EU besitzt,
2. eine Blaue Karte EU, eine ICT-Karte, eine Mobiler-ICT-Karte oder eine Aufenthaltserlaubnis besitzt, die für einen Zeitraum von mindestens sechs Monaten zur Ausübung einer Erwerbstätigkeit berechtigen oder berechtigt haben oder diese erlauben, es sei denn, die Aufenthaltserlaubnis wurde
   a) nach § 16e des Aufenthaltsgesetzes zu Ausbildungszwecken, nach § 19c Absatz 1 des Aufenthaltsgesetzes zum Zweck der Beschäftigung als Au-Pair oder zum Zweck der Saisonbeschäftigung, nach § 19e des Aufenthaltsgesetzes zum Zweck der Teilnahme an einem Europäischen Freiwilligendienst oder nach § 20 Absatz 1 und 2 des Aufenthaltsgesetzes zur Arbeitsplatzsuche erteilt,
   b) nach § 16b des Aufenthaltsgesetzes zum Zweck eines Studiums, nach § 16d des Aufenthaltsgesetzes für Maßnahmen zur Anerkennung ausländischer Berufsqualifikationen oder nach § 20 Absatz 3 des Aufenthaltsgesetzes zur Arbeitsplatzsuche erteilt und er ist weder erwerbstätig noch nimmt er Elternzeit nach § 15 des Bundeselterngeld- und Elternzeitgesetzes oder laufende Geldleistungen nach dem Dritten Buch Sozialgesetzbuch in Anspruch,
   c) nach § 23 Absatz 1 des Aufenthaltsgesetzes wegen eines Krieges in seinem Heimatland oder nach den §§ 23a, 24 oder § 25 Absatz 3 bis 5 des Aufenthaltsgesetzes erteilt,
3. eine in Nummer 2 Buchstabe c genannte Aufenthaltserlaubnis besitzt und im Bundesgebiet berechtigt erwerbstätig ist oder Elternzeit nach § 15 des Bundeselterngeld- und Elternzeitgesetzes oder laufende Geldleistungen nach dem Dritten Buch Sozialgesetzbuch in Anspruch nimmt,
4. eine in Nummer 2 Buchstabe c genannte Aufenthaltserlaubnis besitzt und sich seit mindestens 15 Monaten erlaubt, gestattet oder geduldet im Bundesgebiet aufhält oder
5. eine Beschäftigungsduldung gemäß § 60d in Verbindung mit § 60a Absatz 2 Satz 3 des Aufenthaltsgesetzes besitzt.

$_2$Abweichend von Satz 1 Nummer 3 erste Alternative ist ein minderjähriger nicht freizügigkeitsberechtigter Ausländer oder eine minderjährige nicht freizügigkeitsberechtigte Ausländerin unabhängig von einer Erwerbstätigkeit anspruchsberechtigt.

(8) $_1$Ein Anspruch entfällt, wenn die berechtigte Person im letzten abgeschlossenen Veranlagungszeitraum vor der Geburt des Kindes ein zu versteuerndes Einkommen nach § 2 Absatz 5 des Einkommensteuergesetzes in Höhe von mehr als 250 000 Euro erzielt hat. $_2$Erfüllt auch eine andere Person die Voraussetzungen des Absatzes 1 Satz 1 Nummer 2 oder der Absätze 3 oder 4, entfällt abweichend von Satz 1 der Anspruch, wenn die Summe des

8

zu versteuernden Einkommens beider Personen mehr als 300 000 Euro beträgt.

§ 2 Höhe des Elterngeldes

(1) 1Elterngeld wird in Höhe von 67 Prozent des Einkommens aus Erwerbstätigkeit vor der Geburt des Kindes gewährt. 2Es wird bis zu einem Höchstbetrag von 1800 Euro monatlich für volle Lebensmonate gezahlt, in denen die berechtigte Person kein Einkommen aus Erwerbstätigkeit hat. 3Das Einkommen aus Erwerbstätigkeit errechnet sich nach Maßgabe der §§ 2c bis 2f aus der um die Abzüge für Steuern und Sozialabgaben verminderten Summe der positiven Einkünfte aus

1. nichtselbständiger Arbeit nach § 2 Absatz 1 Satz 1 Nummer 4 des Einkommensteuergesetzes sowie
2. Land- und Forstwirtschaft, Gewerbebetrieb und selbständiger Arbeit nach § 2 Absatz 1 Satz 1 Nummer 1 bis 3 des Einkommensteuergesetzes,

die im Inland zu versteuern sind und die die berechtigte Person durchschnittlich monatlich im Bemessungszeitraum nach § 2b oder in Lebensmonaten der Bezugszeit nach § 2 Absatz 3 hat.

(2) 1In den Fällen, in denen das Einkommen aus Erwerbstätigkeit vor der Geburt geringer als 1000 Euro war, erhöht sich der Prozentsatz von 67 Prozent um 0,1 Prozentpunkte für je 2 Euro, um die dieses Einkommen den Betrag von 1000 Euro unterschreitet, auf bis zu 100 Prozent. 2In den Fällen, in denen das Einkommen aus Erwerbstätigkeit vor der Geburt höher als 1200 Euro war, sinkt der Prozentsatz von 67 Prozent um 0,1 Prozentpunkte für je 2 Euro, um die dieses Einkommen den Betrag von 1200 Euro überschreitet, auf bis zu 65 Prozent.

(3) 1Für Lebensmonate nach der Geburt des Kindes, in denen die berechtigte Person ein Einkommen aus Erwerbstätigkeit hat, das durchschnittlich geringer ist als das Einkommen aus Erwerbstätigkeit vor der Geburt, wird Elterngeld in Höhe des nach den Absätzen 1 oder 2 maßgeblichen Prozentsatzes des Unterschiedsbetrages dieser Einkommen aus Erwerbstätigkeit gezahlt. 2Als Einkommen aus Erwerbstätigkeit vor der Geburt ist dabei höchstens der Betrag von 2770 Euro anzusetzen. 3Der Unterschiedsbetrag nach Satz 1 ist für das Einkommen aus Erwerbstätigkeit in Lebensmonaten, in denen die berechtigte Person Basiselterngeld in Anspruch nimmt, und in Lebensmonaten, in denen sie Elterngeld Plus im Sinne des § 4a Absatz 2 in Anspruch nimmt, getrennt zu berechnen.

(4) 1Elterngeld wird mindestens in Höhe von 300 Euro gezahlt. 2Dies gilt auch, wenn die berechtigte Person vor der Geburt des Kindes kein Einkommen aus Erwerbstätigkeit hat.

§ 2a Geschwisterbonus und Mehrlingszuschlag

(1) 1Lebt die berechtigte Person in einem Haushalt mit

1. zwei Kindern, die noch nicht drei Jahre alt sind, oder
2. drei oder mehr Kindern, die noch nicht sechs Jahre alt sind,

wird das Elterngeld um 10 Prozent, mindestens jedoch um 75 Euro erhöht (Geschwisterbonus). 2Zu berücksichtigen sind alle Kinder, für die die berechtigte Person die Voraussetzungen des § 1 Absatz 1 und 3 erfüllt und für die sich das Elterngeld nicht nach Absatz 4 erhöht.

(2) 1Für angenommene Kinder, die noch nicht 14 Jahre alt sind, gilt als Alter des Kindes der Zeitraum seit der Aufnahme des Kindes in den Haushalt der berechtigten Person. 2Dies gilt auch für Kinder, die die berechtigte Person entsprechend § 1 Absatz 3 Satz 1 Nummer 1 mit dem Ziel der Annahme als Kind in ihren Haushalt aufgenommen hat. 3Für Kinder mit Behinderung im Sinne von § 2 Absatz 1 Satz 1 des Neunten Buches Sozialgesetzbuch liegt die Altersgrenze nach Absatz 1 Satz 1 bei 14 Jahren.

(3) Der Anspruch auf den Geschwisterbonus endet mit Ablauf des Monats, in dem eine der in Absatz 1 genannten Anspruchsvoraussetzungen entfällt.

(4) 1Bei Mehrlingsgeburten erhöht sich das Elterngeld um je 300 Euro für das zweite und jedes weitere Kind (Mehrlingszuschlag). 2Dies gilt auch, wenn ein Geschwisterbonus nach Absatz 1 gezahlt wird.

§ 2b Bemessungszeitraum

(1) 1Für die Ermittlung des Einkommens aus nichtselbstständiger Erwerbstätigkeit im Sinne von § 2c vor der Geburt sind die zwölf Kalendermonate vor dem Kalendermonat der Geburt des Kindes maßgeblich. 2Bei der Bestimmung des Bemessungszeitraums nach Satz 1 bleiben Kalendermonate unberücksichtigt, in denen die berechtigte Person

1. im Zeitraum nach § 4 Absatz 1 Satz 2 und 3 und Absatz 5 Satz 3 Nummer 2 Elterngeld für ein älteres Kind bezogen hat,
2. während der Schutzfristen nach § 3 des Mutterschutzgesetzes nicht beschäftigt werden durfte oder Mutterschaftsgeld nach dem Fünften Buch Sozialgesetzbuch oder nach dem Zweiten Gesetz über die Krankenversicherung der Landwirte bezogen hat,
3. eine Krankheit hatte, die maßgeblich durch eine Schwangerschaft bedingt war, oder
4. Wehrdienst nach dem Wehrpflichtgesetz in der bis zum 31. Mai 2011 geltenden Fassung oder nach dem Vierten Abschnitt des Soldatengesetzes oder Zivildienst nach dem Zivildienstgesetz geleistet hat

und in den Fällen der Nummern 3 und 4 dadurch ein geringeres Einkommen aus Erwerbstätigkeit hatte. 3Abweichend von Satz 2 sind Kalendermonate im Sinne des Satzes 2 Nummer 1 bis 4 auf Antrag der berechtigten Person zu berücksichtigen. 4Abweichend von Satz 2 bleiben auf Antrag bei der Ermittlung des Einkommens für die Zeit vom 1. März 2020 bis zum Ablauf des 31. Dezember 2021 auch solche Kalendermonate unberücksichtigt, in denen die berechtigte Person aufgrund der COVID-19-Pandemie ein geringeres Einkommen aus Erwerbstätigkeit hatte und dies glaubhaft machen kann. 5Satz 2 Nummer 1 gilt in den Fällen des § 27 Absatz 1 Satz 1 mit der Maßgabe, dass auf Antrag auch Kalendermonate mit Elterngeldbezug für ein älteres Kind nach Vollendung von dessen 14. Lebensmonat unberücksichtigt bleiben, soweit der Elterngeldbezug von der Zeit vor Vollendung des 14. Lebensmonats auf danach verschoben wurde.

(2) 1Für die Ermittlung des Einkommens aus selbstständiger Erwerbstätigkeit im Sinne von § 2d vor der Geburt sind die jeweiligen steuerlichen Gewinnermittlungszeiträume maßgeblich, die dem letzten abgeschlossenen steuerlichen Veranlagungszeitraum vor der Geburt des Kindes zugrunde liegen. 2Haben in einem Gewinnermittlungszeitraum die Voraussetzungen des Absatzes 1 Satz 2 oder Satz 3 vorgelegen, sind auf Antrag die Gewinnermittlungszeiträume maßgeblich, die dem diesen Ereignissen vorangegangenen abgeschlossenen steuerlichen Veranlagungszeitraum zugrunde liegen.

(3) 1Abweichend von Absatz 1 ist für die Ermittlung des Einkommens aus nichtselbstständiger Erwerbstätigkeit vor der Geburt der letzte abgeschlossene steuerliche Veranlagungszeitraum vor der Geburt maßgeblich, wenn die berechtigte Person in den Zeiträumen nach Absatz 1 oder Absatz 2 Einkommen aus selbstständiger Erwerbstätigkeit hatte. 2Haben im Bemessungszeitraum nach Satz 1 die Voraussetzungen des Absatzes 1 Satz 2 oder Satz 3 vorgelegen, ist Absatz 2 Satz 2 mit der zusätzlichen Maßgabe anzuwenden, dass für die Ermittlung des Einkommens aus nichtselbstständiger Erwerbstätigkeit vor der Geburt der vorangegangene steuerliche Veranlagungszeitraum maßgeblich ist.

(4) 1Abweichend von Absatz 3 ist auf Antrag der berechtigten Person für die Ermittlung des Einkommens aus nichtselbstständiger Erwerbstätigkeit allein der Bemessungszeitraum nach Absatz 1 maßgeblich, wenn die zu berücksichtigende Summe der Einkünfte aus Land- und Forstwirtschaft, Gewerbebetrieb und selbstständiger Arbeit nach § 2 Absatz 1 Satz 1 Nummer 1 bis 3 des Einkommensteuergesetzes

1. in den jeweiligen steuerlichen Gewinnermittlungszeiträumen, die dem letzten abgeschlossenen steuerlichen Veranlagungszeitraum vor der Geburt des Kindes zugrunde liegen, durchschnittlich weniger als 35 Euro im Kalendermonat betrug und
2. in den jeweiligen steuerlichen Gewinnermittlungszeiträumen, die dem steuerlichen Veranlagungszeitraum der Geburt

8

des Kindes zugrunde liegen, bis einschließlich zum Kalendermonat vor der Geburt des Kindes durchschnittlich weniger als 35 Euro im Kalendermonat betrug.

$_{2}$Abweichend von § 2 Absatz 1 Satz 3 Nummer 2 ist für die Berechnung des Elterngeldes im Fall des Satzes 1 allein das Einkommen aus nichtselbstständiger Erwerbstätigkeit maßgeblich. $_{3}$Die für die Entscheidung über den Antrag notwendige Ermittlung der Höhe der Einkünfte aus Land- und Forstwirtschaft, Gewerbebetrieb und selbstständiger Arbeit erfolgt für die Zeiträume nach Satz 1 Nummer 1 entsprechend § 2d Absatz 2; in Fällen, in denen zum Zeitpunkt der Entscheidung kein Einkommensteuerbescheid vorliegt, und für den Zeitraum nach Satz 1 Nummer 2 erfolgt die Ermittlung der Höhe der Einkünfte entsprechend § 2d Absatz 3. $_{4}$Die Entscheidung über den Antrag erfolgt abschließend auf der Grundlage der Höhe der Einkünfte, wie sie sich aus den gemäß Satz 3 vorgelegten Nachweisen ergibt.

§ 2c Einkommen aus nichtselbstständiger Erwerbstätigkeit

(1) $_{1}$Der monatlich durchschnittlich zu berücksichtigende Überschuss der Einnahmen aus nichtselbstständiger Arbeit in Geld oder Geldeswert über ein Zwölftel des Arbeitnehmer-Pauschbetrags, vermindert um die Abzüge für Steuern und Sozialabgaben nach den §§ 2e und 2f, ergibt das Einkommen aus nichtselbstständiger Erwerbstätigkeit. $_{2}$Nicht berücksichtigt werden Einnahmen, die im Lohnsteuerabzugsverfahren nach den lohnsteuerlichen Vorgaben als sonstige Bezüge zu behandeln sind. $_{3}$Die zeitliche Zuordnung von Einnahmen erfolgt nach den lohnsteuerlichen Vorgaben für das Lohnsteuerabzugsverfahren. $_{4}$Maßgeblich ist der Arbeitnehmer-Pauschbetrag nach § 9a Satz 1 Nummer 1 Buchstabe a des Einkommensteuergesetzes in der am 1. Januar des Kalenderjahres vor der Geburt des Kindes für dieses Jahr geltenden Fassung.

(2) $_{1}$Grundlage der Ermittlung der Einnahmen sind die Angaben in den für die maßgeblichen Kalendermonate erstellten Lohn- und Gehaltsbescheinigungen des Arbeitgebers. $_{2}$Die Richtigkeit und Vollständigkeit der Angaben in den maßgeblichen Lohn- und Gehaltsbescheinigungen wird vermutet.

(3) $_{1}$Grundlage der Ermittlung der nach den §§ 2e und 2f erforderlichen Abzugsmerkmale für Steuern und Sozialabgaben sind die Angaben in der Lohn- und Gehaltsbescheinigung, die für den letzten Kalendermonat im Bemessungszeitraum mit Einnahmen nach Absatz 1 erstellt wurde. $_{2}$Soweit sich in den Lohn- und Gehaltsbescheinigungen des Bemessungszeitraums eine Angabe zu einem Abzugsmerkmal geändert hat, ist die von der Angabe nach Satz 1 abweichende Angabe maßgeblich, wenn sie in der überwiegenden Zahl der Kalendermonate des Bemessungszeitraums gegolten hat. $_{3}$§ 2c Absatz 2 Satz 2 gilt entsprechend.

§ 2d Einkommen aus selbstständiger Erwerbstätigkeit

(1) Die monatlich durchschnittlich zu berücksichtigende Summe der positiven Einkünfte aus Land- und Forstwirtschaft, Gewerbebetrieb und selbstständiger Arbeit (Gewinneinkünfte), vermindert um die Abzüge für Steuern und Sozialabgaben nach den §§ 2e und 2f, ergibt das Einkommen aus selbstständiger Erwerbstätigkeit.

(2) $_{1}$Bei der Ermittlung der im Bemessungszeitraum zu berücksichtigenden Gewinneinkünfte sind die entsprechenden im Einkommensteuerbescheid ausgewiesenen Gewinne anzusetzen. $_{2}$Ist kein Einkommensteuerbescheid zu erstellen, werden die Gewinneinkünfte in entsprechender Anwendung des Absatzes 3 ermittelt.

(3) $_{1}$Grundlage der Ermittlung der in den Bezugsmonaten zu berücksichtigenden Gewinneinkünfte ist eine Gewinnermittlung, die mindestens den Anforderungen des § 4 Absatz 3 des Einkommensteuergesetzes entspricht. $_{2}$Als Betriebsausgaben sind 25 Prozent der zugrunde gelegten Einnahmen oder auf Antrag die damit zusammenhängenden tatsächlichen Betriebsausgaben anzusetzen.

(4) $_{1}$Soweit nicht in § 2c Absatz 3 etwas anderes bestimmt ist, sind bei der Ermittlung

der nach § 2e erforderlichen Abzugsmerkmale für Steuern die Angaben im Einkommensteuerbescheid maßgeblich. 2§ 2c Absatz 3 Satz 2 gilt entsprechend.

(5) Die zeitliche Zuordnung von Einnahmen und Ausgaben erfolgt nach den einkommensteuerrechtlichen Grundsätzen.

§ 2e Abzüge für Steuern

(1) 1Als Abzüge für Steuern sind Beträge für die Einkommensteuer, den Solidaritätszuschlag und, wenn die berechtigte Person kirchensteuerpflichtig ist, die Kirchensteuer zu berücksichtigen. 2Die Abzüge für Steuern werden einheitlich für Einkommen aus nichtselbstständiger und selbstständiger Erwerbstätigkeit auf Grundlage einer Berechnung anhand des am 1. Januar des Kalenderjahres vor der Geburt des Kindes für dieses Jahr geltenden Programmablaufplans für die maschinelle Berechnung der vom Arbeitslohn einzubehaltenden Lohnsteuer, des Solidaritätszuschlags und der Maßstabsteuer für die Kirchenlohnsteuer im Sinne von § 39b Absatz 6 des Einkommensteuergesetzes nach den Maßgaben der Absätze 2 bis 5 ermittelt.

(2) 1Bemessungsgrundlage für die Ermittlung der Abzüge für Steuern ist die monatlich durchschnittlich zu berücksichtigende Summe der Einnahmen nach § 2c, soweit sie von der berechtigten Person zu versteuern sind, und der Gewinneinkünfte nach § 2d. 2Bei der Ermittlung der Abzüge für Steuern nach Absatz 1 werden folgende Pauschalen berücksichtigt:

1. der Arbeitnehmer-Pauschbetrag nach § 9a Satz 1 Nummer 1 Buchstabe a des Einkommensteuergesetzes, wenn die berechtigte Person von ihr zu versteuernde Einnahmen hat, die unter § 2c fallen, und
2. eine Vorsorgepauschale
   a) mit den Teilbeträgen nach § 39b Absatz 2 Satz 5 Nummer 3 Buchstabe b und c des Einkommensteuergesetzes, falls die berechtigte Person von ihr zu versteuernde Einnahmen nach § 2c hat, ohne in der gesetzlichen Rentenversicherung oder einer vergleichbaren Einrichtung versicherungspflichtig gewesen zu sein, oder
   b) mit den Teilbeträgen nach § 39b Absatz 2 Satz 5 Nummer 3 Buchstabe a bis c des Einkommensteuergesetzes in allen übrigen Fällen,

   wobei die Höhe der Teilbeträge ohne Berücksichtigung der besonderen Regelungen zur Berechnung der Beiträge nach § 55 Absatz 3 und § 58 Absatz 3 des Elften Buches Sozialgesetzbuch bestimmt wird.

(3) 1Als Abzug für die Einkommensteuer ist der Betrag anzusetzen, der sich unter Berücksichtigung der Steuerklasse und des Faktors nach § 39f des Einkommensteuergesetzes nach § 2c Absatz 3 ergibt; die Steuerklasse VI bleibt unberücksichtigt. 2War die berechtigte Person im Bemessungszeitraum nach § 2b in keine Steuerklasse eingereiht oder ist ihr nach § 2d zu berücksichtigender Gewinn höher als ihr nach § 2c zu berücksichtigender Überschuss der Einnahmen über ein Zwölftel des Arbeitnehmer-Pauschbetrags, ist als Abzug für die Einkommensteuer der Betrag anzusetzen, der sich unter Berücksichtigung der Steuerklasse IV ohne Berücksichtigung eines Faktors nach § 39f des Einkommensteuergesetzes ergibt.

(4) 1Als Abzug für den Solidaritätszuschlag ist der Betrag anzusetzen, der sich nach den Maßgaben des Solidaritätszuschlagsgesetzes 1995 für die Einkommensteuer nach Absatz 3 ergibt. 2Freibeträge für Kinder werden nach den Maßgaben des § 3 Absatz 2a des Solidaritätszuschlagsgesetzes 1995 berücksichtigt.

(5) 1Als Abzug für die Kirchensteuer ist der Betrag anzusetzen, der sich unter Anwendung eines Kirchensteuersatzes von 8 Prozent für die Einkommensteuer nach Absatz 3 ergibt. 2Freibeträge für Kinder werden nach den Maßgaben des § 51a Absatz 2a des Einkommensteuergesetzes berücksichtigt.

(6) Vorbehaltlich der Absätze 2 bis 5 werden Freibeträge und Pauschalen nur berücksichtigt, wenn sie ohne weitere Voraussetzung jeder berechtigten Person zustehen.

8

§ 2f Abzüge für Sozialabgaben

(1) 1Als Abzüge für Sozialabgaben sind Beträge für die gesetzliche Sozialversicherung oder für eine vergleichbare Einrichtung sowie für die Arbeitsförderung zu berücksichtigen. 2Die Abzüge für Sozialabgaben werden einheitlich für Einkommen aus nichtselbstständiger und selbstständiger Erwerbstätigkeit anhand folgender Beitragssatzpauschalen ermittelt:

1. 9 Prozent für die Kranken- und Pflegeversicherung, falls die berechtigte Person in der gesetzlichen Krankenversicherung nach § 5 Absatz 1 Nummer 1 bis 12 des Fünften Buches Sozialgesetzbuch versicherungspflichtig gewesen ist,
2. 10 Prozent für die Rentenversicherung, falls die berechtigte Person in der gesetzlichen Rentenversicherung oder einer vergleichbaren Einrichtung versicherungspflichtig gewesen ist, und
3. 2 Prozent für die Arbeitsförderung, falls die berechtigte Person nach dem Dritten Buch Sozialgesetzbuch versicherungspflichtig gewesen ist.

(2) 1Bemessungsgrundlage für die Ermittlung der Abzüge für Sozialabgaben ist die monatlich durchschnittlich zu berücksichtigende Summe der Einnahmen nach § 2c und der Gewinneinkünfte nach § 2d. 2Einnahmen aus Beschäftigungen im Sinne des § 8, des § 8a oder des § 20 Absatz 3 Satz 1 des Vierten Buches Sozialgesetzbuch werden nicht berücksichtigt. 3Für Einnahmen aus Beschäftigungsverhältnissen im Sinne des § 20 Absatz 2 des Vierten Buches Sozialgesetzbuch ist der Betrag anzusetzen, der sich nach § 344 Absatz 4 des Dritten Buches Sozialgesetzbuch für diese Einnahmen ergibt, wobei der Faktor im Sinne des § 163 Absatz 10 Satz 2 des Sechsten Buches Sozialgesetzbuch unter Zugrundelegung der Beitragssatzpauschalen nach Absatz 1 bestimmt wird.

(3) Andere Maßgaben zur Bestimmung der sozialversicherungsrechtlichen Beitragsbemessungsgrundlagen werden nicht berücksichtigt.

§ 3 Anrechnung von anderen Einnahmen

(1) 1Auf das der berechtigten Person nach § 2 oder nach § 2 in Verbindung mit § 2a zustehende Elterngeld werden folgende Einnahmen angerechnet:

1. Mutterschaftsleistungen
   a) in Form des Mutterschaftsgeldes nach dem Fünften Buch Sozialgesetzbuch oder nach dem Zweiten Gesetz über die Krankenversicherung der Landwirte mit Ausnahme des Mutterschaftsgeldes nach § 19 Absatz 2 des Mutterschutzgesetzes oder
   b) in Form des Zuschusses zum Mutterschaftsgeld nach § 20 des Mutterschutzgesetzes, die der berechtigten Person für die Zeit ab dem Tag der Geburt des Kindes zustehen,
2. Dienst- und Anwärterbezüge sowie Zuschüsse, die der berechtigten Person nach beamten- oder soldatenrechtlichen Vorschriften für die Zeit eines Beschäftigungsverbots ab dem Tag der Geburt des Kindes zustehen,
3. dem Elterngeld vergleichbare Leistungen, auf die eine nach § 1 berechtigte Person außerhalb Deutschlands oder gegenüber einer über- oder zwischenstaatlichen Einrichtung Anspruch hat,
4. Elterngeld, das der berechtigten Person für ein älteres Kind zusteht, sowie
5. Einnahmen, die der berechtigten Person als Ersatz für Erwerbseinkommen zustehen und
   a) die nicht bereits für die Berechnung des Elterngeldes nach § 2 berücksichtigt werden oder
   b) bei deren Berechnung das Elterngeld nicht berücksichtigt wird.

2Stehen der berechtigten Person die Einnahmen nur für einen Teil des Lebensmonats des Kindes zu, sind sie nur auf den entsprechenden Teil des Elterngeldes anzurechnen. 3Für jeden Kalendermonat, in dem Einnahmen nach Satz 1 Nummer 4 oder Nummer 5 im Bemessungszeitraum bezogen worden sind, wird der Anrechnungsbetrag um ein Zwölftel gemindert. $_{4}$Beginnt der Bezug von Einnahmen nach Satz 1 Nummer 5 nach der Geburt des Kindes und berechnen sich die anzurechnenden Einnahmen auf der Grundlage eines Einkommens, das geringer ist als das Einkommen aus Erwerbstätigkeit im Bemessungszeitraum, so ist der Teil des Elterngeldes in Höhe des nach § 2 Absatz 1 oder 2 maßgeblichen Prozentsatzes des Unterschiedsbetrages zwischen dem durchschnittlichen monatlichen Einkommen aus Erwerbstätigkeit im Bemessungszeitraum und dem durchschnittlichen monatlichen Bemessungseinkommen der anzurechnenden Einnahmen von der Anrechnung freigestellt.

(2) $_{1}$Bis zu einem Betrag von 300 Euro ist das Elterngeld von der Anrechnung nach Absatz 1 frei, soweit nicht Einnahmen nach Absatz 1 Satz 1 Nummer 1 bis 3 auf das Elterngeld anzurechnen sind. $_{2}$Dieser Betrag erhöht sich bei Mehrlingsgeburten um je 300 Euro für das zweite und jedes weitere Kind.

(3) Solange kein Antrag auf die in Absatz 1 Satz 1 Nummer 3 genannten vergleichbaren Leistungen gestellt wird, ruht der Anspruch auf Elterngeld bis zur möglichen Höhe der vergleichbaren Leistung.

§ 4 Bezugsdauer, Anspruchsumfang

(1) $_{1}$Elterngeld wird als Basiselterngeld oder als Elterngeld Plus gewährt. $_{2}$Es kann ab dem Tag der Geburt bezogen werden. $_{3}$Basiselterngeld kann bis zur Vollendung des 14. Lebensmonats des Kindes bezogen werden. $_{4}$Elterngeld Plus kann bis zur Vollendung des 32. Lebensmonats bezogen werden, solange es ab dem 15. Lebensmonat in aufeinander folgenden Lebensmonaten von zumindest einem Elternteil in Anspruch genommen wird. $_{5}$Für angenommene Kinder und Kinder im Sinne des § 1 Absatz 3 Satz 1 Nummer 1 kann Elterngeld ab Aufnahme bei der berechtigten Person längstens bis zur Vollendung des achten Lebensjahres des Kindes bezogen werden.

(2) $_{1}$Elterngeld wird in Monatsbeträgen für Lebensmonate des Kindes gezahlt. $_{2}$Der Anspruch endet mit dem Ablauf des Lebensmonats, in dem eine Anspruchsvoraussetzung entfallen ist. $_{3}$Die Eltern können die jeweiligen Monatsbeträge abwechselnd oder gleichzeitig beziehen.

(3) $_{1}$Die Eltern haben gemeinsam Anspruch auf zwölf Monatsbeträge Basiselterngeld. $_{2}$Ist das Einkommen aus Erwerbstätigkeit eines Elternteils in zwei Lebensmonaten gemindert, haben die Eltern gemeinsam Anspruch auf zwei weitere Monate Basiselterngeld (Partnermonate). $_{3}$Statt für einen Lebensmonat Basiselterngeld zu beanspruchen, kann die berechtigte Person jeweils zwei Lebensmonate Elterngeld Plus beziehen.

(4) $_{1}$Ein Elternteil hat Anspruch auf höchstens zwölf Monatsbeträge Basiselterngeld zuzüglich der höchstens vier zustehenden Monatsbeträge Partnerschaftsbonus nach § 4b. $_{2}$Ein Elternteil hat nur Anspruch auf Elterngeld, wenn er es mindestens für zwei Lebensmonate bezieht. $_{3}$Lebensmonate des Kindes, in denen einem Elternteil nach § 3 Absatz 1 Satz 1 Nummer 1 bis 3 anzurechnende Leistungen oder nach § 192 Absatz 5 Satz 2 des Versicherungsvertragsgesetzes Versicherungsleistungen zustehen, gelten als Monate, für die dieser Elternteil Basiselterngeld nach § 4a Absatz 1 bezieht.

(5) $_{1}$Abweichend von Absatz 3 Satz 1 beträgt der gemeinsame Anspruch der Eltern auf Basiselterngeld für ein Kind, das

1. mindestens sechs Wochen vor dem voraussichtlichen Tag der Entbindung geboren wurde: 13 Monatsbeträge Basiselterngeld;
2. mindestens acht Wochen vor dem voraussichtlichen Tag der Entbindung geboren wurde: 14 Monatsbeträge Basiselterngeld;
3. mindestens zwölf Wochen vor dem voraussichtlichen Tag der Entbindung geboren wurde: 15 Monatsbeträge Basiselterngeld;
4. mindestens 16 Wochen vor dem voraussichtlichen Tag der Entbindung geboren wurde: 16 Monatsbeträge Basiselterngeld.

$_{2}$Für die Berechnung des Zeitraums zwischen dem voraussichtlichen Tag der Entbindung und dem tatsächlichen Tag der Geburt ist der voraussichtliche Tag der Entbindung maßgeblich, wie er sich aus dem ärztlichen Zeug-

8

nis oder dem Zeugnis einer Hebamme oder eines Entbindungspflegers ergibt.

3Im Fall von

1. Satz 1 Nummer 1
   a) hat ein Elternteil abweichend von Absatz 4 Satz 1 Anspruch auf höchstens 13 Monatsbeträge Basiselterngeld zuzüglich der höchstens vier zustehenden Monatsbeträge Partnerschaftsbonus nach § 4b,
   b) kann Basiselterngeld abweichend von Absatz 1 Satz 3 bis zur Vollendung des 15. Lebensmonats des Kindes bezogen werden und
   c) kann Elterngeld Plus abweichend von Absatz 1 Satz 4 bis zur Vollendung des 32. Lebensmonats des Kindes bezogen werden, solange es ab dem 16. Lebensmonat in aufeinander folgenden Lebensmonaten von zumindest einem Elternteil in Anspruch genommen wird;
2. Satz 1 Nummer 2
   a) hat ein Elternteil abweichend von Absatz 4 Satz 1 Anspruch auf höchstens 14 Monatsbeträge Basiselterngeld zuzüglich der höchstens vier zustehenden Monatsbeträge Partnerschaftsbonus nach § 4b,
   b) kann Basiselterngeld abweichend von Absatz 1 Satz 3 bis zur Vollendung des 16. Lebensmonats des Kindes bezogen werden und
   c) kann Elterngeld Plus abweichend von Absatz 1 Satz 4 bis zur Vollendung des 32. Lebensmonats des Kindes bezogen werden, solange es ab dem 17. Lebensmonat in aufeinander folgenden Lebensmonaten von zumindest einem Elternteil in Anspruch genommen wird;
3. Satz 1 Nummer 3
   a) hat ein Elternteil abweichend von Absatz 4 Satz 1 Anspruch auf höchstens 15 Monatsbeträge Basiselterngeld zuzüglich der höchstens vier zustehenden Monatsbeträge Partnerschaftsbonus nach § 4b,
   b) kann Basiselterngeld abweichend von Absatz 1 Satz 3 bis zur Vollendung des 17. Lebensmonats des Kindes bezogen werden und
   c) kann Elterngeld Plus abweichend von Absatz 1 Satz 4 bis zur Vollendung des 32. Lebensmonats des Kindes bezogen werden, solange es ab dem 18. Lebensmonat in aufeinander folgenden Lebensmonaten von zumindest einem Elternteil in Anspruch genommen wird;
4. Satz 1 Nummer 4
   a) hat ein Elternteil abweichend von Absatz 4 Satz 1 Anspruch auf höchstens 16 Monatsbeträge Basiselterngeld zuzüglich der höchstens vier zustehenden Monatsbeträge Partnerschaftsbonus nach § 4b,
   b) kann Basiselterngeld abweichend von Absatz 1 Satz 3 bis zur Vollendung des 18. Lebensmonats des Kindes bezogen werden und
   c) kann Elterngeld Plus abweichend von Absatz 1 Satz 4 bis zur Vollendung des 32. Lebensmonats des Kindes bezogen werden, solange es ab dem 19. Lebensmonat in aufeinander folgenden Lebensmonaten von zumindest einem Elternteil in Anspruch genommen wird.

§ 4a Berechnung von Basiselterngeld und Elterngeld Plus

(1) Basiselterngeld wird allein nach den Vorgaben der §§ 2 bis 3 ermittelt.

(2) 1Elterngeld Plus wird nach den Vorgaben der §§ 2 bis 3 und den zusätzlichen Vorgaben der Sätze 2 und 3 ermittelt. 2Das Elterngeld Plus beträgt monatlich höchstens die Hälfte des Basiselterngeldes, das der berechtigten Person zustünde, wenn sie während des Elterngeldbezugs keine Einnahmen im Sinne des § 2 oder des § 3 hätte oder hat. 3Für die Berechnung des Elterngeldes Plus halbieren sich:

1. der Mindestbetrag für das Elterngeld nach § 2 Absatz 4 Satz 1,
2. der Mindestbetrag des Geschwisterbonus nach § 2a Absatz 1 Satz 1,
3. der Mehrlingszuschlag nach § 2a Absatz 4 sowie

8

4. die von der Anrechnung freigestellten Elterngeldbeträge nach § 3 Absatz 2.

§ 4b Partnerschaftsbonus

(1) Wenn beide Elternteile

1. nicht weniger als 24 und nicht mehr als 32 Wochenstunden im Durchschnitt des Lebensmonats erwerbstätig sind und
2. die Voraussetzungen des § 1 erfüllen,

hat jeder Elternteil für diesen Lebensmonat Anspruch auf einen zusätzlichen Monatsbetrag Elterngeld Plus (Partnerschaftsbonus).

(2) 1Die Eltern haben je Elternteil Anspruch auf höchstens vier Monatsbeträge Partnerschaftsbonus. 2Sie können den Partnerschaftsbonus nur beziehen, wenn sie ihn jeweils für mindestens zwei Lebensmonate in Anspruch nehmen.

(3) Die Eltern können den Partnerschaftsbonus nur gleichzeitig und in aufeinander folgenden Lebensmonaten beziehen.

(4) Treten während des Bezugs des Partnerschaftsbonus die Voraussetzungen für einen alleinigen Bezug nach § 4c Absatz 1 Nummer 1 bis 3 ein, so kann der Bezug durch einen Elternteil nach § 4c Absatz 2 fortgeführt werden.

(5) Das Erfordernis des Bezugs in aufeinander folgenden Lebensmonaten nach Absatz 3 und § 4 Absatz 1 Satz 4 gilt auch dann als erfüllt, wenn sich während des Bezugs oder nach dem Ende des Bezugs herausstellt, dass die Voraussetzungen für den Partnerschaftsbonus nicht in allen Lebensmonaten, für die der Partnerschaftsbonus beantragt wurde, vorliegen oder vorlagen.

§ 4c Alleiniger Bezug durch einen Elternteil

(1) Ein Elternteil kann abweichend von § 4 Absatz 4 Satz 1 zusätzlich auch das Elterngeld für die Partnermonate nach § 4 Absatz 3 Satz 3 beziehen, wenn das Einkommen aus Erwerbstätigkeit für zwei Lebensmonate gemindert ist und

1. bei diesem Elternteil die Voraussetzungen für den Entlastungsbetrag für Alleinerziehende nach § 24b Absatz 1 und 3 des Einkommensteuergesetzes vorliegen und der andere Elternteil weder mit ihm noch mit dem Kind in einer Wohnung lebt,
2. mit der Betreuung durch den anderen Elternteil eine Gefährdung des Kindeswohls im Sinne von § 1666 Absatz 1 und 2 des Bürgerlichen Gesetzbuchs verbunden wäre oder
3. die Betreuung durch den anderen Elternteil unmöglich ist, insbesondere, weil er wegen einer schweren Krankheit oder einer Schwerbehinderung sein Kind nicht betreuen kann; für die Feststellung der Unmöglichkeit der Betreuung bleiben wirtschaftliche Gründe und Gründe einer Verhinderung wegen anderweitiger Tätigkeiten außer Betracht.

(2) Liegt eine der Voraussetzungen des Absatzes 1 Nummer 1 bis 3 vor, so hat ein Elternteil, der in mindestens zwei bis höchstens vier aufeinander folgenden Lebensmonaten nicht weniger als 24 und nicht mehr als 32 Wochenstunden im Durchschnitt des Lebensmonats erwerbstätig ist, für diese Lebensmonate Anspruch auf zusätzliche Monatsbeträge Elterngeld Plus.

§ 4d Weitere Berechtigte

1Die §§ 4 bis 4c gelten in den Fällen des § 1 Absatz 3 und 4 entsprechend. 2Der Bezug von Elterngeld durch nicht sorgeberechtigte Elternteile und durch Personen, die nach § 1 Absatz 3 Satz 1 Nummer 2 und 3 Anspruch auf Elterngeld haben, bedarf der Zustimmung des sorgeberechtigten Elternteils.

Abschnitt 2
Verfahren und Organisation

§ 5 Zusammentreffen von Ansprüchen

(1) Erfüllen beide Elternteile die Anspruchsvoraussetzungen, bestimmen sie, wer von ihnen die Monatsbeträge für welche Lebensmonate des Kindes in Anspruch nimmt.

(2) 1Beanspruchen beide Elternteile zusammen mehr als die ihnen nach § 4 Absatz 3 und § 4b oder nach § 4 Absatz 3 und § 4b in Verbindung mit § 4d zustehenden Monats-

8

beträge, so besteht der Anspruch eines Elternteils, der nicht über die Hälfte der zustehenden Monatsbeträge hinausgeht, ungekürzt; der Anspruch des anderen Elternteils wird gekürzt auf die vom Gesamtanspruch verbleibenden Monatsbeträge. $_{2}$Beansprucht jeder der beiden Elternteile mehr als die Hälfte der ihm zustehenden Monatsbeträge, steht jedem Elternteil die Hälfte des Gesamtanspruchs der Monatsbeträge zu.

(3) $_{1}$Die Absätze 1 und 2 gelten in den Fällen des § 1 Absatz 3 und 4 entsprechend. $_{2}$Wird eine Einigung mit einem nicht sorgeberechtigten Elternteil oder einer Person, die nach § 1 Absatz 3 Satz 1 Nummer 2 und 3 Anspruch auf Elterngeld hat, nicht erzielt, so kommt es abweichend von Absatz 2 allein auf die Entscheidung des sorgeberechtigten Elternteils an.

§ 6 Auszahlung

Elterngeld wird im Laufe des Lebensmonats gezahlt, für den es bestimmt ist.

§ 7 Antragstellung

(1) $_{1}$Elterngeld ist schriftlich zu beantragen. $_{2}$Es wird rückwirkend nur für die letzten drei Lebensmonate vor Beginn des Lebensmonats geleistet, in dem der Antrag auf Elterngeld eingegangen ist. $_{3}$Im Antrag ist anzugeben, für welche Lebensmonate Basiselterngeld, für welche Lebensmonate Elterngeld Plus oder für welche Lebensmonate Partnerschaftsbonus beantragt wird.

(2) $_{1}$Die im Antrag getroffenen Entscheidungen können bis zum Ende des Bezugszeitraums geändert werden. $_{2}$Eine Änderung kann rückwirkend nur für die letzten drei Lebensmonate vor Beginn des Lebensmonats verlangt werden, in dem der Änderungsantrag eingegangen ist. $_{3}$Sie ist außer in den Fällen besonderer Härte unzulässig, soweit Monatsbeträge bereits ausgezahlt sind. $_{4}$Abweichend von den Sätzen 2 und 3 kann für einen Lebensmonat, in dem bereits Elterngeld Plus bezogen wurde, nachträglich Basiselterngeld beantragt werden. $_{5}$Im Übrigen finden die für die Antragstellung geltenden Vorschriften auch auf den Änderungsantrag Anwendung.

(3) $_{1}$Der Antrag ist, außer im Fall des § 4c und der Antragstellung durch eine allein sorgeberechtigte Person, zu unterschreiben von der Person, die ihn stellt, und zur Bestätigung der Kenntnisnahme auch von der anderen berechtigten Person. $_{2}$Die andere berechtigte Person kann gleichzeitig

1. einen Antrag auf Elterngeld stellen oder
2. der Behörde anzeigen, wie viele Monatsbeträge sie beansprucht, wenn mit ihrem Anspruch die Höchstgrenzen nach § 4 Absatz 3 in Verbindung mit § 4b überschritten würden.

$_{3}$Liegt der Behörde von der anderen berechtigten Person weder ein Antrag auf Elterngeld noch eine Anzeige nach Satz 2 vor, so werden sämtliche Monatsbeträge der berechtigten Person ausgezahlt, die den Antrag gestellt hat; die andere berechtigte Person kann bei einem späteren Antrag abweichend von § 5 Absatz 2 nur die unter Berücksichtigung von § 4 Absatz 3 in Verbindung mit § 4b vom Gesamtanspruch verbleibenden Monatsbeträge erhalten.

§ 8 Auskunftspflicht, Nebenbestimmungen

(1) Soweit im Antrag auf Elterngeld Angaben zum voraussichtlichen Einkommen aus Erwerbstätigkeit gemacht wurden, ist nach Ablauf des Bezugszeitraums für diese Zeit das tatsächliche Einkommen aus Erwerbstätigkeit nachzuweisen.

(1a) $_{1}$Die Mitwirkungspflichten nach § 60 des Ersten Buches Sozialgesetzbuch gelten

1. im Falle des § 1 Absatz 8 Satz 2 auch für die andere Person im Sinne des § 1 Absatz 8 Satz 2 und
2. im Falle des § 4b oder des § 4b in Verbindung mit § 4d Satz 1 für beide Personen, die den Partnerschaftsbonus beantragt haben.

$_{2}$§ 65 Absatz 1 und 3 des Ersten Buches Sozialgesetzbuch gilt entsprechend.

(2) $_{1}$Elterngeld wird in den Fällen, in denen die berechtigte Person nach ihren Angaben im Antrag im Bezugszeitraum voraussichtlich kein Einkommen aus Erwerbstätigkeit haben wird, unter dem Vorbehalt des Widerrufs für den Fall

gezahlt, dass sie entgegen ihren Angaben im Antrag Einkommen aus Erwerbstätigkeit hat. ₂In den Fällen, in denen zum Zeitpunkt der Antragstellung der Steuerbescheid für den letzten abgeschlossenen steuerlichen Veranlagungszeitraum vor der Geburt des Kindes nicht vorliegt und nach den Angaben im Antrag die Beträge nach § 1 Absatz 8 voraussichtlich nicht überschritten werden, wird das Elterngeld unter dem Vorbehalt des Widerrufs für den Fall gezahlt, dass entgegen den Angaben im Antrag die Beträge nach § 1 Absatz 8 überschritten werden.

(3) Das Elterngeld wird bis zum Nachweis der jeweils erforderlichen Angaben vorläufig unter Berücksichtigung der glaubhaft gemachten Angaben gezahlt, wenn

1. zum Zeitpunkt der Antragstellung der Steuerbescheid für den letzten abgeschlossenen Veranlagungszeitraum vor der Geburt des Kindes nicht vorliegt und noch nicht angegeben werden kann, ob die Beträge nach § 1 Absatz 8 überschritten werden,
2. das Einkommen aus Erwerbstätigkeit vor der Geburt nicht ermittelt werden kann oder
3. die berechtigte Person nach den Angaben im Antrag auf Elterngeld im Bezugszeitraum voraussichtlich Einkommen aus Erwerbstätigkeit hat.

§ 9 Einkommens- und Arbeitszeitnachweis, Auskunftspflicht des Arbeitgebers

(1) ₁Soweit es zum Nachweis des Einkommens aus Erwerbstätigkeit oder der wöchentlichen Arbeitszeit erforderlich ist, hat der Arbeitgeber der nach § 12 zuständigen Behörde für bei ihm Beschäftigte das Arbeitsentgelt, die für die Ermittlung der nach den §§ 2e und 2f erforderlichen Abzugsmerkmale für Steuern und Sozialabgaben sowie die Arbeitszeit auf Verlangen zu bescheinigen; das Gleiche gilt für ehemalige Arbeitgeber. ₂Für die in Heimarbeit Beschäftigten und die ihnen Gleichgestellten (§ 1 Absatz 1 und 2 des Heimarbeitsgesetzes) tritt an die Stelle des Arbeitgebers der Auftraggeber oder Zwischenmeister.

(2) ₁Für den Nachweis des Einkommens aus Erwerbstätigkeit kann die nach § 12 Absatz 1 zuständige Behörde auch das in § 108a Absatz 1 des Vierten Buches Sozialgesetzbuch vorgesehene Verfahren zur elektronischen Abfrage und Übermittlung von Entgeltbescheinigungsdaten nutzen. ₂Sie darf dieses Verfahren nur nutzen, wenn die betroffene Arbeitnehmerin oder der betroffene Arbeitnehmer zuvor in dessen Nutzung eingewilligt hat. ₃Wenn der betroffene Arbeitgeber ein systemgeprüftes Entgeltabrechnungsprogramm nutzt, ist er verpflichtet, die jeweiligen Entgeltbescheinigungsdaten mit dem in § 108a Absatz 1 des Vierten Buches Sozialgesetzbuch vorgesehenen Verfahren zu übermitteln.

§ 10 Verhältnis zu anderen Sozialleistungen

(1) Das Elterngeld und vergleichbare Leistungen der Länder sowie die nach § 3 auf die Leistung angerechneten Einnahmen oder Leistungen bleiben bei Sozialleistungen, deren Zahlung von anderen Einkommen abhängig ist, bis zu einer Höhe von insgesamt 300 Euro im Monat als Einkommen unberücksichtigt.

(2) Das Elterngeld und vergleichbare Leistungen der Länder sowie die nach § 3 auf die Leistung angerechneten Einnahmen oder Leistungen dürfen bis zu einer Höhe von insgesamt 300 Euro nicht dafür herangezogen werden, um auf Rechtsvorschriften beruhende Leistungen anderer, auf die kein Anspruch besteht, zu versagen.

(3) Soweit die berechtigte Person Elterngeld Plus bezieht, bleibt das Elterngeld nur bis zur Hälfte des Anrechnungsfreibetrags, der nach Abzug der anderen nach Absatz 1 nicht zu berücksichtigenden Einnahmen für das Elterngeld verbleibt, als Einkommen unberücksichtigt und darf nur bis zu dieser Höhe nicht dafür herangezogen werden, um auf Rechtsvorschriften beruhende Leistungen anderer, auf die kein Anspruch besteht, zu versagen.

(4) Die nach den Absätzen 1 bis 3 nicht zu berücksichtigenden oder nicht heranzuziehenden Beträge vervielfachen sich bei Mehrlingsgeburten mit der Zahl der geborenen Kinder.

8

(5) $_{1}$Die Absätze 1 bis 4 gelten nicht bei Leistungen nach dem Zweiten Buch Sozialgesetzbuch, dem Zwölften Buch Sozialgesetzbuch, § 6a des Bundeskindergeldgesetzes und dem Asylbewerberleistungsgesetz. $_{2}$Bei den in Satz 1 bezeichneten Leistungen bleiben das Elterngeld und vergleichbare Leistungen der Länder sowie die nach § 3 auf das Elterngeld angerechneten Einnahmen in Höhe des nach § 2 Absatz 1 berücksichtigten Einkommens aus Erwerbstätigkeit vor der Geburt bis zu 300 Euro im Monat als Einkommen unberücksichtigt. $_{3}$Soweit die berechtigte Person Elterngeld Plus bezieht, verringern sich die Beträge nach Satz 2 um die Hälfte.

(6) Die Absätze 1 bis 4 gelten entsprechend, soweit für eine Sozialleistung ein Kostenbeitrag erhoben werden kann, der einkommensabhängig ist.

§ 11 Unterhaltspflichten

$_{1}$Unterhaltsverpflichtungen werden durch die Zahlung des Elterngeldes und vergleichbarer Leistungen der Länder nur insoweit berührt, als die Zahlung 300 Euro monatlich übersteigt. $_{2}$Soweit die berechtigte Person Elterngeld Plus bezieht, werden die Unterhaltspflichten insoweit berührt, als die Zahlung 150 Euro übersteigt. $_{3}$Die in den Sätzen 1 und 2 genannten Beträge vervielfachen sich bei Mehrlingsgeburten mit der Zahl der geborenen Kinder. $_{4}$Die Sätze 1 bis 3 gelten nicht in den Fällen des § 1361 Absatz 3, der §§ 1579, 1603 Absatz 2 und des § 1611 Absatz 1 des Bürgerlichen Gesetzbuchs.

§ 12 Zuständigkeit; Bewirtschaftung der Mittel

(1) $_{1}$Die Landesregierungen oder die von ihnen beauftragten Stellen bestimmen die für die Ausführung dieses Gesetzes zuständigen Behörden. $_{2}$Zuständig ist die von den Ländern für die Durchführung dieses Gesetzes bestimmte Behörde des Bezirks, in dem das Kind, für das Elterngeld beansprucht wird, zum Zeitpunkt der ersten Antragstellung seinen inländischen Wohnsitz hat. $_{3}$Hat das Kind, für das Elterngeld beansprucht wird, in den Fällen des § 1 Absatz 2 zum Zeitpunkt der ersten Antragstellung keinen inländischen Wohnsitz, so ist die von den Ländern für die Durchführung dieses Gesetzes bestimmte Behörde des Bezirks zuständig, in dem die berechtigte Person ihren letzten inländischen Wohnsitz hatte; hilfsweise ist die Behörde des Bezirks zuständig, in dem der entsendende Dienstherr oder Arbeitgeber der berechtigten Person oder der Arbeitgeber des Ehegatten oder der Ehegattin der berechtigten Person den inländischen Sitz hat.

(2) Den nach Absatz 1 zuständigen Behörden obliegt auch die Beratung zur Elternzeit.

§ 13 Rechtsweg

(1) $_{1}$Über öffentlich-rechtliche Streitigkeiten in Angelegenheiten der §§ 1 bis 12 entscheiden die Gerichte der Sozialgerichtsbarkeit. $_{2}$§ 85 Absatz 2 Nummer 2 des Sozialgerichtsgesetzes gilt mit der Maßgabe, dass die zuständige Stelle nach § 12 bestimmt wird.

(2) Widerspruch und Anfechtungsklage haben keine aufschiebende Wirkung.

§ 14 Bußgeldvorschriften

(1) Ordnungswidrig handelt, wer vorsätzlich oder fahrlässig

1. entgegen § 8 Absatz 1 einen Nachweis nicht, nicht richtig, nicht vollständig oder nicht rechtzeitig erbringt,
2. entgegen § 9 Absatz 1 eine dort genannte Angabe nicht, nicht richtig, nicht vollständig oder nicht rechtzeitig bescheinigt,
3. entgegen § 60 Absatz 1 Satz 1 Nummer 1 des Ersten Buches Sozialgesetzbuch, auch in Verbindung mit § 8 Absatz 1a Satz 1, eine Angabe nicht, nicht richtig, nicht vollständig oder nicht rechtzeitig macht,
4. entgegen § 60 Absatz 1 Satz 1 Nummer 2 des Ersten Buches Sozialgesetzbuch, auch in Verbindung mit § 8 Absatz 1a Satz 1, eine Mitteilung nicht, nicht richtig, nicht vollständig oder nicht rechtzeitig macht oder
5. entgegen § 60 Absatz 1 Satz 1 Nummer 3 des Ersten Buches Sozialgesetzbuch, auch in Verbindung mit § 8 Absatz 1a Satz 1, eine Beweisurkunde nicht, nicht richtig, nicht vollständig oder nicht rechtzeitig vorlegt.

(2) Die Ordnungswidrigkeit kann mit einer Geldbuße von bis zu zweitausend Euro geahndet werden.

(3) Verwaltungsbehörden im Sinne des § 36 Absatz 1 Nummer 1 des Gesetzes über Ordnungswidrigkeiten sind die in § 12 Absatz 1 genannten Behörden.

Abschnitt 3 Elternzeit für Arbeitnehmerinnen und Arbeitnehmer

§ 15 Anspruch auf Elternzeit

(1) 1Arbeitnehmerinnen und Arbeitnehmer haben Anspruch auf Elternzeit, wenn sie

1. a) mit ihrem Kind,
   b) mit einem Kind, für das sie die Anspruchsvoraussetzungen nach § 1 Absatz 3 oder 4 erfüllen, oder
   c) mit einem Kind, das sie in Vollzeitpflege nach § 33 des Achten Buches Sozialgesetzbuch aufgenommen haben,

   in einem Haushalt leben und
2. dieses Kind selbst betreuen und erziehen.

2Nicht sorgeberechtigte Elternteile und Personen, die nach Satz 1 Nummer 1 Buchstabe b und c Elternzeit nehmen können, bedürfen der Zustimmung des sorgeberechtigten Elternteils.

(1a) 1Anspruch auf Elternzeit haben Arbeitnehmerinnen und Arbeitnehmer auch, wenn sie mit ihrem Enkelkind in einem Haushalt leben und dieses Kind selbst betreuen und erziehen und

1. ein Elternteil des Kindes minderjährig ist oder
2. ein Elternteil des Kindes sich in einer Ausbildung befindet, die vor Vollendung des 18. Lebensjahres begonnen wurde und die Arbeitskraft des Elternteils im Allgemeinen voll in Anspruch nimmt.

2Der Anspruch besteht nur für Zeiten, in denen keiner der Elternteile des Kindes selbst Elternzeit beansprucht.

(2) 1Der Anspruch auf Elternzeit besteht bis zur Vollendung des dritten Lebensjahres eines Kindes. 2Ein Anteil von bis zu 24 Monaten kann zwischen dem dritten Geburtstag und dem vollendeten achten Lebensjahr des Kindes in Anspruch genommen werden. 3Die Zeit der Mutterschutzfrist nach § 3 Absatz 2 und 3 des Mutterschutzgesetzes wird für die Elternzeit der Mutter auf die Begrenzung nach den Sätzen 1 und 2 angerechnet. 4Bei mehreren Kindern besteht der Anspruch auf Elternzeit für jedes Kind, auch wenn sich die Zeiträume im Sinne der Sätze 1 und 2 überschneiden. 5Bei einem angenommenen Kind und bei einem Kind in Vollzeit- oder Adoptionspflege kann Elternzeit von insgesamt bis zu drei Jahren ab der Aufnahme bei der berechtigten Person, längstens bis zur Vollendung des achten Lebensjahres des Kindes genommen werden; die Sätze 2 und 4 sind entsprechend anwendbar, soweit sie die zeitliche Aufteilung regeln. 6Der Anspruch kann nicht durch Vertrag ausgeschlossen oder beschränkt werden.

(3) 1Die Elternzeit kann, auch anteilig, von jedem Elternteil allein oder von beiden Elternteilen gemeinsam genommen werden. 2Satz 1 gilt in den Fällen des Absatzes 1 Satz 1 Nummer 1 Buchstabe b und c entsprechend.

(4) 1Der Arbeitnehmer oder die Arbeitnehmerin darf während der Elternzeit nicht mehr als 32 Wochenstunden im Durchschnitt des Monats erwerbstätig sein. 2Eine im Sinne des § 23 des Achten Buches Sozialgesetzbuch geeignete Tagespflegeperson darf bis zu fünf Kinder in Tagespflege betreuen, auch wenn die wöchentliche Betreuungszeit 32 Stunden übersteigt. 3Teilzeitarbeit bei einem anderen Arbeitgeber oder selbstständige Tätigkeit nach Satz 1 bedürfen der Zustimmung des Arbeitgebers. 4Dieser kann sie nur innerhalb von vier Wochen aus dringenden betrieblichen Gründen schriftlich ablehnen.

(5) 1Der Arbeitnehmer oder die Arbeitnehmerin kann eine Verringerung der Arbeitszeit und ihre Verteilung beantragen. 2Über den Antrag sollen sich der Arbeitgeber und der Arbeitnehmer oder die Arbeitnehmerin innerhalb von vier Wochen einigen. 3Der Antrag kann mit der schriftlichen Mitteilung nach Absatz 7 Satz 1 Nummer 5 verbunden wer-

den. 4Unberührt bleibt das Recht, sowohl die vor der Elternzeit bestehende Teilzeitarbeit unverändert während der Elternzeit fortzusetzen, soweit Absatz 4 beachtet ist, als auch nach der Elternzeit zu der Arbeitszeit zurückzukehren, die vor Beginn der Elternzeit vereinbart war.

(6) Der Arbeitnehmer oder die Arbeitnehmerin kann gegenüber dem Arbeitgeber, soweit eine Einigung nach Absatz 5 nicht möglich ist, unter den Voraussetzungen des Absatzes 7 während der Gesamtdauer der Elternzeit zweimal eine Verringerung seiner oder ihrer Arbeitszeit beanspruchen.

(7) 1Für den Anspruch auf Verringerung der Arbeitszeit gelten folgende Voraussetzungen:

1. Der Arbeitgeber beschäftigt, unabhängig von der Anzahl der Personen in Berufsbildung, in der Regel mehr als 15 Arbeitnehmer und Arbeitnehmerinnen,
2. das Arbeitsverhältnis in demselben Betrieb oder Unternehmen besteht ohne Unterbrechung länger als sechs Monate,
3. die vertraglich vereinbarte regelmäßige Arbeitszeit soll für mindestens zwei Monate auf einen Umfang von nicht weniger als 15 und nicht mehr als 32 Wochenstunden im Durchschnitt des Monats verringert werden,
4. dem Anspruch stehen keine dringenden betrieblichen Gründe entgegen und
5. der Anspruch auf Teilzeit wurde dem Arbeitgeber
   a) für den Zeitraum bis zum vollendeten dritten Lebensjahr des Kindes sieben Wochen und
   b) für den Zeitraum zwischen dem dritten Geburtstag und dem vollendeten achten Lebensjahr des Kindes 13 Wochen

vor Beginn der Teilzeittätigkeit schriftlich mitgeteilt.

2Der Antrag muss den Beginn und den Umfang der verringerten Arbeitszeit enthalten. 3Die gewünschte Verteilung der verringerten Arbeitszeit soll im Antrag angegeben werden. 4Falls der Arbeitgeber die beanspruchte Verringerung oder Verteilung der Arbeitszeit ablehnen will, muss er dies innerhalb der in Satz 5 genannten Frist mit schriftlicher Begründung tun. 5Hat ein Arbeitgeber die Verringerung der Arbeitszeit

1. in einer Elternzeit zwischen der Geburt und dem vollendeten dritten Lebensjahr des Kindes nicht spätestens vier Wochen nach Zugang des Antrags oder
2. in einer Elternzeit zwischen dem dritten Geburtstag und dem vollendeten achten Lebensjahr des Kindes nicht spätestens acht Wochen nach Zugang des Antrags

schriftlich abgelehnt, gilt die Zustimmung als erteilt und die Verringerung der Arbeitszeit entsprechend den Wünschen der Arbeitnehmerin oder des Arbeitnehmers als festgelegt. 6Haben Arbeitgeber und Arbeitnehmerin oder Arbeitnehmer über die Verteilung der Arbeitszeit kein Einvernehmen nach Absatz 5 Satz 2 erzielt und hat der Arbeitgeber nicht innerhalb der in Satz 5 genannten Fristen die gewünschte Verteilung schriftlich abgelehnt, gilt die Verteilung der Arbeitszeit entsprechend den Wünschen der Arbeitnehmerin oder des Arbeitnehmers als festgelegt. 7Soweit der Arbeitgeber den Antrag auf Verringerung oder Verteilung der Arbeitszeit rechtzeitig ablehnt, kann die Arbeitnehmerin oder der Arbeitnehmer Klage vor dem Gericht für Arbeitssachen erheben.

8

§ 16 Inanspruchnahme der Elternzeit

(1) 1Wer Elternzeit beanspruchen will, muss sie

1. für den Zeitraum bis zum vollendeten dritten Lebensjahr des Kindes spätestens sieben Wochen und
2. für den Zeitraum zwischen dem dritten Geburtstag und dem vollendeten achten Lebensjahr des Kindes spätestens 13 Wochen

vor Beginn der Elternzeit schriftlich vom Arbeitgeber verlangen. 2Verlangt die Arbeitnehmerin oder der Arbeitnehmer Elternzeit nach Satz 1 Nummer 1, muss sie oder er gleichzeitig erklären, für welche Zeiten innerhalb von zwei Jahren Elternzeit genommen werden soll. 3Bei dringenden Gründen ist ausnahmsweise eine angemessene kürzere Frist möglich. 4Nimmt die Mutter die Elternzeit im Anschluss an die Mutterschutzfrist, wird die Zeit der Mutterschutzfrist nach § 3 Absatz 2 und 3 des Mutterschutzgesetzes auf den Zeitraum nach Satz 2 angerechnet. $_{5}$Nimmt die Mutter die Elternzeit im Anschluss an einen auf die Mutterschutzfrist folgenden Erholungsurlaub, werden die Zeit der Mutterschutzfrist nach § 3 Absatz 2 und 3 des Mutterschutzgesetzes und die Zeit des Erholungsurlaubs auf den Zweijahreszeitraum nach Satz 2 angerechnet. $_{6}$Jeder Elternteil kann seine Elternzeit auf drei Zeitabschnitte verteilen; eine Verteilung auf weitere Zeitabschnitte ist nur mit der Zustimmung des Arbeitgebers möglich. $_{7}$Der Arbeitgeber kann die Inanspruchnahme eines dritten Abschnitts einer Elternzeit innerhalb von acht Wochen nach Zugang des Antrags aus dringenden betrieblichen Gründen ablehnen, wenn dieser Abschnitt im Zeitraum zwischen dem dritten Geburtstag und dem vollendeten achten Lebensjahr des Kindes liegen soll. $_{8}$Der Arbeitgeber hat dem Arbeitnehmer oder der Arbeitnehmerin die Elternzeit zu bescheinigen. $_{9}$Bei einem Arbeitgeberwechsel ist bei der Anmeldung der Elternzeit auf Verlangen des neuen Arbeitgebers eine Bescheinigung des früheren Arbeitgebers über bereits genommene Elternzeit durch die Arbeitnehmerin oder den Arbeitnehmer vorzulegen.

(2) Können Arbeitnehmerinnen aus einem von ihnen nicht zu vertretenden Grund eine sich unmittelbar an die Mutterschutzfrist des § 3 Absatz 2 und 3 des Mutterschutzgesetzes anschließende Elternzeit nicht rechtzeitig verlangen, können sie dies innerhalb einer Woche nach Wegfall des Grundes nachholen.

(3) $_{1}$Die Elternzeit kann vorzeitig beendet oder im Rahmen des § 15 Absatz 2 verlängert werden, wenn der Arbeitgeber zustimmt. $_{2}$Die vorzeitige Beendigung wegen der Geburt eines weiteren Kindes oder in Fällen besonderer Härte, insbesondere bei Eintritt einer schweren Krankheit, Schwerbehinderung oder Tod eines Elternteils oder eines Kindes der berechtigten Person oder bei erheblich gefährdeter wirtschaftlicher Existenz der Eltern nach Inanspruchnahme der Elternzeit, kann der Arbeitgeber unbeschadet von Satz 3 nur innerhalb von vier Wochen aus dringenden betrieblichen Gründen schriftlich ablehnen. $_{3}$Die Elternzeit kann zur Inanspruchnahme der Schutzfristen des § 3 des Mutterschutzgesetzes auch ohne Zustimmung des Arbeitgebers vorzeitig beendet werden; in diesen Fällen soll die Arbeitnehmerin dem Arbeitgeber die Beendigung der Elternzeit rechtzeitig mitteilen. $_{4}$Eine Verlängerung der Elternzeit kann verlangt werden, wenn ein vorgesehener Wechsel der Anspruchsberechtigten aus einem wichtigen Grund nicht erfolgen kann.

(4) Stirbt das Kind während der Elternzeit, endet diese spätestens drei Wochen nach dem Tod des Kindes.

(5) Eine Änderung in der Anspruchsberechtigung hat der Arbeitnehmer oder die Arbeitnehmerin dem Arbeitgeber unverzüglich mitzuteilen.

§ 17 Urlaub

(1) $_{1}$Der Arbeitgeber kann den Erholungsurlaub, der dem Arbeitnehmer oder der Arbeitnehmerin für das Urlaubsjahr zusteht, für jeden vollen Kalendermonat der Elternzeit um ein Zwölftel kürzen. $_{2}$Dies gilt nicht, wenn der Arbeitnehmer oder die Arbeitnehmerin während der Elternzeit bei seinem oder ihrem Arbeitgeber Teilzeitarbeit leistet.

(2) Hat der Arbeitnehmer oder die Arbeitnehmerin den ihm oder ihr zustehenden Urlaub vor dem Beginn der Elternzeit nicht oder nicht vollständig erhalten, hat der Arbeitgeber den Resturlaub nach der Elternzeit im laufenden oder im nächsten Urlaubsjahr zu gewähren.

(3) Endet das Arbeitsverhältnis während der Elternzeit oder wird es im Anschluss an die Elternzeit nicht fortgesetzt, so hat der Arbeitgeber den noch nicht gewährten Urlaub abzugelten.

(4) Hat der Arbeitnehmer oder die Arbeitnehmerin vor Beginn der Elternzeit mehr Urlaub erhalten, als ihm oder ihr nach Absatz 1 zusteht, kann der Arbeitgeber den Urlaub, der dem Arbeitnehmer oder der Arbeitnehmerin nach dem Ende der Elternzeit zusteht, um die zu viel gewährten Urlaubstage kürzen.

§ 18 Kündigungsschutz

(1) $_{1}$Der Arbeitgeber darf das Arbeitsverhältnis ab dem Zeitpunkt, von dem an Elternzeit verlangt worden ist, nicht kündigen. $_{2}$Der Kündigungsschutz nach Satz 1 beginnt

1. frühestens acht Wochen vor Beginn einer Elternzeit bis zum vollendeten dritten Lebensjahr des Kindes und
2. frühestens 14 Wochen vor Beginn einer Elternzeit zwischen dem dritten Geburtstag und dem vollendeten achten Lebensjahr des Kindes.

$_{3}$Während der Elternzeit darf der Arbeitgeber das Arbeitsverhältnis nicht kündigen. $_{4}$In besonderen Fällen kann ausnahmsweise eine Kündigung für zulässig erklärt werden. $_{5}$Die Zulässigkeitserklärung erfolgt durch die für den Arbeitsschutz zuständige oberste Landesbehörde oder die von ihr bestimmte Stelle. $_{6}$Die Bundesregierung kann mit Zustimmung des Bundesrates allgemeine Verwaltungsvorschriften zur Durchführung des Satzes 4 erlassen.

(2) Absatz 1 gilt entsprechend, wenn Arbeitnehmer oder Arbeitnehmerinnen

1. während der Elternzeit bei demselben Arbeitgeber Teilzeitarbeit leisten oder
2. ohne Elternzeit in Anspruch zu nehmen, Teilzeitarbeit leisten und Anspruch auf Elterngeld nach § 1 während des Zeitraums nach § 4 Absatz 1 Satz 2, 3 und 5 haben.

§ 19 Kündigung zum Ende der Elternzeit

Der Arbeitnehmer oder die Arbeitnehmerin kann das Arbeitsverhältnis zum Ende der Elternzeit nur unter Einhaltung einer Kündigungsfrist von drei Monaten kündigen.

§ 20 Zur Berufsbildung Beschäftigte, in Heimarbeit Beschäftigte

(1) $_{1}$Die zu ihrer Berufsbildung Beschäftigten gelten als Arbeitnehmer und Arbeitnehmerinnen im Sinne dieses Gesetzes. $_{2}$Die Elternzeit wird auf die Dauer einer Berufsausbildung nicht angerechnet, es sei denn, dass während der Elternzeit die Berufsausbildung nach § 7a des Berufsbildungsgesetzes oder § 27b der Handwerksordnung in Teilzeit durchgeführt wird. $_{3}$§ 15 Absatz 4 Satz 1 bleibt unberührt.

(2) $_{1}$Anspruch auf Elternzeit haben auch die in Heimarbeit Beschäftigten und die ihnen Gleichgestellten (§ 1 Absatz 1 und 2 des Heimarbeitsgesetzes), soweit sie am Stück mitarbeiten. $_{2}$Für sie tritt an die Stelle des Arbeitgebers der Auftraggeber oder Zwischenmeister und an die Stelle des Arbeitsverhältnisses das Beschäftigungsverhältnis.

§ 21 Befristete Arbeitsverträge

(1) Ein sachlicher Grund, der die Befristung eines Arbeitsverhältnisses rechtfertigt, liegt vor, wenn ein Arbeitnehmer oder eine Arbeitnehmerin zur Vertretung eines anderen Arbeitnehmers oder einer anderen Arbeitnehmerin für die Dauer eines Beschäftigungsverbotes nach dem Mutterschutzgesetz, einer Elternzeit, einer auf Tarifvertrag, Betriebsvereinbarung oder einzelvertraglichen Vereinbarung beruhenden Arbeitsfreistellung zur Betreuung eines Kindes oder für diese Zeiten zusammen oder für Teile davon eingestellt wird.

(2) Über die Dauer der Vertretung nach Absatz 1 hinaus ist die Befristung für notwendige Zeiten einer Einarbeitung zulässig.

(3) Die Dauer der Befristung des Arbeitsvertrags muss kalendermäßig bestimmt oder bestimmbar oder den in den Absätzen 1 und 2 genannten Zwecken zu entnehmen sein.

(4) $_{1}$Der Arbeitgeber kann den befristeten Arbeitsvertrag unter Einhaltung einer Frist von mindestens drei Wochen, jedoch frühestens zum Ende der Elternzeit, kündigen, wenn die Elternzeit ohne Zustimmung des Arbeitgebers vorzeitig endet und der Arbeitnehmer oder die Arbeitnehmerin die vorzeitige Beendigung der Elternzeit mitgeteilt hat. $_{2}$Satz 1 gilt entsprechend, wenn der Arbeitgeber die vorzeitige Beendigung der Elternzeit in den Fällen des § 16 Absatz 3 Satz 2 nicht ablehnen darf.

(5) Das Kündigungsschutzgesetz ist im Falle des Absatzes 4 nicht anzuwenden.

(6) Absatz 4 gilt nicht, soweit seine Anwendung vertraglich ausgeschlossen ist.

(7) $_{1}$Wird im Rahmen arbeitsrechtlicher Gesetze oder Verordnungen auf die Zahl der beschäftigten Arbeitnehmer und Arbeitnehmerinnen abgestellt, so sind bei der Ermittlung dieser Zahl Arbeitnehmer und Arbeitnehmerinnen, die sich in der Elternzeit befinden oder zur Betreuung eines Kindes freigestellt sind, nicht mitzuzählen, solange für sie aufgrund von Absatz 1 ein Vertreter oder eine Vertreterin eingestellt ist. $_{2}$Dies gilt nicht, wenn der Vertreter oder die Vertreterin nicht mitzuzählen ist. $_{3}$Die Sätze 1 und 2 gelten entsprechend, wenn im Rahmen arbeitsrechtlicher Gesetze oder Verordnungen auf die Zahl der Arbeitsplätze abgestellt wird.

Abschnitt 4
Statistik und Schlussvorschriften

§ 22 Bundesstatistik

(1) $_{1}$Zur Beurteilung der Auswirkungen dieses Gesetzes sowie zu seiner Fortentwicklung sind laufende Erhebungen zum Bezug von Elterngeld als Bundesstatistiken durchzuführen. $_{2}$Die Erhebungen erfolgen zentral beim Statistischen Bundesamt.

(2) $_{1}$Die Statistik zum Bezug von Elterngeld erfasst vierteljährlich zum jeweils letzten Tag des aktuellen und der vorangegangenen zwei Kalendermonate für Personen, die in einem dieser Kalendermonate Elterngeld bezogen haben, für jedes den Anspruch auslösende Kind folgende Erhebungsmerkmale:

1. Art der Berechtigung nach § 1,
2. Grundlagen der Berechnung des zustehenden Monatsbetrags nach Art und Höhe (§ 2 Absatz 1, 2, 3 oder 4, § 2a Absatz 1 oder 4, § 2c, die §§ 2d, 2e oder § 2f),
3. Höhe und Art des zustehenden Monatsbetrags (§ 4a Absatz 1 und 2 Satz 1) ohne die Berücksichtigung der Einnahmen nach § 3,
4. Art und Höhe der Einnahmen nach § 3,
5. Inanspruchnahme der als Partnerschaftsbonus gewährten Monatsbeträge nach § 4b Absatz 1 und der weiteren Monatsbeträge Elterngeld Plus nach § 4c Absatz 2,
6. Höhe des monatlichen Auszahlungsbetrags,
7. Geburtstag des Kindes,
8. für die Elterngeld beziehende Person:
   a) Geschlecht, Geburtsjahr und -monat,
   b) Staatsangehörigkeit,
   c) Wohnsitz oder gewöhnlicher Aufenthalt,
   d) Familienstand und unverheiratetes Zusammenleben mit dem anderen Elternteil,
   e) Vorliegen der Voraussetzungen nach § 4c Absatz 1 Nummer 1 und
   f) Anzahl der im Haushalt lebenden Kinder.

$_{2}$Die Angaben nach den Nummern 2, 3, 5 und 6 sind für jeden Lebensmonat des Kindes bezogen auf den nach § 4 Absatz 1 möglichen Zeitraum des Leistungsbezugs zu melden.

(3) Hilfsmerkmale sind:

1. Name und Anschrift der zuständigen Behörde,
2. Name und Telefonnummer sowie Adresse für elektronische Post der für eventuelle Rückfragen zur Verfügung stehenden Person und
3. Kennnummer des Antragstellers oder der Antragstellerin.

§ 23 Auskunftspflicht; Datenübermittlung an das Statistische Bundesamt

(1) $_{1}$Für die Erhebung nach § 22 besteht Auskunftspflicht. $_{2}$Die Angaben nach § 22 Absatz 4 Nummer 2 sind freiwillig. $_{3}$Auskunftspflichtig sind die nach § 12 Absatz 1 zuständigen Stellen.

(2) $_{1}$Der Antragsteller oder die Antragstellerin ist gegenüber den nach § 12 Absatz 1 zuständigen Stellen zu den Erhebungsmerkmalen nach § 22 Absatz 2 und 3 auskunftspflichtig. $_{2}$Die zuständigen Stellen nach § 12 Absatz 1 dürfen die Angaben nach § 22 Absatz 2 Satz 1 Nummer 8 und Absatz 3 Satz 1 Nummer 4, soweit sie für den Vollzug dieses Gesetzes nicht erforderlich sind, nur durch technische und organisatorische Maßnah-

men getrennt von den übrigen Daten nach § 22 Absatz 2 und 3 und nur für die Übermittlung an das Statistische Bundesamt verwenden und haben diese unverzüglich nach Übermittlung an das Statistische Bundesamt zu löschen.

(3) Die in sich schlüssigen Angaben sind als Einzeldatensätze elektronisch bis zum Ablauf von 30 Arbeitstagen nach Ablauf des Berichtszeitraums an das Statistische Bundesamt zu übermitteln.

§ 24 Übermittlung von Tabellen mit statistischen Ergebnissen durch das Statistische Bundesamt

1Zur Verwendung gegenüber den gesetzgebenden Körperschaften und zu Zwecken der Planung, jedoch nicht zur Regelung von Einzelfällen, übermittelt das Statistische Bundesamt Tabellen mit statistischen Ergebnissen, auch soweit Tabellenfelder nur einen einzigen Fall ausweisen, an die fachlich zuständigen obersten Bundes- oder Landesbehörden. 2Tabellen, deren Tabellenfelder nur einen einzigen Fall ausweisen, dürfen nur dann übermittelt werden, wenn sie nicht differenzierter als auf Regierungsbezirksebene, im Falle der Stadtstaaten auf Bezirksebene, aufbereitet sind.

§ 24a Übermittlung von Einzelangaben durch das Statistische Bundesamt

(1) 1Zur Abschätzung von Auswirkungen der Änderungen dieses Gesetzes im Rahmen der Zwecke nach § 24 übermittelt das Statistische Bundesamt auf Anforderung des fachlich zuständigen Bundesministeriums diesem oder von ihm beauftragten Forschungseinrichtungen Einzelangaben ab dem Jahr 2007 ohne Hilfsmerkmale mit Ausnahme des Merkmals nach § 22 Absatz 4 Nummer 3 für die Entwicklung und den Betrieb von Mikrosimulationsmodellen. 2Die Einzelangaben dürfen nur im hierfür erforderlichen Umfang und mittels eines sicheren Datentransfers übermittelt werden.

(2) 1Bei der Verarbeitung der Daten nach Absatz 1 ist das Statistikgeheimnis nach § 16 des Bundesstatistikgesetzes zu wahren. 2Dafür ist die Trennung von statistischen und nichtstatistischen Aufgaben durch Organisation und Verfahren zu gewährleisten. 3Die nach Absatz 1 übermittelten Daten dürfen nur für die Zwecke verwendet werden, für die sie übermittelt wurden. 4Die übermittelten Einzeldaten sind nach dem Erreichen des Zweckes zu löschen, zu dem sie übermittelt wurden.

(3) 1Personen, die Empfängerinnen und Empfänger von Einzelangaben nach Absatz 1 Satz 1 sind, unterliegen der Pflicht zur Geheimhaltung nach § 16 Absatz 1 und 10 des Bundesstatistikgesetzes. 2Personen, die Einzelangaben nach Absatz 1 Satz 1 erhalten sollen, müssen Amtsträger oder für den öffentlichen Dienst besonders Verpflichtete sein. 3Personen, die Einzelangaben erhalten sollen und die nicht Amtsträger oder für den öffentlichen Dienst besonders Verpflichtete sind, sind vor der Übermittlung zur Geheimhaltung zu verpflichten. 4§ 1 Absatz 2, 3 und 4 Nummer 2 des Verpflichtungsgesetzes vom 2. März 1974 (BGBl. I S. 469, 547), das durch § 1 Nummer 4 des Gesetzes vom 15. August 1974 (BGBl. I S. 1942) geändert worden ist, gilt in der jeweils geltenden Fassung entsprechend. 5Die Empfängerinnen und Empfänger von Einzelangaben dürfen aus ihrer Tätigkeit gewonnene Erkenntnisse nur für die in Absatz 1 genannten Zwecke verwenden.

§ 24b Elektronische Unterstützung bei der Antragstellung

(1) Zur elektronischen Unterstützung bei der Antragstellung kann der Bund ein Internetportal einrichten und betreiben. Das Internetportal ermöglicht das elektronische Ausfüllen der Antragsformulare der Länder sowie die Übermittlung der Daten aus dem Antragsformular an die nach § 12 zuständige Behörde. Zuständig für Einrichtung und Betrieb des Internetportals ist das Bundesministerium für Familie, Senioren, Frauen und Jugend. Die Ausführung dieses Gesetzes durch die nach § 12 zuständigen Behörden bleibt davon unberührt.

(2) Das Bundesministerium für Familie, Senioren, Frauen und Jugend ist für das Internetportal datenschutzrechtlich verantwort-

lich. Für die elektronische Unterstützung bei der Antragstellung darf das Bundesministerium für Familie, Senioren, Frauen und Jugend die zur Beantragung von Elterngeld erforderlichen personenbezogenen Daten sowie die in § 22 genannten statistischen Erhebungsmerkmale verarbeiten, sofern der Nutzer in die Verarbeitung eingewilligt hat. Die statistischen Erhebungsmerkmale einschließlich der zur Beantragung von Elterngeld erforderlichen personenbezogenen Daten sind nach Beendigung der Nutzung des Internetportals unverzüglich zu löschen.

§ 25 Datenübermittlung durch die Standesämter

Beantragt eine Person Elterngeld, so darf das für die Entgegennahme der Anzeige der Geburt zuständige Standesamt der nach § 12 Absatz 1 zuständigen Behörde die erforderlichen Daten über die Beurkundung der Geburt eines Kindes elektronisch übermitteln, wenn die antragstellende Person zuvor in die elektronische Datenübermittlung eingewilligt hat.

§ 26 Anwendung der Bücher des Sozialgesetzbuches

(1) Soweit dieses Gesetz zum Elterngeld keine ausdrückliche Regelung trifft, ist bei der Ausführung des Ersten, Zweiten und Dritten Abschnitts das Erste Kapitel des Zehnten Buches Sozialgesetzbuch anzuwenden.

(2) § 328 Absatz 3 und § 331 des Dritten Buches Sozialgesetzbuch gelten entsprechend.

§ 27 Sonderregelung aus Anlass der COVID-19-Pandemie

(1) $_{1}$Übt ein Elternteil eine systemrelevante Tätigkeit aus, so kann sein Bezug von Elterngeld auf Antrag für die Zeit vom 1. März 2020 bis 31. Dezember 2020 aufgeschoben werden. $_{2}$Der Bezug der verschobenen Lebensmonate ist spätestens bis zum 30. Juni 2021 anzutreten. $_{3}$Wird von der Möglichkeit des Aufschubs Gebrauch gemacht, so kann das Basiselterngeld abweichend von § 4 Absatz 1 Satz 2 und 3 auch noch nach Vollendung des 14. Lebensmonats bezogen werden. $_{4}$In der Zeit vom 1. März 2020 bis 30. Juni 2021 entstehende Lücken im Elterngeldbezug sind abweichend von § 4 Absatz 1 Satz 4 unschädlich.

(2) $_{1}$Für ein Verschieben des Partnerschaftsbonus genügt es, wenn nur ein Elternteil einen systemrelevanten Beruf ausübt. $_{2}$Hat der Bezug des Partnerschaftsbonus bereits begonnen, so gelten allein die Bestimmungen des Absatzes 3.

(3) Liegt der Bezug des Partnerschaftsbonus ganz oder teilweise vor dem Ablauf des 31. Dezember 2021 und kann die berechtigte Person die Voraussetzungen des Bezugs aufgrund der COVID-19-Pandemie nicht einhalten, gelten die Angaben zur Höhe des Einkommens und zum Umfang der Arbeitszeit, die bei der Beantragung des Partnerschaftsbonus glaubhaft gemacht worden sind.

§ 28 Übergangsvorschrift

(1) Für die vor dem 1. September 2021 geborenen oder mit dem Ziel der Adoption aufgenommenen Kinder ist dieses Gesetz in der bis zum 31. August 2021 geltenden Fassung weiter anzuwenden.

(1a) Soweit dieses Gesetz Mutterschaftsgeld nach dem Fünften Buch Sozialgesetzbuch oder nach dem Zweiten Gesetz über die Krankenversicherung der Landwirte in Bezug nimmt, gelten die betreffenden Regelungen für Mutterschaftsgeld nach der Reichsversicherungsordnung oder nach dem Gesetz über die Krankenversicherung der Landwirte entsprechend.

(2) Für die dem Erziehungsgeld vergleichbaren Leistungen der Länder sind § 8 Absatz 1 und § 9 des Bundeserziehungsgeldgesetzes in der bis zum 31. Dezember 2006 geltenden Fassung weiter anzuwenden.

(3) $_{1}$§ 1 Absatz 7 Satz 1 Nummer 1 bis 4 in der Fassung des Artikels 36 des Gesetzes vom 12. Dezember 2019 (BGBl. I S. 2451) ist für Entscheidungen anzuwenden, die Zeiträume betreffen, die nach dem 29. Februar 2020 beginnen. $_{2}$§ 1 Absatz 7 Satz 1 Nummer 5 in der Fassung des Artikels 36 des Gesetzes vom 12. Dezember 2019 (BGBl. I S. 2451) ist für Entscheidungen anzuwenden, die Zeiträume

betreffen, die nach dem 31. Dezember 2019 beginnen.

(4) 1§ 9 Absatz 2 und § 25 sind auf Kinder anwendbar, die nach dem 31. Dezember 2021 geboren oder nach dem 31. Dezember 2021 mit dem Ziel der Adoption aufgenommen worden sind. 2Zur Erprobung des Verfahrens können diese Regelungen in Pilotprojekten mit Zustimmung des Bundesministeriums für Familie, Senioren, Frauen und Jugend, des Bundesministeriums für Arbeit und Soziales und des Bundesministeriums des Innern, für Bau und Heimat auf Kinder, die vor dem 1. Januar 2022 geboren oder vor dem 1. Januar 2022 zur Adoption aufgenommen worden sind, angewendet werden.

8

Mindesturlaubsgesetz für Arbeitnehmer (Bundesurlaubsgesetz)

Vom 8. Januar 1963 (BGBl. I S. 2)

Zuletzt geändert durch
Gesetz zur Umsetzung des Seearbeitsübereinkommens 2006 der Internationalen Arbeitsorganisation
vom 20. April 2013 (BGBl. I S. 868)

§ 1 Urlaubsanspruch

Jeder Arbeitnehmer hat in jedem Kalenderjahr Anspruch auf bezahlten Erholungsurlaub.

§ 2 Geltungsbereich

Arbeitnehmer im Sinne des Gesetzes sind Arbeiter und Angestellte sowie die zu ihrer Berufsausbildung Beschäftigten. Als Arbeitnehmer gelten auch Personen, die wegen ihrer wirtschaftlichen Unselbständigkeit als arbeitnehmerähnliche Personen anzusehen sind; für den Bereich der Heimarbeit gilt § 12.

§ 3 Dauer des Urlaubs

(1) Der Urlaub beträgt jährlich mindestens 24 Werktage.

(2) Als Werktage gelten alle Kalendertage, die nicht Sonn- oder gesetzliche Feiertage sind.

§ 4 Wartezeit

Der volle Urlaubsanspruch wird erstmalig nach sechsmonatigem Bestehen des Arbeitsverhältnisses erworben.

§ 5 Teilurlaub

(1) Anspruch auf ein Zwölftel des Jahresurlaubs für jeden vollen Monat des Bestehens des Arbeitsverhältnisses hat der Arbeitnehmer

a) für Zeiten eines Kalenderjahres, für die er wegen Nichterfüllung der Wartezeit in diesem Kalenderjahr keinen vollen Urlaubsanspruch erwirbt;

b) wenn er vor erfüllter Wartezeit aus dem Arbeitsverhältnis ausscheidet;

c) wenn er nach erfüllter Wartezeit in der ersten Hälfte eines Kalenderjahres aus dem Arbeitsverhältnis ausscheidet.

(2) Bruchteile von Urlaubstagen, die mindestens einen halben Tag ergeben, sind auf volle Urlaubstage aufzurunden.

(3) Hat der Arbeitnehmer im Falle des Absatzes 1 Buchstabe c bereits Urlaub über den ihm zustehenden Umfang hinaus erhalten, so kann das dafür gezahlte Urlaubsentgelt nicht zurückgefordert werden.

§ 6 Ausschluß von Doppelansprüchen

(1) Der Anspruch auf Urlaub besteht nicht, soweit dem Arbeitnehmer für das laufende Kalenderjahr bereits von einem früheren Arbeitgeber Urlaub gewährt worden ist.

(2) Der Arbeitgeber ist verpflichtet, bei Beendigung des Arbeitsverhältnisses dem Arbeitnehmer eine Bescheinigung über den im laufenden Kalenderjahr gewährten oder abgegoltenen Urlaub auszuhändigen.

§ 7 Zeitpunkt, Übertragbarkeit und Abgeltung des Urlaubs

(1) Bei der zeitlichen Festlegung des Urlaubs sind die Urlaubswünsche des Arbeitnehmers zu berücksichtigen, es sei denn, daß ihrer Berücksichtigung dringende betriebliche Belange oder Urlaubswünsche anderer Arbeitnehmer, die unter sozialen Gesichtspunkten den Vorrang verdienen, entgegenstehen. Der Urlaub ist zu gewähren, wenn der Arbeitnehmer dies im Anschluß an eine Maßnahme der medizinischen Vorsorge oder Rehabilitation verlangt.

(2) Der Urlaub ist zusammenhängend zu gewähren, es sei denn, daß dringende betriebliche oder in der Person des Arbeitnehmers

liegende Gründe eine Teilung des Urlaubs erforderlich machen. Kann der Urlaub aus diesen Gründen nicht zusammenhängend gewährt werden, und hat der Arbeitnehmer Anspruch auf Urlaub von mehr als zwölf Werktagen, so muß einer der Urlaubsteile mindestens zwölf aufeinanderfolgende Werktage umfassen.

(3) Der Urlaub muß im laufenden Kalenderjahr gewährt und genommen werden. Eine Übertragung des Urlaubs auf das nächste Kalenderjahr ist nur statthaft, wenn dringende betriebliche oder in der Person des Arbeitnehmers liegende Gründe dies rechtfertigen. Im Fall der Übertragung muß der Urlaub in den ersten drei Monaten des folgenden Kalenderjahres gewährt und genommen werden. Auf Verlangen des Arbeitnehmers ist ein nach § 5 Abs. 1 Buchstabe a entstehender Teilurlaub jedoch auf das nächste Kalenderjahr zu übertragen.

(4) Kann der Urlaub wegen Beendigung des Arbeitsverhältnisses ganz oder teilweise nicht mehr gewährt werden, so ist er abzugelten.

§ 8 Erwerbstätigkeit während des Urlaubs

Während des Urlaubs darf der Arbeitnehmer keine dem Urlaubszweck widersprechende Erwerbstätigkeit leisten.

§ 9 Erkrankung während des Urlaubs

Erkrankt ein Arbeitnehmer während des Urlaubs, so werden die durch ärztliches Zeugnis nachgewiesenen Tage der Arbeitsunfähigkeit auf den Jahresurlaub nicht angerechnet.

§ 10 Maßnahmen der medizinischen Vorsorge oder Rehabilitation

Maßnahmen der medizinischen Vorsorge oder Rehabilitation dürfen nicht auf den Urlaub angerechnet werden, soweit ein Anspruch auf Fortzahlung des Arbeitsentgelts nach den gesetzlichen Vorschriften über die Entgeltfortzahlung im Krankheitsfall besteht.

§ 11 Urlaubsentgelt

(1) Das Urlaubsentgelt bemißt sich nach dem durchschnittlichen Arbeitsverdienst, das der Arbeitnehmer in den letzten dreizehn Wochen vor dem Beginn des Urlaubs erhalten hat, mit Ausnahme des zusätzlich für Überstunden gezahlten Arbeitsverdienstes. Bei Verdiensterhöhungen nicht nur vorübergehender Natur, die während des Berechnungszeitraums oder des Urlaubs eintreten, ist von dem erhöhten Verdienst auszugehen. Verdienstkürzungen, die im Berechnungszeitraum infolge von Kurzarbeit, Arbeitsausfällen oder unverschuldeter Arbeitsversäumnis eintreten, bleiben für die Berechnung des Urlaubsentgelts außer Betracht. Zum Arbeitsentgelt gehörende Sachbezüge, die während des Urlaubs nicht weitergewährt werden, sind für die Dauer des Urlaubs angemessen in bar abzugelten.

(2) Das Urlaubsentgelt ist vor Antritt des Urlaubs auszuzahlen.

§ 12 Urlaub im Bereich der Heimarbeit

Für die in Heimarbeit Beschäftigten und die ihnen nach § 1 Abs. 2 Buchstaben a bis c des Heimarbeitsgesetzes Gleichgestellten, für die die Urlaubsregelung nicht ausdrücklich von der Gleichstellung ausgenommen ist, gelten die vorstehenden Bestimmungen mit Ausnahme der §§ 4 bis 6, 7 Abs. 3 und 4 und § 11 nach Maßgabe der folgenden Bestimmungen:

1. Heimarbeiter (§ 1 Abs. 1 Buchstabe a des Heimarbeitsgesetzes) und nach § 1 Abs. 2 Buchstabe a des Heimarbeitsgesetzes Gleichgestellte erhalten von ihrem Auftraggeber, oder falls sie von einem Zwischenmeister beschäftigt werden, von diesem bei einem Anspruch auf 24 Werktage ein Urlaubsentgelt von 9,1 vom Hundert des in der Zeit vom 1. Mai bis zum 30. April des folgenden Jahres oder bis zur Beendigung des Beschäftigungsverhältnisses verdienten Arbeitsentgelts vor Abzug der Steuern und Sozialversicherungsbeiträge ohne Unkostenzuschlag und ohne die für den Lohnausfall an Feiertagen, den Arbeitsausfall infolge Krankheit und den Urlaub zu leistenden Zahlungen.
2. War der Anspruchsberechtigte im Berechnungszeitraum nicht ständig beschäftigt,

so brauchen unbeschadet des Anspruches auf Urlaubsentgelt nach Nummer 1 nur so viele Urlaubstage gegeben zu werden, wie durchschnittliche Tagesverdienste, die er in der Regel erzielt hat, in dem Urlaubsentgelt nach Nummer 1 enthalten sind.

3. Das Urlaubsentgelt für die in Nummer 1 bezeichneten Personen soll erst bei der letzten Entgeltzahlung vor Antritt des Urlaubs ausgezahlt werden.
4. Hausgewerbetreibende (§ 1 Abs. 1 Buchstabe b des Heimarbeitsgesetzes) und nach § 1 Abs. 2 Buchstaben b und c des Heimarbeitsgesetzes Gleichgestellte erhalten von ihrem Auftraggeber oder, falls sie von einem Zwischenmeister beschäftigt werden, von diesem als eigenes Urlaubsentgelt und zur Sicherung der Urlaubsansprüche der von ihnen Beschäftigten einen Betrag von 9,1 vom Hundert des an sie ausgezahlten Arbeitsentgelts vor Abzug der Steuern und Sozialversicherungsbeiträge ohne Unkostenzuschlag und ohne die für den Lohnausfall an Feiertagen, den Arbeitsausfall infolge Krankheit und den Urlaub zu leistenden Zahlungen.
5. Zwischenmeister, die den in Heimarbeit Beschäftigten nach § 1 Abs. 2 Buchstabe d des Heimarbeitsgesetzes gleichgestellt sind, haben gegen ihren Auftraggeber Anspruch auf die von ihnen nach den Nummern 1 und 4 nachweislich zu zahlenden Beträge.
6. Die Beträge nach den Nummern 1, 4 und 5 sind gesondert im Entgeltbeleg auszuweisen.
7. Durch Tarifvertrag kann bestimmt werden, daß Heimarbeiter (§ 1 Abs. 1 Buchstabe a des Heimarbeitsgesetzes), die nur für einen Auftraggeber tätig sind und tariflich allgemein wie Betriebsarbeiter behandelt werden, Urlaub nach den allgemeinen Urlaubsbestimmungen erhalten.
8. Auf die in den Nummern 1, 4 und 5 vorgesehenen Beträge finden die §§ 23 bis 25, 27 und 28 und auf die in den Nummern 1 und 4 vorgesehenen Beträge außerdem § 21 Abs. 2 des Heimarbeitsgesetzes entsprechende Anwendung. Für die Urlaubsansprüche der fremden Hilfskräfte der in Nummer 4 genannten Personen gilt § 26 des Heimarbeitsgesetzes entsprechend.

§ 13 Unabdingbarkeit

(1) Von den vorstehenden Vorschriften mit Ausnahme der §§ 1, 2 und 3 Abs. 1 kann in Tarifverträgen abgewichen werden. Die abweichenden Bestimmungen haben zwischen nichttarifgebundenen Arbeitgebern und Arbeitnehmern Geltung, wenn zwischen diesen die Anwendung der einschlägigen tariflichen Urlaubsregelung vereinbart ist. Im übrigen kann, abgesehen von § 7 Abs. 2 Satz 2, von den Bestimmungen dieses Gesetzes nicht zuungunsten des Arbeitnehmers abgewichen werden.

(2) Für das Baugewerbe oder sonstige Wirtschaftszweige, in denen als Folge häufigen Ortswechsels der von den Betrieben zu leistenden Arbeit Arbeitsverhältnisse von kürzerer Dauer als einem Jahr in erheblichem Umfange üblich sind, kann durch Tarifvertrag von den vorstehenden Vorschriften über die in Absatz 1 Satz 1 vorgesehene Grenze hinaus abgewichen werden, soweit dies zur Sicherung eines zusammenhängenden Jahresurlaubs für alle Arbeitnehmer erforderlich ist. Absatz 1 Satz 2 findet entsprechende Anwendung.

(3) Für den Bereich der Deutsche Bahn Aktiengesellschaft sowie einer gemäß § 2 Abs. 1 und § 3 Abs. 3 des Deutsche Bahn Gründungsgesetzes vom 27. Dezember 1993 (BGBl. I S. 2378, 2386) ausgegliederten Gesellschaft und für den Bereich der Nachfolgeunternehmen der Deutschen Bundespost kann von der Vorschrift über das Kalenderjahr als Urlaubsjahr (§ 1) in Tarifverträgen abgewichen werden.

§ 14 (gegenstandslos)

§ 15 Änderung und Aufhebung von Gesetzen

(1) Unberührt bleiben die urlaubsrechtlichen Bestimmungen des Arbeitsplatzschutzgeset-

zes vom 30. März 1957 (Bundesgesetzbl. I S. 293), geändert durch Gesetz vom 22. März 1962 (Bundesgesetzbl. I S. 169), des Neunten Buches Sozialgesetzbuch, des Jugendarbeitsschutzgesetzes vom 9. August 1960 (Bundesgesetzbl. I S. 665), geändert durch Gesetz vom 20. Juli 1962 (Bundesgesetzbl. I S. 449), und des Seearbeitsgesetzes vom 20. April 2013 (BGBl. I S. 868), jedoch wird

a) in § 19 Abs. 6 Satz 2 des Jugendarbeitsschutzgesetzes der Punkt hinter dem letzten Wort durch ein Komma ersetzt und folgender Satzteil angefügt: „und in diesen Fällen eine grobe Verletzung der Treuepflicht aus dem Beschäftigungsverhältnis vorliegt.";

b) § 53 Abs. 2 des Seemannsgesetzes durch folgende Bestimmungen ersetzt: „Das Bundesurlaubsgesetz vom 8. Januar 1963 (Bundesgesetzbl. I S. 2) findet auf den Urlaubsanspruch des Besatzungsmitglieds nur insoweit Anwendung, als es Vorschriften über die Mindestdauer des Urlaubs enthält."

(2) Mit dem Inkrafttreten dieses Gesetzes treten die landesrechtlichen Vorschriften über den Erholungsurlaub außer Kraft. In Kraft bleiben jedoch die landesrechtlichen Bestimmungen über den Urlaub für Opfer des Nationalsozialismus und für solche Arbeitnehmer, die geistig oder körperlich in ihrer Erwerbsfähigkeit behindert sind.

§ 15a Übergangsvorschrift

Befindet sich der Arbeitnehmer von einem Tag nach dem 9. Dezember 1998 bis zum 1. Januar 1999 oder darüber hinaus in einer Maßnahme der medizinischen Vorsorge oder Rehabilitation, sind für diesen Zeitraum die seit dem 1. Januar 1999 geltenden Vorschriften maßgebend, es sei denn, daß diese für den Arbeitnehmer ungünstiger sind.

§ 16 Inkrafttreten

Dieses Gesetz tritt mit Wirkung vom 1. Januar 1963 in Kraft.

Bürgerliches Gesetzbuch (BGB)

in der Fassung der Bekanntmachung vom 2. Januar 2002 (BGBl. I S. 42, S. 2909, 2003 S. 738)

Gesetz zur Reform des Mietspiegelrechts vom 10. August 2021 (BGBl. I S. 3515)

– Auszug –

Buch 2 Recht der Schuldverhältnisse

Abschnitt 8 Einzelne Schuldverhältnisse

Titel 8 Dienstvertrag und ähnliche Verträge

Untertitel 1 Dienstvertrag*)

§ 611 Vertragstypische Pflichten beim Dienstvertrag

(1) Durch den Dienstvertrag wird derjenige, welcher Dienste zusagt, zur Leistung der versprochenen Dienste, der andere Teil zur Gewährung der vereinbarten Vergütung verpflichtet.

(2) Gegenstand des Dienstvertrags können Dienste jeder Art sein.

§ 611a Arbeitsvertrag

(1) Durch den Arbeitsvertrag wird der Arbeitnehmer im Dienste eines anderen zur Leistung weisungsgebundener, fremdbestimmter Arbeit in persönlicher Abhängigkeit verpflichtet. Das Weisungsrecht kann Inhalt, Durchführung, Zeit und Ort der Tätigkeit betreffen. Weisungsgebunden ist, wer nicht im Wesentlichen frei seine Tätigkeit gestalten und seine Arbeitszeit bestimmen kann. Der Grad der persönlichen Abhängigkeit hängt dabei auch von der Eigenart der jeweiligen Tätigkeit ab. Für die Feststellung, ob ein Arbeitsvertrag vorliegt, ist eine Gesamtbetrachtung aller Umstände vorzunehmen. Zeigt die tatsächliche Durchführung des Vertragsverhältnisses, dass es sich um ein Arbeitsverhältnis handelt, kommt es auf die Bezeichnung im Vertrag nicht an.

(2) Der Arbeitgeber ist zur Zahlung der vereinbarten Vergütung verpflichtet.

§ 612 Vergütung

(1) Eine Vergütung gilt als stillschweigend vereinbart, wenn die Dienstleistung den Umständen nach nur gegen eine Vergütung zu erwarten ist.

(2) Ist die Höhe der Vergütung nicht bestimmt, so ist bei dem Bestehen einer Taxe die taxmäßige Vergütung, in Ermangelung einer Taxe die übliche Vergütung als vereinbart anzusehen.

§ 612a Maßregelungsverbot

Der Arbeitgeber darf einen Arbeitnehmer bei einer Vereinbarung oder einer Maßnahme nicht benachteiligen, weil der Arbeitnehmer in zulässiger Weise seine Rechte ausübt.

---

*) **Amtlicher Hinweis zu Untertitel 1:**
Dieser Titel dient der Umsetzung

1. der Richtlinie 76/207/EWG des Rates vom 9. Februar 1976 zur Verwirklichung des Grundsatzes der Gleichberechtigung von Männern und Frauen hinsichtlich des Zugangs zur Beschäftigung, zur Berufsbildung und zum beruflichen Aufstieg sowie in Bezug auf die Arbeitsbedingungen (ABl. EG Nr. L 39 S. 40) und
2. der Richtlinie 77/187/EWG des Rates vom 14. Februar 1977 zur Angleichung der Rechtsvorschriften der Mitgliedstaaten über die Wahrung von Ansprüchen der Arbeitnehmer beim Übergang von Unternehmen, Betrieben oder Betriebsteilen (ABl. EG Nr. L 61 S. 26).

§ 613 Unübertragbarkeit

Der zur Dienstleistung Verpflichtete hat die Dienste im Zweifel in Person zu leisten. Der Anspruch auf die Dienste ist im Zweifel nicht übertragbar.

§ 613a Rechte und Pflichten bei Betriebsübergang

(1) Geht ein Betrieb oder ein Betriebsteil durch Rechtsgeschäft auf einen anderen Inhaber über, so tritt dieser in die Rechte und Pflichten aus den im Zeitpunkt des Übergangs bestehenden Arbeitsverhältnissen ein. Sind diese Rechte und Pflichten durch Rechtsnormen eines Tarifvertrags oder durch eine Betriebsvereinbarung geregelt, so werden sie Inhalt des Arbeitsverhältnisses zwischen dem neuen Inhaber und dem Arbeitnehmer und dürfen nicht vor Ablauf eines Jahres nach dem Zeitpunkt des Übergangs zum Nachteil des Arbeitnehmers geändert werden. Satz 2 gilt nicht, wenn die Rechte und Pflichten bei dem neuen Inhaber durch Rechtsnormen eines anderen Tarifvertrags oder durch eine andere Betriebsvereinbarung geregelt werden. Vor Ablauf der Frist nach Satz 2 können die Rechte und Pflichten geändert werden, wenn der Tarifvertrag oder die Betriebsvereinbarung nicht mehr gilt oder bei fehlender beiderseitiger Tarifgebundenheit im Geltungsbereich eines anderen Tarifvertrags dessen Anwendung zwischen dem neuen Inhaber und dem Arbeitnehmer vereinbart wird.

(2) Der bisherige Arbeitgeber haftet neben dem neuen Inhaber für Verpflichtungen nach Absatz 1, soweit sie vor dem Zeitpunkt des Übergangs entstanden sind und vor Ablauf von einem Jahr nach diesem Zeitpunkt fällig werden, als Gesamtschuldner. Werden solche Verpflichtungen nach dem Zeitpunkt des Übergangs fällig, so haftet der bisherige Arbeitgeber für sie jedoch nur in dem Umfang der dem im Zeitpunkt des Übergangs abgelaufenen Teil ihres Bemessungszeitraums entspricht.

(3) Absatz 2 gilt nicht, wenn eine juristische Person oder eine Personenhandelsgesellschaft durch Umwandlung erlischt.

(4) Die Kündigung des Arbeitsverhältnisses eines Arbeitnehmers durch den bisherigen Arbeitgeber oder durch den neuen Inhaber wegen des Übergangs eines Betriebs oder eines Betriebsteils ist unwirksam. Das Recht zur Kündigung des Arbeitsverhältnisses aus anderen Gründen bleibt unberührt.

(5) Der bisherige Arbeitgeber oder der neue Inhaber hat die von einem Übergang betroffenen Arbeitnehmer vor dem Übergang in Textform zu unterrichten über:

1. den Zeitpunkt oder den geplanten Zeitpunkt des Übergangs,
2. den Grund für den Übergang,
3. die rechtlichen, wirtschaftlichen und sozialen Folgen des Übergangs für die Arbeitnehmer und
4. die hinsichtlich der Arbeitnehmer in Aussicht genommenen Maßnahmen.

(6) Der Arbeitnehmer kann dem Übergang des Arbeitsverhältnisses innerhalb eines Monats nach Zugang der Unterrichtung nach Absatz 5 schriftlich widersprechen. Der Widerspruch kann gegenüber dem bisherigen Arbeitgeber oder dem neuen Inhaber erklärt werden.

§ 614 Fälligkeit der Vergütung

Die Vergütung ist nach der Leistung der Dienste zu entrichten. Ist die Vergütung nach Zeitabschnitten bemessen, so ist sie nach dem Ablaufe der einzelnen Zeitabschnitte zu entrichten.

§ 615 Vergütung bei Annahmeverzug und bei Betriebsrisiko

Kommt der Dienstberechtigte mit der Annahme der Dienste in Verzug, so kann der Verpflichtete für die infolge des Verzugs nicht geleisteten Dienste die vereinbarte Vergütung verlangen, ohne zur Nachleistung verpflichtet zu sein. Er muss sich jedoch den Wert desjenigen anrechnen lassen, was er infolge des Unterbleibens der Dienstleistung erspart oder durch anderweitige Verwendung seiner Dienste erwirbt oder zu erwerben böswillig unterlässt. Die Sätze 1 und 2 gelten entsprechend in den Fällen, in denen der Arbeitgeber das Risiko des Arbeitsausfalls trägt.

§ 616 Vorübergehende Verhinderung

Der zur Dienstleistung Verpflichtete wird des Anspruchs auf die Vergütung nicht dadurch verlustig, dass er für eine verhältnismäßig nicht erhebliche Zeit durch einen in seiner Person liegenden Grund ohne sein Verschulden an der Dienstleistung verhindert wird. Er muss sich jedoch den Betrag anrechnen lassen, welcher ihm für die Zeit der Verhinderung aus einer auf Grund gesetzlicher Verpflichtung bestehenden Kranken- oder Unfallversicherung zukommt.

§ 617 Pflicht zur Krankenfürsorge

(1) Ist bei einem dauernden Dienstverhältnis, welches die Erwerbstätigkeit des Verpflichteten vollständig oder hauptsächlich in Anspruch nimmt, der Verpflichtete in die häusliche Gemeinschaft aufgenommen, so hat der Dienstberechtigte ihm im Falle der Erkrankung die erforderliche Verpflegung und ärztliche Behandlung bis zur Dauer von sechs Wochen, jedoch nicht über die Beendigung des Dienstverhältnisses hinaus, zu gewähren, sofern nicht die Erkrankung von dem Verpflichteten vorsätzlich oder durch grobe Fahrlässigkeit herbeigeführt worden ist. Die Verpflegung und ärztliche Behandlung kann durch Aufnahme des Verpflichteten in eine Krankenanstalt gewährt werden. Die Kosten können auf die für die Zeit der Erkrankung geschuldete Vergütung angerechnet werden. Wird das Dienstverhältnis wegen der Erkrankung von dem Dienstberechtigten nach § 626 gekündigt, so bleibt die dadurch herbeigeführte Beendigung des Dienstverhältnisses außer Betracht.

(2) Die Verpflichtung des Dienstberechtigten tritt nicht ein, wenn für die Verpflegung und ärztliche Behandlung durch eine Versicherung oder durch eine Einrichtung der öffentlichen Krankenpflege Vorsorge getroffen ist.

§ 618 Pflicht zu Schutzmaßnahmen

(1) Der Dienstberechtigte hat Räume, Vorrichtungen oder Gerätschaften, die er zur Verrichtung der Dienste zu beschaffen hat, so einzurichten und zu unterhalten und Dienstleistungen, die unter seiner Anordnung oder seiner Leitung vorzunehmen sind, so zu regeln, dass der Verpflichtete gegen Gefahr für Leben und Gesundheit soweit geschützt ist, als die Natur der Dienstleistung es gestattet.

(2) Ist der Verpflichtete in die häusliche Gemeinschaft aufgenommen, so hat der Dienstberechtigte in Ansehung des Wohn- und Schlafraums, der Verpflegung sowie der Arbeits- und Erholungszeit diejenigen Einrichtungen und Anordnungen zu treffen, welche mit Rücksicht auf die Gesundheit, die Sittlichkeit und die Religion des Verpflichteten erforderlich sind.

(3) Erfüllt der Dienstberechtigte die ihm in Ansehung des Lebens und der Gesundheit des Verpflichteten obliegenden Verpflichtungen nicht, so finden auf seine Verpflichtung zum Schadensersatz die für unerlaubte Handlungen geltenden Vorschriften der §§ 842 bis 846 entsprechende Anwendung.

§ 619 Unabdingbarkeit der Fürsorgepflichten

Die dem Dienstberechtigten nach den §§ 617, 618 obliegenden Verpflichtungen können nicht im Voraus durch Vertrag aufgehoben oder beschränkt werden.

§ 619a Beweislast bei Haftung des Arbeitnehmers

Abweichend von § 280 Abs. 1 hat der Arbeitnehmer dem Arbeitgeber Ersatz für den aus der Verletzung einer Pflicht aus dem Arbeitsverhältnis entstehenden Schaden nur zu leisten, wenn er die Pflichtverletzung zu vertreten hat.

§ 620 Beendigung des Dienstverhältnisses

(1) Das Dienstverhältnis endigt mit dem Ablauf der Zeit, für die es eingegangen ist.

(2) Ist die Dauer des Dienstverhältnisses weder bestimmt noch aus der Beschaffenheit oder dem Zwecke der Dienste zu entnehmen, so kann jeder Teil das Dienstverhältnis nach Maßgabe der §§ 621 bis 623 kündigen.

(3) Für Arbeitsverträge, die auf bestimmte Zeit abgeschlossen werden, gilt das Teilzeit- und Befristungsgesetz.

§ 621 Kündigungsfristen bei Dienstverhältnissen

Bei einem Dienstverhältnis, das kein Arbeitsverhältnis im Sinne des § 622 ist, ist die Kündigung zulässig,

1. wenn die Vergütung nach Tagen bemessen ist, an jedem Tag für den Ablauf des folgenden Tages;
2. wenn die Vergütung nach Wochen bemessen ist, spätestens am ersten Werktag einer Woche für den Ablauf des folgenden Sonnabends;
3. wenn die Vergütung nach Monaten bemessen ist, spätestens am 15. eines Monats für den Schluss des Kalendermonats;
4. wenn die Vergütung nach Vierteljahren oder längeren Zeitabschnitten bemessen ist, unter Einhaltung einer Kündigungsfrist von sechs Wochen für den Schluss eines Kalendervierteljahrs;
5. wenn die Vergütung nicht nach Zeitabschnitten bemessen ist, jederzeit; bei einem die Erwerbstätigkeit des Verpflichteten vollständig oder hauptsächlich in Anspruch nehmenden Dienstverhältnis ist jedoch eine Kündigungsfrist von zwei Wochen einzuhalten.

§ 622 Kündigungsfristen bei Arbeitsverhältnissen

(1) Das Arbeitsverhältnis eines Arbeiters oder eines Angestellten (Arbeitnehmers) kann mit einer Frist von vier Wochen zum Fünfzehnten oder zum Ende eines Kalendermonats gekündigt werden.

(2) Für eine Kündigung durch den Arbeitgeber beträgt die Kündigungsfrist, wenn das Arbeitsverhältnis in dem Betrieb oder Unternehmen

1. zwei Jahre bestanden hat, einen Monat zum Ende eines Kalendermonats,
2. fünf Jahre bestanden hat, zwei Monate zum Ende eines Kalendermonats,
3. acht Jahre bestanden hat, drei Monate zum Ende eines Kalendermonats,
4. zehn Jahre bestanden hat, vier Monate zum Ende eines Kalendermonats,
5. zwölf Jahre bestanden hat, fünf Monate zum Ende eines Kalendermonats,
6. 15 Jahre bestanden hat, sechs Monate zum Ende eines Kalendermonats,
7. 20 Jahre bestanden hat, sieben Monate zum Ende eines Kalendermonats.

(3) Während einer vereinbarten Probezeit, längstens für die Dauer von sechs Monaten, kann das Arbeitsverhältnis mit einer Frist von zwei Wochen gekündigt werden.

(4) Von den Absätzen 1 bis 3 abweichende Regelungen können durch Tarifvertrag vereinbart werden. Im Geltungsbereich eines solchen Tarifvertrags gelten die abweichenden tarifvertraglichen Bestimmungen zwischen nicht tarifgebundenen Arbeitgebern und Arbeitnehmern, wenn ihre Anwendung zwischen ihnen vereinbart ist.

(5) Einzelvertraglich kann eine kürzere als die in Absatz 1 genannte Kündigungsfrist nur vereinbart werden,

1. wenn ein Arbeitnehmer zur vorübergehenden Aushilfe eingestellt ist; dies gilt nicht, wenn das Arbeitsverhältnis über die Zeit von drei Monaten hinaus fortgesetzt wird;
2. wenn der Arbeitgeber in der Regel nicht mehr als 20 Arbeitnehmer ausschließlich der zu ihrer Berufsbildung Beschäftigten beschäftigt und die Kündigungsfrist vier Wochen nicht unterschreitet. Bei der Feststellung der Zahl der beschäftigten Arbeitnehmer sind teilzeitbeschäftigte Arbeitnehmer mit einer regelmäßigen wöchentlichen Arbeitszeit von nicht mehr als 20 Stunden mit 0,5 und nicht mehr als 30 Stunden mit 0,75 zu berücksichtigen.

Die einzelvertragliche Vereinbarung längerer als der in den Absätzen 1 bis 3 genannten Kündigungsfristen bleibt hiervon unberührt.

(6) Für die Kündigung des Arbeitsverhältnisses durch den Arbeitnehmer darf keine län-

gere Frist vereinbart werden als für die Kündigung durch den Arbeitgeber.

§ 623 Schriftform der Kündigung

Die Beendigung von Arbeitsverhältnissen durch Kündigung oder Auflösungsvertrag bedürfen zu ihrer Wirksamkeit der Schriftform; die elektronische Form ist ausgeschlossen.

§ 624 Kündigungsfrist bei Verträgen über mehr als fünf Jahre

Ist das Dienstverhältnis für die Lebenszeit einer Person oder für längere Zeit als fünf Jahre eingegangen, so kann es von dem Verpflichteten nach dem Ablauf von fünf Jahren gekündigt werden. Die Kündigungsfrist beträgt sechs Monate.

§ 625 Stillschweigende Verlängerung

Wird das Dienstverhältnis nach dem Ablauf der Dienstzeit von dem Verpflichteten mit Wissen des anderen Teiles fortgesetzt, so gilt es als auf unbestimmte Zeit verlängert, sofern nicht der andere Teil unverzüglich widerspricht.

§ 626 Fristlose Kündigung aus wichtigem Grund

(1) Das Dienstverhältnis kann von jedem Vertragsteil aus wichtigem Grund ohne Einhaltung einer Kündigungsfrist gekündigt werden, wenn Tatsachen vorliegen, auf Grund derer dem Kündigenden unter Berücksichtigung aller Umstände des Einzelfalles und unter Abwägung der Interessen beider Vertragsteile die Fortsetzung des Dienstverhältnisses bis zum Ablauf der Kündigungsfrist oder bis zu der vereinbarten Beendigung des Dienstverhältnisses nicht zugemutet werden kann.

(2) Die Kündigung kann nur innerhalb von zwei Wochen erfolgen. Die Frist beginnt mit dem Zeitpunkt, in dem der Kündigungsberechtigte von den für die Kündigung maßgebenden Tatsachen Kenntnis erlangt. Der Kündigende muss dem anderen Teil auf Verlangen den Kündigungsgrund unverzüglich schriftlich mitteilen.

§ 627 Fristlose Kündigung bei Vertrauensstellung

(1) Bei einem Dienstverhältnis, das kein Arbeitsverhältnis im Sinne des § 622 ist, ist die Kündigung auch ohne die im § 626 bezeichnete Voraussetzung zulässig, wenn der zur Dienstleistung Verpflichtete, ohne in einem dauernden Dienstverhältnis mit festen Bezügen zu stehen, Dienste höherer Art zu leisten hat, die auf Grund besonderen Vertrauens übertragen zu werden pflegen.

(2) Der Verpflichtete darf nur in der Art kündigen, dass sich der Dienstberechtigte die Dienste anderweit beschaffen kann, es sei denn, dass ein wichtiger Grund für die unzeitige Kündigung vorliegt. Kündigt er ohne solchen Grund zur Unzeit, so hat er dem Dienstberechtigten den daraus entstehenden Schaden zu ersetzen.

§ 628 Teilvergütung und Schadensersatz bei fristloser Kündigung

(1) Wird nach dem Beginn der Dienstleistung das Dienstverhältnis auf Grund des § 626 oder des § 627 gekündigt, so kann der Verpflichtete einen seinen bisherigen Leistungen entsprechenden Teil der Vergütung verlangen. Kündigt er, ohne durch vertragswidriges Verhalten des anderen Teiles dazu veranlasst zu sein, oder veranlasst er durch sein vertragswidriges Verhalten die Kündigung des anderen Teils, so steht ihm ein Anspruch auf die Vergütung insoweit nicht zu, als seine bisherigen Leistungen infolge der Kündigung für den anderen Teil kein Interesse haben. Ist die Vergütung für eine spätere Zeit im Voraus entrichtet, so hat der Verpflichtete sie nach Maßgabe des § 346 oder, wenn die Kündigung wegen eines Umstands erfolgt, den er nicht zu vertreten hat, nach den Vorschriften über die Herausgabe einer ungerechtfertigten Bereicherung zurückzuerstatten.

(2) Wird die Kündigung durch vertragswidriges Verhalten des anderen Teiles veranlasst, so ist dieser zum Ersatz des durch die Aufhebung des Dienstverhältnisses entstehenden Schadens verpflichtet.

§ 629 Freizeit zur Stellungssuche

Nach der Kündigung eines dauernden Dienstverhältnisses hat der Dienstberechtigte dem Verpflichteten auf Verlangen angemessene Zeit zum Aufsuchen eines anderen Dienstverhältnisses zu gewähren.

§ 630 Pflicht zur Zeugniserteilung

Bei der Beendigung eines dauernden Dienstverhältnisses kann der Verpflichtete von dem anderen Teil ein schriftliches Zeugnis über das Dienstverhältnis und dessen Dauer fordern. Das Zeugnis ist auf Verlangen auf die Leistungen und die Führung im Dienst zu erstrecken. Die Erteilung des Zeugnisses in elektronischer Form ist ausgeschlossen. Wenn der Verpflichtete ein Arbeitnehmer ist, findet § 109 der Gewerbeordnung Anwendung.

Gesetz über die Zahlung des Arbeitsentgelts an Feiertagen und im Krankheitsfall (Entgeltfortzahlungsgesetz)

Vom 26. Mai 1994 (BGBl. I S. 1014)

Zuletzt geändert durch
GKV-Versorgungsstärkungsgesetz
vom 16. Juli 2015 (BGBl. I S. 1211)[1])

§ 1 Anwendungsbereich

(1) Dieses Gesetz regelt die Zahlung des Arbeitsentgelts an gesetzlichen Feiertagen und die Fortzahlung des Arbeitsentgelts im Krankheitsfall an Arbeitnehmer sowie die wirtschaftliche Sicherung im Bereich der Heimarbeit für gesetzliche Feiertage und im Krankheitsfall.

(2) Arbeitnehmer im Sinne dieses Gesetzes sind Arbeiter und Angestellte sowie die zu ihrer Berufsbildung Beschäftigten.

§ 2 Entgeltzahlung an Feiertagen

(1) Für Arbeitszeit, die infolge eines gesetzlichen Feiertages ausfällt, hat der Arbeitgeber dem Arbeitnehmer das Arbeitsentgelt zu zahlen, das er ohne den Arbeitsausfall erhalten hätte.

(2) Die Arbeitszeit, die an einem gesetzlichen Feiertag gleichzeitig infolge von Kurzarbeit ausfällt und für die an anderen Tagen als an gesetzlichen Feiertagen Kurzarbeitergeld geleistet wird, gilt als infolge eines gesetzlichen Feiertages nach Absatz 1 ausgefallen.

(3) Arbeitnehmer, die am letzten Arbeitstag vor oder am ersten Arbeitstag nach Feiertagen unentschuldigt der Arbeit fernbleiben, haben keinen Anspruch auf Bezahlung für diese Feiertage.

§ 3 Anspruch auf Entgeltfortzahlung im Krankheitsfall

(1) Wird ein Arbeitnehmer durch Arbeitsunfähigkeit infolge Krankheit an seiner Arbeitsleistung verhindert, ohne daß ihn ein Verschulden trifft, so hat er Anspruch auf Entgeltfortzahlung im Krankheitsfall durch den Arbeitgeber für die Zeit der Arbeitsunfähigkeit bis zur Dauer von sechs Wochen. Wird der Arbeitnehmer infolge derselben Krankheit erneut arbeitsunfähig, so verliert er wegen der erneuten Arbeitsunfähigkeit den Anspruch nach Satz 1 für einen weiteren Zeitraum von höchstens sechs Wochen nicht, wenn

1. er vor der erneuten Arbeitsunfähigkeit mindestens sechs Monate nicht infolge derselben Krankheit arbeitsunfähig war oder
2. seit Beginn der ersten Arbeitsunfähigkeit infolge derselben Krankheit eine Frist von zwölf Monaten abgelaufen ist.

(2) Als unverschuldete Arbeitsunfähigkeit im Sinne des Absatzes 1 gilt auch eine Arbeitsverhinderung, die infolge einer nicht rechtswidrigen Sterilisation oder eines nicht rechtswidrigen Abbruchs der Schwangerschaft eintritt. Dasselbe gilt für einen Abbruch der Schwangerschaft, wenn die Schwangerschaft innerhalb von zwölf Wochen nach der Empfängnis durch einen Arzt abgebrochen wird, die schwangere Frau den Abbruch verlangt

[1]) Beachte bei § 5 die Anmerkung zur Änderung, die ab 1. Juli 2022 gilt (eingefügt durch Drittes Gesetz zur Entlastung insbesondere der mittelständischen Wirtschaft von Bürokratie vom 22. November 2019, BGBl. I S. 1746, geändert durch Gesetz zur Verbesserung der Transparenz in der Alterssicherung und der Rehabilitation sowie zur Modernisierung der Sozialversicherungswahlen und zur Änderung anderer Gesetze vom 11. Februar 2021, BGBl. I S. 154).

und dem Arzt durch eine Bescheinigung nachgewiesen hat, daß sie sich mindestens drei Tage vor dem Eingriff von einer anerkannten Beratungsstelle hat beraten lassen.

(3) Der Anspruch nach Absatz 1 entsteht nach vierwöchiger ununterbrochener Dauer des Arbeitsverhältnisses.

§ 3a Anspruch auf Entgeltfortzahlung bei Spende von Organen, Geweben oder Blut zur Separation von Blutstammzellen oder anderen Blutbestandteilen

(1) Ist ein Arbeitnehmer durch Arbeitsunfähigkeit infolge der Spende von Organen oder Geweben, die nach den §§ 8 und 8a des Transplantationsgesetzes erfolgt, oder einer Blutspende zur Separation von Blutstammzellen oder anderen Blutbestandteilen im Sinne von § 9 des Transfusionsgesetzes an seiner Arbeitsleistung verhindert, hat er Anspruch auf Entgeltfortzahlung durch den Arbeitgeber für die Zeit der Arbeitsunfähigkeit bis zur Dauer von sechs Wochen. § 3 Absatz 1 Satz 2 gilt entsprechend.

(2) Dem Arbeitgeber sind von der gesetzlichen Krankenkasse des Empfängers von Organen, Geweben oder Blut zur Separation von Blutstammzellen oder anderen Blutbestandteilen das an den Arbeitnehmer nach Absatz 1 fortgezahlte Arbeitsentgelt sowie die hierauf entfallenden vom Arbeitgeber zu tragenden Beiträge zur Sozialversicherung und zur betrieblichen Alters- und Hinterbliebenenversorgung auf Antrag zu erstatten. Ist der Empfänger von Organen, Geweben oder Blut zur Separation von Blutstammzellen oder anderen Blutbestandteilen gemäß § 193 Absatz 3 des Versicherungsvertragsgesetzes bei einem privaten Krankenversicherungsunternehmen versichert, erstattet dieses dem Arbeitgeber auf Antrag die Kosten nach Satz 1 in Höhe des tariflichen Erstattungssatzes. Ist der Empfänger von Organen, Geweben oder Blut zur Separation von Blutstammzellen oder anderen Blutbestandteilen bei einem Beihilfeträger des Bundes beihilfeberechtigt oder berücksichtigungsfähiger Angehöriger, erstattet der zuständige Beihilfeträger dem Arbeitgeber auf Antrag die Kosten nach Satz 1 zum jeweiligen Bemessungssatz des Empfängers von Organen, Geweben oder Blut zur Separation von Blutstammzellen oder anderen Blutbestandteilen; dies gilt entsprechend für sonstige öffentlich-rechtliche Träger von Kosten in Krankheitsfällen auf Bundesebene. Unterliegt der Empfänger von Organen, Geweben oder Blut zur Separation von Blutstammzellen oder anderen Blutbestandteilen der Heilfürsorge im Bereich des Bundes oder der truppenärztlichen Versorgung, erstatten die zuständigen Träger auf Antrag die Kosten nach Satz 1. Mehrere Erstattungspflichtige haben die Kosten nach Satz 1 anteilig zu tragen. Der Arbeitnehmer hat dem Arbeitgeber unverzüglich die zur Geltendmachung des Erstattungsanspruches erforderlichen Angaben zu machen.

§ 4 Höhe des fortzuzahlenden Arbeitsentgelts

(1) Für den in § 3 Abs. 1 oder in § 3a Absatz 1 bezeichneten Zeitraum ist dem Arbeitnehmer das ihm bei der für ihn maßgebenden regelmäßigen Arbeitszeit zustehende Arbeitsentgelt fortzuzahlen.

(1a) Zum Arbeitsentgelt nach Absatz 1 gehören nicht das zusätzlich für Überstunden gezahlte Arbeitsentgelt und Leistungen für Aufwendungen des Arbeitnehmers, soweit der Anspruch auf sie im Falle der Arbeitsfähigkeit davon abhängig ist, daß dem Arbeitnehmer entsprechende Aufwendungen tatsächlich entstanden sind, und dem Arbeitnehmer solche Aufwendungen während der Arbeitsunfähigkeit nicht entstehen. Erhält der Arbeitnehmer eine auf das Ergebnis der Arbeit abgestellte Vergütung, so ist der von dem Arbeitnehmer in der für ihn maßgebenden regelmäßigen Arbeitszeit erzielbare Durchschnittsverdienst der Berechnung zugrunde zu legen.

(2) Ist der Arbeitgeber für Arbeitszeit, die gleichzeitig infolge eines gesetzlichen Feiertages ausgefallen ist, zur Fortzahlung des Arbeitsentgelts nach § 3 oder nach § 3a Absatz 1 verpflichtet, bemißt sich die Höhe des

fortzuzahlenden Arbeitsentgelts für diesen Feiertag nach § 2.

(3) Wird in dem Betrieb verkürzt gearbeitet und würde deshalb das Arbeitsentgelt des Arbeitnehmers im Falle seiner Arbeitsfähigkeit gemindert, so ist die verkürzte Arbeitszeit für ihre Dauer als die für den Arbeitnehmer maßgebende regelmäßige Arbeitszeit im Sinne des Absatzes 1 anzusehen. Dies gilt nicht im Falle des § 2 Abs. 2.

(4) Durch Tarifvertrag kann eine von den Absätzen 1, 1a und 3 abweichende Bemessungsgrundlage des fortzuzahlenden Arbeitsentgelts festgelegt werden. Im Geltungsbereich eines solchen Tarifvertrages kann zwischen nichttarifgebundenen Arbeitgebern und Arbeitnehmern die Anwendung der tarifvertraglichen Regelung über die Fortzahlung des Arbeitsentgelts im Krankheitsfalle vereinbart werden.

§ 4a Kürzung von Sondervergütungen

Eine Vereinbarung über die Kürzung von Leistungen, die der Arbeitgeber zusätzlich zum laufenden Arbeitsentgelt erbringt (Sondervergütungen), ist auch für Zeiten der Arbeitsunfähigkeit infolge Krankheit zulässig. Die Kürzung darf für jeden Tag der Arbeitsunfähigkeit infolge Krankheit ein Viertel des Arbeitsentgelts, das im Jahresdurchschnitt auf einen Arbeitstag entfällt, nicht überschreiten.

§ 5 Anzeige- und Nachweispflichten

(1) Der Arbeitnehmer ist verpflichtet, dem Arbeitgeber die Arbeitsunfähigkeit und deren voraussichtliche Dauer unverzüglich mitzuteilen. Dauert die Arbeitsunfähigkeit länger als drei Kalendertage, hat der Arbeitnehmer eine ärztliche Bescheinigung über das Bestehen der Arbeitsunfähigkeit sowie deren voraussichtliche Dauer spätestens an dem darauffolgenden Arbeitstag vorzulegen. Der Arbeitgeber ist berechtigt, die Vorlage der ärztlichen Bescheinigung früher zu verlangen. Dauert die Arbeitsunfähigkeit länger als in der Bescheinigung angegeben, ist der Arbeitnehmer verpflichtet, eine neue ärztliche Bescheinigung vorzulegen. Ist der Arbeitnehmer Mitglied einer gesetzlichen Krankenkasse, muß die ärztliche Bescheinigung einen Vermerk des behandelnden Arztes darüber enthalten, daß der Krankenkasse unverzüglich eine Bescheinigung über die Arbeitsunfähigkeit mit Angaben über den Befund und die voraussichtliche Dauer der Arbeitsunfähigkeit übersandt wird.

(2) Hält sich der Arbeitnehmer bei Beginn der Arbeitsunfähigkeit im Ausland auf, so ist er verpflichtet, dem Arbeitgeber die Arbeitsunfähigkeit, deren voraussichtliche Dauer und die Adresse am Aufenthaltsort in der schnellstmöglichen Art der Übermittlung mitzuteilen. Die durch die Mitteilung entstehenden Kosten hat der Arbeitgeber zu tragen. Darüber hinaus ist der Arbeitnehmer, wenn er Mitglied einer gesetzlichen Krankenkasse ist, verpflichtet, auch dieser die Arbeitsunfähigkeit und deren voraussichtliche Dauer unverzüglich anzuzeigen. Dauert die Arbeitsunfähigkeit länger als angezeigt, so ist der Arbeitnehmer verpflichtet, der gesetzlichen Krankenkasse die voraussichtliche Fortdauer der Arbeitsunfähigkeit mitzuteilen. Die gesetzlichen Krankenkassen können festlegen, daß der Arbeitnehmer Anzeige- und Mitteilungspflichten nach den Sätzen 3 und 4 auch gegenüber einem ausländischen Sozialversicherungsträger erfüllen kann. Absatz 1 Satz 5 gilt nicht. Kehrt ein arbeitsunfähig erkrankter Arbeitnehmer in das Inland zurück, so ist er verpflichtet, dem Arbeitgeber und der Krankenkasse seine Rückkehr unverzüglich anzuzeigen.

Mit Geltung ab 1. Juli 2022 wird folgender Absatz 1a eingefügt:

(1a) Absatz 1 Satz 2 bis 5 gilt nicht für Arbeitnehmer, die Versicherte einer gesetzlichen Krankenkasse sind. Diese sind verpflichtet, zu den in Absatz 1 Satz 2 bis 4 genannten Zeitpunkten das Bestehen einer Arbeitsunfähigkeit sowie deren voraussichtliche Dauer feststellen und sich eine ärztliche Bescheinigung nach Absatz 1 Satz 2 oder 4 aushändigen zu lassen. Die Sätze 1 und 2 gelten nicht

1. für Personen, die eine geringfügige Beschäftigung in Privathaushalten ausüben (§ 8a des Vierten Buches Sozialgesetzbuch), und
2. in Fällen der Feststellung der Arbeitsunfähigkeit durch einen Arzt, der nicht an der vertragsärztlichen Versorgung teilnimmt.

§ 6 Forderungsübergang bei Dritthaftung

(1) Kann der Arbeitnehmer auf Grund gesetzlicher Vorschriften von einem Dritten Schadensersatz wegen des Verdienstausfalls beanspruchen, der ihm durch die Arbeitsunfähigkeit entstanden ist, so geht dieser Anspruch insoweit auf den Arbeitgeber über, als dieser dem Arbeitnehmer nach diesem Gesetz Arbeitsentgelt fortgezahlt und darauf entfallende vom Arbeitgeber zu tragende Beiträge zur Bundesagentur für Arbeit, Arbeitgeberanteile an Beiträgen zur Sozialversicherung und zur Pflegeversicherung sowie zu Einrichtungen der zusätzlichen Alters- und Hinterbliebenenversorgung abgeführt hat.

(2) Der Arbeitnehmer hat dem Arbeitgeber unverzüglich die zur Geltendmachung des Schadensersatzanspruchs erforderlichen Angaben zu machen.

(3) Der Forderungsübergang nach Absatz 1 kann nicht zum Nachteil des Arbeitnehmers geltend gemacht werden.

§ 7 Leistungsverweigerungsrecht des Arbeitgebers

(1) Der Arbeitgeber ist berechtigt, die Fortzahlung des Arbeitsentgelts zu verweigern,

1. solange der Arbeitnehmer die von ihm nach § 5 Abs. 1 vorzulegende ärztliche Bescheinigung nicht vorlegt oder den ihm nach § 5 Abs. 2 obliegenden Verpflichtungen nicht nachkommt;
2. wenn der Arbeitnehmer den Übergang eines Schadensersatzanspruchs gegen einen Dritten auf den Arbeitgeber (§ 6) verhindert.

(2) Absatz 1 gilt nicht, wenn der Arbeitnehmer die Verletzung dieser ihm obliegenden Verpflichtungen nicht zu vertreten hat.

§ 8 Beendigung des Arbeitsverhältnisses

(1) Der Anspruch auf Fortzahlung des Arbeitsentgelts wird nicht dadurch berührt, daß der Arbeitgeber das Arbeitsverhältnis aus Anlaß der Arbeitsunfähigkeit kündigt. Das gleiche gilt, wenn der Arbeitnehmer das Arbeitsverhältnis aus einem vom Arbeitgeber zu vertretenden Grunde kündigt, der den Arbeitnehmer zur Kündigung aus wichtigem Grund ohne Einhaltung einer Kündigungsfrist berechtigt.

(2) Endet das Arbeitsverhältnis vor Ablauf der in § 3 Abs. 1 oder in § 3a Absatz 1 bezeichneten Zeit nach dem Beginn der Arbeitsunfähigkeit, ohne daß es einer Kündigung bedarf, oder infolge einer Kündigung aus anderen als den in Absatz 1 bezeichneten Gründen, so endet der Anspruch mit dem Ende des Arbeitsverhältnisses.

§ 9 Maßnahmen der medizinischen Vorsorge und Rehabilitation

(1) Die Vorschriften der §§ 3 bis 4a und 6 bis 8 gelten entsprechend für die Arbeitsverhinderung infolge einer Maßnahme der medizinischen Vorsorge oder Rehabilitation, die ein Träger der gesetzlichen Renten-, Kranken- oder Unfallversicherung, eine Verwaltungsbehörde der Kriegsopferversorgung oder ein sonstiger Sozialleistungsträger bewilligt hat und die in einer Einrichtung der medizinischen Vorsorge oder Rehabilitation durchgeführt wird. Ist der Arbeitnehmer nicht Mitglied einer gesetzlichen Krankenkasse oder nicht in der gesetzlichen Rentenversicherung versichert, gelten die §§ 3 bis 4a und 6 bis 8 entsprechend, wenn eine Maßnahme der medizinischen Vorsorge oder Rehabilitation ärztlich verordnet worden ist und in einer Einrichtung der medizinischen Vorsorge oder Rehabilitation oder einer vergleichbaren Einrichtung durchgeführt wird.

(2) Der Arbeitnehmer ist verpflichtet, dem Arbeitgeber den Zeitpunkt des Antritts der Maßnahme, die voraussichtliche Dauer und die Verlängerung der Maßnahme im Sinne des Absatzes 1 unverzüglich mitzuteilen und ihm

a) eine Bescheinigung über die Bewilligung der Maßnahme durch einen Sozialleistungsträger nach Absatz 1 Satz 1 oder
b) eine ärztliche Bescheinigung über die Erforderlichkeit der Maßnahme im Sinne des Absatzes 1 Satz 2

unverzüglich vorzulegen.

§ 10 Wirtschaftliche Sicherung für den Krankheitsfall im Bereich der Heimarbeit

(1) In Heimarbeit Beschäftigte (§ 1 Abs. 1 des Heimarbeitsgesetzes) und ihnen nach § 1 Abs. 2 Buchstabe a bis c des Heimarbeitsgesetzes Gleichgestellte haben gegen ihren Auftraggeber oder, falls sie von einem Zwischenmeister beschäftigt werden, gegen diesen Anspruch auf Zahlung eines Zuschlags zum Arbeitsentgelt. Der Zuschlag beträgt

1. für Heimarbeiter, für Hausgewerbetreibende ohne fremde Hilfskräfte und die nach § 1 Abs. 2 Buchstabe a des Heimarbeitsgesetzes Gleichgestellten 3,4 vom Hundert,
2. für Hausgewerbetreibende mit nicht mehr als zwei fremden Hilfskräften und die nach § 1 Abs. 2 Buchstabe b und c des Heimarbeitsgesetzes Gleichgestellten 6,4 vom Hundert

des Arbeitsentgelts vor Abzug der Steuern, des Beitrags zur Bundesagentur für Arbeit und der Sozialversicherungsbeiträge ohne Unkostenzuschlag und ohne die für den Lohnausfall an gesetzlichen Feiertagen, den Urlaub und den Arbeitsausfall infolge Krankheit zu leistenden Zahlungen. Der Zuschlag für die unter Nummer 2 aufgeführten Personen dient zugleich zur Sicherung der Ansprüche der von ihnen Beschäftigten.

(2) Zwischenmeister, die den in Heimarbeit Beschäftigten nach § 1 Abs. 2 Buchstabe d des Heimarbeitsgesetzes gleichgestellt sind, haben gegen ihren Auftraggeber Anspruch auf Vergütung der von ihnen nach Absatz 1 nachweislich zu zahlenden Zuschläge.

(3) Die nach den Absätzen 1 und 2 in Betracht kommenden Zuschläge sind gesondert in den Entgeltbeleg einzutragen.

(4) Für Heimarbeiter (§ 1 Abs. 1 Buchstabe a des Heimarbeitsgesetzes) kann durch Tarifvertrag bestimmt werden, daß sie statt der in Absatz 1 Satz 2 Nr. 1 bezeichneten Leistungen die den Arbeitnehmern im Falle ihrer Arbeitsunfähigkeit nach diesem Gesetz zustehenden Leistungen erhalten. Bei der Bemessung des Anspruchs auf Arbeitsentgelt bleibt der Unkostenzuschlag außer Betracht.

(5) Auf die in den Absätzen 1 und 2 vorgesehenen Zuschläge sind die §§ 23 bis 25, 27 und 28 des Heimarbeitsgesetzes, auf die in Absatz 1 dem Zwischenmeister gegenüber vorgesehenen Zuschläge außerdem § 21 Abs. 2 des Heimarbeitsgesetzes entsprechend anzuwenden. Auf die Ansprüche der fremden Hilfskräfte der in Absatz 1 unter Nummer 2 genannten Personen auf Entgeltfortzahlung im Krankheitsfall ist § 26 des Heimarbeitsgesetzes entsprechend anzuwenden.

§ 11 Feiertagsbezahlung der in Heimarbeit Beschäftigten

(1) Die in Heimarbeit Beschäftigten (§ 1 Abs. 1 des Heimarbeitsgesetzes) haben gegen den Auftraggeber oder Zwischenmeister Anspruch auf Feiertagsbezahlung nach Maßgabe der Absätze 2 bis 5. Den gleichen Anspruch haben die in § 1 Abs. 2 Buchstabe a bis d des Heimarbeitsgesetzes bezeichneten Personen, wenn sie hinsichtlich der Feiertagsbezahlung gleichgestellt werden; die Vorschriften des § 1 Abs. 3 Satz 3 und Abs. 4 und 5 des Heimarbeitsgesetzes finden Anwendung. Eine Gleichstellung, die sich auf die Entgeltregelung erstreckt, gilt auch für die Feiertagsbezahlung, wenn diese nicht ausdrücklich von der Gleichstellung ausgenommen ist.

(2) Das Feiertagsgeld beträgt für jeden Feiertag im Sinne des § 2 Abs. 1 0,72 vom Hundert des in einem Zeitraum von sechs Monaten ausgezahlten reinen Arbeitsentgelts ohne Unkostenzuschläge. Bei der Berechnung des Feiertagsgeldes ist für die Feiertage, die in den Zeitraum von 1. Mai bis 31. Oktober fallen, der vorhergehende Zeitraum vom 1. November bis 30. April und für die Feiertage, die in den Zeitraum vom 1. November bis 30. April fallen, der vorhergehende Zeitraum vom 1. Mai bis 31. Oktober zugrunde zu legen. Der Anspruch auf Feiertagsgeld ist unabhängig davon, ob im laufenden Halbjahreszeitraum noch eine Beschäftigung in Heimarbeit für den Auftraggeber stattfindet.

11

(3) Das Feiertagsgeld ist jeweils bei der Entgeltzahlung vor dem Feiertag zu zahlen. Ist die Beschäftigung vor dem Feiertag unterbrochen worden, so ist das Feiertagsgeld spätestens drei Tage vor dem Feiertag auszuzahlen. Besteht bei der Einstellung der Ausgabe von Heimarbeit zwischen den Beteiligten Einvernehmen, das Heimarbeitsverhältnis nicht wieder fortzusetzen, so ist dem Berechtigten bei der letzten Entgeltzahlung das Feiertagsgeld für die noch übrigen Feiertage des laufenden sowie für die Feiertage des folgenden Halbjahreszeitraumes zu zahlen. Das Feiertagsgeld ist jeweils bei der Auszahlung in die Entgeltbelege (§ 9 des Heimarbeitsgesetzes) einzutragen.

(4) Übersteigt das Feiertagsgeld, das der nach Absatz 1 anspruchsberechtigte Hausgewerbetreibende oder im Lohnauftrag arbeitende Gewerbetreibende (Anspruchsberechtigte) für einen Feiertag auf Grund des § 2 seinen fremden Hilfskräften (§ 2 Abs. 6 des Heimarbeitsgesetzes) gezahlt hat, den Betrag, den er auf Grund der Absätze 2 und 3 für diesen Feiertag erhalten hat, so haben ihm auf Verlangen seine Auftraggeber oder Zwischenmeister den Mehrbetrag anteilig zu erstatten. Ist der Anspruchsberechtigte gleichzeitig Zwischenmeister, so bleibt hierbei das für die Heimarbeiter oder Hausgewerbetreibenden empfangene und weiter gezahlte Feiertagsgeld außer Ansatz. Nimmt ein Anspruchsberechtigter eine Erstattung nach Satz 1 in Anspruch, so können ihm bei Einstellung der Ausgabe von Heimarbeit die erstatteten Beträge auf das Feiertagsgeld angerechnet werden, das ihm auf Grund des Absatzes 2 und des Absatzes 3 Satz 3 für die dann noch übrigen Feiertage des laufenden sowie für die Feiertage des folgenden Halbjahreszeitraumes zu zahlen ist.

(5) Das Feiertagsgeld gilt als Entgelt im Sinne der Vorschriften des Heimarbeitsgesetzes über Mithaftung des Auftraggebers (§ 21 Abs. 2), über Entgeltschutz (§§ 23 bis 27) und über Auskunftspflicht über Entgelte (§ 28); hierbei finden die §§ 24 bis 26 des Heimarbeitsgesetzes Anwendung, wenn ein Feiertagsgeld gezahlt ist, das niedriger ist als das in diesem Gesetz festgesetzte.

§ 12 Unabdingbarkeit

Abgesehen von § 4 Abs. 4 kann von den Vorschriften dieses Gesetzes nicht zuungunsten des Arbeitnehmers oder der nach § 10 berechtigten Personen abgewichen werden.

§ 13 Übergangsvorschrift

Ist der Arbeitnehmer von einem Tag nach dem 9. Dezember 1998 bis zum 1. Januar 1999 oder darüber hinaus durch Arbeitsunfähigkeit infolge Krankheit oder infolge einer Maßnahme der medizinischen Vorsorge oder Rehabilitation an seiner Arbeitsleistung verhindert, sind für diesen Zeitraum die seit dem 1. Januar 1999 geltenden Vorschriften maßgebend, es sei denn, daß diese für den Arbeitnehmer ungünstiger sind.

Verordnung zum Schutz vor Gefahrstoffen (Gefahrstoffverordnung – GefStoffV)

Vom 26. November 2010 (BGBl. I S. 1643)

Zuletzt geändert durch
Verordnung zur Änderung der Biostoffverordnung und anderer Arbeitsschutzverordnungen vom 21. Juli 2021 (BGBl. I S. 3115)

– Auszug –

Abschnitt 1 Zielsetzung, Anwendungsbereich und Begriffsbestimmungen

§ 1 Zielsetzung und Anwendungsbereich

(1) Ziel dieser Verordnung ist es, den Menschen und die Umwelt vor stoffbedingten Schädigungen zu schützen durch

1. Regelungen zur Einstufung, Kennzeichnung und Verpackung gefährlicher Stoffe und Gemische,
2. Maßnahmen zum Schutz der Beschäftigten und anderer Personen bei Tätigkeiten mit Gefahrstoffen und
3. Beschränkungen für das Herstellen und Verwenden bestimmter gefährlicher Stoffe, Gemische und Erzeugnisse.

(2) Abschnitt 2 gilt für das Inverkehrbringen von

1. gefährlichen Stoffen und Gemischen,
2. bestimmten Stoffen, Gemischen und Erzeugnissen, die mit zusätzlichen Kennzeichnungen zu versehen sind, nach Maßgabe der Richtlinie 96/59/EG des Rates vom 16. September 1996 über die Beseitigung polychlorierter Biphenyle und polychlorierter Terphenyle (PCB/PCT) (ABl. L 243 vom 24. 9. 1996, S. 31), die durch die Verordnung (EG) Nr. 596/2009 (ABl. L 188 vom 18. 7. 2009, S. 14) geändert worden ist,
3. Biozid-Produkten im Sinne des § 3 Nummer 11 des Chemikaliengesetzes, die keine gefährlichen Stoffe oder Gemische sind, sowie
4. Biozid-Wirkstoffen im Sinne des § 1 Nummer 12 des Chemikaliengesetzes, die biologische Arbeitsstoffe im Sinne der Biostoffverordnung sind, und Biozid-Produkten im Sinne des § 1 Nummer 11 des Chemikaliengesetzes, die als Wirkstoffe solche biologischen Arbeitsstoffe enthalten.

Abschnitt 2 gilt nicht für Lebensmittel oder Futtermittel in Form von Fertigerzeugnissen, die für den Endverbrauch bestimmt sind.

(3) Die Abschnitte 3 bis 6 gelten für Tätigkeiten, bei denen Beschäftigte Gefährdungen ihrer Gesundheit und Sicherheit durch Stoffe, Gemische oder Erzeugnisse ausgesetzt sein können. Sie gelten auch, wenn die Sicherheit und Gesundheit anderer Personen aufgrund von Tätigkeiten im Sinne von § 2 Absatz 5 gefährdet sein können, die durch Beschäftigte oder Unternehmer ohne Beschäftigte ausgeübt werden. Die Sätze 1 und 2 finden auch Anwendung auf Tätigkeiten, die im Zusammenhang mit der Beförderung von Stoffen, Gemischen und Erzeugnissen ausgeübt werden. Die Vorschriften des Gefahrgutbeförderungsgesetzes und der darauf gestützten Rechtsverordnungen bleiben unberührt.

(4) Sofern nicht ausdrücklich etwas anderes bestimmt ist, gilt diese Verordnung nicht für

1. biologische Arbeitsstoffe im Sinne der Biostoffverordnung und
2. private Haushalte.

Diese Verordnung gilt ferner nicht für Betriebe, die dem Bundesberggesetz unterliegen, soweit dort oder in Rechtsverordnungen, die auf Grund dieses Gesetzes erlassen worden sind, entsprechende Rechtsvorschriften bestehen.

§ 2 Begriffsbestimmungen

(1) Gefahrstoffe im Sinne dieser Verordnung sind

1. gefährliche Stoffe und Gemische nach § 3,
2. Stoffe, Gemische und Erzeugnisse, die explosionsfähig sind,
3. Stoffe, Gemische und Erzeugnisse, aus denen bei der Herstellung oder Verwendung Stoffe nach Nummer 1 oder Nummer 2 entstehen oder freigesetzt werden,
4. Stoffe und Gemische, die die Kriterien nach den Nummern 1 bis 3 nicht erfüllen, aber auf Grund ihrer physikalisch-chemischen, chemischen oder toxischen Eigenschaften und der Art und Weise, wie sie am Arbeitsplatz vorhanden sind oder verwendet werden, die Gesundheit und die Sicherheit der Beschäftigten gefährden können,
5. alle Stoffe, denen ein Arbeitsplatzgrenzwert zugewiesen worden ist.

(2) Für die Begriffe Stoff, Gemisch, Erzeugnis, Lieferant, nachgeschalteter Anwender und Hersteller gelten die Begriffsbestimmungen nach Artikel 2 der Verordnung (EG) Nr. 1272/2008 des Europäischen Parlaments und des Rates vom 16. Dezember 2008 über die Einstufung, Kennzeichnung und Verpackung von Stoffen und Gemischen, zur Änderung und Aufhebung der Richtlinien 67/548/EWG und 1999/45/EG und zur Änderung der Verordnung (EG) Nr. 1907/2006 (ABl. L 353 vom 31. 12. 2008, S. 1), die zuletzt durch die Verordnung (EU) 2015/1221 (ABl. L 197 vom 25. 7. 2015, S. 10) geändert worden ist.

(2a) Umweltgefährlich sind, über die Gefahrenklasse gewässergefährdend nach der Verordnung (EG) Nr. 1272/2008 hinaus, Stoffe oder Gemische, wenn sie selbst oder ihre Umwandlungsprodukte geeignet sind, die Beschaffenheit von Naturhaushalt, Boden oder Luft, Klima, Tieren, Pflanzen oder Mikroorganismen derart zu verändern, dass dadurch sofort oder später Gefahren für die Umwelt herbeigeführt werden können.

(3) Krebserzeugend, keimzellmutagen oder reproduktionstoxisch sind

1. Stoffe, die in Anhang VI der Verordnung (EG) Nr. 1272/2008 in der jeweils geltenden Fassung als karzinogen, keimzellmutagen oder reproduktionstoxisch eingestuft sind,
2. Stoffe, welche die Kriterien für die Einstufung als karzinogen, keimzellmutagen oder reproduktionstoxisch nach Anhang I der Verordnung (EG) Nr. 1272/2008 in der jeweils geltenden Fassung erfüllen,
3. Gemische, die einen oder mehrere der in § 2 Absatz 3 Nummer 1 oder 2 genannten Stoffe enthalten, wenn die Konzentration dieses Stoffs oder dieser Stoffe die stoffspezifischen oder die allgemeinen Konzentrationsgrenzen nach der Verordnung (EG) Nr. 1272/2008 in der jeweils geltenden Fassung erreicht oder übersteigt, die für die Einstufung eines Gemischs als karzinogen, keimzellmutagen oder reproduktionstoxisch festgelegt sind,
4. Stoffe, Gemische oder Verfahren, die in den nach § 20 Absatz 4 bekannt gegebenen Regeln und Erkenntnissen als krebserzeugend, keimzellmutagen oder reproduktionstoxisch bezeichnet werden.

(4) Organische Peroxide im Sinne des § 11 Absatz 4 und des Anhangs III sind Stoffe, die sich vom Wasserstoffperoxid dadurch ableiten, dass ein oder beide Wasserstoffatome durch organische Gruppen ersetzt sind, sowie Gemische, die diese Stoffe enthalten.

(5) Eine Tätigkeit ist jede Arbeit mit Stoffen, Gemischen oder Erzeugnissen, einschließlich Herstellung, Mischung, Ge- und Verbrauch, Lagerung, Aufbewahrung, Be- und Verarbeitung, Ab- und Umfüllung, Entfernung, Entsorgung und Vernichtung. Zu den Tätigkeiten zählen auch das innerbetriebliche Befördern sowie Bedien- und Überwachungsarbeiten.

(5a) Begasung bezeichnet eine Verwendung von Biozid-Produkten oder Pflanzenschutzmitteln

1. bei der bestimmungsgemäß Stoffe gasförmig freigesetzt werden,
   a) die als akut toxisch Kategorie 1, 2 oder 3 eingestuft sind oder
   b) für die in der Zulassung festgelegt wurde, dass eine Messung oder Überwachung der Wirkstoff- oder Sauerstoffkonzentration zu erfolgen hat,
2. für die in der Zulassung die Bereitstellung und Verwendung eines unabhängig von der

Umgebungsatmosphäre wirkenden Atemschutzgeräts festgelegt wurde oder

3. die zur Raumdesinfektion sämtlicher Flächen eines umschlossenen Raums eingesetzt werden, wobei Formaldehyd aus einer wässrigen Formaldehydlösung in Form schwebfähiger Flüssigkeitstropfen ausgebracht wird.

(6) Lagern ist das Aufbewahren zur späteren Verwendung sowie zur Abgabe an andere. Es schließt die Bereitstellung zur Beförderung ein, wenn die Beförderung nicht innerhalb von 24 Stunden nach der Bereitstellung oder am darauffolgenden Werktag erfolgt. Ist dieser Werktag ein Samstag, so endet die Frist mit Ablauf des nächsten Werktags.

(7) Es stehen gleich

1. den Beschäftigten die in Heimarbeit beschäftigten Personen sowie Schülerinnen und Schüler, Studierende und sonstige, insbesondere an wissenschaftlichen Einrichtungen tätige Personen, die Tätigkeiten mit Gefahrstoffen ausüben; für Schülerinnen und Schüler und Studierende gelten jedoch nicht die Regelungen dieser Verordnung über die Beteiligung der Personalvertretungen,
2. dem Arbeitgeber der Unternehmer ohne Beschäftigte sowie der Auftraggeber und der Zwischenmeister im Sinne des Heimarbeitsgesetzes in der im Bundesgesetzblatt Teil III, Gliederungsnummer 804-1, veröffentlichten bereinigten Fassung, das zuletzt durch Artikel 225 der Verordnung vom 31. Oktober 2006 (BGBl. I S. 2407) geändert worden ist.

(8) Der Arbeitsplatzgrenzwert ist der Grenzwert für die zeitlich gewichtete durchschnittliche Konzentration eines Stoffs in der Luft am Arbeitsplatz in Bezug auf einen gegebenen Referenzzeitraum. Er gibt an, bis zu welcher Konzentration eines Stoffs akute oder chronische schädliche Auswirkungen auf die Gesundheit von Beschäftigten im Allgemeinen nicht zu erwarten sind.

(9) Der biologische Grenzwert ist der Grenzwert für die toxikologisch-arbeitsmedizinisch abgeleitete Konzentration eines Stoffs, seines Metaboliten oder eines Beanspruchungsindikators im entsprechenden biologischen Material. Er gibt an, bis zu welcher Konzentration die Gesundheit von Beschäftigten im Allgemeinen nicht beeinträchtigt wird.

(9a) Physikalisch-chemische Einwirkungen umfassen Gefährdungen, die hervorgerufen werden können durch Tätigkeiten mit

1. Stoffen, Gemischen oder Erzeugnissen mit einer physikalischen Gefahr nach der Verordnung (EG) Nr. 1272/2008 oder
2. weiteren Gefahrstoffen, die nach der Verordnung (EG) Nr. 1272/2008 nicht mit einer physikalischen Gefahr eingestuft sind, die aber miteinander oder aufgrund anderer Wechselwirkungen so reagieren können, dass Brände oder Explosionen entstehen können.

(10) Ein explosionsfähiges Gemisch ist ein Gemisch aus brennbaren Gasen, Dämpfen, Nebeln oder aufgewirbelten Stäuben und Luft oder einem anderen Oxidationsmittel, das nach Wirksamwerden einer Zündquelle in einer sich selbsttätig fortpflanzenden Flammenausbreitung reagiert, sodass im Allgemeinen ein sprunghafter Temperatur- und Druckanstieg hervorgerufen wird.

(11) Chemisch instabile Gase, die auch ohne ein Oxidationsmittel nach Wirksamwerden einer Zündquelle in einer sich selbsttätig fortpflanzenden Flammenausbreitung reagieren können, sodass ein sprunghafter Temperatur- und Druckanstieg hervorgerufen wird, stehen explosionsfähigen Gemischen nach Absatz 10 gleich.

(12) Ein gefährliches explosionsfähiges Gemisch ist ein explosionsfähiges Gemisch, das in solcher Menge auftritt, dass besondere Schutzmaßnahmen für die Aufrechterhaltung der Gesundheit und Sicherheit der Beschäftigten oder anderer Personen erforderlich werden.

(13) Gefährliche explosionsfähige Atmosphäre ist ein gefährliches explosionsfähiges Gemisch mit Luft als Oxidationsmittel unter atmosphärischen Bedingungen (Umgebungstemperatur von –20 °C bis +60 °C und Druck von 0,8 Bar bis 1,1 Bar).

(14) Explosionsgefährdeter Bereich ist der Gefahrenbereich, in dem gefährliche explosionsfähige Atmosphäre auftreten kann.

(15) Der Stand der Technik ist der Entwicklungsstand fortschrittlicher Verfahren, Einrichtungen oder Betriebsweisen, der die praktische Eignung einer Maßnahme zum Schutz der Gesundheit und zur Sicherheit der Beschäftigten gesichert erscheinen lässt. Bei der Bestimmung des Stands der Technik sind insbesondere vergleichbare Verfahren, Einrichtungen oder Betriebsweisen heranzuziehen, die mit Erfolg in der Praxis erprobt worden sind. Gleiches gilt für die Anforderungen an die Arbeitsmedizin und die Arbeitsplatzhygiene.

(16) Fachkundig ist, wer zur Ausübung einer in dieser Verordnung bestimmten Aufgabe über die erforderlichen Fachkenntnisse verfügt. Die Anforderungen an die Fachkunde sind abhängig von der jeweiligen Art der Aufgabe. Zu den Anforderungen zählen eine entsprechende Berufsausbildung, Berufserfahrung oder eine zeitnah ausgeübte entsprechende berufliche Tätigkeit sowie die Teilnahme an spezifischen Fortbildungsmaßnahmen.

(17) Sachkundig ist, wer seine bestehende Fachkunde durch Teilnahme an einem behördlich anerkannten Sachkundelehrgang erweitert hat. In Abhängigkeit vom Aufgabengebiet kann es zum Erwerb der Sachkunde auch erforderlich sein, den Lehrgang mit einer erfolgreichen Prüfung abzuschließen. Sachkundig ist ferner, wer über eine von der zuständigen Behörde als gleichwertig anerkannte oder in dieser Verordnung als gleichwertig bestimmte Qualifikation verfügt.

(18) Eine Verwenderkategorie bezeichnet eine Personengruppe, die berechtigt ist, ein bestimmtes Biozid-Produkt zu verwenden. Sie beschreibt den Grad der Qualifikation, die für diese Verwendung erforderlich ist. Die zugehörige Verwenderkategorie eines Biozid-Produkts wird nach der Verordnung (EU) Nr. 528/2012 des Europäischen Parlaments und des Rates vom 22. Mai 2012 über die Bereitstellung auf dem Markt und die Verwendung von Biozid-Produkten (ABl. L 167 vom 27. 6. 2012, S. 1), die zuletzt durch die Delegierte Verordnung (EU) 2019/1825 (ABl. L 279 vom 31. 10. 2019, S. 19) geändert worden ist, in der jeweils geltenden Fassung, im Zulassungsverfahren festgelegt. Verwenderkategorien sind:

1. die breite Öffentlichkeit,
2. der berufsmäßige Verwender,
3. der geschulte berufsmäßige Verwender.

Abschnitt 2
Gefahrstoffinformation

§ 3 Gefahrenklassen

(1) Gefährlich im Sinne dieser Verordnung sind Stoffe, Gemische und bestimmte Erzeugnisse, die den in Anhang I der Verordnung (EG) Nr. 1272/2008 dargelegten Kriterien entsprechen.

(2) Die folgenden Gefahrenklassen geben die Art der Gefährdung wieder und werden unter Angabe der Nummerierung des Anhangs I der Verordnung (EG) Nr. 1272/2008 aufgelistet:

	Nummerierung nach Anhang I der Verordnung (EG) Nr. 1272/2008
1. Physikalische Gefahren	2
a) Explosive Stoffe/Gemische und Erzeugnisse mit Explosivstoff	2.1
b) Entzündbare Gase	2.2
c) Aerosole	2.3
d) Oxidierende Gase	2.4
e) Gase unter Druck	2.5
f) Entzündbare Flüssigkeiten	2.6
g) Entzündbare Feststoffe	2.7
h) Selbstzersetzliche Stoffe und Gemische	2.8
i) Pyrophore Flüssigkeiten	2.9
j) Pyrophore Feststoffe	2.10
k) Selbsterhitzungsfähige Stoffe und Gemische	2.11
l) Stoffe und Gemische, die in Berührung mit Wasser entzündbare Gase entwickeln	2.12
m) Oxidierende Flüssigkeiten	2.13
n) Oxidierende Feststoffe	2.14
o) Organische Peroxide	2.15
p) Korrosiv gegenüber Metallen	2.16
2. Gesundheitsgefahren	3
a) Akute Toxizität (oral, dermal und inhalativ)	3.1
b) Ätz-/Reizwirkung auf die Haut	3.2
c) Schwere Augenschädigung/ Augenreizung	3.3
d) Sensibilisierung der Atemwege oder der Haut	3.4
e) Keimzellmutagenität	3.5
f) Karzinogenität	3.6
g) Reproduktionstoxizität	3.7
h) Spezifische Zielorgan-Toxizität, einmalige Exposition (STOT SE)	3.8
i) Spezifische Zielorgan-Toxizität, wiederholte Exposition (STOT RE)	3.9
j) Aspirationsgefahr	3.10
3. Umweltgefahren	4
Gewässergefährdend (akut und langfristig)	4.1
4. Weitere Gefahren	5
Die Ozonschicht schädigend	5.1

§ 4 Einstufung, Kennzeichnung, Verpackung

(1) Die Einstufung, Kennzeichnung und Verpackung von Stoffen und Gemischen sowie von Erzeugnissen mit Explosivstoff richten sich nach den Bestimmungen der Verordnung (EG) Nr. 1272/2008. Gemische, die bereits vor dem 1. Juni 2015 in Verkehr gebracht worden sind und die nach den Bestimmungen der Richtlinie 1999/45/EG gekennzeichnet und verpackt sind, müssen bis 31. Mai 2017 nicht nach der Verordnung (EG) Nr. 1272/2008 eingestuft, gekennzeichnet und verpackt werden.

(2) Bei der Einstufung von Stoffen und Gemischen sind die nach § 20 Absatz 4 bekannt gegebenen Regeln und Erkenntnisse zu beachten.

(3) Die Kennzeichnung von Stoffen und Gemischen, die in Deutschland in Verkehr gebracht werden, muss in deutscher Sprache erfolgen.

(4) Werden gefährliche Stoffe oder gefährliche Gemische unverpackt in Verkehr gebracht, sind jeder Liefereinheit geeignete Sicherheitsinformationen oder ein Sicherheitsdatenblatt in deutscher Sprache beizufügen.

(5) Lieferanten eines Biozid-Produkts, für das ein Dritter der Zulassungsinhaber ist, haben über die in Absatz 1 erwähnten Kennzeichnungspflichten hinaus sicherzustellen, dass die vom Zulassungsinhaber nach Artikel 69 Absatz 2 Satz 2 der Verordnung (EU) Nr. 528/2012 anzubringende Zusatzkennzeichnung bei der Abgabe an Dritte erhalten oder neu angebracht ist. Biozid-Produkte, die aufgrund des § 28 Absatz 8 des Chemikaliengesetzes ohne Zulassung auf dem Markt bereitgestellt werden, sind zusätzlich zu der in Absatz 1 erwähnten Kennzeichnung entsprechend Artikel 69 Absatz 2 Satz 2 und 3 der Verordnung (EU) Nr. 528/2012 zu kennzeichnen, wobei die dort in Satz 2 Buchstabe c und d aufgeführten Angaben entfallen und die Angaben nach Satz 2 Buchstabe f und g auf die vorgesehenen Anwendungen zu beziehen sind.

(6) Biozid-Wirkstoffe, die biologische Arbeitsstoffe nach § 2 Absatz 1 der Biostoffverordnung sind, sind zusätzlich nach § 3 der Biostoffverordnung einzustufen. Biozid-Wirkstoffe nach Satz 1 sowie Biozid-Produkte, bei denen der Wirkstoff ein biologischer Arbeitsstoff ist, sind zusätzlich mit den folgenden Elementen zu kennzeichnen:

1. Identität des Organismus nach Anhang II Titel 2 Nummer 2.1 und 2.2 der Verordnung (EU) Nr. 528/2012,
2. Einstufung der Mikroorganismen in Risikogruppen nach § 3 der Biostoffverordnung und
3. im Falle einer Einstufung in die Risikogruppe 2 und höher nach § 3 der Biostoffverordnung Hinzufügung des Symbols für Biogefährdung nach Anhang I der Biostoffverordnung.

(7) Dekontaminierte PCB-haltige Geräte im Sinne der Richtlinie 96/59/EG müssen nach dem Anhang dieser Richtlinie gekennzeichnet werden.

(8) Die Kennzeichnung bestimmter, beschränkter Stoffe, Gemische und Erzeugnisse richtet sich zusätzlich nach Artikel 67 in Verbindung mit Anhang XVII der Verordnung (EG) Nr. 1907/2006 in ihrer jeweils geltenden Fassung.

(9) Der Lieferant eines Gemischs oder eines Stoffs hat einem nachgeschalteten Anwender auf Anfrage unverzüglich alle Informationen zur Verfügung zu stellen, die dieser für eine ordnungsgemäße Einstufung neuer Gemische benötigt, wenn

1. der Informationsgehalt der Kennzeichnung oder des Sicherheitsdatenblatts des Gemischs oder
2. die Information über eine Verunreinigung oder Beimengung auf dem Kennzeichnungsetikett oder im Sicherheitsdatenblatt des Stoffs

dafür nicht ausreicht.

§ 5 Sicherheitsdatenblatt und sonstige Informationspflichten

(1) Die vom Lieferanten hinsichtlich des Sicherheitsdatenblatts beim Inverkehrbringen von Stoffen und Gemischen zu beachtenden Anforderungen ergeben sich aus Artikel 31 in Verbindung mit Anhang II der Verordnung (EG) Nr. 1907/2006. Ist nach diesen Vorschriften die

12

Übermittlung eines Sicherheitsdatenblatts nicht erforderlich, richten sich die Informationspflichten nach Artikel 32 der Verordnung (EG) Nr. 1907/2006.

(2) Bei den Angaben, die nach den Nummern 15 und 16 des Anhangs II der Verordnung (EG) Nr. 1907/2006 zu machen sind, sind insbesondere die nach § 20 Absatz 4 bekannt gegebenen Regeln und Erkenntnisse zu berücksichtigen, nach denen Stoffe oder Tätigkeiten als krebserzeugend, keimzellmutagen oder reproduktionstoxisch bezeichnet werden.

Abschnitt 3
Gefährdungsbeurteilung und Grundpflichten

§ 6 Informationsermittlung und Gefährdungsbeurteilung

(1) Im Rahmen einer Gefährdungsbeurteilung als Bestandteil der Beurteilung der Arbeitsbedingungen nach § 5 des Arbeitsschutzgesetzes hat der Arbeitgeber festzustellen, ob die Beschäftigten Tätigkeiten mit Gefahrstoffen ausüben oder ob bei Tätigkeiten Gefahrstoffe entstehen oder freigesetzt werden können. Ist dies der Fall, so hat er alle hiervon ausgehenden Gefährdungen der Gesundheit und Sicherheit der Beschäftigten unter folgenden Gesichtspunkten zu beurteilen:

1. gefährliche Eigenschaften der Stoffe oder Gemische, einschließlich ihrer physikalisch-chemischen Wirkungen,
2. Informationen des Lieferanten zum Gesundheitsschutz und zur Sicherheit insbesondere im Sicherheitsdatenblatt,
3. Art und Ausmaß der Exposition unter Berücksichtigung aller Expositionswege; dabei sind die Ergebnisse der Messungen und Ermittlungen nach § 7 Absatz 8 zu berücksichtigen,
4. Möglichkeiten einer Substitution,
5. Arbeitsbedingungen und Verfahren, einschließlich der Arbeitsmittel und der Gefahrstoffmenge,
6. Arbeitsplatzgrenzwerte und biologische Grenzwerte,
7. Wirksamkeit der ergriffenen oder zu ergreifenden Schutzmaßnahmen,
8. Erkenntnisse aus arbeitsmedizinischen Vorsorgeuntersuchungen nach der Verordnung zur arbeitsmedizinischen Vorsorge.

(2) Der Arbeitgeber hat sich die für die Gefährdungsbeurteilung notwendigen Informationen beim Lieferanten oder aus anderen, ihm mit zumutbarem Aufwand zugänglichen Quellen zu beschaffen. Insbesondere hat der Arbeitgeber die Informationen zu beachten, die ihm nach Titel IV der Verordnung (EG) Nr. 1907/2006 zur Verfügung gestellt werden; dazu gehören Sicherheitsdatenblätter und die Informationen zu Stoffen oder Gemischen, für die kein Sicherheitsdatenblatt zu erstellen ist. Sofern die Verordnung (EG) Nr. 1907/2006 keine Informationspflicht vorsieht, hat der Lieferant dem Arbeitgeber auf Anfrage die für die Gefährdungsbeurteilung notwendigen Informationen über die Gefahrstoffe zur Verfügung zu stellen.

(3) Stoffe und Gemische, die nicht von einem Lieferanten nach § 4 Absatz 1 eingestuft und gekennzeichnet worden sind, beispielsweise innerbetrieblich hergestellte Stoffe oder Gemische, hat der Arbeitgeber selbst einzustufen. Zumindest aber hat er die von den Stoffen oder Gemischen ausgehenden Gefährdungen der Beschäftigten zu ermitteln; dies gilt auch für Gefahrstoffe nach § 2 Absatz 1 Nummer 4.

(4) Der Arbeitgeber hat festzustellen, ob die verwendeten Stoffe, Gemische und Erzeugnisse bei Tätigkeiten, auch unter Berücksichtigung verwendeter Arbeitsmittel, Verfahren und der Arbeitsumgebung sowie ihrer möglichen Wechselwirkungen, zu Brand- oder Explosionsgefährdungen führen können. Dabei hat er zu beurteilen,

1. ob gefährliche Mengen oder Konzentrationen von Gefahrstoffen, die zu Brand- und Explosionsgefährdungen führen können, auftreten; dabei sind sowohl Stoffe und Gemische mit physikalischen Gefährdungen nach der Verordnung (EG) Nr. 1272/2008 wie auch andere Gefahrstoffe, die zu Brand- und Explosionsgefährdungen führen können, sowie Stoffe, die in gefährli-

12

cher Weise miteinander reagieren können, zu berücksichtigen,

2. ob Zündquellen oder Bedingungen, die Brände oder Explosionen auslösen können, vorhanden sind und
3. ob schädliche Auswirkungen von Bränden oder Explosionen auf die Gesundheit und Sicherheit der Beschäftigten möglich sind.

Insbesondere hat er zu ermitteln, ob die Stoffe, Gemische und Erzeugnisse auf Grund ihrer Eigenschaften und der Art und Weise, wie sie am Arbeitsplatz vorhanden sind oder verwendet werden, explosionsfähige Gemische bilden können. Im Fall von nicht atmosphärischen Bedingungen sind auch die möglichen Veränderungen der für den Explosionsschutz relevanten sicherheitstechnischen Kenngrößen zu ermitteln und zu berücksichtigen.

(5) Bei der Gefährdungsbeurteilung sind ferner Tätigkeiten zu berücksichtigen, bei denen auch nach Ausschöpfung sämtlicher technischer Schutzmaßnahmen die Möglichkeit einer Gefährdung besteht. Dies gilt insbesondere für Instandhaltungsarbeiten, einschließlich Wartungsarbeiten. Darüber hinaus sind auch andere Tätigkeiten wie Bedien- und Überwachungsarbeiten zu berücksichtigen, wenn diese zu einer Gefährdung von Beschäftigten durch Gefahrstoffe führen können.

(6) Die mit den Tätigkeiten verbundenen inhalativen, dermalen und physikalisch-chemischen Gefährdungen sind unabhängig voneinander zu beurteilen und in der Gefährdungsbeurteilung zusammenzuführen. Treten bei einer Tätigkeit mehrere Gefahrstoffe gleichzeitig auf, sind Wechsel- oder Kombinationswirkungen der Gefahrstoffe, die Einfluss auf die Gesundheit und Sicherheit der Beschäftigten haben, bei der Gefährdungsbeurteilung zu berücksichtigen, soweit solche Wirkungen bekannt sind.

(7) Der Arbeitgeber kann bei der Festlegung der Schutzmaßnahmen eine Gefährdungsbeurteilung übernehmen, die ihm der Lieferant mitgeliefert hat, sofern die Angaben und Festlegungen in dieser Gefährdungsbeurteilung den Arbeitsbedingungen und Verfahren, einschließlich der Arbeitsmittel und der Gefahrstoffmenge, im eigenen Betrieb entsprechen.

(8) Der Arbeitgeber hat die Gefährdungsbeurteilung unabhängig von der Zahl der Beschäftigten erstmals vor Aufnahme der Tätigkeit zu dokumentieren. Dabei ist Folgendes anzugeben:

1. die Gefährdungen bei Tätigkeiten mit Gefahrstoffen,
2. das Ergebnis der Prüfung auf Möglichkeiten einer Substitution nach Absatz 1 Satz 2 Nummer 4,
3. eine Begründung für einen Verzicht auf eine technisch mögliche Substitution, sofern Schutzmaßnahmen nach § 9 oder § 10 zu ergreifen sind,
4. die durchzuführenden Schutzmaßnahmen einschließlich derer,
   a) die wegen der Überschreitung eines Arbeitsplatzgrenzwerts zusätzlich ergriffen wurden sowie der geplanten Schutzmaßnahmen, die zukünftig ergriffen werden sollen, um den Arbeitsplatzgrenzwert einzuhalten, oder
   b) die unter Berücksichtigung eines Beurteilungsmaßstabs für krebserzeugende Gefahrstoffe, der nach § 20 Absatz 4 bekannt gegeben worden ist, zusätzlich getroffen worden sind oder zukünftig getroffen werden sollen (Maßnahmenplan),
5. eine Begründung, wenn von den nach § 20 Absatz 4 bekannt gegebenen Regeln und Erkenntnissen abgewichen wird, und
6. die Ermittlungsergebnisse, die belegen, dass der Arbeitsplatzgrenzwert eingehalten wird oder, bei Stoffen ohne Arbeitsplatzgrenzwert, die ergriffenen technischen Schutzmaßnahmen wirksam sind.

Im Rahmen der Dokumentation der Gefährdungsbeurteilung können auch vorhandene Gefährdungsbeurteilungen, Dokumente oder andere gleichwertige Berichte verwendet werden, die auf Grund von Verpflichtungen nach anderen Rechtsvorschriften erstellt worden sind.

(9) Bei der Dokumentation nach Absatz 8 hat der Arbeitgeber in Abhängigkeit der Feststel-

lungen nach Absatz 4 die Gefährdungen durch gefährliche explosionsfähige Gemische besonders auszuweisen (Explosionsschutzdokument). Daraus muss insbesondere hervorgehen,

1. dass die Explosionsgefährdungen ermittelt und einer Bewertung unterzogen worden sind,
2. dass angemessene Vorkehrungen getroffen werden, um die Ziele des Explosionsschutzes zu erreichen (Darlegung eines Explosionsschutzkonzeptes),
3. ob und welche Bereiche entsprechend Anhang I Nummer 1.7 in Zonen eingeteilt wurden,
4. für welche Bereiche Explosionsschutzmaßnahmen nach § 11 und Anhang I Nummer 1 getroffen wurden,
5. wie die Vorgaben nach § 15 umgesetzt werden und
6. welche Überprüfungen nach § 7 Absatz 7 und welche Prüfungen zum Explosionsschutz nach Anhang 2 Abschnitt 3 der Betriebssicherheitsverordnung durchzuführen sind.

(10) Bei Tätigkeiten mit geringer Gefährdung nach Absatz 13 kann auf eine detaillierte Dokumentation verzichtet werden. Falls in anderen Fällen auf eine detaillierte Dokumentation verzichtet wird, ist dies nachvollziehbar zu begründen. Die Gefährdungsbeurteilung ist regelmäßig zu überprüfen und bei Bedarf zu aktualisieren. Sie ist umgehend zu aktualisieren, wenn maßgebliche Veränderungen oder neue Informationen dies erfordern oder wenn sich eine Aktualisierung auf Grund der Ergebnisse der arbeitsmedizinischen Vorsorge nach der Verordnung zur arbeitsmedizinischen Vorsorge als notwendig erweist.

(11) Die Gefährdungsbeurteilung darf nur von fachkundigen Personen durchgeführt werden. Verfügt der Arbeitgeber nicht selbst über die entsprechenden Kenntnisse, so hat er sich fachkundig beraten zu lassen. Fachkundig können insbesondere die Fachkraft für Arbeitssicherheit und die Betriebsärztin oder der Betriebsarzt sein.

(12) Der Arbeitgeber hat nach Satz 2 ein Verzeichnis der im Betrieb verwendeten Gefahrstoffe zu führen, in dem auf die entsprechenden Sicherheitsdatenblätter verwiesen wird. Das Verzeichnis muss mindestens folgende Angaben enthalten:

1. Bezeichnung des Gefahrstoffs,
2. Einstufung des Gefahrstoffs oder Angaben zu den gefährlichen Eigenschaften,
3. Angaben zu den im Betrieb verwendeten Mengenbereichen,
4. Bezeichnung der Arbeitsbereiche, in denen Beschäftigte dem Gefahrstoff ausgesetzt sein können.

Die Sätze 1 und 2 gelten nicht, wenn nur Tätigkeiten mit geringer Gefährdung nach Absatz 13 ausgeübt werden. Die Angaben nach Satz 2 Nummer 1, 2 und 4 müssen allen betroffenen Beschäftigten und ihrer Vertretung zugänglich sein.

(13) Ergibt sich aus der Gefährdungsbeurteilung für bestimmte Tätigkeiten auf Grund

1. der gefährlichen Eigenschaften des Gefahrstoffs,
2. einer geringen verwendeten Stoffmenge,
3. einer nach Höhe und Dauer niedrigen Exposition und
4. der Arbeitsbedingungen

insgesamt eine nur geringe Gefährdung der Beschäftigten und reichen die nach § 8 zu ergreifenden Maßnahmen zum Schutz der Beschäftigten aus, so müssen keine weiteren Maßnahmen des Abschnitts 4 ergriffen werden.

(14) Liegen für Stoffe oder Gemische keine Prüfdaten oder entsprechende aussagekräftige Informationen zur akut toxischen, reizenden, hautsensibilisierenden oder keimzellmutagenen Wirkung oder zur spezifischen Zielorgan-Toxizität bei wiederholter Exposition vor, sind die Stoffe oder Gemische bei der Gefährdungsbeurteilung wie Stoffe der Gefahrenklasse Akute Toxizität (oral, dermal und inhalativ) Kategorie 3, Ätz-/Reizwirkung auf die Haut Kategorie 2, Sensibilisierung der Haut Kategorie 1, Keimzellmutagenität Kategorie 2 oder Spezifische Zielorgan-Toxizität, wieder-

holte Exposition (STOT RE) Kategorie 2 zu behandeln. Hinsichtlich der Spezifizierung der anzuwendenden Einstufungskategorien sind die entsprechenden nach § 20 Absatz 4 Nummer 1 bekannt gegebenen Regeln und Erkenntnisse zu berücksichtigen.

§ 7 Grundpflichten

(1) Der Arbeitgeber darf eine Tätigkeit mit Gefahrstoffen erst aufnehmen lassen, nachdem eine Gefährdungsbeurteilung nach § 6 durchgeführt und die erforderlichen Schutzmaßnahmen nach Abschnitt 4 ergriffen worden sind.

(2) Um die Gesundheit und die Sicherheit der Beschäftigten bei allen Tätigkeiten mit Gefahrstoffen zu gewährleisten, hat der Arbeitgeber die erforderlichen Maßnahmen nach dem Arbeitsschutzgesetz und zusätzlich die nach dieser Verordnung erforderlichen Maßnahmen zu ergreifen. Dabei hat er die nach § 20 Absatz 4 bekannt gegebenen Regeln und Erkenntnisse zu berücksichtigen. Bei Einhaltung dieser Regeln und Erkenntnisse ist in der Regel davon auszugehen, dass die Anforderungen dieser Verordnung erfüllt sind. Von diesen Regeln und Erkenntnissen kann abgewichen werden, wenn durch andere Maßnahmen zumindest in vergleichbarer Weise der Schutz der Gesundheit und die Sicherheit der Beschäftigten gewährleistet werden.

(3) Der Arbeitgeber hat auf der Grundlage des Ergebnisses der Substitutionsprüfung nach § 6 Absatz 1 Satz 2 Nummer 4 vorrangig eine Substitution durchzuführen. Er hat Gefahrstoffe oder Verfahren durch Stoffe, Gemische oder Erzeugnisse oder Verfahren zu ersetzen, die unter den jeweiligen Verwendungsbedingungen für die Gesundheit und Sicherheit der Beschäftigten nicht oder weniger gefährlich sind.

(4) Der Arbeitgeber hat Gefährdungen der Gesundheit und der Sicherheit der Beschäftigten bei Tätigkeiten mit Gefahrstoffen auszuschließen. Ist dies nicht möglich, hat er sie auf ein Minimum zu reduzieren. Diesen Geboten hat der Arbeitgeber durch die Festlegung und Anwendung geeigneter Schutzmaßnahmen Rechnung zu tragen. Dabei hat er folgende Rangfolge zu beachten:

1. Gestaltung geeigneter Verfahren und technischer Steuerungseinrichtungen von Verfahren, den Einsatz emissionsfreier oder emissionsarmer Verwendungsformen sowie Verwendung geeigneter Arbeitsmittel und Materialien nach dem Stand der Technik,
2. Anwendung kollektiver Schutzmaßnahmen technischer Art an der Gefahrenquelle, wie angemessene Be- und Entlüftung, und Anwendung geeigneter organisatorischer Maßnahmen,
3. sofern eine Gefährdung nicht durch Maßnahmen nach den Nummern 1 und 2 verhütet werden kann, Anwendung von individuellen Schutzmaßnahmen, die auch die Bereitstellung und Verwendung von persönlicher Schutzausrüstung umfassen.

(5) Beschäftigte müssen die bereitgestellte persönliche Schutzausrüstung verwenden, solange eine Gefährdung besteht. Die Verwendung von belastender persönlicher Schutzausrüstung darf keine Dauermaßnahme sein. Sie ist für jeden Beschäftigten auf das unbedingt erforderliche Minimum zu beschränken.

(6) Der Arbeitgeber stellt sicher, dass

1. die persönliche Schutzausrüstung an einem dafür vorgesehenen Ort sachgerecht aufbewahrt wird,
2. die persönliche Schutzausrüstung vor Gebrauch geprüft und nach Gebrauch gereinigt wird und
3. schadhafte persönliche Schutzausrüstung vor erneutem Gebrauch ausgebessert oder ausgetauscht wird.

(7) Der Arbeitgeber hat die Funktion und die Wirksamkeit der technischen Schutzmaßnahmen regelmäßig, mindestens jedoch jedes dritte Jahr, zu überprüfen. Das Ergebnis der Prüfungen ist aufzuzeichnen und vorzugsweise zusammen mit der Dokumentation nach § 6 Absatz 8 aufzubewahren.

(8) Der Arbeitgeber stellt sicher, dass die Arbeitsplatzgrenzwerte eingehalten werden. Er hat die Einhaltung durch Arbeitsplatzmessungen oder durch andere geeignete Methoden zur Ermittlung der Exposition zu überprüfen. Ermittlungen sind auch durchzuführen, wenn

sich die Bedingungen ändern, welche die Exposition der Beschäftigten beeinflussen können. Die Ermittlungsergebnisse sind aufzuzeichnen, aufzubewahren und den Beschäftigten und ihrer Vertretung zugänglich zu machen. Werden Tätigkeiten entsprechend einem verfahrens- und stoffspezifischen Kriterium ausgeübt, das nach § 20 Absatz 4 bekannt gegeben worden ist, kann der Arbeitgeber in der Regel davon ausgehen, dass die Arbeitsplatzgrenzwerte eingehalten werden; in diesem Fall findet Satz 2 keine Anwendung.

(9) Sofern Tätigkeiten mit Gefahrstoffen ausgeübt werden, für die kein Arbeitsplatzgrenzwert vorliegt, hat der Arbeitgeber regelmäßig die Wirksamkeit der ergriffenen technischen Schutzmaßnahmen durch geeignete Ermittlungsmethoden zu überprüfen, zu denen auch Arbeitsplatzmessungen gehören können.

(10) Wer Arbeitsplatzmessungen von Gefahrstoffen durchführt, muss fachkundig sein und über die erforderlichen Einrichtungen verfügen. Wenn ein Arbeitgeber eine für Messungen von Gefahrstoffen an Arbeitsplätzen akkreditierte Messstelle beauftragt, kann der Arbeitgeber in der Regel davon ausgehen, dass die von dieser Messstelle gewonnenen Erkenntnisse zutreffend sind.

(11) Der Arbeitgeber hat bei allen Ermittlungen und Messungen die nach § 20 Absatz 4 bekannt gegebenen Verfahren, Messregeln und Grenzwerte zu berücksichtigen, bei denen die entsprechenden Bestimmungen der folgenden Richtlinien berücksichtigt worden sind:

1. der Richtlinie 98/24/EG des Rates vom 7. April 1998 zum Schutz von Gesundheit und Sicherheit der Arbeitnehmer vor der Gefährdung durch chemische Arbeitsstoffe bei der Arbeit (vierzehnte Einzelrichtlinie im Sinne des Artikels 16 Absatz 1 der Richtlinie 89/391/EWG) (ABl. L 131 vom 5. 5. 1998, S. 11), die zuletzt durch die Richtlinie 2014/27/EU (ABl. L 65 vom 5. 3. 2014, S. 1) geändert worden ist, einschließlich der Richtlinien über Arbeitsplatzgrenzwerte, die nach Artikel 3 Absatz 2 der Richtlinie 98/24/EG erlassen wurden,
2. der Richtlinie 2004/37/EG des Europäischen Parlaments und des Rates vom 29. April 2004 über den Schutz der Arbeitnehmer gegen Gefährdung durch Karzinogene oder Mutagene bei der Arbeit (Sechste Einzelrichtlinie im Sinne von Artikel 16 Absatz 1 der Richtlinie 89/391/EWG des Rates) (kodifizierte Fassung) (ABl. L 158 vom 30. 4. 2004, S. 50, L 229 vom 29. 6. 2004, S. 23, L 204 vom 4. 8. 2007, S. 28), die zuletzt durch die Richtlinie 2014/27/EU geändert worden ist, sowie
3. der Richtlinie 2009/148/EG des Europäischen Parlaments und des Rates vom 30. November 2009 über den Schutz der Arbeitnehmer gegen Gefährdung durch Asbest am Arbeitsplatz (ABl. L 330 vom 16. 12. 2009, S. 28).

Abschnitt 4
Schutzmaßnahmen

§ 8 Allgemeine Schutzmaßnahmen

(1) Der Arbeitgeber hat bei Tätigkeiten mit Gefahrstoffen die folgenden Schutzmaßnahmen zu ergreifen:

1. geeignete Gestaltung des Arbeitsplatzes und geeignete Arbeitsorganisation,
2. Bereitstellung geeigneter Arbeitsmittel für Tätigkeiten mit Gefahrstoffen und geeignete Wartungsverfahren zur Gewährleistung der Gesundheit und Sicherheit der Beschäftigten bei der Arbeit,
3. Begrenzung der Anzahl der Beschäftigten, die Gefahrstoffen ausgesetzt sind oder ausgesetzt sein können,
4. Begrenzung der Dauer und der Höhe der Exposition,
5. angemessene Hygienemaßnahmen, insbesondere zur Vermeidung von Kontaminationen, und die regelmäßige Reinigung des Arbeitsplatzes,
6. Begrenzung der am Arbeitsplatz vorhandenen Gefahrstoffe auf die Menge, die für den Fortgang der Tätigkeiten erforderlich ist,
7. geeignete Arbeitsmethoden und Verfahren, welche die Gesundheit und Sicherheit der

Beschäftigten nicht beeinträchtigen oder die Gefährdung so gering wie möglich halten, einschließlich Vorkehrungen für die sichere Handhabung, Lagerung und Beförderung von Gefahrstoffen und von Abfällen, die Gefahrstoffe enthalten, am Arbeitsplatz.

(2) Der Arbeitgeber hat sicherzustellen, dass

1. alle verwendeten Stoffe und Gemische identifizierbar sind,
2. gefährliche Stoffe und Gemische innerbetrieblich mit einer Kennzeichnung versehen sind, die ausreichende Informationen über die Einstufung, über die Gefahren bei der Handhabung und über die zu beachtenden Sicherheitsmaßnahmen enthält; vorzugsweise ist eine Kennzeichnung zu wählen, die der Verordnung (EG) Nr. 1272/2008 entspricht,
3. Apparaturen und Rohrleitungen so gekennzeichnet sind, dass mindestens die enthaltenen Gefahrstoffe sowie die davon ausgehenden Gefahren eindeutig identifizierbar sind.

Kennzeichnungspflichten nach anderen Rechtsvorschriften bleiben unberührt. Solange der Arbeitgeber den Verpflichtungen nach Satz 1 nicht nachgekommen ist, darf er Tätigkeiten mit den dort genannten Stoffen und Gemischen nicht ausüben lassen. Satz 1 Nummer 2 gilt nicht für Stoffe, die für Forschungs- und Entwicklungszwecke oder für wissenschaftliche Lehrzwecke neu hergestellt worden sind und noch nicht geprüft werden konnten. Eine Exposition der Beschäftigten bei Tätigkeiten mit diesen Stoffen ist zu vermeiden.

(3) Der Arbeitgeber hat gemäß den Ergebnissen der Gefährdungsbeurteilung nach § 6 sicherzustellen, dass die Beschäftigten in Arbeitsbereichen, in denen sie Gefahrstoffen ausgesetzt sein können, keine Nahrungs- oder Genussmittel zu sich nehmen. Der Arbeitgeber hat hierfür vor Aufnahme der Tätigkeiten geeignete Bereiche einzurichten.

(4) Der Arbeitgeber hat sicherzustellen, dass durch Verwendung verschließbarer Behälter eine sichere Lagerung, Handhabung und Beförderung von Gefahrstoffen auch bei der Abfallentsorgung gewährleistet ist.

(5) Der Arbeitgeber hat sicherzustellen, dass Gefahrstoffe so aufbewahrt oder gelagert werden, dass sie weder die menschliche Gesundheit noch die Umwelt gefährden. Er hat dabei wirksame Vorkehrungen zu treffen, um Missbrauch oder Fehlgebrauch zu verhindern. Insbesondere dürfen Gefahrstoffe nicht in solchen Behältern aufbewahrt oder gelagert werden, durch deren Form oder Bezeichnung der Inhalt mit Lebensmitteln verwechselt werden kann. Sie dürfen nur übersichtlich geordnet und nicht in unmittelbarer Nähe von Arznei-, Lebens- oder Futtermitteln, einschließlich deren Zusatzstoffe, aufbewahrt oder gelagert werden. Bei der Aufbewahrung zur Abgabe oder zur sofortigen Verwendung muss eine Kennzeichnung nach Absatz 2 deutlich sichtbar und lesbar angebracht sein.

(6) Der Arbeitgeber hat sicherzustellen, dass Gefahrstoffe, die nicht mehr benötigt werden, und entleerte Behälter, die noch Reste von Gefahrstoffen enthalten können, sicher gehandhabt, vom Arbeitsplatz entfernt und sachgerecht gelagert oder entsorgt werden.

(7) Der Arbeitgeber hat sicherzustellen, dass Stoffe und Gemische, die als akut toxisch Kategorie 1, 2 oder 3, spezifisch zielorgantoxisch Kategorie 1, krebserzeugend Kategorie 1A oder 1B oder keimzellmutagen Kategorie 1A oder 1B eingestuft sind, unter Verschluss oder so aufbewahrt oder gelagert werden, dass nur fachkundige und zuverlässige Personen Zugang haben. Tätigkeiten mit diesen Stoffen und Gemischen dürfen nur von fachkundigen oder besonders unterwiesenen Personen ausgeführt werden. Satz 2 gilt auch für Tätigkeiten mit Stoffen und Gemischen, die als reproduktionstoxisch Kategorie 1A oder 1B oder als atemwegssensibilisierend eingestuft sind. Die Sätze 1 und 2 gelten nicht für Kraftstoffe an Tankstellen oder sonstigen Betankungseinrichtungen sowie für Stoffe und Gemische, die als akut toxisch Kategorie 3 eingestuft sind, sofern diese vormals nach der Richtlinie 67/548/EWG oder der Richtlinie 1999/45/EG als gesundheitsschädlich bewertet wurden. Hinsichtlich der Bewertung als gesundheitsschäd-

lich sind die entsprechenden nach § 20 Absatz 4 Nummer 1 bekannt gegebenen Regeln und Erkenntnisse zu berücksichtigen.

(8) Der Arbeitgeber hat bei Tätigkeiten mit Gefahrstoffen nach Anhang I Nummer 2 bis 5 sowohl die §§ 6 bis 18 als auch die betreffenden Vorschriften des Anhangs I Nummer 2 bis 5 zu beachten.

§ 9 Zusätzliche Schutzmaßnahmen

(1) Sind die allgemeinen Schutzmaßnahmen nach § 8 nicht ausreichend, um Gefährdungen durch Einatmen, Aufnahme über die Haut oder Verschlucken entgegenzuwirken, hat der Arbeitgeber zusätzlich diejenigen Maßnahmen nach den Absätzen 2 bis 7 zu ergreifen, die auf Grund der Gefährdungsbeurteilung nach § 6 erforderlich sind. Dies gilt insbesondere, wenn

1. Arbeitsplatzgrenzwerte oder biologische Grenzwerte überschritten werden,
2. bei hautresorptiven oder haut- oder augenschädigenden Gefahrstoffen eine Gefährdung durch Haut- oder Augenkontakt besteht oder
3. bei Gefahrstoffen ohne Arbeitsplatzgrenzwert und ohne biologischen Grenzwert eine Gefährdung auf Grund der ihnen zugeordneten Gefahrenklasse nach § 3 und der inhalativen Exposition angenommen werden kann.

(2) Der Arbeitgeber hat sicherzustellen, dass Gefahrstoffe in einem geschlossenen System hergestellt und verwendet werden, wenn

1. die Substitution der Gefahrstoffe nach § 7 Absatz 3 durch solche Stoffe, Gemische, Erzeugnisse oder Verfahren, die bei ihrer Verwendung nicht oder weniger gefährlich für die Gesundheit und Sicherheit sind, technisch nicht möglich ist und
2. eine erhöhte Gefährdung der Beschäftigten durch inhalative Exposition gegenüber diesen Gefahrstoffen besteht.

Ist die Anwendung eines geschlossenen Systems technisch nicht möglich, so hat der Arbeitgeber dafür zu sorgen, dass die Exposition der Beschäftigten nach dem Stand der Technik und unter Beachtung von § 7 Absatz 4 so weit wie möglich verringert wird.

(3) Bei Überschreitung eines Arbeitsplatzgrenzwerts muss der Arbeitgeber unverzüglich die Gefährdungsbeurteilung nach § 6 erneut durchführen und geeignete zusätzliche Schutzmaßnahmen ergreifen, um den Arbeitsplatzgrenzwert einzuhalten. Wird trotz Ausschöpfung aller technischen und organisatorischen Schutzmaßnahmen der Arbeitsplatzgrenzwert nicht eingehalten, hat der Arbeitgeber unverzüglich persönliche Schutzausrüstung bereitzustellen. Dies gilt insbesondere für Abbruch-, Sanierungs- und Instandhaltungsarbeiten.

(4) Besteht trotz Ausschöpfung aller technischen und organisatorischen Schutzmaßnahmen bei hautresorptiven, haut- oder augenschädigenden Gefahrstoffen eine Gefährdung durch Haut- oder Augenkontakt, hat der Arbeitgeber unverzüglich persönliche Schutzausrüstung bereitzustellen.

(5) Der Arbeitgeber hat getrennte Aufbewahrungsmöglichkeiten für die Arbeits- oder Schutzkleidung einerseits und die Straßenkleidung andererseits zur Verfügung zu stellen. Der Arbeitgeber hat die durch Gefahrstoffe verunreinigte Arbeitskleidung zu reinigen.

(6) Der Arbeitgeber hat geeignete Maßnahmen zu ergreifen, die gewährleisten, dass Arbeitsbereiche, in denen eine erhöhte Gefährdung der Beschäftigten besteht, nur den Beschäftigten zugänglich sind, die sie zur Ausübung ihrer Arbeit oder zur Durchführung bestimmter Aufgaben betreten müssen.

(7) Wenn Tätigkeiten mit Gefahrstoffen von einer oder einem Beschäftigten allein ausgeübt werden, hat der Arbeitgeber zusätzliche Schutzmaßnahmen zu ergreifen oder eine angemessene Aufsicht zu gewährleisten. Dies kann auch durch den Einsatz technischer Mittel sichergestellt werden.

§ 10 Besondere Schutzmaßnahmen bei Tätigkeiten mit krebserzeugenden, keimzellmutagenen und reproduktionstoxischen Gefahrstoffen der Kategorie 1A und 1B

(1) Bei Tätigkeiten mit krebserzeugenden Gefahrstoffen der Kategorie 1A oder 1B, für die

12

kein Arbeitsplatzgrenzwert nach § 20 Absatz 4 bekannt gegeben worden ist, hat der Arbeitgeber ein geeignetes, risikobezogenes Maßnahmenkonzept anzuwenden, um das Minimierungsgebot nach § 7 Absatz 4 umzusetzen. Hierbei sind die nach § 20 Absatz 4 bekannt gegebenen Regeln, Erkenntnisse und Beurteilungsmaßstäbe zu berücksichtigen. Bei Tätigkeiten mit krebserzeugenden, keimzellmutagenen oder reproduktionstoxischen Gefahrstoffen der Kategorie 1A oder 2B hat der Arbeitgeber, unbeschadet des Absatzes 2, zusätzlich die Bestimmungen nach den Absätzen 3 bis 5 zu erfüllen. Die besonderen Bestimmungen des Anhangs II Nummer 6 sind zu beachten.

(2) Die Absätze 3 bis 5 gelten nicht, wenn

1. ein Arbeitsplatzgrenzwert nach § 20 Absatz 4 bekannt gegeben worden ist, dieser eingehalten und dies durch Arbeitsplatzmessung oder durch andere geeignete Methoden zur Ermittlung der Exposition belegt wird oder
2. Tätigkeiten entsprechend einem nach § 20 Absatz 4 bekannt gegebenen verfahrens- und stoffspezifischen Kriterium ausgeübt werden.

(3) Wenn Tätigkeiten mit krebserzeugenden, keimzellmutagenen oder reproduktionstoxischen Gefahrstoffen der Kategorie 1A oder 1B ausgeübt werden, hat der Arbeitgeber

1. die Exposition der Beschäftigten durch Arbeitsplatzmessungen oder durch andere geeignete Ermittlungsmethoden zu bestimmen, auch um erhöhte Expositionen infolge eines unvorhersehbaren Ereignisses oder eines Unfalls schnell erkennen zu können,
2. Gefahrenbereiche abzugrenzen, in denen Beschäftigte diesen Gefahrstoffen ausgesetzt sind oder ausgesetzt sein können, und Warn- und Sicherheitszeichen anzubringen, einschließlich der Verbotszeichen „Zutritt für Unbefugte verboten" und „Rauchen verboten" nach Anhang II Nummer 3.1 der Richtlinie 92/58/EWG des Rates vom 24. Juni 1992 über Mindestvorschriften für die Sicherheits- und/oder Gesundheitsschutzkennzeichnung am Arbeitsplatz (ABl. L 245 vom 26. 8. 1992, S. 23), die zuletzt durch die Richtlinie 2014/27/EU (ABl. L 65 vom 5. 3. 2014, S. 1) geändert worden ist.

(4) Bei Tätigkeiten, bei denen eine beträchtliche Erhöhung der Exposition der Beschäftigten durch krebserzeugende, keimzellmutagene oder reproduktionstoxische Gefahrstoffe der Kategorie 1A oder 1B zu erwarten ist und bei denen jede Möglichkeit weiterer technischer Schutzmaßnahmen zur Begrenzung dieser Exposition bereits ausgeschöpft wurde, hat der Arbeitgeber nach Beratung mit den Beschäftigten oder mit ihrer Vertretung Maßnahmen zu ergreifen, um die Dauer der Exposition der Beschäftigten so weit wie möglich zu verkürzen und den Schutz der Beschäftigten während dieser Tätigkeiten zu gewährleisten. Er hat den betreffenden Beschäftigten persönliche Schutzausrüstung zur Verfügung zu stellen, die sie während der gesamten Dauer der erhöhten Exposition tragen müssen.

(5) Werden in einem Arbeitsbereich Tätigkeiten mit krebserzeugenden, keimzellmutagene oder reproduktionstoxischen Gefahrstoffen der Kategorie 1A oder 1B ausgeübt, darf die dort abgesaugte Luft nicht in den Arbeitsbereich zurückgeführt werden. Dies gilt nicht, wenn die Luft unter Anwendung von behördlich oder von den Trägern der gesetzlichen Unfallversicherung anerkannten Verfahren oder Geräte ausreichend von solchen Stoffen gereinigt ist. Die Luft muss dann so geführt oder gereinigt werden, dass krebserzeugende, keimzellmutagene oder reproduktionstoxische Stoffe nicht in die Atemluft anderer Beschäftigter gelangen.

§ 11 Besondere Schutzmaßnahmen gegen physikalisch-chemische Einwirkungen, insbesondere gegen Brand- und Explosionsgefährdungen

(1) Der Arbeitgeber hat auf der Grundlage der Gefährdungsbeurteilung Maßnahmen zum Schutz der Beschäftigten und anderer Personen vor physikalisch-chemischen Einwirkungen zu ergreifen. Er hat die Maßnahmen so festzulegen, dass die Gefährdungen vermieden oder so weit wie möglich verringert werden. Dies gilt insbesondere bei Tätigkeiten

12

einschließlich Lagerung, bei denen es zu Brand- und Explosionsgefährdungen kommen kann. Dabei hat der Arbeitgeber Anhang I Nummer 1 und 5 zu beachten. Die Vorschriften des Sprengstoffgesetzes und der darauf gestützten Rechtsvorschriften bleiben unberührt.

(2) Zur Vermeidung von Brand- und Explosionsgefährdungen hat der Arbeitgeber Maßnahmen nach folgender Rangfolge zu ergreifen:

1. gefährliche Mengen oder Konzentrationen von Gefahrstoffen, die zu Brand- oder Explosionsgefährdungen führen können, sind zu vermeiden,
2. Zündquellen oder Bedingungen, die Brände oder Explosionen auslösen können, sind zu vermeiden,
3. schädliche Auswirkungen von Bränden oder Explosionen auf die Gesundheit und Sicherheit der Beschäftigten und anderer Personen sind so weit wie möglich zu verringern.

(3) Arbeitsbereiche, Arbeitsplätze, Arbeitsmittel und deren Verbindungen untereinander müssen so konstruiert, errichtet, zusammengebaut, installiert, verwendet und instand gehalten werden, dass keine Brand- und Explosionsgefährdungen auftreten.

(4) Bei Tätigkeiten mit organischen Peroxiden hat der Arbeitgeber über die Bestimmungen der Absätze 1 und 2 sowie des Anhangs I Nummer 1 hinaus insbesondere Maßnahmen zu treffen, die die

1. Gefahr einer unbeabsichtigten Explosion minimieren und
2. Auswirkungen von Bränden und Explosionen beschränken.

Dabei hat der Arbeitgeber Anhang III zu beachten.

§ 12 (weggefallen)

§ 13 Betriebsstörungen, Unfälle und Notfälle

(1) Um die Gesundheit und die Sicherheit der Beschäftigten bei Betriebsstörungen, Unfällen oder Notfällen zu schützen, hat der Arbeitgeber rechtzeitig die Notfallmaßnahmen festzulegen, die beim Eintreten eines derartigen Ereignisses zu ergreifen sind. Dies schließt die Bereitstellung angemessener Erste-Hilfe-Einrichtungen und die Durchführung von Sicherheitsübungen in regelmäßigen Abständen ein.

(2) Tritt eines der in Absatz 1 Satz 1 genannten Ereignisse ein, so hat der Arbeitgeber unverzüglich die gemäß Absatz 1 festgelegten Maßnahmen zu ergreifen, um

1. betroffene Beschäftigte über die durch das Ereignis hervorgerufene Gefahrensituation im Betrieb zu informieren,
2. die Auswirkungen des Ereignisses zu mindern und
3. wieder einen normalen Betriebsablauf herbeizuführen.

Neben den Rettungskräften dürfen nur die Beschäftigten im Gefahrenbereich verbleiben, die Tätigkeiten zur Erreichung der Ziele nach Satz 1 Nummer 2 und 3 ausüben.

(3) Der Arbeitgeber hat Beschäftigten, die im Gefahrenbereich tätig werden, vor Aufnahme ihrer Tätigkeit geeignete Schutzkleidung und persönliche Schutzausrüstung sowie gegebenenfalls erforderliche spezielle Sicherheitseinrichtungen und besondere Arbeitsmittel zur Verfügung zu stellen. Im Gefahrenbereich müssen die Beschäftigten die Schutzkleidung und die persönlicheSchutzausrüstung für die Dauer des nicht bestimmungsgemäßen Betriebsablaufs verwenden. Die Verwendung belastender persönlicher Schutzausrüstung muss für die einzelnen Beschäftigten zeitlich begrenzt sein. Ungeschützte und unbefugte Personen dürfen sich nicht im festzulegenden Gefahrenbereich aufhalten.

(4) Der Arbeitgeber hat Warn- und sonstige Kommunikationssysteme, die eine erhöhte Gefährdung der Gesundheit und Sicherheit anzeigen, zur Verfügung zu stellen, so dass eine angemessene Reaktion möglich ist und unverzüglich Abhilfemaßnahmen sowie Hilfs-, Evakuierungs- und Rettungsmaßnahmen eingeleitet werden können.

(5) Der Arbeitgeber hat sicherzustellen, dass Informationen über Maßnahmen bei Notfällen mit Gefahrstoffen zur Verfügung stehen. Die zuständigen innerbetrieblichen und betriebsfremden Unfall- und Notfalldienste müssen

Zugang zu diesen Informationen erhalten. Zu diesen Informationen zählen:

1. eine Vorabmitteilung über einschlägige Gefahren bei der Arbeit, über Maßnahmen zur Feststellung von Gefahren sowie über Vorsichtsmaßregeln und Verfahren, damit die Notfalldienste ihre eigenen Abhilfe- und Sicherheitsmaßnahmen vorbereiten können,
2. alle verfügbaren Informationen über spezifische Gefahren, die bei einem Unfall oder Notfall auftreten oder auftreten können, einschließlich der Informationen über die Verfahren nach den Absätzen 1 bis 4.

§ 14 Unterrichtung und Unterweisung der Beschäftigten

(1) Der Arbeitgeber hat sicherzustellen, dass den Beschäftigten eine schriftliche Betriebsanweisung, die der Gefährdungsbeurteilung nach § 6 Rechnung trägt, in einer für die Beschäftigten verständlichen Form und Sprache zugänglich gemacht wird. Die Betriebsanweisung muss mindestens Folgendes enthalten:

1. Informationen über die am Arbeitsplatz vorhandenen oder entstehenden Gefahrstoffe, wie beispielsweise die Bezeichnung der Gefahrstoffe, ihre Kennzeichnung sowie mögliche Gefährdungen der Gesundheit und der Sicherheit,
2. Informationen über angemessene Vorsichtsmaßregeln und Maßnahmen, die die Beschäftigten zu ihrem eigenen Schutz und zum Schutz der anderen Beschäftigten am Arbeitsplatz durchzuführen haben; dazu gehören insbesondere
   a) Hygienevorschriften,
   b) Informationen über Maßnahmen, die zur Verhütung einer Exposition zu ergreifen sind,
   c) Informationen zum Tragen und Verwenden von persönlicher Schutzausrüstung und Schutzkleidung,
3. Informationen über Maßnahmen, die bei Betriebsstörungen, Unfällen und Notfällen und zur Verhütung dieser von den Beschäftigten, insbesondere von Rettungsmannschaften, durchzuführen sind.

Die Betriebsanweisung muss bei jeder maßgeblichen Veränderung der Arbeitsbedingungen aktualisiert werden. Der Arbeitgeber hat ferner sicherzustellen, dass die Beschäftigten

1. Zugang haben zu allen Informationen nach Artikel 35 der Verordnung (EG) Nr. 1907/2006 über die Stoffe und Gemische, mit denen sie Tätigkeiten ausüben, insbesondere zu Sicherheitsdatenblättern, und
2. über Methoden und Verfahren unterrichtet werden, die bei der Verwendung von Gefahrstoffen zum Schutz der Beschäftigten angewendet werden müssen.

(2) Der Arbeitgeber hat sicherzustellen, dass die Beschäftigten anhand der Betriebsanweisung nach Absatz 1 über alle auftretenden Gefährdungen und entsprechende Schutzmaßnahmen mündlich unterwiesen werden. Teil dieser Unterweisung ist ferner eine allgemeine arbeitsmedizinisch-toxikologische Beratung. Diese dient auch zur Information der Beschäftigten über die Voraussetzungen, unter denen sie Anspruch auf arbeitsmedizinische Vorsorgeuntersuchungen nach der Verordnung zur arbeitsmedizinischen Vorsorge haben, und über den Zweck dieser Vorsorgeuntersuchungen. Die Beratung ist unter Beteiligung der Ärztin oder des Arztes nach § 7 Absatz 1 der Verordnung zur arbeitsmedizinischen Vorsorge durchzuführen, falls dies erforderlich sein sollte. Die Unterweisung muss vor Aufnahme der Beschäftigung und danach mindestens jährlich arbeitsplatzbezogen durchgeführt werden. Sie muss in für die Beschäftigten verständlicher Form und Sprache erfolgen. Inhalt und Zeitpunkt der Unterweisung sind schriftlich festzuhalten und von den Unterwiesenen durch Unterschrift zu bestätigen.

(3) Der Arbeitgeber hat bei Tätigkeiten mit krebserzeugenden, keimzellmutagenen oder reproduktionstoxischen Gefahrstoffen der Kategorie 1A oder 1B sicherzustellen, dass

1. die Beschäftigten und ihre Vertretung nachprüfen können, ob die Bestimmungen dieser Verordnung eingehalten werden, und zwar insbesondere in Bezug auf
   a) die Auswahl und Verwendung der persönlichen Schutzausrüstung und die da-

mit verbundenen Belastungen der Beschäftigten,

b) durchzuführende Maßnahmen im Sinne des § 10 Absatz 4 Satz 1,

2. die Beschäftigten und ihre Vertretung bei einer erhöhten Exposition, einschließlich der in § 10 Absatz 4 Satz 1 genannten Fälle, unverzüglich unterrichtet und über die Ursachen sowie über die bereits ergriffenen oder noch zu ergreifenden Gegenmaßnahmen informiert werden,
3. ein aktualisiertes Verzeichnis über die Beschäftigten geführt wird, die Tätigkeiten mit krebserzeugenden oder keimzellmutagenen Gefahrstoffen der Kategorie 1A oder 1B ausüben, bei denen die Gefährdungsbeurteilung nach § 6 eine Gefährdung der Gesundheit oder der Sicherheit der Beschäftigten ergibt; in dem Verzeichnis ist auch die Höhe und die Dauer der Exposition anzugeben, der die Beschäftigten ausgesetzt waren,
4. das Verzeichnis nach Nummer 3 mit allen Aktualisierungen 40 Jahre nach Ende der Exposition aufbewahrt wird; bei Beendigung von Beschäftigungsverhältnissen hat der Arbeitgeber den Beschäftigten einen Auszug über die sie betreffenden Angaben des Verzeichnisses auszuhändigen und einen Nachweis hierüber wie Personalunterlagen aufzubewahren,
5. die Ärztin oder der Arzt nach § 7 Absatz 1 der Verordnung zur arbeitsmedizinischen Vorsorge, die zuständige Behörde sowie jede für die Gesundheit und die Sicherheit am Arbeitsplatz verantwortliche Person Zugang zu dem Verzeichnis nach Nummer 3 haben,
6. alle Beschäftigten Zugang zu den sie persönlich betreffenden Angaben in dem Verzeichnis haben,
7. die Beschäftigten und ihre Vertretung Zugang zu den nicht personenbezogenen Informationen allgemeiner Art in dem Verzeichnis haben.

(4) Der Arbeitgeber kann mit Einwilligung des betroffenen Beschäftigten die Aufbewahrungs- einschließlich der Aushändigungspflicht nach Absatz 3 Nummer 4 auf den zuständigen gesetzlichen Unfallversicherungsträger übertragen. Dafür übergibt der Arbeitgeber dem Unfallversicherungsträger die erforderlichen Unterlagen in einer für die elektronische Datenverarbeitung geeigneten Form. Der Unfallversicherungsträger händigt der betroffenen Person auf Anforderung einen Auszug des Verzeichnisses mit den sie betreffenden Angaben aus.

§ 15 Zusammenarbeit verschiedener Firmen

(1) Sollen in einem Betrieb Fremdfirmen Tätigkeiten mit Gefahrstoffen ausüben, hat der Arbeitgeber als Auftraggeber sicherzustellen, dass nur solche Fremdfirmen herangezogen werden, die über die Fachkenntnisse und Erfahrungen verfügen, die für diese Tätigkeiten erforderlich sind. Der Arbeitgeber als Auftraggeber hat die Fremdfirmen über Gefahrenquellen und spezifische Verhaltensregeln zu informieren.

(2) Kann bei Tätigkeiten von Beschäftigten eines Arbeitgebers eine Gefährdung von Beschäftigten anderer Arbeitgeber durch Gefahrstoffe nicht ausgeschlossen werden, so haben alle betroffenen Arbeitgeber bei der Durchführung ihrer Gefährdungsbeurteilungen nach § 6 zusammenzuwirken und die Schutzmaßnahmen abzustimmen. Dies ist zu dokumentieren. Die Arbeitgeber haben dabei sicherzustellen, dass Gefährdungen der Beschäftigten aller beteiligten Unternehmen durch Gefahrstoffe wirksam begegnet wird.

(3) Jeder Arbeitgeber ist dafür verantwortlich, dass seine Beschäftigten die gemeinsam festgelegten Schutzmaßnahmen anwenden.

(4) Besteht bei Tätigkeiten von Beschäftigten eines Arbeitgebers eine erhöhte Gefährdung von Beschäftigten anderer Arbeitgeber durch Gefahrstoffe, ist durch die beteiligten Arbeitgeber ein Koordinator zu bestellen. Wurde ein Koordinator nach den Bestimmungen der Baustellenverordnung vom 10. Juni 1998 (BGBl. I S. 1283), die durch Artikel 15 der Verordnung vom 23. Dezember 2004 (BGBl. I S. 3758) geändert worden ist, bestellt, gilt die Pflicht nach Satz 1 als erfüllt. Dem Koordinator

sind von den beteiligten Arbeitgebern alle erforderlichen sicherheitsrelevanten Informationen sowie Informationen zu den festgelegten Schutzmaßnahmen zur Verfügung zu stellen. Die Bestellung eines Koordinators entbindet die Arbeitgeber nicht von ihrer Verantwortung nach dieser Verordnung.

(5) Vor dem Beginn von Abbruch-, Sanierungs- und Instandhaltungsarbeiten oder Bauarbeiten muss der Arbeitgeber für die Gefährdungsbeurteilung nach § 6 Informationen, insbesondere vom Auftraggeber oder Bauherrn, darüber einholen, ob entsprechend der Nutzungs- oder Baugeschichte des Objekts Gefahrstoffe, insbesondere Asbest, vorhanden oder zu erwarten sind. Weiter reichende Informations-, Schutz- und Überwachungspflichten, die sich für den Auftraggeber oder Bauherrn nach anderen Rechtsvorschriften ergeben, bleiben unberührt.

Abschnitt 4a
Anforderungen an die Verwendung von Biozid-Produkten einschließlich der Begasung sowie an Begasungen mit Pflanzenschutzmitteln

§ 15a Verwendungsbeschränkungen

(1) Biozid-Produkte dürfen nicht verwendet werden, soweit damit zu rechnen ist, dass ihre Verwendung im einzelnen Anwendungsfall schädliche Auswirkungen auf die Gesundheit von Menschen, Nicht-Zielorganismen oder auf die Umwelt hat.

(2) Wer Biozid-Produkte verwendet, hat dies ordnungsgemäß zu tun. Zur ordnungsgemäßen Verwendung gehört insbesondere, dass

1. die Verwendung von Biozid-Produkten auf das notwendige Mindestmaß begrenzt wird durch:
   a) das Abwägen von Nutzen und Risiken des Einsatzes des Biozid-Produkts und
   b) eine sachgerechte Berücksichtigung physikalischer, biologischer, chemischer und sonstiger Alternativen,
2. das Biozid-Produkt nur für die in der Kennzeichnung oder der Zulassung ausgewiesenen Verwendungszwecke eingesetzt wird,
3. die sich aus der Kennzeichnung oder der Zulassung ergebenden Verwendungsbedingungen eingehalten werden und
4. die Qualifikation des Verwenders die Anforderungen erfüllt, die für die in der Zulassung festgelegte Verwenderkategorie erforderlich ist.

(3) Die Absätze 1 und 2 gelten auch für private Haushalte.

§ 15b Allgemeine Anforderungen an die Verwendung von Biozid-Produkten

(1) Der Arbeitgeber hat vor Verwendung eines Biozid-Produkts sicherzustellen, dass die Anforderungen nach § 15a erfüllt werden. Dies erfolgt hinsichtlich der Anforderungen nach

1. § 15a Absatz 2 Satz 2 Nummer 1 im Rahmen der Substitutionsprüfung nach § 6 Absatz 1 Satz 2 Nummer 4,
2. § 15a Absatz 2 Satz 2 Nummer 3 im Rahmen der Gefährdungsbeurteilung nach § 6 Absatz 1; dabei hat der Arbeitgeber insbesondere Folgendes zu berücksichtigen:
   a) die in der Zulassung festgelegten Maßnahmen zum Schutz der Sicherheit und Gesundheit sowie der Umwelt,
   b) die Kennzeichnung nach § 4 Absatz 5 und 6 einschließlich des gegebenenfalls beigefügten Merkblatts.

(2) Der Arbeitgeber hat die erforderlichen Maßnahmen unter Beachtung der Rangfolge nach § 7 Absatz 4 Satz 4 und unter dem Gesichtspunkt einer nachhaltigen Verwendung so festzulegen und durchzuführen, dass eine Gefährdung der Beschäftigten, anderer Personen oder der Umwelt verhindert oder minimiert wird.

(3) Eine Fachkunde im Sinne von Anhang I Nummer 4.3 ist erforderlich für die Verwendung von Biozid-Produkten,

1. die zu der Hauptgruppe 3 „Schädlingsbekämpfungsmittel" im Sinne des Anhangs V der Verordnung (EU) Nr. 528/2012 gehören oder
2. deren Wirkstoffe endokrinschädigende Eigenschaften nach Artikel 5 Absatz 1 Buchstabe d der Verordnung (EU) Nr. 528/2012 haben.

Satz 1 gilt nicht, wenn das Biozid-Produkt für eine Verwendung durch die breite Öffentlichkeit zugelassen oder wenn für die Verwendung eine Sachkunde nach § 15c Absatz 3 erforderlich ist.

§ 15c Besondere Anforderungen an die Verwendung bestimmter Biozid-Produkte

(1) Der Arbeitgeber hat die Pflichten nach den Absätzen 2 und 3 zu erfüllen, wenn Biozid-Produkte verwendet werden sollen,

1. die eingestuft sind als
   a) akut toxisch Kategorie 1, 2 oder 3,
   b) krebserzeugend, keimzellmutagen oder reproduktionstoxisch Kategorie 1A oder 1B oder
   c) spezifisch zielorgantoxisch Kategorie 1 SE oder RE oder
2. für die über die nach Nummer 1 erfassten Fälle hinaus für die vorgesehene Anwendung in der Zulassung die Verwenderkategorie „geschulter berufsmäßiger Verwender" festgelegt wurde.

(2) Der Arbeitgeber hat bei der zuständigen Behörde schriftlich oder elektronisch anzuzeigen:

1. die erstmalige Verwendung von Biozid-Produkten nach Absatz 1 und
2. den Beginn einer erneuten Verwendung von Biozid-Produkten nach Absatz 1 nach einer Unterbrechung von mehr als einem Jahr.

Die Anzeige hat spätestens sechs Wochen vor Beginn der Verwendung zu erfolgen. Anhang I Nummer 4.2.1 ist zu beachten.

(3) Die Verwendung von Biozid-Produkten nach Absatz 1 darf nur durch Personen erfolgen, die über eine für das jeweilige Biozid-Produkt geltende Sachkunde im Sinne von Anhang I Nummer 4.4 verfügen. Die Anforderungen an die Sachkunde sind von der Produktart, den Anwendungen, für die das Biozid-Produkt zugelassen ist, und dem Gefährdungspotential für Mensch und Umwelt abhängig.

(4) Abweichend von Absatz 3 ist eine Sachkunde für die Verwendung der in Absatz 1 genannten Biozid-Produkte nicht erforderlich, wenn diese Tätigkeiten unter unmittelbarer und ständiger Aufsicht einer sachkundigen Person durchgeführt werden.

§ 15d Besondere Anforderungen bei Begasungen

(1) Der Arbeitgeber bedarf einer Erlaubnis durch die zuständige Behörde, wenn Begasungen durchgeführt werden sollen. Die Erlaubnis ist nach Maßgabe des Anhangs I Nummer 4.1 vor der erstmaligen Durchführung von Begasungen schriftlich oder elektronisch zu beantragen. Sie kann befristet, mit Auflagen oder unter dem Vorbehalt des Widerrufs erteilt werden. Auflagen können nachträglich angeordnet werden.

(2) Eine Erlaubnis ist nicht erforderlich, wenn wegen der geringen Menge des freiwerdenden Wirkstoffs eine Gefährdung für Mensch und Umwelt nicht besteht. Hierbei sind die nach § 20 Absatz 4 bekanntgegebenen Regeln und Erkenntnisse zu berücksichtigen.

(3) Der Arbeitgeber hat eine Begasung spätestens eine Woche vor deren Durchführung bei der zuständigen Behörde nach Maßgabe des Anhangs I Nummer 4.2.2 schriftlich oder elektronisch anzuzeigen. Die zuständige Behörde kann

1. in begründeten Fällen auf die Einhaltung dieser Frist verzichten oder
2. einer Sammelanzeige zustimmen, wenn Begasungen regelmäßig wiederholt werden und dabei die in der Anzeige beschriebenen Bedingungen unverändert bleiben.

Bei Schiffs- und Containerbegasungen in Häfen verkürzt sich die Frist nach Satz 1 auf 24 Stunden.

(4) Der Arbeitgeber hat für jede Begasung eine verantwortliche Person zu bestellen, die Inhaber eines Befähigungsscheins (Befähigungsscheininhaber) nach Anhang I Nummer 4.5 ist. Die verantwortliche Person hat

1. bei Begasungen innerhalb von Räumen die Nutzer angrenzender Räume und Gebäude spätestens 24 Stunden vor Beginn der Tätigkeit schriftlich unter Hinweis auf die Ge-

fahren der eingesetzten Biozid-Produkte oder Pflanzenschutzmittel zu warnen und

2. sicherzustellen, dass
   a) die Begasung von einem Befähigungsscheininhaber durchgeführt wird,
   b) Zugänge zu den Gefahrenbereichen gemäß Anhang I Nummer 4.6 gekennzeichnet sind und
   c) neben einem Befähigungsscheininhaber mindestens eine weitere sachkundige Person anwesend ist, wenn Begasungen mit Biozid-Produkten durchgeführt werden sollen, für die in der Zulassung festgelegt wurde, dass
      aa) eine Messung oder Überwachung der Wirkstoff- oder Sauerstoffkonzentration zu erfolgen hat oder
      bb) ein unabhängig von der Umgebungsatmosphäre wirkendes Atemschutzgerät bereitzustellen und zu verwenden ist.

(5) Bei einer Betriebsstörung, einem Unfall oder Notfall hat

1. der anwesende Befähigungsscheininhaber den Gefahrenbereich zu sichern und darf ihn erst freigeben, wenn die Gefahr nicht mehr besteht und gefährliche Rückstände beseitigt sind,
2. die sachkundige Person den Befähigungsscheininhaber zu unterstützen; dies gilt insbesondere bei Absperr- und Rettungsmaßnahmen.

(6) Für Begasungen mit Pflanzenschutzmitteln gelten die Sachkundeanforderungen nach Anhang I Nummer 4.4 als erfüllt, wenn die Sachkunde nach dem Pflanzenschutzrecht erworben wurde.

(7) Bei Begasungen von Transporteinheiten

1. im Freien muss ein allseitiger Sicherheitsabstand von mindestens 10 Metern zu den benachbarten Gebäuden eingehalten werden,
2. sind diese von der verantwortlichen Person abzudichten, auf ihre Gasdichtheit zu prüfen sowie für die Dauer der Verwendung abzuschließen, zu verplomben und allseitig sichtbar mit einem Warnzeichen nach Anhang I Nummer 4.6 zu kennzeichnen.

§ 15e Ergänzende Dokumentationspflichten

(1) Der Arbeitgeber hat dafür Sorge zu tragen, dass über die Begasungen eine Niederschrift angefertigt wird. In der Niederschrift ist zu dokumentieren:

1. Name der verantwortlichen Person,
2. Art und Menge der verwendeten Biozid-Produkte oder Pflanzenschutzmittel,
3. Ort, Beginn und Ende der Begasung,
4. Zeitpunkt der Freigabe,
5. andere im Sinne von § 15 beteiligte Arbeitgeber und
6. die getroffenen Maßnahmen.

(2) Der Arbeitgeber hat der zuständigen Behörde die Niederschrift auf Verlangen vorzulegen.

(3) Werden für die Begasungen Pflanzenschutzmittel verwendet, kann die Niederschrift zusammen mit den Aufzeichnungen nach Artikel 67 Absatz 1 der Verordnung (EG) Nr. 1107/2009 des Europäischen Parlaments und des Rates vom 21. Oktober 2009 über das Inverkehrbringen von Pflanzenschutzmitteln und zur Aufhebung der Richtlinien 79/117/EWG und 91/414/EWG des Rates (ABl. L 309 vom 24. 11. 2009, S. 1; L 111 vom 2. 5. 2018, S. 10; L 45 vom 18. 2. 2020, S. 81), die zuletzt durch die Verordnung (EU) 2019/1381 vom 20. Juni 2019 (ABl. L 231 vom 6. 9. 2019, S. 1) geändert worden ist, erstellt werden.

§ 15f Anforderungen an den Umgang mit Transporteinheiten

(1) Kann nicht ausgeschlossen werden, dass Transporteinheiten wie Fahrzeuge, Waggons, Schiffe, Tanks, Container oder andere Transportbehälter begast wurden, so hat der Arbeitgeber dies vor dem Öffnen der Transporteinheiten zu ermitteln.

(2) Ergibt die Ermittlung, dass die Transporteinheit begast wurde, hat der Arbeitgeber die erforderlichen Schutzmaßnahmen zu treffen. Dabei ist insbesondere sicherzustellen, dass Beschäftigte gegenüber den Biozid-Produkten oder Pflanzenschutzmitteln nicht exponiert werden. Kann eine Exposition nicht ausgeschlossen werden, hat das Öffnen, Lüften und

die Freigabe der Transporteinheit durch eine Person zu erfolgen, die über eine Fachkunde im Sinne von Anhang I Nummer 4.3 verfügt.

§ 15g Besondere Anforderungen an Begasungen auf Schiffen

(1) Begasungen auf Schiffen sind nur zulässig, wenn

1. das Begasungsmittel für diese Verwendung zugelassen ist und
2. die erforderlichen Maßnahmen getroffen wurden, um die Sicherheit der Besatzung und anderer Personen jederzeit hinreichend zu gewährleisten.

(2) Bei Begasungen auf Schiffen hat die verantwortliche Person

1. sicherzustellen, dass eine Kennzeichnung entsprechend Anhang I Nummer 4.6 erfolgt,
2. vor Beginn der Begasung der Schiffsführerin beziehungsweise dem Schiffsführer schriftlich mitzuteilen:
   a) den Zeitpunkt und die betroffenen Räume,
   b) Art, Umfang und Dauer der Begasung einschließlich der Angaben zu dem verwendeten Begasungsmittel,
   c) die getroffenen Schutz- und Sicherheitsmaßnahmen einschließlich der erforderlichen technischen Änderungen, die am Schiff vorgenommen wurden,
3. vor Verlassen des Hafens oder der Beladestelle der Schiffsführerin beziehungsweise dem Schiffsführer schriftlich zu bestätigen, dass
   a) die begasten Räume hinreichend gasdicht sind und
   b) die angrenzenden Räume von Begasungsmitteln frei sind.

(3) Die Gasdichtheit der begasten Räume muss mindestens alle acht Stunden geprüft werden. Die Ergebnisse der Prüfungen sind zu dokumentieren. Die Schiffsführerin beziehungsweise der Schiffsführer hat der Hafenbehörde beziehungsweise der zuständigen Person der Entladestelle spätestens 24 Stunden vor Ankunft des Schiffs die Art und den Zeitpunkt der Begasung anzuzeigen und dabei mitzuteilen, welche Räume begast worden sind.

(4) Die Beförderung begaster Transporteinheiten auf Schiffen darf nur erfolgen, wenn sichergestellt ist, dass sich außerhalb der Transporteinheiten keine gefährlichen Gaskonzentrationen entwickeln. Die Anzeigepflicht nach Absatz 3 Satz 3 gilt entsprechend.

§ 15h Ausnahmen von Abschnitt 4a

(1) Es finden keine Anwendung

1. Abschnitt 4a sowie Anhang I Nummer 4 auf Begasungen, wenn diese ausschließlich der Forschung und Entwicklung oder der institutionellen Eignungsprüfung der Biozid-Produkte, Pflanzenschutzmittel oder deren Anwendungsverfahren dienen,
2. § 15c Absatz 3 auf die Verwendung von Biozid-Produkten der Hauptgruppe 3 Schädlingsbekämpfungsmittel, die als akut toxisch Kategorie 1, 2 oder 3 eingestuft sind, wenn sich entsprechende Anforderungen bereits aus anderen Rechtsvorschriften ergeben,
3. §§ 15d und 15e auf Begasungen in vollautomatisch programmgesteuerten Sterilisatoren im medizinischen Bereich, die einem verfahrens- und stoffspezifischen Kriterium entsprechen, das nach § 20 Absatz 4 bekanntgegeben wurde,
4. § 15d Absatz 3 auf Begasungen, wenn diese durchgeführt werden
   a) im medizinischen Bereich oder
   b) innerhalb ortsfester Sterilisationskammern.

(2) Die Ausnahmen nach Absatz 1 gelten nicht für Biozid-Produkte soweit in der Zulassung des jeweiligen Biozid-Produkts etwas Anderes bestimmt ist.

Abschnitt 5
Verbote und Beschränkungen

§ 16 Herstellungs- und Verwendungsbeschränkungen

(1) Herstellungs- und Verwendungsbeschränkungen für bestimmte Stoffe, Gemische und Erzeugnisse ergeben sich aus Artikel 67 in

Verbindung mit Anhang XVII der Verordnung (EG) Nr. 1907/2006.

(2) Nach Maßgabe des Anhangs II bestehen weitere Herstellungs- und Verwendungsbeschränkungen für dort genannte Stoffe, Gemische und Erzeugnisse.

(3) Der Arbeitgeber darf in Heimarbeit beschäftigte Personen nur Tätigkeiten mit geringer Gefährdung im Sinne des § 6 Absatz 13 ausüben lassen.

§ 17 Nationale Ausnahmen von Beschränkungsregelungen nach der Verordnung (EG) Nr. 1907/2006

(1) Für am 1. Dezember 2010 bestehende Anlagen gelten die Beschränkungen nach Artikel 67 in Verbindung mit Anhang XVII Nummer 6 der Verordnung (EG) Nr. 1907/2006 bis zum 1. Juli 2025 nicht für das Verwenden chrysotilhaltiger Diaphragmen für die Chloralkalielektrolyse oder für das Verwenden von Chrysotil, das ausschließlich zur Wartung dieser Diaphragmen eingesetzt wird, wenn

1. keine asbestfreien Ersatzstoffe, Gemische oder Erzeugnisse auf dem Markt angeboten werden oder
2. die Verwendung der asbestfreien Ersatzstoffe, Gemische oder Erzeugnisse zu einer unzumutbaren Härte führen würde

und die Konzentration der Asbestfasern in der Luft am Arbeitsplatz unterhalb von 1000 Fasern je Kubikmeter liegt. Betreiber von Anlagen, die von der Regelung nach Satz 1 Gebrauch machen, übermitteln der Bundesstelle für Chemikalien bis zum 31. Januar eines jeden Kalenderjahres einen Bericht, aus dem die Menge an Chrysotil hervorgeht, die in Diaphragmen, die unter diese Ausnahmeregelung fallen, im Vorjahr verwendet wurde. Die Ergebnisse der Arbeitsplatzmessungen sind in den Bericht aufzunehmen. Die Bundesstelle für Chemikalien übermittelt der Europäischen Kommission eine Kopie des Berichts.

(2) Das Verwendungsverbot nach Artikel 67 in Verbindung mit Anhang XVII Nummer 16 und 17 der Verordnung (EG) Nr. 1907/2006 gilt nicht für die Verwendung der dort genannten Bleiverbindungen in Farben, die zur Erhaltung oder originalgetreuen Wiederherstellung von Kunstwerken und historischen Bestandteilen oder von Einrichtungen denkmalgeschützter Gebäude bestimmt sind, wenn die Verwendung von Ersatzstoffen nicht möglich ist.

Abschnitt 6 Vollzugsregelungen und Ausschuss für Gefahrstoffe

§ 18 Unterrichtung der Behörde

(1) Der Arbeitgeber hat der zuständigen Behörde unverzüglich anzuzeigen

1. jeden Unfall und jede Betriebsstörung, die bei Tätigkeiten mit Gefahrstoffen zu einer ernsten Gesundheitsschädigung von Beschäftigten geführt haben,
2. Krankheits- und Todesfälle, bei denen konkrete Anhaltspunkte dafür bestehen, dass sie durch die Tätigkeit mit Gefahrstoffen verursacht worden sind, mit der genauen Angabe der Tätigkeit und der Gefährdungsbeurteilung nach § 6.

Lassen sich die für die Anzeige nach Satz 1 erforderlichen Angaben gleichwertig aus Anzeigen nach anderen Rechtsvorschriften entnehmen, kann die Anzeigepflicht auch durch Übermittlung von Kopien dieser Anzeigen an die zuständige Behörde erfüllt werden. Der Arbeitgeber hat den betroffenen Beschäftigten oder ihrer Vertretung Kopien der Anzeigen nach Satz 1 oder Satz 2 zur Kenntnis zu geben.

(2) Unbeschadet des § 22 des Arbeitsschutzgesetzes hat der Arbeitgeber der zuständigen Behörde auf Verlangen Folgendes mitzuteilen:

1. das Ergebnis der Gefährdungsbeurteilung nach § 6 und die ihr zugrunde liegenden Informationen, einschließlich der Dokumentation der Gefährdungsbeurteilung,
2. die Tätigkeiten, bei denen Beschäftigte tatsächlich oder möglicherweise gegenüber Gefahrstoffen exponiert worden sind, und die Anzahl dieser Beschäftigten,
3. die nach § 13 des Arbeitsschutzgesetzes verantwortlichen Personen,

4. die durchgeführten Schutz- und Vorsorgemaßnahmen, einschließlich der Betriebsanweisungen.

(3) Der Arbeitgeber hat der zuständigen Behörde bei Tätigkeiten mit krebserzeugenden, keimzellmutagenen oder reproduktionstoxischen Gefahrstoffen der Kategorie 1A oder 1B zusätzlich auf Verlangen Folgendes mitzuteilen:

1. das Ergebnis der Substitutionsprüfung,
2. Informationen über
   a) ausgeübte Tätigkeiten und angewandte industrielle Verfahren und die Gründe für die Verwendung dieser Gefahrstoffe,
   b) die Menge der hergestellten oder verwendeten Gefahrstoffe,
   c) die Art der zu verwendenden Schutzausrüstung,
   d) Art und Ausmaß der Exposition,
   e) durchgeführte Substitutionen.

(4) Auf Verlangen der zuständigen Behörde ist die nach Anhang II der Verordnung (EG) Nr. 1907/2006 geforderte Fachkunde für die Erstellung von Sicherheitsdatenblättern nachzuweisen.

§ 19 Behördliche Ausnahmen, Anordnungen und Befugnisse

(1) Die zuständige Behörde kann auf schriftlichen oder elektronischen Antrag des Arbeitgebers Ausnahmen von den §§ 6 bis 15 zulassen, wenn die Anwendung dieser Vorschriften im Einzelfall zu einer unverhältnismäßigen Härte führen würde und die Abweichung mit dem Schutz der Beschäftigten vereinbar ist. Der Arbeitgeber hat der zuständigen Behörde im Antrag darzulegen:

1. den Grund für die Beantragung der Ausnahme,
2. die jährlich zu verwendende Menge des Gefahrstoffs,
3. die betroffenen Tätigkeiten und Verfahren,
4. die Zahl der voraussichtlich betroffenen Beschäftigten,
5. die geplanten Maßnahmen zur Gewährleistung des Gesundheitsschutzes und der Sicherheit der betroffenen Beschäftigten,
6. die technischen und organisatorischen Maßnahmen, die zur Verringerung oder Vermeidung einer Exposition der Beschäftigten ergriffen werden sollen.

(2) Eine Ausnahme nach Absatz 1 kann auch im Zusammenhang mit Verwaltungsverfahren nach anderen Rechtsvorschriften beantragt werden.

(3) Die zuständige Behörde kann unbeschadet des § 23 des Chemikaliengesetzes im Einzelfall Maßnahmen anordnen, die der Hersteller, Lieferant oder Arbeitgeber zu ergreifen hat, um die Pflichten nach den Abschnitten 2 bis 5 dieser Verordnung zu erfüllen; dabei kann sie insbesondere anordnen, dass der Arbeitgeber

1. die zur Bekämpfung besonderer Gefahren notwendigen Maßnahmen ergreifen muss,
2. festzustellen hat, ob und in welchem Umfang eine vermutete Gefahr tatsächlich besteht und welche Maßnahmen zur Bekämpfung der Gefahr ergriffen werden müssen,
3. die Arbeit, bei der die Beschäftigten gefährdet sind, einstellen zu lassen hat, wenn der Arbeitgeber die zur Bekämpfung der Gefahr angeordneten notwendigen Maßnahmen nicht unverzüglich oder nicht innerhalb der gesetzten Frist ergreift.

Bei Gefahr im Verzug können die Anordnungen auch gegenüber weisungsberechtigten Personen im Betrieb erlassen werden.

(4) Der zuständigen Behörde ist auf Verlangen ein Nachweis vorzulegen, dass die Gefährdungsbeurteilung fachkundig nach § 6 Absatz 9 erstellt wurde.

(5) Die zuständige Behörde kann dem Arbeitgeber untersagen, Tätigkeiten mit Gefahrstoffen auszuüben oder ausüben zu lassen, und insbesondere eine Stilllegung der betroffenen Arbeitsbereiche anordnen, wenn der Arbeitgeber der Mitteilungspflicht nach § 18 Absatz 2 Nummer 1 nicht nachkommt.

§ 19a Anerkennung ausländischer Qualifikationen

(1) Die zuständige Behörde erkennt auf Antrag an, dass eine ausländische Aus- oder Weiterbildung dem Erwerb einer Sachkunde im Sinne

12

von § 2 Absatz 17 gleichwertig ist, wenn durch sie Kenntnisse erlangt wurden, die den Sachkundeanforderungen der nach § 20 Absatz 4 bekanntgegebenen Regeln und Erkenntnissen entsprechen.

(2) Die Behörde entscheidet über die Gleichwertigkeit einer ausländischen Qualifikation auf Grundlage der ihr vorliegenden oder zusätzlich vom Antragsteller vorgelegten Nachweise. Die Nachweise sind in deutscher Sprache beizubringen. Die Gleichwertigkeit wird durch eine Bescheinigung bestätigt.

§ 20 Ausschuss für Gefahrstoffe

(1) Beim Bundesministerium für Arbeit und Soziales wird ein Ausschuss für Gefahrstoffe (AGS) gebildet, in dem geeignete Personen vonseiten der Arbeitgeber, der Gewerkschaften, der Landesbehörden, der gesetzlichen Unfallversicherung und weitere geeignete Personen, insbesondere aus der Wissenschaft, vertreten sein sollen. Die Gesamtzahl der Mitglieder soll 21 Personen nicht überschreiten. Für jedes Mitglied ist ein stellvertretendes Mitglied zu benennen. Die Mitgliedschaft im Ausschuss für Gefahrstoffe ist ehrenamtlich.

(2) Das Bundesministerium für Arbeit und Soziales beruft die Mitglieder des Ausschusses und die stellvertretenden Mitglieder. Der Ausschuss gibt sich eine Geschäftsordnung und wählt die Vorsitzende oder den Vorsitzenden aus seiner Mitte. Die Geschäftsordnung und die Wahl der oder des Vorsitzenden bedürfen der Zustimmung des Bundesministeriums für Arbeit und Soziales.

(3) Zu den Aufgaben des Ausschusses gehört es:

1. den Stand der Wissenschaft, Technik, Arbeitsmedizin und Arbeitshygiene sowie sonstige gesicherte Erkenntnisse für Tätigkeiten mit Gefahrstoffen einschließlich deren Einstufung und Kennzeichnung zu ermitteln und entsprechende Empfehlungen auszusprechen,
2. zu ermitteln, wie die in dieser Verordnung gestellten Anforderungen erfüllt werden können und dazu die dem jeweiligen Stand von Technik und Medizin entsprechenden Regeln und Erkenntnisse zu erarbeiten,
3. das Bundesministerium für Arbeit und Soziales in allen Fragen zu Gefahrstoffen und zur Chemikaliensicherheit zu beraten und
4. Arbeitsplatzgrenzwerte, biologische Grenzwerte und andere Beurteilungsmaßstäbe für Gefahrstoffe vorzuschlagen und regelmäßig zu überprüfen, wobei Folgendes zu berücksichtigen ist:
   a) bei der Festlegung der Grenzwerte und Beurteilungsmaßstäbe ist sicherzustellen, dass der Schutz der Gesundheit der Beschäftigten gewahrt ist,
   b) für jeden Stoff, für den ein Arbeitsplatzgrenzwert oder ein biologischer Grenzwert in Rechtsakten der Europäischen Union festgelegt worden ist, ist unter Berücksichtigung dieses Grenzwerts ein nationaler Grenzwert vorzuschlagen.

Das Arbeitsprogramm des Ausschusses für Gefahrstoffe wird mit dem Bundesministerium für Arbeit und Soziales abgestimmt, wobei die Letztentscheidungsbefugnis beim Bundesministerium für Arbeit und Soziales liegt. Der Ausschuss arbeitet eng mit den anderen Ausschüssen beim Bundesministerium für Arbeit und Soziales zusammen.

(4) Nach Prüfung kann das Bundesministerium für Arbeit und Soziales

1. die vom Ausschuss für Gefahrstoffe ermittelten Regeln und Erkenntnisse nach Absatz 3 Satz 1 Nummer 2 sowie die Arbeitsplatzgrenzwerte und Beurteilungsmaßstäbe nach Absatz 3 Satz 1 Nummer 4 im Gemeinsamen Ministerialblatt bekannt geben und
2. die Empfehlungen nach Absatz 3 Satz 1 Nummer 1 sowie die Beratungsergebnisse nach Absatz 3 Satz 1 Nummer 3 in geeigneter Weise veröffentlichen.

(5) Die Bundesministerien sowie die obersten Landesbehörden können zu den Sitzungen des Ausschusses Vertreterinnen oder Vertreter entsenden. Auf Verlangen ist diesen in der Sitzung das Wort zu erteilen.

(6) Die Bundesanstalt für Arbeitsschutz und Arbeitsmedizin führt die Geschäfte des Ausschusses.

Abschnitt 7
Ordnungswidrigkeiten, Straftaten und Übergangsvorschriften

§ 21 Chemikaliengesetz – Anzeigen

Ordnungswidrig im Sinne des § 26 Absatz 1 Nummer 8 Buchstabe b des Chemikaliengesetzes handelt, wer vorsätzlich oder fahrlässig

1. entgegen § 8 Absatz 8 in Verbindung mit Anhang I Nummer 2.4.2 Absatz 1 Satz 1 oder Absatz 2 eine Anzeige nicht, nicht richtig, nicht vollständig oder nicht rechtzeitig erstattet,
2. entgegen § 8 Absatz 8 in Verbindung mit Anhang I Nummer 5.4.2.3 Absatz 1 oder Absatz 2 eine Anzeige nicht, nicht richtig, nicht vollständig oder nicht rechtzeitig erstattet,
3. entgegen § 8 Absatz 8 in Verbindung mit Anhang I Nummer 5.4.2.3 Absatz 3 eine Änderung nicht oder nicht rechtzeitig anzeigt,
4. entgegen § 15d Absatz 3 Satz 1, § 15g Absatz 3 Satz 3 oder § 18 Absatz 1 eine Anzeige nicht, nicht richtig, nicht vollständig oder nicht rechtzeitig erstattet oder
5. entgegen § 18 Absatz 2 eine Mitteilung nicht, nicht richtig, nicht vollständig oder nicht rechtzeitig macht.

§ 22 Chemikaliengesetz – Tätigkeiten

(1) Ordnungswidrig im Sinne des § 26 Absatz 1 Nummer 8 Buchstabe b des Chemikaliengesetzes handelt, wer vorsätzlich oder fahrlässig

1. entgegen § 6 Absatz 8 Satz 1 eine Gefährdungsbeurteilung nicht, nicht richtig, nicht vollständig oder nicht rechtzeitig dokumentiert,
2. entgegen § 6 Absatz 12 Satz 1 ein Gefahrstoffverzeichnis nicht, nicht richtig oder nicht vollständig führt,
3. entgegen § 7 Absatz 1 eine Tätigkeit aufnehmen lässt,
4. entgegen § 7 Absatz 5 Satz 2 das Verwenden von belastender persönlicher Schutzausrüstung als Dauermaßnahme anwendet,
5. entgegen § 7 Absatz 7 Satz 1 die Funktion und die Wirksamkeit der technischen Schutzmaßnahmen nicht oder nicht rechtzeitig überprüft,
6. entgegen § 8 Absatz 2 Satz 3 eine Tätigkeit ausüben lässt,
7. entgegen § 8 Absatz 3 Satz 2 einen Bereich nicht oder nicht rechtzeitig einrichtet,
8. entgegen § 8 Absatz 5 Satz 3 Gefahrstoffe aufbewahrt oder lagert,
9. entgegen § 8 Absatz 8 in Verbindung mit Anhang I Nummer 2.4.2 Absatz 3 Satz 2 nicht dafür sorgt, dass eine weisungsbefugte sachkundige Person vor Ort tätig ist,
10. entgegen § 8 Absatz 8 in Verbindung mit Anhang I Nummer 2.4.4 Satz 1 einen Arbeitsplan nicht oder nicht rechtzeitig aufstellt,
11. entgegen § 8 Absatz 8 in Verbindung mit Anhang I Nummer 5.4.2.1 Absatz 2 Stoffe oder Gemische der Gruppe A lagert oder befördert,
12. entgegen § 8 Absatz 8 in Verbindung mit Anhang I Nummer 5.4.2.1 Absatz 3 brennbare Materialien lagert,
13. entgegen § 8 Absatz 8 in Verbindung mit Anhang I Nummer 5.4.2.2 Absatz 3 Stoffe oder Gemische nicht oder nicht rechtzeitig in Teilmengen unterteilt,
14. entgegen § 8 Absatz 8 in Verbindung mit Anhang I Nummer 5.4.2.3 Absatz 5 Stoffe oder Gemische lagert,
15. entgegen § 9 Absatz 3 Satz 2 oder § 9 Absatz 4 eine persönliche Schutzausrüstung nicht oder nicht rechtzeitig bereitstellt,

15a. entgegen § 9 Absatz 5 nicht gewährleistet, dass getrennte Aufbewahrungsmöglichkeiten zur Verfügung stehen,

16. entgegen § 10 Absatz 4 Satz 2 Schutzkleidung oder ein Atemschutzgerät nicht zur Verfügung stellt,
17. entgegen § 10 Absatz 5 Satz 1 abgesaugte Luft in einen Arbeitsbereich zurückführt,

18. entgegen § 11 Absatz 1 Satz 3 in Verbindung mit Anhang I Nummer 1.3 Absatz 2 Satz 1 das Rauchen oder die Verwendung von offenem Feuer oder offenem Licht nicht verbietet,
19. entgegen § 11 Absatz 1 Satz 3 in Verbindung mit Anhang I Nummer 1.5 Absatz 4 oder Nummer 1.6 Absatz 5 einen dort genannten Bereich nicht oder nicht richtig kennzeichnet,
19a. entgegen § 11 Absatz 4 Satz 2 in Verbindung mit Anhang III Nummer 2.3 Absatz 1 Satz 1 eine Tätigkeit mit einem organischen Peroxid ausüben lässt,
19b. entgegen § 11 Absatz 4 Satz 2 in Verbindung mit Anhang III Nummer 2.6 Satz 2 Buchstabe a nicht sicherstellt, dass ein dort genanntes Gebäude oder ein dort genannter Raum in Sicherheitsbauweise errichtet wird,
19c. entgegen § 11 Absatz 4 Satz 2 in Verbindung mit Anhang III Nummer 2.7 einen dort genannten Bereich nicht oder nicht rechtzeitig festlegt,
20. entgegen § 13 Absatz 2 Satz 1 eine dort genannte Maßnahme nicht oder nicht rechtzeitig ergreift,
21. entgegen § 13 Absatz 3 Satz 1 einen Beschäftigten nicht oder nicht rechtzeitig ausstattet,
22. entgegen § 13 Absatz 4 Warn- und sonstige Kommunikationseinrichtungen nicht zur Verfügung stellt,
23. entgegen § 13 Absatz 5 Satz 1 nicht sicherstellt, dass Informationen über Notfallmaßnahmen zur Verfügung stehen,
24. entgegen § 14 Absatz 1 Satz 1 nicht sicherstellt, dass den Beschäftigten eine schriftliche Betriebsanweisung in der vorgeschriebenen Weise zugänglich gemacht wird,
25. entgegen § 14 Absatz 2 Satz 1 nicht sicherstellt, dass die Beschäftigten über auftretende Gefährdungen und entsprechende Schutzmaßnahmen mündlich unterwiesen werden,
26. entgegen § 14 Absatz 3 Nummer 2 nicht oder nicht rechtzeitig sicherstellt, dass die Beschäftigten und ihre Vertretung unterrichtet und informiert werden,
27. entgegen § 14 Absatz 3 Nummer 3 nicht sicherstellt, dass ein aktualisiertes Verzeichnis geführt wird,
28. entgegen § 14 Absatz 3 Nummer 4 nicht sicherstellt, dass ein aktualisiertes Verzeichnis 40 Jahre nach Ende der Exposition aufbewahrt wird,
29. entgegen § 15c Absatz 3 Satz 1 ein Biozid-Produkt verwendet,
30. entgegen § 15d Absatz 4 Satz 2 Nummer 2 Buchstabe a nicht sicherstellt, dass die Begasung von einer dort genannten Person durchgeführt wird,
31. entgegen § 15d Absatz 4 Satz 2 Nummer 2 Buchstabe c nicht sicherstellt, dass neben dem Befähigungsscheininhaber eine weitere sachkundige Person anwesend ist, oder
32. entgegen § 15d Absatz 5 Nummer 1 einen Gefahrenbereich nicht oder nicht rechtzeitig sichert oder einen Gefahrenbereich freigibt.

(2) Wer durch eine in Absatz 1 bezeichnete Handlung das Leben oder die Gesundheit eines anderen oder fremde Sachen von bedeutendem Wert gefährdet, ist nach § 27 Absatz 2 bis 4 des Chemikaliengesetzes strafbar.

§ 23 (weggefallen)

§ 24 Chemikaliengesetz – Herstellungs- und Verwendungsbeschränkungen

(1) Ordnungswidrig im Sinne des § 26 Absatz 1 Nummer 7 Buchstabe a des Chemikaliengesetzes handelt, wer vorsätzlich oder fahrlässig

1. entgegen § 15a Absatz 2 Satz 1 ein Biozid-Produkt in den Fällen des § 15a Absatz 2 Satz 2 Nummer 2 oder 3 nicht richtig verwendet oder
2. entgegen § 16 Absatz 2 in Verbindung mit Anhang II Nummer 6 Absatz 1 einen dort aufgeführten Stoff verwendet.

(2) Nach § 27 Absatz 1 Nummer 1, Absatz 2 bis 4 des Chemikaliengesetzes wird bestraft, wer vorsätzlich oder fahrlässig

12

1. entgegen § 8 Absatz 8 in Verbindung mit Anhang I Nummer 2.4.2 Absatz 3 Satz 1 oder Absatz 4 Satz 1 Abbruch-, Sanierungs- oder Instandhaltungsarbeiten durchführt,
2. entgegen § 16 Absatz 2 in Verbindung mit Anhang II Nummer 1 Absatz 1 Satz 1 auch in Verbindung mit Satz 3 Arbeiten durchführt,
3. entgegen § 16 Absatz 2 in Verbindung mit Anhang II Nummer 1 Absatz 1 Satz 4 Überdeckungs-, Überbauungs-, Aufständerungs-, Reinigungs- oder Beschichtungsarbeiten durchführt,
4. entgegen § 16 Absatz 2 in Verbindung mit Anhang II Nummer 1 Absatz 1 Satz 5 asbesthaltige Gegenstände oder Materialien zu anderen Zwecken weiterverwendet,
5. entgegen § 16 Absatz 2 in Verbindung mit Anhang II Nummer 2 Absatz 1 die dort aufgeführten Stoffe oder Gemische herstellt,
6. entgegen § 16 Absatz 2 in Verbindung mit Anhang II Nummer 3 Absatz 1 die dort aufgeführten Erzeugnisse verwendet,
7. entgegen § 16 Absatz 2 in Verbindung mit Anhang II Nummer 4 Absatz 1, Absatz 3 Satz 1 oder Absatz 4 die dort aufgeführten Kühlschmierstoffe oder Korrosionsschutzmittel verwendet oder
8. entgegen § 16 Absatz 2 in Verbindung mit Anhang II Nummer 5 Absatz 1 die dort aufgeführten Stoffe, Gemische oder Erzeugnisse herstellt oder verwendet.

§ 25 Übergangsvorschriften

(1) Auf die Verwendung von Biozid-Produkten, die unter die Übergangsregelung des § 28 Absatz 8 des Chemikaliengesetzes fallen, finden folgende Vorschriften keine Anwendung soweit deren Erfüllung einer solchen Zulassung nach der Verordnung (EU) Nr. 528/2012 bedarf:

1. § 15a Absatz 2 Satz 2 Nummer 4,
2. § 15b Absatz 1 Nummer 2 Buchstabe a und Absatz 3,
3. § 15c Absatz 1 Nummer 2.

Für diese Biozid-Produkte sind bis zur Erteilung einer Zulassung die entsprechenden nach § 20 Absatz 4 bekanntgegebenen Regeln und Erkenntnisse zu berücksichtigen.

(2) Für eine Verwendung von Biozid-Produkten nach § 15c Absatz 1, die bis zum 30. September 2021 ohne Sachkunde ausgeübt werden konnte, ist die Sachkunde spätestens bis zum 28. Juli 2025 nachzuweisen.

12

13

Gesetz zum Schutze der arbeitenden Jugend (Jugendarbeitsschutzgesetz – JArbSchG)

Vom 12. April 1976 (BGBl. I S. 965)

Zuletzt geändert durch
Gesetz zur Umsetzung der Richtlinie (EU) 2019/882 des Europäischen Parlaments und des Rates über die Barrierefreiheitsanforderungen für Produkte und Dienstleistungen und zur Änderung anderer Gesetze
vom 16. Juli 2021 (BGBl. I S. 2970)

Erster Abschnitt Allgemeine Vorschriften

§ 1 Geltungsbereich

(1) Dieses Gesetz gilt in der Bundesrepublik Deutschland und in der ausschließlichen Wirtschaftszone für die Beschäftigung von Personen, die noch nicht 18 Jahre alt sind,

1. in der Berufsausbildung,
2. als Arbeitnehmer oder Heimarbeiter,
3. mit sonstigen Dienstleistungen, die der Arbeitsleistung von Arbeitnehmern oder Heimarbeitern ähnlich sind,
4. in einem der Berufsausbildung ähnlichen Ausbildungsverhältnis.

(2) Dieses Gesetz gilt nicht

1. für geringfügige Hilfeleistungen, soweit sie gelegentlich
   a) aus Gefälligkeit,
   b) auf Grund familienrechtlicher Vorschriften,
   c) in Einrichtungen der Jugendhilfe,
   d) in Einrichtungen zur Eingliederung Behinderter

   erbracht werden,
2. für die Beschäftigung durch die Personensorgeberechtigten im Familienhaushalt.

§ 2 Kind, Jugendlicher

(1) Kind im Sinne dieses Gesetzes ist, wer noch nicht 15 Jahre alt ist.

(2) Jugendlicher im Sinne dieses Gesetzes ist, wer 15, aber noch nicht 18 Jahre alt ist.

(3) Auf Jugendliche, die der Vollzeitschulpflicht unterliegen, finden die für Kinder geltenden Vorschriften Anwendung.

§ 3 Arbeitgeber

Arbeitgeber im Sinne dieses Gesetzes ist, wer ein Kind oder einen Jugendlichen gemäß § 1 beschäftigt.

§ 4 Arbeitszeit

(1) Tägliche Arbeitszeit ist die Zeit vom Beginn bis zum Ende der täglichen Beschäftigung ohne die Ruhepausen (§ 11).

(2) Schichtzeit ist die tägliche Arbeitszeit unter Hinzurechnung der Ruhepausen (§ 11).

(3) Im Bergbau unter Tage gilt die Schichtzeit als Arbeitszeit. Sie wird gerechnet vom Betreten des Förderkorbes bei der Einfahrt bis zum Verlassen des Förderkorbes bei der Ausfahrt oder vom Eintritt des einzelnen Beschäftigten in das Stollenmundloch bis zu seinem Wiederaustritt.

(4) Für die Berechnung der wöchentlichen Arbeitszeit ist als Woche die Zeit von Montag bis einschließlich Sonntag zugrunde zu legen. Die Arbeitszeit, die an einem Werktag infolge eines gesetzlichen Feiertags ausfällt, wird auf die wöchentliche Arbeitszeit angerechnet.

(5) Wird ein Kind oder ein Jugendlicher von mehreren Arbeitgebern beschäftigt, so werden die Arbeits- und Schichtzeiten sowie die Arbeitstage zusammengerechnet.

Zweiter Abschnitt Beschäftigung von Kindern

§ 5 Verbot der Beschäftigung von Kindern

(1) Die Beschäftigung von Kindern (§ 2 Abs. 1) ist verboten.

(2) Das Verbot des Absatzes 1 gilt nicht für die Beschäftigung von Kindern

1. zum Zwecke der Beschäftigungs- und Arbeitstherapie,
2. im Rahmen des Betriebspraktikums während der Vollzeitschulpflicht,
3. in Erfüllung einer richterlichen Weisung.

Auf die Beschäftigung finden § 7 Satz 1 Nr. 2 und die §§ 9 bis 46 entsprechende Anwendung.

(3) Das Verbot des Absatzes 1 gilt ferner nicht für die Beschäftigung von Kindern über 13 Jahre mit Einwilligung des Personensorgeberechtigten, soweit die Beschäftigung leicht und für Kinder geeignet ist. Die Beschäftigung ist leicht, wenn sie auf Grund ihrer Beschaffenheit und der besonderen Bedingungen, unter denen sie ausgeführt wird,

1. die Sicherheit, Gesundheit und Entwicklung der Kinder,
2. ihren Schulbesuch, ihre Beteiligung an Maßnahmen zur Berufswahlvorbereitung oder Berufsausbildung, die von der zuständigen Stelle anerkannt sind, und
3. ihre Fähigkeit, dem Unterricht mit Nutzen zu folgen,

nicht nachteilig beeinflußt. Die Kinder dürfen nicht mehr als zwei Stunden täglich, in landwirtschaftlichen Familienbetrieben nicht mehr als drei Stunden täglich, nicht zwischen 18 und 8 Uhr, nicht vor dem Schulunterricht und nicht während des Schulunterrichts beschäftigt werden. Auf die Beschäftigung finden die §§ 15 bis 31 entsprechende Anwendung.

(4) Das Verbot des Absatzes 1 gilt ferner nicht für die Beschäftigung von Jugendlichen (§ 2 Abs. 3) während der Schulferien für höchstens vier Wochen im Kalenderjahr. Auf die Beschäftigung finden die §§ 8 bis 31 entsprechende Anwendung.

(4a) Die Bundesregierung hat durch Rechtsverordnung mit Zustimmung des Bundesrates die Beschäftigung nach Absatz 3 näher zu bestimmen.

(4b) Der Arbeitgeber unterrichtet die Personensorgeberechtigten der von ihm beschäftigten Kinder über mögliche Gefahren sowie über alle zu ihrer Sicherheit und ihrem Gesundheitsschutz getroffenen Maßnahmen.

(5) Für Veranstaltungen kann die Aufsichtsbehörde Ausnahmen gemäß § 6 bewilligen.

§ 6 Behördliche Ausnahmen für Veranstaltungen

(1) Die Aufsichtsbehörde kann auf Antrag bewilligen, daß

1. bei Theatervorstellungen Kinder über sechs Jahre bis zu vier Stunden täglich in der Zeit von 10 bis 23 Uhr,
2. bei Musikaufführungen und anderen Aufführungen, bei Werbeveranstaltungen sowie bei Aufnahmen im Rundfunk (Hörfunk und Fernsehen), auf Ton- und Bildträger sowie bei Film- und Fotoaufnahmen
   a) Kinder über drei bis sechs Jahre bis zu zwei Stunden täglich in der Zeit von 8 bis 17 Uhr,
   b) Kinder über sechs Jahre bis zu drei Stunden täglich in der Zeit von 8 bis 22 Uhr

gestaltend mitwirken und an den erforderlichen Proben teilnehmen. Eine Ausnahme darf nicht bewilligt werden für die Mitwirkung in Kabaretts, Tanzlokalen und ähnlichen Betrieben sowie auf Vergnügungsparks, Kirmessen, Jahrmärkten und bei ähnlichen Veranstaltungen, Schaustellungen oder Darbietungen.

(2) Die Aufsichtsbehörde darf nach Anhörung des zuständigen Jugendamtes die Beschäftigung nur bewilligen, wenn

1. die Personensorgeberechtigten in die Beschäftigung schriftlich eingewilligt haben,
2. der Aufsichtsbehörde eine nicht länger als vor drei Monaten ausgestellte ärztliche Bescheinigung vorgelegt wird, nach der gesundheitliche Bedenken gegen die Beschäftigung nicht bestehen,
3. die erforderlichen Vorkehrungen und Maßnahmen zum Schutze des Kindes gegen Gefahren für Leben und Gesundheit sowie zur Vermeidung einer Beeinträchtigung der körperlichen oder seelisch-geistigen Entwicklung getroffen sind,

4. Betreuung und Beaufsichtigung des Kindes bei der Beschäftigung sichergestellt sind,
5. nach Beendigung der Beschäftigung eine ununterbrochene Freizeit von mindestens 14 Stunden eingehalten wird,
6. das Fortkommen in der Schule nicht beeinträchtigt wird.

(3) Die Aufsichtsbehörde bestimmt,

1. wie lange, zu welcher Zeit und an welchem Tage das Kind beschäftigt werden darf,
2. Dauer und Lage der Ruhepausen,
3. die Höchstdauer des täglichen Aufenthalts an der Beschäftigungsstätte.

(4) Die Entscheidung der Aufsichtsbehörde ist dem Arbeitgeber schriftlich bekanntzugeben. Er darf das Kind erst nach Empfang des Bewilligungsbescheides beschäftigen.

§ 7 Beschäftigung von nicht vollzeitschulpflichtigen Kindern

Kinder, die der Vollzeitschulpflicht nicht mehr unterliegen, dürfen

1. im Berufsausbildungsverhältnis,
2. außerhalb eines Berufsausbildungsverhältnisses nur mit leichten und für sie geeigneten Tätigkeiten bis zu sieben Stunden täglich und 35 Stunden wöchentlich

beschäftigt werden. Auf die Beschäftigung finden die §§ 8 bis 46 entsprechende Anwendung.

Dritter Abschnitt
Beschäftigung Jugendlicher

Erster Titel
Arbeitszeit und Freizeit

§ 8 Dauer der Arbeitszeit

(1) Jugendliche dürfen nicht mehr als acht Stunden täglich und nicht mehr als 40 Stunden wöchentlich beschäftigt werden.

(2) Wenn in Verbindung mit Feiertagen an Werktagen nicht gearbeitet wird, damit die Beschäftigten eine längere zusammenhängende Freizeit haben, so darf die ausfallende Arbeitszeit auf die Werktage von fünf zusammenhängenden, die Ausfalltage einschließenden Wochen nur dergestalt verteilt werden, daß die Wochenarbeitszeit im Durchschnitt dieser fünf Wochen 40 Stunden nicht überschreitet. Die tägliche Arbeitszeit darf hierbei achteinhalb Stunden nicht überschreiten.

(2a) Wenn an einzelnen Werktagen die Arbeitszeit auf weniger als acht Stunden verkürzt ist, können Jugendliche an den übrigen Werktagen derselben Woche achteinhalb Stunden beschäftigt werden.

(3) In der Landwirtschaft dürfen Jugendliche über 16 Jahre während der Erntezeit nicht mehr als neun Stunden täglich und nicht mehr als 85 Stunden in der Doppelwoche beschäftigt werden.

§ 9 Berufsschule

(1) Der Arbeitgeber hat den Jugendlichen für die Teilnahme am Berufsschulunterricht freizustellen. Er darf den Jugendlichen nicht beschäftigen

1. vor einem vor 9 Uhr beginnenden Unterricht; dies gilt auch für Personen, die über 18 Jahre alt und noch berufsschulpflichtig sind,
2. an einem Berufsschultag mit mehr als fünf Unterrichtsstunden von mindestens je 45 Minuten, einmal in der Woche,
3. in Berufsschulwochen mit einem planmäßigen Blockunterricht von mindestens 25 Stunden an mindestens fünf Tagen; zusätzliche betriebliche Ausbildungsveranstaltungen bis zu zwei Stunden wöchentlich sind zulässig.

(2) Auf die Arbeitszeit des Jugendlichen werden angerechnet

1. Berufsschultage nach Absatz 1 Satz 2 Nummer 2 mit der durchschnittlichen täglichen Arbeitszeit
2. Berufsschulwochen nach Absatz 1 Satz 2 Nummer 3 mit der durchschnittlichen wöchentlichen Arbeitszeit,
3. im Übrigen die Unterrichtszeit einschließlich der Pausen.

(3) Ein Entgeltausfall darf durch den Besuch der Berufsschule nicht eintreten.

(4) Absatz 3 gilt nicht für den Bergbau unter Tage.

§ 10 Prüfungen und außerbetriebliche Ausbildungsmaßnahmen

(1) Der Arbeitgeber hat den Jugendlichen

1. für die Teilnahme an Prüfungen und Ausbildungsmaßnahmen, die auf Grund öffentlich-rechtlicher oder vertraglicher Bestimmungen außerhalb der Ausbildungsstätte durchzuführen sind,
2. an dem Arbeitstag, der der schriftlichen Abschlußprüfung unmittelbar vorangeht,

freizustellen.

(2) Auf die Arbeitszeit des Jugendlichen werden angerechnet

1. die Freistellung nach Absatz 1 Nr. 1 mit der Zeit der Teilnahme einschließlich der Pausen,
2. die Freistellung nach Absatz 1 Nr. 2 mit der durchschnittlichen täglichen Arbeitszeit.

Ein Entgeltausfall darf nicht eintreten.

§ 11 Ruhepausen, Aufenthaltsräume

(1) Jugendlichen müssen im voraus feststehende Ruhepausen von angemessener Dauer gewährt werden. Die Ruhepausen müssen mindestens betragen

1. 30 Minuten bei einer Arbeitszeit von mehr als viereinhalb bis zu sechs Stunden,
2. 60 Minuten bei einer Arbeitszeit von mehr als sechs Stunden.

Als Ruhepause gilt nur eine Arbeitsunterbrechung von mindestens 15 Minuten.

(2) Die Ruhepausen müssen in angemessener zeitlicher Lage gewährt werden, frühestens eine Stunde nach Beginn und spätestens eine Stunde vor Ende der Arbeitszeit. Länger als viereinhalb Stunden hintereinander dürfen Jugendliche nicht ohne Ruhepause beschäftigt werden.

(3) Der Aufenthalt während der Ruhepausen in Arbeitsräumen darf dem Jugendlichen nur gestattet werden, wenn die Arbeit in diesen Räumen während dieser Zeit eingestellt ist und auch sonst die notwendige Erholung nicht beeinträchtigt wird.

§ 12 Schichtzeit

Bei der Beschäftigung Jugendlicher darf die Schichtzeit (§ 4 Abs. 2) 10 Stunden, im Bergbau unter Tage 8 Stunden, im Gaststättengewerbe, in der Landwirtschaft, in der Tierhaltung, auf Bau- und Montagestellen 11 Stunden nicht überschreiten.

§ 13 Tägliche Freizeit

Nach Beendigung der täglichen Arbeitszeit dürfen Jugendliche nicht vor Ablauf einer ununterbrochenen Freizeit von mindestens 12 Stunden beschäftigt werden.

§ 14 Nachtruhe

(1) Jugendliche dürfen nur in der Zeit von 6 bis 20 Uhr beschäftigt werden.

(2) Jugendliche über 16 Jahre dürfen

1. im Gaststätten- und Schaustellergewerbe bis 22 Uhr,
2. in mehrschichtigen Betrieben bis 23 Uhr,
3. in der Landwirtschaft ab 5 Uhr oder bis 21 Uhr,
4. in Bäckereien und Konditoreien ab 5 Uhr

beschäftigt werden.

(3) Jugendliche über 17 Jahre dürfen in Bäckereien ab 4 Uhr beschäftigt werden.

(4) An dem einem Berufsschultag unmittelbar vorangehenden Tag dürfen Jugendliche auch nach Absatz 2 Nr. 1 bis 3 nicht nach 20 Uhr beschäftigt werden, wenn der Berufsschulunterricht am Berufsschultag vor 9 Uhr beginnt.

(5) Nach vorheriger Anzeige an die Aufsichtsbehörde dürfen in Betrieben, in denen die übliche Arbeitszeit aus verkehrstechnischen Gründen nach 20 Uhr endet, Jugendliche bis 21 Uhr beschäftigt werden, soweit sie hierdurch unnötige Wartezeiten vermeiden können. Nach vorheriger Anzeige an die Aufsichtsbehörde dürfen ferner in mehrschichtigen Betrieben Jugendliche über 16 Jahre ab 5.30 Uhr oder bis 23.30 Uhr beschäftigt werden, soweit sie hierdurch unnötige Wartezeiten vermeiden können.

(6) Jugendliche dürfen in Betrieben, in denen die Beschäftigten in außergewöhnlichem Grade der Einwirkung von Hitze ausgesetzt sind, in der warmen Jahreszeit ab 5 Uhr beschäftigt werden. Die Jugendlichen sind berechtigt, sich vor Beginn der Beschäftigung und danach in regelmäßigen Zeitabständen arbeitsmedizinisch untersuchen zu lassen. Die Kosten der Untersuchungen hat der Arbeitgeber zu tragen, sofern er diese nicht kostenlos durch einen Betriebsarzt oder einen überbetrieblichen Dienst von Betriebsärzten anbietet.

(7) Jugendliche dürfen bei Musikaufführungen, Theatervorstellungen und anderen Aufführungen, bei Aufnahmen im Rundfunk (Hörfunk und Fernsehen), auf Ton- und Bildträger sowie bei Film- und Fotoaufnahmen bis 23 Uhr gestaltend mitwirken. Eine Mitwirkung ist nicht zulässig bei Veranstaltungen, Schaustellungen oder Darbietungen, bei denen die Anwesenheit Jugendlicher nach den Vorschriften des Jugendschutzgesetzes verboten ist. Nach Beendigung der Tätigkeit dürfen Jugendliche nicht vor Ablauf einer ununterbrochenen Freizeit von mindestens 14 Stunden beschäftigt werden. Die Sätze 1 bis 3 gelten entsprechend auch für die Tätigkeit von Jugendlichen als Sportler im Rahmen von Sportveranstaltungen.

§ 15 Fünf-Tage-Woche

Jugendliche dürfen nur an fünf Tagen in der Woche beschäftigt werden. Die beiden wöchentlichen Ruhetage sollen nach Möglichkeit aufeinander folgen.

§ 16 Samstagsruhe

(1) An Samstagen dürfen Jugendliche nicht beschäftigt werden.

(2) Zulässig ist die Beschäftigung Jugendlicher an Samstagen nur

1. in Krankenanstalten sowie in Alten-, Pflege- und Kinderheimen,
2. in offenen Verkaufsstellen, in Betrieben mit offenen Verkaufsstellen, in Bäckereien und Konditoreien, im Friseurhandwerk und im Marktverkehr,
3. im Verkehrswesen,
4. in der Landwirtschaft und Tierhaltung,
5. im Familienhaushalt,
6. im Gaststätten- und Schaustellergewerbe,
7. bei Musikaufführungen, Theatervorstellungen und anderen Aufführungen, bei Aufnahmen im Rundfunk (Hörfunk und Fernsehen), auf Ton- und Bildträger sowie bei Film- und Fotoaufnahmen,
8. bei außerbetrieblichen Ausbildungsmaßnahmen,
9. beim Sport,
10. im ärztlichen Notdienst,
11. in Reparaturwerkstätten für Kraftfahrzeuge.

Mindestens zwei Samstage im Monat sollen beschäftigungsfrei bleiben.

(3) Werden Jugendliche am Samstag beschäftigt, ist ihnen die Fünf-Tage-Woche (§ 15) durch Freistellung an einem anderen berufsschulfreien Arbeitstag derselben Woche sicherzustellen. In Betrieben mit einem Betriebsruhetag in der Woche kann die Freistellung auch an diesem Tage erfolgen, wenn die Jugendlichen an diesem Tage keinen Berufsschulunterricht haben.

(4) Können Jugendliche in den Fällen des Absatzes 2 Nr. 2 am Samstag nicht acht Stunden beschäftigt werden, kann der Unterschied zwischen der tatsächlichen und der nach § 8 Abs. 1 höchstzulässigen Arbeitszeit an dem Tage bis 13 Uhr ausgeglichen werden, an dem die Jugendlichen nach Absatz 3 Satz 1 freizustellen sind.

§ 17 Sonntagsruhe

(1) An Sonntagen dürfen Jugendliche nicht beschäftigt werden.

(2) Zulässig ist die Beschäftigung Jugendlicher an Sonntagen nur

1. in Krankenanstalten sowie in Alten-, Pflege- und Kinderheimen,
2. in der Landwirtschaft und Tierhaltung mit Arbeiten, die auch an Sonn- und Feiertagen naturnotwendig vorgenommen werden müssen,

3. im Familienhaushalt, wenn der Jugendliche in die häusliche Gemeinschaft aufgenommen ist,
4. im Schaustellergewerbe,
5. bei Musikaufführungen, Theatervorstellungen und anderen Aufführungen sowie bei Direktsendungen im Rundfunk (Hörfunk und Fernsehen),
6. beim Sport,
7. im ärztlichen Notdienst,
8. im Gaststättengewerbe.

Jeder zweite Sonntag soll, mindestens zwei Sonntage im Monat müssen beschäftigungsfrei bleiben.

(3) Werden Jugendliche am Sonntag beschäftigt, ist ihnen die Fünf-Tage-Woche (§ 15) durch Freistellung an einem anderen berufsschulfreien Arbeitstag derselben Woche sicherzustellen. In Betrieben mit einem Betriebsruhetag in der Woche kann die Freistellung auch an diesem Tage erfolgen, wenn die Jugendlichen an diesem Tage keinen Berufsschulunterricht haben.

§ 18 Feiertagsruhe

(1) Am 24. und 31. Dezember nach 14 Uhr und an gesetzlichen Feiertagen dürfen Jugendliche nicht beschäftigt werden.

(2) Zulässig ist die Beschäftigung Jugendlicher an gesetzlichen Feiertagen in den Fällen des § 17 Abs. 2, ausgenommen am 25. Dezember, am 1. Januar, am ersten Osterfeiertag und am 1. Mai.

(3) Für die Beschäftigung an einem gesetzlichen Feiertag, der auf einen Werktag fällt, ist der Jugendliche an einem anderen berufsschulfreien Arbeitstag derselben oder der folgenden Woche freizustellen. In Betrieben mit einem Betriebsruhetag in der Woche kann die Freistellung auch an diesem Tage erfolgen, wenn die Jugendlichen an diesem Tage keinen Berufsschulunterricht haben.

§ 19 Urlaub

(1) Der Arbeitgeber hat Jugendlichen für jedes Kalenderjahr einen bezahlten Erholungsurlaub zu gewähren.

(2) Der Urlaub beträgt jährlich

1. mindestens 30 Werktage, wenn der Jugendliche zu Beginn des Kalenderjahres noch nicht 16 Jahre alt ist,
2. mindestens 27 Werktage, wenn der Jugendliche zu Beginn des Kalenderjahres noch nicht 17 Jahre alt ist,
3. mindestens 25 Werktage, wenn der Jugendliche zu Beginn des Kalenderjahres noch nicht 18 Jahre alt ist.

Jugendliche, die im Bergbau unter Tage beschäftigt werden, erhalten in jeder Altersgruppe einen zusätzlichen Urlaub von drei Werktagen.

(3) Der Urlaub soll Berufsschülern in der Zeit der Berufsschulferien gegeben werden. Soweit er nicht in den Berufsschulferien gegeben wird, ist für jeden Berufsschultag, an dem die Berufsschule während des Urlaubs besucht wird, ein weiterer Urlaubstag zu gewähren.

(4) Im übrigen gelten für den Urlaub der Jugendlichen § 3 Abs. 2, §§ 4 bis 12 und § 13 Abs. 3 des Bundesurlaubsgesetzes. Der Auftraggeber oder Zwischenmeister hat jedoch abweichend von § 12 Nr. 1 des Bundesurlaubsgesetzes den jugendlichen Heimarbeitern für jedes Kalenderjahr einen bezahlten Erholungsurlaub entsprechend Absatz 2 zu gewähren; das Urlaubsentgelt der jugendlichen Heimarbeiter beträgt bei einem Urlaub von 30 Werktagen 11,6 vom Hundert, bei einem Urlaub von 27 Werktagen 10,3 vom Hundert und bei einem Urlaub von 25 Werktagen 9,5 vom Hundert.

§ 20 Binnenschifffahrt

(1) In der Binnenschifffahrt gelten folgende Abweichungen:

1. Abweichend von § 12 darf die Schichtzeit Jugendlicher über 16 Jahre während der Fahrt bis auf 14 Stunden täglich ausgedehnt werden, wenn ihre Arbeitszeit sechs Stunden täglich nicht überschreitet. Ihre tägliche Freizeit kann abweichend von § 13 der Ausdehnung der Schichtzeit entsprechend bis auf 10 Stunden verkürzt werden.
2. Abweichend von § 14 Abs. 1 dürfen Jugendliche über 16 Jahre während der Fahrt bis 22 Uhr beschäftigt werden.

3. Abweichend von §§ 15, 16 Abs. 1, § 17 Abs. 1 und § 18 Abs. 1 dürfen Jugendliche an jedem Tag der Woche beschäftigt werden, jedoch nicht am 24. Dezember, an den Weihnachtsfeiertagen, am 31. Dezember, am 1. Januar, an den Osterfeiertagen und am 1. Mai. Für die Beschäftigung an einem Samstag, Sonntag und an einem gesetzlichen Feiertag, der auf einen Werktag fällt, ist ihnen je ein freier Tag zu gewähren. Diese freien Tage sind den Jugendlichen in Verbindung mit anderen freien Tagen zu gewähren, spätestens, wenn ihnen 10 freie Tage zustehen.

(2) In der gewerblichen Binnenschifffahrt hat der Arbeitgeber Aufzeichnungen nach Absatz 3 über die tägliche Arbeits- oder Freizeit jedes Jugendlichen zu führen, um eine Kontrolle der Einhaltung der §§ 8 bis 21a dieses Gesetzes zu ermöglichen. Die Aufzeichnungen sind in geeigneten Zeitabständen, spätestens bis zum nächsten Monatsende, gemeinsam vom Arbeitgeber oder seinem Vertreter und von dem Jugendlichen zu prüfen und zu bestätigen. Im Anschluss müssen die Aufzeichnungen für mindestens zwölf Monate an Bord aufbewahrt werden und dem Jugendlichen ist eine Kopie der bestätigten Aufzeichnungen auszuhändigen. Der Jugendliche hat die Kopien daraufhin zwölf Monate für eine Kontrolle bereitzuhalten.

(3) Die Aufzeichnungen nach Absatz 2 müssen mindestens folgende Angaben enthalten:

1. Name des Schiffes,
2. Name des Jugendlichen,
3. Name des verantwortlichen Schiffsführers,
4. Datum des jeweiligen Arbeits- oder Ruhetages,
5. für jeden Tag der Beschäftigung, ob es sich um einen Arbeits- oder um einen Ruhetag handelt sowie
6. Beginn und Ende der täglichen Arbeitszeit oder der täglichen Freizeit.

§ 21 Ausnahmen in besonderen Fällen

(1) Die §§ 8 und 11 bis 18 finden keine Anwendung auf die Beschäftigung Jugendlicher mit vorübergehenden und unaufschiebbaren Arbeiten in Notfällen, soweit erwachsene Beschäftigte nicht zur Verfügung stehen.

(2) Wird in den Fällen des Absatzes 1 über die Arbeitszeit des § 8 hinaus Mehrarbeit geleistet, so ist sie durch entsprechende Verkürzung der Arbeitszeit innerhalb der folgenden drei Wochen anzugleichen.

§ 21a Abweichende Regelungen

(1) In einem Tarifvertrag oder auf Grund eines Tarifvertrages in einer Betriebsvereinbarung kann zugelassen werden

1. abweichend von den §§ 8, 15, 16 Abs. 3 und 4, § 17 Abs. 3 und § 18 Abs. 3 die Arbeitszeit bis zu neun Stunden täglich, 44 Stunden wöchentlich und bis zu fünfeinhalb Tagen in der Woche anders zu verteilen, jedoch nur unter Einhaltung einer durchschnittlichen Wochenarbeitszeit von 40 Stunden in einem Ausgleichszeitraum von zwei Monaten,
2. abweichend von § 11 Abs. 1 Satz 2 Nr. 2 und Abs. 2 die Ruhepausen bis zu 15 Minuten zu kürzen und die Lage der Pausen anders zu bestimmen,
3. abweichend von § 12 die Schichtzeit mit Ausnahme des Bergbaus unter Tage bis zu einer Stunde täglich zu verlängern,
4. abweichend von § 16 Abs. 1 und 2 Jugendliche an 26 Samstagen im Jahr oder an jedem Samstag zu beschäftigen, wenn statt dessen der Jugendliche an einem anderen Werktag derselben Woche von der Beschäftigung freigestellt wird,
5. abweichend von den §§ 15, 16 Abs. 3 und 4, § 17 Abs. 3 und § 18 Abs. 3 Jugendliche bei einer Beschäftigung an einem Samstag oder an einem Sonn- oder Feiertag unter vier Stunden an einem anderen Arbeitstag derselben oder der folgenden Woche vor- oder nachmittags von der Beschäftigung freizustellen,
6. abweichend von § 17 Abs. 2 Satz 2 Jugendliche im Gaststätten- und Schaustellergewerbe sowie in der Landwirtschaft während der Saison oder der Erntezeit an drei Sonntagen im Monat zu beschäftigen.

(2) Im Geltungsbereich eines Tarifvertrages nach Absatz 1 kann die abweichende tarifvertragliche Regelung im Betrieb eines nicht tarifgebundenen Arbeitgebers durch Betriebsvereinbarung oder, wenn ein Betriebsrat nicht besteht, durch schriftliche Vereinbarung zwischen dem Arbeitgeber und dem Jugendlichen übernommen werden.

(3) Die Kirchen und die öffentlich-rechtlichen Religionsgesellschaften können die in Absatz 1 genannten Abweichungen in ihren Regelungen vorsehen.

§ 21b Ermächtigung

Das Bundesministerium für Arbeit und Soziales kann im Interesse der Berufsausbildung oder der Zusammenarbeit von Jugendlichen und Erwachsenen durch Rechtsverordnung mit Zustimmung des Bundesrates Ausnahmen von den Vorschriften

1. des § 8, der §§ 11 und 12, der §§ 15 und 16, des § 17 Abs. 2 und 3 sowie des § 18 Abs. 3 im Rahmen des § 21a Abs. 1,
2. des § 14, jedoch nicht vor 5 Uhr und nicht nach 23 Uhr, sowie
3. des § 17 Abs. 1 und des § 18 Abs. 1 an höchstens 26 Sonn- und Feiertagen im Jahr

zulassen, soweit eine Beeinträchtigung der Gesundheit oder der körperlichen oder seelisch-geistigen Entwicklung der Jugendlichen nicht zu befürchten ist.

Zweiter Titel
Beschäftigungsverbote und -beschränkungen

§ 22 Gefährliche Arbeiten

(1) Jugendliche dürfen nicht beschäftigt werden

1. mit Arbeiten, die ihre Leistungsfähigkeit übersteigen,
2. mit Arbeiten, bei denen sie sittlichen Gefahren ausgesetzt sind,
3. mit Arbeiten, die mit Unfallgefahren verbunden sind, von denen anzunehmen ist, daß Jugendliche sie wegen mangelnden Sicherheitsbewußtseins oder mangelnder Erfahrung nicht erkennen oder nicht abwenden können,
4. mit Arbeiten, bei denen ihre Gesundheit durch außergewöhnliche Hitze oder Kälte oder starke Nässe gefährdet wird,
5. mit Arbeiten, bei denen sie schädlichen Einwirkungen von Lärm, Erschütterungen oder Strahlen ausgesetzt sind,
6. mit Arbeiten, bei denen sie schädlichen Einwirkungen von Gefahrstoffen im Sinne der Gefahrstoffverordnung ausgesetzt sind,
7. mit Arbeiten, bei denen sie schädlichen Einwirkungen von biologischen Arbeitsstoffen im Sinne der Biostoffverordnung ausgesetzt sind.

(2) Absatz 1 Nr. 3 bis 7 gilt nicht für die Beschäftigung Jugendlicher, soweit

1. dies zur Erreichung ihres Ausbildungszieles erforderlich ist,
2. ihr Schutz durch die Aufsicht eines Fachkundigen gewährleistet ist und
3. der Luftgrenzwert bei gefährlichen Stoffen (Absatz 1 Nr. 6) unterschritten wird.

Satz 1 findet keine Anwendung auf gezielte Tätigkeiten mit biologischen Arbeitsstoffen der Risikogruppen 3 und 4 im Sinne der Biostoffverordnung sowie auf nicht gezielte Tätigkeiten, die nach der Biostoffverordnung der Schutzstufe 3 oder 4 zuzuordnen sind.

(3) Werden Jugendliche in einem Betrieb beschäftigt, für den ein Betriebsarzt oder eine Fachkraft für Arbeitssicherheit verpflichtet ist, muß ihre betriebsärztliche oder sicherheitstechnische Betreuung sichergestellt sein.

§ 23 Akkordarbeit; tempoabhängige Arbeiten

(1) Jugendliche dürfen nicht beschäftigt werden

1. mit Akkordarbeit und sonstigen Arbeiten, bei denen durch ein gesteigertes Arbeitstempo ein höheres Entgelt erzielt werden kann,
2. in einer Arbeitsgruppe mit erwachsenen Arbeitnehmern, die mit Arbeiten nach Nummer 1 beschäftigt werden,
3. mit Arbeiten, bei denen ihr Arbeitstempo nicht nur gelegentlich vorgeschrieben,

vorgegeben oder auf andere Weise erzwungen wird.

(2) Absatz 1 Nr. 2 gilt nicht für die Beschäftigung Jugendlicher,

1. soweit dies zur Erreichung ihres Ausbildungszieles erforderlich ist
   oder
2. wenn sie eine Berufsausbildung für diese Beschäftigung abgeschlossen haben

und ihr Schutz durch die Aufsicht eines Fachkundigen gewährleistet ist.

§ 24 Arbeiten unter Tage

(1) Jugendliche dürfen nicht mit Arbeiten unter Tage beschäftigt werden.

(2) Absatz 1 gilt nicht für die Beschäftigung Jugendlicher über 16 Jahre,

1. soweit dies zur Erreichung ihres Ausbildungszieles erforderlich ist,
2. wenn sie eine Berufsausbildung für die Beschäftigung unter Tage abgeschlossen haben oder
3. wenn sie an einer von der Bergbehörde genehmigten Ausbildungsmaßnahme für Bergjungarbeiter teilnehmen oder teilgenommen haben

und ihr Schutz durch die Aufsicht eines Fachkundigen gewährleistet ist.

§ 25 Verbot der Beschäftigung durch bestimmte Personen

(1) Personen, die

1. wegen eines Verbrechens zu einer Freiheitsstrafe von mindestens zwei Jahren,
2. wegen einer vorsätzlichen Straftat, die sie unter Verletzung der ihnen als Arbeitgeber, Ausbildender oder Ausbilder obliegenden Pflichten zum Nachteil von Kindern oder Jugendlichen begangen haben, zu einer Freiheitsstrafe von mehr als drei Monaten,
3. wegen einer Straftat nach den §§ 109h, 171, 174 bis 184l, 225, 232 bis 233a des Strafgesetzbuches,
4. wegen einer Straftat nach dem Betäubungsmittelgesetz oder
5. wegen einer Straftat nach dem Jugendschutzgesetz oder nach dem Gesetz über die Verbreitung jugendgefährdender Schriften wenigstens zweimal

rechtskräftig verurteilt worden sind, dürfen Jugendliche nicht beschäftigen sowie im Rahmen eines Rechtsverhältnisses im Sinne des § 1 nicht beaufsichtigen, nicht anweisen, nicht ausbilden und nicht mit der Beaufsichtigung, Anweisung oder Ausbildung von Jugendlichen beauftragt werden. Eine Verurteilung bleibt außer Betracht, wenn seit dem Tage ihrer Rechtskraft fünf Jahre verstrichen sind. Die Zeit, in welcher der Täter auf behördliche Anordnung in einer Anstalt verwahrt worden ist, wird nicht eingerechnet.

(2) Das Verbot des Absatzes 1 Satz 1 gilt auch für Personen, gegen die wegen einer Ordnungswidrigkeit nach § 58 Abs. 1 bis 4 wenigstens dreimal eine Geldbuße rechtskräftig festgesetzt worden ist. Eine Geldbuße bleibt außer Betracht, wenn seit dem Tage ihrer rechtskräftigen Festsetzung fünf Jahre verstrichen sind.

(3) Das Verbot des Absatzes 1 und 2 gilt nicht für die Beschäftigung durch die Personensorgeberechtigten.

§ 26 Ermächtigungen

Das Bundesministerium für Arbeit und Soziales kann zum Schutze der Jugendlichen gegen Gefahren für Leben und Gesundheit sowie zur Vermeidung einer Beeinträchtigung der körperlichen oder seelisch-geistigen Entwicklung durch Rechtsverordnung mit Zustimmung des Bundesrates

1. die für Kinder, die der Vollzeitschulpflicht nicht mehr unterliegen, geeigneten und leichten Tätigkeiten nach § 7 Satz 1 Nr. 2 und die Arbeiten nach § 22 Abs. 1 und den §§ 23 und 24 näher bestimmen,
2. über die Beschäftigungsverbote in den §§ 22 bis 25 hinaus die Beschäftigung Jugendlicher in bestimmten Betriebsarten oder mit bestimmten Arbeiten verbieten oder beschränken, wenn sie bei diesen Arbeiten infolge ihres Entwicklungsstandes in besonderem Maße Gefahren ausgesetzt sind oder wenn das Verbot oder

die Beschränkung neuer arbeitsmedizinischer oder sicherheitstechnischer Erkenntnisse notwendig ist.

§ 27 Behördliche Anordnungen und Ausnahmen

(1) Die Aufsichtsbehörde kann in Einzelfällen feststellen, ob eine Arbeit unter die Beschäftigungsverbote oder -beschränkungen der §§ 22 bis 24 oder einer Rechtsverordnung nach § 26 fällt. Sie kann in Einzelfällen die Beschäftigung Jugendlicher mit bestimmten Arbeiten über die Beschäftigungsverbote und -beschränkungen der §§ 22 bis 24 und einer Rechtsverordnung nach § 26 hinaus verbieten oder beschränken, wenn diese Arbeiten mit Gefahren für Leben, Gesundheit oder für die körperliche oder seelisch-geistige Entwicklung der Jugendlichen verbunden sind.

(2) Die zuständige Behörde kann

1. den Personen, die die Pflichten, die ihnen kraft Gesetzes zugunsten der von ihnen beschäftigten, beaufsichtigten, angewiesenen oder auszubildenden Kinder und Jugendlichen obliegen, wiederholt oder gröblich verletzt haben,
2. den Personen, gegen die Tatsachen vorliegen, die sie in sittlicher Beziehung zur Beschäftigung, Beaufsichtigung, Anweisung oder Ausbildung von Kindern und Jugendlichen ungeeignet erscheinen lassen,

verbieten, Kinder und Jugendliche zu beschäftigen oder im Rahmen eines Rechtsverhältnisses im Sinne des § 1 zu beaufsichtigen, anzuweisen oder auszubilden.

(3) Die Aufsichtsbehörde kann auf Antrag Ausnahmen von § 23 Abs. 1 Nr. 2 und 3 für Jugendliche über 16 Jahre bewilligen,

1. wenn die Art der Arbeit oder das Arbeitstempo eine Beeinträchtigung der Gesundheit oder der körperlichen oder seelisch-geistigen Entwicklung des Jugendlichen nicht befürchten lassen und
2. wenn eine nicht länger als vor drei Monaten ausgestellte ärztliche Bescheinigung vorgelegt wird, nach der gesundheitliche Bedenken gegen die Beschäftigung nicht bestehen.

Dritter Titel
Sonstige Pflichten des Arbeitgebers

§ 28 Menschengerechte Gestaltung der Arbeit

(1) Der Arbeitgeber hat bei der Einrichtung und der Unterhaltung der Arbeitsstätte einschließlich der Maschinen, Werkzeuge und Geräte und bei der Regelung der Beschäftigung die Vorkehrungen und Maßnahmen zu treffen, die zum Schutze der Jugendlichen gegen Gefahren für Leben und Gesundheit sowie zur Vermeidung einer Beeinträchtigung der körperlichen oder seelisch-geistigen Entwicklung der Jugendlichen erforderlich sind. Hierbei sind das mangelnde Sicherheitsbewußtsein, die mangelnde Erfahrung und der Entwicklungsstand der Jugendlichen zu berücksichtigen und die allgemein anerkannten sicherheitstechnischen und arbeitsmedizinischen Regeln sowie die sonstigen gesicherten arbeitswissenschaftlichen Erkenntnisse zu beachten.

(2) Das Bundesministerium für Arbeit und Soziales kann durch Rechtsverordnung mit Zustimmung des Bundesrates bestimmen, welche Vorkehrungen und Maßnahmen der Arbeitgeber zur Erfüllung der sich aus Absatz 1 ergebenden Pflichten zu treffen hat.

(3) Die Aufsichtsbehörde kann in Einzelfällen anordnen, welche Vorkehrungen und Maßnahmen zur Durchführung des Absatzes 1 oder einer vom Bundesministerium für Arbeit und Soziales gemäß Absatz 2 erlassenen Verordnung zu treffen sind.

§ 28a Beurteilung der Arbeitsbedingungen

Vor Beginn der Beschäftigung Jugendlicher und bei wesentlicher Änderung der Arbeitsbedingungen hat der Arbeitgeber die mit der Beschäftigung verbundenen Gefährdungen Jugendlicher zu beurteilen. Im übrigen gelten die Vorschriften des Arbeitsschutzgesetzes.

§ 29 Unterweisung über Gefahren

(1) Der Arbeitgeber hat die Jugendlichen vor Beginn der Beschäftigung und bei wesentlicher Änderung der Arbeitsbescheinigungen über die Unfall- und Gesundheitsgefahren,

denen sie bei der Beschäftigung ausgesetzt sind, sowie über die Einrichtungen und Maßnahmen zur Abwendung dieser Gefahren zu unterweisen. Er hat die Jugendlichen vor der erstmaligen Beschäftigung an Maschinen oder gefährlichen Arbeitsstellen oder mit Arbeiten, bei denen sie mit gesundheitsgefährdenden Stoffen in Berührung kommen, über die besonderen Gefahren dieser Arbeiten sowie über das bei ihrer Verrichtung erforderliche Verhalten zu unterweisen.

(2) Die Unterweisungen sind in angemessenen Zeitabständen mindestens aber halbjährlich, zu wiederholen.

(3) Der Arbeitgeber beteiligt die Betriebsärzte und die Fachkräfte für Arbeitssicherheit an der Planung, Durchführung und Überwachung der für die Sicherheit und den Gesundheitsschutz bei der Beschäftigung Jugendlicher geltenden Vorschriften.

§ 30 Häusliche Gemeinschaft

(1) Hat der Arbeitgeber einen Jugendlichen in die häusliche Gemeinschaft aufgenommen, so muß er

1. ihm eine Unterkunft zur Verfügung stellen und dafür sorgen, daß sie so beschaffen, ausgestattet und belegt ist und so benutzt wird, daß die Gesundheit des Jugendlichen nicht beeinträchtigt wird, und
2. ihm bei einer Erkrankung, jedoch nicht über die Beendigung der Beschäftigung hinaus, die erforderliche Pflege und ärztliche Behandlung zuteil werden lassen, soweit diese nicht von einem Sozialversicherungsträger geleistet wird.

(2) Die Aufsichtsbehörde kann im Einzelfall anordnen, welchen Anforderungen die Unterkunft (Absatz 1 Nr. 1) und die Pflege bei Erkrankungen (Absatz 1 Nr. 2) genügen müssen.

§ 31 Züchtigungsverbot; Verbot der Abgabe von Alkohol und Tabak

(1) Wer Jugendliche beschäftigt oder im Rahmen eines Rechtsverhältnisses im Sinne des § 1 beaufsichtigt, anweist oder ausbildet, darf sie nicht körperlich züchtigen.

(2) Wer Jugendliche beschäftigt, muß sie vor körperlicher Züchtigung und Mißhandlung und vor sittlicher Gefährdung durch andere bei ihm Beschäftigte und durch Mitglieder seines Haushalts an der Arbeitsstätte und in seinem Hause schützen. Soweit deren Abgabe nach § 9 Absatz 1 oder § 10 Absatz 1 und 4 des Jugendschutzgesetzes verboten ist, darf der Arbeitgeber Jugendlichen keine alkoholischen Getränke, Tabakwaren oder anderen dort genannten Erzeugnisse geben.

Verweis auf Jugendschutzgesetz in Absatz 2:

§ 9 Absatz 1 Jugendschutzgesetz lautet:

„(1) In Gaststätten, Verkaufsstellen oder sonst in der Öffentlichkeit dürfen

1. Bier, Wein, weinähnliche Getränke oder Schaumwein oder Mischungen von Bier, Wein, weinähnlichen Getränken oder Schaumwein mit nichtalkoholischen Getränken an Kinder und Jugendliche unter 16 Jahren,
2. andere alkoholische Getränke oder Lebensmittel, die andere alkoholische Getränke in nicht nur geringfügiger Menge enthalten, an Kinder und Jugendliche

weder abgegeben noch darf ihnen der Verzehr gestattet werden."

§ 10 Absatz 1 und Absatz 4 des Jugendschutzgesetzes lauten:

„(1) In Gaststätten, Verkaufsstellen oder sonst in der Öffentlichkeit dürfen Tabakwaren und andere nikotinhaltige Erzeugnisse und deren Behältnisse an Kinder oder Jugendliche weder abgegeben noch darf ihnen das Rauchen oder der Konsum nikotinhaltiger Produkte gestattet werden."

„(4) Die Absätze 1 bis 3 gelten auch für nikotinfreie Erzeugnisse, wie elektronische Zigaretten oder elektronische Shishas, in denen Flüssigkeit durch ein elektronisches Heizelement verdampft und die entstehenden Aerosole mit dem Mund eingeatmet werden, sowie für deren Behältnisse."

Vierter Titel
Gesundheitliche Betreuung

§ 32 Erstuntersuchung

(1) Ein Jugendlicher, der in das Berufsleben eintritt, darf nur beschäftigt werden, wenn

1. er innerhalb der letzten vierzehn Monate von einem Arzt untersucht worden ist (Erstuntersuchung) und
2. dem Arbeitgeber eine von diesem Arzt ausgestellte Bescheinigung vorliegt.

(2) Absatz 1 gilt nicht für eine nur geringfügige oder eine nicht länger als zwei Monate dauernde Beschäftigung mit leichten Arbeiten, von denen keine gesundheitlichen Nachteile für den Jugendlichen zu befürchten sind.

§ 33 Erste Nachuntersuchung

(1) Ein Jahr nach Aufnahme der ersten Beschäftigung hat sich der Arbeitgeber die Bescheinigung eines Arztes darüber vorlegen zu lassen, daß der Jugendliche nachuntersucht worden ist (erste Nachuntersuchung). Die Nachuntersuchung darf nicht länger als drei Monate zurückliegen. Der Arbeitgeber soll den Jugendlichen neun Monate nach Aufnahme der ersten Beschäftigung nachdrücklich auf den Zeitpunkt, bis zu dem der Jugendliche ihm die ärztliche Bescheinigung nach Satz 1 vorzulegen hat, hinweisen und ihn auffordern, die Nachuntersuchung bis dahin durchführen zu lassen.

(2) Legt der Jugendliche die Bescheinigung nicht nach Ablauf eines Jahres vor, hat ihn der Arbeitgeber innerhalb eines Monats unter Hinweis auf das Beschäftigungsverbot nach Absatz 3 schriftlich aufzufordern, ihm die Bescheinigung vorzulegen. Je eine Durchschrift des Aufforderungsschreibens hat der Arbeitgeber dem Personensorgeberechtigten und dem Betriebs- oder Personalrat zuzusenden.

(3) Der Jugendliche darf nach Ablauf von 14 Monaten nach Aufnahme der ersten Beschäftigung nicht weiterbeschäftigt werden, solange er die Bescheinigung nicht vorgelegt hat.

§ 34 Weitere Nachuntersuchungen

Nach Ablauf jedes weiteren Jahres nach der ersten Nachuntersuchung kann sich der Jugendliche erneut nachuntersuchen lassen (weitere Nachuntersuchungen). Der Arbeitgeber soll ihn auf diese Möglichkeit rechtzeitig hinweisen und darauf hinwirken, daß der Jugendliche ihm die Bescheinigung über die weitere Nachuntersuchung vorlegt.

§ 35 Außerordentliche Nachuntersuchung

(1) Der Arzt soll eine außerordentliche Nachuntersuchung anordnen, wenn eine Untersuchung ergibt, daß

1. ein Jugendlicher hinter dem seinem Alter entsprechenden Entwicklungsstand zurückgeblieben ist,
2. gesundheitliche Schwächen oder Schäden vorhanden sind,
3. die Auswirkungen der Beschäftigung auf die Gesundheit oder Entwicklung des Jugendlichen noch nicht zu übersehen sind.

(2) Die in § 33 Abs. 1 festgelegten Fristen werden durch die Anordnung einer außerordentlichen Nachuntersuchung nicht berührt.

§ 36 Ärztliche Untersuchungen und Wechsel des Arbeitgebers

Wechselt der Jugendliche den Arbeitgeber, so darf ihn der neue Arbeitgeber erst beschäftigen, wenn ihm die Bescheinigung über die Erstuntersuchung (§ 32 Abs. 1) und, falls seit der Aufnahme der Beschäftigung ein Jahr vergangen ist, die Bescheinigung über die erste Nachuntersuchung (§ 33) vorliegen.

§ 37 Inhalt und Durchführung der ärztlichen Untersuchungen

(1) Die ärztlichen Untersuchungen haben sich auf den Gesundheits- und Entwicklungsstand und die körperliche Beschaffenheit, die Nachuntersuchungen außerdem auf die Auswirkungen der Beschäftigung auf Gesundheit und Entwicklung des Jugendlichen zu erstrecken.

(2) Der Arzt hat unter Berücksichtigung der Krankheitsvorgeschichte des Jugendlichen auf Grund der Untersuchungen zu beurteilen,

1. ob die Gesundheit oder die Entwicklung des Jugendlichen durch die Ausführung bestimmter Arbeiten oder durch die Beschäftigung während bestimmter Zeiten gefährdet wird,
2. ob besondere der Gesundheit dienende Maßnahmen einschließlich Maßnahmen zur Verbesserung des Impfstatus erforderlich sind,
3. ob eine außerordentliche Nachuntersuchung (§ 35 Abs. 1) erforderlich ist.

(3) Der Arzt hat schriftlich festzuhalten:

1. den Untersuchungsbefund,

2. die Arbeiten, durch deren Ausführung er die Gesundheit oder die Entwicklung des Jugendlichen für gefährdet hält,
3. die besonderen der Gesundheit dienenden Maßnahmen einschließlich Maßnahmen zur Verbesserung des Impfstatus,
4. die Anordnung einer außerordentlichen Nachuntersuchung (§ 35 Abs. 1).

§ 38 Ergänzungsuntersuchung

Kann der Arzt den Gesundheits- und Entwicklungsstand des Jugendlichen nur beurteilen, wenn das Ergebnis einer Ergänzungsuntersuchung durch einen anderen Arzt oder einen Zahnarzt vorliegt, so hat er die Ergänzungsuntersuchung zu veranlassen und ihre Notwendigkeit schriftlich zu begründen.

§ 39 Mitteilung, Bescheinigung

(1) Der Arzt hat dem Personensorgeberechtigten schriftlich mitzuteilen:

1. das wesentliche Ergebnis der Untersuchung,
2. die Arbeiten, durch deren Ausführung er die Gesundheit oder die Entwicklung des Jugendlichen für gefährdet hält,
3. die besonderen der Gesundheit dienenden Maßnahmen einschließlich Maßnahmen zur Verbesserung des Impfstatus,
4. die Anordnung einer außerordentlichen Nachuntersuchung (§ 35 Abs. 1).

(2) Der Arzt hat eine für den Arbeitgeber bestimmte Bescheinigung darüber auszustellen, daß die Untersuchung stattgefunden hat und darin die Arbeiten zu vermerken, durch deren Ausführung er die Gesundheit oder die Entwicklung des Jugendlichen für gefährdet hält.

§ 40 Bescheinigung mit Gefährdungsvermerk

(1) Enthält die Bescheinigung des Arztes (§ 39 Abs. 2) einen Vermerk über Arbeiten, durch deren Ausführung er die Gesundheit oder die Entwicklung des Jugendlichen für gefährdet hält, so darf der Jugendliche mit solchen Arbeiten nicht beschäftigt werden.

(2) Die Aufsichtsbehörde kann die Beschäftigung des Jugendlichen mit den in der Bescheinigung des Arztes (§ 39 Abs. 2) vermerkten Arbeiten im Einvernehmen mit einem Arzt zulassen und die Zulassung mit Auflagen verbinden.

§ 41 Aufbewahren der ärztlichen Bescheinigungen

(1) Der Arbeitgeber hat die ärztlichen Bescheinigungen bis zur Beendigung der Beschäftigung, längstens jedoch bis zur Vollendung des 18. Lebensjahres des Jugendlichen aufzubewahren und der Aufsichtsbehörde sowie der Berufsgenossenschaft auf Verlangen zur Einsicht vorzulegen oder einzusenden.

(2) Scheidet der Jugendliche aus dem Beschäftigungsverhältnis aus, so hat ihm der Arbeitgeber die Bescheinigungen auszuhändigen.

§ 42 Eingreifen der Aufsichtsbehörde

Die Aufsichtsbehörde hat, wenn die dem Jugendlichen übertragenen Arbeiten Gefahren für seine Gesundheit befürchten lassen, dies dem Personensorgeberechtigten und dem Arbeitgeber mitzuteilen und den Jugendlichen aufzufordern, sich durch einen von ihr ermächtigten Arzt untersuchen zu lassen.

§ 43 Freistellung für Untersuchungen

Der Arbeitgeber hat den Jugendlichen für die Durchführung der ärztlichen Untersuchungen nach diesem Abschnitt freizustellen. Ein Entgeltausfall darf hierdurch nicht eintreten.

§ 44 Kosten der Untersuchungen

Die Kosten der Untersuchungen trägt das Land.

§ 45 Gegenseitige Unterrichtung der Ärzte

(1) Die Ärzte, die Untersuchungen nach diesem Abschnitt vorgenommen haben, müssen, wenn der Personensorgeberechtigte und der Jugendliche damit einverstanden sind,

1. dem staatlichen Gewerbearzt,
2. dem Arzt, der einen Jugendlichen nach diesem Abschnitt nachuntersucht,

auf Verlangen die Aufzeichnungen über die Untersuchungsbefunde zur Einsicht aushändigen.

(2) Unter den Voraussetzungen des Absatzes 1 kann der Amtsarzt des Gesundheits-

amtes einem Arzt, der einen Jugendlichen nach diesem Abschnitt untersucht, Einsicht in andere in seiner Dienststelle vorhandene Unterlagen über Gesundheit und Entwicklung des Jugendlichen gewähren.

§ 46 Ermächtigungen

(1) Das Bundesministerium für Arbeit und Soziales kann zum Zwecke einer gleichmäßigen und wirksamen gesundheitlichen Betreuung durch Rechtsverordnung mit Zustimmung des Bundesrates Vorschriften über die Durchführung der ärztlichen Untersuchungen und über die für die Aufzeichnungen der Untersuchungsbefunde, die Bescheinigungen und Mitteilungen zu verwendenden Vordrucke erlassen.

(2) Die Landesregierung kann durch Rechtsverordnung

1. zur Vermeidung von mehreren Untersuchungen innerhalb eines kurzen Zeitraums aus verschiedenen Anlässen bestimmen, daß die Untersuchungen nach den §§ 32 bis 34 zusammen mit Untersuchungen nach anderen Vorschriften durchzuführen sind, und hierbei von der Frist des § 32 Abs. 1 Nr. 1 bis zu drei Monaten abweichen,
2. zur Vereinfachung der Abrechnung
   a) Pauschbeträge für die Kosten der ärztlichen Untersuchungen im Rahmen der geltenden Gebührenordnungen festsetzen,
   b) Vorschriften über die Erstattung der Kosten beim Zusammentreffen mehrerer Untersuchungen nach Nummer 1 erlassen.

Vierter Abschnitt
Durchführung des Gesetzes

Erster Titel
Aushänge und Verzeichnisse

§ 47 Bekanntgabe des Gesetzes und der Aufsichtsbehörde

Arbeitgeber, die regelmäßig mindestens einen Jugendlichen beschäftigen, haben einen Abdruck dieses Gesetzes und die Anschrift der zuständigen Aufsichtsbehörde an geeigneter Stelle im Betrieb zur Einsicht auszulegen oder auszuhängen.

§ 48 Aushang über Arbeitszeit und Pausen

Arbeitgeber, die regelmäßig mindestens drei Jugendliche beschäftigen, haben einen Aushang über Beginn und Ende der regelmäßigen täglichen Arbeitszeit und der Pausen der Jugendlichen an geeigneter Stelle im Betrieb anzubringen.

§ 49 Verzeichnisse der Jugendlichen

Arbeitgeber haben Verzeichnisse der bei ihnen beschäftigten Jugendlichen unter Angabe des Vor- und Familiennamens, des Geburtsdatums und der Wohnanschrift zu führen, in denen das Datum des Beginns der Beschäftigung bei ihnen, bei einer Beschäftigung unter Tage auch das Datum des Beginns dieser Beschäftigung, enthalten ist.

§ 50 Auskunft; Vorlage der Verzeichnisse

(1) Der Arbeitgeber ist verpflichtet, der Aufsichtsbehörde auf Verlangen

1. die zur Erfüllung ihrer Aufgaben erforderlichen Angaben wahrheitsgemäß und vollständig zu machen,
2. die Verzeichnisse gemäß § 49, die Unterlagen, aus denen Name, Beschäftigungsart und -zeiten der Jugendlichen sowie Lohn- und Gehaltszahlungen ersichtlich sind, und alle sonstigen Unterlagen, die sich auf die nach Nummer 1 zu machenden Angaben beziehen, zur Einsicht vorzulegen oder einzusenden.

(2) Die Verzeichnisse und Unterlagen sind mindestens bis zum Ablauf von zwei Jahren nach der letzten Eintragung aufzubewahren.

Zweiter Titel
Aufsicht

§ 51 Aufsichtsbehörde; Besichtigungsrechte und Berichtspflicht

(1) Die Aufsicht über die Ausführung dieses Gesetzes und der auf Grund dieses Gesetzes erlassenen Rechtsverordnungen obliegt der

13

nach Landesrecht zuständigen Behörde (Aufsichtsbehörde). Die Landesregierung kann durch Rechtsverordnung die Aufsicht über die Ausführung dieser Vorschriften in Familienhaushalten auf gelegentliche Prüfungen beschränken.

(2) Die Beauftragten der Aufsichtsbehörde sind berechtigt, die Arbeitsstätten während der üblichen Betriebs- und Arbeitszeit zu betreten und zu besichtigen; außerhalb dieser Zeit oder wenn sich die Arbeitsstätten in einer Wohnung befinden, dürfen sie nur zur Verhütung von dringenden Gefahren für die öffentliche Sicherheit und Ordnung betreten und besichtigt werden. Der Arbeitgeber hat das Betreten und Besichtigen der Arbeitsstätten zu gestatten. Das Grundrecht der Unverletzlichkeit der Wohnung (Artikel 13 des Grundgesetzes) wird insoweit eingeschränkt.

(3) Die Aufsichtsbehörden haben im Rahmen der Jahresberichte nach § 139b Abs. 3 der Gewerbeordnung über ihre Aufsichtstätigkeit gemäß Absatz 1 zu berichten.

§ 52 (weggefallen)

§ 53 Mitteilung über Verstöße

Die Aufsichtsbehörde teilt schwerwiegende Verstöße gegen die Vorschriften dieses Gesetzes oder gegen die auf Grund dieses Gesetzes erlassenen Rechtsverordnungen der nach dem Berufsbildungsgesetz oder der Handwerksordnung zuständigen Stelle mit. Die zuständige Agentur für Arbeit erhält eine Durchschrift dieser Mitteilung.

§ 54 Ausnahmebewilligungen

(1) Ausnahmen, die die Aufsichtsbehörde nach diesem Gesetz oder den auf Grund dieses Gesetzes erlassenen Rechtsverordnungen bewilligen kann, sind zu befristen. Die Ausnahmebewilligungen können

1. mit einer Bedingung erlassen werden,
2. mit einer Auflage oder mit einem Vorbehalt der nachträglichen Aufnahme, Änderung oder Ergänzung einer Auflage verbunden werden und
3. jederzeit widerrufen werden.

(2) Ausnahmen können nur für einzelne Beschäftigte, einzelne Betriebe oder einzelne Teile des Betriebs bewilligt werden.

(3) Ist eine Ausnahme für einen Betrieb oder einen Teil des Betriebs bewilligt worden, so hat der Arbeitgeber hierüber an geeigneter Stelle im Betrieb einen Aushang anzubringen.

Dritter Titel
Ausschüsse für Jugendarbeitsschutz

§ 55 Bildung des Landesausschusses für Jugendarbeitsschutz

(1) Bei der von der Landesregierung bestimmten obersten Landesbehörde kann ein Landesausschuss für Jugendarbeitsschutz gebildet werden.

(2) Dem Landesausschuß gehören als Mitglieder an:

1. je sechs Vertreter der Arbeitgeber und der Arbeitnehmer,
2. ein Vertreter des Landesjugendringes,
3. ein von der Bundesagentur für Arbeit benannter Vertreter und je ein Vertreter des Landesjugendamtes, der für das Gesundheitswesen zuständigen obersten Landesbehörde und der für die berufsbildenden Schulen zuständigen obersten Landesbehörde und
4. ein Arzt.

(3) Die Mitglieder des Landesausschusses werden von der von der Landesregierung bestimmten obersten Landesbehörde berufen, die Vertreter der Arbeitgeber und Arbeitnehmer auf Vorschlag der auf Landesebene bestehenden Arbeitgeberverbände und Gewerkschaften, der Arzt auf Vorschlag der Landesärztekammer, die übrigen Vertreter auf Vorschlag der in Absatz 2 Nr. 2 und 3 genannten Stellen.

(4) Die Tätigkeit im Landesausschuß ist ehrenamtlich. Für bare Auslagen und für Entgeltausfall ist, soweit eine Entschädigung nicht von anderer Seite gewährt wird, eine angemessene Entschädigung zu zahlen, deren Höhe nach Landesrecht oder von der von der Landesregierung bestimmten obersten Landesbehörde festgesetzt wird.

(5) Die Mitglieder können nach Anhören der an ihrer Berufung beteiligten Stellen aus wichtigem Grund abberufen werden.

(6) Die Mitglieder haben Stellvertreter. Die Absätze 2 bis 5 gelten für die Stellvertreter entsprechend.

(7) Der Landesausschuß wählt aus seiner Mitte einen Vorsitzenden und dessen Stellvertreter. Der Vorsitzende und sein Stellvertreter sollen nicht derselben Mitgliedergruppe angehören.

(8) Der Landesausschuß gibt sich eine Geschäftsordnung. Die Geschäftsordnung kann die Bildung von Unterausschüssen vorsehen und bestimmen, daß ihnen ausnahmsweise nicht nur Mitglieder des Landesausschusses angehören. Absatz 4 Satz 2 gilt für die Unterausschüsse hinsichtlich der Entschädigung entsprechend. An den Sitzungen des Landesausschusses und der Unterausschüsse können Vertreter der beteiligten obersten Landesbehörden teilnehmen.

§ 56 Bildung des Ausschusses für Jugendarbeitsschutz bei der Aufsichtsbehörde

(1) Bei der Aufsichtsbehörde kann ein Ausschuss für Jugendarbeitsschutz gebildet werden. In Städten, in denen mehrere Aufsichtsbehörden ihren Sitz haben, kann ein gemeinsamer Ausschuss für Jugendarbeitsschutz gebildet werden. In Ländern, in denen nicht mehr als zwei Aufsichtsbehörden eingerichtet sind, kann der Landesausschuss für Jugendarbeitsschutz die Aufgaben dieses Ausschusses übernehmen.

(2) Dem Ausschuß gehören als Mitglieder an:

1. je sechs Vertreter der Arbeitgeber und der Arbeitnehmer,
2. ein Vertreter des im Bezirk der Aufsichtsbehörde wirkenden Jugendringes,
3. je ein Vertreter eines Arbeits-, Jugend- und Gesundheitsamtes,
4. ein Arzt und ein Lehrer an einer berufsbildenden Schule.

(3) Die Mitglieder des Jugendarbeitsschutzausschusses werden von der Aufsichtsbehörde berufen, die Vertreter der Arbeitgeber und Arbeitnehmer auf Vorschlag der im Aufsichtsbezirk bestehenden Arbeitgeberverbände und Gewerkschaften, der Arzt auf Vorschlag der Ärztekammer, der Lehrer auf Vorschlag der nach Landesrecht zuständigen Behörde, die übrigen Vertreter auf Vorschlag der in Absatz 2 Nr. 2 und 3 genannten Stellen. § 55 Abs. 4 bis 8 gilt mit der Maßgabe entsprechend, daß die Entschädigung von der Aufsichtsbehörde mit Genehmigung der von der Landesregierung bestimmten obersten Landesbehörde festgesetzt wird.

§ 57 Aufgaben der Ausschüsse

(1) Der Landesausschuß berät die oberste Landesbehörde in allen allgemeinen Angelegenheiten des Jugendarbeitsschutzes und macht Vorschläge für die Durchführung dieses Gesetzes. Er klärt über Inhalt und Ziel des Jugendarbeitsschutzes auf.

(2) Die oberste Landesbehörde beteiligt den Landesausschuß in Angelegenheiten von besonderer Bedeutung, insbesondere vor Erlaß von Rechtsvorschriften zur Durchführung dieses Gesetzes.

(3) Der Landesausschuß hat über seine Tätigkeit im Zusammenhang mit dem Bericht der Aufsichtsbehörde nach § 51 Abs. 3 zu berichten.

(4) Der Ausschuß für Jugendarbeitsschutz bei der Aufsichtsbehörde berät diese in allen allgemeinen Angelegenheiten des Jugendarbeitsschutzes und macht dem Landesausschuß Vorschläge für die Durchführung dieses Gesetzes. Er klärt über Inhalt und Ziel des Jugendarbeitsschutzes auf.

Fünfter Abschnitt Straf- und Bußgeldvorschriften

§ 58 Bußgeld- und Strafvorschriften

(1) Ordnungswidrig handelt, wer als Arbeitgeber vorsätzlich oder fahrlässig

1. entgegen § 5 Abs. 1, auch in Verbindung mit § 2 Abs. 3, ein Kind oder einen Jugendlichen, der der Vollzeitschulpflicht unterliegt, beschäftigt,

2. entgegen § 5 Abs. 3 Satz 1 oder Satz 3, jeweils auch in Verbindung mit § 2 Abs. 3, ein Kind über 13 Jahre oder einen Jugendlichen, der der Vollzeitschulpflicht unterliegt, in anderer als der zugelassenen Weise beschäftigt,
3. (weggefallen)
4. entgegen § 7 Satz 1 Nr. 2, auch in Verbindung mit einer Rechtsverordnung nach § 26 Nr. 1, ein Kind, das der Vollzeitschulpflicht nicht mehr unterliegt, in anderer als der zugelassenen Weise beschäftigt,
5. entgegen § 8 einen Jugendlichen über die zulässige Dauer der Arbeitszeit hinaus beschäftigt,
6. entgegen § 9 Absatz 1 einen Jugendlichen beschäftigt oder nicht freistellt,
7. entgegen § 10 Abs. 1 einen Jugendlichen für die Teilnahme an Prüfungen oder Ausbildungsmaßnahmen oder an dem Arbeitstag, der der schriftlichen Abschlußprüfung unmittelbar vorangeht, nicht freistellt,
8. entgegen § 11 Abs. 1 oder 2 Ruhepausen nicht, nicht mit der vorgeschriebenen Mindestdauer oder nicht in der vorgeschriebenen zeitlichen Lage gewährt,
9. entgegen § 12 einen Jugendlichen über die zulässige Schichtzeit hinaus beschäftigt,
10. entgegen § 13 die Mindestfreizeit nicht gewährt,
11. entgegen § 14 Abs. 1 einen Jugendlichen außerhalb der Zeit von 6 bis 20 Uhr oder entgegen § 14 Abs. 7 Satz 3 vor Ablauf der Mindestfreizeit beschäftigt,
12. entgegen § 15 einen Jugendlichen an mehr als fünf Tagen in der Woche beschäftigt,
13. entgegen § 16 Abs. 1 einen Jugendlichen an Samstagen beschäftigt oder entgegen § 16 Abs. 3 Satz 1 den Jugendlichen nicht freistellt,
14. entgegen § 17 Abs. 1 einen Jugendlichen an Sonntagen beschäftigt oder entgegen § 17 Abs. 2 Satz 2 Halbsatz 2 oder Abs. 3 Satz 1 den Jugendlichen nicht freistellt,
15. entgegen § 18 Abs. 1 einen Jugendlichen am 24. oder 31. Dezember nach 14 Uhr oder an gesetzlichen Feiertagen beschäftigt oder entgegen § 18 Abs. 3 nicht freistellt,
16. entgegen § 19 Abs. 1 auch in Verbindung mit Abs. 1 Satz 1 oder 2, oder entgegen § 19 Abs. 3 Satz 2 oder Abs. 4 Satz 2 Urlaub nicht oder nicht mit der vorgeschriebenen Dauer gewährt,
17. entgegen § 21 Abs. 2 die geleistete Mehrarbeit durch Verkürzung der Arbeitszeit nicht ausgleicht,
18. entgegen § 22 Abs. 1, auch in Verbindung mit einer Rechtsverordnung nach § 26 Nr. 1, einen Jugendlichen mit den dort genannten Arbeiten beschäftigt,
19. entgegen § 23 Abs. 1, auch in Verbindung mit einer Rechtsverordnung nach § 26 Nr. 1, einen Jugendlichen mit Arbeiten mit Lohnanreiz, in einer Arbeitsgruppe mit Erwachsenen, deren Entgelt vom Ergebnis ihrer Arbeit abhängt, oder mit tempoabhängigen Arbeiten beschäftigt,
20. entgegen § 24 Abs. 1, auch in Verbindung mit einer Rechtsverordnung nach § 26 Nr. 1, einen Jugendlichen mit Arbeiten unter Tage beschäftigt,
21. entgegen § 31 Abs. 2 Satz 2 einem Jugendlichen ein dort genanntes Getränk, Tabakwaren oder ein dort genanntes Erzeugnis gibt,
22. entgegen § 32 Abs. 1 einen Jugendlichen ohne ärztliche Bescheinigung über die Erstuntersuchung beschäftigt,
23. entgegen § 33 Abs. 3 einen Jugendlichen ohne ärztliche Bescheinigung über die erste Nachuntersuchung weiterbeschäftigt,
24. entgegen § 36 einen Jugendlichen ohne Vorlage der erforderlichen ärztlichen Bescheinigungen beschäftigt,
25. entgegen § 40 Abs. 1 einen Jugendlichen mit Arbeiten beschäftigt, durch deren Ausführung der Arzt nach der von ihm

erteilten Bescheinigung die Gesundheit oder die Entwicklung des Jugendlichen für gefährdet hält,

26. einer Rechtsverordnung nach
    a) § 26 Nr. 2 oder
    b) § 28 Abs. 2

    zuwiderhandelt, soweit sie für einen bestimmten Tatbestand auf diese Bußgeldvorschrift verweist,
27. einer vollziehbaren Anordnung der Aufsichtsbehörde nach § 6 Abs. 3, § 27 Abs. 1 Satz 2 oder Abs. 2, § 28 Abs. 3 oder § 30 Abs. 2 zuwiderhandelt,
28. einer vollziehbaren Auflage der Aufsichtsbehörde nach § 6 Abs. 1, § 14 Abs. 7, § 27 Abs. 3 oder § 40 Abs. 2, jeweils in Verbindung mit § 54 Abs. 1, zuwiderhandelt,
29. einer vollziehbaren Anordnung oder Auflage der Aufsichtsbehörde auf Grund einer Rechtsverordnung nach § 26 Nr. 2 oder § 28 Abs. 2 zuwiderhandelt, soweit die Rechtsverordnung für einen bestimmten Tatbestand auf die Bußgeldvorschrift verweist.

(2) Ordnungswidrig handelt, wer vorsätzlich oder fahrlässig entgegen § 25 Abs. 1 Satz 1 oder Abs. 2 Satz 1 einen Jugendlichen beschäftigt, beaufsichtigt, anweist oder ausbildet, obwohl ihm dies verboten ist, oder einen anderen, dem dies verboten ist, mit der Beaufsichtigung, Anweisung oder Ausbildung eines Jugendlichen beauftragt.

(3) Absatz 1 Nr. 4, 6 bis 29 und Absatz 2 gelten auch für die Beschäftigung von Kinder (§ 2 Abs. 1) oder Jugendlichen, die der Vollzeitschulpflicht unterliegen (§ 2 Abs. 3), nach § 5 Abs. 2. Absatz 1 Nr. 6 bis 29 und Absatz 2 gelten auch für die Beschäftigung von Kindern, die der Vollzeitschulpflicht nicht mehr unterliegen, nach § 7.

(4) Die Ordnungswidrigkeit kann mit einer Geldbuße bis zu dreißigtausend Euro geahndet werden.

(5) Wer vorsätzlich eine in Absatz 1, 2 oder 3 bezeichnete Handlung begeht und dadurch ein Kind, einen Jugendlichen oder im Falle des Absatzes 1 Nr. 6 eine Person, die noch nicht 21 Jahre alt ist, in ihrer Gesundheit oder Arbeitskraft gefährdet, wird mit Freiheitsstrafe bis zu einem Jahr oder mit Geldstrafe bestraft. Ebenso wird bestraft, wer eine in Absatz 1, 2 oder 3 bezeichnete Handlung beharrlich wiederholt.

(6) Wer in den Fällen des Absatzes 5 Satz 1 die Gefahr fahrlässig verursacht, wird mit Freiheitsstrafe bis zu sechs Monaten oder mit Geldstrafe bis zu einhundertachtzig Tagessätzen bestraft.

§ 59 Bußgeldvorschrift

(1) Ordnungswidrig handelt, wer als Arbeitgeber vorsätzlich oder fahrlässig

1. entgegen § 6 Abs. 4 Satz 2 ein Kind vor Erhalt des Bewilligungsbescheides beschäftigt,
2. entgegen § 11 Abs. 3 den Aufenthalt in Arbeitsräumen gestattet,

2a. entgegen § 20 Absatz 2 Satz 1 eine Aufzeichnung nicht oder nicht richtig führt,

2b. entgegen § 20 Absatz 2 Satz 3 eine Aufzeichnung nicht oder nicht mindestens zwölf Monate aufbewahrt,

3. entgegen § 29 einen Jugendlichen über Gefahren nicht, nicht richtig oder nicht rechtzeitig unterweist,
4. entgegen § 33 Abs. 2 Satz 1 einen Jugendlichen nicht oder nicht rechtzeitig zur Vorlage einer ärztlichen Bescheinigung auffordert,
5. entgegen § 41 die ärztliche Bescheinigung nicht aufbewahrt, vorlegt, einsendet oder aushändigt,
6. entgegen § 43 Satz 1 einen Jugendlichen für ärztliche Untersuchungen nicht freistellt,
7. entgegen § 47 einen Abdruck des Gesetzes oder die Anschrift der zuständigen Aufsichtsbehörde nicht auslegt oder aushängt,
8. entgegen § 48 Arbeitszeit und Pausen nicht oder nicht in der vorgeschriebenen Weise aushängt,

9. entgegen § 49 ein Verzeichnis nicht oder nicht in der vorgeschriebenen Weise führt,
10. entgegen § 50 Abs. 1 Angaben nicht, nicht richtig oder nicht vollständig macht oder Verzeichnisse oder Unterlagen nicht vorlegt oder einsendet oder entgegen § 50 Abs. 2 Verzeichnisse oder Unterlagen nicht oder nicht vorschriftsmäßig aufbewahrt,
11. entgegen § 51 Abs. 2 Satz 2 das Betreten oder Besichtigen der Arbeitsstätten nicht gestattet,
12. entgegen § 54 Abs. 3 einen Aushang nicht anbringt.

(2) Absatz 1 Nr. 2 bis 6 gilt auch für die Beschäftigung von Kindern (§ 2 Abs. 1 und 3) nach § 5 Abs. 2 Satz 1.

(3) Die Ordnungswidrigkeit kann mit einer Geldbuße bis zu fünftausend Euro geahndet werden.

§ 60 Verwaltungsvorschriften für die Verfolgung und Ahndung von Ordnungswidrigkeiten

Der Bundesminister für Arbeit und Sozialordnung kann mit Zustimmung des Bundesrates allgemeine Verwaltungsvorschriften für die Verfolgung und Ahndung von Ordnungswidrigkeiten nach §§ 58 und 59 durch die Verwaltungsbehörde (§ 35 des Gesetzes über Ordnungswidrigkeiten) und über die Erteilung einer Verwarnung (§§ 56, 58 Abs. 2 des Gesetzes über Ordnungswidrigkeiten) wegen einer Ordnungswidrigkeit nach §§ 58 und 59 erlassen.

Sechster Abschnitt
Schlußvorschriften

§ 61 Beschäftigung von Jugendlichen auf Kauffahrteischiffen

Für die Beschäftigung von Jugendlichen als Besatzungsmitglieder auf Kauffahrteischiffen im Sinne des § 3 des Seearbeitsgesetzes gilt anstelle dieses Gesetzes das Seearbeitsgesetz.

§ 62 Beschäftigung im Vollzug einer Freiheitsentziehung

(1) Die Vorschriften dieses Gesetzes gelten für die Beschäftigung Jugendlicher (§ 2 Abs. 2) im Vollzug einer gerichtlich angeordneten Freiheitsentziehung entsprechend, soweit es sich nicht nur um gelegentliche, geringfügige Hilfeleistungen handelt und soweit in den Absätzen 2 bis 4 nichts anderes bestimmt ist.

(2) Im Vollzug einer gerichtlich angeordneten Freiheitsentziehung finden § 19, §§ 47 bis 50 keine Anwendung.

(3) Die §§ 13, 14, 15, 16, 17 und 18 Abs. 1 und 2 gelten im Vollzug einer gerichtlich angeordneten Freiheitsentziehung nicht für die Beschäftigung jugendlicher Anstaltsinsassen mit der Zubereitung und Ausgabe der Anstaltsverpflegung.

(4) § 18 Abs. 1 und 2 gilt nicht für die Beschäftigung jugendlicher Anstaltsinsassen in landwirtschaftlichen Betrieben der Vollzugsanstalten mit Arbeiten, die auch an Sonn- und Feiertagen naturnotwendig vorgenommen werden müssen.

§§ 63 bis 70 (Änderung anderer Vorschriften)

(hier nicht aufgenommen)

§ 71 (weggefallen)

§ 72 Inkrafttreten

(1) Dieses Gesetz tritt am 1. Mai 1976 in Kraft.

(2) Zum gleichen Zeitpunkt treten außer Kraft
1. das Jugendschutzgesetz vom 30. April 1938 (Reichsgesetzbl. I S. 437), zuletzt geändert durch das Zuständigkeitslockerungsgesetz vom 10. März 1975 (Bundesgesetzbl. I S. 685),
2. das Jugendarbeitsschutzgesetz vom 9. August 1960 (Bundesgesetzbl. I S. 665), zuletzt geändert durch Artikel 244 des Einführungsgesetzes zum Strafgesetzbuch vom 2. März 1974 (Bundesgesetzblatt I S. 469),
3. die auf § 80 Nr. 3 des Bundesbeamtengesetzes gestützten Rechtsvorschriften.

(3) Die auf Grund des § 37 Abs. 2 und des § 53 des Jugendarbeitsschutzgesetzes vom 9. August 1960, des § 20 Abs. 1 des Jugendschutzgesetzes vom 30. April 1938 und des § 120e der Gewerbeordnung erlassenen Vorschriften bleiben unberührt. Sie können, soweit sie den Geltungsbereich dieses Gesetzes betreffen, durch Rechtsverordnungen auf Grund des § 26 oder des § 46 geändert oder aufgehoben werden.

(4) Vorschriften in Rechtsverordnungen, die durch § 69 dieses Gesetzes geändert werden, können vom Bundesministerium für Arbeit und Soziales im Rahmen der bestehenden Ermächtigungen geändert oder aufgehoben werden.

(5) Verweisungen auf Vorschriften des Jugendarbeitsschutzgesetzes vom 9. August 1960 gelten als Verweisungen auf die entsprechenden Vorschriften dieses Gesetzes oder der auf Grund dieses Gesetzes erlassenen Rechtsverordnungen.

14

Kündigungsschutzgesetz (KSchG)

in der Fassung der Bekanntmachung vom 25. August 1969 (BGBl. I S. 1317)

Zuletzt geändert durch Betriebsrätemodernisierungsgesetz vom 14. Juni 2021 (BGBl. I S. 1762)

Erster Abschnitt Allgemeiner Kündigungsschutz

§ 1 Sozial ungerechtfertigte Kündigungen

(1) Die Kündigung des Arbeitsverhältnisses gegenüber einem Arbeitnehmer, dessen Arbeitsverhältnis in demselben Betrieb oder Unternehmen ohne Unterbrechung länger als sechs Monate bestanden hat, ist rechtsunwirksam, wenn sie sozial ungerechtfertigt ist.

(2) $_1$Sozial ungerechtfertigt ist die Kündigung, wenn sie nicht durch Gründe, die in der Person oder in dem Verhalten des Arbeitnehmers liegen, oder durch dringende betriebliche Erfordernisse, die einer Weiterbeschäftigung des Arbeitnehmers in diesem Betrieb entgegenstehen, bedingt ist. $_2$Die Kündigung ist auch sozial ungerechtfertigt, wenn

1. in Betrieben des privaten Rechts
   a) die Kündigung gegen eine Richtlinie nach § 95 des Betriebsverfassungsgesetzes verstößt,
   b) der Arbeitnehmer an einem anderen Arbeitsplatz in demselben Betrieb oder in einem anderen Betrieb des Unternehmens weiterbeschäftigt werden kann

   und der Betriebsrat oder eine andere nach dem Betriebsverfassungsgesetz insoweit zuständige Vertretung der Arbeitnehmer aus einem dieser Gründe der Kündigung innerhalb der Frist des § 102 Abs. 2 Satz 1 des Betriebsverfassungsgesetzes schriftlich widersprochen hat,
2. in Betrieben und Verwaltungen des öffentlichen Rechts
   a) die Kündigung gegen eine Richtlinie über die personelle Auswahl bei Kündigungen verstößt,
   b) der Arbeitnehmer an einem anderen Arbeitsplatz in derselben Dienststelle oder in einer anderen Dienststelle desselben Verwaltungszweiges an demselben Dienstort einschließlich seines Einzugsgebietes weiterbeschäftigt werden kann

   und die zuständige Personalvertretung aus einem dieser Gründe fristgerecht gegen die Kündigung Einwendungen erhoben hat, es sei denn, daß die Stufenvertretung in der Verhandlung mit der übergeordneten Dienststelle die Einwendungen nicht aufrechterhalten hat.

$_3$Satz 2 gilt entsprechend, wenn die Weiterbeschäftigung des Arbeitnehmers nach zumutbaren Umschulungs- oder Fortbildungsmaßnahmen oder eine Weiterbeschäftigung des Arbeitnehmers unter geänderten Arbeitsbedingungen möglich ist und der Arbeitnehmer sein Einverständnis hiermit erklärt hat. $_4$Der Arbeitgeber hat die Tatsachen zu beweisen, die die Kündigung bedingen.

(3) $_1$Ist einem Arbeitnehmer aus dringenden betrieblichen Erfordernissen im Sinne des Absatzes 2 gekündigt worden, so ist die Kündigung trotzdem sozial ungerechtfertigt, wenn der Arbeitgeber bei der Auswahl des Arbeitnehmers die Dauer der Betriebszugehörigkeit, das Lebensalter, die Unterhaltspflichten und die Schwerbehinderung des Arbeitnehmers nicht oder nicht ausreichend berücksichtigt hat; auf Verlangen des Arbeitnehmers hat der Arbeitgeber dem Arbeitnehmer die Gründe anzugeben, die zu der ge-

troffenen sozialen Auswahl geführt haben. ₂In die soziale Auswahl nach Satz 1 sind Arbeitnehmer nicht einzubeziehen, deren Weiterbeschäftigung, insbesondere wegen ihrer Kenntnisse, Fähigkeiten und Leistungen oder zur Sicherung einer ausgewogenen Personalstruktur des Betriebes, im berechtigten betrieblichen Interesse liegt. ₃Der Arbeitnehmer hat die Tatsachen zu beweisen, die die Kündigung als sozial ungerechtfertigt im Sinne des Satzes 1 erscheinen lassen.

(4) Ist in einem Tarifvertrag, in einer Betriebsvereinbarung nach § 95 des Betriebsverfassungsgesetzes oder in einer entsprechenden Richtlinie nach den Personalvertretungsgesetzen festgelegt, wie die sozialen Gesichtspunkte nach Absatz 3 Satz 1 im Verhältnis zueinander zu bewerten sind, so kann die Bewertung nur auf grobe Fehlerhaftigkeit überprüft werden.

(5) ₁Sind bei einer Kündigung auf Grund einer Betriebsänderung nach § 111 des Betriebsverfassungsgesetzes die Arbeitnehmer, denen gekündigt werden soll, in einem Interessenausgleich zwischen Arbeitgeber und Betriebsrat namentlich bezeichnet, so wird vermutet, dass die Kündigung durch dringende betriebliche Erfordernisse im Sinne des Absatzes 2 bedingt ist. ₂Die soziale Auswahl der Arbeitnehmer kann nur auf grobe Fehlerhaftigkeit überprüft werden. ₃Die Sätze 1 und 2 gelten nicht, soweit sich die Sachlage nach Zustandekommen des Interessenausgleichs wesentlich geändert hat. ₄Der Interessenausgleich nach Satz 1 ersetzt die Stellungnahme des Betriebsrates nach § 17 Abs. 3 Satz 2.

§ 1a Abfindungsanspruch bei betriebsbedingter Kündigung

(1) ₁Kündigt der Arbeitgeber wegen dringender betrieblicher Erfordernisse nach § 1 Abs. 2 Satz 1 und erhebt der Arbeitnehmer bis zum Ablauf der Frist des § 4 Satz 1 keine Klage auf Feststellung, dass das Arbeitsverhältnis durch die Kündigung nicht aufgelöst ist, hat der Arbeitnehmer mit dem Ablauf der Kündigungsfrist Anspruch auf eine Abfindung. ₂Der Anspruch setzt den Hinweis des Arbeitgebers in der Kündigungserklärung voraus, dass die Kündigung auf dringende betriebliche Erfordernisse gestützt ist und der Arbeitnehmer bei Verstreichenlassen der Klagefrist die Abfindung beanspruchen kann.

(2) ₁Die Höhe der Abfindung beträgt 0,5 Monatsverdienste für jedes Jahr des Bestehens des Arbeitsverhältnisses. ₂§ 10 Abs. 3 gilt entsprechend. ₃Bei der Ermittlung der Dauer des Arbeitsverhältnisses ist ein Zeitraum von mehr als sechs Monaten auf ein volles Jahr aufzurunden.

§ 2 Änderungskündigung

₁Kündigt der Arbeitgeber das Arbeitsverhältnis und bietet er dem Arbeitnehmer im Zusammenhang mit der Kündigung die Fortsetzung des Arbeitsverhältnisses zu geänderten Arbeitsbedingungen an, so kann der Arbeitnehmer dieses Angebot unter dem Vorbehalt annehmen, daß die Änderung der Arbeitsbedingungen nicht sozial ungerechtfertigt ist (§ 1 Abs. 2 Satz 1 bis 3, Abs. 3 Satz 1 und 2). ₂Diesen Vorbehalt muß der Arbeitnehmer dem Arbeitgeber innerhalb der Kündigungsfrist, spätestens jedoch innerhalb von drei Wochen nach Zugang der Kündigung erklären.

§ 3 Kündigungseinspruch

₁Hält der Arbeitnehmer eine Kündigung für sozial ungerechtfertigt, so kann er binnen einer Woche nach der Kündigung Einspruch beim Betriebsrat einlegen. ₂Erachtet der Betriebsrat den Einspruch für begründet, so hat er zu versuchen, eine Verständigung mit dem Arbeitgeber herbeizuführen. ₃Er hat seine Stellungnahme zu dem Einspruch dem Arbeitnehmer und dem Arbeitgeber auf Verlangen schriftlich mitzuteilen.

§ 4 Anrufung des Arbeitsgerichts

₁Will ein Arbeitnehmer geltend machen, dass eine Kündigung sozial ungerechtfertigt oder aus anderen Gründen rechtsunwirksam ist, so muss er innerhalb von drei Wochen nach Zugang der schriftlichen Kündigung Klage beim Arbeitsgericht auf Feststellung erheben, dass das Arbeitsverhältnis durch die Kündigung nicht aufgelöst ist. ₂Im Falle des § 2 ist die Klage auf Feststellung zu erheben, daß die

Änderung der Arbeitsbedingungen sozial ungerechtfertigt oder aus anderen Gründen rechtsunwirksam ist. $_{3}$Hat der Arbeitnehmer Einspruch beim Betriebsrat eingelegt (§ 3), so soll er der Klage die Stellungnahme des Betriebsrates beifügen. $_{4}$Soweit die Kündigung der Zustimmung einer Behörde bedarf, läuft die Frist zur Anrufung des Arbeitsgerichtes erst von der Bekanntgabe der Entscheidung der Behörde an den Arbeitnehmer ab.

§ 5 Zulassung verspäteter Klagen

(1) $_{1}$War ein Arbeitnehmer nach erfolgter Kündigung trotz Anwendung aller ihm nach Lage der Umstände zuzumutenden Sorgfalt verhindert, die Klage innerhalb von drei Wochen nach Zugang der schriftlichen Kündigung zu erheben, so ist auf seinen Antrag die Klage nachträglich zuzulassen. $_{2}$Gleiches gilt, wenn eine Frau von ihrer Schwangerschaft aus einem von ihr nicht zu vertretenden Grund erst nach Ablauf der Frist des § 4 Satz 1 Kenntnis erlangt hat.

(2) $_{1}$Mit dem Antrag ist die Klageerhebung zu verbinden; ist die Klage bereits eingereicht, so ist auf sie im Antrag Bezug zu nehmen. $_{2}$Der Antrag muß ferner die Angabe der die nachträgliche Zulassung begründenden Tatsachen und der Mittel für deren Glaubhaftmachung enthalten.

(3) $_{1}$Der Antrag ist nur innerhalb von zwei Wochen nach Behebung des Hindernisses zulässig. $_{2}$Nach Ablauf von sechs Monaten, vom Ende der versäumten Frist an gerechnet, kann der Antrag nicht mehr gestellt werden.

(4) $_{1}$Das Verfahren über den Antrag auf nachträgliche Zulassung ist mit dem Verfahren über die Klage zu verbinden. $_{2}$Das Arbeitsgericht kann das Verfahren zunächst auf die Verhandlung und Entscheidung über den Antrag beschränken. $_{3}$In diesem Fall ergeht die Entscheidung durch Zwischenurteil, das wie ein Endurteil angefochten werden kann.

(5) $_{1}$Hat das Arbeitsgericht über einen Antrag auf nachträgliche Klagezulassung nicht entschieden oder wird ein solcher Antrag erstmals vor dem Landesarbeitsgericht gestellt, entscheidet hierüber die Kammer des Landesarbeitsgerichts. $_{2}$Absatz 4 gilt entsprechend.

§ 6 Verlängerte Anrufungsfrist

$_{1}$Hat ein Arbeitnehmer innerhalb von drei Wochen nach Zugang der schriftlichen Kündigung im Klagewege geltend gemacht, dass eine rechtswirksame Kündigung nicht vorliege, so kann er sich in diesem Verfahren bis zum Schluss der mündlichen Verhandlung erster Instanz zur Begründung der Unwirksamkeit der Kündigung auch auf innerhalb der Klagefrist nicht geltend gemachte Gründe berufen. $_{2}$Das Arbeitsgericht soll ihn hierauf hinweisen.

§ 7 Wirksamwerden der Kündigung

Wird die Rechtsunwirksamkeit einer Kündigung nicht rechtzeitig geltend gemacht (§ 4 Satz 1, §§ 5 und 6), so gilt die Kündigung als von Anfang an rechtswirksam; ein vom Arbeitnehmer nach § 2 erklärter Vorbehalt erlischt.

§ 8 Wiederherstellung der früheren Arbeitsbedingungen

Stellt das Gericht im Falle des § 2 fest, daß die Änderung der Arbeitsbedingungen sozial ungerechtfertigt ist, so gilt die Änderungskündigung als von Anfang an rechtsunwirksam.

§ 9 Auflösung des Arbeitsverhältnisses durch Urteil des Gerichts; Abfindung des Arbeitnehmers

(1) $_{1}$Stellt das Gericht fest, daß das Arbeitsverhältnis durch die Kündigung nicht aufgelöst ist, ist jedoch dem Arbeitnehmer die Fortsetzung des Arbeitsverhältnisses nicht zuzumuten, so hat das Gericht auf Antrag des Arbeitnehmers das Arbeitsverhältnis aufzulösen und den Arbeitgeber zur Zahlung einer angemessenen Abfindung zu verurteilen. $_{2}$Die gleiche Entscheidung hat das Gericht auf Antrag des Arbeitgebers zu treffen, wenn Gründe vorliegen, die eine den Betriebszwecken dienliche weitere Zusammenarbeit zwischen Arbeitgeber und Arbeitnehmer nicht erwarten lassen. $_{3}$Arbeitnehmer und Arbeitgeber können den Antrag auf Auflösung des Arbeitsverhältnisses bis zum Schluß der letz-

ten mündlichen Verhandlung in der Berufungsinstanz stellen.

(2) Das Gericht hat für die Auflösung des Arbeitsverhältnisses den Zeitpunkt festzusetzen, an dem es bei sozial gerechtfertigter Kündigung geendet hätte.

§ 10 Höhe der Abfindung

(1) Als Abfindung ist ein Betrag bis zu zwölf Monatsverdiensten festzusetzen.

(2) 1Hat der Arbeitnehmer das fünfzigste Lebensjahr vollendet und hat das Arbeitsverhältnis mindestens fünfzehn Jahre bestanden, so ist ein Betrag bis zu fünfzehn Monatsverdiensten, hat der Arbeitnehmer das fünfundfünfzigste Lebensjahr vollendet und hat das Arbeitsverhältnis mindestens zwanzig Jahre bestanden, so ist ein Betrag bis zu achtzehn Monatsverdiensten festzusetzen. 2Dies gilt nicht, wenn der Arbeitnehmer in dem Zeitpunkt, den das Gericht nach § 9 Abs. 2 für die Auflösung des Arbeitsverhältnisses festsetzt, das in der Vorschrift des Sechsten Buches Sozialgesetzbuch über die Regelaltersrente bezeichnete Lebensalter erreicht hat.

(3) Als Monatsverdienst gilt, was dem Arbeitnehmer bei der für ihn maßgebenden regelmäßigen Arbeitszeit in dem Monat, in dem das Arbeitsverhältnis endet (§ 9 Abs. 2), an Geld- und Sachbezügen zusteht.

§ 11 Anrechnung auf entgangenen Zwischenverdienst

Besteht nach der Entscheidung des Gerichts das Arbeitsverhältnis fort, so muß sich der Arbeitnehmer auf das Arbeitsentgelt, das ihm der Arbeitgeber für die Zeit nach der Entlassung schuldet, anrechnen lassen,

1. was er durch anderweitige Arbeit verdient hat,
2. was er hätte verdienen können, wenn er es nicht böswillig unterlassen hätte, eine ihm zumutbare Arbeit anzunehmen,
3. was ihm an öffentlich-rechtlichen Leistungen infolge Arbeitslosigkeit aus der Sozialversicherung, der Arbeitslosenversicherung, der Sicherung des Lebensunterhalts nach dem Zweiten Buch Sozialgesetzbuch oder der Sozialhilfe für die Zwischenzeit gezahlt worden ist. Diese Beträge hat der Arbeitgeber der Stelle zu erstatten, die sie geleistet hat.

§ 12 Neues Arbeitsverhältnis des Arbeitnehmers; Auflösung des alten Arbeitsverhältnisses

1Besteht nach der Entscheidung des Gerichts das Arbeitsverhältnis fort, ist jedoch der Arbeitnehmer inzwischen ein neues Arbeitsverhältnis eingegangen, so kann er binnen einer Woche nach der Rechtskraft des Urteils durch Erklärung gegenüber dem alten Arbeitgeber die Fortsetzung des Arbeitsverhältnisses bei diesem verweigern. 2Die Frist wird auch durch eine vor ihrem Ablauf zur Post gegebene schriftliche Erklärung gewahrt. 3Mit dem Zugang der Erklärung erlischt das Arbeitsverhältnis. 4Macht der Arbeitnehmer von seinem Verweigerungsrecht Gebrauch, so ist ihm entgangener Verdienst nur für die Zeit zwischen der Entlassung und dem Tage des Eintritts in das neue Arbeitsverhältnis zu gewähren. 5§ 11 findet entsprechende Anwendung.

§ 13 Außerordentliche, sittenwidrige und sonstige Kündigungen

(1) 1Die Vorschriften über das Recht zur außerordentlichen Kündigung eines Arbeitsverhältnisses werden durch das vorliegende Gesetz nicht berührt. 2Die Rechtsunwirksamkeit einer außerordentlichen Kündigung kann jedoch nur nach Maßgabe des § 4 Satz 1 und der §§ 5 bis 7 geltend gemacht werden. 3Stellt das Gericht fest, dass die außerordentliche Kündigung unbegründet ist, ist jedoch dem Arbeitnehmer die Fortsetzung des Arbeitsverhältnisses nicht zuzumuten, so hat auf seinen Antrag das Gericht das Arbeitsverhältnis aufzulösen und den Arbeitgeber zur Zahlung einer angemessenen Abfindung zu verurteilen. 4Das Gericht hat für die Auflösung des Arbeitsverhältnisses den Zeitpunkt festzulegen, zu dem die außerordentliche Kündigung ausgesprochen wurde. 5Die Vorschriften der §§ 10 bis 12 gelten entsprechend.

(2) Verstößt eine Kündigung gegen die guten Sitten, so finden die Vorschriften des § 9 Abs. 1 Satz 1 und Abs. 2 und der §§ 10 bis 12 entsprechende Anwendung.

(3) Im Übrigen finden die Vorschriften dieses Abschnitts mit Ausnahme der §§ 4 bis 7 auf eine Kündigung, die bereits aus anderen als den in § 1 Abs. 2 und 3 bezeichneten Gründen rechtsunwirksam ist, keine Anwendung.

§ 14 Angestellte in leitender Stellung

(1) Die Vorschriften dieses Abschnitts gelten nicht

1. in Betrieben einer juristischen Person für die Mitglieder des Organs, das zur gesetzlichen Vertretung der juristischen Person berufen ist,
2. in Betrieben einer Personengesamtheit für die durch Gesetz, Satzung oder Gesellschaftsvertrag zur Vertretung der Personengesamtheit berufenen Personen.

(2) $_{1}$Auf Geschäftsführer, Betriebsleiter und ähnliche leitende Angestellte, soweit diese zur selbständigen Einstellung oder Entlassung von Arbeitnehmern berechtigt sind, finden die Vorschriften dieses Abschnitts mit Ausnahme des § 3 Anwendung. $_{2}$§ 9 Abs. 1 Satz 2 findet mit der Maßgabe Anwendung, daß der Antrag des Arbeitgebers auf Auflösung des Arbeitsverhältnisses keiner Begründung bedarf.

Zweiter Abschnitt Kündigungsschutz im Rahmen der Betriebsverfassung und Personalvertretung

§ 15 Unzulässigkeit der Kündigung

(1) $_{1}$Die Kündigung eines Mitglieds eines Betriebsrats, einer Jugend- und Auszubildendenvertretung, einer Bordvertretung oder eines Seebetriebsrats ist unzulässig, es sei denn, daß Tatsachen vorliegen, die den Arbeitgeber zur Kündigung aus wichtigem Grund ohne Einhaltung einer Kündigungsfrist berechtigen, und daß die nach § 103 des Betriebsverfassungsgesetzes erforderliche Zustimmung vorliegt oder durch gerichtliche Entscheidung ersetzt ist. $_{2}$Nach Beendigung der Amtszeit ist die Kündigung eines Mitglieds eines Betriebsrats, einer Jugend- und Auszubildendenvertretung oder eines Seebetriebsrats innerhalb eines Jahres, die Kündigung eines Mitglieds einer Bordvertretung innerhalb von sechs Monaten, jeweils vom Zeitpunkt der Beendigung der Amtszeit an gerechnet, unzulässig, es sei denn, daß Tatsachen vorliegen, die den Arbeitgeber zur Kündigung aus wichtigem Grund ohne Einhaltung einer Kündigungsfrist berechtigen; dies gilt nicht, wenn die Beendigung der Mitgliedschaft auf einer gerichtlichen Entscheidung beruht.

(2) $_{1}$Die Kündigung eines Mitglieds einer Personalvertretung, einer Jugend- und Auszubildendenvertretung oder einer Jugendvertretung ist unzulässig, es sei denn, daß Tatsachen vorliegen, die den Arbeitgeber zur Kündigung aus wichtigem Grund ohne Einhaltung einer Kündigungsfrist berechtigen, und daß die nach dem Personalvertretungsrecht erforderliche Zustimmung vorliegt oder durch gerichtliche Entscheidung ersetzt ist. $_{2}$Nach Beendigung der Amtszeit der in Satz 1 genannten Personen ist ihre Kündigung innerhalb eines Jahres, vom Zeitpunkt der Beendigung der Amtszeit an gerechnet, unzulässig, es sei denn, daß Tatsachen vorliegen, die den Arbeitgeber zur Kündigung aus wichtigem Grund ohne Einhaltung einer Kündigungsfrist berechtigen; dies gilt nicht, wenn die Beendigung der Mitgliedschaft auf einer gerichtlichen Entscheidung beruht.

(3) $_{1}$Die Kündigung eines Mitglieds eines Wahlvorstands ist vom Zeitpunkt seiner Bestellung an, die Kündigung eines Wahlbewerbers vom Zeitpunkt der Aufstellung des Wahlvorschlags an, jeweils bis zur Bekanntgabe des Wahlergebnisses unzulässig, es sei denn, daß Tatsachen vorliegen, die den Arbeitgeber zur Kündigung aus wichtigem Grund ohne Einhaltung einer Kündigungsfrist berechtigen, und daß die nach § 103 des Betriebsverfassungsgesetzes oder nach dem Personalvertretungsrecht erforderliche Zustimmung vorliegt oder durch eine gerichtliche Entscheidung ersetzt ist. $_{2}$Innerhalb von

sechs Monaten nach Bekanntgabe des Wahlergebnisses ist die Kündigung unzulässig, es sei denn, daß Tatsachen vorliegen, die den Arbeitgeber zur Kündigung aus wichtigem Grund ohne Einhaltung einer Kündigungsfrist berechtigen; dies gilt nicht für Mitglieder des Wahlvorstands, wenn dieser durch gerichtliche Entscheidung durch einen anderen Wahlvorstand ersetzt worden ist.

(3a) 1Die Kündigung eines Arbeitnehmers, der zu einer Betriebs-, Wahl- oder Bordversammlung nach § 17 Abs. 3, § 17a Nr. 3 Satz 2, § 115 Abs. 2 Nr. 8 Satz 1 des Betriebsverfassungsgesetzes einlädt oder die Bestellung eines Wahlvorstands nach § 16 Abs. 2 Satz 1, § 17 Abs. 4, § 17a Nr. 4, § 63 Abs. 3, § 115 Abs. 2 Nr. 8 Satz 2 oder § 116 Abs. 2 Nr. 7 Satz 5 des Betriebsverfassungsgesetzes beantragt, ist vom Zeitpunkt der Einladung oder Antragstellung an bis zur Bekanntgabe des Wahlergebnisses unzulässig, es sei denn, dass Tatsachen vorliegen, die den Arbeitgeber zur Kündigung aus wichtigem Grund ohne Einhaltung einer Kündigungsfrist berechtigen; der Kündigungsschutz gilt für die ersten sechs in der Einladung oder die ersten drei in der Antragstellung aufgeführten Arbeitnehmer. 2Wird ein Betriebsrat, eine Jugend- und Auszubildendenvertretung, eine Bordvertretung oder ein Seebetriebsrat nicht gewählt, besteht der Kündigungsschutz nach Satz 1 vom Zeitpunkt der Einladung oder Antragstellung an drei Monate.

(3b) 1Die Kündigung eines Arbeitnehmers, der Vorbereitungshandlungen zur Errichtung eines Betriebsrats oder einer Bordvertretung unternimmt und eine öffentlich beglaubigte Erklärung mit dem Inhalt abgegeben hat, dass er die Absicht hat, einen Betriebsrat oder eine Bordvertretung zu errichten, ist unzulässig, soweit sie aus Gründen erfolgt, die in der Person oder in dem Verhalten des Arbeitnehmers liegen, es sei denn, dass Tatsachen vorliegen, die den Arbeitgeber zur Kündigung aus wichtigem Grund ohne Einhaltung einer Kündigungsfrist berechtigen. 2Der Kündigungsschutz gilt von der Abgabe der Erklärung nach Satz 1 bis zum Zeitpunkt der Einladung zu einer Betriebs-, Wahl- oder Bordversammlung nach § 17 Absatz 3, § 17a Nummer 3 Satz 2, § 115 Absatz 2 Nummer 8 Satz 1 des Betriebsverfassungsgesetzes, längstens jedoch für drei Monate.

(4) Wird der Betrieb stillgelegt, so ist die Kündigung der in den Absätzen 1 bis 3a genannten Personen frühestens zum Zeitpunkt der Stillegung zulässig, es sei denn, daß ihre Kündigung zu einem früheren Zeitpunkt durch zwingende betriebliche Erfordernisse bedingt ist.

(5) 1Wird eine der in den Absätzen 1 bis 3a genannten Personen in einer Betriebsabteilung beschäftigt, die stillgelegt wird, so ist sie in eine andere Betriebsabteilung zu übernehmen. 2Ist dies aus betrieblichen Gründen nicht möglich, so findet auf ihre Kündigung die Vorschrift des Absatzes 4 über die Kündigung bei Stillegung des Betriebs sinngemäß Anwendung.

§ 16 Neues Arbeitsverhältnis; Auflösung des alten Arbeitsverhältnisses

1Stellt das Gericht die Unwirksamkeit der Kündigung einer der in § 15 Absatz 1 bis 3b genannten Personen fest, so kann diese Person, falls sie inzwischen ein neues Arbeitsverhältnis eingegangen ist, binnen einer Woche nach Rechtskraft des Urteils durch Erklärung gegenüber dem alten Arbeitgeber die Weiterbeschäftigung bei diesem verweigern. 2Im übrigen finden die Vorschriften des § 11 und des § 12 Satz 2 bis 4 entsprechende Anwendung.

Dritter Abschnitt
Anzeigepflichtige Entlassungen

§ 17 Anzeigepflicht

(1) 1Der Arbeitgeber ist verpflichtet, der Agentur für Arbeit Anzeige zu erstatten, bevor er

1. in Betrieben mit in der Regel mehr als 20 und weniger als 60 Arbeitnehmern mehr als 5 Arbeitnehmer,
2. in Betrieben mit in der Regel mindestens 60 und weniger als 500 Arbeitnehmern 10 vom Hundert der im Betrieb regelmäßig

beschäftigten Arbeitnehmer oder aber mehr als 25 Arbeitnehmer,

3. in Betrieben mit in der Regel mindestens 500 Arbeitnehmern mindestens 30 Arbeitnehmer

innerhalb von 30 Kalendertagen entläßt. $_{2}$Den Entlassungen stehen andere Beendigungen des Arbeitsverhältnisses gleich, die vom Arbeitgeber veranlaßt werden.

(2) $_{1}$Beabsichtigt der Arbeitgeber, nach Absatz 1 anzeigepflichtige Entlassungen vorzunehmen, hat er dem Betriebsrat rechtzeitig die zweckdienlichen Auskünfte zu erteilen und ihn schriftlich insbesondere zu unterrichten über

1. die Gründe für die geplanten Entlassungen,
2. die Zahl und die Berufsgruppen der zu entlassenden Arbeitnehmer,
3. die Zahl und die Berufsgruppen der in der Regel beschäftigten Arbeitnehmer,
4. den Zeitraum, in dem die Entlassungen vorgenommen werden sollen,
5. die vorgesehenen Kriterien für die Auswahl der zu entlassenden Arbeitnehmer,
6. die für die Berechnung etwaiger Abfindungen vorgesehenen Kriterien.

$_{2}$Arbeitgeber und Betriebsrat haben insbesondere die Möglichkeiten zu beraten, Entlassungen zu vermeiden oder einzuschränken und ihre Folgen zu mildern.

(3) $_{1}$Der Arbeitgeber hat gleichzeitig der Agentur für Arbeit eine Abschrift der Mitteilung an den Betriebsrat zuzuleiten; sie muß zumindest die in Absatz 2 Satz 1 Nr. 1 bis 5 vorgeschriebenen Angaben enthalten. $_{2}$Die Anzeige nach Absatz 1 ist schriftlich unter Beifügung der Stellungnahme des Betriebsrates zu den Entlassungen zu erstatten. $_{3}$Liegt eine Stellungnahme des Betriebsrates nicht vor, so ist die Anzeige wirksam, wenn der Arbeitgeber glaubhaft macht, daß er den Betriebsrat mindestens zwei Wochen vor Erstattung der Anzeige nach Absatz 2 Satz 1 unterrichtet hat, und er den Stand der Beratungen darlegt. $_{4}$Die Anzeige muß Angaben über den Namen des Arbeitgebers, den Sitz und die Art des Betriebes enthalten, ferner die Gründe für die geplanten Entlassungen, die Zahl und die Berufsgruppen der zu entlassenden und der in der Regel beschäftigten Arbeitnehmer, den Zeitraum, in dem die Entlassungen vorgenommen werden sollen und die vorgesehenen Kriterien für die Auswahl der zu entlassenden Arbeitnehmer. $_{5}$In der Anzeige sollen ferner im Einvernehmen mit dem Betriebsrat für die Arbeitsvermittlung Angaben über Geschlecht, Alter, Beruf und Staatsangehörigkeit der zu entlassenden Arbeitnehmer gemacht werden. $_{6}$Der Arbeitgeber hat dem Betriebsrat eine Abschrift der Anzeige zuzuleiten. $_{7}$Der Betriebsrat kann gegenüber der Agentur für Arbeit weitere Stellungnahmen abgeben. $_{8}$Er hat dem Arbeitgeber eine Abschrift der Stellungnahme zuzuleiten.

(3a) $_{1}$Die Auskunfts-, Beratungs- und Anzeigepflichten nach den Absätzen 1 bis 3 gelten auch dann, wenn die Entscheidung über die Entlassungen von einem den Arbeitgeber beherrschenden Unternehmen getroffen wurde. $_{2}$Der Arbeitgeber kann sich nicht darauf berufen, daß das für die Entlassungen verantwortliche Unternehmen die notwendigen Auskünfte nicht übermittelt hat.

(4) $_{1}$Das Recht zur fristlosen Entlassung bleibt unberührt. $_{2}$Fristlose Entlassungen werden bei Berechnung der Mindestzahl der Entlassungen nach Absatz 1 nicht mitgerechnet.

(5) Als Arbeitnehmer im Sinne dieser Vorschrift gelten nicht

1. in Betrieben einer juristischen Person die Mitglieder des Organs, das zur gesetzlichen Vertretung der juristischen Person berufen ist,
2. in Betrieben einer Personengesamtheit die durch Gesetz, Satzung oder Gesellschaftsvertrag zur Vertretung der Personengesamtheit berufenen Personen,
3. Geschäftsführer, Betriebsleiter und ähnliche leitende Personen, soweit diese zur selbständigen Einstellung oder Entlassung von Arbeitnehmern berechtigt sind.

§ 18 Entlassungssperre

(1) Entlassungen, die nach § 17 anzuzeigen sind, werden vor Ablauf eines Monats nach

Eingang der Anzeige bei der Agentur für Arbeit nur mit deren Zustimmung wirksam; die Zustimmung kann auch rückwirkend bis zum Tage der Antragstellung erteilt werden.

(2) Die Agentur für Arbeit kann im Einzelfall bestimmen, daß die Entlassungen nicht vor Ablauf von längstens zwei Monaten nach Eingang der Anzeige bei der Agentur für Arbeit wirksam werden.

(3) (weggefallen)

(4) Soweit die Entlassungen nicht innerhalb von 90 Tagen nach dem Zeitpunkt, zu dem sie nach den Absätzen 1 und 2 zulässig sind, durchgeführt werden, bedarf es unter den Voraussetzungen des § 17 Abs. 1 einer erneuten Anzeige.

§ 19 Zulässigkeit von Kurzarbeit

(1) Ist der Arbeitgeber nicht in der Lage, die Arbeitnehmer bis zu dem in § 18 Abs. 1 und 2 bezeichneten Zeitpunkt voll zu beschäftigen, so kann die Bundesagentur für Arbeit zulassen, daß der Arbeitgeber für die Zwischenzeit Kurzarbeit einführt.

(2) Der Arbeitgeber ist im Falle der Kurzarbeit berechtigt, Lohn oder Gehalt der mit verkürzter Arbeitszeit beschäftigten Arbeitnehmer entsprechend zu kürzen; die Kürzung des Arbeitsentgelts wird jedoch erst von dem Zeitpunkt an wirksam, an dem das Arbeitsverhältnis nach den allgemeinen gesetzlichen oder den vereinbarten Bestimmungen enden würde.

(3) Tarifvertragliche Bestimmungen über die Einführung, das Ausmaß und die Bezahlung von Kurzarbeit werden durch die Absätze 1 und 2 nicht berührt.

§ 20 Entscheidungen der Agentur für Arbeit

(1) 1Die Entscheidungen der Agentur für Arbeit nach § 18 Abs. 1 und 2 trifft deren Geschäftsführung oder ein Ausschuß (Entscheidungsträger). 2Die Geschäftsführung darf nur dann entscheiden, wenn die Zahl der Entlassungen weniger als 50 beträgt.

(2) 1Der Ausschuß setzt sich aus dem Geschäftsführer, der Geschäftsführerin oder dem oder der Vorsitzenden der Geschäftsführung der Agentur für Arbeit oder einem von ihm oder ihr beauftragten Angehörigen der Agentur für Arbeit als Vorsitzenden und je zwei Vertretern der Arbeitnehmer, der Arbeitgeber und der öffentlichen Körperschaften zusammen, die von dem Verwaltungsausschuss der Agentur für Arbeit benannt werden. 2Er trifft seine Entscheidungen mit Stimmenmehrheit.

(3) 1Der Entscheidungsträger hat vor seiner Entscheidung den Arbeitgeber und den Betriebsrat anzuhören. 2Dem Entscheidungsträger sind, insbesondere vom Arbeitgeber und Betriebsrat, die von ihm für die Beurteilung des Falles erforderlich gehaltenen Auskünfte zu erteilen.

(4) Der Entscheidungsträger hat sowohl das Interesse des Arbeitgebers als auch das der zu entlassenden Arbeitnehmer, das öffentliche Interesse und die Lage des gesamten Arbeitsmarktes unter besonderer Beachtung des Wirtschaftszweiges, dem der Betrieb angehört, zu berücksichtigen.

§ 21 Entscheidungen der Zentrale der Bundesagentur für Arbeit

1Für Betriebe, die zum Geschäftsbereich des Bundesministers für Verkehr oder des Bundesministers für Post- und Telekommunikation gehören, trifft, wenn mehr als 500 Arbeitnehmer entlassen werden sollen, ein gemäß § 20 Abs. 1 bei der Zentrale der Bundesagentur für Arbeit zu bildender Ausschuß die Entscheidungen nach § 18 Abs. 1 und 2. 2Der zuständige Bundesminister kann zwei Vertreter mit beratender Stimme in den Ausschuß entsenden. 3Die Anzeigen nach § 17 sind in diesem Falle an die Zentrale der Bundesagentur für Arbeit zu erstatten. 4Im übrigen gilt § 20 Abs. 1 bis 3 entsprechend.

§ 22 Ausnahmebetriebe

(1) Auf Saisonbetriebe und Kampagne-Betriebe finden die Vorschriften dieses Abschnittes bei Entlassungen, die durch diese Eigenart der Betriebe bedingt sind, keine Anwendung.

(2) 1Keine Saisonbetriebe oder Kampagne-Betriebe sind Betriebe des Baugewerbes, in

denen die ganzjährige Beschäftigung nach dem Dritten Buch Sozialgesetzbuch gefördert wird. 2Das Bundesministerium für Arbeit und Soziales wird ermächtigt, durch Rechtsverordnung Vorschriften zu erlassen, welche Betriebe als Saisonbetriebe oder Kampagne-Betriebe im Sinne des Absatzes 1 gelten.

Vierter Abschnitt Schlußbestimmungen

§ 23 Geltungsbereich

(1) 1Die Vorschriften des Ersten und Zweiten Abschnitts gelten für Betriebe und Verwaltungen des privaten und des öffentlichen Rechts, vorbehaltlich der Vorschriften des § 24 für die Seeschifffahrts-, Binnenschifffahrts- und Luftverkehrsbetriebe. 2Die Vorschriften des Ersten Abschnitts gelten mit Ausnahme der §§ 4 bis 7 und des § 13 Abs. 1 Satz 1 und 2 nicht für Betriebe und Verwaltungen, in denen in der Regel fünf oder weniger Arbeitnehmer ausschließlich der zu ihrer Berufsbildung Beschäftigten beschäftigt werden. 3In Betrieben und Verwaltungen, in denen in der Regel zehn oder weniger Arbeitnehmer ausschließlich der zu ihrer Berufsbildung Beschäftigten beschäftigt werden, gelten die Vorschriften des Ersten Abschnitts mit Ausnahme der §§ 4 bis 7 und des § 13 Abs. 1 Satz 1 und 2 nicht für Arbeitnehmer, deren Arbeitsverhältnis nach dem 31. Dezember 2003 begonnen hat; diese Arbeitnehmer sind bei der Feststellung der Zahl der beschäftigten Arbeitnehmer nach Satz 2 bis zur Beschäftigung von in der Regel zehn Arbeitnehmern nicht zu berücksichtigen. 4Bei der Feststellung der Zahl der beschäftigten Arbeitnehmer nach den Sätzen 2 und 3 sind teilzeitbeschäftigte Arbeitnehmer mit einer regelmäßigen wöchentlichen Arbeitszeit von nicht mehr als 20 Stunden mit 0,5 und nicht mehr als 30 Stunden mit 0,75 zu berücksichtigen.

(2) Die Vorschriften des Dritten Abschnitts gelten für Betriebe und Verwaltungen des privaten Rechts sowie für Betriebe, die von einer öffentlichen Verwaltung geführt werden, soweit sie wirtschaftliche Zwecke verfolgen.

§ 24 Anwendung des Gesetzes auf Betriebe der Schifffahrt und des Luftverkehrs

(1) Die Vorschriften des Ersten und Zweiten Abschnitts finden nach Maßgabe der Absätze 2 bis 4 auf Arbeitsverhältnisse der Besatzung von Seeschiffen, Binnenschiffen und Luftfahrzeugen Anwendung.

(2) Als Betrieb im Sinne dieses Gesetzes gilt jeweils die Gesamtheit der Seeschiffe oder der Binnenschiffe eines Schifffahrtsbetriebs oder der Luftfahrzeuge eines Luftverkehrsbetriebs.

(3) Dauert die erste Reise eines Besatzungsmitglieds eines Seeschiffes oder eines Binnenschiffes länger als sechs Monate, so verlängert sich die Sechsmonatsfrist des § 1 Absatz 1 bis drei Tage nach Beendigung dieser Reise.

(4) 1Die Klage nach § 4 ist binnen drei Wochen zu erheben, nachdem die Kündigung dem Besatzungsmitglied an Land zugegangen ist. 2Geht dem Besatzungsmitglied eines Seeschiffes oder eines Binnenschiffes die Kündigung während der Fahrt des Schiffes zu, ist die Klage innerhalb von sechs Wochen nach dem Dienstende an Bord zu erheben. 3Geht dem Besatzungsmitglied eines Seeschiffes die Kündigung während einer Gefangenschaft aufgrund von seeräuberischen Handlungen oder bewaffneten Raubüberfällen auf Schiffe im Sinne von § 2 Nummer 11 oder 12 des Seearbeitsgesetzes zu oder gerät das Besatzungsmitglied während des Laufs der Frist nach Satz 1 oder 2 in eine solche Gefangenschaft, ist die Klage innerhalb von sechs Wochen nach der Freilassung des Besatzungsmitglieds zu erheben; nimmt das Besatzungsmitglied nach der Freilassung den Dienst an Bord wieder auf, beginnt die Frist mit dem Dienstende an Bord. 4An die Stelle der Dreiwochenfrist in § 5 Absatz 1 und § 6 treten die in den Sätzen 1 bis 3 genannten Fristen.

(5) 1Die Vorschriften des Dritten Abschnitts finden nach Maßgabe der folgenden Sätze Anwendung auf die Besatzungen von Seeschiffen. 2Bei Schiffen nach § 114 Absatz 4 Satz 1 des Betriebsverfassungsgesetzes tritt, soweit sie nicht als Teil des Landbetriebs gelten, an die Stelle des Betriebsrats der

Seebetriebsrat. ₃Betrifft eine anzeigepflichtige Entlassung die Besatzung eines Seeschiffes, welches unter der Flagge eines anderen Mitgliedstaates der Europäischen Union fährt, so ist die Anzeige an die Behörde des Staates zu richten, unter dessen Flagge das Schiff fährt.

§ 25 Kündigung in Arbeitskämpfen

Die Vorschriften dieses Gesetzes finden keine Anwendung auf Kündigungen und Entlassungen, die lediglich als Maßnahmen in wirtschaftlichen Kämpfen zwischen Arbeitgebern und Arbeitnehmern vorgenommen werden.

§ 25a (gegenstandslos)

§ 26 Inkrafttreten

Dieses Gesetz tritt am Tage nach seiner Verkündung in Kraft.

Gesetz zur Regelung eines allgemeinen Mindestlohns (Mindestlohngesetz – MiLoG)

Vom 11. August 2014 (BGBl. I S. 1348)

Zuletzt geändert durch
Gesetz zur Umsetzung der Richtlinie (EU) 2018/957 des Europäischen Parlaments und des Rates vom 28. Juni 2018 zur Änderung der Richtlinie 96/71/EG über die Entsendung von Arbeitnehmern im Rahmen der Erbringung von Dienstleistungen
vom 10. Juli 2020 (BGBl. I S. 1657)

Abschnitt 1 Festsetzung des allgemeinen Mindestlohns

Unterabschnitt 1 Inhalt des Mindestlohns

§ 1 Mindestlohn

(1) Jede Arbeitnehmerin und jeder Arbeitnehmer hat Anspruch auf Zahlung eines Arbeitsentgelts mindestens in Höhe des Mindestlohns durch den Arbeitgeber.

(2) Die Höhe des Mindestlohns beträgt ab dem 1. Januar 2015 brutto 8,50 Euro je Zeitstunde. Die Höhe des Mindestlohns kann auf Vorschlag einer ständigen Kommission der Tarifpartner (Mindestlohnkommission) durch Rechtsverordnung der Bundesregierung geändert werden.

(3) Die Regelungen des Arbeitnehmer-Entsendegesetzes, des Arbeitnehmerüberlassungsgesetzes und der auf ihrer Grundlage erlassenen Rechtsverordnungen gehen den Regelungen dieses Gesetzes vor, soweit die Höhe der auf ihrer Grundlage festgesetzten Branchenmindestlöhne die Höhe des Mindestlohns nicht unterschreitet.

Der gesetzliche Mindestlohn in Deutschland wird 2022 in zwei Stufen weiter angehoben:
zum 1. Januar 2022 auf 9,82 Euro und zum 1. Juli 2022 auf 10,45 Euro.

§ 2 Fälligkeit des Mindestlohns

(1) Der Arbeitgeber ist verpflichtet, der Arbeitnehmerin oder dem Arbeitnehmer den Mindestlohn

1. zum Zeitpunkt der vereinbarten Fälligkeit,
2. spätestens am letzten Bankarbeitstag (Frankfurt am Main) des Monats, der auf den Monat folgt, in dem die Arbeitsleistung erbracht wurde,

zu zahlen. Für den Fall, dass keine Vereinbarung über die Fälligkeit getroffen worden ist, bleibt § 614 des Bürgerlichen Gesetzbuchs unberührt.

(2) Abweichend von Absatz 1 Satz 1 sind bei Arbeitnehmerinnen und Arbeitnehmern die über die vertraglich vereinbarte Arbeitszeit hinausgehenden und auf einem schriftlich vereinbarten Arbeitszeitkonto eingestellten Arbeitsstunden spätestens innerhalb von zwölf Kalendermonaten nach ihrer monatlichen Erfassung durch bezahlte Freizeitgewährung oder Zahlung des Mindestlohns auszugleichen, soweit der Anspruch auf den Mindestlohn für die geleisteten Arbeitsstunden nach § 1 Absatz 1 nicht bereits durch Zahlung des verstetigten Arbeitsentgelts erfüllt ist. Im Falle der Beendigung des Arbeitsverhältnisses hat der Arbeitgeber nicht ausgeglichene Arbeitsstunden spätestens in dem auf die Beendigung des Arbeitsverhältnisses folgenden Kalendermonat auszugleichen. Die auf das Arbeitszeitkonto eingestellten Arbeitsstunden dürfen monatlich jeweils 50 Prozent der vertraglich vereinbarten Arbeitszeit nicht übersteigen.

(3) Die Absätze 1 und 2 gelten nicht für Wertguthabenvereinbarungen im Sinne des Vierten Buches Sozialgesetzbuch. Satz 1 gilt entsprechend für eine im Hinblick auf den Schutz der Arbeitnehmerinnen und Arbeitnehmer vergleichbare ausländische Regelung.

§ 3 Unabdingbarkeit des Mindestlohns

Vereinbarungen, die den Anspruch auf Mindestlohn unterschreiten oder seine Geltendmachung beschränken oder ausschließen, sind insoweit unwirksam. Die Arbeitnehmerin oder der Arbeitnehmer kann auf den entstandenen Anspruch nach § 1 Absatz 1 nur durch gerichtlichen Vergleich verzichten; im Übrigen ist ein Verzicht ausgeschlossen. Die Verwirkung des Anspruchs ist ausgeschlossen.

Unterabschnitt 2
Mindestlohnkommission

§ 4 Aufgabe und Zusammensetzung

(1) Die Bundesregierung errichtet eine ständige Mindestlohnkommission, die über die Anpassung der Höhe des Mindestlohns befindet.

(2) Die Mindestlohnkommission wird alle fünf Jahre neu berufen. Sie besteht aus einer oder einem Vorsitzenden, sechs weiteren stimmberechtigten ständigen Mitgliedern und zwei Mitgliedern aus Kreisen der Wissenschaft ohne Stimmrecht (beratende Mitglieder).

§ 5 Stimmberechtigte Mitglieder

(1) Die Bundesregierung beruft je drei stimmberechtigte Mitglieder auf Vorschlag der Spitzenorganisationen der Arbeitgeber und der Arbeitnehmer aus Kreisen der Vereinigungen von Arbeitgebern und Gewerkschaften. Die Spitzenorganisationen der Arbeitgeber und Arbeitnehmer sollen jeweils mindestens eine Frau und einen Mann als stimmberechtigte Mitglieder vorschlagen. Werden auf Arbeitgeber- oder auf Arbeitnehmerseite von den Spitzenorganisationen mehr als drei Personen vorgeschlagen, erfolgt die Auswahl zwischen den Vorschlägen im Verhältnis zur Bedeutung der jeweiligen Spitzenorganisationen für die Vertretung der Arbeitgeber- oder Arbeitnehmerinteressen im Arbeitsleben des Bundesgebietes. Übt eine Seite ihr Vorschlagsrecht nicht aus, werden die Mitglieder dieser Seite durch die Bundesregierung aus Kreisen der Vereinigungen von Arbeitgebern oder Gewerkschaften berufen.

(2) Scheidet ein Mitglied aus, wird nach Maßgabe des Absatzes 1 Satz 1 und 4 ein neues Mitglied berufen.

§ 6 Vorsitz

(1) Die Bundesregierung beruft die Vorsitzende oder den Vorsitzenden auf gemeinsamen Vorschlag der Spitzenorganisationen der Arbeitgeber und der Arbeitnehmer.

(2) Wird von den Spitzenorganisationen kein gemeinsamer Vorschlag unterbreitet, beruft die Bundesregierung jeweils eine Vorsitzende oder einen Vorsitzenden auf Vorschlag der Spitzenorganisationen der Arbeitgeber und der Arbeitnehmer. Der Vorsitz wechselt zwischen den Vorsitzenden nach jeder Beschlussfassung nach § 9. Über den erstmaligen Vorsitz entscheidet das Los. § 5 Absatz 1 Satz 3 und 4 gilt entsprechend.

(3) Scheidet die Vorsitzende oder der Vorsitzende aus, wird nach Maßgabe der Absätze 1 und 2 eine neue Vorsitzende oder ein neuer Vorsitzender berufen.

§ 7 Beratende Mitglieder

(1) Die Bundesregierung beruft auf Vorschlag der Spitzenorganisationen der Arbeitgeber und Arbeitnehmer zusätzlich je ein beratendes Mitglied aus Kreisen der Wissenschaft. Die Bundesregierung soll darauf hinwirken, dass die Spitzenorganisationen der Arbeitgeber und Arbeitnehmer eine Frau und einen Mann als beratendes Mitglied vorschlagen. Das beratende Mitglied soll in keinem Beschäftigungsverhältnis stehen zu

1. einer Spitzenorganisation der Arbeitgeber oder Arbeitnehmer,
2. einer Vereinigung der Arbeitgeber oder einer Gewerkschaft oder
3. einer Einrichtung, die von den in der Nummer 1 oder Nummer 2 genannten Vereinigungen getragen wird.

§ 5 Absatz 1 Satz 3 und 4 und Absatz 2 gilt entsprechend.

(2) Die beratenden Mitglieder unterstützen die Mindestlohnkommission insbesondere bei der Prüfung nach § 9 Absatz 2 durch die Einbringung wissenschaftlichen Sachverstands. Sie haben das Recht, an den Beratungen der Mindestlohnkommission teilzunehmen.

§ 8 Rechtsstellung der Mitglieder

(1) Die Mitglieder der Mindestlohnkommission unterliegen bei der Wahrnehmung ihrer Tätigkeit keinen Weisungen.

(2) Die Tätigkeit der Mitglieder der Mindestlohnkommission ist ehrenamtlich.

(3) Die Mitglieder der Mindestlohnkommission erhalten eine angemessene Entschädigung für den ihnen bei der Wahrnehmung ihrer Tätigkeit erwachsenden Verdienstausfall und Aufwand sowie Ersatz der Fahrtkosten entsprechend den für ehrenamtliche Richterinnen und Richter der Arbeitsgerichte geltenden Vorschriften. Die Entschädigung und die erstattungsfähigen Fahrtkosten setzt im Einzelfall die oder der Vorsitzende der Mindestlohnkommission fest.

§ 9 Beschluss der Mindestlohnkommission

(1) Die Mindestlohnkommission hat über eine Anpassung der Höhe des Mindestlohns erstmals bis zum 30. Juni 2016 mit Wirkung zum 1. Januar 2017 zu beschließen. Danach hat die Mindestlohnkommission alle zwei Jahre über Anpassungen der Höhe des Mindestlohns zu beschließen.

(2) Die Mindestlohnkommission prüft im Rahmen einer Gesamtabwägung, welche Höhe des Mindestlohns geeignet ist, zu einem angemessenen Mindestschutz der Arbeitnehmerinnen und Arbeitnehmer beizutragen, faire und funktionierende Wettbewerbsbedingungen zu ermöglichen sowie Beschäftigung nicht zu gefährden. Die Mindestlohnkommission orientiert sich bei der Festsetzung des Mindestlohns nachlaufend an der Tarifentwicklung.

(3) Die Mindestlohnkommission hat ihren Beschluss schriftlich zu begründen.

(4) Die Mindestlohnkommission evaluiert laufend die Auswirkungen des Mindestlohns auf den Schutz der Arbeitnehmerinnen und Arbeitnehmer, die Wettbewerbsbedingungen und die Beschäftigung im Bezug auf bestimmte Branchen und Regionen sowie die Produktivität und stellt ihre Erkenntnisse der Bundesregierung in einem Bericht alle zwei Jahre gemeinsam mit ihrem Beschluss zur Verfügung.

§ 10 Verfahren der Mindestlohnkommission

(1) Die Mindestlohnkommission ist beschlussfähig, wenn mindestens die Hälfte ihrer stimmberechtigten Mitglieder anwesend ist.

(2) Die Beschlüsse der Mindestlohnkommission werden mit einfacher Mehrheit der Stimmen der anwesenden Mitglieder gefasst. Bei der Beschlussfassung hat sich die oder der Vorsitzende zunächst der Stimme zu enthalten. Kommt eine Stimmenmehrheit nicht zustande, macht die oder der Vorsitzende einen Vermittlungsvorschlag. Kommt nach Beratung über den Vermittlungsvorschlag keine Stimmenmehrheit zustande, übt die oder der Vorsitzende ihr oder sein Stimmrecht aus.

(3) Die Mindestlohnkommission kann Spitzenorganisationen der Arbeitgeber und Arbeitnehmer, Vereinigungen von Arbeitgebern und Gewerkschaften, öffentlichrechtliche Religionsgesellschaften, Wohlfahrtsverbände, Verbände, die wirtschaftliche und soziale Interessen organisieren, sowie sonstige von der Anpassung des Mindestlohns Betroffene vor Beschlussfassung anhören. Sie kann Informationen und fachliche Einschätzungen von externen Stellen einholen.

(4) Die Sitzungen der Mindestlohnkommission sind nicht öffentlich; der Inhalt ihrer Beratungen ist vertraulich. Die Teilnahme an Sitzungen der Mindestlohnkommission sowie die Beschlussfassung können in begründeten Ausnahmefällen auf Vorschlag der oder des Vorsitzenden mittels einer Videokonferenz erfolgen, wenn

1. kein Mitglied diesem Verfahren unverzüglich widerspricht und
2. sichergestellt ist, dass Dritte vom Inhalt der Sitzung keine Kenntnis nehmen können.

Die übrigen Verfahrensregelungen trifft die Mindestlohnkommission in einer Geschäftsordnung.

§ 11 Rechtsverordnung

(1) Die Bundesregierung kann die von der Mindestlohnkommission vorgeschlagene Anpassung des Mindestlohns durch Rechtsverordnung ohne Zustimmung des Bundesrates für alle Arbeitgeber sowie Arbeitnehmerinnen und Arbeitnehmer verbindlich machen. Die Rechtsverordnung tritt am im Beschluss der Mindestlohnkommission bezeichneten Tag, frühestens aber am Tag nach Verkündung in Kraft. Die Rechtsverordnung gilt, bis sie durch eine neue Rechtsverordnung abgelöst wird.

(2) Vor Erlass der Rechtsverordnung erhalten die Spitzenorganisationen der Arbeitgeber und Arbeitnehmer, die Vereinigungen von Arbeitgebern und Gewerkschaften, die öffentlich-rechtlichen Religionsgesellschaften, die Wohlfahrtsverbände sowie die Verbände, die wirtschaftliche und soziale Interessen organisieren, Gelegenheit zur schriftlichen Stellungnahme. Die Frist zur Stellungnahme beträgt drei Wochen; sie beginnt mit der Bekanntmachung des Verordnungsentwurfs.

§ 12 Geschäfts- und Informationsstelle für den Mindestlohn; Kostenträgerschaft

(1) Die Mindestlohnkommission wird bei der Durchführung ihrer Aufgaben von einer Geschäftsstelle unterstützt. Die Geschäftsstelle untersteht insoweit fachlich der oder dem Vorsitzenden der Mindestlohnkommission.

(2) Die Geschäftsstelle wird bei der Bundesanstalt für Arbeitsschutz und Arbeitsmedizin als selbständige Organisationeinheit eingerichtet.

(3) Die Geschäftsstelle informiert und berät als Informationsstelle für den Mindestlohn Arbeitnehmerinnen und Arbeitnehmer sowie Unternehmen zum Thema Mindestlohn.

(4) Die durch die Tätigkeit der Mindestlohnkommission und der Geschäftsstelle anfallenden Kosten trägt der Bund.

Abschnitt 2
Zivilrechtliche Durchsetzung

§ 13 Haftung des Auftraggebers

§ 14 des Arbeitnehmer-Entsendegesetzes findet entsprechende Anwendung.

Abschnitt 3
Kontrolle und Durchsetzung durch staatliche Behörden

§ 14 Zuständigkeit

Für die Prüfung der Einhaltung der Pflichten eines Arbeitgebers nach § 20 sind die Behörden der Zollverwaltung zuständig.

§ 15 Befugnisse der Behörden der Zollverwaltung und anderer Behörden; Mitwirkungspflichten des Arbeitgebers

Die §§ 2 bis 6, 14, 15, 20, 22 und 23 des Schwarzarbeitsbekämpfungsgesetzes sind entsprechend anzuwenden mit der Maßgabe, dass

1. die dort genannten Behörden auch Einsicht in Arbeitsverträge, Niederschriften nach § 2 des Nachweisgesetzes und andere Geschäftsunterlagen nehmen können, die mittelbar oder unmittelbar Auskunft über die Einhaltung des Mindestlohns nach § 20 geben, und
2. die nach § 5 Absatz 1 des Schwarzarbeitsbekämpfungsgesetzes zur Mitwirkung Verpflichteten diese Unterlagen vorzulegen haben.

§ 6 Absatz 3 sowie die §§ 16 bis 19 des Schwarzarbeitsbekämpfungsgesetzes finden entsprechende Anwendung.

§ 16 Meldepflicht

(1) Ein Arbeitgeber mit Sitz im Ausland, der eine Arbeitnehmerin oder einen Arbeitnehmer oder mehrere Arbeitnehmerinnen oder Arbeitnehmer in den in § 2a des Schwarzarbeitsbekämpfungsgesetzes genannten Wirtschaftsbereichen oder Wirtschaftszweigen im Anwendungsbereich dieses Gesetzes beschäftigt, ist verpflichtet, vor Beginn jeder Werk- oder Dienstleistung eine schriftliche Anmeldung in deutscher Sprache bei der zu-

15

ständigen Behörde der Zollverwaltung nach Absatz 6 vorzulegen, die die für die Prüfung wesentlichen Angaben enthält. Wesentlich sind die Angaben über

1. den Familiennamen, den Vornamen und das Geburtsdatum der von ihm im Geltungsbereich dieses Gesetzes beschäftigten Arbeitnehmerinnen und Arbeitnehmer,
2. den Beginn und die voraussichtliche Dauer der Beschäftigung,
3. den Ort der Beschäftigung,
4. den Ort im Inland, an dem die nach § 17 erforderlichen Unterlagen bereitgehalten werden,
5. den Familiennamen, den Vornamen, das Geburtsdatum und die Anschrift in Deutschland der oder des verantwortlich Handelnden und
6. den Familiennamen, den Vornamen und die Anschrift in Deutschland einer oder eines Zustellungsbevollmächtigten, soweit diese oder dieser nicht mit der oder dem in Nummer 5 genannten verantwortlich Handelnden identisch ist.

Änderungen bezüglich dieser Angaben hat der Arbeitgeber im Sinne des Satzes 1 unverzüglich zu melden.

(2) Der Arbeitgeber hat der Anmeldung eine Versicherung beizufügen, dass er die Verpflichtungen nach § 20 einhält.

(3) Überlässt ein Verleiher mit Sitz im Ausland eine Arbeitnehmerin oder einen Arbeitnehmer oder mehrere Arbeitnehmerinnen oder Arbeitnehmer zur Arbeitsleistung einem Entleiher, hat der Entleiher in den in § 2a des Schwarzarbeitsbekämpfungsgesetzes genannten Wirtschaftsbereichen oder Wirtschaftszweigen unter den Voraussetzungen des Absatzes 1 Satz 1 vor Beginn jeder Werk- oder Dienstleistung der zuständigen Behörde der Zollverwaltung eine schriftliche Anmeldung in deutscher Sprache mit folgenden Angaben zuzuleiten:

1. den Familiennamen, den Vornamen und das Geburtsdatum der überlassenen Arbeitnehmerinnen und Arbeitnehmer,
2. den Beginn und die Dauer der Überlassung,
3. den Ort der Beschäftigung,
4. den Ort im Inland, an dem die nach § 17 erforderlichen Unterlagen bereitgehalten werden,
5. den Familiennamen, den Vornamen und die Anschrift in Deutschland einer oder eines Zustellungsbevollmächtigten des Verleihers,
6. den Familiennamen, den Vornamen oder die Firma sowie die Anschrift des Verleihers.

Absatz 1 Satz 3 gilt entsprechend.

(4) Der Entleiher hat der Anmeldung eine Versicherung des Verleihers beizufügen, dass dieser die Verpflichtungen nach § 20 einhält.

(5) Das Bundesministerium der Finanzen kann durch Rechtsverordnung im Einvernehmen mit dem Bundesministerium für Arbeit und Soziales ohne Zustimmung des Bundesrates bestimmen,

1. dass, auf welche Weise und unter welchen technischen und organisatorischen Voraussetzungen eine Anmeldung, eine Änderungsmeldung und die Versicherung abweichend von Absatz 1 Satz 1 und 3, Absatz 2 und 3 Satz 1 und 2 und Absatz 4 elektronisch übermittelt werden kann,
2. unter welchen Voraussetzungen eine Änderungsmeldung ausnahmsweise entfallen kann, und
3. wie das Meldeverfahren vereinfacht oder abgewandelt werden kann, sofern die entsandten Arbeitnehmerinnen und Arbeitnehmer im Rahmen einer regelmäßig wiederkehrenden Werk- oder Dienstleistung eingesetzt werden oder sonstige Besonderheiten der zu erbringenden Werk- oder Dienstleistungen dies erfordern.

(6) Das Bundesministerium der Finanzen kann durch Rechtsverordnung ohne Zustimmung des Bundesrates die zuständige Behörde nach Absatz 1 Satz 1 und Absatz 3 Satz 1 bestimmen.

§ 17 Erstellen und Bereithalten von Dokumenten

(1) Ein Arbeitgeber, der Arbeitnehmerinnen und Arbeitnehmer nach § 8 Absatz 1 des

Vierten Buches Sozialgesetzbuch oder in den in § 2a des Schwarzarbeitsbekämpfungsgesetzes genannten Wirtschaftsbereichen oder Wirtschaftszweigen beschäftigt, ist verpflichtet, Beginn, Ende und Dauer der täglichen Arbeitszeit dieser Arbeitnehmerinnen und Arbeitnehmer spätestens bis zum Ablauf des siebten auf den Tag der Arbeitsleistung folgenden Kalendertages aufzuzeichnen und diese Aufzeichnungen mindestens zwei Jahre beginnend ab dem für die Aufzeichnung maßgeblichen Zeitpunkt aufzubewahren. Satz 1 gilt entsprechend für einen Entleiher, dem ein Verleiher eine Arbeitnehmerin oder einen Arbeitnehmer oder mehrere Arbeitnehmerinnen oder Arbeitnehmer zur Arbeitsleistung in einem der in § 2a des Schwarzarbeitsbekämpfungsgesetzes genannten Wirtschaftszweige überlässt. Satz 1 gilt nicht für Beschäftigungsverhältnisse nach § 8a des Vierten Buches Sozialgesetzbuch.

(2) Arbeitgeber im Sinne des Absatzes 1 haben die für die Kontrolle der Einhaltung der Verpflichtungen nach § 20 in Verbindung mit § 2 erforderlichen Unterlagen im Inland in deutscher Sprache für die gesamte Dauer der tatsächlichen Beschäftigung der Arbeitnehmerinnen und Arbeitnehmer im Geltungsbereich dieses Gesetzes, mindestens für die Dauer der gesamten Werk- oder Dienstleistung, insgesamt jedoch nicht länger als zwei Jahre, bereitzuhalten. Auf Verlangen der Prüfbehörde sind die Unterlagen auch am Ort der Beschäftigung bereitzuhalten.

(3) Das Bundesministerium für Arbeit und Soziales kann durch Rechtsverordnung ohne Zustimmung des Bundesrates die Verpflichtungen des Arbeitgebers oder eines Entleihers nach § 16 und den Absätzen 1 und 2 hinsichtlich bestimmter Gruppen von Arbeitnehmerinnen und Arbeitnehmern oder der Wirtschaftsbereiche oder den Wirtschaftszweigen einschränken oder erweitern.

(4) Das Bundesministerium der Finanzen kann durch Rechtsverordnung im Einvernehmen mit dem Bundesministerium für Arbeit und Soziales ohne Zustimmung des Bundesrates bestimmen, wie die Verpflichtung des Arbeitgebers, die tägliche Arbeitszeit bei ihm beschäftigter Arbeitnehmerinnen und Arbeitnehmer aufzuzeichnen und diese Aufzeichnungen aufzubewahren, vereinfacht oder abgewandelt werden kann, sofern Besonderheiten der zu erbringenden Werk- oder Dienstleistungen oder Besonderheiten des jeweiligen Wirtschaftsbereiches oder Wirtschaftszweiges dies erfordern.

§ 18 Zusammenarbeit der in- und ausländischen Behörden

(1) Die Behörden der Zollverwaltung unterrichten die zuständigen örtlichen Landesfinanzbehörden über Meldungen nach § 16 Absatz 1 und 3.

(2) Die Behörden der Zollverwaltung und die übrigen in § 2 des Schwarzarbeitsbekämpfungsgesetzes genannten Behörden dürfen nach Maßgabe der datenschutzrechtlichen Vorschriften auch mit Behörden anderer Vertragsstaaten des Abkommens über den Europäischen Wirtschaftsraum zusammenarbeiten, die diesem Gesetz entsprechende Aufgaben durchführen oder für die Bekämpfung illegaler Beschäftigung zuständig sind oder Auskünfte geben können, ob ein Arbeitgeber seine Verpflichtungen nach § 20 erfüllt. Die Regelungen über die internationale Rechtshilfe in Strafsachen bleiben hiervon unberührt.

(3) Die Behörden der Zollverwaltung unterrichten das Gewerbezentralregister über rechtskräftige Bußgeldentscheidungen nach § 21 Absatz 1 bis 3, sofern die Geldbuße mehr als zweihundert Euro beträgt.

§ 19 Ausschluss von der Vergabe öffentlicher Aufträge

(1) Von der Teilnahme an einem Wettbewerb um einen Liefer-, Bau- oder Dienstleistungsauftrag der in den §§ 99 und 100 des Gesetzes gegen Wettbewerbsbeschränkungen genannten Auftraggeber sollen Bewerberinnen oder Bewerber für eine angemessene Zeit bis zur nachgewiesenen Wiederherstellung ihrer Zuverlässigkeit ausgeschlossen werden, die wegen eines Verstoßes nach § 21 mit einer Geldbuße von wenigstens zweitausendfünfhundert Euro belegt worden sind.

15

(2) Die für die Verfolgung oder Ahndung der Ordnungswidrigkeiten nach § 21 zuständigen Behörden dürfen öffentlichen Auftraggebern nach § 99 des Gesetzes gegen Wettbewerbsbeschränkungen und solchen Stellen, die von öffentlichen Auftraggebern zugelassene Präqualifikationsverzeichnisse oder Unternehmer- und Lieferantenverzeichnisse führen, auf Verlangen die erforderlichen Auskünfte geben.

(3) Öffentliche Auftraggeber nach Absatz 2 fordern im Rahmen ihrer Tätigkeit beim Gewerbezentralregister Auskünfte über rechtskräftige Bußgeldentscheidungen wegen einer Ordnungswidrigkeit nach § 21 Absatz 1 oder Absatz 2 an oder verlangen von Bewerberinnen oder Bewerbern eine Erklärung, dass die Voraussetzungen für einen Ausschluss nach Absatz 1 nicht vorliegen. Im Falle einer Erklärung der Bewerberin oder des Bewerbers können öffentliche Auftraggeber nach Absatz 2 jederzeit zusätzlich Auskünfte des Gewerbezentralregisters nach § 150a der Gewerbeordnung anfordern.

(4) Bei Aufträgen ab einer Höhe von 30 000 Euro fordert der öffentliche Auftraggeber nach Absatz 2 für die Bewerberin oder den Bewerber, die oder der den Zuschlag erhalten soll, vor der Zuschlagserteilung eine Auskunft aus dem Gewerbezentralregister nach § 150a der Gewerbeordnung an.

(5) Vor der Entscheidung über den Ausschluss ist die Bewerberin oder der Bewerber zu hören.

§ 20 Pflichten des Arbeitgebers zur Zahlung des Mindestlohns

Arbeitgeber mit Sitz im In- oder Ausland sind verpflichtet, ihren im Inland beschäftigten Arbeitnehmerinnen und Arbeitnehmern ein Arbeitsentgelt mindestens in Höhe des Mindestlohns nach § 1 Absatz 2 spätestens zu dem in § 2 Absatz 1 Satz 1 Nummer 2 genannten Zeitpunkt zu zahlen.

§ 21 Bußgeldvorschriften

(1) Ordnungswidrig handelt, wer vorsätzlich oder fahrlässig

1. entgegen § 15 Satz 1 in Verbindung mit § 5 Absatz 1 Satz 1 Nummer 1 oder 3 des Schwarzarbeitsbekämpfungsgesetzes eine Prüfung nicht duldet oder bei einer Prüfung nicht mitwirkt,
2. entgegen § 15 Satz 1 in Verbindung mit § 5 Absatz 1 Satz 1 Nummer 2 des Schwarzarbeitsbekämpfungsgesetzes das Betreten eines Grundstücks oder Geschäftsraums nicht duldet,
3. entgegen § 15 Satz 1 in Verbindung mit § 5 Absatz 5 Satz 1 des Schwarzarbeitsbekämpfungsgesetzes Daten nicht, nicht richtig, nicht vollständig, nicht in der vorgeschriebenen Weise oder nicht rechtzeitig übermittelt,
4. entgegen § 16 Absatz 1 Satz 1 oder Absatz 3 Satz 1 eine Anmeldung nicht, nicht richtig, nicht vollständig, nicht in der vorgeschriebenen Weise oder nicht rechtzeitig vorlegt oder nicht, nicht richtig, nicht vollständig, nicht in der vorgeschriebenen Weise oder nicht rechtzeitig zuleitet,
5. entgegen § 16 Absatz 1 Satz 3, auch in Verbindung mit Absatz 3 Satz 2, eine Änderungsmeldung nicht, nicht richtig, nicht vollständig, nicht in der vorgeschriebenen Weise oder nicht rechtzeitig macht,
6. entgegen § 16 Absatz 2 oder 4 eine Versicherung nicht, nicht richtig oder nicht rechtzeitig beifügt,
7. entgegen § 17 Absatz 1 Satz 1, auch in Verbindung mit Satz 2, eine Aufzeichnung nicht, nicht richtig, nicht vollständig oder nicht rechtzeitig erstellt oder nicht oder nicht mindestens zwei Jahre aufbewahrt,
8. entgegen § 17 Absatz 2 eine Unterlage nicht, nicht richtig, nicht vollständig oder nicht in der vorgeschriebenen Weise bereithält oder
9. entgegen § 20 das dort genannte Arbeitsentgelt nicht oder nicht rechtzeitig zahlt.

(2) Ordnungswidrig handelt, wer Werk- oder Dienstleistungen in erheblichem Umfang ausführen lässt, indem er als Unternehmer einen anderen Unternehmer beauftragt, von dem er weiß oder fahrlässig nicht weiß, dass dieser bei der Erfüllung dieses Auftrags

1. entgegen § 20 das dort genannte Arbeitsentgelt nicht oder nicht rechtzeitig zahlt oder
2. einen Nachunternehmer einsetzt oder zulässt, dass ein Nachunternehmer tätig wird, der entgegen § 20 das dort genannte Arbeitsentgelt nicht oder nicht rechtzeitig zahlt.

(3) Die Ordnungswidrigkeit kann in den Fällen des Absatzes 1 Nummer 9 und des Absatzes 2 mit einer Geldbuße bis zu fünfhunderttausend Euro, in den übrigen Fällen mit einer Geldbuße bis zu dreißigtausend Euro geahndet werden.

(4) Verwaltungsbehörden im Sinne des § 36 Absatz 1 Nummer 1 des Gesetzes über Ordnungswidrigkeiten sind die in § 14 genannten Behörden jeweils für ihren Geschäftsbereich.

(5) Für die Vollstreckung zugunsten der Behörden des Bundes und der bundesunmittelbaren juristischen Personen des öffentlichen Rechts sowie für die Vollziehung des Vermögensarrestes nach § 111e der Strafprozessordnung in Verbindung mit § 46 des Gesetzes über Ordnungswidrigkeiten durch die in § 14 genannten Behörden gilt das Verwaltungs-Vollstreckungsgesetz des Bundes.

Abschnitt 4
Schlussvorschriften

§ 22 Persönlicher Anwendungsbereich

(1) Dieses Gesetz gilt für Arbeitnehmerinnen und Arbeitnehmer. Praktikantinnen und Praktikanten im Sinne des § 26 des Berufsbildungsgesetzes gelten als Arbeitnehmerinnen und Arbeitnehmer im Sinne dieses Gesetzes, es sei denn, dass sie

1. ein Praktikum verpflichtend auf Grund einer schulrechtlichen Bestimmung, einer Ausbildungsordnung, einer hochschulrechtlichen Bestimmung oder im Rahmen einer Ausbildung an einer gesetzlich geregelten Berufsakademie leisten,
2. ein Praktikum von bis zu drei Monaten zur Orientierung für eine Berufsausbildung oder für die Aufnahme eines Studiums leisten,
3. ein Praktikum von bis zu drei Monaten begleitend zu einer Berufs- oder Hochschulausbildung leisten, wenn nicht zuvor ein solches Praktikumsverhältnis mit demselben Ausbildenden bestanden hat, oder
4. an einer Einstiegsqualifizierung nach § 54a des Dritten Buches Sozialgesetzbuch oder an einer Berufsausbildungsvorbereitung nach §§ 68 bis 70 des Berufsbildungsgesetzes teilnehmen.

Praktikantin oder Praktikant ist unabhängig von der Bezeichnung des Rechtsverhältnisses, wer sich nach der tatsächlichen Ausgestaltung und Durchführung des Vertragsverhältnisses für eine begrenzte Dauer zum Erwerb praktischer Kenntnisse und Erfahrungen einer bestimmten betrieblichen Tätigkeit zur Vorbereitung auf eine berufliche Tätigkeit unterzieht, ohne dass es sich dabei um eine Berufsausbildung im Sinne des Berufsbildungsgesetzes oder um eine damit vergleichbare praktische Ausbildung handelt.

(2) Personen im Sinne von § 2 Absatz 1 und 2 des Jugendarbeitsschutzgesetzes ohne abgeschlossene Berufsausbildung gelten nicht als Arbeitnehmerinnen und Arbeitnehmer im Sinne dieses Gesetzes.

(3) Von diesem Gesetz nicht geregelt wird die Vergütung von zu ihrer Berufsausbildung Beschäftigten sowie ehrenamtlich Tätigen.

(4) Für Arbeitsverhältnisse von Arbeitnehmerinnen und Arbeitnehmern, die unmittelbar vor Beginn der Beschäftigung langzeitarbeitslos im Sinne des § 18 Absatz 1 des Dritten Buches Sozialgesetzbuch waren, gilt der Mindestlohn in den ersten sechs Monaten der Beschäftigung nicht. Die Bundesregierung hat den gesetzgebenden Körperschaften zum 1. Juni 2016 darüber zu berichten, inwieweit die Regelung nach Satz 1 die Wiedereingliederung von Langzeitarbeitslosen in den Arbeitsmarkt gefördert hat, und eine Einschätzung darüber abzugeben, ob diese Regelung fortbestehen soll.

§ 23 Evaluation

Dieses Gesetz ist im Jahr 2020 zu evaluieren.

Gesetz zum Schutz von Müttern bei der Arbeit, in der Ausbildung und im Studium (Mutterschutzgesetz – MuSchG)

Vom 23. Mai 2017 (BGBl. I S. 1228)

Zuletzt geändert durch
Gesetz zur Regelung des Sozialen Entschädigungsrechts
vom 12. Dezember 2019 (BGBl. I S. 2652)

16

Abschnitt 1
Allgemeine Vorschriften

§ 1 Anwendungsbereich, Ziel des Mutterschutzes

(1) Dieses Gesetz schützt die Gesundheit der Frau und ihres Kindes am Arbeits-, Ausbildungs- und Studienplatz während der Schwangerschaft, nach der Entbindung und in der Stillzeit. Das Gesetz ermöglicht es der Frau, ihre Beschäftigung oder sonstige Tätigkeit in dieser Zeit ohne Gefährdung ihrer Gesundheit oder der ihres Kindes fortzusetzen und wirkt Benachteiligungen während der Schwangerschaft, nach der Entbindung und in der Stillzeit entgegen. Regelungen in anderen Arbeitsschutzgesetzen bleiben unberührt.

(2) Dieses Gesetz gilt für Frauen in einer Beschäftigung im Sinne von § 7 Absatz 1 des Vierten Buches Sozialgesetzbuch. Unabhängig davon, ob ein solches Beschäftigungsverhältnis vorliegt, gilt dieses Gesetz auch für

1. Frauen in betrieblicher Berufsbildung und Praktikantinnen im Sinne von § 26 des Berufsbildungsgesetzes,
2. Frauen mit Behinderung, die in einer Werkstatt für behinderte Menschen beschäftigt sind,
3. Frauen, die als Entwicklungshelferinnen im Sinne des Entwicklungshelfer-Gesetzes tätig sind, jedoch mit der Maßgabe, dass die §§ 18 bis 22 auf sie nicht anzuwenden sind,
4. Frauen, die als Freiwillige im Sinne des Jugendfreiwilligendienstegesetzes oder des Bundesfreiwilligendienstgesetzes tätig sind,
5. Frauen, die als Mitglieder einer geistlichen Genossenschaft, Diakonissen oder Angehörige einer ähnlichen Gemeinschaft auf einer Planstelle oder aufgrund eines Gestellungsvertrages für diese tätig werden, auch während der Zeit ihrer dortigen außerschulischen Ausbildung,
6. Frauen, die in Heimarbeit beschäftigt sind, und ihnen Gleichgestellte im Sinne von § 1 Absatz 1 und 2 des Heimarbeitsgesetzes, soweit sie am Stück mitarbeiten, jedoch mit der Maßgabe, dass die §§ 10 und 14 auf sie nicht anzuwenden sind und § 9 Absatz 1 bis 5 auf sie entsprechend anzuwenden ist,
7. Frauen, die wegen ihrer wirtschaftlichen Unselbstständigkeit als arbeitnehmerähnliche Person anzusehen sind, jedoch mit der Maßgabe, dass die §§ 18, 19 Absatz 2 und § 20 auf sie nicht anzuwenden sind, und
8. Schülerinnen und Studentinnen, soweit die Ausbildungsstelle Ort, Zeit und Ablauf der Ausbildungsveranstaltung verpflichtend vorgibt oder die ein im Rahmen der schulischen oder hochschulischen Ausbildung verpflichtend vorgegebenes Praktikum ableisten, jedoch mit der Maßgabe, dass die §§ 17 bis 24 auf sie nicht anzuwenden sind.

(3) Das Gesetz gilt nicht für Beamtinnen und Richterinnen. Das Gesetz gilt ebenso nicht für Soldatinnen, auch soweit die Voraussetzungen des Absatzes 2 erfüllt sind, es sei denn, sie werden aufgrund dienstlicher Anordnung oder Gestattung außerhalb des Geschäftsbereiches des Bundesministeriums der Verteidigung tätig.

(4) Dieses Gesetz gilt für jede Person, die schwanger ist, ein Kind geboren hat oder stillt. Die Absätze 2 und 3 gelten entsprechend.

§ 2 Begriffsbestimmungen

(1) Arbeitgeber im Sinne dieses Gesetzes ist die natürliche oder juristische Person oder die rechtsfähige Personengesellschaft, die Personen nach § 1 Absatz 2 Satz 1 beschäftigt. Dem Arbeitgeber stehen gleich:

1. die natürliche oder juristische Person oder die rechtsfähige Personengesellschaft, die Frauen im Fall von § 1 Absatz 2 Satz 2 Nummer 1 ausbildet oder für die Praktikantinnen im Fall von § 1 Absatz 2 Satz 2 Nummer 1 tätig sind,
2. der Träger der Werkstatt für behinderte Menschen im Fall von § 1 Absatz 2 Satz 2 Nummer 2,
3. der Träger des Entwicklungsdienstes im Fall von § 1 Absatz 2 Satz 2 Nummer 3,
4. die Einrichtung, in der der Freiwilligendienst nach dem Jugendfreiwilligendienstegesetz oder nach dem Bundesfreiwilligendienstgesetz im Fall von § 1 Absatz 2 Satz 2 Nummer 4 geleistet wird,
5. die geistliche Genossenschaft und ähnliche Gemeinschaft im Fall von § 1 Absatz 2 Satz 2 Nummer 5,
6. der Auftraggeber und der Zwischenmeister von Frauen im Fall von § 1 Absatz 2 Satz 2 Nummer 6,
7. die natürliche oder juristische Person oder die rechtsfähige Personengesellschaft, für die Frauen im Sinne von § 1 Absatz 2 Satz 2 Nummer 7 tätig sind, und
8. die natürliche oder juristische Person oder die rechtsfähige Personengesellschaft, mit der das Ausbildungs- oder Praktikumsverhältnis im Fall von § 1 Absatz 2 Satz 2 Nummer 8 besteht (Ausbildungsstelle).

(2) Eine Beschäftigung im Sinne der nachfolgenden Vorschriften erfasst jede Form der Betätigung, die eine Frau im Rahmen eines Beschäftigungsverhältnisses nach § 1 Absatz 2 Satz 1 oder die eine Frau im Sinne von § 1 Absatz 2 Satz 2 im Rahmen ihres Rechtsverhältnisses zu ihrem Arbeitgeber nach § 2 Absatz 1 Satz 2 ausübt.

(3) Ein Beschäftigungsverbot im Sinne dieses Gesetzes ist nur ein Beschäftigungsverbot nach den §§ 3 bis 6, 10 Absatz 3, § 13 Absatz 1 Nummer 3 und § 16. Für eine in Heimarbeit beschäftigte Frau und eine ihr Gleichgestellte tritt an die Stelle des Beschäftigungsverbots das Verbot der Ausgabe von Heimarbeit nach den §§ 3, 8, 13 Absatz 2 und § 16. Für eine Frau, die wegen ihrer wirtschaftlichen Unselbstständigkeit als arbeitnehmerähnliche Person anzusehen ist, tritt an die Stelle des Beschäftigungsverbots nach Satz 1 die Befreiung von der vertraglich vereinbarten Leistungspflicht; die Frau kann sich jedoch gegenüber der dem Arbeitgeber gleichgestellten Person oder Gesellschaft im Sinne von Absatz 1 Satz 2 Nummer 7 dazu bereit erklären, die vertraglich vereinbarte Leistung zu erbringen.

(4) Alleinarbeit im Sinne dieses Gesetzes liegt vor, wenn der Arbeitgeber eine Frau an einem Arbeitsplatz in seinem räumlichen Verantwortungsbereich beschäftigt, ohne dass gewährleistet ist, dass sie jederzeit den Arbeitsplatz verlassen oder Hilfe erreichen kann.

(5) Arbeitsentgelt im Sinne dieses Gesetzes ist das Arbeitsentgelt, das nach § 14 des Vierten Buches Sozialgesetzbuch in Verbindung mit einer aufgrund des § 17 des Vierten Buches Sozialgesetzbuch erlassenen Verordnung bestimmt wird. Für Frauen im Sinne von § 1 Absatz 2 Satz 2 gilt als Arbeitsentgelt ihre jeweilige Vergütung.

Abschnitt 2
Gesundheitsschutz

Unterabschnitt 1
Arbeitszeitlicher Gesundheitsschutz

§ 3 Schutzfristen vor und nach der Entbindung

(1) Der Arbeitgeber darf eine schwangere Frau in den letzten sechs Wochen vor der Entbindung nicht beschäftigen (Schutzfrist

vor der Entbindung), soweit sie sich nicht zur Arbeitsleistung ausdrücklich bereit erklärt. Sie kann die Erklärung nach Satz 1 jederzeit mit Wirkung für die Zukunft widerrufen. Für die Berechnung der Schutzfrist vor der Entbindung ist der voraussichtliche Tag der Entbindung maßgeblich, wie er sich aus dem ärztlichen Zeugnis oder dem Zeugnis einer Hebamme oder eines Entbindungspflegers ergibt. Entbindet eine Frau nicht am voraussichtlichen Tag, verkürzt oder verlängert sich die Schutzfrist vor der Entbindung entsprechend.

(2) Der Arbeitgeber darf eine Frau bis zum Ablauf von acht Wochen nach der Entbindung nicht beschäftigen (Schutzfrist nach der Entbindung). Die Schutzfrist nach der Entbindung verlängert sich auf zwölf Wochen

1. bei Frühgeburten,
2. bei Mehrlingsgeburten und,
3. wenn vor Ablauf von acht Wochen nach der Entbindung bei dem Kind eine Behinderung im Sinne von § 2 Absatz 1 Satz 1 des Neunten Buches Sozialgesetzbuch ärztlich festgestellt wird.

Bei vorzeitiger Entbindung verlängert sich die Schutzfrist nach der Entbindung nach Satz 1 oder nach Satz 2 um den Zeitraum der Verkürzung der Schutzfrist vor der Entbindung nach Absatz 1 Satz 4. Nach Satz 2 Nummer 3 verlängert sich die Schutzfrist nach der Entbindung nur, wenn die Frau dies beantragt.

(3) Die Ausbildungsstelle darf eine Frau im Sinne von § 1 Absatz 2 Satz 2 Nummer 8 bereits in der Schutzfrist nach der Entbindung im Rahmen der schulischen oder hochschulischen Ausbildung tätig werden lassen, wenn die Frau dies ausdrücklich gegenüber ihrer Ausbildungsstelle verlangt. Die Frau kann ihre Erklärung jederzeit mit Wirkung für die Zukunft widerrufen.

(4) Der Arbeitgeber darf eine Frau nach dem Tod ihres Kindes bereits nach Ablauf der ersten zwei Wochen nach der Entbindung beschäftigen, wenn

1. die Frau dies ausdrücklich verlangt und
2. nach ärztlichem Zeugnis nichts dagegen spricht.

Sie kann ihre Erklärung nach Satz 1 Nummer 1 jederzeit mit Wirkung für die Zukunft widerrufen.

§ 4 Verbot der Mehrarbeit; Ruhezeit

(1) Der Arbeitgeber darf eine schwangere oder stillende Frau, die 18 Jahre oder älter ist, nicht mit einer Arbeit beschäftigen, die die Frau über achteinhalb Stunden täglich oder über 90 Stunden in der Doppelwoche hinaus zu leisten hat. Eine schwangere oder stillende Frau unter 18 Jahren darf der Arbeitgeber nicht mit einer Arbeit beschäftigen, die die Frau über acht Stunden täglich oder über 80 Stunden in der Doppelwoche hinaus zu leisten hat. In die Doppelwoche werden die Sonntage eingerechnet. Der Arbeitgeber darf eine schwangere oder stillende Frau nicht in einem Umfang beschäftigen, der die vertraglich vereinbarte wöchentliche Arbeitszeit im Durchschnitt des Monats übersteigt. Bei mehreren Arbeitgebern sind die Arbeitszeiten zusammenzurechnen.

(2) Der Arbeitgeber muss der schwangeren oder stillenden Frau nach Beendigung der täglichen Arbeitszeit eine ununterbrochene Ruhezeit von mindestens elf Stunden gewähren.

§ 5 Verbot der Nachtarbeit

(1) Der Arbeitgeber darf eine schwangere oder stillende Frau nicht zwischen 20 Uhr und 6 Uhr beschäftigen. Er darf sie bis 22 Uhr beschäftigen, wenn die Voraussetzungen des § 28 erfüllt sind.

(2) Die Ausbildungsstelle darf eine schwangere oder stillende Frau im Sinne von § 1 Absatz 2 Satz 2 Nummer 8 nicht zwischen 20 Uhr und 6 Uhr im Rahmen der schulischen oder hochschulischen Ausbildung tätig werden lassen. Die Ausbildungsstelle darf sie an Ausbildungsveranstaltungen bis 22 Uhr teilnehmen lassen, wenn

1. sich die Frau dazu ausdrücklich bereit erklärt,
2. die Teilnahme zu Ausbildungszwecken zu dieser Zeit erforderlich ist und
3. insbesondere eine unverantwortbare Gefährdung für die schwangere Frau oder ihr Kind durch Alleinarbeit ausgeschlossen ist.

Die schwangere oder stillende Frau kann ihre Erklärung nach Satz 2 Nummer 1 jederzeit mit Wirkung für die Zukunft widerrufen.

§ 6 Verbot der Sonn- und Feiertagsarbeit

(1) Der Arbeitgeber darf eine schwangere oder stillende Frau nicht an Sonn- und Feiertagen beschäftigen. Er darf sie an Sonn- und Feiertagen nur dann beschäftigen, wenn

1. sich die Frau dazu ausdrücklich bereit erklärt,
2. eine Ausnahme vom allgemeinen Verbot der Arbeit an Sonn- und Feiertagen nach § 10 des Arbeitszeitgesetzes zugelassen ist,
3. der Frau in jeder Woche im Anschluss an eine ununterbrochene Nachtruhezeit von mindestens elf Stunden ein Ersatzruhetag gewährt wird und
4. insbesondere eine unverantwortbare Gefährdung für die schwangere Frau oder ihr Kind durch Alleinarbeit ausgeschlossen ist.

Die schwangere oder stillende Frau kann ihre Erklärung nach Satz 2 Nummer 1 jederzeit mit Wirkung für die Zukunft widerrufen.

(2) Die Ausbildungsstelle darf eine schwangere oder stillende Frau im Sinne von § 1 Absatz 2 Satz 2 Nummer 8 nicht an Sonn- und Feiertagen im Rahmen der schulischen oder hochschulischen Ausbildung tätig werden lassen. Die Ausbildungsstelle darf sie an Ausbildungsveranstaltungen an Sonn- und Feiertagen teilnehmen lassen, wenn

1. sich die Frau dazu ausdrücklich bereit erklärt,
2. die Teilnahme zu Ausbildungszwecken zu dieser Zeit erforderlich ist,
3. der Frau in jeder Woche im Anschluss an eine ununterbrochene Nachtruhezeit von mindestens elf Stunden ein Ersatzruhetag gewährt wird und
4. insbesondere eine unverantwortbare Gefährdung für die schwangere Frau oder ihr Kind durch Alleinarbeit ausgeschlossen ist.

Die schwangere oder stillende Frau kann ihre Erklärung nach Satz 2 Nummer 1 jederzeit mit Wirkung für die Zukunft widerrufen.

§ 7 Freistellung für Untersuchungen und zum Stillen

(1) Der Arbeitgeber hat eine Frau für die Zeit freizustellen, die zur Durchführung der Untersuchungen im Rahmen der Leistungen der gesetzlichen Krankenversicherung bei Schwangerschaft und Mutterschaft erforderlich sind. Entsprechendes gilt zugunsten einer Frau, die nicht in der gesetzlichen Krankenversicherung versichert ist.

(2) Der Arbeitgeber hat eine stillende Frau auf ihr Verlangen während der ersten zwölf Monate nach der Entbindung für die zum Stillen erforderliche Zeit freizustellen, mindestens aber zweimal täglich für eine halbe Stunde oder einmal täglich für eine Stunde. Bei einer zusammenhängenden Arbeitszeit von mehr als acht Stunden soll auf Verlangen der Frau zweimal eine Stillzeit von mindestens 45 Minuten oder, wenn in der Nähe der Arbeitsstätte keine Stillgelegenheit vorhanden ist, einmal eine Stillzeit von mindestens 90 Minuten gewährt werden. Die Arbeitszeit gilt als zusammenhängend, wenn sie nicht durch eine Ruhepause von mehr als zwei Stunden unterbrochen wird.

§ 8 Beschränkung von Heimarbeit

(1) Der Auftraggeber oder Zwischenmeister darf Heimarbeit an eine schwangere in Heimarbeit beschäftigte Frau oder an eine ihr Gleichgestellte nur in solchem Umfang und mit solchen Fertigungsfristen ausgeben, dass die Arbeit werktags während einer achtstündigen Tagesarbeitszeit ausgeführt werden kann.

(2) Der Auftraggeber oder Zwischenmeister darf Heimarbeit an eine stillende in Heimarbeit beschäftigte Frau oder an eine ihr Gleichgestellte nur in solchem Umfang und mit solchen Fertigungsfristen ausgeben, dass die Arbeit werktags während einer siebenstündigen Tagesarbeitszeit ausgeführt werden kann.

Unterabschnitt 2
Betrieblicher Gesundheitsschutz

§ 9 Gestaltung der Arbeitsbedingungen; unverantwortbare Gefährdung

(1) Der Arbeitgeber hat bei der Gestaltung der Arbeitsbedingungen einer schwangeren oder stillenden Frau alle aufgrund der Gefährdungsbeurteilung nach § 10 erforderlichen Maßnahmen für den Schutz ihrer physischen und psychischen Gesundheit sowie der ihres Kindes zu treffen. Er hat die Maßnahmen auf ihre Wirksamkeit zu überprüfen und erforderlichenfalls den sich ändernden Gegebenheiten anzupassen. Soweit es nach den Vorschriften dieses Gesetzes verantwortbar ist, ist der Frau auch während der Schwangerschaft, nach der Entbindung und in der Stillzeit die Fortführung ihrer Tätigkeiten zu ermöglichen. Nachteile aufgrund der Schwangerschaft, der Entbindung oder der Stillzeit sollen vermieden oder ausgeglichen werden.

(2) Der Arbeitgeber hat die Arbeitsbedingungen so zu gestalten, dass Gefährdungen einer schwangeren oder stillenden Frau oder ihres Kindes möglichst vermieden werden und eine unverantwortbare Gefährdung ausgeschlossen wird. Eine Gefährdung ist unverantwortbar, wenn die Eintrittswahrscheinlichkeit einer Gesundheitsbeeinträchtigung angesichts der zu erwartenden Schwere des möglichen Gesundheitsschadens nicht hinnehmbar ist. Eine unverantwortbare Gefährdung gilt als ausgeschlossen, wenn der Arbeitgeber alle Vorgaben einhält, die aller Wahrscheinlichkeit nach dazu führen, dass die Gesundheit einer schwangeren oder stillenden Frau oder ihres Kindes nicht beeinträchtigt wird.

(3) Der Arbeitgeber hat sicherzustellen, dass die schwangere oder stillende Frau ihre Tätigkeit am Arbeitsplatz, soweit es für sie erforderlich ist, kurz unterbrechen kann. Er hat darüber hinaus sicherzustellen, dass sich die schwangere oder stillende Frau während der Pausen und Arbeitsunterbrechungen unter geeigneten Bedingungen hinlegen, hinsetzen und ausruhen kann.

(4) Alle Maßnahmen des Arbeitgebers nach diesem Unterabschnitt sowie die Beurteilung der Arbeitsbedingungen nach § 10 müssen dem Stand der Technik, der Arbeitsmedizin und der Hygiene sowie den sonstigen gesicherten wissenschaftlichen Erkenntnissen entsprechen. Der Arbeitgeber hat bei seinen Maßnahmen die vom Ausschuss für Mutterschutz ermittelten und nach § 30 Absatz 4 im Gemeinsamen Ministerialblatt veröffentlichten Regeln und Erkenntnisse zu berücksichtigen; bei Einhaltung dieser Regeln und bei Beachtung dieser Erkenntnisse ist davon auszugehen, dass die in diesem Gesetz gestellten Anforderungen erfüllt sind.

(5) Der Arbeitgeber kann zuverlässige und fachkundige Personen schriftlich damit beauftragen, ihm obliegende Aufgaben nach diesem Unterabschnitt in eigener Verantwortung wahrzunehmen.

(6) Kosten für Maßnahmen nach diesem Gesetz darf der Arbeitgeber nicht den Personen auferlegen, die bei ihm beschäftigt sind. Die Kosten für Zeugnisse und Bescheinigungen, die die schwangere oder stillende Frau auf Verlangen des Arbeitgebers vorzulegen hat, trägt der Arbeitgeber.

§ 10 Beurteilung der Arbeitsbedingungen; Schutzmaßnahmen

(1) Im Rahmen der Beurteilung der Arbeitsbedingungen nach § 5 des Arbeitsschutzgesetzes hat der Arbeitgeber für jede Tätigkeit

1. die Gefährdungen nach Art, Ausmaß und Dauer zu beurteilen, denen eine schwangere oder stillende Frau oder ihr Kind ausgesetzt ist oder sein kann, und
2. unter Berücksichtigung des Ergebnisses der Beurteilung der Gefährdung nach Nummer 1 zu ermitteln, ob für eine schwangere oder stillende Frau oder ihr Kind voraussichtlich
   a) keine Schutzmaßnahmen erforderlich sein werden,
   b) eine Umgestaltung der Arbeitsbedingungen nach § 13 Absatz 1 Nummer 1 erforderlich sein wird oder
   c) eine Fortführung der Tätigkeit der Frau an diesem Arbeitsplatz nicht möglich sein wird.

Bei gleichartigen Arbeitsbedingungen ist die Beurteilung eines Arbeitsplatzes oder einer Tätigkeit ausreichend.

(2) Sobald eine Frau dem Arbeitgeber mitgeteilt hat, dass sie schwanger ist oder stillt, hat der Arbeitgeber unverzüglich die nach Maßgabe der Gefährdungsbeurteilung nach Absatz 1 erforderlichen Schutzmaßnahmen festzulegen. Zusätzlich hat der Arbeitgeber der Frau ein Gespräch über weitere Anpassungen ihrer Arbeitsbedingungen anzubieten.

(3) Der Arbeitgeber darf eine schwangere oder stillende Frau nur diejenigen Tätigkeiten ausüben lassen, für die er die erforderlichen Schutzmaßnahmen nach Absatz 2 Satz 1 getroffen hat.

§ 11 Unzulässige Tätigkeiten und Arbeitsbedingungen für schwangere Frauen

(1) Der Arbeitgeber darf eine schwangere Frau keine Tätigkeiten ausüben lassen und sie keinen Arbeitsbedingungen aussetzen, bei denen sie in einem Maß Gefahrstoffen ausgesetzt ist oder sein kann, dass dies für sie oder für ihr Kind eine unverantwortbare Gefährdung darstellt. Eine unverantwortbare Gefährdung im Sinne von Satz 1 liegt insbesondere vor, wenn die schwangere Frau Tätigkeiten ausübt oder Arbeitsbedingungen ausgesetzt ist, bei denen sie folgenden Gefahrstoffen ausgesetzt ist oder sein kann:

1. Gefahrstoffen, die nach den Kriterien des Anhangs I zur Verordnung (EG) Nr. 1272/2008 des Europäischen Parlaments und des Rates vom 16. Dezember 2008 über die Einstufung, Kennzeichnung und Verpackung von Stoffen und Gemischen, zur Änderung und Aufhebung der Richtlinien 67/548/EWG und 1999/45/EG und zur Änderung der Verordnung (EG) Nr. 1907/2006 (ABl. L 353 vom 31. 12. 2008, S. 1) zu bewerten sind
   a) als reproduktionstoxisch nach der Kategorie 1A, 1B oder 2 oder nach der Zusatzkategorie für Wirkungen auf oder über die Laktation,
   b) als keimzellmutagen nach der Kategorie 1A oder 1B,
   c) als karzinogen nach der Kategorie 1A oder 1B,
   d) als spezifisch zielorgantoxisch nach einmaliger Exposition nach der Kategorie 1 oder
   e) als akut toxisch nach der Kategorie 1, 2 oder 3,
2. Blei und Bleiderivaten, soweit die Gefahr besteht, dass diese Stoffe vom menschlichen Körper aufgenommen werden, oder
3. Gefahrstoffen, die als Stoffe ausgewiesen sind, die auch bei Einhaltung der arbeitsplatzbezogenen Vorgaben möglicherweise zu einer Fruchtschädigung führen können.

Eine unverantwortbare Gefährdung im Sinne von Satz 1 oder 2 gilt insbesondere als ausgeschlossen,

1. wenn
   a) für den jeweiligen Gefahrstoff die arbeitsplatzbezogenen Vorgaben eingehalten werden und es sich um einen Gefahrstoff handelt, der als Stoff ausgewiesen ist, der bei Einhaltung der arbeitsplatzbezogenen Vorgaben hinsichtlich einer Fruchtschädigung als sicher bewertet wird, oder
   b) der Gefahrstoff nicht in der Lage ist, die Plazentaschranke zu überwinden, oder aus anderen Gründen ausgeschlossen ist, dass eine Fruchtschädigung eintritt, und
2. wenn der Gefahrstoff nach den Kriterien des Anhangs I zur Verordnung (EG) Nr. 1272/2008 nicht als reproduktionstoxisch nach der Zusatzkategorie für Wirkungen auf oder über die Laktation zu bewerten ist.

Die vom Ausschuss für Mutterschutz ermittelten wissenschaftlichen Erkenntnisse sind zu beachten.

(2) Der Arbeitgeber darf eine schwangere Frau keine Tätigkeiten ausüben lassen und sie keinen Arbeitsbedingungen aussetzen, bei denen sie in einem Maß mit Biostoffen der

16

Risikogruppe 2, 3 oder 4 im Sinne von § 3 Absatz 1 der Biostoffverordnung in Kontakt kommt oder kommen kann, dass dies für sie oder für ihr Kind eine unverantwortbare Gefährdung darstellt. Eine unverantwortbare Gefährdung im Sinne von Satz 1 liegt insbesondere vor, wenn die schwangere Frau Tätigkeiten ausübt oder Arbeitsbedingungen ausgesetzt ist, bei denen sie mit folgenden Biostoffen in Kontakt kommt oder kommen kann:

1. mit Biostoffen, die in die Risikogruppe 4 im Sinne von § 3 Absatz 1 der Biostoffverordnung einzustufen sind, oder
2. mit Rötelnvirus oder mit Toxoplasma.

16

Die Sätze 1 und 2 gelten auch, wenn der Kontakt mit Biostoffen im Sinne von Satz 1 oder 2 therapeutische Maßnahmen erforderlich macht oder machen kann, die selbst eine unverantwortbare Gefährdung darstellen. Eine unverantwortbare Gefährdung im Sinne von Satz 1 oder 2 gilt insbesondere als ausgeschlossen, wenn die schwangere Frau über einen ausreichenden Immunschutz verfügt.

(3) Der Arbeitgeber darf eine schwangere Frau keine Tätigkeiten ausüben lassen und sie keinen Arbeitsbedingungen aussetzen, bei denen sie physikalischen Einwirkungen in einem Maß ausgesetzt ist oder sein kann, dass dies für sie oder für ihr Kind eine unverantwortbare Gefährdung darstellt. Als physikalische Einwirkungen im Sinne von Satz 1 sind insbesondere zu berücksichtigen:

1. ionisierende und nicht ionisierende Strahlungen,
2. Erschütterungen, Vibrationen und Lärm sowie
3. Hitze, Kälte und Nässe.

(4) Der Arbeitgeber darf eine schwangere Frau keine Tätigkeiten ausüben lassen und sie keinen Arbeitsbedingungen aussetzen, bei denen sie einer belastenden Arbeitsumgebung in einem Maß ausgesetzt ist oder sein kann, dass dies für sie oder für ihr Kind eine unverantwortbare Gefährdung darstellt. Der Arbeitgeber darf eine schwangere Frau insbesondere keine Tätigkeiten ausüben lassen

1. in Räumen mit einem Überdruck im Sinne von § 2 der Druckluftverordnung,
2. in Räumen mit sauerstoffreduzierter Atmosphäre oder
3. im Bergbau unter Tage.

(5) Der Arbeitgeber darf eine schwangere Frau keine Tätigkeiten ausüben lassen und sie keinen Arbeitsbedingungen aussetzen, bei denen sie körperlichen Belastungen oder mechanischen Einwirkungen in einem Maß ausgesetzt ist oder sein kann, dass dies für sie oder für ihr Kind eine unverantwortbare Gefährdung darstellt. Der Arbeitgeber darf eine schwangere Frau insbesondere keine Tätigkeiten ausüben lassen, bei denen

1. sie ohne mechanische Hilfsmittel regelmäßig Lasten von mehr als 5 Kilogramm Gewicht oder gelegentlich Lasten von mehr als 10 Kilogramm Gewicht von Hand heben, halten, bewegen oder befördern muss,
2. sie mit mechanischen Hilfsmitteln Lasten von Hand heben, halten, bewegen oder befördern muss und dabei ihre körperliche Beanspruchung der von Arbeiten nach Nummer 1 entspricht,
3. sie nach Ablauf des fünften Monats der Schwangerschaft überwiegend bewegungsarm ständig stehen muss und wenn diese Tätigkeit täglich vier Stunden überschreitet,
4. sie sich häufig erheblich strecken, beugen, dauernd hocken, sich gebückt halten oder sonstige Zwangshaltungen einnehmen muss,
5. sie auf Beförderungsmitteln eingesetzt wird, wenn dies für sie oder für ihr Kind eine unverantwortbare Gefährdung darstellt,
6. Unfälle, insbesondere durch Ausgleiten, Fallen oder Stürzen, oder Tätlichkeiten zu befürchten sind, die für sie oder für ihr Kind eine unverantwortbare Gefährdung darstellen,
7. sie eine Schutzausrüstung tragen muss und das Tragen eine Belastung darstellt oder

8. eine Erhöhung des Drucks im Bauchraum zu befürchten ist, insbesondere bei Tätigkeiten mit besonderer Fußbeanspruchung.

(6) Der Arbeitgeber darf eine schwangere Frau folgende Arbeiten nicht ausüben lassen:

1. Akkordarbeit oder sonstige Arbeiten, bei denen durch ein gesteigertes Arbeitstempo ein höheres Entgelt erzielt werden kann,
2. Fließarbeit oder
3. getaktete Arbeit mit vorgeschriebenem Arbeitstempo, wenn die Art der Arbeit oder das Arbeitstempo für die schwangere Frau oder für ihr Kind eine unverantwortbare Gefährdung darstellt.

§ 12 Unzulässige Tätigkeiten und Arbeitsbedingungen für stillende Frauen

(1) Der Arbeitgeber darf eine stillende Frau keine Tätigkeiten ausüben lassen und sie keinen Arbeitsbedingungen aussetzen, bei denen sie in einem Maß Gefahrstoffen ausgesetzt ist oder sein kann, dass dies für sie oder für ihr Kind eine unverantwortbare Gefährdung darstellt. Eine unverantwortbare Gefährdung im Sinne von Satz 1 liegt insbesondere vor, wenn die stillende Frau Tätigkeiten ausübt oder Arbeitsbedingungen ausgesetzt ist, bei denen sie folgenden Gefahrstoffen ausgesetzt ist oder sein kann:

1. Gefahrstoffen, die nach den Kriterien des Anhangs I zur Verordnung (EG) Nr. 1272/2008 als reproduktionstoxisch nach der Zusatzkategorie für Wirkungen auf oder über die Laktation zu bewerten sind oder
2. Blei und Bleiderivaten, soweit die Gefahr besteht, dass diese Stoffe vom menschlichen Körper aufgenommen werden.

(2) Der Arbeitgeber darf eine stillende Frau keine Tätigkeiten ausüben lassen und sie keinen Arbeitsbedingungen aussetzen, bei denen sie in einem Maß mit Biostoffen der Risikogruppe 2, 3 oder 4 im Sinne von § 3 Absatz 1 der Biostoffverordnung in Kontakt kommt oder kommen kann, dass dies für sie oder für ihr Kind eine unverantwortbare Gefährdung darstellt. Eine unverantwortbare Gefährdung im Sinne von Satz 1 liegt insbesondere vor, wenn die stillende Frau Tätigkeiten ausübt oder Arbeitsbedingungen ausgesetzt ist, bei denen sie mit Biostoffen in Kontakt kommt oder kommen kann, die in die Risikogruppe 4 im Sinne von § 3 Absatz 1 der Biostoffverordnung einzustufen sind. Die Sätze 1 und 2 gelten auch, wenn der Kontakt mit Biostoffen im Sinne von Satz 1 oder 2 therapeutische Maßnahmen erforderlich macht oder machen kann, die selbst eine unverantwortbare Gefährdung darstellen. Eine unverantwortbare Gefährdung im Sinne von Satz 1 oder 2 gilt als ausgeschlossen, wenn die stillende Frau über einen ausreichenden Immunschutz verfügt.

(3) Der Arbeitgeber darf eine stillende Frau keine Tätigkeiten ausüben lassen und sie keinen Arbeitsbedingungen aussetzen, bei denen sie physikalischen Einwirkungen in einem Maß ausgesetzt ist oder sein kann, dass dies für sie oder für ihr Kind eine unverantwortbare Gefährdung darstellt. Als physikalische Einwirkungen im Sinne von Satz 1 sind insbesondere ionisierende und nicht ionisierende Strahlungen zu berücksichtigen.

(4) Der Arbeitgeber darf eine stillende Frau keine Tätigkeiten ausüben lassen und sie keinen Arbeitsbedingungen aussetzen, bei denen sie einer belastenden Arbeitsumgebung in einem Maß ausgesetzt ist oder sein kann, dass dies für sie oder für ihr Kind eine unverantwortbare Gefährdung darstellt. Der Arbeitgeber darf eine stillende Frau insbesondere keine Tätigkeiten ausüben lassen

1. in Räumen mit einem Überdruck im Sinne von § 2 der Druckluftverordnung oder
2. im Bergbau unter Tage.

(5) Der Arbeitgeber darf eine stillende Frau folgende Arbeiten nicht ausüben lassen:

1. Akkordarbeit oder sonstige Arbeiten, bei denen durch ein gesteigertes Arbeitstempo ein höheres Entgelt erzielt werden kann,
2. Fließarbeit oder
3. getaktete Arbeit mit vorgeschriebenem Arbeitstempo, wenn die Art der Arbeit oder das Arbeitstempo für die stillende Frau oder für ihr Kind eine unverantwortbare Gefährdung darstellt.

16

§ 13 Rangfolge der Schutzmaßnahmen: Umgestaltung der Arbeitsbedingungen, Arbeitsplatzwechsel und betriebliches Beschäftigungsverbot

(1) Werden unverantwortbare Gefährdungen im Sinne von § 9, § 11 oder § 12 festgestellt, hat der Arbeitgeber für jede Tätigkeit einer schwangeren oder stillenden Frau Schutzmaßnahmen in folgender Rangfolge zu treffen:

1. Der Arbeitgeber hat die Arbeitsbedingungen für die schwangere oder stillende Frau durch Schutzmaßnahmen nach Maßgabe des § 9 Absatz 2 umzugestalten.
2. Kann der Arbeitgeber unverantwortbare Gefährdungen für die schwangere oder stillende Frau nicht durch die Umgestaltung der Arbeitsbedingungen nach Nummer 1 ausschließen oder ist eine Umgestaltung wegen des nachweislich unverhältnismäßigen Aufwandes nicht zumutbar, hat der Arbeitgeber die Frau an einem anderen geeigneten Arbeitsplatz einzusetzen, wenn er einen solchen Arbeitsplatz zur Verfügung stellen kann und dieser Arbeitsplatz der schwangeren oder stillenden Frau zumutbar ist.
3. Kann der Arbeitgeber unverantwortbare Gefährdungen für die schwangere oder stillende Frau weder durch Schutzmaßnahmen nach Nummer 1 noch durch einen Arbeitsplatzwechsel nach Nummer 2 ausschließen, darf er die schwangere oder stillende Frau nicht weiter beschäftigen.

(2) Der Auftraggeber oder Zwischenmeister darf keine Heimarbeit an schwangere oder stillende Frauen ausgeben, wenn unverantwortbare Gefährdungen nicht durch Schutzmaßnahmen nach Absatz 1 Nummer 1 ausgeschlossen werden können.

§ 14 Dokumentation und Information durch den Arbeitgeber

(1) Der Arbeitgeber hat die Beurteilung der Arbeitsbedingungen nach § 10 durch Unterlagen zu dokumentieren, aus denen Folgendes ersichtlich ist:

1. das Ergebnis der Gefährdungsbeurteilung nach § 10 Absatz 1 Satz 1 Nummer 1 und der Bedarf an Schutzmaßnahmen nach § 10 Absatz 1 Satz 1 Nummer 2,
2. die Festlegung der erforderlichen Schutzmaßnahmen nach § 10 Absatz 2 Satz 1 sowie das Ergebnis ihrer Überprüfung nach § 9 Absatz 1 Satz 2 und
3. das Angebot eines Gesprächs mit der Frau über weitere Anpassungen ihrer Arbeitsbedingungen nach § 10 Absatz 2 Satz 2 oder der Zeitpunkt eines solchen Gesprächs.

Wenn die Beurteilung nach § 10 Absatz 1 ergibt, dass die schwangere oder stillende Frau oder ihr Kind keiner Gefährdung im Sinne von § 9 Absatz 2 ausgesetzt ist oder sein kann, reicht es aus, diese Feststellung in einer für den Arbeitsplatz der Frau oder für die Tätigkeit der Frau bereits erstellten Dokumentation der Beurteilung der Arbeitsbedingungen nach § 5 des Arbeitsschutzgesetzes zu vermerken.

(2) Der Arbeitgeber hat alle Personen, die bei ihm beschäftigt sind, über das Ergebnis der Gefährdungsbeurteilung nach § 10 Absatz 1 Satz 1 Nummer 1 und über den Bedarf an Schutzmaßnahmen nach § 10 Absatz 1 Satz 1 Nummer 2 zu informieren.

(3) Der Arbeitgeber hat eine schwangere oder stillende Frau über die Gefährdungsbeurteilung nach § 10 Absatz 1 Satz 1 Nummer 1 und über die damit verbundenen für sie erforderlichen Schutzmaßnahmen nach § 10 Absatz 2 Satz 1 in Verbindung mit § 13 zu informieren.

§ 15 Mitteilungen und Nachweise der schwangeren und stillenden Frauen

(1) Eine schwangere Frau soll ihrem Arbeitgeber ihre Schwangerschaft und den voraussichtlichen Tag der Entbindung mitteilen, sobald sie weiß, dass sie schwanger ist. Eine stillende Frau soll ihrem Arbeitgeber so früh wie möglich mitteilen, dass sie stillt.

(2) Auf Verlangen des Arbeitgebers soll eine schwangere Frau als Nachweis über ihre Schwangerschaft ein ärztliches Zeugnis oder das Zeugnis einer Hebamme oder eines Entbindungspflegers vorlegen. Das Zeugnis über die Schwangerschaft soll den voraussichtlichen Tag der Entbindung enthalten.

Unterabschnitt 3
Ärztlicher Gesundheitsschutz

§ 16 Ärztliches Beschäftigungsverbot

(1) Der Arbeitgeber darf eine schwangere Frau nicht beschäftigen, soweit nach einem ärztlichen Zeugnis ihre Gesundheit oder die ihres Kindes bei Fortdauer der Beschäftigung gefährdet ist.

(2) Der Arbeitgeber darf eine Frau, die nach einem ärztlichen Zeugnis in den ersten Monaten nach der Entbindung nicht voll leistungsfähig ist, nicht mit Arbeiten beschäftigen, die ihre Leistungsfähigkeit übersteigen.

Abschnitt 3
Kündigungsschutz

§ 17 Kündigungsverbot

(1) Die Kündigung gegenüber einer Frau ist unzulässig

1. während ihrer Schwangerschaft,
2. bis zum Ablauf von vier Monaten nach einer Fehlgeburt nach der zwölften Schwangerschaftswoche und
3. bis zum Ende ihrer Schutzfrist nach der Entbindung, mindestens jedoch bis zum Ablauf von vier Monaten nach der Entbindung,

wenn dem Arbeitgeber zum Zeitpunkt der Kündigung die Schwangerschaft, die Fehlgeburt nach der zwölften Schwangerschaftswoche oder die Entbindung bekannt ist oder wenn sie ihm innerhalb von zwei Wochen nach Zugang der Kündigung mitgeteilt wird. Das Überschreiten dieser Frist ist unschädlich, wenn die Überschreitung auf einem von der Frau nicht zu vertretenden Grund beruht und die Mitteilung unverzüglich nachgeholt wird. Die Sätze 1 und 2 gelten entsprechend für Vorbereitungsmaßnahmen des Arbeitgebers, die er im Hinblick auf eine Kündigung der Frau trifft.

(2) Die für den Arbeitsschutz zuständige oberste Landesbehörde oder die von ihr bestimmte Stelle kann in besonderen Fällen, die nicht mit dem Zustand der Frau in der Schwangerschaft, nach einer Fehlgeburt nach der zwölften Schwangerschaftswoche oder nach der Entbindung in Zusammenhang stehen, ausnahmsweise die Kündigung für zulässig erklären. Die Kündigung bedarf der Schriftform und muss den Kündigungsgrund angeben.

(3) Der Auftraggeber oder Zwischenmeister darf eine in Heimarbeit beschäftigte Frau in den Fristen nach Absatz 1 Satz 1 nicht gegen ihren Willen bei der Ausgabe von Heimarbeit ausschließen; die §§ 3, 8, 11, 12, 13 Absatz 2 und § 16 bleiben unberührt. Absatz 1 gilt auch für eine Frau, die der in Heimarbeit beschäftigten Frau gleichgestellt ist und deren Gleichstellung sich auch auf § 29 des Heimarbeitsgesetzes erstreckt. Absatz 2 gilt für eine in Heimarbeit beschäftigte Frau und eine ihr Gleichgestellte entsprechend.

Abschnitt 4
Leistungen

§ 18 Mutterschutzlohn

Eine Frau, die wegen eines Beschäftigungsverbots außerhalb der Schutzfristen vor oder nach der Entbindung teilweise oder gar nicht beschäftigt werden darf, erhält von ihrem Arbeitgeber Mutterschutzlohn. Als Mutterschutzlohn wird das durchschnittliche Arbeitsentgelt der letzten drei abgerechneten Kalendermonate vor dem Eintritt der Schwangerschaft gezahlt. Dies gilt auch, wenn wegen dieses Verbots die Beschäftigung oder die Entlohnungsart wechselt. Beginnt das Beschäftigungsverhältnis erst nach Eintritt der Schwangerschaft, ist das durchschnittliche Arbeitsentgelt aus dem Arbeitsentgelt der ersten drei Monate der Beschäftigung zu berechnen.

§ 19 Mutterschaftsgeld

(1) Eine Frau, die Mitglied einer gesetzlichen Krankenkasse ist, erhält für die Zeit der Schutzfristen vor und nach der Entbindung sowie für den Entbindungstag Mutterschaftsgeld nach den Vorschriften des Fünften Buches Sozialgesetzbuch oder nach den Vorschriften des Zweiten Gesetzes über die Krankenversicherung der Landwirte.

(2) Eine Frau, die nicht Mitglied einer gesetzlichen Krankenkasse ist, erhält für die Zeit der Schutzfristen vor und nach der Entbindung sowie für den Entbindungstag Mutterschaftsgeld zu Lasten des Bundes in entsprechender Anwendung der Vorschriften des Fünften Buches Sozialgesetzbuch über das Mutterschaftsgeld, jedoch insgesamt höchstens 210 Euro. Das Mutterschaftsgeld wird dieser Frau auf Antrag vom Bundesamt für Soziale Sicherung gezahlt. Endet das Beschäftigungsverhältnis nach Maßgabe von § 17 Absatz 2 durch eine Kündigung, erhält die Frau Mutterschaftsgeld in entsprechender Anwendung der Sätze 1 und 2 für die Zeit nach dem Ende des Beschäftigungsverhältnisses.

§ 20 Zuschuss zum Mutterschaftsgeld

(1) Eine Frau erhält während ihres bestehenden Beschäftigungsverhältnisses für die Zeit der Schutzfristen vor und nach der Entbindung sowie für den Entbindungstag von ihrem Arbeitgeber einen Zuschuss zum Mutterschaftsgeld. Als Zuschuss zum Mutterschaftsgeld wird der Unterschiedsbetrag zwischen 13 Euro und dem um die gesetzlichen Abzüge verminderten durchschnittlichen kalendertäglichen Arbeitsentgelt der letzten drei abgerechneten Kalendermonate vor Beginn der Schutzfrist vor der Entbindung gezahlt. Einer Frau, deren Beschäftigungsverhältnis während der Schutzfristen vor oder nach der Entbindung beginnt, wird der Zuschuss zum Mutterschaftsgeld von Beginn des Beschäftigungsverhältnisses an gezahlt.

(2) Ist eine Frau für mehrere Arbeitgeber tätig, sind für die Berechnung des Arbeitgeberzuschusses nach Absatz 1 die durchschnittlichen kalendertäglichen Arbeitsentgelte aus diesen Beschäftigungsverhältnissen zusammenzurechnen. Den sich daraus ergebenden Betrag zahlen die Arbeitgeber anteilig im Verhältnis der von ihnen gezahlten durchschnittlichen kalendertäglichen Arbeitsentgelte.

(3) Endet das Beschäftigungsverhältnis nach Maßgabe von § 17 Absatz 2 durch eine Kündigung, erhält die Frau für die Zeit nach dem Ende des Beschäftigungsverhältnisses den Zuschuss zum Mutterschaftsgeld nach Absatz 1 von der für die Zahlung des Mutterschaftsgeldes zuständigen Stelle. Satz 1 gilt entsprechend, wenn der Arbeitgeber wegen eines Insolvenzereignisses im Sinne von § 165 Absatz 1 Satz 2 des Dritten Buches Sozialgesetzbuch den Zuschuss nach Absatz 1 nicht zahlen kann.

§ 21 Ermittlung des durchschnittlichen Arbeitsentgelts

(1) Bei der Bestimmung des Berechnungszeitraumes für die Ermittlung des durchschnittlichen Arbeitsentgelts für die Leistungen nach den §§ 18 bis 20 bleiben Zeiten unberücksichtigt, in denen die Frau infolge unverschuldeter Fehlzeiten kein Arbeitsentgelt erzielt hat. War das Beschäftigungsverhältnis kürzer als drei Monate, ist der Berechnung der tatsächliche Zeitraum des Beschäftigungsverhältnisses zugrunde zu legen.

(2) Für die Ermittlung des durchschnittlichen Arbeitsentgelts für die Leistungen nach den §§ 18 bis 20 bleiben unberücksichtigt:

1. einmalig gezahltes Arbeitsentgelt im Sinne von § 23a des Vierten Buches Sozialgesetzbuch,
2. Kürzungen des Arbeitsentgelts, die im Berechnungszeitraum infolge von Kurzarbeit, Arbeitsausfällen oder unverschuldetem Arbeitsversäumnis eintreten, und
3. im Fall der Beendigung der Elternzeit nach dem Bundeselterngeld- und Elternzeitgesetz das Arbeitsentgelt aus Teilzeitbeschäftigung, das vor der Beendigung der Elternzeit während der Elternzeit erzielt wurde, soweit das durchschnittliche Arbeitsentgelt ohne die Berücksichtigung der Zeiten, in denen dieses Arbeitsentgelt erzielt wurde, höher ist.

(3) Ist die Ermittlung des durchschnittlichen Arbeitsentgelts entsprechend den Absätzen 1 und 2 nicht möglich, ist das durchschnittliche kalendertägliche Arbeitsentgelt einer vergleichbar beschäftigten Person zugrunde zu legen.

(4) Bei einer dauerhaften Änderung der Arbeitsentgelthöhe ist die geänderte Arbeitsentgelthöhe bei der Ermittlung des durchschnittlichen Arbeitsentgelts für die Leistun-

gen nach den §§ 18 bis 20 zugrunde zu legen, und zwar

1. für den gesamten Berechnungszeitraum, wenn die Änderung während des Berechnungszeitraums wirksam wird,
2. ab Wirksamkeit der Änderung der Arbeitsentgelthöhe, wenn die Änderung der Arbeitsentgelthöhe nach dem Berechnungszeitraum wirksam wird.

§ 22 Leistungen während der Elternzeit

Während der Elternzeit sind Ansprüche auf Leistungen nach den §§ 18 und 20 aus dem wegen der Elternzeit ruhenden Arbeitsverhältnis ausgeschlossen. Übt die Frau während der Elternzeit eine Teilzeitarbeit aus, ist für die Ermittlung des durchschnittlichen Arbeitsentgelts nur das Arbeitsentgelt aus dieser Teilzeitarbeit zugrunde zu legen.

§ 23 Entgelt bei Freistellung für Untersuchungen und zum Stillen

(1) Durch die Gewährung der Freistellung nach § 7 darf bei der schwangeren oder stillenden Frau kein Entgeltausfall eintreten. Freistellungszeiten sind weder vor- noch nachzuarbeiten. Sie werden nicht auf Ruhepausen angerechnet, die im Arbeitszeitgesetz oder in anderen Vorschriften festgelegt sind.

(2) Der Auftraggeber oder Zwischenmeister hat einer in Heimarbeit beschäftigten Frau und der ihr Gleichgestellten für die Stillzeit ein Entgelt zu zahlen, das nach der Höhe des durchschnittlichen Stundenentgelts für jeden Werktag zu berechnen ist. Ist eine Frau für mehrere Auftraggeber oder Zwischenmeister tätig, haben diese das Entgelt für die Stillzeit zu gleichen Teilen zu zahlen. Auf das Entgelt finden die Vorschriften der §§ 23 bis 25 des Heimarbeitsgesetzes über den Entgeltschutz Anwendung.

§ 24 Fortbestehen des Erholungsurlaubs bei Beschäftigungsverboten

Für die Berechnung des Anspruchs auf bezahlten Erholungsurlaub gelten die Ausfallzeiten wegen eines Beschäftigungsverbots als Beschäftigungszeiten. Hat eine Frau ihren Urlaub vor Beginn eines Beschäftigungsverbots nicht oder nicht vollständig erhalten, kann sie nach dem Ende des Beschäftigungsverbots den Resturlaub im laufenden oder im nächsten Urlaubsjahr beanspruchen.

§ 25 Beschäftigung nach dem Ende des Beschäftigungsverbots

Mit dem Ende eines Beschäftigungsverbots im Sinne von § 2 Absatz 3 hat eine Frau das Recht, entsprechend den vertraglich vereinbarten Bedingungen beschäftigt zu werden.

Abschnitt 5
Durchführung des Gesetzes

§ 26 Aushang des Gesetzes

(1) In Betrieben und Verwaltungen, in denen regelmäßig mehr als drei Frauen beschäftigt werden, hat der Arbeitgeber eine Kopie dieses Gesetzes an geeigneter Stelle zur Einsicht auszulegen oder auszuhängen. Dies gilt nicht, wenn er das Gesetz für die Personen, die bei ihm beschäftigt sind, in einem elektronischen Verzeichnis jederzeit zugänglich gemacht hat.

(2) Für eine in Heimarbeit beschäftigte Frau oder eine ihr Gleichgestellte muss der Auftraggeber oder Zwischenmeister in den Räumen der Ausgabe oder Abnahme von Heimarbeit eine Kopie dieses Gesetzes an geeigneter Stelle zur Einsicht auslegen oder aushängen. Absatz 1 Satz 2 gilt entsprechend.

§ 27 Mitteilungs- und Aufbewahrungspflichten des Arbeitgebers, Offenbarungsverbot der mit der Überwachung beauftragten Personen

(1) Der Arbeitgeber hat die Aufsichtsbehörde unverzüglich zu benachrichtigen,

1. wenn eine Frau ihm mitgeteilt hat,
   a) dass sie schwanger ist oder
   b) dass sie stillt, es sei denn, er hat die Aufsichtsbehörde bereits über die Schwangerschaft dieser Frau benachrichtigt, oder
2. wenn er beabsichtigt, eine schwangere oder stillende Frau zu beschäftigen

a) bis 22 Uhr nach den Vorgaben des § 5 Absatz 2 Satz 2 und 3,
b) an Sonn- und Feiertagen nach den Vorgaben des § 6 Absatz 1 Satz 2 und 3 oder Absatz 2 Satz 2 und 3 oder
c) mit getakteter Arbeit im Sinne von § 11 Absatz 6 Nummer 3 oder § 12 Absatz 5 Nummer 3.

Er darf diese Informationen nicht unbefugt an Dritte weitergeben.

(2) Der Arbeitgeber hat der Aufsichtsbehörde auf Verlangen die Angaben zu machen, die zur Erfüllung der Aufgaben dieser Behörde erforderlich sind. Er hat die Angaben wahrheitsgemäß, vollständig und rechtzeitig zu machen.

(3) Der Arbeitgeber hat der Aufsichtsbehörde auf Verlangen die Unterlagen zur Einsicht vorzulegen oder einzusenden, aus denen Folgendes ersichtlich ist:

1. die Namen der schwangeren oder stillenden Frauen, die bei ihm beschäftigt sind,
2. die Art und der zeitliche Umfang ihrer Beschäftigung,
3. die Entgelte, die an sie gezahlt worden sind,
4. die Ergebnisse der Beurteilung der Arbeitsbedingungen nach § 10 und
5. alle sonstigen nach Absatz 2 erforderlichen Angaben.

(4) Die auskunftspflichtige Person kann die Auskunft auf solche Fragen oder die Vorlage derjenigen Unterlagen verweigern, deren Beantwortung oder Vorlage sie selbst oder einen ihrer in § 383 Absatz 1 Nummer 1 bis 3 der Zivilprozessordung bezeichneten Angehörigen der Gefahr der Verfolgung wegen einer Straftat oder Ordnungswidrigkeit aussetzen würde. Die auskunftspflichtige Person ist darauf hinzuweisen.

(5) Der Arbeitgeber hat die in Absatz 3 genannten Unterlagen mindestens bis zum Ablauf von zwei Jahren nach der letzten Eintragung aufzubewahren.

(6) Die mit der Überwachung beauftragten Personen der Aufsichtsbehörde dürfen die ihnen bei ihrer Überwachungstätigkeit zur Kenntnis gelangten Geschäfts- und Betriebsgeheimnisse nur in den gesetzlich geregelten Fällen oder zur Verfolgung von Rechtsverstößen oder zur Erfüllung von gesetzlich geregelten Aufgaben zum Schutz der Umwelt den dafür zuständigen Behörden offenbaren. Soweit es sich bei Geschäfts- und Betriebsgeheimnissen um Informationen über die Umwelt im Sinne des Umweltinformationsgesetzes handelt, richtet sich die Befugnis zu ihrer Offenbarung nach dem Umweltinformationsgesetz.

§ 28 Behördliches Genehmigungsverfahren für eine Beschäftigung zwischen 20 Uhr und 22 Uhr

(1) Die Aufsichtsbehörde kann abweichend von § 5 Absatz 1 Satz 1 auf Antrag des Arbeitgebers genehmigen, dass eine schwangere oder stillende Frau zwischen 20 Uhr und 22 Uhr beschäftigt wird, wenn

1. sich die Frau dazu ausdrücklich bereit erklärt,
2. nach ärztlichem Zeugnis nichts gegen die Beschäftigung der Frau bis 22 Uhr spricht und
3. insbesondere eine unverantwortbare Gefährdung für die schwangere Frau oder ihr Kind durch Alleinarbeit ausgeschlossen ist.

Dem Antrag ist die Dokumentation der Beurteilung der Arbeitsbedingungen nach § 14 Absatz 1 beizufügen. Die schwangere oder stillende Frau kann ihre Erklärung nach Satz 1 Nummer 1 jederzeit mit Wirkung für die Zukunft widerrufen.

(2) Solange die Aufsichtsbehörde den Antrag nicht ablehnt oder die Beschäftigung zwischen 20 Uhr und 22 Uhr nicht vorläufig untersagt, darf der Arbeitgeber die Frau unter den Voraussetzungen des Absatzes 1 beschäftigen. Die Aufsichtsbehörde hat dem Arbeitgeber nach Eingang des Antrags unverzüglich eine Mitteilung zu machen, wenn die für den Antrag nach Absatz 1 erforderlichen Unterlagen unvollständig sind. Die Aufsichtsbehörde kann die Beschäftigung vorläufig untersagen, soweit dies erforderlich ist,

um den Schutz der Gesundheit der Frau oder ihres Kindes sicherzustellen.

(3) Lehnt die Aufsichtsbehörde den Antrag nicht innerhalb von sechs Wochen nach Eingang des vollständigen Antrags ab, gilt die Genehmigung als erteilt. Auf Verlangen ist dem Arbeitgeber der Eintritt der Genehmigungsfiktion (§ 42a des Verwaltungsverfahrensgesetzes) zu bescheinigen.

(4) Im Übrigen gelten die Vorschriften des Verwaltungsverfahrensgesetzes.

§ 29 Zuständigkeit und Befugnisse der Aufsichtsbehörden, Jahresbericht

(1) Die Aufsicht über die Ausführung der Vorschriften dieses Gesetzes und der aufgrund dieses Gesetzes erlassenen Vorschriften obliegt den nach Landesrecht zuständigen Behörden (Aufsichtsbehörden).

(2) Die Aufsichtsbehörden haben dieselben Befugnisse wie die nach § 22 Absatz 2 und 3 des Arbeitsschutzgesetzes mit der Überwachung beauftragten Personen. Das Grundrecht der Unverletzlichkeit der Wohnung (Artikel 13 des Grundgesetzes) wird insoweit eingeschränkt.

(3) Die Aufsichtsbehörde kann in Einzelfällen die erforderlichen Maßnahmen anordnen, die der Arbeitgeber zur Erfüllung derjenigen Pflichten zu treffen hat, die sich aus Abschnitt 2 dieses Gesetzes und aus den aufgrund des § 31 Nummer 1 bis 5 erlassenen Rechtsverordnungen ergeben. Insbesondere kann die Aufsichtsbehörde:

1. in besonders begründeten Einzelfällen Ausnahmen vom Verbot der Mehrarbeit nach § 4 Absatz 1 Satz 1, 2 oder 4 sowie vom Verbot der Nachtarbeit auch zwischen 22 Uhr und 6 Uhr nach § 5 Absatz 1 Satz 1 oder Absatz 2 Satz 1 bewilligen, wenn
   a) sich die Frau dazu ausdrücklich bereit erklärt,
   b) nach ärztlichem Zeugnis nichts gegen die Beschäftigung spricht und
   c) in den Fällen des § 5 Absatz 1 Satz 1 oder Absatz 2 Satz 1 insbesondere eine unverantwortbare Gefährdung für die schwangere Frau oder ihr Kind durch Alleinarbeit ausgeschlossen ist,
2. verbieten, dass ein Arbeitgeber eine schwangere oder stillende Frau
   a) nach § 5 Absatz 2 Satz 2 zwischen 20 Uhr und 22 Uhr beschäftigt oder
   b) nach § 6 Absatz 1 Satz 2 oder nach § 6 Absatz 2 Satz 2 an Sonn- und Feiertagen beschäftigt,
3. Einzelheiten zur Freistellung zum Stillen nach § 7 Absatz 2 und zur Bereithaltung von Räumlichkeiten, die zum Stillen geeignet sind, anordnen,
4. Einzelheiten zur zulässigen Arbeitsmenge nach § 8 anordnen,
5. Schutzmaßnahmen nach § 9 Absatz 1 bis 3 und nach § 13 anordnen,
6. Einzelheiten zu Art und Umfang der Beurteilung der Arbeitsbedingungen nach § 10 anordnen,
7. bestimmte Tätigkeiten oder Arbeitsbedingungen nach § 11 oder nach § 12 verbieten,
8. Ausnahmen von den Vorschriften des § 11 Absatz 6 Nummer 1 und 2 und des § 12 Absatz 5 Nummer 1 und 2 bewilligen, wenn die Art der Arbeit und das Arbeitstempo keine unverantwortbare Gefährdung für die schwangere oder stillende Frau oder für ihr Kind darstellen, und
9. Einzelheiten zu Art und Umfang der Dokumentation und Information nach § 14 anordnen.

Die schwangere oder stillende Frau kann ihre Erklärung nach Satz 2 Nummer 1 Buchstabe a jederzeit mit Wirkung für die Zukunft widerrufen.

(4) Die Aufsichtsbehörde berät den Arbeitgeber bei der Erfüllung seiner Pflichten nach diesem Gesetz sowie die bei ihm beschäftigten Personen zu ihren Rechten und Pflichten nach diesem Gesetz; dies gilt nicht für die Rechte und Pflichten nach den §§ 18 bis 22.

(5) Für Betriebe und Verwaltungen im Geschäftsbereich des Bundesministeriums der Verteidigung wird die Aufsicht nach Absatz 1 durch das Bundesministerium der Verteidi-

16

gung oder die von ihm bestimmte Stelle in eigener Zuständigkeit durchgeführt.

(6) Die zuständigen obersten Landesbehörden haben über die Überwachungstätigkeit der ihnen unterstellten Behörden einen Jahresbericht zu veröffentlichen. Der Jahresbericht umfasst auch Angaben zur Erfüllung von Unterrichtungspflichten aus internationalen Übereinkommen oder Rechtsakten der Europäischen Union, soweit sie den Mutterschutz betreffen.

§ 30 Ausschuss für Mutterschutz

(1) Beim Bundesministerium für Familie, Senioren, Frauen und Jugend wird ein Ausschuss für Mutterschutz gebildet, in dem geeignete Personen vonseiten der öffentlichen und privaten Arbeitgeber, der Ausbildungsstellen, der Gewerkschaften, der Studierendenvertretungen und der Landesbehörden sowie weitere geeignete Personen, insbesondere aus der Wissenschaft, vertreten sein sollen. Dem Ausschuss sollen nicht mehr als 15 Mitglieder angehören. Für jedes Mitglied ist ein stellvertretendes Mitglied zu benennen. Die Mitgliedschaft im Ausschuss für Mutterschutz ist ehrenamtlich.

(2) Das Bundesministerium für Familie, Senioren, Frauen und Jugend beruft im Einvernehmen mit dem Bundesministerium für Arbeit und Soziales, dem Bundesministerium für Gesundheit und dem Bundesministerium für Bildung und Forschung die Mitglieder des Ausschusses für Mutterschutz und die stellvertretenden Mitglieder. Der Ausschuss gibt sich eine Geschäftsordnung und wählt die Vorsitzende oder den Vorsitzenden aus seiner Mitte. Die Geschäftsordnung und die Wahl der oder des Vorsitzenden bedürfen der Zustimmung des Bundesministeriums für Familie, Senioren, Frauen und Jugend. Die Zustimmung erfolgt im Einvernehmen mit dem Bundesministerium für Arbeit und Soziales und dem Bundesministerium für Gesundheit.

(3) Zu den Aufgaben des Ausschusses für Mutterschutz gehört es,

1. Art, Ausmaß und Dauer der möglichen unverantwortbaren Gefährdungen einer schwangeren oder stillenden Frau und ihres Kindes nach wissenschaftlichen Erkenntnissen zu ermitteln und zu begründen,
2. sicherheitstechnische, arbeitsmedizinische und arbeitshygienische Regeln zum Schutz der schwangeren oder stillenden Frau und ihres Kindes aufzustellen und
3. das Bundesministerium für Familie, Senioren, Frauen und Jugend in allen mutterschutzbezogenen Fragen zu beraten.

Der Ausschuss arbeitet eng mit den Ausschüssen nach § 18 Absatz 2 Nummer 5 des Arbeitsschutzgesetzes zusammen.

(4) Nach Prüfung durch das Bundesministerium für Familie, Senioren, Frauen und Jugend, durch das Bundesministerium für Arbeit und Soziales, durch das Bundesministerium für Gesundheit und durch das Bundesministerium für Bildung und Forschung kann das Bundesministerium für Familie, Senioren, Frauen und Jugend im Einvernehmen mit den anderen in diesem Absatz genannten Bundesministerien die vom Ausschuss für Mutterschutz nach Absatz 3 aufgestellten Regeln und Erkenntnisse im Gemeinsamen Ministerialblatt veröffentlichen.

(5) Die Bundesministerien sowie die obersten Landesbehörden können zu den Sitzungen des Ausschusses für Mutterschutz Vertreterinnen oder Vertreter entsenden. Auf Verlangen ist ihnen in der Sitzung das Wort zu erteilen.

(6) Die Geschäfte des Ausschusses für Mutterschutz werden vom Bundesamt für Familie und zivilgesellschaftliche Aufgaben geführt.

§ 31 Erlass von Rechtsverordnungen

Die Bundesregierung wird ermächtigt, durch Rechtsverordnung mit Zustimmung des Bundesrates Folgendes zu regeln:

1. nähere Bestimmungen zum Begriff der unverantwortbaren Gefährdung nach § 9 Absatz 2 Satz 2 und 3,
2. nähere Bestimmungen zur Durchführung der erforderlichen Schutzmaßnahmen nach § 9 Absatz 1 und 2 und nach § 13,
3. nähere Bestimmungen zu Art und Umfang der Beurteilung der Arbeitsbedingungen nach § 10,

4. Festlegungen von unzulässigen Tätigkeiten und Arbeitsbedingungen im Sinne von § 11 oder § 12 oder von anderen nach diesem Gesetz unzulässigen Tätigkeiten und Arbeitsbedingungen,
5. nähere Bestimmungen zur Dokumentation und Information nach § 14,
6. nähere Bestimmungen zur Ermittlung des durchschnittlichen Arbeitsentgelts im Sinne der §§ 18 bis 22 und
7. nähere Bestimmungen zum erforderlichen Inhalt der Benachrichtigung, ihrer Form, der Art und Weise der Übermittlung sowie die Empfänger der vom Arbeitgeber nach § 27 zu meldenden Informationen.

Abschnitt 6 Bußgeldvorschriften, Strafvorschriften

§ 32 Bußgeldvorschriften

(1) Ordnungswidrig handelt, wer vorsätzlich oder fahrlässig

1. entgegen § 3 Absatz 1 Satz 1, auch in Verbindung mit Satz 4, entgegen § 3 Absatz 2 Satz 1, auch in Verbindung mit Satz 2 oder 3, entgegen § 3 Absatz 3 Satz 1, § 4 Absatz 1 Satz 1, 2 oder 4 oder § 5 Absatz 1 Satz 1, § 6 Absatz 1 Satz 1, § 13 Absatz 1 Nummer 3 oder § 16 eine Frau beschäftigt,
2. entgegen § 4 Absatz 2 eine Ruhezeit nicht, nicht richtig oder nicht rechtzeitig gewährt,
3. entgegen § 5 Absatz 2 Satz 1 oder § 6 Absatz 2 Satz 1 eine Frau tätig werden lässt,
4. entgegen § 7 Absatz 1 Satz 1, auch in Verbindung mit Satz 2, oder entgegen § 7 Absatz 2 Satz 1 eine Frau nicht freistellt,
5. entgegen § 8 oder § 13 Absatz 2 Heimarbeit ausgibt,
6. entgegen § 10 Absatz 1 Satz 1, auch in Verbindung mit einer Rechtsverordnung nach § 31 Nummer 3, eine Gefährdung nicht, nicht richtig oder nicht rechtzeitig beurteilt oder eine Ermittlung nicht, nicht richtig oder nicht rechtzeitig durchführt,
7. entgegen § 10 Absatz 2 Satz 1, auch in Verbindung mit einer Rechtsverordnung nach § 31 Nummer 3, eine Schutzmaßnahme nicht, nicht richtig oder nicht rechtzeitig festlegt,
8. entgegen § 10 Absatz 3 eine Frau eine andere als die dort bezeichnete Tätigkeit ausüben lässt,
9. entgegen § 14 Absatz 1 Satz 1 in Verbindung mit einer Rechtsverordnung nach § 31 Nummer 5 eine Dokumentation nicht, nicht richtig, nicht vollständig oder nicht rechtzeitig erstellt,
10. entgegen § 14 Absatz 2 oder 3, jeweils in Verbindung mit einer Rechtsverordnung nach § 31 Nummer 5, eine Information nicht, nicht richtig, nicht vollständig oder nicht rechtzeitig gibt,
11. entgegen § 27 Absatz 1 Satz 1 die Aufsichtsbehörde nicht, nicht richtig oder nicht rechtzeitig benachrichtigt,
12. entgegen § 27 Absatz 1 Satz 2 eine Information weitergibt,
13. entgegen § 27 Absatz 2 eine Angabe nicht, nicht richtig, nicht vollständig oder nicht rechtzeitig macht,
14. entgegen § 27 Absatz 3 eine Unterlage nicht, nicht richtig oder nicht rechtzeitig vorlegt oder nicht oder nicht rechtzeitig einsendet,
15. entgegen § 27 Absatz 5 eine Unterlage nicht oder nicht mindestens zwei Jahre aufbewahrt,
16. einer vollziehbaren Anordnung nach § 29 Absatz 3 Satz 1 zuwiderhandelt oder
17. einer Rechtsverordnung nach § 31 Nummer 4 oder einer vollziehbaren Anordnung aufgrund einer solchen Rechtsverordnung zuwiderhandelt, soweit die Rechtsverordnung für einen bestimmten Tatbestand auf diese Bußgeldvorschrift verweist.

(2) Die Ordnungswidrigkeit kann in den Fällen des Absatzes 1 Nummer 1 bis 5, 8, 16 und 17 mit einer Geldbuße bis zu dreißigtausend Euro, in den übrigen Fällen mit einer Geldbuße bis zu fünftausend Euro geahndet werden.

16

§ 33 Strafvorschriften

Wer eine in § 32 Absatz 1 Nummer 1 bis 5, 8, 16 und 17 bezeichnete vorsätzliche Handlung begeht und dadurch die Gesundheit der Frau oder ihres Kindes gefährdet, wird mit Freiheitsstrafe bis zu einem Jahr oder mit Geldstrafe bestraft.

Abschnitt 7 Schlussvorschriften

§ 34 Evaluationsbericht

Die Bundesregierung legt dem Deutschen Bundestag zum 1. Januar 2021 einen Evaluationsbericht über die Auswirkungen des Gesetzes vor. Schwerpunkte des Berichts sollen die Handhabbarkeit der gesetzlichen Regelung in der betrieblichen und behördlichen Praxis, die Wirksamkeit und die Auswirkungen des Gesetzes im Hinblick auf seinen Anwendungsbereich, die Auswirkungen der Regelungen zum Verbot der Mehr- und Nachtarbeit sowie zum Verbot der Sonn- und Feiertagsarbeit und die Arbeit des Ausschusses für Mutterschutz sein. Der Bericht darf keine personenbezogenen Daten enthalten.

Vierte Verordnung über zwingende Arbeitsbedingungen für die Pflegebranche (Vierte Pflegearbeitsbedingungenverordnung – 4. PflegeArbbV)

Vom 22. April 2020 (BAnz. AT 28.04.2020 Nr. V2)

Auf Grund des § 11 Absatz 1 in Verbindung mit Absatz 2 und 3 sowie mit § 25 des Arbeitnehmer-Entsendegesetzes, von denen § 11 Absatz 1 durch Artikel 1 Nummer 3 des Gesetzes vom 22. November 2019 (BGBl. I S. 1756) geändert und § 25 durch Artikel 1 Nummer 7 des Gesetzes vom 22. November 2019 (BGBl. I S. 1756) neu gefasst worden ist, verordnet das Bundesministerium für Arbeit und Soziales, nachdem es den in den Geltungsbereich dieser Rechtsverordnung fallenden Arbeitgebern und Arbeitnehmerinnen und Arbeitnehmern sowie den Parteien von Tarifverträgen, die zumindest teilweise in den fachlichen Geltungsbereich dieser Rechtsverordnung fallen, und paritätisch besetzten Kommissionen, die auf der Grundlage kirchlichen Rechts Arbeitsbedingungen für den Bereich kirchlicher Arbeitgeber in der Pflegebranche festlegen, Gelegenheit zur schriftlichen Stellungnahme gegeben hat:

§ 1 Geltungsbereich

(1) Diese Verordnung gilt für Pflegebetriebe. Dies sind Betriebe und selbstständige Betriebsabteilungen, die überwiegend ambulante, teilstationäre oder stationäre Pflegeleistungen oder ambulante Krankenpflegeleistungen für Pflegebedürftige im Sinne des § 10 Satz 3 des Arbeitnehmer-Entsendegesetzes erbringen. Keine Pflegebetriebe im Sinne der Sätze 1 und 2 sind Einrichtungen, in denen die Leistungen zur medizinischen Vorsorge, zur medizinischen Rehabilitation, zur Teilhabe am Arbeitsleben oder am Leben in der Gemeinschaft, die schulische Ausbildung oder die Erziehung kranker oder behinderter Menschen im Vordergrund des Zwecks der Einrichtung stehen, sowie Krankenhäuser.

(2) Diese Verordnung gilt für alle Arbeitnehmerinnen und Arbeitnehmer. Sie gilt nicht für Auszubildende nach dem Berufsbildungsgesetz und nach dem Pflegeberufegesetz und nicht für Pflegeschülerinnen und Pflegeschüler.

(3) Diese Verordnung gilt nicht für Arbeitnehmerinnen und Arbeitnehmer der Pflegebetriebe in folgenden Bereichen:

1. in der Verwaltung,
2. in der Haustechnik,
3. in der Küche,
4. in der hauswirtschaftlichen Versorgung,
5. in der Gebäudereinigung,
6. im Bereich des Empfangs- und Sicherheitsdienstes,
7. in der Garten- und Geländepflege,
8. in der Wäscherei sowie
9. in der Logistik.

(4) Abweichend von Absatz 3 gilt diese Verordnung für Arbeitnehmerinnen und Arbeitnehmer nach Absatz 3, soweit sie im Rahmen der von ihnen auszuübenden Tätigkeiten in einem Umfang von mindestens 25 Prozent ihrer vereinbarten Arbeitszeit gemeinsam mit Bezieherinnen und Beziehern von Pflegeleistungen tagesstrukturierend, aktivierend, betreuend oder pflegend tätig werden, insbesondere als:

1. Alltagsbegleiterinnen und -begleiter,
2. Betreuungskräfte,
3. Assistenzkräfte oder
4. Präsenzkräfte.

(5) Diese Verordnung gilt für das Gebiet der Bundesrepublik Deutschland.

§ 2 Mindestentgelt

(1) Das Mindestentgelt beträgt im Gebiet der Länder Baden-Württemberg, Bayern, Berlin, Bremen, Hamburg, Hessen, Niedersachsen, Nordrhein-Westfalen, Rheinland-Pfalz, Saarland und Schleswig-Holstein

- ab dem 1. Mai 2020: 11,35 Euro brutto je Stunde,

- ab dem 1. Juli 2020: 11,60 Euro brutto je Stunde,
- ab dem 1. April 2021: 11,80 Euro brutto je Stunde,
- ab dem 1. September 2021: 12,00 Euro brutto je Stunde und
- ab dem 1. April 2022: 12,55 Euro brutto je Stunde.

Für Pflegekräfte mit einer mindestens einjährigen Ausbildung und einer entsprechenden Tätigkeit beträgt das Mindestentgelt abweichend von Satz 1

- ab dem 1. April 2021: 12,50 Euro brutto je Stunde und
- ab dem 1. April 2022: 13,20 Euro brutto je Stunde.

Für Pflegefachkräfte beträgt das Mindestentgelt abweichend von den Sätzen 1 und 2

- ab dem 1. Juli 2021: 15,00 Euro brutto je Stunde und
- ab dem 1. April 2022: 15,40 Euro brutto je Stunde.

Das Mindestentgelt beträgt im Gebiet der Länder Brandenburg, Mecklenburg-Vorpommern, Sachsen, Sachsen-Anhalt und Thüringen

- ab dem 1. Mai 2020: 10,85 Euro brutto je Stunde,
- ab dem 1. Juli 2020: 11,20 Euro brutto je Stunde,
- ab dem 1. April 2021: 11,50 Euro brutto je Stunde,
- ab dem 1. September 2021: 12,00 Euro brutto je Stunde und
- ab dem 1. April 2022: 12,55 Euro brutto je Stunde.

Für Pflegekräfte mit einer mindestens einjährigen Ausbildung und einer entsprechenden Tätigkeit beträgt das Mindestentgelt abweichend von Satz 1

- ab dem 1. April 2021: 12,20 Euro brutto je Stunde,
- ab dem 1. September 2021: 12,50 Euro brutto je Stunde und
- ab dem 1. April 2022: 13,20 Euro brutto je Stunde.

Für Pflegefachkräfte beträgt das Mindestentgelt abweichend von den Sätzen 1 und 2

- ab dem 1. Juli 2021: 15,00 Euro brutto je Stunde und
- ab dem 1. April 2022: 15,40 Euro brutto je Stunde.

(3) Pflegefachkräfte sind Arbeitnehmerinnen und Arbeitnehmer, die über eine Qualifikation verfügen, die sie zur Ausübung von Tätigkeiten gemäß § 4 des Pflegeberufegesetzes berechtigt.

(4) Pflegekräfte mit einer mindestens einjährigen Ausbildung sind Arbeitnehmerinnen und Arbeitnehmer, die eine Ausbildung zu einem Assistenz- und Helferberuf oder eine vergleichbare Ausbildung in der Pflege abgeschlossen haben. Die Ausbildungsdauer muss mindestens den Vorgaben der Nummer 2 der „Eckpunkte für die in Länderzuständigkeit liegenden Ausbildungen zu Assistenz- und Helferberufen in der Pflege" (BAnz AT 17.02.2016 B3) entsprechen. Die Ausbildung kann im Ausland abgeschlossen worden sein. Eine entsprechende Tätigkeit liegt vor, wenn die Arbeitnehmerin oder der Arbeitnehmer zumindest auch in Nummer 1 Buchstabe g der „Eckpunkte für die in Länderzuständigkeit liegenden Ausbildungen zu Assistenz- und Helferberufen in der Pflege" genannte Tätigkeiten auf Anweisung des Arbeitgebers durchführt.

(5) Das nach den Absätzen 1 und 2 maßgebliche Mindestentgelt wird auch für Wegezeiten zwischen mehreren aufzusuchenden Patientinnen oder Patienten sowie gegebenenfalls für Wegezeiten zwischen diesen und den Geschäftsräumen des Pflegebetriebs gezahlt.

(6) Für Zeiten des Bereitschaftsdienstes wird ein Mindestentgelt gemäß den nachstehenden Grundsätzen gezahlt. Die monatlich ausgezahlte Bruttovergütung geteilt durch die geleisteten Arbeitsstunden einschließlich der Bereitschaftsstunden muss stets mindestens die jeweilige Höhe des gesetzlichen Mindestlohns nach dem Mindestlohngesetz erreichen. Bereitschaftsdienste im Sinne dieser Verordnung leisten Arbeitnehmerinnen und Arbeitnehmer, die sich auf Anordnung des Arbeitgebers außerhalb ihrer regelmäßigen

Arbeitszeit an einer vom Arbeitgeber bestimmten Stelle aufhalten, um im Bedarfsfall die Arbeit aufzunehmen, wenn zu erwarten ist, dass zwar Arbeit anfällt, erfahrungsgemäß aber die Zeit ohne Arbeitsleistung mindestens 75 Prozent beträgt. Bereitschaftsdienste sind im Dienstplan zu hinterlegen. Zum Zweck der Entgeltberechnung kann die Zeit des Bereitschaftsdienstes einschließlich der geleisteten Arbeit auf der Grundlage einer kollektivrechtlichen oder einer schriftlichen einzelvertraglichen Regelung mit mindestens 40 Prozent als Arbeitszeit bewertet werden. Zeiten des Bereitschaftsdienstes, die über 64 Stunden im Kalendermonat hinausgehen, werden mit dem Mindestentgelt nach den Absätzen 1 und 2 vergütet. Das Gleiche gilt, wenn die Arbeitsleistung innerhalb eines Bereitschaftsdienstes mehr als 25 Prozent umfasst.

(7) Von dieser Verordnung werden Zeiten der Rufbereitschaft nicht erfasst. Rufbereitschaft im Sinne dieser Verordnung leisten Arbeitnehmerinnen und Arbeitnehmer, die sich auf Anordnung des Arbeitgebers außerhalb der regelmäßigen Arbeitszeit an einer dem Arbeitgeber anzuzeigenden Stelle aufhalten, um auf Abruf die Arbeit aufzunehmen. Das Vorliegen von Rufbereitschaft wird nicht dadurch ausgeschlossen, dass Arbeitnehmerinnen und Arbeitnehmer vom Arbeitgeber mit einem Mobiltelefon oder einem vergleichbaren technischen Hilfsmittel ausgestattet sind. Im Fall einer Arbeitsaufnahme wird die geleistete Arbeitszeit einschließlich der hierfür erforderlichen Wegezeiten mindestens in Höhe des Mindestentgelts nach den Absätzen 1 und 2 vergütet.

(8) Arbeitnehmerinnen und Arbeitnehmern im Sinne des Absatzes 3 dürfen bis zum 30. Juni 2021 keine geringeren Mindestentgeltsätze als den Pflegekräften nach Absatz 4 gezahlt werden.

(9) Die Vorschriften des Arbeitszeitgesetzes bleiben unberührt.

§ 3 Fälligkeit

(1) Das in § 2 Absatz 1 und 2 festgelegte Mindestentgelt wird für die Zeit bis zum 30. April 2021 spätestens zum 15. des Monats fällig, der auf den Monat folgt, für den das Mindestentgelt zu zahlen ist. Für die Zeit ab dem 1. Mai 2021 wird das Mindestentgelt für die vertraglich vereinbarte Arbeitszeit spätestens am letzten Bankarbeitstag des Monats fällig, in dem die Arbeitsleistung zu erbringen war. Im Übrigen wird das Mindestentgelt für die Zeit ab dem 1. Mai 2021 spätestens am letzten Bankarbeitstag des jeweiligen Folgemonats fällig.

(2) Über die vertraglich vereinbarte Arbeitszeit hinausgehende Arbeitsstunden können abweichend von Absatz 1 auf der Grundlage schriftlicher einzelvertraglicher oder kollektivrechtlicher Vereinbarungen bis zu einer Obergrenze von 225 Arbeitsstunden in ein Arbeitszeitkonto eingestellt werden. Bei einer Überschreitung dieser Obergrenze gilt für die Fälligkeit des Anspruchs auf Vergütung dieser Arbeitsstunden die jeweilige Regelung nach Absatz 1. Der Ausgleich dieser Arbeitsstunden kann durch Auszahlung des darauf entfallenden Mindestentgelts oder durch bezahlte Freizeitgewährung erfolgen.

(3) Die Obergrenze von 225 Arbeitsstunden nach Absatz 2 Satz 1 gilt nicht, wenn der Ausgleich der über die vertraglich vereinbarte Arbeitszeit hinausgehenden Arbeitsstunden zum Ende eines Ausgleichszeitraums mit einer Länge von höchstens 16 Monaten in der Arbeitszeitkontenvereinbarung vereinbart ist. Der Anspruch auf Vergütung von Arbeitsstunden, die in ein Arbeitszeitkonto eingestellt wurden und nicht innerhalb des Ausgleichszeitraums nach Satz 1 ausgeglichen wurden, wird mit Ablauf des für diese Arbeitsstunden geltenden Ausgleichszeitraums fällig.

(4) Vereinbarungen über Wertguthaben auf der Grundlage des Altersteilzeitgesetzes, der §§ 7b und 7e des Vierten Buches Sozialgesetzbuch oder einer im Hinblick auf den Schutz der Arbeitnehmerinnen und Arbeitnehmer vergleichbaren ausländischen Regelung bleiben unberührt.

(5) Im Fall der Beendigung des Arbeitsverhältnisses hat der Arbeitgeber die zum Zeitpunkt der Beendigung nicht ausgeglichenen

17

Arbeitsstunden spätestens in dem auf die Beendigung des Arbeitsverhältnisses folgenden Kalendermonat abzugelten.

(6) Die Vorschriften des Arbeitszeitgesetzes bleiben unberührt.

§ 4 Mehrurlaub

(1) Die Arbeitnehmerin oder der Arbeitnehmer hat Anspruch auf zusätzlichen bezahlten Erholungsurlaub, der, ausgehend von einer jahresdurchschnittlichen Verteilung der regelmäßigen wöchentlichen Arbeitszeit auf fünf Tage, im Kalenderjahr 2020 fünf Tage und in den Kalenderjahren 2021 und 2022 jeweils sechs Tage beträgt (Mehrurlaub). Verteilt sich die regelmäßige Arbeitszeit im Jahresdurchschnitt auf mehr oder weniger als fünf Tage in der Woche, erhöht oder verringert sich der Anspruch auf Mehrurlaub entsprechend.

(2) Soweit tarifliche, betriebliche, arbeitsvertragliche oder sonstige Regelungen insgesamt einen über den gesetzlichen Erholungsurlaub hinausgehenden Anspruch auf bezahlten Urlaub vorsehen, entsteht der Anspruch auf Mehrurlaub nach Absatz 1 nicht. Gesetzlicher Erholungsurlaub ist der bezahlte Urlaub nach dem Bundesurlaubsgesetz sowie nach anderen Gesetzen.

(3) Im Übrigen gelten für den Mehrurlaub nach Absatz 1 die gesetzlichen Bestimmungen.

§ 5 Ausschlussfrist

Die Ansprüche auf das Mindestentgelt verfallen, wenn sie nicht innerhalb von zwölf Monaten nach ihrer Fälligkeit schriftlich geltend gemacht werden.

§ 6 Inkrafttreten, Außerkrafttreten

Diese Verordnung tritt am 1. Mai 2020 in Kraft und am 30. April 2022 außer Kraft.

Gesetz zum Schutz vor der schädlichen Wirkung ionisierender Strahlung (Strahlenschutzgesetz – StrlSchG)

Vom 27. Juni 2017 (BGBl. I S. 1966)

Zuletzt geändert durch
Erstes Gesetz zur Änderung des Strahlenschutzgesetzes
vom 20. Mai 2021 (BGBl. I S. 1194)

– Auszug –

Teil 1
Allgemeine Vorschriften

§ 1 Anwendungs- und Geltungsbereich

(1) Dieses Gesetz trifft Regelungen zum Schutz des Menschen und, soweit es um den langfristigen Schutz der menschlichen Gesundheit geht, der Umwelt vor der schädlichen Wirkung ionisierender Strahlung insbesondere bei

1. geplanten Expositionssituationen,
2. Notfallexpositionssituationen,
3. bestehenden Expositionssituationen.

(2) Dieses Gesetz trifft keine Regelungen für

1. die Exposition von Einzelpersonen der Bevölkerung oder Arbeitskräften durch kosmische Strahlung, mit Ausnahme des fliegenden und raumfahrenden Personals,
2. die oberirdische Exposition durch Radionuklide, die natürlicherweise in der nicht durch Eingriffe beeinträchtigten Erdrinde vorhanden sind,
3. die Exposition durch Radionuklide, die natürlicherweise im menschlichen Körper vorhanden sind, und durch kosmische Strahlung in Bodennähe.

(3) Dieses Gesetz und die auf Grund dieses Gesetzes erlassenen Rechtsverordnungen sind im Rahmen der Vorgaben des Seerechtsübereinkommens der Vereinten Nationen vom 10. Dezember 1982 (BGBl. 1994 II S. 1799) auch im Bereich der ausschließlichen Wirtschaftszone und des Festlandsockels anzuwenden.

§ 2 Exposition; Expositionssituationen; Expositionskategorien

(1) Exposition ist die Einwirkung ionisierender Strahlung auf den menschlichen Körper durch Strahlungsquellen außerhalb des Körpers (äußere Exposition) und innerhalb des Körpers (innere Exposition) oder das Ausmaß dieser Einwirkung.

(2) Geplante Expositionssituation ist eine Expositionssituation, die durch Tätigkeiten entsteht und in der eine Exposition verursacht wird oder verursacht werden kann.

(3) Notfallexpositionssituation ist eine Expositionssituation, die durch einen Notfall entsteht, solange die Situation nicht unter Absatz 4 fällt.

(4) Bestehende Expositionssituation ist eine Expositionssituation, die bereits besteht, wenn eine Entscheidung über ihre Kontrolle getroffen werden muss.

(5) Folgende Expositionskategorien werden unterschieden:

1. Exposition der Bevölkerung,
2. berufliche Exposition,
3. medizinische Exposition.

(6) Exposition der Bevölkerung ist die Exposition von Personen, mit Ausnahme beruflicher oder medizinischer Exposition.

(7) Berufliche Exposition ist die Exposition

1. einer Person, die zum Ausübenden einer Tätigkeit nach diesem Gesetz in einem Beschäftigungsverhältnis steht oder diese Tätigkeit selbst ausübt,
2. von fliegendem und raumfahrendem Personal,

3. einer Person, die eine Aufgabe nach § 19 oder § 20 des Atomgesetzes, nach § 172 oder § 178 wahrnimmt,
4. einer Person, die in einer bestehenden Expositionssituation zum Ausübenden einer beruflichen Betätigung in einem Beschäftigungsverhältnis steht oder eine solche Betätigung selbst ausübt (Arbeitskraft) oder
5. einer Einsatzkraft während ihres Einsatzes in einer Notfallexpositionssituation oder einer anderen Gefahrenlage.

Einem Beschäftigungsverhältnis gleich steht ein Ausbildungsverhältnis oder eine freiwillige oder ehrenamtliche Ausübung vergleichbarer Handlungen.

(8) Medizinische Exposition ist die Exposition

1. eines Patienten oder einer asymptomatischen Person, an dem oder der im Rahmen seiner oder ihrer medizinischen oder zahnmedizinischen Untersuchung oder Behandlung, die seiner oder ihrer Gesundheit zugutekommen soll, radioaktive Stoffe oder ionisierende Strahlung angewendet werden,
2. einer Person, an der mit ihrer Einwilligung oder mit Einwilligung des gesetzlichen Vertreters oder Bevollmächtigten radioaktive Stoffe oder ionisierende Strahlung zum Zweck der medizinischen Forschung angewendet werden oder
3. einer einwilligungsfähigen oder mit Einwilligung des gesetzlichen Vertreters oder Bevollmächtigten handelnden Person, die sich wissentlich und willentlich ionisierender Strahlung aussetzt, indem sie außerhalb ihrer beruflichen Tätigkeit freiwillig Personen unterstützt oder betreut, an denen im Rahmen ihrer medizinischen oder zahnmedizinischen Untersuchung oder Behandlung oder im Rahmen der medizinischen Forschung radioaktive Stoffe oder ionisierende Strahlung angewendet werden (Betreuungs- oder Begleitperson).

§ 3 Begriff der radioaktiven Stoffe

(1) Radioaktive Stoffe (Kernbrennstoffe und sonstige radioaktive Stoffe) im Sinne dieses Gesetzes sind alle Stoffe, die ein Radionuklid oder mehrere Radionuklide enthalten und deren Aktivität oder spezifische Aktivität nach den Regelungen dieses Gesetzes oder einer auf Grund dieses Gesetzes von der Bundesregierung mit Zustimmung des Bundesrates erlassenen Rechtsverordnung nicht außer Acht gelassen werden kann. Kernbrennstoffe sind besondere spaltbare Stoffe in Form von

1. Plutonium 239 und Plutonium 241,
2. mit den Isotopen 235 oder 233 angereichertem Uran,
3. jedem Stoff, der einen oder mehrere der in den Nummern 1 und 2 genannten Stoffe enthält,
4. Stoffen, mit deren Hilfe in einer geeigneten Anlage eine sich selbst tragende Kettenreaktion aufrechterhalten werden kann und die in einer durch die Bundesregierung mit Zustimmung des Bundesrates erlassenen Rechtsverordnung bestimmt werden.

Der Ausdruck „mit den Isotopen 235 und 233 angereichertem Uran" bedeutet Uran, das die Isotope 235 oder 233 oder diese beiden Isotope in einer solchen Menge enthält, dass die Summe der Mengen dieser beiden Isotope größer ist als die Menge des Isotops 238 multipliziert mit dem in der Natur auftretenden Verhältnis des Isotops 235 zum Isotop 238.

(2) Die Aktivität oder spezifische Aktivität eines Stoffes kann im Sinne des Absatzes 1 Satz 1 außer Acht gelassen werden, wenn dieser nach diesem Gesetz oder einer auf Grund dieses Gesetzes durch die Bundesregierung mit Zustimmung des Bundesrates erlassenen Rechtsverordnung

1. festgelegte Freigrenzen unterschreitet,
2. soweit es sich um einen im Rahmen einer genehmigungspflichtigen Tätigkeit nach diesem Gesetz, dem Atomgesetz oder nach einer auf Grund eines dieser Gesetze erlassenen Rechtsverordnung anfallenden Stoff handelt, festgelegte Freigabewerte unterschreitet und der Stoff freigegeben worden ist,

3. soweit es sich um einen Stoff natürlichen Ursprungs handelt, der nicht auf Grund seiner Radioaktivität, als Kernbrennstoff oder zur Erzeugung von Kernbrennstoff genutzt wird, nicht der Überwachung nach dem Atomgesetz, nach diesem Gesetz oder einer auf Grund dieses Gesetzes mit Zustimmung des Bundesrates erlassenen Rechtsverordnung unterliegt.

Abweichend von Satz 1 kann eine auf Grund dieses Gesetzes erlassene Rechtsverordnung, die von der Bundesregierung mit Zustimmung des Bundesrates erlassen wird, für die Verwendung von Stoffen am Menschen oder für den zweckgerichteten Zusatz von Stoffen bei der Herstellung von Arzneimitteln, Medizinprodukten, Pflanzenschutzmitteln, Schädlingsbekämpfungsmitteln, Stoffen nach § 2 Satz 1 Nummer 1 bis 8 des Düngegesetzes oder Konsumgütern oder deren Aktivierung festlegen, in welchen Fällen die Aktivität oder spezifische Aktivität eines Stoffes nicht außer Acht gelassen werden kann.

(3) Für die Anwendung von Genehmigungsvorschriften nach diesem Gesetz oder der auf Grund dieses Gesetzes erlassenen Rechtsverordnungen gelten Stoffe, in denen der Anteil der Isotope Uran 233, Uran 235, Plutonium 239 und Plutonium 241 insgesamt 15 Gramm oder die Konzentration der genannten Isotope 15 Gramm pro 100 Kilogramm nicht überschreitet, als sonstige radioaktive Stoffe. Satz 1 gilt nicht für verfestigte hochradioaktive Spaltproduktlösungen aus der Aufarbeitung von Kernbrennstoffen.

(4) Die Absätze 1 bis 3 sind nicht auf Stoffe anzuwenden, die im Zusammenhang mit bestehenden Expositionssituationen und Notfallexpositionssituationen auftreten.

§ 4 Tätigkeiten, Tätigkeitsarten

(1) Tätigkeiten sind

1. der Umgang nach § 5 Absatz 39,
2. der Erwerb von künstlich erzeugten radioaktiven Stoffen und von natürlich vorkommenden radioaktiven Stoffen, die auf Grund ihrer Radioaktivität, als Kernbrennstoff oder zur Erzeugung von Kernbrennstoff genutzt werden, die Abgabe dieser Stoffe an andere, ihre Beförderung und ihre grenzüberschreitende Verbringung,
3. die Verwahrung von Kernbrennstoffen nach § 5 des Atomgesetzes und die Aufbewahrung von Kernbrennstoffen nach § 6 des Atomgesetzes,
4. die Errichtung, der Betrieb, die sonstige Innehabung, die Stilllegung, der sichere Einschluss einer Anlage sowie der Abbau einer Anlage oder von Anlagenteilen nach § 7 des Atomgesetzes,
5. die Bearbeitung, Verarbeitung und sonstige Verwendung von Kernbrennstoffen nach § 9 des Atomgesetzes,
6. die Errichtung, der Betrieb und die Stilllegung von Anlagen des Bundes zur Sicherstellung und zur Endlagerung radioaktiver Abfälle nach § 9b des Atomgesetzes,
7. die Errichtung und der Betrieb von Anlagen zur Erzeugung ionisierender Strahlung,
8. der Betrieb und die Prüfung, Erprobung, Wartung oder Instandsetzung von Röntgeneinrichtungen oder Störstrahlern,
9. der Zusatz radioaktiver Stoffe bei der Herstellung von Konsumgütern, von Arzneimitteln im Sinne des Arzneimittelgesetzes, von Pflanzenschutzmitteln im Sinne des Pflanzenschutzgesetzes, von Schädlingsbekämpfungsmitteln und von Stoffen nach § 2 Satz 1 Nummer 1 bis 8 des Düngegesetzes sowie die Aktivierung der vorgenannten Produkte und
10. Handlungen, die, ohne unter die Nummern 1 bis 9 zu fallen, bei natürlich vorkommender Radioaktivität die Exposition oder Kontamination erhöhen können,
    a) soweit sie im Zusammenhang mit dem Aufsuchen, der Gewinnung, Erzeugung, Lagerung, Bearbeitung, Verarbeitung und sonstigen Verwendung von Materialien durchgeführt werden,
    b) soweit sie im Zusammenhang mit Materialien durchgeführt werden, die bei betrieblichen Abläufen anfallen,

18

soweit diese Handlungen nicht bereits unter Buchstabe a fallen,

c) soweit sie im Zusammenhang mit der Verwertung oder Beseitigung von Materialien durchgeführt werden, die durch Handlungen nach Buchstaben a oder b anfallen,

d) soweit in ihrer Folge natürliche terrestrische Strahlungsquellen einwirken, ausgenommen die Exposition durch Radon, das aus dem Boden in die freie Atmosphäre austritt oder aus dem geogenen Untergrund herrührt und in Aufenthaltsräume eintritt, und soweit diese Handlungen nicht bereits unter die Buchstaben a bis c fallen und nicht zu einem unter Buchstabe a genannten Zweck erfolgen, oder

11. der Betrieb von Luft- und Raumfahrzeugen im Zusammenhang mit der Berufsausübung des fliegenden und raumfahrenden Personals.

Zu den Tätigkeiten nach Satz 1 Nummer 1 bis 10 zählen auch die Beschäftigung von Personen, die diese Tätigkeit für Dritte ausüben, sowie sonstige Handlungen, die im Zusammenhang mit diesen Tätigkeiten die Exposition oder Kontamination erhöhen können. Nicht als Tätigkeit im Sinne von Satz 1 Nummer 10 gilt die landwirtschaftliche, forstwirtschaftliche und bautechnische Bearbeitung der Erdoberfläche, soweit diese Handlungen nicht zum Zweck der Entfernung von Kontaminationen nach § 64 Absatz 1 erfolgen.

(2) Tätigkeitsart ist die Gesamtheit von Tätigkeiten, die unter dem Aspekt des Grundsatzes der Rechtfertigung wesentlich gleich zu beurteilen sind.

§ 5 Sonstige Begriffsbestimmungen

(1) Abfälle: Alle Stoffe und Gegenstände, die Abfälle im Sinne des § 3 Absatz 1 des Kreislaufwirtschaftsgesetzes sind, einschließlich der Abfälle, die nach § 2 Absatz 2 Nummer 1 bis 5 oder 7 bis 15 des Kreislaufwirtschaftsgesetzes vom Geltungsbereich des Kreislaufwirtschaftsgesetzes ausgenommen sind. Keine Abfälle im Sinne dieses Gesetzes sind Reststoffe und Anlagenteile, die nach § 9a Absatz 1 des Atomgesetzes schadlos zu verwerten oder geordnet zu beseitigen sind, sowie andere den Bestimmungen des Standortauswahlgesetzes oder des Atomgesetzes unterliegende radioaktive Abfälle, Rückstände und sonstige radioaktive Stoffe.

(2) Anlagen zur Erzeugung ionisierender Strahlung: Vorrichtungen oder Geräte, die geeignet sind, Teilchen- oder Photonenstrahlung mit einer Teilchen- oder Photonenenergie von mindestens 5 Kiloelektronenvolt gewollt oder ungewollt zu erzeugen, insbesondere Elektronenbeschleuniger, Ionenbeschleuniger, Plasmaanlagen, Laseranlagen. Eine Anlage zur Erzeugung ionisierender Strahlung umfasst im Zusammenhang mit der Anwendung am Menschen auch Anwendungsgeräte, Zusatzgeräte und Zubehör, die erforderliche Software und die Vorrichtungen zur Überprüfung und Beurteilung der unmittelbaren Ergebnisse der Anwendung. Keine Anlagen zur Erzeugung ionisierender Strahlung sind Röntgeneinrichtungen, Störstrahler, kerntechnische Anlagen und Anlagen im Sinne des § 9a Absatz 3 Satz 1 erster Halbsatz des Atomgesetzes.

(3) Anwendung ionisierender Strahlung oder radioaktiver Stoffe am Menschen: Technische Durchführung

1. einer Untersuchung mit ionisierender Strahlung oder radioaktiven Stoffen und die Befundung der Untersuchung oder
2. einer Behandlung mit ionisierender Strahlung oder radioaktiven Stoffen und die unmittelbare Überprüfung und Beurteilung des Ergebnisses der Behandlung.

(4) Arbeitsplatz: Jeder Ort, an dem sich eine Arbeitskraft während ihrer Berufsausübung regelmäßig oder wiederholt aufhält.

(5) Aufenthaltsraum: Innenraum, der zum nicht nur vorübergehenden Aufenthalt von Einzelpersonen der Bevölkerung bestimmt ist, zum Beispiel in einer Schule, einem Krankenhaus, einem Kindergarten oder zum Wohnen.

(6) Bauprodukte: Baustoffe, Bausätze, Bauteile und Anlagen, die hergestellt werden, um

dauerhaft als Wand-, Boden- oder Deckenkonstruktionen, einschließlich deren Bekleidungen, von Aufenthaltsräumen in Gebäuden eingebaut zu werden. Keine Bauprodukte sind kleinflächig und kleinvolumig verwendete Fertigprodukte wie Flickmörtel und Verfugungen.

(6a) Beförderung sonstiger radioaktiver Stoffe: Vorgang der Ortsveränderung sonstiger radioaktiver Stoffe auf öffentlichen oder der Öffentlichkeit zugänglichen Verkehrswegen, einschließlich des zeitweiligen Aufenthalts im Verlauf der Ortsveränderung, bei dem die sonstigen radioaktiven Stoffe für den Wechsel der Beförderungsart oder des Beförderungsmittels oder aus sonstigen transportbedingten Gründen zeitweilig abgestellt werden.

(7) Beruflich exponierte Person: Eine Person, die eine berufliche Exposition aus Tätigkeiten erhalten kann, die

1. eine effektive Dosis von 1 Millisievert im Kalenderjahr überschreitet,
2. eine Organ-Äquivalentdosis für die Augenlinse von 15 Millisievert im Kalenderjahr überschreitet oder
3. eine Organ-Äquivalentdosis für die Haut, gemittelt über jede beliebige Hautfläche von 1 Quadratzentimeter unabhängig von der exponierten Fläche, von 50 Millisievert im Kalenderjahr überschreitet.

Berufliche Expositionen aus Notfallexpositionssituationen werden dabei nicht berücksichtigt. Eine Person, die eine berufliche Exposition ausschließlich in einer Notfallexpositionssituation oder einer anderen Gefahrenlage erhält, ist keine beruflich exponierte Person.

(8) Bestrahlungsvorrichtung: Gerät mit Abschirmung, das umschlossene radioaktive Stoffe enthält oder Bestandteil einer Anlage zur Spaltung von Kernbrennstoffen ist und das zeitweise durch Öffnen der Abschirmung oder Ausfahren dieser radioaktiven Stoffe ionisierende Strahlung aussendet,

1. die im Zusammenhang mit der Anwendung am Menschen oder der Anwendung am Tier in der Tierheilkunde verwendet wird oder
2. mit der zu anderen Zwecken eine Wirkung in den zu bestrahlenden Objekten hervorgerufen werden soll, wenn die Aktivität der radioaktiven Stoffe 20 Terabecquerel überschreitet.

Eine Bestrahlungsvorrichtung umfasst im Zusammenhang mit der Anwendung am Menschen auch Anwendungsgeräte, Zusatzgeräte und Zubehör, die erforderliche Software sowie die Vorrichtungen zur Befundung einer Untersuchung oder zur Überprüfung und Beurteilung der Ergebnisse einer Behandlung.

(9) Betrieb einer Röntgeneinrichtung: Eigenverantwortliches Verwenden oder Bereithalten einer Röntgeneinrichtung zur Erzeugung von Röntgenstrahlung. Nicht zum Betrieb gehört die Erzeugung von Röntgenstrahlung im Zusammenhang mit der geschäftsmäßigen Prüfung, Erprobung, Wartung oder Instandsetzung der Röntgeneinrichtung. Röntgeneinrichtungen werden ferner nicht betrieben, soweit sie im Bereich der Bundeswehr oder des Zivilschutzes ausschließlich für den Einsatzfall geprüft, erprobt, gewartet, instand gesetzt oder bereitgehalten werden.

(10) Betrieb eines Störstrahlers: Eigenverantwortliches Verwenden oder Bereithalten eines Störstrahlers. Nicht zum Betrieb gehört die Erzeugung von Röntgenstrahlung im Zusammenhang mit der geschäftsmäßigen Prüfung, Erprobung, Wartung oder Instandsetzung des Störstrahlers. Störstrahler werden ferner nicht betrieben, soweit sie im Bereich der Bundeswehr oder des Zivilschutzes ausschließlich für den Einsatzfall geprüft, erprobt, gewartet, instand gesetzt oder bereitgehalten werden.

(11) Effektive Dosis: Das zur Berücksichtigung der Strahlenwirkung auf verschiedene Organe oder Gewebe gewichtete Mittel von Organ-Äquivalentdosen; die Organe oder Gewebe werden mit den Wichtungsfaktoren berücksichtigt, die in der Rechtsverordnung nach § 175 Absatz 2 Nummer 2 festgelegt sind.

(12) Einrichtungen: Gebäude, Gebäudeteile, einzelne Räume oder vergleichbar abgegrenzte Freiflächen, in denen

1. nach § 5 oder § 9 des Atomgesetzes oder nach § 12 Absatz 1 Nummer 3 dieses Gesetzes mit radioaktiven Stoffen umgegangen wird, außer Zwischenlagerungen im Sinne des § 2 Absatz 3a Nummer 1 Buchstabe c des Atomgesetzes, oder
2. nach § 12 Absatz 1 Nummer 1 eine Anlage zur Erzeugung ionisierender Strahlung, nach § 12 Absatz 1 Nummer 4 eine Röntgeneinrichtung oder nach § 12 Absatz 1 Nummer 5 ein Störstrahler betrieben wird.

(13) Einsatzkraft: Person, die bei einem Notfall oder einer anderen Gefahrenlage eine festgelegte Aufgabe wahrnimmt und die bei ihrem Einsatz einer Exposition ausgesetzt sein kann.

(14) Einzelperson der Bevölkerung: Person, soweit sie nicht einer beruflichen Exposition oder einer medizinischen Exposition ausgesetzt ist.

(15) Freigrenzen: Werte der Aktivität und spezifischen Aktivität radioaktiver Stoffe, die in einer Rechtsverordnung nach § 24 Satz 1 Nummer 10 festgelegt sind und für Tätigkeiten im Zusammenhang mit diesen radioaktiven Stoffen als Maßstab für die Überwachungsbedürftigkeit nach diesem Gesetz und den auf seiner Grundlage erlassenen Rechtsverordnungen dienen.

(16) Früherkennung: Anwendung von Röntgenstrahlung oder radioaktiven Stoffen im Rahmen einer medizinischen Exposition zur Untersuchung von Personen, die keine Krankheitssymptome und keinen konkreten Krankheitsverdacht aufweisen (asymptomatische Personen), um eine bestimmte Krankheit festzustellen.

(17) Innenräume: Umschlossene ortsfeste Räume innerhalb und außerhalb von Gebäuden, in denen sich Menschen aufhalten können, einschließlich Höhlen und Bergwerken.

(18) Kerntechnische Anlage: Kerntechnische Anlage nach § 2 Absatz 3a Nummer 1 des Atomgesetzes.

(19) Körperdosis: Oberbegriff für die effektive Dosis und die Organ-Äquivalentdosis.

(20) Konsumgüter: Für den Endverbraucher bestimmte Bedarfsgegenstände im Sinne des Lebensmittel- und Futtermittelgesetzbuches sowie Güter und Gegenstände des täglichen Gebrauchs zur Verwendung im häuslichen und beruflichen Bereich. Keine Konsumgüter sind Bauprodukte und bauartzugelassene Vorrichtungen, wenn diese Bauprodukte oder Vorrichtungen sonstige radioaktive Stoffe enthalten.

(21) Kontamination: Verunreinigung mit Stoffen, die ein Radionuklid oder mehrere Radionuklide enthalten.

(22) Materialien: Stoffe, die natürlich vorkommende Radionuklide enthalten oder mit solchen Stoffen kontaminiert sind. Keine Materialien sind

1. Stoffe, die natürliche und künstliche Radionuklide enthalten, die Gegenstand von Tätigkeiten nach § 4 Absatz 1 Satz 1 Nummer 1 bis 9 und 11 sind oder waren,
2. Stoffe, die natürliche und künstliche Radionuklide enthalten, die aus Notfällen stammen, und
3. Stoffe, die in der Umwelt vorhanden und auf Grund von Kernwaffenversuchen kontaminiert sind.

(23) Medizinische Forschung: Fortentwicklung medizinischer Untersuchungsmethoden, Behandlungsverfahren oder der medizinischen Wissenschaft. Medizinische Forschung liegt nicht vor, wenn die Anwendung radioaktiver Stoffe oder ionisierender Strahlung ausschließlich der Untersuchung oder Behandlung der einzelnen Person dient.

(24) Medizinphysik-Experte: Person mit Masterabschluss in medizinischer Physik oder eine in medizinischer Physik gleichwertig ausgebildete Person mit Hochschulabschluss, die jeweils die erforderliche Fachkunde im Strahlenschutz besitzt.

(25) Nachsorgemaßnahmen: Überwachung, Aufrechterhaltung und Wiederherstellung der Wirksamkeit von Sanierungsmaßnahmen oder von sonstigen Maßnahmen zur Verhinderung oder Verminderung der Exposition bei bestehenden Expositionssituationen.

(26) Notfall: Ereignis, bei dem sich durch ionisierende Strahlung erhebliche nachteilige Auswirkungen auf Menschen, die Umwelt

oder Sachgüter ergeben können. Kein Notfall liegt vor, wenn abzusehen ist, dass ein Ereignis, das im Rahmen einer geplanten Tätigkeit eingetreten ist, voraussichtlich durch die für geplante Expositionssituationen geregelten Maßnahmen bewältigt werden kann.

1. Überregionaler Notfall: Ein Notfall im Bundesgebiet, dessen nachteilige Auswirkungen sich voraussichtlich nicht auf das Land beschränken werden, in dem er sich ereignet hat, oder ein Notfall außerhalb des Bundesgebietes, der voraussichtlich innerhalb des Geltungsbereichs dieses Gesetzes nicht nur örtliche nachteilige Auswirkungen haben wird.
2. Regionaler Notfall: Ein Notfall im Bundesgebiet, dessen nachteilige Auswirkungen sich voraussichtlich im Wesentlichen auf das Land beschränken werden, in dem er sich ereignet hat.
3. Lokaler Notfall: Ein Notfall, der voraussichtlich im Geltungsbereich dieses Gesetzes im Wesentlichen nur örtliche nachteilige Auswirkungen haben wird.

(27) Organ-Äquivalentdosis: Ergebnis der Multiplikation der Energie, die durch ionisierende Strahlung in einem Organ oder Gewebe deponiert worden ist, geteilt durch die Masse des Organs oder Gewebes, mit einem zur Berücksichtigung der Wirkung für die Strahlungsart oder -energie gegenüber Photonen- und Elektronenstrahlung durch Rechtsverordnung nach § 175 Absatz 2 Nummer 1 festgelegten Wichtungsfaktor. Bei Vorliegen mehrerer Strahlungsarten oder -energien werden die Beiträge addiert.

(28) Radon: Das Radionuklid Rn-222 und dessen Zerfallsprodukte.

(29) Referenzwert: In bestehenden Expositionssituationen oder Notfallexpositionssituationen ein festgelegter Wert, der als Maßstab für die Prüfung der Angemessenheit von Maßnahmen dient. Ein Referenzwert ist kein Grenzwert.

(30) Röntgeneinrichtung: Eine Vorrichtung oder ein Gerät,

1. in der oder dem Röntgenstrahlung mit einer Grenzenergie von mindestens 5 Kiloelektronenvolt durch beschleunigte Elektronen erzeugt werden kann, wobei die Beschleunigung der Elektronen auf eine Energie von 1 Megaelektronenvolt begrenzt ist, und
2. die oder das zum Zweck der Erzeugung von Röntgenstrahlung betrieben wird.

Eine Röntgeneinrichtung umfasst auch Anwendungsgeräte, Zusatzgeräte und Zubehör, die erforderliche Software sowie Vorrichtungen zur medizinischen Befundung.

(31) Röntgenstrahler: Bestandteil einer Röntgeneinrichtung, der aus einer Röntgenröhre und einem Röhrenschutzgehäuse besteht und bei einem Eintankgerät auch die Hochspannungserzeugung umfasst.

(32) Rückstände: Materialien, die in den in Anlage 1 genannten industriellen und bergbaulichen Prozessen anfallen und die dort genannten Voraussetzungen erfüllen.

(33) Sanierungsmaßnahmen: Maßnahmen, die

1. der Beseitigung oder Verminderung einer Kontamination dienen oder
2. eine Ausbreitung von Radionukliden oder der von ihnen ausgehenden ionisierenden Strahlung langfristig verhindern oder vermindern.

(34) Offene radioaktive Stoffe: Alle radioaktiven Stoffe mit Ausnahme der umschlossenen radioaktiven Stoffe.

(35) Umschlossene radioaktive Stoffe: Radioaktive Stoffe, die ständig von einer allseitig dichten, festen, inaktiven Hülle umschlossen oder in festen inaktiven Stoffen ständig so eingebettet sind, dass bei üblicher betriebsmäßiger Beanspruchung ein Austritt radioaktiver Stoffe mit Sicherheit verhindert wird; eine Abmessung des umschlossenen radioaktiven Stoffes muss mindestens 0,2 Zentimeter betragen. Keine umschlossenen radioaktiven Stoffe sind radioaktive Stoffe, die auf Grund ihrer Radioaktivität genutzt werden und deren Hülle zerstörungsfrei zu öffnen ist.

(36) Hochradioaktive Strahlenquellen: Umschlossene radioaktive Stoffe, deren Aktivität den in einer Rechtsverordnung nach § 24 Satz 1 Nummer 11 festgelegten Werten ent-

18

spricht oder diese überschreitet. Keine hochradioaktiven Strahlenquellen sind Brennelemente und verfestigte hochradioaktive Spaltproduktlösungen aus der Aufarbeitung von Kernbrennstoffen sowie ständig dichte und feste Transport- oder Lagerbehälter mit radioaktiven Stoffen.

(37) Störstrahler: Gerät oder Vorrichtung, in der oder dem Röntgenstrahlung mit einer Grenzenergie von mindestens 5 Kiloelektronenvolt ausschließlich durch beschleunigte Elektronen erzeugt werden kann und bei dem oder der die Beschleunigung der Elektronen auf eine Energie von 1 Megaelektronenvolt begrenzt ist, ohne dass das Gerät oder die Vorrichtung zu dem Zweck der Erzeugung von Röntgenstrahlung betrieben wird. Als Störstrahler gilt auch ein Elektronenmikroskop, bei dem die erzeugte Röntgenstrahlung durch Detektoren ausgewertet wird.

(38) Teleradiologie: Untersuchung eines Menschen mit Röntgenstrahlung unter der Verantwortung eines Arztes, der die erforderliche Fachkunde im Strahlenschutz besitzt und der sich nicht am Ort der technischen Durchführung befindet (Teleradiologe).

(39) Umgang:

1. die Gewinnung, Erzeugung, Lagerung, Bearbeitung, Verarbeitung, sonstige Verwendung und Beseitigung von
   a) künstlich erzeugten radioaktiven Stoffen und
   b) natürlich vorkommenden radioaktiven Stoffen auf Grund ihrer Radioaktivität, zur Nutzung als Kernbrennstoff oder zur Erzeugung von Kernbrennstoffen,
2. der Betrieb von Bestrahlungsvorrichtungen und
3. das Aufsuchen, die Gewinnung und die Aufbereitung von radioaktiven Bodenschätzen im Sinne des Bundesberggesetzes.

(40) Zusatz radioaktiver Stoffe: Zweckgerichteter Zusatz von Radionukliden zu Stoffen zur Erzeugung besonderer Eigenschaften, wenn

1. der Zusatz künstlich erzeugter Radionuklide dazu führt, dass deren spezifische Aktivität im Produkt 500 Mikrobecquerel je Gramm überschreitet, oder
2. der Zusatz natürlich vorkommender Radionuklide dazu führt, dass deren spezifische Aktivität im Produkt ein Fünftel der Freigrenzen, die in einer Rechtsverordnung nach § 24 Satz 1 Nummer 10 festgelegt sind, überschreitet.

Es ist unerheblich, ob der Zusatz auf Grund der Radioaktivität oder auf Grund anderer Eigenschaften erfolgt.

Teil 2
Strahlenschutz bei geplanten Expositionssituationen

Kapitel 1
Strahlenschutzgrundsätze

§ 6 Rechtfertigung von Tätigkeitsarten; Verordnungsermächtigung

(1) Neue Tätigkeitsarten, mit denen Expositionen von Mensch und Umwelt verbunden sein können, müssen unter Abwägung ihres wirtschaftlichen, gesellschaftlichen oder sonstigen Nutzens gegen die möglicherweise von ihnen ausgehende gesundheitliche Beeinträchtigung gerechtfertigt sein. Bei der Rechtfertigung sind die berufliche Exposition, die Exposition der Bevölkerung und die medizinische Exposition zu berücksichtigen. Expositionen durch die Anwendung am Menschen sind nach Maßgabe des § 83 Absatz 2 zu berücksichtigen.

(2) Die Rechtfertigung bestehender Tätigkeitsarten kann überprüft werden, sobald wesentliche neue Erkenntnisse über den Nutzen oder die Auswirkungen der Tätigkeit oder wesentliche neue Informationen über andere Verfahren und Techniken vorliegen.

(3) Die Bundesregierung wird ermächtigt, durch Rechtsverordnung mit Zustimmung des Bundesrates zu bestimmen, welche Tätigkeitsarten nicht gerechtfertigt sind.

§ 7 Verfahren zur Prüfung der Rechtfertigung einer Tätigkeitsart; Verordnungsermächtigung

(1) Liegen der zuständigen Behörde in einem Genehmigungs- oder Anzeigeverfahren nach

den §§ 10, 12, 17, 19 Absatz 1 Satz 1 Nummer 1, § 56 oder § 59 Anhaltspunkte vor, die Zweifel an der Rechtfertigung der Tätigkeitsart im Sinne des § 6 Absatz 1 oder 2 aufwerfen, so übermittelt die Behörde, bei Landesbehörden über die für den Strahlenschutz zuständige oberste Landesbehörde, dem Bundesministerium für Umwelt, Naturschutz und nukleare Sicherheit die Unterlagen, die die Anhaltspunkte darlegen. Erfordern die Anhaltspunkte eine weitere Untersuchung, so veranlasst dieses eine Prüfung durch das Bundesamt für Strahlenschutz. Das Bundesministerium für Umwelt, Naturschutz und nukleare Sicherheit kann auch außerhalb laufender Genehmigungs- und Anzeigeverfahren in entsprechender Anwendung von Satz 2 für Tätigkeitsarten eine Prüfung durch das Bundesamt für Strahlenschutz veranlassen, sofern es aus Sicht des Strahlenschutzes geboten ist.

(2) Das Bundesamt für Strahlenschutz prüft innerhalb von zwölf Monaten nach Eingang der Unterlagen die Rechtfertigung der Tätigkeitsart im Sinne des § 6 Absatz 1 und 2 und veröffentlicht einen wissenschaftlichen Bericht. In dem Bericht sind Betriebs- und Geschäftsgeheimnisse und personenbezogene Daten unkenntlich zu machen.

(3) Die Bundesregierung wird ermächtigt, durch Rechtsverordnung mit Zustimmung des Bundesrates

1. zu bestimmen, welche Unterlagen vorzulegen sind,
2. Vorgaben über das Prüfungsverfahren zur Rechtfertigung von Tätigkeitsarten zu treffen,
3. zu regeln, auf welche Weise das Bundesamt für Strahlenschutz den wissenschaftlichen Bericht über die Rechtfertigung der Tätigkeitsart veröffentlicht.

§ 8 Vermeidung unnötiger Exposition und Dosisreduzierung

(1) Wer eine Tätigkeit plant, ausübt oder ausüben lässt, ist verpflichtet, jede unnötige Exposition oder Kontamination von Mensch und Umwelt zu vermeiden.

(2) Wer eine Tätigkeit plant, ausübt oder ausüben lässt, ist verpflichtet, jede Exposition oder Kontamination von Mensch und Umwelt auch unterhalb der Grenzwerte so gering wie möglich zu halten. Hierzu hat er unter Berücksichtigung aller Umstände des Einzelfalls

1. bei Tätigkeiten nach § 4 Absatz 1 Satz 1 Nummer 1 bis 7 und 9 den Stand von Wissenschaft und Technik zu beachten,
2. bei Tätigkeiten nach § 4 Absatz 1 Satz 1 Nummer 8, 10 und 11 den Stand der Technik zu beachten.

§ 9 Dosisbegrenzung

Wer eine Tätigkeit plant, ausübt oder ausüben lässt, ist verpflichtet, dafür zu sorgen, dass die Dosisgrenzwerte nicht überschritten werden, die in diesem Gesetz und in den auf Grund dieses Gesetzes erlassenen Rechtsverordnungen festgelegt sind.

Kapitel 2
Vorabkontrolle bei radioaktiven Stoffen oder ionisierender Strahlung

Abschnitt 1
Errichtung von Anlagen zur Erzeugung ionisierender Strahlung

§ 10 Genehmigungsbedürftige Errichtung von Anlagen zur Erzeugung ionisierender Strahlung

(1) Wer eine Anlage zur Erzeugung ionisierender Strahlung der folgenden Art errichtet, bedarf der Genehmigung:

1. Beschleuniger- oder Plasmaanlage, in der je Sekunde mehr als 10^{12} Neutronen erzeugt werden können,
2. Elektronenbeschleuniger mit einer Endenergie der Elektronen von mehr als 10 Megaelektronenvolt, sofern die mittlere Strahlleistung 1 Kilowatt übersteigen kann,
3. Elektronenbeschleuniger mit einer Endenergie der Elektronen von mehr als 150 Megaelektronenvolt,
4. Ionenbeschleuniger mit einer Endenergie der Ionen von mehr als 10 Megaelektro-

18

nenvolt je Nukleon, sofern die mittlere Strahlleistung 50 Watt übersteigen kann,
5. Ionenbeschleuniger mit einer Endenergie der Ionen von mehr als 150 Megaelektronenvolt je Nukleon.

(2) Einer Genehmigung bedarf auch, wer die genehmigungsbedürftige Errichtung einer der in Absatz 1 genannten Anlagen wesentlich ändert.

§ 11 Voraussetzungen für die Erteilung der Genehmigung; Aussetzung des Genehmigungsverfahrens

(1) Die zuständige Behörde hat die Genehmigung für die Errichtung einer Anlage nach § 10 zu erteilen, wenn

1. keine Tatsachen vorliegen, aus denen sich Bedenken gegen die Zuverlässigkeit des Antragstellers, seines gesetzlichen Vertreters oder, bei juristischen Personen oder sonstigen Personenvereinigungen, der nach Gesetz, Satzung oder Gesellschaftsvertrag zur Vertretung oder Geschäftsführung Berechtigten ergeben,
2. gewährleistet ist, dass für die Errichtung der Anlage ein Strahlenschutzbeauftragter bestellt wird, der die erforderliche Fachkunde im Strahlenschutz besitzt und der die Anlage entsprechend der Genehmigung errichten oder errichten lassen kann; es dürfen keine Tatsachen vorliegen, aus denen sich Bedenken gegen die Zuverlässigkeit des Strahlenschutzbeauftragten ergeben,
3. gewährleistet ist, dass die Exposition von Personen auf Grund des Betriebs der Anlage die für Einzelpersonen der Bevölkerung zugelassenen Grenzwerte in den allgemein zugänglichen Bereichen außerhalb des Betriebsgeländes nicht überschreitet; bei der Ermittlung der Exposition sind die Ableitung radioaktiver Stoffe mit Luft und Wasser und die austretende und gestreute Strahlung zu berücksichtigen,
4. die Vorschriften über den Schutz der Umwelt bei dem beabsichtigten Betrieb der Anlage sowie bei Störfällen eingehalten werden können,
5. der erforderliche Schutz gegen Störmaßnahmen oder sonstige Einwirkungen Dritter gewährleistet ist,
6. es sich nicht um eine nicht gerechtfertigte Tätigkeitsart nach einer Rechtsverordnung nach § 6 Absatz 3 handelt oder wenn unter Berücksichtigung eines nach § 7 Absatz 2 veröffentlichten Berichts keine erheblichen Zweifel an der Rechtfertigung der Tätigkeitsart bestehen.

Satz 1 Nummer 2 ist nicht anzuwenden, wenn eine der in Satz 1 Nummer 1 genannten Personen die erforderliche Fachkunde im Strahlenschutz besitzt und die Anlage entsprechend der Genehmigung errichten oder errichten lassen kann.

(2) Leitet die zuständige Behörde ein Verfahren zur Prüfung der Rechtfertigung nach § 7 ein, so setzt sie das Verfahren zur Erteilung der Genehmigung für die Dauer des Verfahrens zur Prüfung der Rechtfertigung aus.

Abschnitt 2
Betrieb von Anlagen zur Erzeugung ionisierender Strahlung; Umgang mit radioaktiven Stoffen; Betrieb von Röntgeneinrichtungen oder Störstrahlern

§ 12 Genehmigungsbedürftige Tätigkeiten

(1) Einer Genehmigung bedarf, wer

1. eine Anlage zur Erzeugung ionisierender Strahlung betreibt; ausgenommen sind Anlagen, für deren Betrieb, auch unter Berücksichtigung der Genehmigungsbedürftigkeit nach § 17 Absatz 1 Satz 3, eine Anzeige nach § 17 Absatz 1 Satz 1 ausreichend ist oder die nach der Rechtsverordnung nach § 24 Satz 1 Nummer 1 genehmigungs- und anzeigefrei betrieben werden dürfen,
2. ionisierende Strahlung aus einer Bestrahlungsvorrichtung, die Bestandteil einer nach § 7 Absatz 1 Satz 1 des Atomgesetzes genehmigten Anlage zur Spaltung von Kernbrennstoffen ist, im Zusammenhang mit der Anwendung am Menschen oder

mit der Anwendung am Tier in der Tierheilkunde verwendet,
3. mit sonstigen radioaktiven Stoffen umgeht; ausgenommen ist der Umgang, der nach der Rechtsverordnung nach § 24 Satz 1 Nummer 1 genehmigungsfrei ist,
4. eine Röntgeneinrichtung betreibt; ausgenommen sind Röntgeneinrichtungen, für deren Betrieb, auch unter Berücksichtigung der Genehmigungsbedürftigkeit nach § 19 Absatz 2, eine Anzeige nach § 19 Absatz 1 ausreichend ist,
5. einen Störstrahler betreibt; ausgenommen ist ein Störstrahler, der nach der Rechtsverordnung nach § 24 Satz 1 Nummer 1 genehmigungsfrei betrieben werden darf.

(2) Einer Genehmigung bedarf auch, wer eine der in Absatz 1 Nummer 1 bis 5, jeweils erster Halbsatz, genannten genehmigungsbedürftigen Tätigkeiten wesentlich ändert.

(3) Eine Genehmigung nach Absatz 1 Nummer 1 kann sich auf einen nach Absatz 1 Nummer 3 genehmigungsbedürftigen Umgang erstrecken.

(4) Eine Genehmigung nach Absatz 1 Nummer 3 ist nicht erforderlich

1. soweit eine Genehmigung nach Absatz 1 Nummer 1, eine Genehmigung nach den §§ 6, 7, 9 oder 9b des Atomgesetzes oder ein Planfeststellungsbeschluss nach § 9b des Atomgesetzes vorliegt, die oder der sich gemäß § 10a Absatz 2 des Atomgesetzes auf den Umgang mit sonstigen radioaktiven Stoffen nach Absatz 1 Nummer 3 erstreckt, und
2. für das Aufsuchen, die Gewinnung oder die Aufbereitung von radioaktiven Bodenschätzen, wenn dies der Betriebsplanpflicht nach § 51 des Bundesberggesetzes unterfällt.

(5) Zwei oder mehr Tätigkeiten, die zu einem gemeinsamen Zweck zusammenhängend ausgeführt werden, können in einer Genehmigung beschieden werden,

1. wenn sie zwei oder mehr Genehmigungstatbestände nach Absatz 1 erfüllen und
2. wenn die Voraussetzungen für alle Genehmigungen erfüllt sind.

Satz 1 gilt entsprechend für Tätigkeiten, die sowohl genehmigungsbedürftig als auch anzeigebedürftig nach diesem Gesetz sind, wenn die mit der Anzeige einzureichenden Unterlagen im Genehmigungsverfahren vorgelegt werden und kein Grund für die Untersagung der anzeigebedürftigen Tätigkeit vorliegt. Bei wesentlichen Änderungen gelten die Sätze 1 und 2 entsprechend.

§ 13 Allgemeine Voraussetzungen für die Erteilung der Genehmigung; Aussetzung des Genehmigungsverfahrens

(1) Die zuständige Behörde hat eine Genehmigung für Tätigkeiten nach § 12 Absatz 1 zu erteilen, wenn

1. keine Tatsachen vorliegen, aus denen sich Bedenken gegen die Zuverlässigkeit des Antragstellers, seines gesetzlichen Vertreters oder, bei juristischen Personen oder sonstigen Personenvereinigungen, der nach Gesetz, Satzung oder Gesellschaftsvertrag zur Vertretung oder Geschäftsführung Berechtigten ergeben und, falls ein Strahlenschutzbeauftragter nicht notwendig ist, eine der genannten natürlichen Personen die erforderliche Fachkunde im Strahlenschutz besitzt,
2. keine Tatsachen vorliegen, aus denen sich Bedenken gegen die Zuverlässigkeit der Strahlenschutzbeauftragten ergeben und diese die erforderliche Fachkunde im Strahlenschutz besitzen,
3. die für eine sichere Ausführung der Tätigkeit notwendige Anzahl von Strahlenschutzbeauftragten bestellt ist und ihnen die für die Erfüllung ihrer Aufgaben erforderlichen Befugnisse eingeräumt sind,
4. gewährleistet ist, dass die bei der Tätigkeit sonst tätigen Personen das notwendige Wissen und die notwendigen Fertigkeiten im Hinblick auf die mögliche Strahlengefährdung und die anzuwendenden Schutzmaßnahmen besitzen,
5. keine Tatsachen vorliegen, aus denen sich Bedenken ergeben, ob das für die sichere Ausführung der Tätigkeit notwendige Personal vorhanden ist,

18

6. gewährleistet ist, dass die Ausrüstungen vorhanden und die Maßnahmen getroffen sind,
   a) die, bei einer Tätigkeit nach § 12 Absatz 1 Nummer 1 bis 3, nach dem Stand von Wissenschaft und Technik erforderlich sind, damit die Schutzvorschriften eingehalten werden, oder
   b) die, bei einer Tätigkeit nach § 12 Absatz 1 Nummer 4 oder 5, nach dem Stand der Technik erforderlich sind, damit die Schutzvorschriften eingehalten werden,
7. es sich nicht um eine nicht gerechtfertigte Tätigkeitsart nach einer Rechtsverordnung nach § 6 Absatz 3 handelt oder wenn unter Berücksichtigung eines nach § 7 Absatz 2 veröffentlichten Berichts keine erheblichen Zweifel an der Rechtfertigung der Tätigkeitsart bestehen sowie
8. sonstige öffentlich-rechtliche Vorschriften nicht entgegenstehen.

(2) Die Genehmigung für eine Tätigkeit nach § 12 Absatz 1 Nummer 1, 2 oder 3 wird nur erteilt, wenn die erforderliche Vorsorge für die Erfüllung gesetzlicher Schadensersatzverpflichtungen getroffen ist.

(3) Die Genehmigung für eine Tätigkeit nach § 12 Absatz 1 Nummer 1 oder 3 wird nur erteilt, wenn der erforderliche Schutz gegen Störmaßnahmen oder sonstige Einwirkungen Dritter gewährleistet ist; für die Genehmigung nach § 12 Absatz 1 Nummer 1 gilt dies nur, wenn die Errichtung der Anlage der Genehmigung nach § 10 bedarf.

(4) Die Genehmigung nach § 12 Absatz 1 Nummer 3 für den Umgang mit hochradioaktiven Strahlenquellen wird nur erteilt, wenn Verfahren für den Notfall und geeignete Kommunikationsverbindungen vorhanden sind.

(5) Lässt sich erst während eines probeweisen Betriebs oder Umgangs beurteilen, ob die Voraussetzungen der Absätze 1 und 3 vorliegen, so kann die zuständige Behörde die Genehmigung für eine Tätigkeit nach § 12 Absatz 1 Nummer 1 oder 3 befristet erteilen. Der Strahlenschutzverantwortliche hat zu gewährleisten, dass die Vorschriften über die Dosisgrenzwerte, über die Sperrbereiche und Kontrollbereiche sowie zur Begrenzung der Ableitung radioaktiver Stoffe während des probeweisen Betriebs oder Umgangs eingehalten werden. Während des probeweisen Betriebs oder Umgangs ist eine Anwendung am Menschen nicht zulässig.

(6) Leitet die zuständige Behörde ein Verfahren zur Prüfung der Rechtfertigung nach § 7 ein, so setzt sie das Verfahren zur Erteilung einer Genehmigung nach § 12 Absatz 1 für die Dauer des Verfahrens zur Prüfung der Rechtfertigung aus.

(7) Die zuständige Behörde kann von dem Inhaber einer Genehmigung nach § 12 Absatz 1 Nummer 3 eine Sicherheitsleistung für die Beseitigung von aus dem Umgang stammenden radioaktiven Stoffen verlangen. Satz 1 findet keine Anwendung, wenn Genehmigungsinhaber der Bund, ein oder mehrere Länder oder ein Dritter ist, der vom Bund, von einem oder mehreren Ländern oder vom Bund gemeinsam mit einem oder mehreren Ländern vollständig finanziert wird.

§ 14 Besondere Voraussetzungen bei Tätigkeiten im Zusammenhang mit der Anwendung am Menschen

(1) Die Genehmigung für eine Tätigkeit nach § 12 Absatz 1 Nummer 1, 2, 3 oder 4 im Zusammenhang mit der Anwendung ionisierender Strahlung oder radioaktiver Stoffe am Menschen wird nur erteilt, wenn neben dem Vorliegen der jeweiligen Voraussetzungen des § 13

1. der Antragsteller oder der von ihm bestellte Strahlenschutzbeauftragte als Arzt oder Zahnarzt approbiert oder ihm die vorübergehende Ausübung des ärztlichen oder zahnärztlichen Berufs erlaubt ist,
2. gewährleistet ist, dass
   a) bei einer Behandlung mit radioaktiven Stoffen oder ionisierender Strahlung, der ein individueller Bestrahlungsplan zugrunde liegt, ein Medizinphysik-Experte zur engen Mitarbeit nach der Rechtsverordnung nach § 86 Satz 2

Nummer 10 hinzugezogen werden kann,

b) bei einer Behandlung mit radioaktiven Stoffen oder ionisierender Strahlung, der kein individueller Bestrahlungsplan zugrunde liegt (standardisierte Behandlung), und bei einer Untersuchung mit radioaktiven Stoffen oder ionisierender Strahlung, die mit einer erheblichen Exposition der untersuchten Person verbunden sein kann, ein Medizinphysik-Experte zur Mitarbeit nach der Rechtsverordnung nach § 86 Satz 2 Nummer 10 hinzugezogen werden kann,

c) bei allen weiteren Anwendungen mit ionisierender Strahlung oder radioaktiven Stoffen am Menschen sichergestellt ist, dass ein Medizinphysik-Experte zur Beratung hinzugezogen werden kann, soweit es die jeweilige Anwendung erfordert,

3. gewährleistet ist, dass

   a) bei einer Behandlung nach Nummer 2 Buchstabe a Medizinphysik-Experten in ausreichender Anzahl als weitere Strahlenschutzbeauftragte bestellt sind,

   b) bei einer Behandlung oder Untersuchung nach Nummer 2 Buchstabe b ein Medizinphysik-Experte als weiterer Strahlenschutzbeauftragter bestellt ist, sofern dies aus organisatorischen oder strahlenschutzfachlichen Gründen geboten ist,

4. gewährleistet ist, dass das für die sichere Ausführung der Tätigkeit notwendige Personal in ausreichender Anzahl zur Verfügung steht,

5. gewährleistet ist, dass die Ausrüstungen vorhanden und die Maßnahmen getroffen sind, die erforderlich sind, damit die für die Anwendung erforderliche Qualität

   a) bei Untersuchungen mit möglichst geringer Exposition erreicht wird,

   b) bei Behandlungen mit der für die vorgesehenen Zwecke erforderlichen Dosisverteilung erreicht wird.

(2) Die Genehmigung für eine Tätigkeit nach § 12 Absatz 1 Nummer 4 zur Teleradiologie wird nur erteilt, wenn neben dem Vorliegen der Voraussetzungen des Absatzes 1 und des § 13 Absatz 1

1. die Verfügbarkeit des Teleradiologen während der Untersuchung gewährleistet ist,

2. gewährleistet ist, dass die technische Durchführung durch eine Person erfolgt, die die erforderliche Fachkunde im Strahlenschutz besitzt und die nach der Rechtsverordnung nach § 86 Satz 2 Nummer 6 zur technischen Durchführung der Untersuchung in der Teleradiologie berechtigt ist,

3. gewährleistet ist, dass am Ort der technischen Durchführung ein Arzt mit den erforderlichen Kenntnissen im Strahlenschutz anwesend ist,

4. ein Gesamtkonzept für den teleradiologischen Betrieb vorliegt, das

   a) die erforderliche Verfügbarkeit des Teleradiologiesystems gewährleistet,

   b) eine im Einzelfall erforderliche persönliche Anwesenheit des Teleradiologen am Ort der technischen Durchführung innerhalb eines für eine Notfallversorgung erforderlichen Zeitraums ermöglicht; in begründeten Fällen kann auch ein anderer Arzt persönlich anwesend sein, der die erforderliche Fachkunde im Strahlenschutz besitzt,

   c) eine regelmäßige und enge Einbindung des Teleradiologen in den klinischen Betrieb des Strahlenschutzverantwortlichen gewährleistet.

Die Genehmigung für den Betrieb einer Röntgeneinrichtung zur Teleradiologie wird auf den Nacht-, Wochenend- und Feiertagsdienst beschränkt. Sie kann über den Nacht-, Wochenend- und Feiertagsdienst hinaus erteilt werden, wenn ein Bedürfnis im Hinblick auf die Patientenversorgung besteht. Die Genehmigung nach Satz 3 wird auf längstens fünf Jahre befristet.

(3) Die Genehmigung für eine Tätigkeit nach § 12 Absatz 1 Nummer 3 und 4 im Zusammenhang mit der Früherkennung wird nur er-

teilt, wenn neben dem Vorliegen der jeweiligen Voraussetzungen des § 13 sowie des Absatzes 1

1. die Früherkennung nach § 84 Absatz 1 oder 4 zulässig ist und
2. die Einhaltung derjenigen Maßnahmen gewährleistet ist, die unter Berücksichtigung der Erfordernisse der medizinischen Wissenschaft erforderlich sind, damit bei der Früherkennung die erforderliche Qualität mit möglichst geringer Exposition erreicht wird.

Die Genehmigung wird auf längstens fünf Jahre befristet.

§ 15 Besondere Voraussetzungen bei Tätigkeiten im Zusammenhang mit der Anwendung am Tier in der Tierheilkunde

Die Genehmigung für eine Tätigkeit nach § 12 Absatz 1 Nummer 1, 2, 3 oder 4 im Zusammenhang mit der Anwendung am Tier in der Tierheilkunde wird nur erteilt, wenn neben dem Vorliegen der jeweiligen Voraussetzungen des § 13 der Antragsteller oder der von ihm bestellte Strahlenschutzbeauftragte als Tierarzt, Arzt oder Zahnarzt approbiert oder zur vorübergehenden Ausübung des tierärztlichen, ärztlichen oder zahnärztlichen Berufs berechtigt ist.

§ 16 Erforderliche Unterlagen

Einem Genehmigungsantrag für eine Tätigkeit nach § 12 Absatz 1 sind die zur Prüfung erforderlichen Unterlagen, insbesondere die Unterlagen nach Anlage 2, beizufügen.

§ 17 Anzeigebedürftiger Betrieb von Anlagen zur Erzeugung ionisierender Strahlung

(1) Wer beabsichtigt, eine der folgenden Anlagen zur Erzeugung ionisierender Strahlung zu betreiben, hat dies der zuständigen Behörde spätestens vier Wochen vor dem beabsichtigten Beginn schriftlich anzuzeigen:

1. eine Plasmaanlage, bei deren Betrieb die Ortsdosisleistung von 10 Mikrosievert durch Stunde im Abstand von 0,1 Metern von den Wandungen des Bereichs, der aus elektrotechnischen Gründen während des Betriebs unzugänglich ist, nicht überschritten wird,
2. einen Ionenbeschleuniger, bei dessen Betrieb die Ortsdosisleistung von 10 Mikrosievert durch Stunde im Abstand von 0,1 Metern von der berührbaren Oberfläche nicht überschritten wird,
3. eine Laseranlage, bei deren Betrieb die Ortsdosisleistung von 10 Mikrosievert durch Stunde im Abstand von 0,1 Metern von der berührbaren Oberfläche nicht überschritten wird, oder
4. eine nach § 45 Absatz 1 Nummer 7 bauartzugelassene Vollschutzanlage.

hat dies der zuständigen Behörde spätestens vier Wochen vor dem beabsichtigten Beginn schriftlich anzuzeigen. Nach Ablauf dieser Frist darf der Anzeigende die Anlage zur Erzeugung ionisierender Strahlung betreiben, es sei denn, die zuständige Behörde hat das Verfahren nach § 18 Absatz 2 ausgesetzt oder den Betrieb untersagt. Abweichend von Satz 1 bedarf einer Genehmigung nach § 12 Absatz 1 Nummer 1, wer beabsichtigt, eine der in Satz 1 genannten Anlagen zur Erzeugung ionisierender Strahlung im Zusammenhang mit der Anwendung am Menschen zu betreiben.

(2) Der Anzeige nach Absatz 1 Satz 1 Nummer 1, 2 oder 3 sind die folgenden Unterlagen beizufügen:

1. Nachweis, dass die Anlage den Anforderungen des Absatzes 1 Satz 1 Nummer 1, 2 oder 3 entspricht,
2. Nachweis, dass die für eine sichere Ausführung des Betriebs notwendige Anzahl von Strahlenschutzbeauftragten bestellt ist und ihnen die für die Erfüllung ihrer Aufgaben erforderlichen Befugnisse eingeräumt sind,
3. Nachweis, dass jeder Strahlenschutzbeauftragte die erforderliche Fachkunde im Strahlenschutz besitzt oder, falls ein Strahlenschutzbeauftragter nicht notwendig ist, die zur Anzeige verpflichtete Person, ihr gesetzlicher Vertreter oder, bei juristischen Personen oder sonstigen Perso-

nenvereinigungen, die nach Gesetz, Satzung oder Gesellschaftsvertrag zur Vertretung oder Geschäftsführung berechtigte Person die erforderliche Fachkunde im Strahlenschutz besitzt.

(3) Der Anzeige nach Absatz 1 Satz 1 Nummer 4 sind die folgenden Unterlagen beizufügen:

1. Abdruck des Zulassungsscheins nach § 47 für die Bauart der Vollschutzanlage,
2. Nachweis über die auf Grund einer Rechtsverordnung nach § 49 Nummer 4 durchgeführte Qualitätskontrolle mit dem Ergebnis, dass die Vollschutzanlage den für den Strahlenschutz wesentlichen Merkmalen der Bauartzulassung entspricht.

(4) Bei einer wesentlichen Änderung einer Anlage nach Absatz 1 Satz 1 Nummer 1, 2 oder 3 oder ihres Betriebs sind die Absätze 1 und 2 entsprechend anzuwenden. Bei einer wesentlichen Änderung des Betriebs einer Anlage nach Absatz 1 Satz 1 Nummer 4 sind die Absätze 1 und 3 entsprechend anzuwenden.

§ 18 Prüfung des angezeigten Betriebs einer Anlage zur Erzeugung ionisierender Strahlung

(1) Die zuständige Behörde prüft die Unterlagen innerhalb von vier Wochen nach Eingang der Anzeige. Teilt die Behörde dem Anzeigenden vor Ablauf der Frist schriftlich mit, dass alle Nachweise nach § 17 Absatz 2 oder 3 erbracht sind, darf der Anzeigende die Anlage zur Erzeugung ionisierender Strahlung bereits mit Erhalt der Mitteilung betreiben.

(2) Leitet die zuständige Behörde innerhalb der Frist nach Absatz 1 ein Verfahren zur Prüfung der Rechtfertigung nach § 7 ein, so setzt sie das Verfahren zur Prüfung der Anzeige für die Dauer des Verfahrens zur Prüfung der Rechtfertigung aus.

(3) Die zuständige Behörde kann den Betrieb der Anlage zur Erzeugung ionisierender Strahlung nach § 17 Absatz 1 Satz 1 Nummer 1, 2 oder 3 oder die Änderung des Betriebs untersagen, wenn

1. eine der nach § 17 Absatz 2 nachzuweisenden Anforderungen nicht oder nicht mehr erfüllt ist; dies gilt nach Ablauf der Frist nach Absatz 1 nur, wenn nicht in angemessener Zeit Abhilfe geschaffen wird,
2. Tatsachen vorliegen, aus denen sich Bedenken gegen die Zuverlässigkeit der zur Anzeige verpflichteten Person, ihres gesetzlichen Vertreters oder, bei juristischen Personen oder sonstigen Personenvereinigungen, der nach Gesetz, Satzung oder Gesellschaftsvertrag zur Vertretung oder Geschäftsführung berechtigten Person oder des Strahlenschutzbeauftragten ergeben,
3. es sich um eine nicht gerechtfertigte Tätigkeitsart nach einer Rechtsverordnung nach § 6 Absatz 3 handelt oder wenn unter Berücksichtigung eines nach § 7 Absatz 2 veröffentlichten Berichts erhebliche Zweifel an der Rechtfertigung der Tätigkeitsart bestehen,
4. gegen die Vorschriften dieses Gesetzes oder der auf Grund dieses Gesetzes erlassenen Rechtsverordnungen oder gegen die hierauf beruhenden Anordnungen und Verfügungen der Aufsichtsbehörden erheblich oder wiederholt verstoßen wird und nicht in angemessener Zeit Abhilfe geschaffen wird oder
5. dies wegen einer erheblichen Gefährdung der Beschäftigten, Dritter oder der Allgemeinheit erforderlich ist.

(4) Die zuständige Behörde kann den Betrieb der Vollschutzanlage nach § 17 Absatz 1 Satz 1 Nummer 4 untersagen, wenn

1. Tatsachen vorliegen, aus denen sich Bedenken gegen die Zuverlässigkeit des Strahlenschutzverantwortlichen ergeben, oder
2. der Anzeige nicht die nach § 17 Absatz 3 geforderten Unterlagen beigefügt wurden.

§ 19 Genehmigungs- und anzeigebedürftiger Betrieb von Röntgeneinrichtungen

(1) Wer beabsichtigt,

1. eine Röntgeneinrichtung zu betreiben,
   a) deren Röntgenstrahler nach § 45 Absatz 1 Nummer 2 bauartzugelassen ist,
   b) deren Herstellung und erstmaliges Inverkehrbringen unter den Anwen-

dungsbereich des Medizinproduktegesetzes in der bis einschließlich 25. Mai 2021 geltenden Fassung fällt,

c) deren Herstellung und Inverkehrbringen unter den Anwendungsbereich der Verordnung (EU) 2017/745 des Europäischen Parlaments und des Rates vom 5. April 2017 über Medizinprodukte, zur Änderung der Richtlinie 2001/83/EG, der Verordnung (EG) Nr. 178/2002 und der Verordnung (EG) Nr. 1223/2009 und zur Aufhebung der Richtlinien 90/385/EWG und 93/42/EWG des Rates (ABl. L 117 vom 5. 5. 2017, S. 1; L 117 vom 3. 5. 2019, S. 9; L 334 vom 27. 12. 2019, S. 165), die durch die Verordnung (EU) 2020/561 (ABl. L 130 vom 24. 4. 2020, S. 18) geändert worden ist, in der jeweils geltenden Fassung fällt,

d) die nach den Vorschriften des Medizinproduktegesetzes in der bis einschließlich 25. Mai 2021 geltenden Fassung erstmalig in Verkehr gebracht worden ist und nicht im Zusammenhang mit medizinischen Expositionen eingesetzt wird oder

e) die nach den Vorschriften der Verordnung (EU) 2017/745 in Verkehr gebracht worden ist und nicht im Zusammenhang mit medizinischen Expositionen eingesetzt wird,

2. ein Basis-, Hoch- oder Vollschutzgerät oder eine Schulröntgeneinrichtung zu betreiben,

hat dies der zuständigen Behörde spätestens vier Wochen vor dem beabsichtigten Beginn schriftlich anzuzeigen, sofern der Betrieb nicht nach Absatz 2 der Genehmigungspflicht unterliegt. Nach Ablauf dieser Frist darf der Anzeigende die Röntgeneinrichtung betreiben, es sei denn, die zuständige Behörde hat das Verfahren nach § 20 Absatz 2 ausgesetzt oder den Betrieb untersagt.

(2) Abweichend von Absatz 1 Satz 1 Nummer 1 bedarf einer Genehmigung nach § 12 Absatz 1 Nummer 4, wer eine Röntgeneinrichtung

1. in der technischen Radiographie zur Grobstrukturanalyse in der Werkstoffprüfung betreibt,
2. zur Behandlung von Menschen betreibt,
3. zur Teleradiologie betreibt,
4. im Zusammenhang mit der Früherkennung betreibt,
5. außerhalb eines Röntgenraumes betreibt, es sei denn, der Zustand der zu untersuchenden Person oder des zu untersuchenden Tieres oder dessen Größe erfordert im Einzelfall zwingend, dass die Röntgeneinrichtung außerhalb des Röntgenraumes betrieben wird,
6. in einem Röntgenraum betreibt, der nicht Gegenstand einer Prüfung durch einen behördlich bestimmten Sachverständigen für diese Röntgeneinrichtung war, oder
7. in einem mobilen Röntgenraum betreibt.

(3) Der Anzeige nach Absatz 1 Satz 1 Nummer 1 sind die folgenden Unterlagen beizufügen:

1. ein Abdruck der Bescheinigung eines behördlich bestimmten Sachverständigen nach § 172 einschließlich des Prüfberichtes, in der
   a) die Röntgeneinrichtung und der vorgesehene Betrieb beschrieben sind,
   b) festgestellt ist, dass der Röntgenstrahler bauartzugelassen oder die Röntgeneinrichtung als Medizinprodukt nach dem Medizinproduktegesetz in der bis einschließlich 25. Mai 2021 geltenden Fassung oder nach den Vorschriften der Verordnung (EU) 2017/745 gekennzeichnet ist,
   c) festgestellt ist, dass für den vorgesehenen Betrieb die Ausrüstungen vorhanden und die Maßnahmen getroffen sind, die nach dem Stand der Technik erforderlich sind, damit die Schutzvorschriften eingehalten werden,
   d) bei einer Röntgeneinrichtung zur Anwendung von Röntgenstrahlung am Menschen festgestellt ist, dass die Voraussetzungen nach § 14 Absatz 1 Nummer 5 Buchstabe a vorliegen und

18

die nach einer Rechtsverordnung nach § 86 Satz 2 Nummer 13 erforderliche Abnahmeprüfung durchgeführt wurde,

e) bei einer Röntgeneinrichtung zur Untersuchung, deren Betrieb gemäß Absatz 2 Nummer 5 außerhalb eines Röntgenraums im Einzelfall zwingend erforderlich ist, festgestellt ist, dass besondere Vorkehrungen zum Schutz Dritter vor Röntgenstrahlung getroffen worden sind;

2. bei einer Röntgeneinrichtung nach Absatz 1 Satz 1 Nummer 1 Buchstabe a ein Abdruck des Zulassungsscheins nach § 47 für die Bauart des Röntgenstrahlers,
3. der Nachweis, dass die für den sicheren Betrieb der Röntgeneinrichtung notwendige Anzahl von Strahlenschutzbeauftragten bestellt ist und ihnen die für die Erfüllung ihrer Aufgaben erforderlichen Befugnisse eingeräumt sind,
4. der Nachweis, dass jeder Strahlenschutzbeauftragte die erforderliche Fachkunde besitzt oder, falls ein Strahlenschutzbeauftragter nicht notwendig ist, die zur Anzeige verpflichtete Person, ihr gesetzlicher Vertreter oder, bei juristischen Personen oder sonstigen Personenvereinigungen, der nach Gesetz, Satzung oder Gesellschaftsvertrag zur Vertretung oder Geschäftsführung Berechtigte die erforderliche Fachkunde im Strahlenschutz besitzt,
5. der Nachweis, dass die beim Betrieb der Röntgeneinrichtung sonst tätigen Personen das notwendige Wissen und die notwendigen Fertigkeiten im Hinblick auf die mögliche Strahlengefährdung und die anzuwendenden Schutzmaßnahmen besitzen,
6. bei einer Röntgeneinrichtung zur Anwendung am Menschen der Nachweis, dass die in § 14 Absatz 1 Nummer 1, 2 Buchstabe b oder c, Nummer 3 Buchstabe b und Nummer 4 genannten Voraussetzungen erfüllt sind und
7. bei einer Röntgeneinrichtung zur Anwendung am Tier in der Tierheilkunde der Nachweis, dass die in § 15 genannten Voraussetzungen erfüllt sind.

Verweigert der Sachverständige die Erteilung der Bescheinigung nach Satz 1 Nummer 1, so entscheidet auf Antrag die zuständige Behörde, ob die nach Satz 1 Nummer 1 nachzuweisenden Anforderungen erfüllt sind. Sie kann in diesem Fall Auflagen für den Betrieb vorsehen.

(4) Der Anzeige nach Absatz 1 Satz 1 Nummer 2 sind die folgenden Unterlagen beizufügen:

1. der Abdruck des Zulassungsscheins nach § 47 für die Bauart der Röntgeneinrichtung,
2. der Nachweis über die auf Grund einer Rechtsverordnung nach § 49 Nummer 4 durchgeführte Qualitätskontrolle mit dem Ergebnis, dass die Röntgeneinrichtung den für den Strahlenschutz wesentlichen Merkmalen der Bauartzulassung entspricht, und
3. bei einem Basis- oder Hochschutzgerät oder einer Schulröntgeneinrichtung die Nachweise nach Absatz 3 Satz 1 Nummer 4 bis 6.

(5) Bei einer wesentlichen Änderung des Betriebs einer nach Absatz 1 Satz 1 Nummer 1 angezeigten Röntgeneinrichtung sind die Absätze 1 bis 3 entsprechend anzuwenden. Bei einer wesentlichen Änderung des Betriebs einer nach Absatz 1 Satz 1 Nummer 2 angezeigten Röntgeneinrichtung sind die Absätze 1 und 4 entsprechend anzuwenden.

§ 20 Prüfung des angezeigten Betriebs einer Röntgeneinrichtung

(1) Die zuständige Behörde prüft die Unterlagen innerhalb von vier Wochen nach Eingang der Anzeige. Teilt die Behörde dem Anzeigenden vor Ablauf der Frist schriftlich mit, dass alle Nachweise nach § 19 Absatz 3 oder 4 erbracht sind, darf der Anzeigende die Röntgeneinrichtung bereits mit Erhalt der Mitteilung betreiben.

(2) Leitet die zuständige Behörde im Falle einer Anzeige nach § 19 Absatz 1 Satz 1 Nummer 1 innerhalb der Frist nach Absatz 1 ein Verfahren zur Prüfung der Rechtfertigung nach § 7 ein, so setzt sie das Verfahren zur

Prüfung der Anzeige für die Dauer des Verfahrens zur Prüfung der Rechtfertigung aus.

(3) Die zuständige Behörde kann den Betrieb einer Röntgeneinrichtung nach § 19 Absatz 1 Satz 1 Nummer 1 oder die Änderung des Betriebs nach § 19 Absatz 5 untersagen, wenn

1. eine der nach § 19 Absatz 3 nachzuweisenden Anforderungen nicht oder nicht mehr erfüllt ist; dies gilt nach Ablauf der Frist nach Absatz 1 nur, wenn nicht in angemessener Zeit Abhilfe geschaffen wird,
2. Tatsachen vorliegen, aus denen sich Bedenken gegen die Zuverlässigkeit der zur Anzeige verpflichteten Person, ihres gesetzlichen Vertreters oder, bei juristischen Personen oder sonstigen Personenvereinigungen, der nach Gesetz, Satzung oder Gesellschaftsvertrag zur Vertretung oder Geschäftsführung berechtigten Person oder des Strahlenschutzbeauftragten ergeben,
3. Tatsachen vorliegen, aus denen sich Bedenken ergeben, ob das für die sichere Ausführung der Tätigkeit notwendige Personal vorhanden ist,
4. es sich um eine nicht gerechtfertigte Tätigkeitsart nach einer Rechtsverordnung nach § 6 Absatz 3 handelt oder wenn unter Berücksichtigung eines nach § 7 Absatz 2 veröffentlichten Berichts erhebliche Zweifel an der Rechtfertigung der Tätigkeitsart bestehen,
5. gegen die Vorschriften dieses Gesetzes oder der auf Grund dieses Gesetzes erlassenen Rechtsverordnungen oder gegen die hierauf beruhenden Anordnungen und Verfügungen der Aufsichtsbehörden erheblich oder wiederholt verstoßen wird und nicht in angemessener Zeit Abhilfe geschaffen wird,
6. dies wegen einer erheblichen Gefährdung der Beschäftigten, Dritter oder der Allgemeinheit erforderlich ist oder
7. sonstige öffentlich-rechtliche Vorschriften der beabsichtigten Tätigkeit entgegenstehen.

(4) Die zuständige Behörde kann den Betrieb eines Basis- oder Hochschutzgerätes oder einer Schulröntgeneinrichtung nach § 19 Absatz 1 Satz 1 Nummer 2 oder die Änderung des Betriebs nach § 19 Absatz 5 untersagen, wenn eine der nach § 19 Absatz 4 nachzuweisenden Anforderungen nicht oder nicht mehr erfüllt ist. Dies gilt nach Ablauf der Frist nach Absatz 1 nur, wenn nicht in angemessener Zeit Abhilfe geschaffen wird. Im Übrigen gilt Absatz 3 Nummer 2, 4 und 7 entsprechend.

(5) Die zuständige Behörde kann den Betrieb eines Vollschutzgerätes nach § 19 Absatz 1 Satz 1 Nummer 2 untersagen, wenn

1. Tatsachen vorliegen, aus denen sich Bedenken gegen die Zuverlässigkeit des Strahlenschutzverantwortlichen ergeben, oder
2. der Anzeige nicht die nach § 19 Absatz 4 Nummer 1 und 2 geforderten Unterlagen beigefügt wurden.

§ 21 Beendigung des genehmigten oder angezeigten Betriebs oder Umgangs

Wer den genehmigten oder angezeigten Betrieb einer Anlage zur Erzeugung ionisierender Strahlung, einer Röntgeneinrichtung oder eines Störstrahlers oder den genehmigten Umgang mit radioaktiven Stoffen beendet, hat dies der zuständigen Behörde unverzüglich mitzuteilen.

§ 22 Anzeigebedürftige Prüfung, Erprobung, Wartung und Instandsetzung von Röntgeneinrichtungen oder Störstrahlern

(1) Wer

1. geschäftsmäßig Röntgeneinrichtungen oder Störstrahler prüft, erprobt, wartet oder instand setzt oder
2. Röntgeneinrichtungen oder Störstrahler im Zusammenhang mit ihrer Herstellung prüft oder erprobt,

hat dies der zuständigen Behörde vor Beginn der Tätigkeit schriftlich anzuzeigen.

(2) Der Anzeige sind die folgenden Unterlagen beizufügen:

1. Nachweis, dass jeder Strahlenschutzbeauftragte die erforderliche Fachkunde im

Strahlenschutz besitzt oder, falls ein Strahlenschutzbeauftragter nicht notwendig ist, dass die zur Anzeige verpflichtete Person, ihr gesetzlicher Vertreter oder, bei juristischen Personen oder sonstigen Personenvereinigungen, der nach Gesetz, Satzung oder Gesellschaftsvertrag zur Vertretung oder Geschäftsführung Berechtigte die erforderliche Fachkunde im Strahlenschutz besitzt,

2. Nachweis, dass die bei der Prüfung, Wartung, Erprobung oder Instandsetzung der Röntgeneinrichtung sonst tätigen Personen das notwendige Wissen und die notwendigen Fertigkeiten im Hinblick auf die mögliche Strahlengefährdung und die anzuwendenden Schutzmaßnahmen besitzen,
3. Nachweis, dass bei der Prüfung, Wartung, Erprobung oder Instandsetzung der Röntgeneinrichtung die Ausrüstungen vorhanden und die Maßnahmen getroffen sind, die nach dem Stand der Technik erforderlich sind, damit die Schutzvorschriften eingehalten werden und
4. Nachweis, dass die für die sichere Prüfung, Erprobung, Wartung oder Instandsetzung notwendige Anzahl von Strahlenschutzbeauftragten bestellt ist und ihnen die für die Erfüllung ihrer Aufgaben erforderlichen Befugnisse eingeräumt sind.

(3) Die zuständige Behörde kann Tätigkeiten nach Absatz 1 untersagen, wenn

1. Tatsachen vorliegen, aus denen sich Bedenken gegen die Zuverlässigkeit der zur Anzeige verpflichteten Person, ihres gesetzlichen Vertreters oder, bei juristischen Personen oder sonstigen Personenvereinigungen, der nach Gesetz, Satzung oder Gesellschaftsvertrag zur Vertretung oder Geschäftsführung berechtigten Person oder des Strahlenschutzbeauftragten ergeben,
2. eine der nach Absatz 2 nachzuweisenden Anforderungen nicht oder nicht mehr erfüllt ist oder
3. Tatsachen vorliegen, aus denen sich Bedenken ergeben, ob das für die sichere Ausführung der Tätigkeit notwendige Personal vorhanden ist.

§ 23 Verhältnis zur Verordnung (EU) 2017/745

Die Anforderungen an die Beschaffenheit von Bestrahlungsvorrichtungen, von radioaktiven Stoffen, von Anlagen zur Erzeugung ionisierender Strahlung und von Röntgeneinrichtungen, die Medizinprodukte oder Zubehör im Sinne der Verordnung (EU) 2017/745 sind, richten sich nach den jeweils geltenden Anforderungen der Verordnung (EU) 2017/745. Anforderungen der Verordnung (EU) 2017/745 an die Beschaffenheit von Geräten und Einrichtungen zur Aufzeichnung, Speicherung, Auswertung, Wiedergabe und Übertragung von Röntgenbildern und digitalen Untersuchungs- und Behandlungsdaten bleiben unberührt.

§ 24 Verordnungsermächtigungen

Die Bundesregierung wird ermächtigt, durch Rechtsverordnung mit Zustimmung des Bundesrates zu bestimmen,

1. dass Ausnahmen von der Genehmigungs- oder Anzeigebedürftigkeit einer Tätigkeit zugelassen werden können, soweit wegen der Menge oder Beschaffenheit der radioaktiven Stoffe, Eigenschaften der Geräte oder wegen bestimmter Schutzmaßnahmen nicht mit Schäden infolge der Wirkung ionisierender Strahlung zu rechnen ist,
2. unter welchen Voraussetzungen die erforderliche Vorsorge für die Erfüllung gesetzlicher Schadensersatzverpflichtungen für die Genehmigung nach § 12 Absatz 1 Nummer 3 nicht getroffen werden muss,
3. unter welchen Voraussetzungen der Hersteller oder Einführer einen Störstrahler einem anderen überlassen darf,
4. welche Röntgeneinrichtungen in Schulen betrieben werden dürfen, mit welchen radioaktiven Stoffen in Schulen umgegangen werden darf, welche bauartzugelassenen Vorrichtungen, die radioaktive Stoffe enthalten, in Schulen verwendet werden dürfen und welche besonderen Anforderungen bei Tätigkeiten in Schulen gelten,

18

5. dass und in welcher Weise und in welchem Umfang der Inhaber einer kerntechnischen Anlage, einer Anlage im Sinne des § 9a Absatz 3 Satz 1 zweiter Satzteil des Atomgesetzes oder einer Anlage zur Erzeugung ionisierender Strahlung, in der mit radioaktiven Stoffen umgegangen wird oder umgegangen werden soll, verpflichtet ist, der Aufsichtsbehörde mitzuteilen, ob und welche Abweichungen von den Angaben zum Genehmigungsantrag einschließlich der beigefügten Unterlagen oder von der Genehmigung eingetreten sind,
6. dass in den Fällen, in denen der Umgang mit radioaktiven Stoffen oder der Betrieb einer Anlage zur Erzeugung ionisierender Strahlung, einer Röntgeneinrichtung oder eines Störstrahlers in der Verantwortung mehrerer Strahlenschutzverantwortlicher liegt, dies den zuständigen Behörden mitzuteilen ist, durch wen dies zu erfolgen hat und welche Unterlagen dabei vorzulegen sind,
7. dass radioaktive Stoffe
   a) in bestimmter Art und Weise oder für bestimmte Zwecke nicht verwendet oder nicht in Verkehr gebracht werden dürfen oder
   b) nicht grenzüberschreitend verbracht werden dürfen,

   soweit das Verbot zum Schutz von Leben und Gesundheit der Bevölkerung vor den Gefahren radioaktiver Stoffe oder zur Durchsetzung von Beschlüssen internationaler Organisationen, deren Mitglied die Bundesrepublik Deutschland ist, erforderlich ist,
8. dass und in welcher Weise der Schutz von radioaktiven Stoffen, von Anlagen zur Erzeugung ionisierender Strahlung, von Röntgeneinrichtungen und von Störstrahlern gegen Störmaßnahmen und sonstige Einwirkungen Dritter zu gewährleisten ist,
9. unter welchen Voraussetzungen eine Genehmigung nach § 12 Absatz 1 Nummer 3
   a) für eine Zwischenlagerung von radioaktiven Abfällen, die von der Ablieferungspflicht von radioaktiven Abfällen an die Landessammelstellen und an die Anlagen des Bundes nach § 9a Absatz 3 des Atomgesetzes im Hinblick auf das Ausmaß der damit verbundenen Gefahr abweicht, erteilt werden kann oder
   b) unter Zulassung sonstiger Ausnahmen von der Ablieferungspflicht erteilt werden kann,
10. welche Werte der Aktivität und spezifischen Aktivität radioaktiver Stoffe als Freigrenzen gelten,
11. ab welcher Aktivität ein umschlossener radioaktiver Stoff eine hochradioaktive Strahlenquelle ist.

Die Rechtsverordnung kann auch diejenigen Vorschriften der Rechtsverordnung festlegen, für deren Einhaltung der Strahlenschutzverantwortliche zu sorgen hat.

Abschnitt 3
Beschäftigung in fremden Anlagen oder Einrichtungen oder im Zusammenhang mit dem Betrieb fremder Röntgeneinrichtungen oder Störstrahler

§ 25 Genehmigungsbedürftige Beschäftigung in fremden Anlagen oder Einrichtungen

(1) Wer in fremden kerntechnischen Anlagen, Anlagen im Sinne des § 9a Absatz 3 Satz 1 zweiter Satzteil des Atomgesetzes, Anlagen zur Erzeugung ionisierender Strahlung oder Einrichtungen Personen beschäftigt, die unter seiner Aufsicht stehen, oder Aufgaben selbst wahrnimmt, bedarf der Genehmigung, wenn dies bei den beschäftigten Personen oder bei ihm selbst zu einer effektiven Dosis von mehr als 1 Millisievert im Kalenderjahr führen kann. Im Zusammenhang mit fremden Einrichtungen, in denen Röntgeneinrichtungen oder Störstrahler betrieben werden, ist eine Genehmigung nach Satz 1 entbehrlich, wenn eine Anzeige nach § 26 Absatz 1 erstattet wird.

(2) Dem Genehmigungsantrag sind die zur Prüfung erforderlichen Unterlagen, insbesondere die Unterlagen nach Anlage 2 Teil E, beizufügen.

(3) Die zuständige Behörde hat die Genehmigung zu erteilen, wenn

1. die Voraussetzungen nach § 13 Absatz 1 Nummer 1 bis 4 und 6 Buchstabe a erfüllt sind und
2. gewährleistet ist, dass die in den Anlagen und Einrichtungen beschäftigten Personen den Anordnungen der Strahlenschutzverantwortlichen und der Strahlenschutzbeauftragten dieser Anlagen oder Einrichtungen Folge zu leisten haben, die diese in Erfüllung ihrer Pflichten nach diesem Gesetz und nach den auf Grund dieses Gesetzes erlassenen Rechtsverordnungen treffen.

Die Genehmigung wird auf längstens fünf Jahre befristet.

§ 26 Anzeigebedürftige Beschäftigung im Zusammenhang mit dem Betrieb fremder Röntgeneinrichtungen oder Störstrahler

(1) Wer im Zusammenhang mit dem Betrieb einer fremden Röntgeneinrichtung oder eines fremden Störstrahlers Personen beschäftigt, die unter seiner Aufsicht stehen, oder Aufgaben selbst wahrnimmt, hat dies der zuständigen Behörde vor Beginn der Tätigkeit schriftlich anzuzeigen, wenn dies bei den beschäftigten Personen oder bei ihm selbst zu einer effektiven Dosis von mehr als 1 Millisievert im Kalenderjahr führen kann. Von der Anzeigepflicht ausgenommen sind Inhaber einer Genehmigung nach § 25 für die Tätigkeit nach Satz 1.

(2) Der Anzeige sind die folgenden Unterlagen beizufügen:

1. Nachweis, dass jeder Strahlenschutzbeauftragte die erforderliche Fachkunde im Strahlenschutz besitzt oder, falls ein Strahlenschutzbeauftragter nicht notwendig ist, die zur Anzeige verpflichtete Person, ihr gesetzlicher Vertreter oder, bei juristischen Personen oder sonstigen Personenvereinigungen, der nach Gesetz, Satzung oder Gesellschaftsvertrag zur Vertretung oder Geschäftsführung Berechtigte die erforderliche Fachkunde im Strahlenschutz besitzt,
2. Nachweis, dass die beim Betrieb der Röntgeneinrichtung sonst tätigen Personen das notwendige Wissen und die notwendigen Fertigkeiten im Hinblick auf die mögliche Strahlengefährdung und die anzuwendenden Schutzmaßnahmen besitzen und
3. Nachweis, dass die im Zusammenhang mit dem Betrieb der fremden Röntgeneinrichtung oder des fremden Störstrahlers beschäftigten Personen den Anordnungen der dortigen Strahlenschutzverantwortlichen und Strahlenschutzbeauftragten Folge zu leisten haben, die diese in Erfüllung ihrer Pflichten nach diesem Gesetz und nach den auf Grund dieses Gesetzes erlassenen Rechtsverordnungen treffen.

(3) Die zuständige Behörde kann Tätigkeiten nach Absatz 1 Satz 1 untersagen, wenn

1. eine der Anforderungen nach Absatz 2 nicht oder nicht mehr erfüllt ist,
2. Tatsachen vorliegen, aus denen sich Bedenken gegen die Zuverlässigkeit der zur Anzeige verpflichteten Person, ihres gesetzlichen Vertreters oder, bei juristischen Personen oder sonstigen Personenvereinigungen, der nach Gesetz, Satzung oder Gesellschaftsvertrag zur Vertretung oder Geschäftsführung berechtigten Person oder des Strahlenschutzbeauftragten ergeben.

Abschnitt 4
Beförderung radioaktiver Stoffe; grenzüberschreitende Verbringung

§ 27 Genehmigungsbedürftige Beförderung sonstiger radioaktiver Stoffe

(1) Wer sonstige radioaktive Stoffe befördert, bedarf der Genehmigung. Die Genehmigung kann dem Absender oder Beförderer im Sinne der Vorschriften über die Beförderung ge-

18

fährlicher Güter, dem Abgebenden oder demjenigen erteilt werden, der es übernimmt, die Versendung oder Beförderung zu besorgen. Sie ist für den einzelnen Beförderungsvorgang zu erteilen; sie kann jedoch einem Antragsteller allgemein für längstens drei Jahre für eine Vielzahl von Beförderungen erteilt werden. Die Genehmigung erstreckt sich auch auf die Teilstrecken eines Beförderungsvorgangs, der nicht auf öffentlichen oder der Öffentlichkeit zugänglichen Verkehrswegen stattfindet, soweit für diese Teilstrecken keine Genehmigung für den Umgang mit radioaktiven Stoffen vorliegt.

(2) Eine Genehmigung nach Absatz 1 ist nicht erforderlich, soweit eine Genehmigung nach § 4 Absatz 1 des Atomgesetzes vorliegt, die sich gemäß § 10a Absatz 3 des Atomgesetzes auf eine genehmigungsbedürftige Beförderung sonstiger radioaktiver Stoffe nach Absatz 1 erstreckt.

(3) Bei der Beförderung ist eine Ausfertigung oder eine amtlich beglaubigte Abschrift des Genehmigungsbescheides mitzuführen. Die Ausfertigung oder Abschrift des Genehmigungsbescheides ist der für die Aufsicht zuständigen Behörde oder den von ihr Beauftragten auf Verlangen vorzuzeigen.

(4) Die Bestimmungen des Genehmigungsbescheides sind bei der Ausführung der Beförderung auch vom Beförderer, der nicht selbst Inhaber der Genehmigung ist, zu beachten.

(5) Die für die jeweiligen Verkehrsträger geltenden Rechtsvorschriften über die Beförderung gefährlicher Güter bleiben unberührt.

§ 28 Genehmigungsfreie Beförderung

(1) Keiner Genehmigung nach § 4 Absatz 1 des Atomgesetzes oder § 27 Absatz 1 dieses Gesetzes bedarf, wer folgende Stoffe befördert:

1. Stoffe, für die der Umgang nach einer nach § 24 Satz 1 Nummer 1 erlassenen Rechtsverordnung genehmigungsfrei ist,
2. Stoffe, die von der Anwendung der für radioaktive Stoffe geltenden Vorschriften für die Beförderung gefährlicher Güter befreit sind,
3. sonstige radioaktive Stoffe
   a) unter den Voraussetzungen für freigestellte Versandstücke nach den Vorschriften für die Beförderung gefährlicher Güter,
   b) nach den Vorschriften der Gefahrgutverordnung See oder
   c) mit Luftfahrzeugen und der hierfür erforderlichen Erlaubnis nach § 27 des Luftverkehrsgesetzes.

Satz 1 gilt nicht für die Beförderung von Großquellen im Sinne des § 186 Absatz 1 Satz 2. Satz 1 Nummer 3 Buchstabe a gilt nicht für die Beförderung hochradioaktiver Strahlenquellen.

(2) Wer radioaktive Erzeugnisse oder Abfälle befördert, die Kernmaterialien im Sinne der Anlage 1 Absatz 1 Nummer 5 zum Atomgesetz sind, ohne hierfür der Genehmigung nach § 27 Absatz 1 Satz 1 zu bedürfen, darf die Kernmaterialien zur Beförderung oder Weiterbeförderung nur dann übernehmen, wenn ihm gleichzeitig eine Bescheinigung der zuständigen Behörde darüber vorgelegt wird, dass sich die Vorsorge der Person, die ihm die Kernmaterialien übergibt, auch auf die Erfüllung gesetzlicher Schadensersatzverpflichtungen im Zusammenhang mit der Beförderung oder Weiterbeförderung erstreckt. Die Vorlage der Bescheinigung ist entbehrlich, falls er selbst den Nachweis der erforderlichen Vorsorge für die Erfüllung gesetzlicher Schadensersatzverpflichtungen nach § 4b Absatz 1 des Atomgesetzes zu erbringen hat.

§ 29 Voraussetzungen für die Erteilung der Genehmigung

(1) Die zuständige Behörde hat die Genehmigung nach § 27 Absatz 1 zu erteilen, wenn

1. keine Tatsachen vorliegen, aus denen sich Bedenken gegen die Zuverlässigkeit des Abgebenden, des Absenders, des Beförderers und der die Versendung und Beförderung besorgenden Personen, ihrer gesetzlichen Vertreter oder, bei juristischen Personen oder sonstigen Personenvereinigungen, der nach Gesetz, Satzung oder

Gesellschaftsvertrag zur Vertretung oder Geschäftsführung Berechtigten ergeben, und, falls ein Strahlenschutzbeauftragter nicht notwendig ist, eine der genannten natürlichen Personen die erforderliche Fachkunde im Strahlenschutz besitzt,

2. keine Tatsachen vorliegen, aus denen sich Bedenken gegen die Zuverlässigkeit der Strahlenschutzbeauftragten ergeben und wenn diese die erforderliche Fachkunde im Strahlenschutz besitzen,
3. die für eine sichere Ausführung der Beförderung notwendige Anzahl von Strahlenschutzbeauftragten bestellt ist und ihnen die für die Erfüllung ihrer Aufgaben erforderlichen Befugnisse eingeräumt sind,
4. gewährleistet ist, dass die Beförderung durch Personen ausgeführt wird, die das für die beabsichtigte Art der Beförderung notwendige Wissen und die notwendigen Fertigkeiten im Hinblick auf die mögliche Strahlengefährdung und die anzuwendenden Schutzmaßnahmen besitzen,
5. gewährleistet ist, dass die sonstigen radioaktiven Stoffe unter Beachtung der für den jeweiligen Verkehrsträger geltenden Rechtsvorschriften über die Beförderung gefährlicher Güter befördert werden oder, soweit solche Vorschriften fehlen, auf andere Weise die nach dem Stand von Wissenschaft und Technik erforderliche Vorsorge gegen Schäden durch die Beförderung der sonstigen radioaktiven Stoffe getroffen ist,
6. die erforderliche Vorsorge für die Erfüllung gesetzlicher Schadensersatzverpflichtungen getroffen ist bei der Beförderung
   a) von sonstigen radioaktiven Stoffen nach § 3 Absatz 1, deren Aktivität je Versandstück das 10^9fache der in einer nach § 24 Satz 1 Nummer 10 erlassenen Rechtsverordnung festgelegten Freigrenzen der Aktivität oder 10^{15} Becquerel überschreitet, oder
   b) von Kernbrennstoffen nach § 3 Absatz 3, deren Aktivität je Versandstück das 10^5fache der in einer nach § 24 Satz 1 Nummer 10 erlassenen Rechtsverordnung festgelegten Freigrenzen der Aktivität oder 10^{15} Becquerel überschreitet,
7. der erforderliche Schutz gegen Störmaßnahmen oder sonstige Einwirkungen Dritter gewährleistet ist,
8. gewährleistet ist, dass bei der Beförderung von sonstigen radioaktiven Stoffen mit einer Aktivität von mehr als dem 10^{10}fachen der in einer nach § 24 Satz 1 Nummer 10 erlassenen Rechtsverordnung festgelegten Freigrenzen der Aktivität nach Maßgabe einer nach § 82 Absatz 1 Nummer 1 erlassenen Rechtsverordnung das erforderliche Personal und die erforderlichen Hilfsmittel vorgehalten werden, um Gefahren einzudämmen und zu beseitigen, die in Zusammenhang mit der Beförderung durch Störfälle oder Notfälle entstehen können,
9. die Wahl der Art, der Zeit und des Weges der Beförderung dem Schutz der Bevölkerung vor der schädlichen Wirkung ionisierender Strahlung nicht entgegensteht.

(2) Dem Genehmigungsantrag sind die zur Prüfung erforderlichen Unterlagen beizufügen.

(3) Sofern eine Haftung nach dem Pariser Übereinkommen in Verbindung mit § 25 des Atomgesetzes in Betracht kommt, gilt für Kernmaterialien anstelle der Regelung des Absatzes 1 Nummer 6 die Regelung der Anlage 2 zum Atomgesetz.

§ 30 Verordnungsermächtigung für die grenzüberschreitende Verbringung radioaktiver Stoffe

Die Bundesregierung wird ermächtigt, durch Rechtsverordnung mit Zustimmung des Bundesrates zu bestimmen, dass die grenzüberschreitende Verbringung radioaktiver Stoffe einer Genehmigung, Anzeige oder Anmeldung bedarf. In der Rechtsverordnung können insbesondere festgelegt werden:

1. die Voraussetzungen für die Erteilung der Genehmigung,
2. Art, Inhalt und Umfang der vorzulegenden Unterlagen oder beizubringenden Nachweise,

18

3. die Art und Weise der Abgabe dieser Unterlagen und Nachweise sowie
4. die Anforderungen an die Person, die die eingeführten radioaktiven Stoffe erstmals erwirbt.

In der Rechtsverordnung kann ebenfalls festgelegt werden, unter welchen Voraussetzungen die grenzüberschreitende Verbringung genehmigungsfrei ist.

Abschnitt 5 Medizinische Forschung

§ 31 Genehmigungsbedürftige Anwendung radioaktiver Stoffe oder ionisierender Strahlung am Menschen zum Zweck der medizinischen Forschung

(1) Wer zum Zweck der medizinischen Forschung radioaktive Stoffe oder ionisierende Strahlung am Menschen anwendet, bedarf der Genehmigung, sofern die Anwendung radioaktiver Stoffe oder ionisierender Strahlung am Menschen zum Zweck der medizinischen Forschung nicht nach § 32 Absatz 1 anzeigebedürftig ist. Einer Genehmigung bedarf ferner, wer von einer nach dieser Vorschrift genehmigten Anwendung wesentlich abweicht.

(2) Dem Genehmigungsantrag sind die zur Prüfung erforderlichen Unterlagen beizufügen.

(3) Die zuständige Behörde soll die zur Prüfung erforderlichen Unterlagen innerhalb von 21 Kalendertagen nach Eingang des Genehmigungsantrages auf Vollständigkeit prüfen. Sind die Unterlagen unvollständig, so soll die zuständige Behörde den Antragsteller auffordern, die von ihr benannten Mängel innerhalb einer Frist von 21 Kalendertagen nach Zugang der Aufforderung zu beheben. Die zuständige Behörde entscheidet über den Antrag auf Erteilung der Genehmigung innerhalb von 90 Kalendertagen nach Eingang der vollständigen Antragsunterlagen. Die zuständige Behörde kann die Frist um 90 Kalendertage verlängern, wenn dies wegen der Schwierigkeit der Prüfung erforderlich ist. Die Fristverlängerung ist zu begründen und rechtzeitig mitzuteilen. Die Genehmigung gilt als erteilt, wenn die zuständige Behörde nicht innerhalb der verlängerten Frist über den Genehmigungsantrag entschieden hat.

(4) Die zuständige Behörde darf die Genehmigung nur erteilen, wenn

1. die strahlenbedingten Risiken, die für die in das Forschungsvorhaben eingeschlossene Person mit der Anwendung verbunden sind, gemessen an der voraussichtlichen Bedeutung der Ergebnisse für die Fortentwicklung medizinischer Untersuchungsmethoden oder Behandlungsverfahren oder der medizinischen Wissenschaft, gegebenenfalls unter Berücksichtigung des medizinischen Nutzens für die Person, ärztlich gerechtfertigt sind,
2. die für die medizinische Forschung vorgesehenen radioaktiven Stoffe oder Anwendungsarten ionisierender Strahlung dem Zweck des Forschungsvorhabens entsprechen und nicht durch andere Untersuchungs- und Behandlungsarten ersetzt werden können, die zu keiner oder einer geringeren Exposition für die Person führen,
3. die bei der Anwendung auftretende Exposition und die Aktivität der anzuwendenden radioaktiven Stoffe nach dem Stand von Wissenschaft und Technik nicht weiter herabgesetzt werden können, ohne die Erfüllung des Zwecks des Forschungsvorhabens zu gefährden,
4. die Anzahl der in das Forschungsvorhaben eingeschlossenen Personen auf das für die Erfüllung des Zwecks des Forschungsvorhabens notwendige Maß beschränkt wird,
5. die zustimmende Stellungnahme einer Ethikkommission nach § 36 zu dem Forschungsvorhaben vorliegt,
6. die Anwendungen von einem Arzt geleitet werden, der die erforderliche Fachkunde im Strahlenschutz und mindestens zwei Jahre Erfahrung in der Anwendung radioaktiver Stoffe oder ionisierender Strahlung am Menschen besitzt,
7. die erforderliche Vorsorge für die Erfüllung gesetzlicher Schadensersatzverpflichtungen getroffen ist und

8. eine Genehmigung nach § 12 Absatz 1 Nummer 1 bis 4 zur Anwendung am Menschen vorliegt oder der Betrieb einer nach § 19 Absatz 1 zur Anwendung am Menschen angezeigten Röntgeneinrichtung zulässig ist.

(5) Die Vorsorge zur Erfüllung gesetzlicher Schadensersatzverpflichtungen im Sinne des Absatzes 4 Nummer 7 ist für den Zeitraum vom Beginn der Anwendung bis zum Ablauf von zehn Jahren nach Beendigung des Forschungsvorhabens zu treffen. Absatz 4 Nummer 7 findet keine Anwendung, soweit die Vorgaben der Atomrechtlichen Deckungsvorsorge-Verordnung durch die getroffene Vorsorge zur Erfüllung gesetzlicher Schadensersatzverpflichtungen nach den entsprechenden Vorschriften des Arzneimittelgesetzes oder des Medizinprodukterecht-Durchführungsgesetzes dem Grunde und der Höhe nach erfüllt sind.

(6) Sieht der Antrag die Anwendung radioaktiver Stoffe oder ionisierender Strahlung in mehreren Einrichtungen vor (Multi-Center-Studie), so erteilt die zuständige Behörde eine umfassende Genehmigung für alle Einrichtungen, für die die Voraussetzungen nach Absatz 4 Nummer 6 und 8 erfüllt sind.

(7) Die zuständige Behörde übermittelt der für das Forschungsvorhaben zuständigen Aufsichtsbehörde einen Abdruck des Genehmigungsbescheids.

§ 32 Anzeigebedürftige Anwendung radioaktiver Stoffe oder ionisierender Strahlung am Menschen zum Zweck der medizinischen Forschung

(1) Wer beabsichtigt, radioaktive Stoffe oder ionisierende Strahlung am Menschen zum Zweck der medizinischen Forschung anzuwenden, hat dies der zuständigen Behörde vorher schriftlich oder elektronisch anzuzeigen, wenn

1. das Forschungsvorhaben die Prüfung von Sicherheit oder Wirksamkeit eines Verfahrens zur Behandlung volljähriger, kranker Menschen zum Gegenstand hat und
2. die Anwendung radioaktiver Stoffe oder ionisierender Strahlung selbst nicht Gegenstand des Forschungsvorhabens ist.

Anzeigepflichtig ist ferner, wer beabsichtigt, von einer nach dieser Vorschrift angezeigten Anwendung wesentlich abzuweichen.

(2) Im Rahmen der Anzeige ist nachvollziehbar darzulegen, dass

1. die Art der Anwendung anerkannten Standardverfahren zur Untersuchung von Menschen entspricht,
2. der Zweck des Forschungsvorhabens Art und Häufigkeit der Anwendung rechtfertigt,
3. gewährleistet ist, dass ausschließlich volljährige Personen in das Forschungsvorhaben eingeschlossen werden, bei denen eine Krankheit vorliegt, deren Behandlung im Rahmen des Forschungsvorhabens geprüft wird und
4. eine Genehmigung nach § 12 Absatz 1 Nummer 1 bis 4 zur Anwendung am Menschen vorliegt oder der Betrieb einer nach § 19 Absatz 1 zur Anwendung am Menschen angezeigten Röntgeneinrichtung zulässig ist.

(3) Der Anzeige ist der Nachweis beizufügen, dass die erforderliche Vorsorge für die Erfüllung gesetzlicher Schadensersatzverpflichtungen nach Maßgabe des § 35 getroffen ist. Einrichtungen des Bundes und der Länder sind nicht zur Vorlage dieses Nachweises verpflichtet, soweit das Prinzip der Selbstversicherung der jeweiligen Körperschaft zur Anwendung kommt.

(4) Ist das Forschungsvorhaben als Multi-Center-Studie vorgesehen, so kann die Anwendung radioaktiver Stoffe oder ionisierender Strahlung am Menschen zum Zweck der medizinischen Forschung für alle beteiligten Einrichtungen gemeinsam angezeigt werden. In diesem Fall hat der Anzeigende darzulegen, dass die Anforderungen nach Absatz 2 Nummer 4 in Bezug auf jede teilnehmende Einrichtung erfüllt sind.

§ 33 Prüfung der Anzeige durch die zuständige Behörde

(1) Ist die Anzeige nach § 32 vollständig, so bestätigt die zuständige Behörde dies dem Anzeigenden innerhalb von 14 Kalenderta-

18

gen nach Eingang der Anzeige und teilt ihm das Eingangsdatum der Anzeige mit. Ist die Anzeige unvollständig, so fordert die zuständige Behörde den Anzeigenden innerhalb von 14 Kalendertagen nach Eingang der Anzeige einmalig auf, die von ihr benannten Mängel innerhalb einer Frist von zehn Kalendertagen nach Zugang der Aufforderung zu beheben. Innerhalb von zwölf Kalendertagen nach Eingang der ergänzenden Angaben oder Unterlagen schließt die zuständige Behörde im Falle von Satz 2 die Vollständigkeitsprüfung ab und teilt dem Anzeigenden das Ergebnis der Vollständigkeitsprüfung sowie das Eingangsdatum der ergänzenden Angaben oder Unterlagen mit.

(2) Die zuständige Behörde schließt die inhaltliche Prüfung der Anzeige innerhalb von 28 Kalendertagen nach der Bestätigung gemäß Absatz 1 Satz 1 oder der Mitteilung nach Absatz 1 Satz 3 ab. Hat die zuständige Behörde Einwände gegen die angezeigte Anwendung, so übermittelt sie dem Anzeigenden einmalig innerhalb des in Satz 1 genannten Zeitraums ihre mit Gründen versehenen Einwände und fordert ihn auf, seine Anzeige innerhalb von 21 Kalendertagen nach Zugang der Aufforderung entsprechend zu ändern. Im Falle von Satz 2 schließt die zuständige Behörde die inhaltliche Prüfung der Anzeige innerhalb von 21 Kalendertagen nach Eingang der geänderten oder ergänzten Anzeigeunterlagen ab.

(3) Mit der angezeigten Anwendung radioaktiver Stoffe oder ionisierender Strahlung am Menschen zum Zweck der medizinischen Forschung darf begonnen werden, wenn

1. der Zeitraum zur inhaltlichen Prüfung der Anzeige nach Absatz 2 verstrichen ist oder die zuständige Behörde dem Anzeigenden mitgeteilt hat, dass sie auf die Ausschöpfung dieser Frist verzichtet,
2. die zuständige Behörde dem Anzeigenden den Eingang einer zustimmenden Stellungnahme einer Ethikkommission nach § 36 Absatz 1 bis 3 zu dem Forschungsvorhaben bestätigt hat und
3. die Anwendung nicht nach § 34 Absatz 1 untersagt wurde.

Die zuständige Behörde hat dem Anzeigenden den Eingang einer zustimmenden Stellungnahme einer Ethikkommission nach § 36 zu dem Forschungsvorhaben unverzüglich zu bestätigen.

(4) Sobald nach Absatz 3 mit der Anwendung begonnen werden darf, gibt die für die Anzeige zuständige Behörde der zuständigen Aufsichtsbehörde den wesentlichen Inhalt der Anzeige unverzüglich zur Kenntnis.

§ 34 Untersagung der angezeigten Anwendung radioaktiver Stoffe oder ionisierender Strahlung am Menschen zum Zweck der medizinischen Forschung

(1) Innerhalb des Zeitraums der inhaltlichen Prüfung der Anzeige nach § 33 Absatz 2 Satz 1, auch in Verbindung mit den Sätzen 2 und 3, kann die zuständige Behörde die angezeigte Anwendung untersagen, wenn eine der in § 32 Absatz 2 bis 4 genannten Anforderungen nicht erfüllt ist.

(2) Nach Ablauf des Zeitraums der inhaltlichen Prüfung kann die zuständige Behörde die angezeigte Anwendung untersagen, wenn

1. eine der in § 32 Absatz 2 bis 4 genannten Anforderungen nicht oder nicht mehr erfüllt ist und nicht in angemessener Zeit Abhilfe geschaffen wird,
2. der zuständigen Behörde nach Ablauf einer dem Anzeigenden mitgeteilten angemessenen Frist eine zustimmende Stellungnahme einer Ethikkommission nach § 36 Absatz 1 Satz 1 zu dem Forschungsvorhaben nicht vorliegt oder
3. gegen die Vorschriften dieses Gesetzes oder der auf Grund dieses Gesetzes erlassenen Rechtsverordnungen oder gegen die hierauf beruhenden Anordnungen und Verfügungen der Aufsichtsbehörden erheblich oder wiederholt verstoßen wird und nicht in angemessener Zeit Abhilfe geschaffen wird.

§ 35 Deckungsvorsorge bei der anzeigebedürftigen Anwendung radioaktiver Stoffe oder ionisierender Strahlung am Menschen zum Zweck der medizinischen Forschung

(1) Im Anzeigeverfahren ist der Nachweis über die erforderliche Deckungsvorsorge zu erbringen durch die Vorlage einer Bestätigung über eine bestehende Versicherung, die für den Fall, dass bei der Anwendung radioaktiver Stoffe oder ionisierender Strahlung am Menschen zum Zweck der medizinischen Forschung ein Mensch getötet oder der Körper oder die Gesundheit eines Menschen verletzt oder beeinträchtigt wird, auch Leistungen gewährt, wenn kein anderer für den Schaden haftet. Die Versicherung muss zugunsten der Personen, an denen die radioaktiven Stoffe oder die ionisierende Strahlung angewendet werden, bei einem in einem Mitgliedstaat der Europäischen Union oder einem anderen Vertragsstaat des Abkommens über den Europäischen Wirtschaftsraum zum Geschäftsbetrieb zugelassenen Versicherer genommen werden.

(2) Der Umfang der Versicherung muss in einem angemessenen Verhältnis zu den Risiken stehen, die mit den Anwendungen verbunden sind. Er muss auf der Grundlage der Risikoabschätzung so festgelegt werden, dass für den Fall des Todes oder der dauernden Erwerbsunfähigkeit einer jeden Person, an der die radioaktiven Stoffe oder die ionisierende Strahlung angewendet werden, mindestens 500 000 Euro zur Verfügung stehen.

(3) Abweichend von Absatz 1 kann der Nachweis über die erforderliche Deckungsvorsorge durch den Nachweis des Bestehens einer Versicherung zugunsten der von der klinischen Prüfung betroffenen Personen nach dem Arzneimittelgesetz oder nach dem Medizinprodukterecht-Durchführungsgesetz erbracht werden.

§ 36 Ethikkommission

(1) Eine im Anwendungsbereich dieses Gesetzes tätige Ethikkommission muss unabhängig, interdisziplinär besetzt, nach Landesrecht gebildet und bei der zuständigen Behörde registriert sein. Die Ethikkommission muss aus medizinischen Sachverständigen und nichtmedizinischen Mitgliedern bestehen, die die jeweils erforderliche Fachkompetenz aufweisen. Eine Registrierung erfolgt nur, wenn die Mitglieder, das Verfahren und die Anschrift der Ethikkommission in einer veröffentlichten Verfahrensordnung aufgeführt sind. Veränderungen der Zusammensetzung der Kommission, des Verfahrens oder der übrigen Festlegungen der Verfahrensordnung sind der für die Registrierung zuständigen Behörde unverzüglich mitzuteilen.

(2) Aufgabe der Ethikkommission ist es, auf Veranlassung des Antragstellers oder des Anzeigenden das Forschungsvorhaben nach ethischen und rechtlichen Gesichtspunkten mit mindestens fünf Mitgliedern mündlich zu beraten und innerhalb von 60 Kalendertagen nach Eingang der erforderlichen Unterlagen eine schriftliche Stellungnahme dazu abzugeben. Bei Multi-Center-Studien genügt die Stellungnahme einer Ethikkommission. Wird das Forschungsvorhaben durch eine Ethikkommission sowohl nach Arzneimittelrecht oder Medizinprodukterecht als auch nach diesem Gesetz geprüft, soll die Stellungnahme sowohl die arzneimittelrechtliche oder medizinprodukterechtliche als auch die strahlenschutzrechtliche Bewertung enthalten.

(3) Die Ethikkommission prüft und bewertet, ob das Forschungsvorhaben ethisch vertretbar ist. Sie gibt eine Stellungnahme dazu ab, ob

1. das Forschungsvorhaben geeignet ist, nach dem Stand der Wissenschaft einem wissenschaftlichen Erkenntnisgewinn zu dienen,
2. das Forschungsvorhaben, einschließlich der Anzahl der in das Forschungsvorhaben eingeschlossenen Personen, zur Beantwortung der wissenschaftlichen Fragestellung geeignet ist,
3. das Risiko für die einzelne Person im Hinblick auf den potentiellen Nutzen für die Gesellschaft vertretbar ist,
4. die Einbeziehung vertretbar ist, soweit eine besonders schutzbedürftige Personengruppe in das Forschungsvorhaben einbezogen werden soll, und

5. die schriftliche Information über das Forschungsvorhaben, die die in das Forschungsvorhaben eingeschlossene Person, ihr gesetzlicher Vertreter oder der Bevollmächtigte erhält, ausreichend über Nutzen und Risiken aufklärt und somit eine informierte Einwilligung ermöglicht.

(4) Rechtsbehelfe gegen Stellungnahmen der Ethikkommission können nur gleichzeitig mit den gegen die Sachentscheidung zulässigen Rechtsbehelfen geltend gemacht werden.

§ 37 Verordnungsermächtigung

(1) Die Bundesregierung wird ermächtigt, durch Rechtsverordnung mit Zustimmung des Bundesrates zu bestimmen, welche besonderen Anforderungen bei der Anwendung radioaktiver Stoffe oder ionisierender Strahlung zum Zweck der medizinischen Forschung einzuhalten sind, um die ordnungsgemäße Durchführung eines Forschungsvorhabens und den Schutz der in das Forschungsvorhaben eingeschlossenen Personen zu gewährleisten. In der Rechtsverordnung können insbesondere Regelungen getroffen werden über

1. Aufklärungspflichten und Einwilligungserfordernisse,
2. Verbote und Beschränkungen der Anwendung an einzelnen Personengruppen,
3. ärztliche oder zahnärztliche Untersuchungen der in das Forschungsvorhaben eingeschlossenen Personen vor Beginn der Anwendung,
4. die Befugnis der zuständigen Behörde, bei Überschreitung genehmigter oder angezeigter Dosiswerte für die Anwendung ärztliche oder zahnärztliche Untersuchungen der in das Forschungsvorhaben eingeschlossenen Personen anzuordnen,
5. Grenzwerte und Maßnahmen zur Einhaltung der Grenzwerte,
6. Maßnahmen zur Beschränkung und Überwachung der Exposition der in das Forschungsvorhaben eingeschlossenen Personen,
7. Aufzeichnungs- und Aufbewahrungspflichten,
8. Mitteilungs- und Berichtspflichten.

Die Rechtsverordnung kann auch diejenigen Vorschriften der Rechtsverordnung festlegen, für deren Einhaltung der Strahlenschutzverantwortliche zu sorgen hat.

(2) Das Grundrecht auf körperliche Unversehrtheit (Artikel 2 Absatz 2 Satz 1 des Grundgesetzes) wird nach Maßgabe des Absatzes 1 Satz 2 Nummer 3 und 4 eingeschränkt.

Kapitel 4
Betriebliche Organisation des Strahlenschutzes

§ 69 Strahlenschutzverantwortlicher

(1) Strahlenschutzverantwortlicher ist, wer

1. einer Genehmigung nach § 10, § 12 Absatz 1, § 25 oder § 27, einer Genehmigung nach den §§ 4, 6, 7 oder 9 des Atomgesetzes, der Planfeststellung nach § 9b des Atomgesetzes oder der Genehmigung nach § 9b Absatz 1a des Atomgesetzes bedarf,
2. eine Tätigkeit nach § 5 des Atomgesetzes ausübt,
3. eine Anzeige nach den §§ 17, 19, 22, 26, 50, 52, 56 oder 59 zu erstatten hat oder
4. auf Grund des § 12 Absatz 4 keiner Genehmigung nach § 12 Absatz 1 Nummer 3 bedarf.

(2) Handelt es sich bei dem Strahlenschutzverantwortlichen um eine juristische Person oder um eine rechtsfähige Personengesellschaft, so werden die Aufgaben des Strahlenschutzverantwortlichen von der durch Gesetz, Satzung oder Gesellschaftsvertrag zur Vertretung berechtigten Person wahrgenommen. Besteht das vertretungsberechtigte Organ aus mehreren Mitgliedern oder sind bei sonstigen Personenvereinigungen mehrere vertretungsberechtigte Personen vorhanden, so ist der zuständigen Behörde mitzuteilen, welche dieser Personen die Aufgaben des Strahlenschutzverantwortlichen wahrnimmt. Die Gesamtverantwortung aller Organmitglieder oder Mitglieder der Personenvereinigung bleibt hiervon unberührt.

§ 70 Strahlenschutzbeauftragter

(1) Der Strahlenschutzverantwortliche hat für die Leitung oder Beaufsichtigung einer Tätigkeit die erforderliche Anzahl von Strahlenschutzbeauftragten unverzüglich schriftlich zu bestellen, soweit dies für die Gewährleistung des Strahlenschutzes bei der Tätigkeit notwendig ist. Der Strahlenschutzverantwortliche bleibt auch im Falle einer solchen Bestellung für die Einhaltung der Pflichten, die ihm durch dieses Gesetz und durch die auf seiner Grundlage erlassenen Rechtsverordnungen auferlegt sind, verantwortlich.

(2) Der Strahlenschutzverantwortliche hat bei der Bestellung eines Strahlenschutzbeauftragten dessen Aufgaben, dessen innerbetrieblichen Entscheidungsbereich und die zur Aufgabenwahrnehmung erforderlichen Befugnisse schriftlich festzulegen. Dem Strahlenschutzbeauftragten obliegen die Pflichten, die ihm durch dieses Gesetz und durch die auf dessen Grundlage ergangenen Rechtsverordnungen auferlegt sind, nur im Rahmen seiner Befugnisse.

(3) Es dürfen nur Personen zu Strahlenschutzbeauftragten bestellt werden, bei denen keine Tatsachen vorliegen, aus denen sich Bedenken gegen ihre Zuverlässigkeit ergeben und die die erforderliche Fachkunde im Strahlenschutz besitzen.

(4) Die Bestellung eines Strahlenschutzbeauftragten hat der Strahlenschutzverantwortliche der zuständigen Behörde unter Angabe der festgelegten Aufgaben und Befugnisse unverzüglich schriftlich mitzuteilen. Der Mitteilung ist die Bescheinigung über die erforderliche Fachkunde im Strahlenschutz beizufügen. Dem Strahlenschutzbeauftragten und dem Betriebsrat oder dem Personalrat ist je eine Abschrift der Mitteilung zu übermitteln. Die Sätze 1 und 3 gelten entsprechend im Falle der Änderung der Aufgaben oder Befugnisse eines Strahlenschutzbeauftragten sowie im Falle des Ausscheidens des Strahlenschutzbeauftragten aus seiner Funktion. Satz 2 gilt im Falle der Änderung entsprechend, falls es eine Erweiterung der Aufgaben oder Befugnisse eines Strahlenschutzbeauftragten gibt.

(5) Die zuständige Behörde kann gegenüber dem Strahlenschutzverantwortlichen feststellen, dass eine Person nicht als Strahlenschutzbeauftragter anzusehen ist, wenn die Person auf Grund unzureichender Befugnisse, unzureichender Fachkunde im Strahlenschutz, fehlender Zuverlässigkeit oder aus anderen Gründen ihre Pflichten als Strahlenschutzbeauftragter nur unzureichend erfüllen kann.

(6) Der Strahlenschutzbeauftragte darf bei der Erfüllung seiner Pflichten nicht behindert und wegen deren Erfüllung nicht benachteiligt werden. Steht der Strahlenschutzbeauftragte in einem Arbeitsverhältnis mit dem zur Bestellung verpflichteten Strahlenschutzverantwortlichen, so ist die Kündigung des Arbeitsverhältnisses unzulässig, es sei denn, es liegen Tatsachen vor, die den Strahlenschutzverantwortlichen zur Kündigung aus wichtigem Grund ohne Einhaltung einer Kündigungsfrist berechtigen. Nach der Abberufung als Strahlenschutzbeauftragter ist die Kündigung innerhalb eines Jahres nach der Beendigung der Bestellung unzulässig, es sei denn, der Strahlenschutzverantwortliche ist zur Kündigung aus wichtigem Grund ohne Einhaltung einer Kündigungsfrist berechtigt.

(7) Strahlenschutzbeauftragte, die für das Aufsuchen, das Gewinnen oder das Aufbereiten radioaktiver Bodenschätze zu bestellen sind, müssen als verantwortliche Person zur Leitung oder Beaufsichtigung des Betriebes oder eines Betriebsteiles nach § 58 Absatz 1 Nummer 2 des Bundesberggesetzes bestellt sein, wenn auf diese Tätigkeiten die Vorschriften des Bundesberggesetzes Anwendung finden.

§ 71 Betriebliche Zusammenarbeit im Strahlenschutz

(1) Der Strahlenschutzverantwortliche hat den Strahlenschutzbeauftragten unverzüglich über alle Verwaltungsakte und Maßnahmen, die Aufgaben oder Befugnisse des Strahlenschutzbeauftragten betreffen, zu unterrichten.

(2) Der Strahlenschutzbeauftragte hat dem Strahlenschutzverantwortlichen unverzüglich

alle Mängel mitzuteilen, die den Strahlenschutz beeinträchtigen. Kann sich der Strahlenschutzbeauftragte über eine von ihm vorgeschlagene Maßnahme zur Behebung von aufgetretenen Mängeln mit dem Strahlenschutzverantwortlichen nicht einigen, so hat dieser dem Strahlenschutzbeauftragten die Ablehnung des Vorschlages schriftlich mitzuteilen und zu begründen; dem Betriebsrat oder dem Personalrat sowie der zuständigen Behörde hat der Strahlenschutzverantwortliche je eine Abschrift der Mitteilung einschließlich der Begründung zu übermitteln. Unterbleibt die Mitteilung oder die Übermittlung an die zuständige Behörde, so kann der Strahlenschutzbeauftragte sich direkt an die zuständige Behörde wenden.

(3) Der Strahlenschutzverantwortliche und der Strahlenschutzbeauftragte haben bei der Wahrnehmung ihrer Aufgaben mit dem Betriebsrat oder dem Personalrat, den Fachkräften für Arbeitssicherheit und dem ermächtigten Arzt nach § 79 Absatz 1 Satz 2 Nummer 9 Buchstabe a zusammenzuarbeiten und sie über wichtige Angelegenheiten des Strahlenschutzes zu unterrichten. Der Strahlenschutzbeauftragte hat den Betriebsrat oder Personalrat auf dessen Verlangen in Angelegenheiten des Strahlenschutzes zu beraten.

18

§ 72 Weitere Pflichten des Strahlenschutzverantwortlichen und des Strahlenschutzbeauftragten; Verordnungsermächtigung

(1) Der Strahlenschutzverantwortliche hat bei Tätigkeiten nach § 4 Absatz 1 Satz 1 Nummer 1 bis 7 und 9 unter Beachtung des Standes von Wissenschaft und Technik, bei Tätigkeiten nach § 4 Absatz 1 Satz 1 Nummer 8, 10 und 11 unter Beachtung des Standes der Technik, zum Schutz des Menschen und der Umwelt vor den schädlichen Wirkungen ionisierender Strahlung durch geeignete Schutzmaßnahmen, insbesondere durch Bereitstellung geeigneter Räume, Ausrüstungen und Geräte, durch geeignete Regelung des Betriebsablaufs und durch Bereitstellung ausreichenden und geeigneten Personals, dafür zu sorgen, dass

1. im Sinne des § 8 Absatz 1 jede unnötige Exposition oder Kontamination von Mensch und Umwelt vermieden wird und im Sinne des § 8 Absatz 2 jede Exposition oder Kontamination von Mensch und Umwelt unter Berücksichtigung aller Umstände des Einzelfalls auch unterhalb der Grenzwerte so gering wie möglich gehalten wird;
2. die folgenden Vorschriften eingehalten werden:
   a) § 27 Absatz 3, § 77 Satz 1, § 78 Absatz 1 bis 4, § 80 Absatz 1 und 2, § 83 Absatz 1, 3 Satz 1 und 4 und Absatz 5 und § 166 sowie nach Maßgabe des § 115 Absatz 1 Nummer 1 und Absatz 2 Nummer 1 die Vorschriften der §§ 113, 114 und 116 und
   b) § 76 Absatz 2, § 85 Absatz 1 bis 3, § 90 Absatz 2, die §§ 167 und 168;
3. die Vorschriften und Schutzvorschriften einer auf Grund der §§ 24, 37 Absatz 1, von § 68 Absatz 1, der §§ 73, 76 Absatz 1, von § 79 Absatz 1, der §§ 81, 82, 85 Absatz 4, der §§ 86, 87, 89, 90 Absatz 1, von § 170 Absatz 9, § 171 erlassenen Rechtsverordnung eingehalten werden, soweit die Rechtsverordnung dies bestimmt, und
4. die erforderlichen Maßnahmen gegen ein unbeabsichtigtes Kritischwerden von Kernbrennstoffen getroffen werden.

Für Tätigkeiten nach § 4 Absatz 1 Satz 2 gilt Satz 1 entsprechend.

(2) Der Strahlenschutzbeauftragte hat dafür zu sorgen, dass

1. im Rahmen der ihm nach § 70 Absatz 2 übertragenen Aufgaben und Befugnisse
   a) die in Absatz 1 Satz 1 Nummer 1 und 2 genannten Vorschriften eingehalten werden,
   b) die in Absatz 1 Satz 1 Nummer 3 genannten Vorschriften und Schutzvorschriften eingehalten werden,

   soweit nicht auf Grund der Rechtsverordnung nach Satz 2 allein der Strahlenschutzverantwortliche für die Einhaltung zu sorgen hat, und

2. die Bestimmungen des Bescheides über die Genehmigung, Freigabe oder Bauartzulassung und die von der zuständigen Behörde erlassenen Anordnungen und Auflagen eingehalten werden, soweit ihm deren Durchführung und Erfüllung nach § 70 Absatz 2 übertragen worden sind.

Die Bundesregierung wird ermächtigt, durch Rechtsverordnung mit Zustimmung des Bundesrates festzulegen, dass für die Einhaltung bestimmter in Absatz 1 Satz 1 Nummer 3 genannter Vorschriften und Schutzvorschriften allein der Strahlenschutzverantwortliche zu sorgen hat. Die Bundesregierung wird ermächtigt, durch Rechtsverordnung mit Zustimmung des Bundesrates festzulegen, wie die Befugnisse des nach § 29 Absatz 1 Satz 1 Nummer 3 erforderlichen Strahlenschutzbeauftragten auszugestalten sind.

(3) Der Strahlenschutzverantwortliche und der Strahlenschutzbeauftragte haben dafür zu sorgen, dass bei Gefahr für Mensch und Umwelt unverzüglich geeignete Maßnahmen zur Abwendung dieser Gefahr getroffen werden.

§ 73 Verordnungsermächtigung für den Erlass einer Strahlenschutzanweisung

Die Bundesregierung wird ermächtigt, durch Rechtsverordnung mit Zustimmung des Bundesrates festzulegen, dass der Strahlenschutzverantwortliche eine Strahlenschutzanweisung zu erlassen hat und welchen Inhalt die Strahlenschutzanweisung haben muss.

§ 74 Erforderliche Fachkunde und Kenntnisse im Strahlenschutz; Verordnungsermächtigungen

(1) Die erforderliche Fachkunde im Strahlenschutz wird in der Regel durch eine für das jeweilige Anwendungsgebiet geeignete Ausbildung, durch praktische Erfahrung und durch die erfolgreiche Teilnahme an von der zuständigen Stelle anerkannten Kursen erworben.

(2) Die erforderlichen Kenntnisse im Strahlenschutz werden in der Regel durch eine für das jeweilige Anwendungsgebiet geeignete Einweisung und durch praktische Erfahrung erworben. Die in einer Rechtsverordnung nach Absatz 4 Nummer 5 bestimmten Personen erwerben in der Regel die erforderlichen Kenntnisse im Strahlenschutz durch eine geeignete Ausbildung, durch praktische Erfahrung und durch die erfolgreiche Teilnahme an von der zuständigen Stelle anerkannten Kursen.

(3) Die Bundesregierung wird ermächtigt, durch Rechtsverordnung mit Zustimmung des Bundesrates Näheres über die erforderliche Fachkunde und die erforderlichen Kenntnisse im Strahlenschutz in Abhängigkeit von dem Anwendungsgebiet und den Aufgaben der Person, die die erforderliche Fachkunde im Strahlenschutz oder die erforderlichen Kenntnisse im Strahlenschutz besitzen muss, festzulegen.

(4) Die Bundesregierung wird auch ermächtigt, durch Rechtsverordnung mit Zustimmung des Bundesrates zu bestimmen,

1. welche Nachweise über die erforderliche Fachkunde im Strahlenschutz oder die erforderlichen Kenntnisse im Strahlenschutz zu erbringen sind,
2. dass und auf welche Weise das Vorliegen der erforderlichen Fachkunde im Strahlenschutz oder der erforderlichen Kenntnisse im Strahlenschutz geprüft und bescheinigt wird,
3. welche Anforderungen an die Anerkennung von Kursen zum Erwerb der erforderlichen Fachkunde im Strahlenschutz oder der erforderlichen Kenntnisse im Strahlenschutz, an die Anerkennung einer Berufsausbildung, die den Erwerb der erforderlichen Fachkunde im Strahlenschutz oder der erforderlichen Kenntnisse im Strahlenschutz beinhaltet, sowie an Kurse zu ihrer Aktualisierung zu stellen sind,
4. welche Inhalte in den Kursen zum Erwerb der erforderlichen Fachkunde im Strahlenschutz oder der erforderlichen Kenntnisse im Strahlenschutz und zu ihrer Aktualisierung zu vermitteln sind,
5. welche Personen die erforderlichen Kenntnisse im Strahlenschutz nach Absatz 2 Satz 2 zu erwerben haben,
6. dass, in welchen Abständen und auf welche Weise Personen die erforderliche

Fachkunde oder Kenntnisse im Strahlenschutz zu aktualisieren haben,

7. unter welchen Voraussetzungen eine vergleichbare Fachkunde im Strahlenschutz oder vergleichbare Kenntnisse im Strahlenschutz, die außerhalb des Geltungsbereichs dieses Gesetzes erworben wurden, oder die Teilnahme an einem Kurs, der außerhalb des Geltungsbereichs dieses Gesetzes stattgefunden hat, anerkannt werden können,
8. unter welchen Voraussetzungen die zuständige Stelle eine Bescheinigung über die erforderliche Fachkunde im Strahlenschutz oder die erforderlichen Kenntnisse im Strahlenschutz entziehen kann, die Fortgeltung der Bescheinigung mit Auflagen versehen kann oder eine Überprüfung der Fachkunde oder der Kenntnisse veranlassen kann und
9. welche Pflichten für Kursanbieter in Bezug auf die Zusammenarbeit mit den zuständigen Stellen und Behörden gelten.

§ 75 Überprüfung der Zuverlässigkeit

Für die Überprüfung der Zuverlässigkeit von Personen zum Schutz gegen unbefugte Handlungen, die zu einer Entwendung oder Freisetzung sonstiger radioaktiver Stoffe führen können, sind § 12b des Atomgesetzes und die Atomrechtliche Zuverlässigkeitsüberprüfungs-Verordnung anzuwenden.

Kapitel 5
Anforderungen an die Ausübung von Tätigkeiten

§ 76 Verordnungsermächtigungen für die physikalische Strahlenschutzkontrolle und Strahlenschutzbereiche; Aufzeichnungs- und Mitteilungspflichten der Daten der Körperdosis

(1) Die Bundesregierung wird ermächtigt, durch Rechtsverordnung mit Zustimmung des Bundesrates Anforderungen an die physikalische Strahlenschutzkontrolle festzulegen sowie Vorgaben für Überwachungsbereiche, Kontrollbereiche und Sperrbereiche als Teil des Kontrollbereichs (Strahlenschutzbereiche) und den Schutz von Personen, die sich in Strahlenschutzbereichen aufhalten, zu machen. In der Rechtsverordnung kann insbesondere festgelegt werden,

1. wann Strahlenschutzbereiche einzurichten sind und welche Merkmale sie erfüllen müssen,
2. wie Strahlenschutzbereiche abzugrenzen, zu sichern und zu kennzeichnen sind,
3. unter welchen Bedingungen Personen der Zutritt zu Strahlenschutzbereichen erlaubt wird,
4. dass Personen vor dem Zutritt zu Strahlenschutzbereichen, vor dem Einsatz als fliegendes oder raumfahrendes Personal oder vor dem Umgang mit radioaktiven Stoffen oder vor dem Betrieb von Anlagen zur Erzeugung ionisierender Strahlung, Röntgeneinrichtungen oder Störstrahlern oder vor der Beförderung radioaktiver Stoffe zu unterweisen sind, welchen Inhalt die Unterweisungen haben müssen, in welchen Zeitabständen die Unterweisung zu erfolgen hat,
5. dass aufzuzeichnen ist, wer an der Unterweisung nach Nummer 4 teilgenommen hat, wie lange die Aufzeichnung aufzubewahren und unter welchen Voraussetzungen sie der zuständigen Behörde vorzulegen ist,
6. dass persönliche Schutzausrüstungen zu verwenden sind und welche persönlichen Schutzausrüstungen zu verwenden sind,
7. dass und wie die messtechnische Überwachung zu erfolgen hat, einschließlich der Verwendung bestimmter Strahlungsmessgeräte,
8. wie Personen, die sich in Strahlenschutzbereichen aufhalten oder aufgehalten haben, zu überwachen sind, einschließlich der Pflicht dieser Personen, Dosimeter zu tragen,
9. dass aufzuzeichnen ist, wer sich in Strahlenschutzbereichen aufgehalten hat und welche Ergebnisse die Überwachung hat, dass und wie lange die Aufzeichnungen

aufzubewahren sind, dass und unter welchen Voraussetzungen sie der zuständigen Behörde vorzulegen sind und unter welchen Voraussetzungen die Ergebnisse der Überwachung ermächtigten Ärzten und Arbeitgebern mitzuteilen sind,

10. dass und in welchem Umfang Personen, die einer beruflichen Exposition ausgesetzt sein können oder die sich in einem Strahlenschutzbereich aufhalten oder aufgehalten haben, verpflichtet sind, sich Messungen zur Bestimmung der Körperdosis, ärztlicher Untersuchung und, soweit zum Schutz anderer Personen oder der Allgemeinheit erforderlich, ärztlicher Behandlung zu unterziehen, und dass die Untersuchung oder die Behandlung durch ermächtigte Ärzte vorzunehmen ist,
11. dass, wie und durch wen die Körperdosis zu ermitteln ist,
12. welche technischen und organisatorischen Anforderungen für die nach Absatz 2, nach § 85 Absatz 1 Nummer 3 Buchstabe b sowie nach den §§ 167 und 168 erforderliche Aufzeichnung, Aufbewahrung, Weitergabe und Übermittlung der ermittelten Daten zur Körperdosis gelten,
13. welche Dosimeter zur Messung der beruflichen Exposition verwendet werden dürfen und dass sie der zu überwachenden Person zur Verfügung zu stellen sind,
14. welche Anforderungen an die Anerkennung eines Rechenprogramms zur Ermittlung der Körperdosis des fliegenden Personals zu stellen sind,
15. welche Schutzmaßnahmen in Strahlenschutzbereichen und beim Verlassen von Strahlenschutzbereichen zu ergreifen sind, um Kontaminationen von Personen und Gegenständen festzustellen und zu beseitigen sowie Aktivierungen von Gegenständen festzustellen und welche Werte der oberflächenspezifischen und spezifischen Aktivität hierfür heranzuziehen sind sowie welche Anforderungen an mit der Dekontamination betraute Personen zu stellen sind,
16. welche Vorkehrungen zum Schutz der Feuerwehr vor der schädlichen Wirkung ionisierender Strahlung bei der Brandbekämpfung zu treffen sind und
17. welche weiteren Aufzeichnungs-, Aufbewahrungs-, Mitteilungs- und Vorlagepflichten im Zusammenhang mit den Pflichten nach den Nummern 1 bis 16 bestehen.

Die Rechtsverordnung kann auch diejenigen Vorschriften der Rechtsverordnung festlegen, für deren Einhaltung der Strahlenschutzverantwortliche zu sorgen hat.

(2) Der Strahlenschutzverantwortliche hat dafür zu sorgen, dass die Ergebnisse der nach der Rechtsverordnung nach Absatz 1 Satz 2 Nummer 11 ermittelten Daten zur Körperdosis von Personen, die der physikalischen Strahlenschutzkontrolle unterliegen oder sich in Strahlenschutzbereichen aufgehalten haben und weder einer beruflichen Exposition unterliegen noch Betreuungs- und Begleitpersonen sind, unverzüglich aufgezeichnet werden. Die Aufzeichnungen sind zehn Jahre ab dem Zeitpunkt der Erstellung aufzubewahren und der zuständigen Behörde auf Verlangen vorzulegen.

(3) Das Grundrecht auf körperliche Unversehrtheit (Artikel 2 Absatz 2 Satz 1 des Grundgesetzes) wird nach Maßgabe des Absatzes 1 Satz 2 Nummer 10 eingeschränkt.

§ 77 Grenzwert für die Berufslebensdosis

Der Grenzwert für die Summe der in allen Kalenderjahren ermittelten effektiven Dosen beruflich exponierter Personen beträgt 400 Millisievert. Die zuständige Behörde kann im Benehmen mit einem ermächtigten Arzt eine zusätzliche berufliche Exposition zulassen, wenn diese nicht mehr als 10 Millisievert effektive Dosis im Kalenderjahr beträgt und die beruflich exponierte Person einwilligt. Die Einwilligung ist schriftlich zu erteilen.

§ 78 Grenzwerte für beruflich exponierte Personen

(1) Der Grenzwert der effektiven Dosis beträgt für beruflich exponierte Personen 20 Millisievert im Kalenderjahr. Die zuständi-

18

ge Behörde kann im Einzelfall für ein einzelnes Jahr eine effektive Dosis von 50 Millisievert zulassen, wobei in fünf aufeinander folgenden Jahren insgesamt 100 Millisievert nicht überschritten werden dürfen.

(2) Der Grenzwert der Organ-Äquivalentdosis beträgt für beruflich exponierte Personen

1. für die Augenlinse 20 Millisievert im Kalenderjahr,
2. für die Haut, gemittelt über jede beliebige Hautfläche von einem Quadratzentimeter, unabhängig von der exponierten Fläche, (lokale Hautdosis) 500 Millisievert im Kalenderjahr und
3. für die Hände, die Unterarme, die Füße und Knöchel jeweils 500 Millisievert im Kalenderjahr.

Für die Organ-Äquivalentdosis der Augenlinse gilt Absatz 1 Satz 2 entsprechend.

18

(3) Für beruflich exponierte Personen unter 18 Jahren beträgt der Grenzwert der effektiven Dosis 1 Millisievert im Kalenderjahr. Der Grenzwert der Organ-Äquivalentdosis beträgt

1. für die Augenlinse 15 Millisievert im Kalenderjahr,
2. für die lokale Hautdosis 50 Millisievert im Kalenderjahr,
3. für die Hände, die Unterarme, die Füße und Knöchel jeweils 50 Millisievert im Kalenderjahr.

Abweichend davon kann die zuständige Behörde für Auszubildende und Studierende im Alter zwischen 16 und 18 Jahren einen Grenzwert von 6 Millisievert im Kalenderjahr für die effektive Dosis und jeweils 150 Millisievert im Kalenderjahr für die Organ-Äquivalentdosis der Haut, der Hände, der Unterarme, der Füße und Knöchel zulassen, wenn dies zur Erreichung des Ausbildungszieles notwendig ist.

(4) Bei gebärfähigen Frauen beträgt der Grenzwert für die Organ-Äquivalentdosis der Gebärmutter 2 Millisievert im Monat. Für ein ungeborenes Kind, das auf Grund der Beschäftigung der Mutter einer Exposition ausgesetzt ist, beträgt der Grenzwert der effektiven Dosis vom Zeitpunkt der Mitteilung über die Schwangerschaft bis zu deren Ende 1 Millisievert.

(5) Die Befugnis der zuständigen Behörde nach der Rechtsverordnung nach § 79 Absatz 1 Satz 2 Nummer 1, unter außergewöhnlichen, im Einzelfall zu beurteilenden Umständen zur Durchführung notwendiger spezifischer Arbeitsvorgänge Expositionen zuzulassen, die von den Grenzwerten der Absätze 1 und 2 und Absatz 4 Satz 1 abweichen, bleibt unberührt.

§ 79 Verordnungsermächtigung für die berufliche Exposition; Führung einer Gesundheitsakte

(1) Die Bundesregierung wird ermächtigt, durch Rechtsverordnung mit Zustimmung des Bundesrates festzulegen, welche Vorsorge- und Überwachungsmaßnahmen für den Schutz von Personen, die einer beruflichen Exposition unterliegen, zu treffen sind. In der Rechtsverordnung kann insbesondere festgelegt werden,

1. unter welchen Voraussetzungen eine Weiterbeschäftigung als beruflich exponierte Person bei Grenzwertüberschreitung zulässig ist und unter welchen Voraussetzungen von den Grenzwerten abweichende Expositionen zugelassen werden können,
2. in welchen Fällen, auf welche Weise und durch wen Dosisrichtwerte für berufliche Expositionen festgelegt werden können und wer diese Dosisrichtwerte bei der Durchführung von Strahlenschutzmaßnahmen zu berücksichtigen hat,
3. dass und wie Schutzvorkehrungen vor äußerer und innerer Exposition getroffen werden, welche Beschäftigungsverbote und Beschäftigungsbeschränkungen für Personen unter 18 Jahren gelten sowie Ausnahmen von diesen Verboten und Beschränkungen,
4. welche besonderen Schutzmaßnahmen für eine schwangere oder stillende Frau und ihr Kind zu treffen sind,

5. dass Personen zum Zweck der Kontrolle und ärztlichen Überwachung Kategorien zugeordnet werden,
6. in welchen Fällen Personen nur nach Vorlage einer Bescheinigung ermächtigter Ärzte so beschäftigt werden dürfen, dass sie einer beruflichen Exposition ausgesetzt sind, und dass die zuständige Behörde bei gesundheitlichen Bedenken gegen eine solche Beschäftigung nach Einholung eines Gutachtens ärztlicher Sachverständiger entscheidet, dass die ärztliche Untersuchung in regelmäßigen Abständen zu wiederholen ist und auch in kürzeren Abständen sowie nach Beendigung des Arbeitsverhältnisses angeordnet werden kann,
7. welche Unterlagen, einschließlich der Gesundheitsakte nach Nummer 10, ein ermächtigter Arzt für die Anfertigung der Bescheinigung nach Nummer 6 heranzuziehen hat, welche Angaben die Bescheinigung enthalten muss und welches Verfahren bei der Ausstellung der Bescheinigung zu beachten ist,
8. in welchen Fällen bei einer Person eine besondere ärztliche Überwachung durchzuführen ist und wie diese durchzuführen ist,
9. dass und unter welchen Voraussetzungen
   a) die zuständige Behörde Ärzte zur ärztlichen Überwachung exponierter Personen ermächtigen darf (ermächtigte Ärzte),
   b) die Ermächtigung befristet werden kann,
10. welche Aufgaben und Verpflichtungen, einschließlich der Pflicht zur Führung von Gesundheitsakten, die ermächtigten Ärzte haben,
11. dass und unter welchen Voraussetzungen ein ermächtigter Arzt
    a) die Bescheinigung nach Nummer 6 dem Strahlenschutzverantwortlichen, der untersuchten Person, einem anderen ermächtigten Arzt und der zuständigen Behörde zu übermitteln hat,
    b) die Gesundheitsakte einem anderen ermächtigten Arzt und, bei Beendigung der Ermächtigung, einer von der zuständigen Behörde benannten Stelle zu übermitteln hat,
12. dass bei der Aufstellung der Arbeitspläne für das fliegende Personal der ermittelten Exposition im Hinblick auf eine Verringerung der Dosen Rechnung zu tragen ist,
13. welche weiteren Aufzeichnungs-, Aufbewahrungs-, Mitteilungs- und Vorlagepflichten im Zusammenhang mit den Pflichten nach den Nummern 1 bis 12 bestehen.

Die Rechtsverordnung kann auch diejenigen Vorschriften der Rechtsverordnung festlegen, für deren Einhaltung der Strahlenschutzverantwortliche zu sorgen hat.

(2) Die Gesundheitsakte nach der Rechtsverordnung nach Absatz 1 Satz 2 Nummer 10 hat die folgenden Angaben zu enthalten:

1. Angaben über die Arbeitsbedingungen,
2. Angaben über die Ergebnisse der ärztlichen Überwachung,
3. die ärztliche Bescheinigung nach Absatz 1 Satz 2 Nummer 6,
4. Angaben über die Ergebnisse der besonderen ärztlichen Überwachung nach Absatz 1 Satz 2 Nummer 8,
5. Angaben über die Entscheidung der zuständigen Behörde auf Grund der Rechtsverordnung nach Absatz 1 Satz 2 Nummer 6,
   a) dass die ärztliche Überwachung innerhalb eines kürzeren Zeitraums als dem in der Rechtsverordnung festgelegten Zeitraum durchzuführen ist,
   b) bei gesundheitlichen Bedenken gegen eine Beschäftigung, einschließlich des Gutachtens des ärztlichen Sachverständigen, und
6. Angaben über die erhaltene Körperdosis.

(3) Die Gesundheitsakte ist während der Tätigkeit der beruflich exponierten Person auf dem neuesten Stand zu halten. Sie ist so lan-

ge aufzubewahren, bis die Person das 75. Lebensjahr vollendet hat oder vollendet hätte, mindestens jedoch 30 Jahre nach Beendigung der Wahrnehmung von Aufgaben als beruflich exponierte Person. Sie ist spätestens 100 Jahre nach der Geburt der überwachten Person zu vernichten.

(4) Der ermächtigte Arzt nach Absatz 1 Satz 2 Nummer 9 Buchstabe a ist verpflichtet, die Gesundheitsakte auf Verlangen der zuständigen Behörde einer von ihr bestimmten Stelle zur Einsicht vorzulegen und bei Beendigung der Ermächtigung zu übergeben. Dabei ist durch geeignete Maßnahmen sicherzustellen, dass die Wahrung des Patientengeheimnisses durch die bestimmte Stelle gewährleistet ist. Der ermächtigte Arzt hat der untersuchten Person auf ihr Verlangen Einsicht in ihre Gesundheitsakte zu gewähren.

(5) Das Grundrecht auf körperliche Unversehrtheit (Artikel 2 Absatz 2 Satz 1 des Grundgesetzes) wird nach Maßgabe des Absatzes 1 Satz 2 Nummer 6 und 8 eingeschränkt.

§ 80 Grenzwerte für die Exposition der Bevölkerung

(1) Für Einzelpersonen der Bevölkerung beträgt der Grenzwert der Summe der effektiven Dosen 1 Millisievert im Kalenderjahr durch Expositionen aus

1. genehmigungs- oder anzeigebedürftigen Tätigkeiten nach diesem Gesetz oder dem Atomgesetz,
2. der staatlichen Verwahrung von Kernbrennstoffen nach § 5 Absatz 3 Satz 1 des Atomgesetzes,
3. der planfeststellungsbedürftigen Errichtung, dem planfeststellungsbedürftigen Betrieb oder der planfeststellungsbedürftigen Stilllegung der in § 9a Absatz 3 des Atomgesetzes genannten Anlagen des Bundes und
4. dem Aufsuchen, Gewinnen oder Aufbereiten von radioaktiven Bodenschätzen, wenn dies der Betriebsplanpflicht nach § 51 des Bundesberggesetzes unterliegt.

(2) Der Grenzwert der Summe der Organ-Äquivalentdosen für Einzelpersonen der Bevölkerung beträgt

1. für die Augenlinse 15 Millisievert im Kalenderjahr und
2. für die lokale Hautdosis 50 Millisievert im Kalenderjahr.

(3) Expositionen auf Grund nichtmedizinischer Anwendung nach § 83 Absatz 1 Nummer 2 werden bei den Grenzwerten für Einzelpersonen der Bevölkerung nicht berücksichtigt.

(4) Die zuständige Behörde hat darauf hinzuwirken, dass bei mehreren zu betrachtenden genehmigungs- oder anzeigebedürftigen Tätigkeiten die in den Absätzen 1 und 2 genannten Grenzwerte insgesamt eingehalten werden.

§ 81 Verordnungsermächtigung für den Schutz der Bevölkerung und der Umwelt

Die Bundesregierung wird ermächtigt, durch Rechtsverordnung mit Zustimmung des Bundesrates festzulegen, welche Vorsorge- und Überwachungsmaßnahmen für den Schutz von Einzelpersonen der Bevölkerung in Zusammenhang mit geplanten Expositionssituationen zu treffen sind, damit bestimmte Körperdosen und bestimmte Konzentrationen radioaktiver Stoffe in Luft und Wasser nicht überschritten werden. In der Rechtsverordnung kann insbesondere festgelegt werden,

1. bei der Planung oder bei der Ausübung welcher Tätigkeiten die zu erwartende Exposition von Einzelpersonen der Bevölkerung zu ermitteln ist und welche Expositionen aus weiteren Tätigkeiten bei der Ermittlung zu berücksichtigen sind sowie welche Angaben der zuständigen Behörde zur Wahrnehmung der Aufgabe nach § 80 Absatz 4 zu übermitteln sind,
2. für welche genehmigten oder angezeigten Tätigkeiten die erhaltene Exposition von Einzelpersonen der Bevölkerung zu ermitteln ist und welche Angaben der

Strahlenschutzverantwortliche hierzu der zuständigen Behörde zu übermitteln hat,

3. dass und auf welche Weise die Ermittlung der erhaltenen Exposition zu dokumentieren ist,

4. auf welche Weise und unter welchen Annahmen die Exposition von Einzelpersonen der Bevölkerung zu ermitteln ist und welche Beiträge bei der Bildung der Summe der Körperdosen nach § 80 Absatz 1 und 2 zu berücksichtigen sind,

5. welche Dosisgrenzwerte für Ableitungen mit Luft oder Wasser bei Planung, Errichtung, Betrieb, Stilllegung, sicherem Einschluss und Abbau von kerntechnischen Anlagen, Anlagen im Sinne des § 9a Absatz 3 Satz 1 zweiter Satzteil des Atomgesetzes, Anlagen zur Erzeugung ionisierender Strahlung und Einrichtungen gelten,

6. dass und auf welche Weise die zuständige Behörde in Zusammenhang mit kerntechnischen Anlagen, Anlagen im Sinne des § 9a Absatz 3 Satz 1 zweiter Satzteil des Atomgesetzes, Anlagen zur Erzeugung ionisierender Strahlung und Einrichtungen zulässige Ableitungen radioaktiver Stoffe mit Luft und Wasser festlegt sowie unter welchen Voraussetzungen die zuständige Behörde davon ausgehen kann, dass die Dosisgrenzwerte nach Nummer 5 eingehalten werden,

7. welche Vorgaben zur Emissions- und Immissionsüberwachung, die auch die Überwachung der Exposition durch Direktstrahlung umfasst, von kerntechnischen Anlagen, Anlagen im Sinne des § 9a Absatz 3 Satz 1 zweiter Satzteil des Atomgesetzes, Anlagen zur Erzeugung ionisierender Strahlung und Einrichtungen einzuhalten sind,

8. für welche Tätigkeiten eine allgemeine Untersuchung zur Einhaltung von Umweltkriterien für einen langfristigen Schutz der menschlichen Gesundheit durchzuführen ist und welche Verfahren hierzu zu verwenden sind,

9. in welchen Fällen, auf welche Weise und durch wen Dosisrichtwerte festgelegt werden können und wer diese Dosisrichtwerte bei der Durchführung von Strahlenschutzmaßnahmen zu berücksichtigen hat und

10. bei der Planung welcher Tätigkeiten bauliche oder sonstige technische Schutzmaßnahmen zur Begrenzung der Exposition durch Störfälle zu treffen und welche Grundsätze und welche Höchstwerte für Expositionen dabei zu beachten sind.

In der Rechtsverordnung können Verwaltungsbehörden des Bundes Aufgaben zur Qualitätssicherung, zur Verfahrensentwicklung für Probenahme, Analyse und Messung sowie zur Behandlung der Daten zugewiesen werden. Die Rechtsverordnung kann auch diejenigen Vorschriften der Rechtsverordnung festlegen, für deren Einhaltung der Strahlenschutzverantwortliche zu sorgen hat.

§ 82 Verordnungsermächtigung für Pflichten des Strahlenschutzverantwortlichen im Zusammenhang mit Störfällen und Notfällen

(1) Die Bundesregierung wird ermächtigt, durch Rechtsverordnung mit Zustimmung des Bundesrates festzulegen, welche Pflichten der Strahlenschutzverantwortliche zur Vorbereitung angemessener Reaktionen auf Störfälle, mögliche Notfälle sowie bei einem Notfall zu erfüllen hat, insbesondere

1. dass das erforderliche Personal und die erforderlichen Hilfsmittel vorzuhalten sind, um Gefahren, die im Zusammenhang mit der Tätigkeit des Strahlenschutzverantwortlichen durch Störfälle oder Notfälle entstanden sind, einzudämmen und zu beseitigen, und welche Anforderungen an die erforderliche Fachkunde oder die erforderlichen Kenntnisse im Strahlenschutz und die Hilfsmittel zu stellen sind,

2. dass und auf welche Weise die Bevölkerung über die Schutzmaßnahmen und die Empfehlungen für das Verhalten bei möglichen Notfällen zu informieren ist,

3. dass bei Notfällen unverzüglich alle angemessenen Maßnahmen zu treffen sind, um Gefahren für Mensch und Umwelt abzuwenden oder die nachteiligen Auswirkungen zu beschränken,
4. dass und auf welche Weise bestimmte Behörden unverzüglich über den Eintritt eines Notfalls zu unterrichten sind, dass diesen unverzüglich eine vorläufige erste Bewertung der Umstände und Abschätzung der Folgen des Notfalls zu übermitteln ist und dass den zuständigen Behörden und Hilfsorganisationen bei deren Entscheidungen und Schutzmaßnahmen Hilfe zu leisten ist, insbesondere durch die notwendigen Informationen und die erforderliche Beratung.

(2) Unberührt bleiben Pflichten der Strahlenschutzverantwortlichen auf Grundlage anderer Rechtsvorschriften des Bundes und der Länder zur Abwehr von Gefahren für die menschliche Gesundheit, die Umwelt oder für die öffentliche Sicherheit oder auf Grundlage unmittelbar anwendbarer Rechtsakte der Europäischen Union oder der Europäischen Atomgemeinschaft, soweit diese Rechtsvorschriften und Rechtsakte auch bei radiologischen Gefahren anwendbar sind.

§ 83 Anwendung ionisierender Strahlung oder radioaktiver Stoffe am Menschen

(1) Ionisierende Strahlung und radioaktive Stoffe dürfen am Menschen nur angewendet werden

1. im Rahmen einer medizinischen Exposition oder
2. im Rahmen der Exposition der Bevölkerung zur Untersuchung einer Person in durch Gesetz vorgesehenen oder zugelassenen Fällen oder nach Vorschriften des allgemeinen Arbeitsschutzes oder nach Einwanderungsbestimmungen anderer Staaten (nichtmedizinische Anwendung).

(2) Die Anwendung muss einen hinreichenden Nutzen erbringen. Bei der Bewertung, ob die Anwendung einen hinreichenden Nutzen erbringt, ist ihr Gesamtpotential an diagnostischem oder therapeutischem Nutzen, einschließlich des unmittelbaren gesundheitlichen Nutzens für den Einzelnen und des Nutzens für die Gesellschaft, gegen die von der Exposition möglicherweise verursachte Schädigung des Einzelnen abzuwägen.

(3) Die Anwendung darf erst durchgeführt werden, nachdem ein Arzt oder Zahnarzt mit der erforderlichen Fachkunde im Strahlenschutz entschieden hat, dass und auf welche Weise die Anwendung durchzuführen ist (rechtfertigende Indikation). Die rechtfertigende Indikation erfordert bei Anwendungen im Rahmen einer medizinischen Exposition die Feststellung, dass der gesundheitliche Nutzen der einzelnen Anwendung gegenüber dem Strahlenrisiko überwiegt. Die rechtfertigende Indikation erfordert bei nichtmedizinischen Anwendungen die Feststellung, dass der mit der jeweiligen Untersuchung verbundene Nutzen gegenüber dem Strahlenrisiko überwiegt. Die rechtfertigende Indikation darf nur gestellt werden, wenn der Arzt oder Zahnarzt, der die Indikation stellt, die Person, an der ionisierende Strahlung oder radioaktive Stoffe angewendet werden, vor Ort persönlich untersuchen kann, es sei denn, es liegt ein Fall der Teleradiologie nach § 14 Absatz 2 vor.

(4) Absatz 3 gilt nicht für Untersuchungen mit Röntgenstrahlung nach dem Infektionsschutzgesetz und für Anwendungen am Menschen zum Zweck der medizinischen Forschung nach § 31 Absatz 1 oder § 32 Absatz 1.

(5) Die Exposition durch eine Untersuchung mit ionisierender Strahlung oder radioaktiven Stoffen ist so weit einzuschränken, wie dies mit den Erfordernissen der medizinischen Wissenschaft zu vereinbaren ist. Bei der Anwendung ionisierender Strahlung oder radioaktiver Stoffe zur Behandlung von Menschen ist die Dosis außerhalb des Zielvolumens so niedrig zu halten, wie dies unter Berücksichtigung des Behandlungsziels möglich ist. Satz 1 gilt entsprechend für nichtmedizinische Anwendungen.

§ 84 Früherkennung; Verordnungsermächtigung

(1) Früherkennung zur Ermittlung nicht übertragbarer Krankheiten ist nur zulässig, wenn

die Rechtsverordnung nach Absatz 2 dies vorsieht.

(2) Das Bundesministerium für Umwelt, Naturschutz und nukleare Sicherheit wird ermächtigt, durch Rechtsverordnung ohne Zustimmung des Bundesrates festzulegen, welche Früherkennungsuntersuchung unter welchen Voraussetzungen zur Ermittlung einer nicht übertragbaren Krankheit für eine besonders betroffene Personengruppe zulässig ist. In der Rechtsverordnung darf nur die Zulässigkeit solcher Früherkennungsuntersuchungen geregelt werden, bei denen mit einem wissenschaftlich anerkannten Untersuchungsverfahren eine schwere Krankheit in einem Frühstadium erfasst werden kann und so die wirksamere Behandlung einer erkrankten Person ermöglicht wird. Die Ergebnisse der wissenschaftlichen Bewertung nach Absatz 3 sind zu berücksichtigen.

(3) Früherkennungsuntersuchungen zur Ermittlung nicht übertragbarer Krankheiten werden durch das Bundesamt für Strahlenschutz unter Beteiligung von Fachkreisen wissenschaftlich bewertet, wobei Risiko und Nutzen der Früherkennungsuntersuchung gegeneinander abzuwägen sind. Die wissenschaftliche Bewertung ist zu veröffentlichen. Das Bundesministerium für Umwelt, Naturschutz und nukleare Sicherheit regelt das weitere Verfahren der wissenschaftlichen Bewertung und ihrer Veröffentlichung im Einvernehmen mit dem Bundesministerium für Gesundheit durch allgemeine Verwaltungsvorschriften.

(4) Früherkennung zur Ermittlung übertragbarer Krankheiten in Landesteilen oder für Bevölkerungsgruppen mit überdurchschnittlicher Erkrankungshäufigkeit ist nur zulässig, wenn die zuständige oberste Landesgesundheitsbehörde im Einvernehmen mit der obersten Strahlenschutzbehörde des Landes eine Früherkennungsuntersuchung zur öffentlichen Gesundheitsvorsorge zugelassen hat.

(5) Erfolgt die Früherkennungsuntersuchung im Rahmen eines Früherkennungsprogramms, so kann die Rechtsverordnung nach Absatz 2 oder die Zulassung nach Absatz 4 Ausnahmen von der Pflicht zur rechtfertigenden Indikation zulassen, soweit Art und Umfang der Einschlusskriterien für das Früherkennungsprogramm eine Entscheidung darüber, ob oder auf welche Weise die Anwendung durchzuführen ist, entbehrlich machen.

§ 85 Aufzeichnungs-, Aufbewahrungs- und behördliche Mitteilungspflichten von Daten und Bilddokumenten bei der Anwendung am Menschen; Verordnungsermächtigung

(1) Der Strahlenschutzverantwortliche hat dafür zu sorgen, dass über die Anwendung ionisierender Strahlung oder radioaktiver Stoffe am Menschen unverzüglich Aufzeichnungen angefertigt werden. Die Aufzeichnungen müssen Folgendes enthalten:

1. Angaben zur rechtfertigenden Indikation und den Zeitpunkt der Indikationsstellung,
2. den Zeitpunkt und die Art der Anwendung,
3. Angaben zur Exposition
   a) der untersuchten oder behandelten Person oder zur Ermittlung dieser Exposition sowie
   b) von Betreuungs- und Begleitpersonen, sofern nach der Rechtsverordnung nach § 86 Satz 2 Nummer 3 ihre Körperdosis zu ermitteln ist,
4. den erhobenen Befund einer Untersuchung,
5. den Bestrahlungsplan und das Bestrahlungsprotokoll einer Behandlung.

Die Aufzeichnungen sind gegen unbefugten Zugriff und unbefugte Änderung zu sichern.

(1a) Der Strahlenschutzverantwortliche hat dafür zu sorgen, dass eine Überschreitung diagnostischer Referenzwerte sowie die Gründe für diese Überschreitung aufgezeichnet werden.

(2) Der Strahlenschutzverantwortliche hat dafür zu sorgen, dass die Aufzeichnungen sowie Röntgenbilder, digitale Bilddaten und sonstige Untersuchungsdaten aufbewahrt werden, und zwar

1. im Falle von Behandlungen für eine Dauer von 30 Jahren,

18

2. im Falle von Untersuchungen
   a) einer volljährigen Person für eine Dauer von zehn Jahren,
   b) bei einer minderjährigen Person bis zur Vollendung ihres 28. Lebensjahres.

Die zuständige Behörde kann verlangen, dass im Falle der Praxisaufgabe oder sonstigen Einstellung des Betriebes die Aufzeichnungen sowie die Röntgenbilder, die digitalen Bilddaten und die sonstigen Untersuchungsdaten unverzüglich bei einer von ihr bestimmten Stelle zu hinterlegen sind; dabei ist durch geeignete Maßnahmen sicherzustellen, dass die Wahrung des Patientengeheimnisses durch die bestimmte Stelle gewährleistet ist.

(3) Der Strahlenschutzverantwortliche hat

1. der zuständigen Behörde auf Verlangen die Aufzeichnungen vorzulegen; dies gilt nicht für medizinische Befunde,
2. der ärztlichen oder zahnärztlichen Stelle auf Verlangen die Aufzeichnungen sowie die Röntgenbilder, die digitalen Bilddaten und die sonstigen Untersuchungsdaten zur Erfüllung ihrer nach der Rechtsverordnung nach § 86 Satz 2 Nummer 9 festgelegten Aufgaben vorzulegen,
3. einem weiter untersuchenden oder behandelnden Arzt oder Zahnarzt Auskünfte über die Aufzeichnungen zu erteilen und ihm die Aufzeichnungen sowie die Röntgenbilder, die digitalen Bilddaten und die sonstigen Untersuchungsdaten vorübergehend zu überlassen.

Bei der Weitergabe oder Übermittlung sind geeignete Maßnahmen zur Einhaltung der ärztlichen Schweigepflicht zu treffen. Der untersuchten oder behandelten Person ist auf deren Wunsch eine Abschrift der Aufzeichnungen zu überlassen.

(4) Die Bundesregierung wird ermächtigt, durch Rechtsverordnung mit Zustimmung des Bundesrates festzulegen,

1. dass einer Person, die unter Anwendung von ionisierender Strahlung oder radioaktiven Stoffen untersucht wurde, Informationen über die durchgeführte Untersuchung anzubieten sind, welchen Inhalt diese Informationen haben müssen und in welcher Form diese Informationen zur Verfügung zu stellen sind,
2. welche Anforderungen an die Aufbewahrung von Aufzeichnungen, Röntgenbildern, digitalen Bilddaten und sonstigen Untersuchungsdaten zu stellen sind, insbesondere zur Sicherung ihrer Verfügbarkeit und Verhinderung von Datenverlusten,
3. welche Anforderungen an die Weitergabe und Übermittlung von Aufzeichnungen, Röntgenbildern, digitalen Bilddaten und sonstigen Untersuchungsdaten zu stellen sind.

Die Rechtsverordnung kann auch diejenigen Vorschriften der Rechtsverordnung festlegen, für deren Einhaltung der Strahlenschutzverantwortliche zu sorgen hat.

§ 86 Verordnungsermächtigungen zum Schutz von Personen bei der Anwendung ionisierender Strahlung oder radioaktiver Stoffe am Menschen

Die Bundesregierung wird ermächtigt, durch Rechtsverordnung mit Zustimmung des Bundesrates festzulegen, welche Maßnahmen, einschließlich Vorsorge- und Überwachungsmaßnahmen, für den Schutz von Personen, an denen ionisierende Strahlung und radioaktive Stoffe angewendet werden, sowie für den Schutz von Einzelpersonen der Bevölkerung bei oder nach der Anwendung ionisierender Strahlung oder radioaktiver Stoffe am Menschen zu treffen sind. In der Rechtsverordnung kann insbesondere festgelegt werden,

1. auf welche Weise jede einzelne Exposition zu rechtfertigen ist,
2. auf welche Weise bei der Anwendung die medizinische Exposition und die Exposition der Personen, an denen ionisierende Strahlung oder radioaktive Stoffe im Rahmen einer nichtmedizinischen Anwendung angewendet werden, zu beschränken ist,
3. dass und auf welche Weise bei der Anwendung die medizinische Exposition

und die Exposition der Personen, die im Rahmen nichtmedizinischer Anwendungen untersucht werden, zu ermitteln und zu bewerten ist,

4. welche Maßnahmen vor, bei und nach der Anwendung zu ergreifen sind, damit die für den Strahlenschutz erforderliche Qualität unter Berücksichtigung der Erfordernisse der medizinischen Wissenschaften eingehalten wird,
5. auf welche Weise Teleradiologie durchzuführen ist und welche Anforderungen an die Qualität von Teleradiologiesystemen zu stellen sind,
6. welche Personen berechtigt sind, radioaktive Stoffe und ionisierende Strahlung am Menschen anzuwenden oder bei der technischen Durchführung der Anwendung tätig zu werden, und welche Kriterien für die Bemessung der ausreichenden Anzahl des notwendigen Personals nach § 14 Absatz 1 Nummer 4 zugrunde gelegt werden sollen,
7. dass und auf welche Weise diagnostische Referenzwerte ermittelt, erstellt und veröffentlicht werden,
8. dass und auf welche Weise für die Bevölkerung die medizinische Exposition ermittelt wird und dazu Erhebungen durchgeführt werden,
9. dass und auf welche Weise ärztliche und zahnärztliche Stellen zur Sicherung der Qualität bei der Anwendung radioaktiver Stoffe oder ionisierender Strahlung am Menschen tätig werden und dass die zuständigen Behörden ärztliche und zahnärztliche Stellen zu diesem Zweck bestimmen,
10. dass und in welchem Umfang ein Medizinphysik-Experte entsprechend dem radiologischen Risiko der Strahlenanwendung hinzuzuziehen ist sowie welche Untersuchungen mit radioaktiven Stoffen oder ionisierender Strahlung mit einer erheblichen Exposition der untersuchten Person verbunden sein können,
11. dass und auf welche Weise zu gewährleisten ist, dass die Bevölkerung vor einer Exposition durch eine Person, an der radioaktive Stoffe angewendet worden sind, geschützt wird,
12. welche Anforderungen an die eingesetzten Ausrüstungen, Geräte und Vorrichtungen, insbesondere im Hinblick auf das Qualitätsziel des § 14 Absatz 1 Nummer 5, zu stellen sind,
13. dass, durch wen und auf welche Weise bei den eingesetzten Ausrüstungen, Geräten und Vorrichtungen Maßnahmen zur Qualitätssicherung, insbesondere Überprüfungen der physikalisch-technischen Parameter durch Abnahme- und Konstanzprüfungen, im Hinblick auf das Qualitätsziel des § 14 Absatz 1 Nummer 5, durchzuführen sind,
14. dass und auf welche Weise im Zusammenhang mit der Behandlung von Menschen die eingesetzten Verfahren auf Risiken für unbeabsichtigte Expositionen zu untersuchen sind und wie die Ergebnisse dieser Untersuchung bei der Ausübung der Tätigkeit zu berücksichtigen sind,
15. dass der Behandlungserfolg nach der Behandlung zu prüfen ist und in welchen Zeiträumen er zu prüfen ist,
16. dass und auf welche Weise eine Person, an der ionisierende Strahlung oder radioaktive Stoffe angewendet werden, und ihre Betreuungs- oder Begleitperson vor und nach der Anwendung über die Risiken aufzuklären sind,
17. dass und auf welche Weise Aufzeichnungen über die Anwendung radioaktiver Stoffe oder ionisierender Strahlung einschließlich der eingesetzten Ausrüstungen, Geräte und Vorrichtungen sowie ein Verzeichnis der eingesetzten Ausrüstungen, Geräte und Vorrichtungen anzufertigen und aufzubewahren sind,
18. dass und auf welche Weise der zuständigen Stelle Informationen und Aufzeichnungen über die Anwendung radioaktiver Stoffe oder ionisierender Strahlung zur Verfügung zu stellen sind und
19. auf welche Weise Früherkennung durchzuführen ist und welche besonderen An-

18

forderungen an die Ausrüstung, Geräte und Vorrichtungen sowie an das notwendige Wissen und die notwendigen Fertigkeiten im Hinblick auf die mögliche Strahlengefährdung und die anzuwendenden Schutzmaßnahmen des Personals zu stellen und Maßnahmen zur Qualitätssicherung erforderlich sind.

In der Rechtsverordnung kann auch bestimmt werden, welche Informationen und personenbezogenen Daten der Strahlenschutzverantwortliche der ärztlichen und zahnärztlichen Stelle zur Wahrnehmung ihrer Aufgabe nach Satz 2 Nummer 9 zur Verfügung zu stellen hat sowie ob und unter welchen Voraussetzungen die ärztliche und die zahnärztliche Stelle diese Informationen und personenbezogenen Daten verarbeiten und aufbewahren und der zuständigen Behörde und anderen ärztlichen und zahnärztlichen Stellen übermitteln dürfen. In der Rechtsverordnung kann auch bestimmt werden, dass und auf welche Weise die ärztliche oder zahnärztliche Stelle die Ergebnisse ihrer Prüfungen, einschließlich des Namens und der Anschrift des Strahlenschutzverantwortlichen, an die Stelle übermitteln darf, die für die Qualitätsprüfung nach dem Neunten Abschnitt des Vierten Kapitels des Fünften Buches Sozialgesetzbuch zuständig ist; personenbezogene Daten der untersuchten oder behandelten Personen dürfen nicht übermittelt werden. Die Rechtsverordnung kann auch diejenigen Vorschriften der Rechtsverordnung festlegen, für deren Einhaltung der Strahlenschutzverantwortliche zu sorgen hat.

18

§ 87 Verordnungsermächtigungen zum Schutz von Personen bei der Anwendung radioaktiver Stoffe oder ionisierender Strahlung am Tier in der Tierheilkunde

Die Bundesregierung wird ermächtigt, durch Rechtsverordnung mit Zustimmung des Bundesrates zum Schutz der bei der Anwendung radioaktiver Stoffe oder ionisierender Strahlung in der Tierheilkunde anwesenden Personen festzulegen,

1. welche Personen radioaktive Stoffe oder ionisierende Strahlung in der Tierheilkunde anwenden dürfen oder die Anwendung technisch durchführen dürfen und
2. dass und auf welche Weise die Exposition von Tierbegleitpersonen zu beschränken ist.

Die Rechtsverordnung kann auch diejenigen Vorschriften der Rechtsverordnung festlegen, für deren Einhaltung der Strahlenschutzverantwortliche zu sorgen hat.

§ 88 Register über hochradioaktive Strahlenquellen; Verordnungsermächtigungen

(1) Die Daten über hochradioaktive Strahlenquellen, die auf Grund dieses Gesetzes oder einer Rechtsverordnung nach § 89 Satz 1 Nummer 1 erhoben werden, werden zum Zweck der Sicherheit und Kontrolle von Strahlenquellen zum Schutz von Leben und Gesundheit in einem beim Bundesamt für Strahlenschutz eingerichteten Register erfasst.

(2) In das Register werden insbesondere folgende Angaben über die hochradioaktive Strahlenquelle, deren Kontrolle und über erteilte Genehmigungen nach diesem Gesetz, dem Atomgesetz oder einer Rechtsverordnung nach § 30 dieses Gesetzes oder § 11 Absatz 1 Nummer 6 des Atomgesetzes eingetragen:

1. Inhaber der Genehmigung, Ausstellungsdatum und Befristung der Genehmigung,
2. Identifizierungsnummer der hochradioaktiven Strahlenquelle,
3. Eigenschaften, Kontrollen und Verwendung der hochradioaktiven Strahlenquelle,
4. Ort des Umgangs mit der hochradioaktiven Strahlenquelle oder Ort ihrer Lagerung,
5. Erlangung oder Aufgabe der Sachherrschaft über die hochradioaktive Strahlenquelle,
6. Verlust, Diebstahl oder Fund der hochradioaktiven Strahlenquelle.

(3) Lesenden Zugriff auf das Register haben die nach den §§ 184, 185, 188, 190 und 191 zuständigen Behörden, die nach § 24 des Atomgesetzes zuständigen Behörden, das

Bundesministerium für Umwelt, Naturschutz und nukleare Sicherheit und das Bundesamt für Bevölkerungsschutz und Katastrophenhilfe. Lesenden Zugriff haben zum Zweck der sofortigen Ermittlung eines Inhabers und der Eigenschaften einer hochradioaktiven Strahlenquelle auf Grund von Fund, Verlust oder der Gefahr missbräuchlicher Verwendung und bei Hinweisen und Ermittlungen im Zusammenhang mit der Bekämpfung des Nuklearterrorismus oder der Nuklearkriminalität sowie des Nuklearschmuggels oder des sonstigen illegalen grenzüberschreitenden Verbringens hochradioaktiver Strahlenquellen auch das Bundeskriminalamt und die Landeskriminalämter, die in der Rechtsverordnung nach § 58 Absatz 1 des Bundespolizeigesetzes bestimmte Bundespolizeibehörde, das Zollkriminalamt und die Verfassungsschutzbehörden des Bundes und der Länder gemäß ihren jeweiligen gesetzlichen Zuständigkeiten.

(4) Auskünfte aus dem Register dürfen erteilt werden

1. den sonstigen Polizeibehörden der Länder, den Zollbehörden, dem Militärischen Abschirmdienst und dem Bundesnachrichtendienst, soweit es für die Wahrnehmung der jeweiligen Aufgaben erforderlich ist,
2. Behörden anderer Staaten mit vergleichbaren Aufgaben und internationalen Organisationen, soweit es für die Wahrnehmung der jeweiligen Aufgaben erforderlich ist und bindende Beschlüsse der Europäischen Union dies vorsehen oder dies auf Grund sonstiger internationaler Vereinbarungen geboten ist.

(5) Die im Register gespeicherten Daten sind nach der letzten Aktualisierung der Angaben über eine hochradioaktive Strahlenquelle 30 Jahre lang aufzubewahren.

(6) Die Bundesregierung wird ermächtigt, durch Rechtsverordnung mit Zustimmung des Bundesrates das Nähere festzulegen über

1. Inhalt und Form der Datenerhebung und der Eintragung, über Zugriffsrechte und das Verfahren der Erteilung von Auskünften,
2. Zugriffsrechte der Genehmigungsinhaber auf die sie betreffenden Daten und
3. die Übermittlung, Berichtigung, Einschränkung der Verarbeitung und Löschung von Daten.

§ 89 Verordnungsermächtigungen zu der Sicherheit von Strahlungsquellen

Die Bundesregierung wird ermächtigt, durch Rechtsverordnung mit Zustimmung des Bundesrates zum Schutz von Menschen vor der schädlichen Wirkung ionisierender Strahlung und zur Kontrolle und Sicherung radioaktiver Stoffe zu bestimmen,

1. dass und auf welche Weise Buch zu führen ist über die Erzeugung, die Gewinnung, den Erwerb, den Besitz, den Standort, die Abgabe und den sonstigen Verbleib von radioaktiven Stoffen und über Messungen von Dosis und Dosisleistungen, dass Meldungen zu erstatten und Unterlagen aufzubewahren, zu hinterlegen und zu übergeben sind sowie auf welche Weise die zuständige Behörde die übermittelten Daten prüft,
2. welche Anforderungen an die Sicherung und Lagerung radioaktiver Stoffe zu stellen sind,
3. welche Anforderungen an die Wartung und Überprüfung von Ausrüstungen, Geräten und sonstigen Vorrichtungen zu stellen sind und wer die Wartung und Überprüfung durchzuführen hat,
4. welche Anforderungen an die Dichtheitsprüfung von umschlossenen radioaktiven Stoffen zu stellen sind und wer die Dichtheitsprüfung durchzuführen hat,
5. welche Strahlungsmessgeräte zu verwenden sind und welche Anforderungen an sie zu stellen sind,
6. welche Bereiche, Räume, Geräte, Vorrichtungen, Behälter, Umhüllungen, Anlagen zur Erzeugung ionisierender Strahlung und welche bauartzugelassenen Vorrichtungen zu kennzeichnen sind, auf welche Weise und unter welchen Voraussetzungen die Kennzeichnung zu erfolgen hat sowie in welchen Fällen Kennzeichnungen zu entfernen sind,
7. welche Anforderungen an die Abgabe radioaktiver Stoffe zu stellen sind,

18

8. welche Anforderungen an die Rücknahme hochradioaktiver Strahlenquellen zu stellen sind,
9. in welchen Fällen bei Tätigkeiten mit Strahlungsquellen Röntgenräume oder Bestrahlungsräume zu nutzen sind und welche Anforderungen an Röntgenräume und Bestrahlungsräume zu stellen sind,
10. welche Personen bei Tätigkeiten mit Strahlungsquellen die Strahlung anwenden oder die Anwendung technisch durchführen dürfen, dass und wie Personen bei Tätigkeiten mit Strahlungsquellen einzuweisen sind und welche Unterlagen bei der Ausübung dieser Tätigkeiten verfügbar sein müssen, dass über die Einweisungen Aufzeichnungen anzufertigen und diese der Behörde auf Verlangen vorzulegen sind,
11. dass weitere Vorsorge- und Überwachungsmaßnahmen für eine Kontrolle radioaktiver Stoffe zum Schutz Einzelner und der Allgemeinheit zu treffen sind und welche solcher Maßnahmen zu treffen sind,
12. welche weiteren Aufzeichnungs-, Aufbewahrungs-, Mitteilungs-, Vorlage- und Hinterlegungspflichten im Zusammenhang mit den Pflichten nach den Nummern 1 bis 11 bestehen.

Die Rechtsverordnung kann auch diejenigen Vorschriften der Rechtsverordnung festlegen, für deren Einhaltung der Strahlenschutzverantwortliche zu sorgen hat.

Kapitel 6
Melde- und Informationspflichten

§ 90 Verordnungsermächtigung für Pflichten, Aufgaben und Befugnisse bei Vorkommnissen; Aufzeichnungs-, Übermittlungs- und Aufbewahrungspflichten

(1) Die Bundesregierung wird ermächtigt, durch Rechtsverordnung mit Zustimmung des Bundesrates im Hinblick auf Vorkommnisse in geplanten Expositionssituationen Pflichten des Strahlenschutzverantwortlichen sowie behördliche Aufgaben und Befugnisse festzulegen. In der Rechtsverordnung kann insbesondere festgelegt werden,

1. dass und welche Maßnahmen der Strahlenschutzverantwortliche einzuleiten hat, damit Expositionen bei einem solchen Vorkommnis so gering wie möglich gehalten werden,
2. dass und welche Maßnahmen der Strahlenschutzverantwortliche zu treffen hat, um solche Vorkommnisse zukünftig zu vermeiden,
3. dass und auf welche Weise der Strahlenschutzverantwortliche ein Vorkommnis aufzuzeichnen und zu untersuchen hat, dass und für welchen Zeitraum er diesbezügliche Aufzeichnungen aufzubewahren hat,
4. dass und auf welche Weise der Strahlenschutzverantwortliche der Aufsichtsbehörde
   a) ein Vorkommnis zu melden hat,
   b) Informationen und Erkenntnisse über Ursachen und Auswirkungen des Vorkommnisses sowie Maßnahmen zur Behebung oder Begrenzung der Auswirkungen des Vorkommnisses zu melden hat und
   c) Maßnahmen zur Vermeidung von Vorkommnissen zu melden hat,
5. dass und auf welche Weise die Aufsichtsbehörde Meldungen nach Nummer 4 erfasst, prüft und bewertet,
6. dass und wie im Bundesamt für Strahlenschutz eine zentrale Stelle zur Erfassung, Verarbeitung und Auswertung von Informationen und Erkenntnissen über Vorkommnisse im Zusammenhang mit der Anwendung radioaktiver Stoffe oder ionisierender Strahlung am Menschen einzurichten ist, welche Aufgaben die zentrale Stelle im Einzelnen wahrnimmt und wie sie diese Aufgaben wahrnimmt,
7. dass und auf welche Weise die Aufsichtsbehörde der zentralen Stelle Informationen und Erkenntnisse über ein Vorkommnis im Zusammenhang mit der Anwendung radioaktiver Stoffe oder ionisie-

render Strahlung am Menschen sowie ihre diesbezügliche Bewertung übermittelt,

8. unter welchen Voraussetzungen und in welcher Weise die Aufsichtsbehörde und die zentrale Stelle Informationen und Erkenntnisse über Vorkommnisse veröffentlichen.

(2) Der Strahlenschutzverantwortliche hat dafür zu sorgen, dass bei einem Vorkommnis, das der Rechtsverordnung nach Absatz 1 unterliegt, Name, Vornamen, Geburtsdatum und -ort, Geschlecht und Anschrift sowie Daten zur Exposition einer durch das Vorkommnis exponierten Person sowie zu den gesundheitlichen Folgen der Exposition unverzüglich aufgezeichnet werden. Sofern der Strahlenschutzverantwortliche das Vorkommnis nach der Rechtsverordnung nach Absatz 1 zu melden hat und Maßnahmen zum Schutz der exponierten Person erforderlich sind, übermittelt er die Daten unverzüglich der zuständigen Behörde. Die Daten sind vor dem Zugriff Unbefugter durch technisch-organisatorische Maßnahmen zu sichern. Sie sind der zuständigen Behörde in anderen Fällen als in Satz 2 auf Verlangen zu übermitteln. Die Daten sind 30 Jahre lang aufzubewahren und nach Ablauf dieser Frist unverzüglich zu löschen.

§ 91 Verordnungsermächtigung für Informationspflichten des Herstellers oder Lieferanten von Geräten

Die Bundesregierung wird ermächtigt, durch Rechtsverordnung mit Zustimmung des Bundesrates zu bestimmen, dass der Hersteller oder Lieferant von Anlagen zur Erzeugung ionisierender Strahlung, Röntgeneinrichtungen, Störstrahlern, Bestrahlungsvorrichtungen und weiteren im Zusammenhang mit Tätigkeiten eingesetzten Ausrüstungen, Geräten und Vorrichtungen dem Strahlenschutzverantwortlichen Informationen über diese Geräte zur Verfügung zu stellen hat. In der Rechtsverordnung kann insbesondere festgelegt werden,

1. zu welchem Zeitpunkt der Hersteller oder Lieferant dem Strahlenschutzverantwortlichen für welche der genannten Geräte Informationen zur Verfügung zu stellen hat,
2. welche Angaben und Unterlagen zur Verfügung gestellt werden müssen,
3. für welche Zwecke die Unterlagen geeignet sein müssen und welchen Anforderungen sie genügen müssen,
4. dass die Informationen auch demjenigen zur Verfügung zu stellen sind, der beabsichtigt, Strahlenschutzverantwortlicher zu werden.

Teil 3 Strahlenschutz bei Notfallexpositionssituationen

Kapitel 2 Schutz der Einsatzkräfte

§ 113 Unterrichtung, Aus- und Fortbildung der Einsatzkräfte im Rahmen der Notfallvorsorge

(1) Personen, die in den Notfallplänen des Bundes oder der Länder oder in internen Planungen der Strahlenschutzverantwortlichen

1. als Einsatzkräfte vorgesehen sind,
2. als Fachkräfte für die Mitwirkung an Entscheidungen über Aufgaben und Maßnahmen von Einsatzkräften vorgesehen sind oder
3. für die Unterrichtung der Einsatzkräfte im Notfalleinsatz vorgesehen sind,

sind über die gesundheitlichen Risiken, die ein Einsatz bei einem Notfall mit sich bringen kann, und über die bei einem Einsatz zu treffenden Schutz- und Überwachungsmaßnahmen angemessen zu unterrichten und entsprechend aus- und fortzubilden.

(2) Die Unterrichtung, Aus- und Fortbildung berücksichtigt die in den Notfallplänen berücksichtigten Notfälle sowie die entsprechenden Arten des Einsatzes oder der Mitwirkungs- oder Unterrichtungsaufgaben. Die Inhalte der Unterrichtung, Aus- und Fortbildung und die Lehr- und Lernmittel werden regelmäßig auf den neuesten Stand gebracht. Soweit es zweckdienlich ist, soll die Aus- und Fortbildung auch die Teilnahme an Notfallübungen umfassen.

18

§ 114 Schutz der Einsatzkräfte bei Notfalleinsätzen

(1) Bei Notfalleinsätzen ist durch dem jeweiligen Einsatzzweck angemessene Schutz- und Überwachungsmaßnahmen anzustreben, dass die Exposition von Einsatzkräften in dieser Expositionssituation unterhalb der Werte bleibt, die in § 78 bei geplanten Expositionssituationen als Dosisgrenzwerte festgesetzt sind.

(2) Sofern der Einsatz dem Schutz des Lebens oder der Gesundheit dient und einer der Werte nach Absatz 1 bei Einsätzen zum Schutz des Lebens oder der Gesundheit auch durch angemessene Schutz- und Überwachungsmaßnahmen nicht eingehalten werden kann, ist anzustreben, dass die Exposition der Einsatzkräfte den Referenzwert für die effektive Dosis von 100 Millisievert nicht überschreitet. Die Einsatzkräfte müssen vor dem jeweiligen Einsatz über die mit ihm verbundenen gesundheitlichen Risiken und die zu treffenden Schutz- und Überwachungsmaßnahmen angemessen unterrichtet werden. Bei Einsatzkräften, die bereits im Rahmen der Notfallvorsorge unterrichtet, aus- und fortgebildet wurden, ist deren allgemeine Unterrichtung entsprechend den Umständen des jeweiligen Notfalls zu ergänzen. Schwangere und Personen unter 18 Jahren dürfen nicht in Situationen nach Satz 1 eingesetzt werden.

(3) Sofern der Einsatz der Rettung von Leben, der Vermeidung schwerer strahlungsbedingter Gesundheitsschäden oder der Vermeidung oder Bekämpfung einer Katastrophe dient und die effektive Dosis 100 Millisievert auch bei angemessenen Schutz- und Überwachungsmaßnahmen überschreiten kann, ist anzustreben, dass die Exposition von Notfalleinsatzkräften den Referenzwert für die effektive Dosis von 250 Millisievert nicht überschreitet. In Ausnahmefällen, in denen es auch bei angemessenen Schutz- und Überwachungsmaßnahmen möglich ist, dass die effektive Dosis den Wert von 250 Millisievert überschreitet, kann die Einsatzleitung einen erhöhten Referenzwert von 500 Millisievert festlegen. Die Einsätze nach den Sätzen 1 und 2 dürfen nur von Freiwilligen ausgeführt werden, die vor dem jeweiligen Einsatz über die Möglichkeit einer solchen Exposition informiert wurden. Absatz 2 Satz 2 bis 4 gilt entsprechend.

(4) Es ist anzustreben, dass Einsatzkräfte, die bei einem Notfall bereits eine effektive Dosis von mehr als 250 Millisievert erhalten haben oder bei denen der Grenzwert der Berufslebensdosis nach § 77 erreicht ist, bei weiteren Notfällen nicht in Situationen nach Absatz 3 eingesetzt werden.

(5) Bei der Ermittlung oder Abschätzung der Exposition einer Einsatzkraft in einer Notfallexpositionssituation sind die ermittelten oder abgeschätzten Körperdosen aus allen Einsätzen zu addieren, die von der Einsatzkraft in dieser Notfallexpositionssituation ausgeführt werden. Die Exposition einer Einsatzkraft während ihres Einsatzes in einer Notfallexpositionssituation ist hinsichtlich des Grenzwertes für die Berufslebensdosis nach § 77 zu berücksichtigen.

§ 115 Verantwortlichkeit für den Schutz der Einsatzkräfte

(1) Verantwortlich für die Unterrichtung, Aus- und Fortbildung ihrer eigenen Einsatzkräfte sind

1. die Strahlenschutzverantwortlichen,
2. die Behörden, die gemäß den Notfallplänen des Bundes und der Länder für Maßnahmen der Notfallreaktion zuständig sind oder an diesen Maßnahmen mitwirken und
3. die an der Notfallreaktion mitwirkenden Organisationen.

(2) Verantwortlich für den Schutz der Einsatzkräfte im Notfalleinsatz sind

1. die Strahlenschutzverantwortlichen hinsichtlich ihrer eigenen und der in ihrem Auftrag tätigen Einsatzkräfte,
2. hinsichtlich der anderen Einsatzkräfte
   a) die Behörde, die den Notfalleinsatz mehrerer Behörden oder mitwirkender Organisationen leitet oder
   b) die Behörden und Organisationen, die für Maßnahmen der Notfallreaktion

zuständig sind oder an diesen Maßnahmen mitwirken, soweit die Einsatzkräfte nicht einer den Notfalleinsatz leitenden Behörde unterstellt sind.

§ 116 Schutz der Einsatzkräfte bei anderen Gefahrenlagen

Bei der Vorbereitung und Durchführung von Einsätzen, die nicht der Bekämpfung eines Notfalls im Sinne dieses Gesetzes, sondern der Bekämpfung einer anderen Gefahrenlage dienen, und bei denen die Einsatzkräfte ionisierender Strahlung ausgesetzt sein können, sind die §§ 113 bis 115 entsprechend anzuwenden.

§ 117 Verordnungsermächtigungen zum Schutz der Einsatzkräfte

(1) Das Bundesministerium für Umwelt, Naturschutz und nukleare Sicherheit wird ermächtigt, durch Rechtsverordnung

1. wesentliche Inhalte der in § 113 vorgeschriebenen Unterrichtung, Aus- und Fortbildung zu regeln,
2. Art und Inhalte der in § 114 Absatz 2 und 3 vorgeschriebenen Unterrichtung zu regeln,
3. die in § 76 Absatz 1 und § 79 genannten weiteren Regelungen über die physikalische Strahlenschutzkontrolle, Schutzbereiche, Schutz-, Vorsorge- und Überwachungsmaßnahmen zum Schutz der Einsatzkräfte zu treffen,
4. zu bestimmen, welche Personen, Behörden oder Organisationen für die nach Nummer 3 geregelten Maßnahmen zum Schutz der Einsatzkräfte verantwortlich sind.

Rechtsverordnungen nach Satz 1 Nummer 2 bis 4 bedürfen der Zustimmung des Bundesrates.

(2) Bei Eilbedürftigkeit nach Eintritt eines Notfalls kann das Bundesministerium für Umwelt, Naturschutz und nukleare Sicherheit Regelungen nach Absatz 1 Satz 1 Nummer 2 bis 4 durch Rechtsverordnung ohne die Zustimmung des Bundesrates erlassen (Eilverordnungen), soweit noch keine entsprechenden Regelungen bestehen. Eilverordnungen treten spätestens sechs Monate nach ihrem Inkrafttreten außer Kraft. Ihre Geltungsdauer kann nur durch eine Rechtsverordnung mit Zustimmung des Bundesrates und im Einvernehmen mit den zu beteiligenden Bundesministerien verlängert werden. Eilverordnungen, die bestehende Regelungen ändern, sind unverzüglich aufzuheben, wenn der Bundesrat dies verlangt.

(3) Das Landesrecht regelt, ob und inwieweit Rechtsverordnungen nach Absatz 1 Satz 1 Nummer 1 auch für die Beschäftigten der zuständigen Behörden der Länder, Gemeinden und sonstigen Körperschaften, Anstalten und Stiftungen des öffentlichen Rechts der Länder sowie privater Hilfsorganisationen gelten, die beim Katastrophenschutz oder beim Vollzug anderer landesrechtlicher Vorschriften zur Gefahrenabwehr und Hilfeleistung mitwirken.

(4) Das Grundrecht auf körperliche Unversehrtheit (Artikel 2 Absatz 2 Satz 1 des Grundgesetzes) wird nach Maßgabe des Absatzes 1 Satz 1 Nummer 3 eingeschränkt.

18

Teil 4
Strahlenschutz bei bestehenden Expositionssituationen

Kapitel 2
Schutz vor Radon

Abschnitt 3
Schutz vor Radon an Arbeitsplätzen in Innenräumen

§ 126 Referenzwert

Der Referenzwert für die über das Jahr gemittelte Radon-222-Aktivitätskonzentration in der Luft an Arbeitsplätzen beträgt 300 Becquerel je Kubikmeter.

§ 127 Messung der Radonkonzentration

(1) Wer für einen Arbeitsplatz in einem Innenraum verantwortlich ist, hat innerhalb der Frist nach Satz 2 Messungen der Radon-222-Aktivitätskonzentration in der Luft zu veranlassen, wenn

1. sich der Arbeitsplatz im Erd- oder Kellergeschoss eines Gebäudes befindet, das in einem nach § 121 Absatz 1 Satz 1 festgelegten Gebiet liegt, oder
2. die Art des Arbeitsplatzes einem der Arbeitsfelder nach Anlage 8 zuzuordnen ist.

Im Falle des Satzes 1 Nummer 1 muss die Messung innerhalb von 18 Monaten nach der Festlegung des Gebiets und Aufnahme der beruflichen Betätigung an dem Arbeitsplatz und im Falle des Satzes 1 Nummer 2 innerhalb von 18 Monaten nach Aufnahme der beruflichen Betätigung an dem Arbeitsplatz erfolgt sein. Der für den Arbeitsplatz Verantwortliche hat erneute Messungen der Radon-222-Aktivitätskonzentration in der Luft zu veranlassen, wenn Änderungen am Arbeitsplatz vorgenommen werden, die dazu führen können, dass die Radon-222-Aktivitätskonzentration in der Luft über dem Referenzwert nach § 126 liegt; Satz 2 gilt in diesem Fall entsprechend. Die zuständige Behörde kann anordnen, dass der für den Arbeitsplatz Verantwortliche auch für andere Arbeitsplätze in Innenräumen Messungen der Radon-222-Aktivitätskonzentration in der Luft zu veranlassen hat, wenn Anhaltspunkte dafür vorliegen, dass die Radon-222-Aktivitätskonzentration in der Luft über dem Referenzwert nach § 126 liegt. Die zuständige Behörde kann im Einzelfall die Frist nach Satz 2 um längstens sechs Monate verlängern, wenn die Frist auf Grund von Umständen, die von dem für den Arbeitsplatz Verantwortlichen nicht zu vertreten sind, nicht eingehalten werden kann.

(2) Verantwortlich für einen Arbeitsplatz ist,

1. wer in seiner Betriebsstätte eine Betätigung beruflich ausübt oder ausüben lässt oder
2. in wessen Betriebsstätte ein Dritter in eigener Verantwortung eine Betätigung beruflich ausübt oder von Personen ausüben lässt, die unter dessen Aufsicht stehen.

(3) Der für den Arbeitsplatz Verantwortliche hat die Ergebnisse der Messungen nach Absatz 1 Satz 1, 3 und 4 unverzüglich aufzuzeichnen. Er hat die Aufzeichnungen bis zur Beendigung der Betätigung oder bis zum Vorliegen neuer Messergebnisse aufzubewahren und der zuständigen Behörde auf Verlangen vorzulegen.

(4) Im Falle der Verantwortlichkeit nach Absatz 2 Nummer 1 hat der für den Arbeitsplatz Verantwortliche die betroffenen Arbeitskräfte und den Betriebsrat oder den Personalrat unverzüglich über die Ergebnisse der Messungen zu unterrichten. Im Falle der Verantwortlichkeit nach Absatz 2 Nummer 2 hat der für den Arbeitsplatz Verantwortliche unverzüglich den Dritten zu unterrichten; die Pflicht nach Satz 1 gilt entsprechend für den Dritten.

§ 128 Reduzierung der Radonkonzentration

(1) Überschreitet die Radon-222-Aktivitätskonzentration in der Luft an einem Arbeitsplatz den Referenzwert nach § 126, so hat der für den Arbeitsplatz Verantwortliche unverzüglich Maßnahmen zur Reduzierung der Radon-222-Aktivitätskonzentration in der Luft zu ergreifen.

(2) Der für den Arbeitsplatz Verantwortliche hat den Erfolg der von ihm getroffenen Maßnahmen durch eine Messung der Radon-222-Aktivitätskonzentration in der Luft zu überprüfen; die Messung muss innerhalb von 30 Monaten erfolgt sein, nachdem die Überschreitung des Referenzwerts bekannt geworden ist. Die zuständige Behörde kann im Einzelfall die Frist nach Satz 1 verlängern, wenn die Frist auf Grund von Umständen, die von dem für den Arbeitsplatz Verantwortlichen nicht zu vertreten sind, nicht eingehalten werden kann. Der für den Arbeitsplatz Verantwortliche hat das Ergebnis der Messung unverzüglich aufzuzeichnen. Er hat die Aufzeichnungen bis zur Beendigung der Betätigung oder bis zum Vorliegen neuer Messergebnisse aufzubewahren und der zuständigen Behörde auf Verlangen vorzulegen.

(3) Im Falle der Verantwortlichkeit nach § 127 Absatz 2 Nummer 1 hat der für den Arbeitsplatz Verantwortliche die betroffenen Arbeitskräfte und den Betriebsrat oder den Personalrat unverzüglich über die Ergebnisse der Messungen zu unterrichten. Im Falle der Ver-

antwortlichkeit nach § 127 Absatz 2 Nummer 2 hat der für den Arbeitsplatz Verantwortliche unverzüglich den Dritten zu unterrichten; die Pflicht nach Satz 1 gilt entsprechend für den Dritten.

(4) Der für den Arbeitsplatz Verantwortliche muss keine Maßnahmen zur Reduzierung der Radon-222-Aktivitätkonzentration in der Luft ergreifen, wenn die Maßnahmen nicht oder nur mit unverhältnismäßig hohem Aufwand möglich sind, und zwar aus besonderen Gründen, die sich ergeben

1. aus überwiegenden Belangen des Arbeits- oder Gesundheitsschutzes oder
2. aus der Natur des Arbeitsplatzes.

Im Falle der Verantwortlichkeit nach § 127 Absatz 2 Nummer 2 hat der für den Arbeitsplatz Verantwortliche den Dritten unverzüglich nach Bekanntwerden der Gründe darüber zu unterrichten.

§ 129 Anmeldung

(1) Der Verantwortliche nach § 128 Absatz 1 hat den Arbeitsplatz bei der zuständigen Behörde unverzüglich anzumelden, wenn eine Messung nach § 128 Absatz 2 Satz 1 keine Unterschreitung des Referenzwerts nach § 126 ergibt. Der Anmeldung sind beizufügen:

1. Informationen über die Art des Arbeitsplatzes und die Anzahl der betroffenen Arbeitskräfte,
2. die Ergebnisse der Messungen nach § 127 Absatz 1,
3. Informationen über die ergriffenen Maßnahmen zur Reduzierung der Radon-222-Aktivitätskonzentration sowie die Ergebnisse der Messungen nach § 128 Absatz 2 und
4. die weiteren vorgesehenen Maßnahmen zur Reduzierung der Exposition.

(2) Ergreift der für den Arbeitsplatz Verantwortliche auf Grund des § 128 Absatz 4 keine Maßnahmen, so hat er den Arbeitsplatz unverzüglich nach Bekanntwerden der besonderen Gründe bei der zuständigen Behörde anzumelden. Der Anmeldung sind die Unterlagen nach Absatz 1 Satz 2 beizufügen; abweichend von Absatz 1 Satz 2 Nummer 3 ist zu begründen, warum keine Maßnahmen zur Reduzierung ergriffen wurden. Soweit die vorgetragenen Gründe den Verzicht auf Maßnahmen nicht rechtfertigen, kann die zuständige Behörde Maßnahmen zur Reduzierung der Radon-222-Aktivitätskonzentration in der Luft an diesem Arbeitsplatz anordnen.

(3) Ein Dritter, der in fremden Betriebsstätten eine Betätigung eigenverantwortlich beruflich ausübt oder ausüben lässt, hat diese Betätigung unverzüglich anzumelden, sobald sie an mehreren Arbeitsplätzen ausgeübt wird, die nach Absatz 1 Satz 1 anzumelden sind. Der Anmeldung sind Unterlagen entsprechend Absatz 1 Satz 2 beizufügen; die für die Arbeitsplätze Verantwortlichen haben dem Dritten die dafür erforderlichen Auskünfte zu erteilen.

(4) Für den zur Anmeldung Verpflichteten gilt die Pflicht zur betrieblichen Zusammenarbeit nach § 71 Absatz 3 entsprechend.

§ 130 Abschätzung der Exposition

(1) Der zur Anmeldung Verpflichtete hat innerhalb von sechs Monaten nach der Anmeldung eine auf den Arbeitsplatz bezogene Abschätzung der Radon-222-Exposition, der potentiellen Alphaenergie-Exposition oder der Körperdosis durch die Exposition durch Radon durchzuführen; im Falle der Anmeldung durch den Dritten nach § 129 Absatz 3 Satz 1 ist die Abschätzung bezogen auf die gesamte Betätigung durchzuführen. Die Abschätzung ist unverzüglich zu wiederholen, sobald der Arbeitsplatz so verändert wird, dass eine höhere Exposition auftreten kann. Die Ergebnisse der Abschätzungen sind aufzuzeichnen und der zuständigen Behörde unverzüglich vorzulegen. Die Ergebnisse der Abschätzung sind fünf Jahre lang aufzubewahren.

(2) Ergibt die Abschätzung, dass die effektive Dosis 6 Millisievert im Kalenderjahr nicht überschreiten kann, so hat der zur Abschätzung Verpflichtete die Exposition durch Radon regelmäßig zu überprüfen. Er hat die Exposition durch geeignete Strahlenschutzmaß-

18

nahmen auf der Grundlage von Vorschriften des allgemeinen Arbeitsschutzes und unter Berücksichtigung aller Umstände des Einzelfalls so gering wie möglich zu halten. Die zuständige Behörde kann die Vorlage entsprechender Nachweise verlangen.

(3) Ergibt die Abschätzung, dass die effektive Dosis 6 Millisievert im Kalenderjahr überschreiten kann, so sind Anforderungen des beruflichen Strahlenschutzes nach Maßgabe des § 131 und der Rechtsverordnung nach § 132 Satz 2 Nummer 6 zu erfüllen.

§ 131 Beruflicher Strahlenschutz

(1) Erfordert das Ergebnis der Abschätzung nach § 130 Absatz 3 die Einhaltung von Anforderungen des beruflichen Strahlenschutzes, so hat der zur Abschätzung Verpflichtete

1. geeignete Maßnahmen zu treffen, um unter Berücksichtigung aller Umstände des Einzelfalls die Exposition durch Radon so gering wie möglich zu halten,
2. die Radon-222-Exposition, die potentielle Alphaenergie-Exposition oder die Körperdosis der an anmeldungsbedürftigen Arbeitsplätzen beschäftigten Arbeitskräfte auf geeignete Weise durch Messung zu ermitteln,
3. dafür zu sorgen, dass die Dosisgrenzwerte nicht überschritten werden und die Körperdosen nach § 166 ermittelt werden; die Regelungen und Grenzwerte der §§ 77 und 78 Absatz 1 und 3 Satz 1 und 3 gelten insoweit entsprechend,
4. dafür zu sorgen, dass die Anforderungen des beruflichen Strahlenschutzes nach der nach § 132 Satz 2 Nummer 6 erlassenen Rechtsverordnung eingehalten werden.

(2) Handelt es sich bei dem Verpflichteten um eine juristische Person oder um eine rechtsfähige Personengesellschaft, so gilt § 69 Absatz 2 entsprechend.

§ 131a Aufgabe oder Änderung des angemeldeten Arbeitsplatzes

Der für den Arbeitsplatz Verantwortliche, der einen Arbeitsplatz nach § 129 angemeldet hat, hat der zuständigen Behörde folgende Änderungen unverzüglich mitzuteilen:

1. die Aufgabe des Arbeitsplatzes,
2. Änderungen, die nachweislich dazu führen, dass die Radon-222-Aktivitätskonzentration in der Luft an dem angemeldeten Arbeitsplatz den Referenzwert nach § 126 nicht länger überschreitet; der Nachweis ist durch Messung entsprechend § 127 Absatz 1 zu erbringen,
3. Änderungen, die nachweislich dazu führen, dass eine auf den angemeldeten Arbeitsplatz bezogene Abschätzung der Exposition entsprechend § 130 Absatz 1 ergibt, dass die effektive Dosis 6 Millisievert im Kalenderjahr nicht länger überschreiten kann.

§ 132 Verordnungsermächtigung

Die Bundesregierung wird ermächtigt, durch Rechtsverordnung mit Zustimmung des Bundesrates Anforderungen an den Schutz vor Radon an Arbeitsplätzen festzulegen. In der Rechtsverordnung kann insbesondere festgelegt werden,

1. in welchen Fällen und auf welche Weise mehrere Arbeitsorte als Arbeitsplatz im Sinne dieses Abschnitts zu betrachten sind,
2. wie die Radon-222-Aktivitätskonzentration an Arbeitsplätzen über das Kalenderjahr zu mitteln ist,
3. wie die Messung der Radon-222-Aktivitätskonzentration in der Luft an Arbeitsplätzen nach den §§ 127 und 128 zu erfolgen hat, dass sie von einer anerkannten Stelle auszuführen ist und welche Anforderungen an die Messung und an die Stelle, die die Messung ausführt, sowie an das Verfahren der Anerkennung dieser Stelle zu stellen sind,
4. welche Informationen im Zusammenhang mit den Messungen nach den §§ 127 und 128 der für den Arbeitsplatz Verantwortliche der nach einer Rechtsverordnung nach Nummer 3 anerkannten Stelle zur Verfügung zu stellen hat, dass und auf welche Art und Weise die anerkannte Stelle die Informationen, einschließlich der Messergebnisse, dem Bundesamt für Strahlenschutz zur Erfüllung seiner Amts-

aufgaben übermittelt und auf welche Weise das Bundesamt für Strahlenschutz die Informationen zur Erfüllung seiner Amtsaufgaben verarbeitet,

5. wie die arbeitsplatzbezogene Abschätzung der Radon-222-Exposition, der potentiellen Alphaenergie-Exposition oder der Körperdosis durch die Exposition durch Radon nach § 130 Absatz 1 durchzuführen ist und welche Anforderungen an das Verfahren der Abschätzung und an die Person, die die Abschätzung durchführt, zu stellen sind,
6. dass die für Teil 2 dieses Gesetzes geltenden sowie die in § 76 Absatz 1 und § 79 aufgezählten Maßnahmen und Anforderungen des beruflichen Strahlenschutzes zum Schutz der Arbeitskräfte auch im Falle des § 130 Absatz 3 anzuwenden sind,
7. wie die Radon-222-Exposition, die potentielle Alphaenergie-Exposition oder die Körperdosis im Falle des § 131 Absatz 1 Nummer 2 zu ermitteln ist und welche Anforderungen an das Verfahren der Ermittlung zu stellen sind,
8. dass die Ermittlung nach § 131 Absatz 1 Nummer 2 durch eine nach § 169 behördlich bestimmte Messstelle zu erfolgen hat und welche Informationen der Messstelle für die Ermittlung zur Verfügung zu stellen sind und
9. welche Aufzeichnungs-, Aufbewahrungs-, Mitteilungs- und Vorlagepflichten im Zusammenhang mit den Pflichten nach § 131 und nach den Nummern 1 bis 8 bestehen.

Teil 5
Expositionssituationsübergreifende Vorschriften

Kapitel 2
Weitere Vorschriften

§ 166 Festlegungen zur Ermittlung der beruflichen Exposition

(1) Die Körperdosen einer Person aus beruflicher Exposition sind zu addieren, wenn sie nach diesem Gesetz oder einer auf dieses Gesetz gestützten Rechtsverordnung in mehreren der folgenden Bereiche zu ermitteln sind:

1. bei Tätigkeiten als beruflich exponierte Person,
2. im Zusammenhang mit Radon am Arbeitsplatz,
3. bei Sanierungs- und sonstigen Maßnahmen zur Verhinderung und Verminderung der Exposition bei radioaktiven Altlasten sowie sonstigen Betätigungen im Zusammenhang mit radioaktiven Altlasten und
4. bei anmeldebedürftigen sonstigen bestehenden Expositionssituationen.

Für den Nachweis, dass die jeweils geltenden Grenzwerte nicht überschritten wurden, ist die Summe entscheidend.

(2) Außerhalb des räumlichen Geltungsbereichs dieses Gesetzes erfolgte Expositionen, die denen nach Absatz 1 entsprechen, sind bei der Ermittlung der beruflichen Exposition zu berücksichtigen.

§ 167 Aufzeichnungs-, Aufbewahrungs- und behördliche Mitteilungspflichten für die ermittelte Körperdosis bei beruflicher Exposition

(1) Der Strahlenschutzverantwortliche, der Verpflichtete nach § 131 Absatz 1 oder § 145 Absatz 1 Satz 1 sowie der Verantwortliche nach § 115 Absatz 2 oder § 153 Absatz 1 haben für Personen, die einer beruflichen Exposition unterliegen und für die eine Messung, Ermittlung oder Abschätzung der Körperdosis vorgenommen wurde,

1. die Ergebnisse dieser Messungen, Ermittlungen oder Abschätzungen sowie Daten, die zu dieser Messung, Ermittlung oder Abschätzung dienen,
2. Familienname, Geburtsname, Vornamen, Geburtsdatum und -ort, Geschlecht, Staatsangehörigkeit (Personendaten),
3. die persönliche Kennnummer nach § 170 Absatz 3 Satz 1,
4. bei Strahlenpassinhabern die fortlaufende Nummer des Strahlenpasses sowie

5. die Beschäftigungsmerkmale und die Expositionsverhältnisse

unverzüglich aufzuzeichnen.

(2) Die zur Aufzeichnung Verpflichteten haben die Aufzeichnungen so lange aufzubewahren, bis die überwachte Person das 75. Lebensjahr vollendet hat oder vollendet hätte, mindestens jedoch 30 Jahre nach Beendigung der jeweiligen Beschäftigung.

(3) Die zur Aufzeichnung Verpflichteten haben die Aufzeichnungen auf Verlangen der zuständigen Behörde vorzulegen oder bei einer von dieser zu bestimmenden Stelle zu hinterlegen. § 168 Absatz 2 bleibt unberührt. Die zur Aufzeichnung Verpflichteten haben die Ermittlungsergebnisse bei einem Wechsel des Beschäftigungsverhältnisses dem neuen Arbeitgeber auf Verlangen mitzuteilen, wenn weiterhin eine Beschäftigung mit beruflicher Exposition ausgeübt wird. Satz 3 gilt entsprechend für fliegendes Personal, das in einem Luftfahrzeug eines anderen Strahlenschutzverantwortlichen tätig wird. Die zur Aufzeichnung Verpflichteten haben die Aufzeichnungen, die infolge einer Beendigung der Beschäftigung nicht mehr benötigt werden, der nach Landesrecht zuständigen Stelle zu übergeben.

(4) Die zur Aufzeichnung Verpflichteten sind verpflichtet, der zuständigen Behörde Folgendes unverzüglich zu melden:

1. Überschreitungen der Grenzwerte der Körperdosis und
2. die Körperdosen bei besonders zugelassenen Expositionen nach der Rechtsverordnung nach § 79 Absatz 1 Satz 2 Nummer 1.

Dabei sind die Personendaten der betroffenen Personen und die ermittelte Körperdosis sowie die Gründe für eine Überschreitung der Grenzwerte der Körperdosis anzugeben. Die zur Aufzeichnung Verpflichteten sind verpflichtet, den betroffenen Personen unverzüglich die Körperdosis mitzuteilen.

§ 168 Übermittlung der Ergebnisse der Ermittlung der Körperdosis

(1) Der Strahlenschutzverantwortliche, der Verpflichtete nach § 131 Absatz 1 oder § 145 Absatz 1 Satz 1 sowie der Verantwortliche nach § 115 Absatz 2 oder § 153 Absatz 1 haben, soweit sie sich einer Messstelle nach § 169 Absatz 1 zur Ermittlung der beruflichen Exposition bedienen, dieser Messstelle die Daten nach § 170 Absatz 2 Nummer 1 bis 7 derjenigen Personen zur Verfügung zu stellen, für die die Körperdosis ermittelt werden soll. Der zuständigen Behörde sind die Angaben nach Satz 1 sowie die ermittelte Körperdosis auf Verlangen vorzulegen.

(2) Soweit sich die nach Absatz 1 zur Übermittlung Verpflichteten zur Ermittlung der beruflichen Exposition keiner Messstelle nach § 169 Absatz 1 bedienen, haben sie die Daten nach § 170 Absatz 2 einschließlich der ermittelten Körperdosis der zuständigen Behörde vorzulegen.

§ 169 Bestimmung von Messstellen; Verordnungsermächtigung

(1) Die zuständige Behörde bestimmt Messstellen für die Ermittlung der beruflichen Exposition

1. durch äußere Exposition bei Tätigkeiten,
2. durch innere Exposition bei Tätigkeiten,
3. der Einsatzkräfte durch ihren Einsatz in einer Notfallexpositionssituation oder einer anderen Gefahrenlage,
4. durch Radon am Arbeitsplatz,
5. im Zusammenhang mit Maßnahmen bei radioaktiven Altlasten und
6. bei sonstigen bestehenden Expositionssituationen.

(2) Eine Messstelle darf nur bestimmt werden, wenn

1. sie über ausreichend Personal zur Ausführung ihrer Aufgaben verfügt und ihr Personal, insbesondere die Leitung der Messstelle und die weiteren leitenden Fachkräfte, die erforderliche Qualifikation, Eignung und Erfahrung besitzt,
2. sie über die erforderlichen Verfahren zur Ermittlung der Exposition verfügt,
3. sie über die zur Ausführung ihrer Aufgaben erforderliche räumliche und technische Ausstattung, insbesondere die erforderlichen Messgeräte, verfügt,

4. sie ein angemessenes Qualitätsmanagementsystem betreibt und
5. keine Tatsachen vorliegen, aus denen sich Bedenken gegen die Zuverlässigkeit des Leiters der Messstelle oder der weiteren leitenden Fachkräfte ergeben, und die Messstelle über die erforderliche Unabhängigkeit verfügt.

(3) Die Messstelle hat die Ergebnisse der Ermittlung der beruflichen Exposition aufzuzeichnen und sie der jeweiligen Person nach § 168 Absatz 1, die die Messung veranlasst hat, schriftlich mitzuteilen. Die Messstelle hat die Aufzeichnungen nach der Ermittlung fünf Jahre lang aufzubewahren. Sie hat der für die Person nach Satz 1 zuständigen Behörde auf Verlangen oder wenn sie es auf Grund der Ergebnisse ihrer Ermittlungen für erforderlich hält, diese Ergebnisse einschließlich der Daten nach § 168 Absatz 1 unverzüglich mitzuteilen.

(4) Die Bundesregierung wird ermächtigt, durch Rechtsverordnung mit Zustimmung des Bundesrates festzulegen,

1. wie die Anforderungen nach Absatz 2 unter Berücksichtigung der verschiedenen Expositionen nach Absatz 1 näher auszugestalten sind,
2. welche Aufgaben die behördlich bestimmten Messstellen im Zusammenhang mit der Ermittlung der Exposition wahrnehmen,
3. dass die behördlich bestimmten Messstellen der Qualitätssicherung unterliegen, welche Stellen diese ausführen und wie diese ausgeführt wird,
4. welche Informationen zusätzlich zu den Informationen nach § 168 Absatz 1 den Messstellen zum Zweck der Ermittlung der Exposition sowie der Überwachung der Dosisgrenzwerte der jeweils überwachten Person und der Beachtung der Strahlenschutzgrundsätze zu Vorsorge- und Überwachungsmaßnahmen zur Verfügung zu stellen sind,
5. welche weiteren Aufzeichnungs-, Aufbewahrungs-, Mitteilungs- und Vorlagepflichten die Messstellen im Zusammenhang mit der Wahrnehmung ihrer Aufgaben haben und
6. dass und unter welchen Voraussetzungen die Bestimmung einer Messstelle befristet werden kann.

§ 170 Strahlenschutzregister; Verordnungsermächtigung

(1) Daten über berufliche Expositionen, die auf Grund dieses Gesetzes oder einer auf diesem Gesetz gestützten Rechtsverordnung erhoben werden, werden zum Zweck der Überwachung von Dosisgrenzwerten und der Beachtung der Strahlenschutzgrundsätze, zur Prüfung des Bestehens eines Anspruchs gegen einen Träger der gesetzlichen Unfallversicherung sowie zum Zweck der wissenschaftlichen Forschung im Bereich des Strahlenschutzes in einem beim Bundesamt für Strahlenschutz eingerichteten Register (Strahlenschutzregister) erfasst.

(2) In das Strahlenschutzregister werden die folgenden Daten eingetragen:

1. die persönliche Kennnummer nach Absatz 3,
2. die jeweiligen Personendaten,
3. Beschäftigungsmerkmale und Expositionsverhältnisse,
4. die Betriebsnummer des Beschäftigungsbetriebs,
5. Name und Anschrift des Strahlenschutzverantwortlichen, des Verpflichteten nach § 131 Absatz 1 und § 145 Absatz 1 Satz 1 sowie des Verantwortlichen nach § 115 Absatz 2 und § 153 Absatz 1,
6. Angaben über einen nach einer auf dieses Gesetz gestützten Rechtsverordnung registrierten Strahlenpass,
7. Angaben über die zuständige Behörde und
8. die nach diesem Gesetz oder einer auf dieses Gesetz gestützten Rechtsverordnung ermittelte Körperdosis infolge einer beruflichen Exposition, die Expositionsbedingungen sowie die Feststellungen der zuständigen Behörde hinsichtlich dieser Körperdosis und der Expositionsbedingungen.

18

(3) Zur eindeutigen Zuordnung der Eintragungen nach Absatz 2 vergibt das Bundesamt für Strahlenschutz für jede Person, für die Eintragungen vorgenommen werden, eine persönliche Kennnummer. Die persönliche Kennnummer ist mittels nicht rückführbarer Verschlüsselung aus der Versicherungsnummer nach § 147 des Sechsten Buches Sozialgesetzbuch abzuleiten, die der jeweiligen Person zugeordnet ist. Die Versicherungsnummer ist nach Ableitung der Kennnummer zu löschen. Ist einer Person bereits eine andere Identifikationsnummer zugeordnet, die eine zuständige Stelle außerhalb des Geltungsbereichs dieses Gesetzes vergeben hat, und ist diese Identifikationsnummer für die Verwendung im Strahlenschutzregister geeignet, so kann das Bundesamt für Strahlenschutz diese Identifikationsnummer als persönliche Kennnummer verwenden. Für eine Person, der weder eine Versicherungsnummer noch eine Identifikationsnummer zugeordnet ist, vergibt das Bundesamt für Strahlenschutz auf der Basis der Personendaten eine persönliche Kennnummer.

(4) Die Daten nach Absatz 2 werden dem Strahlenschutzregister übermittelt durch

1. die Messstellen nach § 169,
2. die zuständigen Behörden oder
3. den Strahlenschutzverantwortlichen, den Verpflichteten nach § 131 Absatz 1 oder § 145 Absatz 1 Satz 1, den Verantwortlichen nach § 115 Absatz 2 oder § 153 Absatz 1.

Die Personen nach Nummer 4 übermitteln dem Strahlenschutzregister zur Erzeugung der persönlichen Kennnummer die Versicherungsnummer oder Identifikationsnummer nach Absatz 3 zusätzlich zu den für die Zuordnung erforderlichen Daten nach Absatz 2.

(5) Auskünfte aus dem Strahlenschutzregister werden erteilt, soweit dies für die Wahrnehmung der Aufgaben des Empfängers erforderlich ist,

1. einer zuständigen Behörde,
2. einer Messstelle nach § 169,
3. auf Antrag einem Strahlenschutzverantwortlichen, Verpflichteten nach § 131 Absatz 1 oder § 145 Absatz 1 Satz 1, Verantwortlichen nach § 153 Absatz 1 über Daten, die bei ihm beschäftigte Personen betreffen,
4. auf Antrag einem Verantwortlichen nach § 115 Absatz 2 über Daten für Personen, für die er verantwortlich ist,
5. auf Antrag einem Träger der gesetzlichen Unfallversicherung über Daten, die bei ihm versicherte Personen betreffen.

Das Bundesamt für Strahlenschutz kann den in Satz 1 Nummer 1 und 2 genannten Behörden und Messstellen die Daten nach Absatz 2 sowie Auswertungen aus diesen Daten auch durch automatisierte Abrufverfahren übermitteln, soweit die Daten zur Wahrnehmung der Aufgaben der abrufenden Behörden und Messstellen erforderlich sind. Die in Satz 1 Nummer 1 und 2 genannten Behörden dürfen die Daten nach Satz 2 im automatisierten Verfahren beim Bundesamt für Strahlenschutz abrufen, soweit dies für die Wahrnehmung ihrer Aufgaben erforderlich ist. Die zuständige Behörde kann Auskünfte aus dem Strahlenschutzregister an einen Strahlenschutzverantwortlichen, Verpflichteten oder Verantwortlichen, an deren Strahlenschutzbeauftragten sowie an ermächtigte Ärzte nach § 79 Absatz 1 Satz 2 Nummer 9 Buchstabe a weitergeben, soweit dies zur Wahrnehmung ihrer Aufgaben erforderlich ist.

(6) Die Übermittlung der im Strahlenschutzregister gespeicherten personenbezogenen Daten zu Zwecken der wissenschaftlichen Forschung (Forschungszwecken) an Dritte ist nur unter den Voraussetzungen der Absätze 7 und 8 zulässig. Soweit die betroffenen Personen nicht in die Veröffentlichung der sie betreffenden Daten eingewilligt haben, dürfen Forschungsergebnisse nur anonymisiert veröffentlicht werden. Auch nach dem Tod der betroffenen Personen sind die Bestimmungen des Bundesdatenschutzgesetzes und der Verordnung (EU) 2016/679 des Europäischen Parlaments und des Rates vom 27. April 2016 zum Schutz natürlicher Personen bei der Verarbeitung personenbezogener Daten, zum freien Datenverkehr und zur Aufhebung der Richtlinie 95/46/EG (Daten-

schutz-Grundverordnung) (ABl. L 119 vom 4. 5. 2016, S. 1; L 314 vom 22. 11. 2016, S. 72; L 127 vom 23. 5. 2018, S. 2) in der jeweils geltenden Fassung einzuhalten.

(7) Für Forschungszwecke im Bereich des Strahlenschutzes dürfen personenbezogene Daten aus dem Strahlenschutzregister mit Einwilligung der betroffenen Personen an Dritte übermittelt werden. Ohne diese Einwilligung dürfen die Daten übermittelt werden, wenn schutzwürdige Belange der betroffenen Personen der Übermittlung oder der beabsichtigten Verarbeitung der Daten nicht entgegenstehen oder wenn das öffentliche Interesse an der Forschungsarbeit das Geheimhaltungsinteresse der betroffenen Personen erheblich überwiegt. Eine Übermittlung personenbezogener Daten für Forschungszwecke ist ausgeschlossen, wenn der Zweck der Forschung mit einem vertretbaren Aufwand durch die Verarbeitung anonymisierter Daten erfüllt werden kann. Soweit besondere Kategorien von Daten im Sinne von Artikel 9 Absatz 1 der Verordnung (EU) 2016/679 übermittelt werden, sind angemessene und spezifische Maßnahmen zur Wahrung der Interessen der betroffenen Person gemäß § 22 Absatz 2 Satz 2 des Bundesdatenschutzgesetzes zu treffen.

(8) Wird eine Übermittlung personenbezogener Daten zu Forschungszwecken beantragt, so ist die Einwilligung der betroffenen Personen nachzuweisen. Soll die Übermittlung ohne Einwilligung der betroffenen Personen erfolgen, sind die für die Prüfung der Voraussetzungen nach Absatz 7 Satz 2 erforderlichen Angaben zu machen; zu Absatz 7 Satz 3 ist glaubhaft zu machen, dass der Zweck der Forschung bei Verarbeitung anonymisierter Daten nicht mit vertretbarem Aufwand erfüllt werden kann. Besondere Kategorien von Daten im Sinne von Artikel 9 Absatz 1 der Verordnung (EU) 2016/679 dürfen nur für die Forschungsarbeit verarbeitet werden, für die sie übermittelt worden sind; die Verarbeitung für andere Forschungsarbeiten oder die Übermittlung richtet sich nach den Sätzen 1 und 2 und bedarf der Zustimmung des Bundesamtes für Strahlenschutz.

(9) Die Bundesregierung wird ermächtigt, durch Rechtsverordnung mit Zustimmung des Bundesrates zu bestimmen,

1. auf welche Weise die persönliche Kennnummer nach Absatz 3 erzeugt wird, wie sie beschaffen sein muss und unter welchen Voraussetzungen eine Identifikationsnummer, die außerhalb des Geltungsbereichs dieses Gesetzes vergeben wurde, genutzt werden kann,
2. welche technischen und organisatorischen Maßnahmen für die Übermittlung von Angaben nach Absatz 2 durch die Stellen nach Absatz 4 zum Strahlenschutzregister zu treffen sind,
3. unter welchen Voraussetzungen und in welchem Verfahren zum Zweck der Überwachung von Dosisgrenzwerten, der Beachtung der Strahlenschutzgrundsätze, zur Prüfung des Bestehens eines Auskunftsanspruchs oder zur Qualitätssicherung in erforderlichem Umfang an die Stellen und Personen nach Absatz 5 Auskünfte aus dem Strahlenschutzregister erteilt und weitergegeben und dabei personenbezogene Daten übermittelt werden dürfen.

§ 171 Verordnungsermächtigung für Vorgaben in Bezug auf einen Strahlenpass

Die Bundesregierung wird ermächtigt, durch Rechtsverordnung mit Zustimmung des Bundesrates Vorgaben in Bezug auf einen zu führenden Strahlenpass festzulegen. In der Rechtsverordnung kann insbesondere festgelegt werden,

1. wann zum Zweck der Überwachung von Dosisgrenzwerten und der Beachtung der Strahlenschutzgrundsätze ein Strahlenpass zu führen ist, welche Daten nach § 170 Absatz 2 und welche Daten zum Ergebnis der ärztlichen Überwachungsuntersuchung eingetragen werden, welche Form der Strahlenpass hat, wie er zu registrieren oder seine Gültigkeit zu verlängern ist und wer Einträge vornehmen und die Inhalte verwenden darf,

2. unter welchen Bedingungen Strahlenpässe, die außerhalb des Geltungsbereichs dieses Gesetzes ausgestellt wurden, anerkannt werden,
3. unter welchen Voraussetzungen die Behörde einen Strahlenpass vernichten darf.

§ 172 Bestimmung von Sachverständigen; Verordnungsermächtigung

(1) Die zuständige Behörde bestimmt Sachverständige für die folgenden Sachverständigentätigkeiten:

1. Prüfung von Röntgeneinrichtungen, einschließlich der Erteilung der Bescheinigung, und die Prüfung von Röntgeneinrichtungen oder Störstrahlern gemäß der Rechtsverordnung nach § 89 Satz 1 Nummer 3,
2. Prüfung von Arbeitsplätzen mit Exposition durch natürlich vorkommende Radioaktivität,
3. Prüfung von Anlagen zur Erzeugung ionisierender Strahlung, von Bestrahlungsvorrichtungen und von Geräten für die Gammaradiographie,
4. Dichtheitsprüfung von umschlossenen radioaktiven Stoffen sowie von bauartzugelassenen Vorrichtungen, die radioaktive Stoffe enthalten.

Der behördlich bestimmte Sachverständige bedarf für die Ausübung der Sachverständigentätigkeit weder einer Genehmigung noch muss er sie anzeigen.

(2) Der behördlich bestimmte Sachverständige muss unabhängig sein von Personen, die an der Herstellung, am Vertrieb oder an der Instandhaltung von Anlagen zur Erzeugung ionisierender Strahlung, Bestrahlungsvorrichtungen, Röntgeneinrichtungen, Störstrahlern oder umschlossenen radioaktiven Stoffen beteiligt sind. Der behördlich bestimmte Sachverständige oder, bei juristischen Personen oder sonstigen Personenvereinigungen, die Personen, die Aufgaben als behördlich bestimmte Sachverständige wahrnehmen, müssen die erforderliche Fachkunde im Strahlenschutz besitzen. Der behördlich bestimmte Sachverständige darf keinen fachlichen Weisungen im Hinblick auf die Sachverständigentätigkeit unterliegen.

(3) Für die Sachverständigentätigkeit eines behördlich bestimmten Sachverständigen gelten die Pflichten des Strahlenschutzverantwortlichen nach § 72 Absatz 1 entsprechend. Handelt es sich bei dem behördlich bestimmten Sachverständigen um eine juristische Person oder eine sonstige Personenvereinigung, so gilt für diese Person auch § 70 entsprechend. Übt der behördlich bestimmte Sachverständige die Sachverständigentätigkeit in einem Beschäftigungsverhältnis aus, so gelten die §§ 70 und 72 Absatz 1 abweichend von den Sätzen 1 und 2 entsprechend für diejenige Person, zu der das Beschäftigungsverhältnis besteht.

(4) Die Bundesregierung wird ermächtigt, durch Rechtsverordnung mit Zustimmung des Bundesrates

1. die Anforderungen an die Ausbildung, die beruflichen Kenntnisse und Fähigkeiten, insbesondere hinsichtlich Berufserfahrung und Eignung, der behördlich bestimmten Sachverständigen oder, bei juristischen Personen oder sonstigen Personenvereinigungen, der Personen, die Aufgaben als behördlich bestimmte Sachverständige wahrnehmen, festzulegen,
2. festzulegen, welche Anforderungen an die Zuverlässigkeit, Unabhängigkeit und Unparteilichkeit der Sachverständigen und, bei juristischen Personen oder sonstigen Personenvereinigungen, der Personen, die Aufgaben als behördlich bestimmte Sachverständige wahrnehmen, bestehen,
3. festzulegen, wie die Einweisung in die Sachverständigentätigkeit erfolgt, welchen Umfang die Prüftätigkeit umfasst, wie die Prüfmaßstäbe festgelegt werden und welche sonstigen Voraussetzungen und Pflichten, einschließlich der Qualitätssicherung, in Bezug auf die Prüfungen und die Zusammenarbeit mit den zuständigen Behörden für behördlich bestimmte Sachverständige gelten, und
4. festzulegen, welche Voraussetzungen bei der behördlichen Bestimmung eines Sachverständigen zu prüfen sind und dass und unter welchen Voraussetzungen die Bestimmung eines Sachverständigen befristet werden kann.

§ 173 Verordnungsermächtigungen für Mitteilungspflichten bei Fund und Erlangung

Die Bundesregierung wird ermächtigt, durch Rechtsverordnung mit Zustimmung des Bundesrates festzulegen, dass, auf welche Weise und durch wen den zuständigen Behörden Folgendes zu melden ist:

1. der Fund, das Abhandenkommen und das Wiederauffinden von Stoffen, sofern zu befürchten ist, dass deren Aktivität oder spezifische Aktivität die nach einer Rechtsverordnung nach § 24 Satz 1 Nummer 10 festgelegten Werte überschreitet,
2. das Vorhandensein von Wasser in einer Wasserversorgungsanlage oder in einer Abwasseranlage, das Radionuklide enthält, deren Aktivitätskonzentration die in der Rechtsverordnung festgelegten Werte oder Grenzen überschreitet,
3. die Vermutung oder die Kenntnis, dass eine herrenlose Strahlenquelle eingeschmolzen oder auf sonstige Weise metallurgisch verwendet worden ist.

§ 174 Verordnungsermächtigung für behördliche Befugnisse bei kontaminiertem Metall

Die Bundesregierung wird ermächtigt, durch Rechtsverordnung mit Zustimmung des Bundesrates festzulegen, dass kontaminiertes Metall nur nach den Vorgaben der zuständigen Behörde verwendet, in Verkehr gebracht oder entsorgt werden darf.

§ 175 Dosis- und Messgrößen; Verordnungsermächtigung

(1) Für die Ermittlung der Organ-Äquivalentdosis ist, soweit nicht anders bestimmt, die äußere und innere Exposition zu berücksichtigen; für die innere Exposition ist auch die außerhalb des Bezugszeitraums auftretende Exposition infolge der während des Bezugszeitraums aufgenommenen Radionuklide nach Maßgabe der Rechtsverordnung nach Absatz 2 Nummer 3 zu berücksichtigen. Satz 1 gilt entsprechend für die effektive Dosis.

(2) Das Bundesministerium für Umwelt, Naturschutz und nukleare Sicherheit wird ermächtigt, durch Rechtsverordnung ohne Zustimmung des Bundesrates

1. nähere Anforderungen an die Bestimmung der Organ-Äquivalentdosis und ihre Berechnung festzulegen, insbesondere die für verschiedene Strahlungsarten und Strahlungsenergien zu nutzenden Wichtungsfaktoren sowie Einzelheiten der Mittelung über das Gewebe oder Organ,
2. nähere Anforderungen an die Bestimmung der effektiven Dosis sowie ihre Berechnung festzulegen, insbesondere die zu berücksichtigenden Gewebe oder Organe sowie die zu nutzenden Wichtungsfaktoren, und Festlegungen zur Bestimmung der effektiven Dosis des ungeborenen Kindes zu treffen,
3. zu bestimmen, auf welche Weise und für welchen Zeitraum bei der inneren Exposition die Dosis durch aufgenommene Radionuklide zu berücksichtigen ist,
4. festzulegen, welche Messgrößen im Hinblick auf die Ermittlung der äußeren Exposition zu benutzen sind und wie diese Ermittlung zu erfolgen hat,
5. die Daten festzulegen, die bei der Ermittlung der Körperdosis aus Größen des Strahlungsfeldes oder der Aktivität zugrunde zu legen sind, und
6. zu bestimmen, welche Einheiten für die Größen im Strahlenschutz zu verwenden sind.

§ 176 Haftung für durch ionisierende Strahlung verursachte Schäden

Im Anwendungsbereich dieses Gesetzes und der auf dieses Gesetz gestützten Rechtsverordnungen richtet sich die Haftung für durch ionisierende Strahlung verursachte Schäden nach den §§ 25 bis 40 des Atomgesetzes.

§ 177 Vorsorge für die Erfüllung gesetzlicher Schadensersatzverpflichtungen

Im Anwendungsbereich dieses Gesetzes und der auf dieses Gesetz gestützten Rechtsverordnungen richtet sich die Vorsorge für die Erfüllung gesetzlicher Schadensersatzverpflichtungen nach den §§ 13 bis 15 des Atomgesetzes und nach der Atomrechtlichen Deckungsvorsorge-Verordnung. § 35 bleibt unberührt. Abweichend von § 13 Absatz 1 Satz 2 des Atomgesetzes kann die zuständige Behörde bei Tätigkeiten nach § 12 Absatz 1 Nummer 1, 2 oder 3 und § 31 Absatz 1 auf eine erneute Festsetzung der Deckungsvorsorge verzichten, wenn die Überprüfung der Deckungsvorsorge ergeben hat, dass die Deckungssumme noch ausreichend bemessen ist.

Teil 8
Schlussbestimmungen

Kapitel 1
Bußgeldvorschriften

§ 194 Bußgeldvorschriften

(1) Ordnungswidrig handelt, wer vorsätzlich oder fahrlässig

18

1. einer Rechtsverordnung nach
   a) § 6 Absatz 3, § 24 Satz 1 Nummer 3, 4, 7 Buchstabe a oder Nummer 8 oder Satz 2, § 37 Absatz 1 Satz 1, 2 Nummer 2 bis 5 oder 6 oder Satz 3, § 49 Nummer 4 oder 5, § 61 Absatz 2 Satz 2, § 62 Absatz 6 Nummer 3, § 63 Absatz 3, § 65 Absatz 2, § 68 Absatz 1 Satz 1, § 72 Absatz 2 Satz 2, § 76 Absatz 1 Satz 1, 2 Nummer 1, 2, 6, 7, 8, 10, 11, 13, 15 oder 16 oder Satz 3, § 79 Absatz 1 Satz 1, 2 Nummer 1 bis 3 oder 4, 6, 8 oder 12 oder Satz 3, § 81 Satz 1, 2 Nummer 5, 7, 8, 9 oder 10 oder Satz 4, § 82 Absatz 1 Nummer 1 oder 3, § 84 Absatz 2, § 86 Satz 1, 2 Nummer 2, 4, 5, 6, 9 bis 14 oder 15 oder 19 oder Satz 5, den §§ 87, 89 Satz 1 Nummer 2, 3, 4, 5, 7, 8, 9 oder 11 oder Satz 2, § 90 Absatz 1 Satz 1 oder Satz 2 Nummer 1 oder 2, § 95 Absatz 2 Satz 1 oder Absatz 3, § 123 Absatz 2, § 143 Absatz 1 Satz 3, § 169 Absatz 4 Nummer 1, 2 oder 3, § 174,
   b) § 24 Satz 1 Nummer 1, 2, 5, 6 oder 9, § 37 Absatz 1 Satz 2 Nummer 1, 7 oder 8, § 38 Absatz 2 Nummer 1, § 68 Absatz 1 Satz 2, den §§ 73, 74 Absatz 3 oder 4 Nummer 1, 2, 4, 5 oder 6, § 76 Absatz 1 Satz 2 Nummer 3, 4, 5, 9, 12 oder 17, § 79 Absatz 1 Satz 2 Nummer 5, 7, 10, 11 oder 12, § 81 Satz 2 Nummer 1, 2, 3 oder 4, § 82 Absatz 1 Nummer 2 oder 4, § 85 Absatz 4, § 86 Satz 2 Nummer 1, 3, 7, 8, 16, 17 oder 18 oder Satz 3 oder 4, § 88 Absatz 6, § 89 Satz 1 Nummer 1, 6, 10 oder 12, § 90 Absatz 1 Satz 2 Nummer 3 oder 4, den §§ 91, 124 Satz 3, den §§ 132, 135 Absatz 1 Satz 3, § 136 Absatz 2, § 139 Absatz 4, § 169 Absatz 4 Nummer 4, 5 oder 6, § 170 Absatz 9 Nummer 2 oder 3, den §§ 171, 172 Absatz 4, § 173 oder § 175 Absatz 2,
   c) § 24 Satz 1 Nummer 7 Buchstabe b oder § 30 Satz 1 oder 2

   oder einer vollziehbaren Anordnung auf Grund einer solchen Rechtsverordnung zuwiderhandelt, soweit die Rechtsverordnung für einen bestimmten Tatbestand auf diese Bußgeldvorschrift verweist,
2. ohne Genehmigung nach
   a) § 10 eine dort genannte Anlage errichtet,
   b) § 12 Absatz 1 Nummer 1 erster Halbsatz eine dort genannte Anlage betreibt,
   c) § 12 Absatz 1 Nummer 2 ionisierende Strahlung aus einer dort genannten Bestrahlungsvorrichtung verwendet,
   d) § 12 Absatz 1 Nummer 3 erster Halbsatz mit sonstigen radioaktiven Stoffen umgeht,
   e) § 12 Absatz 1 Nummer 4 erster Halbsatz eine Röntgeneinrichtung betreibt,
   f) § 12 Absatz 1 Nummer 5 erster Halbsatz einen Störstrahler betreibt,
   g) § 12 Absatz 2 eine genehmigungsbedürftige Tätigkeit ändert,
   h) § 25 Absatz 1 Satz 1 in einer dort genannten Anlage eine Person beschäftigt oder eine Aufgabe selbst wahrnimmt,

i) § 27 Absatz 1 Satz 1 sonstige radioaktive Stoffe auf öffentlichen oder der Öffentlichkeit zugänglichen Verkehrswegen befördert,
j) § 31 Absatz 1 Satz 1, auch in Verbindung mit Satz 2, radioaktive Stoffe oder ionisierende Strahlung am Menschen anwendet,
k) § 40 Absatz 1 Satz 1, auch in Verbindung mit Satz 2, radioaktive Stoffe zusetzt,
l) § 42 Absatz 1 ein dort genanntes Konsumgut verbringt,

3. entgegen § 17 Absatz 1 Satz 1, § 19 Absatz 1 Satz 1, § 22 Absatz 1, § 26 Absatz 1 Satz 1, § 32 Absatz 1 Satz 1, auch in Verbindung mit Satz 2, § 50 Absatz 1, auch in Verbindung mit Absatz 2, § 52 Absatz 1, auch in Verbindung mit Absatz 3 Satz 1, § 56 Absatz 1, auch in Verbindung mit Absatz 3, § 59 Absatz 2, auch in Verbindung mit Absatz 4, oder § 63 Absatz 1 Satz 1 eine Anzeige nicht, nicht richtig, nicht vollständig, nicht in der vorgeschriebenen Weise oder nicht rechtzeitig erstattet,
4. einer vollziehbaren Anordnung nach § 18 Absatz 3, § 20 Absatz 3, 4 oder 5, § 22 Absatz 3, § 26 Absatz 3, den §§ 34, 51 Absatz 2, § 53 Absatz 2 oder 3, § 55 Absatz 2, § 57 Absatz 3 oder 4, jeweils auch in Verbindung mit § 59 Absatz 4, § 61 Absatz 5 Satz 1, § 63 Absatz 2, § 64 Absatz 2 Satz 3, § 65 Absatz 1, § 127 Absatz 1 Satz 4, § 129 Absatz 2 Satz 3, § 130 Absatz 2 Satz 3, § 134 Absatz 3, § 135 Absatz 3 Satz 1, § 139 Absatz 1 Satz 1, auch in Verbindung mit § 148 Satz 1, § 156 Absatz 3 Satz 1 oder Absatz 4 Satz 2 oder § 158 Absatz 2 zuwiderhandelt,
5. entgegen den §§ 21, 54, 58, auch in Verbindung mit § 59 Absatz 4, § 61 Absatz 4 Satz 2, § 64 Absatz 2 Satz 1, § 70 Absatz 4 Satz 1, § 71 Absatz 2 Satz 1 oder § 167 Absatz 3 Satz 3, auch in Verbindung mit Satz 4, eine Mitteilung nicht, nicht richtig, nicht vollständig oder nicht rechtzeitig macht,
6. entgegen § 28 Absatz 2 Satz 1 Kernmaterialien zur Beförderung oder Weiterbeförderung übernimmt,
7. entgegen § 39 Absatz 1 Satz 1, auch in Verbindung mit Absatz 2, radioaktive Stoffe zusetzt,
8. entgegen § 39 Absatz 1 Satz 2, auch in Verbindung mit Absatz 2, eine dort genannte Ware verbringt oder in Verkehr bringt,
9. einer vollziehbaren Auflage nach § 47 Satz 2 Nummer 4 zuwiderhandelt,
10. entgegen § 55 Absatz 1 Satz 1, auch in Verbindung mit Satz 2, jeweils auch in Verbindung mit § 59 Absatz 1 Satz 1, § 130 Absatz 1 Satz 1, auch in Verbindung mit Satz 2, oder § 145 Absatz 1 Satz 1, auch in Verbindung mit Satz 2, jeweils auch in Verbindung mit § 148 Satz 1, eine Abschätzung nicht, nicht richtig oder nicht rechtzeitig durchführt,
11. entgegen § 59 Absatz 1 Satz 2 eine Abschätzung nicht oder nicht rechtzeitig übermittelt,
12. entgegen § 60 Absatz 1 Satz 1, auch in Verbindung mit Satz 2, § 62 Absatz 1 Satz 1, auch in Verbindung mit Absatz 5 Satz 1, § 129 Absatz 1 Satz 1, Absatz 2 Satz 1 oder Absatz 3 Satz 1, § 145 Absatz 2 Satz 1, auch in Verbindung mit § 148, oder § 159 Absatz 2 Satz 1 eine Anmeldung nicht, nicht richtig, nicht vollständig oder nicht rechtzeitig macht,
13. entgegen § 60 Absatz 2 Satz 1 oder Absatz 4 Satz 1 ein Rückstandskonzept oder eine Rückstandsbilanz nicht, nicht richtig, nicht vollständig oder nicht rechtzeitig vorlegt,
14. entgegen § 61 Absatz 3 Satz 1, auch in Verbindung mit Satz 2, Rückstände vermischt oder verdünnt,
15. entgegen § 61 Absatz 6 Satz 1 Rückstände nicht, nicht richtig oder nicht rechtzeitig sichert,
16. entgegen § 61 Absatz 6 Satz 2 Rückstände abgibt,
17. entgegen § 61 Absatz 7 Rückstände ins Inland verbringt,

18

18. entgegen § 62 Absatz 4 Satz 2, auch in Verbindung mit Absatz 5 Satz 1, überwachungsbedürftige Rückstände verwertet oder beseitigt,
19. entgegen § 64 Absatz 1 Satz 1 eine Kontamination nicht, nicht richtig, nicht vollständig, nicht in der vorgeschriebenen Weise oder nicht rechtzeitig entfernt,
20. entgegen § 70 Absatz 1 Satz 1 einen Strahlenschutzbeauftragten nicht, nicht richtig, nicht in der vorgeschriebenen Weise oder nicht rechtzeitig bestellt,
21. entgegen § 72 Absatz 1 Satz 1 Nummer 1 oder Absatz 2 Nummer 1 Buchstabe a, jeweils auch in Verbindung mit Absatz 1 Satz 2, nicht dafür sorgt, dass eine dort genannte Exposition oder Kontamination vermieden oder so gering wie möglich gehalten wird,
22. entgegen § 72 Absatz 1 Satz 1 Nummer 2 Buchstabe a oder Absatz 2 Nummer 1 Buchstabe a, jeweils auch in Verbindung mit Absatz 1 Satz 2, nicht dafür sorgt, dass eine dort genannte Vorschrift eingehalten wird,
23. entgegen § 72 Absatz 1 Satz 1 Nummer 4, auch in Verbindung mit Satz 2, nicht dafür sorgt, dass die erforderlichen Maßnahmen gegen ein Kritischwerden von Kernbrennstoffen getroffen werden,
24. entgegen § 85 Absatz 1 Satz 1 nicht dafür sorgt, dass eine Aufzeichnung angefertigt wird,
25. entgegen § 85 Absatz 1 Satz 3 eine Aufzeichnung nicht oder nicht richtig sichert,
26. entgegen § 85 Absatz 3 Satz 1 Nummer 1 erster Halbsatz oder Nummer 2 eine Aufzeichnung, ein Röntgenbild oder dort genannte Daten nicht, nicht richtig, nicht vollständig oder nicht rechtzeitig vorlegt,
27. entgegen § 127 Absatz 1 Satz 1 oder 3 erster Halbsatz eine Messung nicht, nicht richtig oder nicht rechtzeitig veranlasst,
28. entgegen § 127 Absatz 3, § 128 Absatz 2 Satz 3 oder 4, § 130 Absatz 1 Satz 3, § 134 Absatz 2 oder § 145 Absatz 1 Satz 3, auch in Verbindung mit § 148 Satz 1, eine dort genannte Aufzeichnung nicht, nicht richtig, nicht vollständig oder nicht rechtzeitig fertigt oder nicht oder nicht für die vorgeschriebene Dauer aufbewahrt oder nicht, nicht richtig, nicht vollständig oder nicht rechtzeitig vorlegt,
29. entgegen § 128 Absatz 1 eine Maßnahme nicht, nicht richtig oder nicht rechtzeitig ergreift,
30. entgegen § 128 Absatz 2 Satz 1 eine Überprüfung nicht, nicht richtig oder nicht rechtzeitig vornimmt,
31. entgegen § 129 Absatz 3 Satz 2 zweiter Halbsatz eine Auskunft nicht erteilt,
32. entgegen § 131 Absatz 1 Nummer 3 erster Halbsatz, auch in Verbindung mit dem zweiten Halbsatz, § 145 Absatz 3 Nummer 2 erster Halbsatz, auch in Verbindung mit dem zweiten Halbsatz, oder § 159 Absatz 3 Nummer 2 erster Halbsatz, auch in Verbindung mit dem zweiten Halbsatz, nicht dafür sorgt, dass ein Dosisgrenzwert nicht überschritten wird,
33. entgegen § 134 Absatz 1 die spezifische Aktivität nicht, nicht richtig oder nicht rechtzeitig bestimmt,
34. entgegen § 135 Absatz 1 Satz 1 oder Absatz 3 Satz 2 ein Bauprodukt in Verkehr bringt,
35. entgegen § 135 Absatz 2 eine Information nicht, nicht richtig, nicht vollständig oder nicht rechtzeitig übermittelt,
36. entgegen § 138 Absatz 1, auch in Verbindung mit § 148 Satz 1, oder § 167 Absatz 4 Satz 1 eine Meldung nicht, nicht richtig, nicht vollständig oder nicht rechtzeitig macht,
37. entgegen § 140, auch in Verbindung mit § 148 Satz 1, eine Mitteilung nicht, nicht richtig, nicht vollständig oder nicht rechtzeitig macht oder einen Nachweis nicht, nicht richtig, nicht vollständig oder nicht rechtzeitig vorlegt,
38. entgegen § 167 Absatz 1 eine Aufzeichnung nicht, nicht richtig, nicht vollständig oder nicht rechtzeitig fertigt,
39. entgegen § 167 Absatz 3 Satz 1 eine Aufzeichnung nicht, nicht richtig, nicht vollständig oder nicht rechtzeitig vorlegt

18

oder nicht, nicht richtig, nicht vollständig oder nicht rechtzeitig hinterlegt,

40. entgegen § 168 Absatz 1 Satz 1 dort genannte Daten nicht, nicht richtig, nicht vollständig oder nicht rechtzeitig zur Verfügung stellt,
41. entgegen § 168 Absatz 1 Satz 2 oder § 168 Absatz 2 eine Angabe nicht, nicht richtig, nicht vollständig oder nicht rechtzeitig vorlegt oder
42. einer vollziehbaren Auflage nach § 179 Absatz 1 Nummer 1 dieses Gesetzes in Verbindung mit § 17 Absatz 1 Satz 2 oder 3 des Atomgesetzes oder einer vollziehbaren Anordnung nach § 179 Absatz 1 Nummer 2 dieses Gesetzes in Verbindung mit § 19 Absatz 3 des Atomgesetzes zuwiderhandelt.

(2) Die Ordnungswidrigkeit kann in den Fällen des Absatzes 1 Nummer 1 Buchstabe a und c, Nummer 2 bis 4, 6 bis 9, 14 bis 23, 29, 32, 34 und 42 mit einer Geldbuße bis zu fünfzigtausend Euro und in den übrigen Fällen mit einer Geldbuße bis zu zehntausend Euro geahndet werden.

(3) Verwaltungsbehörde im Sinne des § 36 Absatz 1 Nummer 1 des Gesetzes über Ordnungswidrigkeiten ist

1. in den Fällen des Absatzes 1 Nummer 1 Buchstabe a und b, Nummer 2, 5 bis 41 oder 42 das Bundesamt für die Sicherheit der nuklearen Entsorgung für seinen in § 186 bezeichneten Bereich,
2. in den Fällen des Absatzes 1 Nummer 1 Buchstabe c und Nummer 2 Buchstabe l das Bundesamt für Wirtschaft und Ausfuhrkontrolle,
3. in den Fällen des Absatzes 1 Nummer 3 und 4
   a) das Bundesamt für Strahlenschutz im Zusammenhang mit dem Betrieb von Raumfahrzeugen,
   b) das Luftfahrt-Bundesamt im Zusammenhang mit dem Betrieb von Luftfahrzeugen,
   c) das Bundesamt für die Sicherheit der nuklearen Entsorgung für seinen in § 186 bezeichneten Bereich.

(4) Für einen Verstoß gegen eine Bestimmung nach Absatz 1 ist, soweit sie dem Schutz personenbezogener Daten dient, abweichend von den Absätzen 1 bis 3 ausschließlich Artikel 83 der Verordnung (EU) 2016/679 anzuwenden.

§ 195 Einziehung

Ist eine Ordnungswidrigkeit nach § 194 Absatz 1 vorsätzlich begangen worden, so können Gegenstände eingezogen werden,

1. auf die sich die Ordnungswidrigkeit bezieht oder
2. die zur Begehung oder Vorbereitung gebraucht wurden oder bestimmt gewesen sind.

18

Verordnung zum Schutz vor der schädlichen Wirkung ionisierender Strahlung (Strahlenschutzverordnung – StrlSchV)

Vom 29. November 2018 (BGBl. I S. 2034)

Zuletzt geändert durch
Erstes Gesetz zur Änderung des Strahlenschutzgesetzes
vom 20. Mai 2021 (BGBl. I S. 1194)

– Auszug –

Teil 1
Begriffsbestimmungen

§ 1 Begriffsbestimmungen

(1) Ableitung: Abgabe flüssiger, an Schwebstoffe gebundener oder gasförmiger radioaktiver Stoffe auf hierfür vorgesehenen Wegen.

(2) Äquivalentdosis: Produkt aus der Energiedosis im ICRU-Weichteilgewebe und dem Qualitätsfaktor Q der ICRU nach Anlage 18 Teil D, der die Einflüsse der Strahlungsart und der Strahlungsenergie berücksichtigt. Beim Vorliegen mehrerer Strahlungsarten und Strahlungsenergien ist die gesamte Äquivalentdosis die Summe ihrer ermittelten Einzelbeiträge.

(3) Betriebsgelände: Grundstück, auf dem sich kerntechnische Anlagen, Anlagen zur Erzeugung ionisierender Strahlung und Anlagen im Sinne des § 9a Absatz 3 Satz 1 zweiter Satzteil des Atomgesetzes oder Einrichtungen befinden und zu dem der Strahlenschutzverantwortliche den Zugang oder auf dem der Strahlenschutzverantwortliche die Aufenthaltsdauer von Personen beschränken kann.

(4) Diagnostische Referenzwerte:

1. Dosiswerte bei Anwendung ionisierender Strahlung am Menschen oder
2. empfohlene Aktivitätswerte bei Anwendung radioaktiver Stoffe am Menschen,

für typische Untersuchungen, bezogen auf Standardphantome oder auf Patientengruppen, für einzelne Gerätekategorien.

(5) Dosisrichtwert: eine effektive Dosis oder Organ-Äquivalentdosis, die bei der Planung und der Optimierung von Schutzmaßnahmen für Personen in geplanten Expositionssituationen als oberer Wert für die in Betracht zu ziehende Exposition dient.

(6) Energiedosis: Energie, die durch ionisierende Strahlung in Materie, einem Organ oder Gewebe deponiert worden ist, geteilt durch die Masse der bestrahlten Materie, des bestrahlten Organs oder Gewebes.

(7) Im Sinne des Forschungsvorhabens gesunde Person: Person, an der zum Zweck der medizinischen Forschung ein radioaktiver Stoff oder ionisierende Strahlung angewendet wird oder werden soll und bei der weder die Krankheit, deren Erforschung Gegenstand des Forschungsvorhabens ist, noch ein entsprechender Krankheitsverdacht vorliegt.

(8) Intervention: Einsatz von Röntgenbildgebungstechniken, um zu medizinischen Zwecken die Einbringung von Geräten und Substanzen in den Körper und ihre Steuerung zu ermöglichen.

(9) Maximale Betriebsbedingungen: Kombination der technischen Einstellparameter, die unter normalen Betriebsbedingungen bei Röntgenstrahlern nach § 18 Absatz 1 Nummer 1, Röntgeneinrichtungen nach den §§ 19 bis 22 und Störstrahlern nach § 17 zur höchsten Ortsdosisleistung und bei Röntgenstrahlern nach § 18 Absatz 1 Nummer 2 und Absatz 2 zur höchsten mittleren Ortsdosisleistung führen; hierzu gehören die Spannung für die Beschleunigung von Elektronen, der Röntgenröhrenstrom und gegebenenfalls weitere Parameter wie Einschaltzeit oder Elektrodenabstand.

(10) Oberflächenkontamination: Verunreinigung einer Oberfläche mit radioaktiven Stoffen, die die nicht festhaftende, die festhaftende und die über die Oberfläche eingedrungene

Aktivität umfasst. Die Einheit der Messgröße der Oberflächenkontamination ist die flächenbezogene Aktivität in Becquerel pro Quadratzentimeter.

(11) Oberflächenkontamination, nicht festhaftende: Verunreinigung einer Oberfläche mit radioaktiven Stoffen, bei denen eine Weiterverbreitung der radioaktiven Stoffe nicht ausgeschlossen werden kann.

(12) Ortsdosis: Äquivalentdosis, gemessen mit den in Anlage 18 Teil A angegebenen Messgrößen an einem bestimmten Ort.

(13) Ortsdosisleistung: in einem bestimmten Zeitintervall erzeugte Ortsdosis, geteilt durch die Länge des Zeitintervalls.

(14) Personendosis: Äquivalentdosis, gemessen mit den in Anlage 18 Teil A angegebenen Messgrößen an einer für die Exposition repräsentativen Stelle der Körperoberfläche.

(15) Prüfende Person: natürliche Person, die in einer Sachverständigenorganisation eigenständig Sachverständigentätigkeiten durchführt.

(16) Sachverständiger:

1. natürliche Person, die eigenständig Sachverständigentätigkeiten durchführt (Einzelsachverständiger) oder
2. juristische Person oder nicht rechtsfähige Personenvereinigung, die Sachverständigentätigkeiten durchführt (Sachverständigenorganisation).

(17) Spezifische Aktivität: Verhältnis der Aktivität eines Radionuklids zur Masse des Materials, in dem das Radionuklid verteilt ist. Bei festen radioaktiven Stoffen ist die Bezugsmasse für die Bestimmung der spezifischen Aktivität die Masse des Körpers oder Gegenstandes, mit dem die Radioaktivität bei vorgesehener Anwendung untrennbar verbunden ist. Bei gasförmigen radioaktiven Stoffen ist die Bezugsmasse die Masse des Gases oder des Gasgemisches.

(18) Störfall: Ereignisablauf, bei dessen Eintreten der Betrieb der kerntechnischen Anlage, der Anlage zur Erzeugung ionisierender Strahlung oder die Tätigkeit aus sicherheitstechnischen Gründen nicht fortgeführt werden kann und für den die kerntechnische Anlage oder die Anlage zur Erzeugung ionisierender Strahlung auszulegen ist oder für den bei der Tätigkeit vorsorglich Schutzvorkehrungen vorzusehen sind.

(19) Tierbegleitperson: einwilligungsfähige Person, die das 18. Lebensjahr vollendet hat und die außerhalb ihrer beruflichen Tätigkeit freiwillig ein Tier begleitet oder betreut.

(20) Überwachung, ärztliche: ärztliche Untersuchung, gesundheitliche Beurteilung und Beratung einer beruflich exponierten Person durch einen ermächtigten Arzt.

(21) Verbringung:

1. Einfuhr in den Geltungsbereich dieser Verordnung aus einem Staat, der nicht Mitgliedstaat der Europäischen Union ist,
2. Ausfuhr aus dem Geltungsbereich dieser Verordnung in einen Staat, der nicht Mitgliedstaat der Europäischen Union ist, oder
3. grenzüberschreitender Warenverkehr aus einem Mitgliedstaat der Europäischen Union in den Geltungsbereich dieser Verordnung oder in einen Mitgliedstaat der Europäischen Union aus dem Geltungsbereich dieser Verordnung.

(22) Vorkommnis: Ereignis in einer geplanten Expositionssituation, das zu einer unbeabsichtigten Exposition geführt hat, geführt haben könnte oder führen könnte. Kein Vorkommnis liegt vor, wenn das Ereignis für den Strahlenschutz nicht relevant ist.

(23) Zur medizinischen Forschung Berechtigter: der Inhaber der Genehmigung nach § 31 des Strahlenschutzgesetzes oder derjenige, nach dessen Anzeige nach § 33 Absatz 3 Satz 1 des Strahlenschutzgesetzes mit der angezeigten Anwendung begonnen werden darf.

Teil 2
Strahlenschutz bei geplanten Expositionssituationen

Kapitel 1
Rechtfertigung von Tätigkeitsarten

§ 2 Nicht gerechtfertigte Tätigkeitsarten

Tätigkeiten, die den in Anlage 1 genannten nicht gerechtfertigten Tätigkeitsarten zuzuordnen sind, dürfen nicht ausgeübt werden.

19

§ 3 Verfahren zur Prüfung der Rechtfertigung von Tätigkeitsarten nach § 7 des Strahlenschutzgesetzes

(1) Die nach § 7 Absatz 1 Satz 1 des Strahlenschutzgesetzes zu übermittelnden Unterlagen umfassen neben den jeweiligen Genehmigungs- oder Anzeigeunterlagen die Unterlagen nach Anlage 2 Teil A sowie eine Darlegung der Zweifel der für das Genehmigungs- oder Anzeigeverfahren zuständigen Behörde.

(2) Leitet eine für den Strahlenschutz zuständige oberste Landesbehörde die ihr übermittelten Unterlagen an das Bundesministerium für Umwelt, Naturschutz und nukleare Sicherheit weiter, so hat sie zu den Zweifeln der für das Genehmigungs- oder Anzeigeverfahren zuständigen Behörde schriftlich Stellung zu nehmen und die Stellungnahme zusammen mit den Unterlagen unverzüglich zu übermitteln.

(3) Die Frist zur Prüfung nach § 7 Absatz 2 Satz 1 des Strahlenschutzgesetzes beginnt mit der Feststellung der Vollständigkeit der Unterlagen durch das Bundesamt für Strahlenschutz. Das Bundesamt für Strahlenschutz informiert das Bundesministerium für Umwelt, Naturschutz und nukleare Sicherheit und die für das Genehmigungs- oder Anzeigeverfahren zuständige Behörde oder, im Fall des Absatzes 2, die oberste Landesbehörde über den Beginn der Prüfung.

(4) Das Bundesamt für Strahlenschutz kann auch nach Feststellung der Vollständigkeit für die Prüfung erforderliche Unterlagen nachfordern.

(5) Das Bundesamt für Strahlenschutz legt den Bericht unverzüglich nach Abschluss der Prüfung dem Bundesministerium für Umwelt, Naturschutz und nukleare Sicherheit vor und veröffentlicht den Bericht im Bundesanzeiger. Das Bundesministerium für Umwelt, Naturschutz und nukleare Sicherheit informiert die für das Genehmigungs- oder Anzeigeverfahren zuständige Behörde oder, im Fall des Absatzes 2, die oberste Landesbehörde über das Ergebnis der Prüfung.

Kapitel 2
Vorabkontrolle bei radioaktiven Stoffen oder ionisierender Strahlung

Abschnitt 3
Bauartzulassung

§ 16 Technische Anforderungen an die Bauartzulassung einer Vorrichtung, die sonstige radioaktive Stoffe enthält

(1) Die Bauart einer Vorrichtung, die sonstige radioaktive Stoffe nach § 3 Absatz 1 des Strahlenschutzgesetzes enthält, darf nach § 45 Absatz 1 Nummer 1 des Strahlenschutzgesetzes nur dann zugelassen werden, wenn sichergestellt ist, dass

1. sie nur sonstige radioaktive Stoffe nach § 3 Absatz 1 des Strahlenschutzgesetzes enthält, die
   a) umschlossen sind und
   b) berührungssicher abgedeckt sind,
2. die Ortsdosisleistung im Abstand von 0,1 Meter von der berührbaren Oberfläche der Vorrichtung 1 Mikrosievert durch Stunde bei normalen Betriebsbedingungen nicht überschreitet,
3. die Vorrichtung so ausgelegt ist, dass ein sicherer Einschluss der radioaktiven Stoffe bei bestimmungsgemäßem Betrieb gewährleistet ist und außer der Qualitätskontrolle durch den Hersteller nach § 24 Nummer 2 und einer gegebenenfalls durchzuführenden Dichtheitsprüfung nach § 25 Absatz 4 keine weiteren Dichtheitsprüfungen an den radioaktiven Stoffen, die in der Vorrichtung enthalten sind, erforderlich sind, und
4. die Aktivität der in der Vorrichtung enthaltenen radioaktiven Stoffe das Zehnfache der Freigrenzen der Anlage 4 Tabelle 1 Spalte 2 nicht überschreitet.

(2) Die für die Zulassung der Bauart zuständige Behörde kann im Einzelfall Abweichungen von den Voraussetzungen nach Absatz 1 Nummer 1 Buchstabe a, Nummer 3 oder 4 zulassen, sofern die durch die Vorrichtung verursachte, zu erwartende jährliche, effektive Do-

19

sis für eine Einzelperson der Bevölkerung im Bereich von höchstens 10 Mikrosievert liegt.

§ 17 Technische Anforderungen an die Bauartzulassung von Störstrahlern

Die Bauart eines Störstrahlers darf nach § 45 Absatz 1 Nummer 1 des Strahlenschutzgesetzes nur dann zugelassen werden, wenn sichergestellt ist, dass

1. die Ortsdosisleistung im Abstand von 0,1 Meter von der berührbaren Oberfläche des Störstrahlers 1 Mikrosievert durch Stunde bei den vom Hersteller oder Verbringer angegebenen maximalen Betriebsbedingungen nicht überschreitet und
2. der Störstrahler auf Grund technischer Maßnahmen nur dann betrieben werden kann, wenn die dem Strahlenschutz dienenden Sicherheitseinrichtungen vorhanden und wirksam sind.

§ 18 Technische Anforderungen an die Bauartzulassung von Röntgenstrahlern

(1) Die Bauart eines Röntgenstrahlers, der weder zur Anwendung am Menschen noch zur Anwendung am Tier bestimmt ist und, bei dem der Untersuchungsgegenstand nicht vom Schutzgehäuse mit umschlossen wird, darf nach § 45 Absatz 1 Nummer 2 des Strahlenschutzgesetzes nur dann zugelassen werden, wenn sichergestellt ist, dass

1. im Falle eines Röntgenstrahlers für Röntgenfeinstrukturuntersuchungen die Ortsdosisleistung bei geschlossenen Strahlenaustrittsfenstern und den vom Hersteller oder Verbringer angegebenen maximalen Betriebsbedingungen in 1 Meter Abstand vom Brennfleck 3 Mikrosievert durch Stunde nicht überschreitet, oder
2. im Falle eines Röntgenstrahlers, der nicht unter Nummer 1 fällt, die über einen je nach Anwendung geeigneten Zeitraum gemittelte Ortsdosisleistung bei geschlossenen Strahlenaustrittsfenstern und den vom Hersteller oder Verbringer angegebenen maximalen Betriebsbedingungen in 1 Meter Abstand vom Brennfleck folgende Werte nicht überschreitet:
   a) bei Nennspannungen bis 200 Kilovolt 2,5 Millisievert durch Stunde,
   b) bei Nennspannungen über 200 Kilovolt 10 Millisievert durch Stunde und nach Herunterregeln auf eine Röntgenspannung von 200 Kilovolt 2,5 Millisievert durch Stunde.

(2) Die Bauart eines Röntgenstrahlers, der zur Anwendung von Röntgenstrahlung am Tier bestimmt ist, darf nach § 45 Absatz 1 Nummer 2 des Strahlenschutzgesetzes nur dann zugelassen werden, wenn sichergestellt ist, dass die über einen je nach Anwendung geeigneten Zeitraum gemittelte Ortsdosisleistung bei geschlossenem Strahlenaustrittsfenster und bei den vom Hersteller oder Verbringer angegebenen maximalen Betriebsbedingungen

1. in 1 Meter Abstand vom Brennfleck 1 Millisievert durch Stunde nicht überschreitet und
2. in 0,1 Meter Abstand von der berührbaren Oberfläche des Röntgenstrahlers, ausgenommen dem Bereich der Oberfläche, in dem sich das Strahlenaustrittsfenster befindet, 100 Mikrosievert durch Stunde nicht überschreitet, sofern der Röntgenstrahler für eine Anwendung aus der Hand geeignet ist.

§ 19 Technische Anforderungen an die Bauartzulassung von Basisschutzgeräten

Die Bauart einer Röntgeneinrichtung, die weder zur Anwendung am Menschen noch zur Anwendung am Tier bestimmt ist, darf als Basisschutzgerät nach § 45 Absatz 1 Nummer 3 des Strahlenschutzgesetzes nur dann zugelassen werden, wenn sichergestellt ist, dass

1. das Schutzgehäuse außer der Röntgenröhre oder dem Röntgenstrahler auch den zu behandelnden oder zu untersuchenden Gegenstand so umschließt, dass ausschließlich Öffnungen zum Ein- und Ausbringen des Gegenstandes vorhanden sind,
2. die Ortsdosisleistung im Abstand von 0,1 Meter von der berührbaren Oberfläche des Schutzgehäuses und im Abstand von 0,1 Meter vor den Öffnungen 10 Mikrosie-

19

vert durch Stunde bei den vom Hersteller oder Verbringer angegebenen maximalen Betriebsbedingungen nicht überschreitet und

3. die Röntgenröhre oder der Röntgenstrahler nur bei vollständig geschlossenem Schutzgehäuse betrieben werden kann; dies gilt nicht für
   a) Öffnungen im Schutzgehäuse gemäß Nummer 1, wenn das Ein- und Ausbringen des zu behandelnden oder zu untersuchenden Gegenstandes ausschließlich mittels Probenwechsler oder Fördereinrichtung geschieht und die Abmessungen der Öffnungen diesem Zweck angepasst sind, oder
   b) Untersuchungsverfahren, die einen kontinuierlichen Betrieb des Röntgenstrahlers erfordern, wenn die Ortsdosisleistung im Innern des geöffneten Schutzgehäuses 10 Mikrosievert durch Stunde nicht überschreitet.

§ 20 Technische Anforderungen an die Bauartzulassung von Hochschutzgeräten

Die Bauart einer Röntgeneinrichtung, die weder zur Anwendung am Menschen noch zur Anwendung am Tier bestimmt ist, darf als Hochschutzgerät nach § 45 Absatz 1 Nummer 4 des Strahlenschutzgesetzes nur dann zugelassen werden, wenn sichergestellt ist, dass

1. das Schutzgehäuse außer der Röntgenröhre oder dem Röntgenstrahler auch den zu behandelnden oder zu untersuchenden Gegenstand vollständig umschließt,
2. die Ortsdosisleistung im Abstand von 0,1 Meter von der berührbaren Oberfläche des Schutzgehäuses – ausgenommen Innenräume nach Nummer 3 Buchstabe a – bei den vom Hersteller oder Verbringer angegebenen maximalen Betriebsbedingungen 10 Mikrosievert durch Stunde nicht überschreitet,
3. die Röntgenröhre oder der Röntgenstrahler nur bei vollständig geschlossenem Schutzgehäuse betrieben werden kann; dies gilt nicht für
   a) Schutzgehäuse, in die ausschließlich hineingefasst werden kann, wenn die Ortsdosisleistung im erreichbaren Teil des Innenraumes bei den vom Hersteller oder Verbringer angegebenen maximalen Betriebsbedingungen 250 Mikrosievert durch Stunde nicht überschreitet, oder
   b) Untersuchungsverfahren, die einen kontinuierlichen Betrieb des Röntgenstrahlers erfordern, wenn die Ortsdosisleistung im Innern des geöffneten Schutzgehäuses 10 Mikrosievert durch Stunde nicht überschreitet.

§ 21 Technische Anforderungen an die Bauartzulassung von Vollschutzgeräten

Die Bauart einer Röntgeneinrichtung, die weder zur Anwendung am Menschen noch zur Anwendung am Tier bestimmt ist, darf als Vollschutzgerät nach § 45 Absatz 1 Nummer 5 des Strahlenschutzgesetzes nur dann zugelassen werden,

1. wenn sichergestellt ist, dass
   a) das Schutzgehäuse außer der Röntgenröhre oder dem Röntgenstrahler auch den zu behandelnden oder zu untersuchenden Gegenstand vollständig umschließt,
   b) die Ortsdosisleistung im Abstand von 0,1 Meter von der berührbaren Oberfläche des Schutzgehäuses 3 Mikrosievert durch Stunde bei den vom Hersteller oder Verbringer angegebenen maximalen Betriebsbedingungen nicht überschreitet, und
2. wenn durch zwei voneinander unabhängige Sicherheitseinrichtungen sichergestellt ist, dass
   a) die Röntgenröhre oder der Röntgenstrahler nur bei vollständig geschlossenem Schutzgehäuse betrieben werden kann oder
   b) bei Untersuchungsverfahren, die einen kontinuierlichen Betrieb des Röntgenstrahlers erfordern, das Schutzgehäuse während des Betriebes des Röntgenstrahlers nur bei geschlossenem Strah-

19

lenaustrittsfenster geöffnet werden kann und hierbei im Inneren des Schutzgehäuses die Ortsdosisleistung 3 Mikrosievert durch Stunde nicht überschreitet.

§ 22 Technische Anforderungen an die Bauartzulassung von Schulröntgeneinrichtungen

Die Bauart einer Röntgeneinrichtung, die weder zur Anwendung am Menschen noch zur Anwendung am Tier bestimmt ist, darf als Schulröntgeneinrichtung nach § 45 Absatz 1 Nummer 6 des Strahlenschutzgesetzes nur dann zugelassen werden, wenn sichergestellt ist, dass

1. die Voraussetzungen des § 21 erfüllt sind und
2. die vom Hersteller oder Verbringer angegebenen maximalen Betriebsbedingungen nicht überschritten werden können.

§ 23 Technische Anforderungen an die Bauartzulassung einer Anlage zur Erzeugung ionisierender Strahlung als Vollschutzanlage

Die Bauart einer Anlage zur Erzeugung ionisierender Strahlung, die nicht zur Anwendung am Menschen bestimmt ist, darf als Vollschutzanlage nach § 45 Absatz 1 Nummer 7 des Strahlenschutzgesetzes nur dann zugelassen werden,

1. wenn sichergestellt ist, dass
   a) die Erzeugung radioaktiver Stoffe durch Aktivierung beim Betrieb der Vollschutzanlage ausgeschlossen ist,
   b) ein Schutzgehäuse den Ort, an dem die ionisierende Strahlung entsteht, und den zu behandelnden oder zu untersuchenden Gegenstand vollständig umschließt,
   c) die Ortsdosisleistung im Abstand von 0,1 Meter von der berührbaren Oberfläche des Schutzgehäuses 3 Mikrosievert durch Stunde bei den vom Hersteller oder Verbringer angegebenen maximalen normalen Betriebsbedingungen nicht überschreitet, und
2. wenn durch zwei voneinander unabhängige Sicherheitseinrichtungen sichergestellt ist, dass die Vollschutzanlage nur bei vollständig geschlossenem Schutzgehäuse betrieben werden kann.

§ 24 Pflichten des Inhabers einer Bauartzulassung

Der Inhaber einer Bauartzulassung hat

1. ein Qualitätssicherungssystem zu betreiben,
2. vor einer Abgabe der gefertigten bauartzugelassenen Vorrichtung eine Qualitätskontrolle durchzuführen, um sicherzustellen, dass die gefertigte bauartzugelassene Vorrichtung den für den Strahlenschutz wesentlichen Merkmalen der Bauartzulassung entspricht,
3. die Qualitätskontrolle nach Nummer 2 durch eine von der für die Zulassung der Bauart zuständigen Behörde zu benennende sachverständige Person überwachen zu lassen,
4. vor einer Abgabe der gefertigten bauartzugelassenen Vorrichtung
   a) das Bauartzeichen und weitere von der für die Zulassung der Bauart zuständigen Behörde zu bestimmende Angaben anzubringen und,
   b) im Falle einer bauartzugelassenen Vorrichtung nach § 45 Absatz 1 Nummer 1 erste Alternative oder Nummer 7 des Strahlenschutzgesetzes diese entsprechend § 91 Absatz 1 zu kennzeichnen und
   c) im Falle einer bauartzugelassenen Vorrichtung nach § 45 Absatz 1 Nummer 1 erste Alternative des Strahlenschutzgesetzes die Vorrichtung zusätzlich so zu kennzeichnen, dass die enthaltenen Radionuklide und deren Aktivität zum Zeitpunkt der Herstellung ersichtlich sind, soweit dies nach Größe und Beschaffenheit der Vorrichtung möglich ist,
5. dem Erwerber einer bauartzugelassenen Vorrichtung zusammen mit der Vorrichtung folgende Unterlagen auszuhändigen:
   a) einen Abdruck des Zulassungsscheins,
   b) einen Nachweis über das Ergebnis der Qualitätskontrolle nach Nummer 2 unter Angabe des Datums der Durchführung,

19

   c) eine Betriebsanleitung in deutscher Sprache, in der auf die dem Strahlenschutz dienenden Maßnahmen hingewiesen wird, und

6. sicherzustellen, dass eine bauartzugelassene Vorrichtung nach § 45 Absatz 1 Nummer 1 erste Alternative des Strahlenschutzgesetzes nach Beendigung der Nutzung wieder von ihm zurückgenommen werden kann.

§ 25 Pflichten des Inhabers einer bauartzugelassenen Vorrichtung

(1) Der Inhaber einer bauartzugelassenen Vorrichtung hat folgende Unterlagen bei der Vorrichtung bereitzuhalten:

1. einen Abdruck des Zulassungsscheins,
2. die Betriebsanleitung und
3. im Falle einer Vorrichtung nach § 45 Absatz 1 Nummer 1 erste Alternative des Strahlenschutzgesetzes die Befunde der Dichtheitsprüfung nach Absatz 4 Satz 1.

Bei einer Abgabe der bauartzugelassenen Vorrichtung gilt § 24 Nummer 5 entsprechend.

19

(2) An der bauartzugelassenen Vorrichtung dürfen keine Änderungen vorgenommen werden, die für den Strahlenschutz wesentliche Merkmale betreffen.

(3) Wer eine bauartzugelassene Vorrichtung betreibt oder verwendet, hat in den Fällen einer Bauartzulassung nach § 45 Absatz 1 Nummer 2 bis 7 des Strahlenschutzgesetzes unverzüglich den Betrieb einzustellen oder in den Fällen einer Bauartzulassung nach § 45 Absatz 1 Nummer 1 des Strahlenschutzgesetzes die Vorrichtung unverzüglich stillzulegen und Schutzmaßnahmen zur Vermeidung von Strahlenschäden zu treffen, wenn

1. die Rücknahme oder der Widerruf der Bauartzulassung oder die Erklärung, dass eine bauartzugelassene Vorrichtung nicht weiter betrieben werden darf, bekannt gemacht wurde oder
2. die bauartzugelassene Vorrichtung nicht mehr den im Zulassungsschein angegebenen Merkmalen entspricht.

(4) Der Inhaber einer bauartzugelassenen Vorrichtung nach § 45 Absatz 1 Nummer 1 erste Alternative des Strahlenschutzgesetzes hat die Vorrichtung alle zehn Jahre durch einen nach § 172 Absatz 1 Nummer 4 des Strahlenschutzgesetzes bestimmten Sachverständigen auf Unversehrtheit und Dichtheit prüfen zu lassen. Stichtag für die Prüfung nach Satz 1 ist der im Nachweis nach § 24 Nummer 5 Buchstabe b vermerkte Tag der Qualitätskontrolle. Die für die Zulassung der Bauart zuständige Behörde kann im Zulassungsschein von den Sätzen 1 und 2 abweichende Regelungen zur Dichtheitsprüfung treffen.

(5) Der Inhaber einer bauartzugelassenen Vorrichtung nach § 45 Absatz 1 Nummer 1 erste Alternative des Strahlenschutzgesetzes hat die Vorrichtung nach Beendigung der Nutzung, sofern er diese nicht an einen Dritten zur weiteren Nutzung abgibt, unverzüglich dem Inhaber der Bauartzulassung zurückzugeben. Ist dies nicht möglich, so hat er sie an eine Landessammelstelle oder an eine von der zuständigen Behörde bestimmte Stelle abzugeben.

§ 26 Bekanntmachung

Die für die Zulassung der Bauart zuständige Behörde hat den wesentlichen Inhalt der Bauartzulassung, ihre Änderungen, ihre Rücknahme, ihren Widerruf, die Verlängerung der Zulassungsfrist und die Erklärung, dass eine bauartzugelassene Vorrichtung nicht weiter betrieben werden darf, im Bundesanzeiger bekannt zu machen.

Kapitel 4
Betriebliche Organisation des Strahlenschutzes

§ 43 Pflichten des Strahlenschutzbeauftragten

(1) Der Strahlenschutzbeauftragte hat für die Einhaltung der dem Strahlenschutzverantwortlichen durch diese Verordnung zugewiesenen Pflichten zu sorgen, soweit ihm die entsprechenden Aufgaben und Befugnisse nach § 70 Absatz 2 des Strahlenschutzgesetzes übertragen wurden. § 70 Absatz 1 Satz 2 des Strahlenschutzgesetzes bleibt unberührt.

(2) Die Pflichten der folgenden Vorschriften dürfen dem Strahlenschutzbeauftragten nicht

übertragen werden: § 44 Absatz 2, § 45 Absatz 1 Satz 1 und Absatz 3 und 4, § 54, § 79 Absatz 5, § 98 Satz 1 Nummer 4, auch in Verbindung mit Satz 2, § 99 Absatz 3, § 104 Absatz 1 Satz 1, Absatz 3 Satz 1 und Absatz 4, § 106 Absatz 2 und 4, § 117 Absatz 1 und 2 und § 138 Absatz 1.

§ 44 Pflichten bei Nutzung durch weitere Strahlenschutzverantwortliche

(1) Ein Strahlenschutzverantwortlicher, der Inhaber einer Genehmigung nach § 12 Absatz 1 Nummer 1, 3, 4 oder 5 des Strahlenschutzgesetzes ist oder der eine Anzeige nach § 17 Absatz 1 Satz 1 oder § 19 Absatz 1 Satz 1 des Strahlenschutzgesetzes erstattet hat, hat dafür zu sorgen, dass die zuständige Behörde unverzüglich unterrichtet wird, sobald eine weitere Person die Anlage zur Erzeugung ionisierender Strahlung, die radioaktiven Stoffe, die Röntgeneinrichtung oder den Störstrahler eigenverantwortlich nutzt. Die Pflicht der weiteren Person, als Strahlenschutzverantwortlicher eine Genehmigung nach § 12 Absatz 1 Nummer 1, 3, 4 oder 5 des Strahlenschutzgesetzes zu beantragen oder eine Anzeige nach §§ 17 oder 19 Absatz 1 des Strahlenschutzgesetzes zu erstatten, bleibt unberührt.

(2) Der Strahlenschutzverantwortliche und die weitere Person haben ihre Pflichten sowie die Pflichten ihrer jeweiligen Strahlenschutzbeauftragten, Medizinphysik-Experten und sonst unter ihrer Verantwortung tätigen Personen vertraglich eindeutig gegeneinander abzugrenzen. Der Vertrag ist der zuständigen Behörde auf Verlangen vorzulegen.

§ 45 Strahlenschutzanweisung

(1) Der Strahlenschutzverantwortliche hat dafür zu sorgen, dass eine Strahlenschutzanweisung erlassen wird. Die Strahlenschutzanweisung kann Bestandteil sonstiger erforderlicher Betriebsanweisungen insbesondere nach arbeitsschutz-, immissionsschutz-, gefahrgut- oder gefahrstoffrechtlichen Vorschriften sein.

(2) In der Strahlenschutzanweisung sind die in dem Betrieb zu beachtenden Schutzmaßnahmen aufzuführen. Zu diesen Maßnahmen können insbesondere gehören

1. die Aufstellung eines Plans für die Organisation des Strahlenschutzes, erforderlichenfalls mit der Bestimmung, dass ein oder mehrere Strahlenschutzbeauftragte oder Personen mit der erforderlichen Fachkunde im Strahlenschutz bei der Tätigkeit ständig anwesend oder sofort erreichbar sein müssen,
2. die Regelung des für den Strahlenschutz wesentlichen Betriebsablaufs,
3. die für die Ermittlung der Körperdosis vorgesehenen Messungen und Maßnahmen entsprechend den Expositionsbedingungen,
4. die Regelungen zur Festlegung von Dosisrichtwerten für die Exposition der Beschäftigten und anderer Personen,
5. die Führung eines Betriebsbuchs, in das die für den Strahlenschutz wesentlichen Betriebsvorgänge einzutragen sind,
6. Regelungen zur Vermeidung, Untersuchung und Meldung von Vorkommnissen,
7. die regelmäßige Funktionsprüfung und Wartung von Bestrahlungsvorrichtungen, Anlagen zur Erzeugung ionisierender Strahlung, Röntgeneinrichtungen, Störstrahlern, Ausrüstung und Geräten, die für den Strahlenschutz wesentlich sind, sowie die Führung von Aufzeichnungen über die Funktionsprüfungen und über die Wartungen,
8. die Regelung des Schutzes gegen Störmaßnahmen oder sonstige Einwirkungen Dritter, gegen das Abhandenkommen von radioaktiven Stoffen oder gegen das unerlaubte Inbetriebsetzen einer Bestrahlungsvorrichtung, einer Anlage zur Erzeugung ionisierender Strahlung, einer Röntgeneinrichtung oder eines Störstrahlers, unter Einhaltung der Regelungen zur Behandlung von Verschlusssachen, und
9. die Aufstellung eines Planes für regelmäßige Alarmübungen sowie für den Einsatz bei Notfällen und Störfällen, erforderlichenfalls mit Regelungen für den Brandschutz und die vorbereitenden Maßnahmen für Notfälle und Störfälle.

(3) Die Strahlenschutzanweisung ist bei wesentlichen Änderungen unverzüglich zu aktualisieren.

19

(4) Beim anzeigebedürftigen Betrieb von Röntgeneinrichtungen und beim Betrieb von Störstrahlern und bei einer Anzeige nach §§ 56 oder 59 des Strahlenschutzgesetzes ist der Erlass einer Strahlenschutzanweisung nur erforderlich, wenn die zuständige Behörde den Strahlenschutzverantwortlichen dazu verpflichtet.

§ 46 Bereithalten des Strahlenschutzgesetzes und der Strahlenschutzverordnung

Der Strahlenschutzverantwortliche hat dafür zu sorgen, dass das Strahlenschutzgesetz und diese Verordnung in Betrieben oder selbständigen Zweigbetrieben, bei Nichtgewerbetreibenden an dem Ort der Tätigkeit, zur Einsicht ständig verfügbar gehalten wird, wenn regelmäßig mindestens eine Person beschäftigt oder unter der Aufsicht eines anderen tätig ist.

Kapitel 5
Fachkunde und Kenntnisse

§ 47 Erforderliche Fachkunde im Strahlenschutz

(1) Der Erwerb der erforderlichen Fachkunde im Strahlenschutz wird von der zuständigen Stelle geprüft und bescheinigt. Dazu sind der zuständigen Stelle in der Regel folgende Unterlagen vorzulegen:

1. Nachweise über eine für das jeweilige Anwendungsgebiet geeignete Ausbildung,
2. Nachweise über die praktische Erfahrung und
3. Nachweise über die erfolgreiche Teilnahme an anerkannten Kursen.

Die Kursteilnahme darf insgesamt nicht länger als fünf Jahre zurückliegen.

(2) Der Nachweis der praktischen Erfahrung erfolgt durch Vorlage einer schriftlichen Bestätigung derjenigen Person, in deren Verantwortungsbereich oder unter deren Aufsicht die praktische Erfahrung erworben wurde. Der Nachweis soll insbesondere folgende Angaben enthalten:

1. Angaben zur Person,
2. eine Auflistung der Tätigkeiten mit Angabe der Beschäftigungszeiten in dem jeweiligen Anwendungsgebiet und
3. den Namen der Einrichtung, in der die Tätigkeiten erbracht wurden.

Dauer, Art und Umfang der zu erwerbenden praktischen Erfahrung sind abhängig von der Ausbildung und dem jeweiligen Anwendungsgebiet. Die praktische Erfahrung darf nur an einer Einrichtung erworben werden, die auf Grund ihrer technischen und personellen Ausstattung in der Lage ist, die erforderlichen praktischen Fähigkeiten zu vermitteln.

(3) In den Kursen zum Erwerb der erforderlichen Fachkunde im Strahlenschutz ist das für das jeweilige Anwendungsgebiet erforderliche Wissen zu vermitteln. Neben den rechtlichen Grundlagen soll in Abhängigkeit von dem jeweiligen Anwendungsgebiet insbesondere Folgendes vermittelt werden:

1. naturwissenschaftliche und technische Grundlagen,
2. angewandter Strahlenschutz und
3. allgemeine und anwendungsspezifische Strahlenschutzmaßnahmen.

Die Kurse sollen praktische Übungen im Strahlenschutz beinhalten. Von einer erfolgreichen Teilnahme an einem anerkannten Kurs kann ausgegangen werden, wenn die Abschlussprüfung über die Inhalte des Kurses erfolgreich absolviert wurde.

(4) Die zuständige Stelle kann eine im Ausland erworbene Qualifikation im Strahlenschutz vollständig oder teilweise als erforderliche Fachkunde im Strahlenschutz anerkennen, wenn diese mit der für das jeweilige Anwendungsgebiet erforderlichen Fachkunde im Strahlenschutz vergleichbar ist. Zur Feststellung der Vergleichbarkeit sind der zuständigen Stelle im Ausland erworbene Ausbildungsnachweise und Nachweise über einschlägige Berufserfahrung und sonstige Befähigungsnachweise vorzulegen, sofern diese zur Feststellung der Vergleichbarkeit erforderlich sind.

(5) Die erforderliche Fachkunde im Strahlenschutz wird mit Bestehen der Abschlussprüfung einer staatlichen oder staatlich anerkannten Berufsausbildung erworben, wenn die zuständige Behörde zuvor festgestellt hat, dass in dieser Ausbildung die für das jeweilige Anwendungsgebiet erforderliche Fachkunde

im Strahlenschutz vermittelt wird. Die nach der jeweiligen Ausbildungs- und Prüfungsordnung oder Approbationsordnung für das Prüfungswesen zuständige Stelle erteilt die Bescheinigung über die erforderliche Fachkunde im Strahlenschutz.

(6) Für Medizinisch-technische Radiologieassistenten gilt der Nachweis der erforderlichen Fachkunde mit der Erlaubnis nach § 1 Absatz 1 Nummer 2 des MTA-Gesetzes für die vorbehaltenen Tätigkeiten nach § 9 Absatz 1 Nummer 2 des MTA-Gesetzes als erbracht.

§ 48 Aktualisierung der Fachkunde

(1) Die erforderliche Fachkunde im Strahlenschutz muss mindestens alle fünf Jahre durch eine erfolgreiche Teilnahme an einem von der zuständigen Stelle anerkannten Kurs oder anderen von der zuständigen Stelle als geeignet anerkannten Fortbildungsmaßnahmen aktualisiert werden. Der Nachweis der Aktualisierung der erforderlichen Fachkunde ist der zuständigen Stelle auf Anforderung vorzulegen.

(2) Abweichend von Absatz 1 kann die erforderliche Fachkunde im Strahlenschutz im Einzelfall auf andere geeignete Weise aktualisiert werden. Die Aktualisierung muss geeignet sein, einen Wissensstand zu gewährleisten, der der Wissensvermittlung in einem Kurs oder einer Fortbildungsmaßnahme nach Absatz 1 Satz 1 entspricht. Die Aktualisierung ist der zuständigen Stelle nachzuweisen. Diese entscheidet über die Anerkennung der Aktualisierung.

§ 49 Erforderliche Kenntnisse im Strahlenschutz bei der Anwendung am Menschen und am Tier in der Tierheilkunde

(1) Folgende Personen haben die erforderlichen Kenntnisse im Strahlenschutz in der Regel nach § 74 Absatz 2 Satz 2 des Strahlenschutzgesetzes zu erwerben:

1. Ärzte oder Zahnärzte nach § 145 Absatz 1 Nummer 2,
2. Ärzte, die nach § 14 Absatz 2 Satz 1 Nummer 3 des Strahlenschutzgesetzes am Ort der technischen Durchführung der Teleradiologie anwesend sind,
3. Personen mit einer erfolgreich abgeschlossenen sonstigen medizinischen Ausbildung nach § 145 Absatz 2 Nummer 5,
4. Tierärzte nach § 146 Absatz 1 Nummer 2,
5. Personen nach § 146 Absatz 2 Nummer 5.

(2) § 47 Absatz 1 bis 5 gilt entsprechend. Die zuständige Behörde kann auf Antrag eines Kursveranstalters zulassen, dass der Nachweis über den erfolgreichen Abschluss eines anerkannten Kurses die Bescheinigung über den Erwerb der erforderlichen Kenntnisse ersetzt.

(3) Für die Aktualisierung der erforderlichen Kenntnisse im Strahlenschutz gilt § 48 entsprechend.

§ 50 Widerruf der Anerkennung der erforderlichen Fachkunde oder der erforderlichen Kenntnisse

(1) Die zuständige Stelle kann die Anerkennung der erforderlichen Fachkunde oder der erforderlichen Kenntnisse im Strahlenschutz widerrufen oder deren Fortgeltung mit Auflagen versehen, wenn der Nachweis über Fortbildungsmaßnahmen nicht oder nicht vollständig vorgelegt wird oder eine Überprüfung nach Absatz 2 ergibt, dass die erforderliche Fachkunde oder die erforderlichen Kenntnisse im Strahlenschutz nicht oder nicht im erforderlichen Umfang vorhanden sind.

(2) Bestehen begründete Zweifel an der erforderlichen Fachkunde oder an den erforderlichen Kenntnissen im Strahlenschutz, kann die zuständige Behörde eine Überprüfung der Fachkunde oder der Kenntnisse veranlassen.

§ 51 Anerkennung von Kursen

Kurse nach § 47 Absatz 3, § 48 Absatz 1 Satz 1, § 49 Absatz 2 Satz 1 in Verbindung mit § 47 Absatz 3 und § 49 Absatz 3 in Verbindung mit § 48 Absatz 1 Satz 1 sind von der für die Kursstätte zuständigen Stelle anzuerkennen, wenn

1. die Kursinhalte geeignet sind, die für das jeweilige Anwendungsgebiet notwendigen Fertigkeiten und das notwendige Wissen im Strahlenschutz entsprechend § 47 Absatz 3 zu vermitteln,
2. die Qualifikation des Lehrpersonals, die verwendeten Lehrmaterialien und die Aus-

19

stattung der Kursstätte eine ordnungsgemäße Wissensvermittlung gewährleisten und

3. eine Erfolgskontrolle stattfindet.

Kapitel 6 Anforderungen im Zusammenhang mit der Ausübung von Tätigkeiten

Abschnitt 1 Physikalische Strahlenschutzkontrolle; Strahlenschutzbereiche

§ 52 Einrichten von Strahlenschutzbereichen

(1) Der Strahlenschutzverantwortliche hat dafür zu sorgen, dass bei den nachfolgenden Tätigkeiten Strahlenschutzbereiche nach Absatz 2 Satz 1 eingerichtet werden, wenn die Exposition von Personen einen der Grenzwerte für Einzelpersonen der Bevölkerung nach § 80 Absatz 1 und 2 des Strahlenschutzgesetzes überschreiten kann:

1. Tätigkeiten, die einer Genehmigung nach § 12 Absatz 1 des Strahlenschutzgesetzes bedürfen,
2. Tätigkeiten, die einer Genehmigung nach §§ 6, 7, 9 oder 9b des Atomgesetzes oder eines Planfeststellungsbeschlusses nach § 9b des Atomgesetzes bedürfen, oder
3. Tätigkeiten, die anzeigepflichtig nach §§ 17 oder 19 des Strahlenschutzgesetzes sind.

Strahlenschutzbereiche sind bei diesen Tätigkeiten auch einzurichten, wenn zu erwarten ist, dass die nicht festhaftende, flächenspezifische Aktivität von Oberflächen in einem Bereich die Werte der Anlage 4 Tabelle 1 Spalte 5 überschreitet.

(2) Strahlenschutzbereiche sind einzurichten als

1. Überwachungsbereich, wenn in betrieblichen Bereichen, die nicht zum Kontrollbereich gehören, Personen im Kalenderjahr eine effektive Dosis von mehr als 1 Millisievert oder eine Organ-Äquivalentdosis von mehr als 50 Millisievert für die Hände, die Unterarme, die Füße oder Knöchel oder eine lokale Hautdosis von mehr als 50 Millisievert erhalten können,
2. Kontrollbereich, wenn Personen im Kalenderjahr eine effektive Dosis von mehr als 6 Millisievert oder eine Organ-Äquivalentdosis von mehr als 15 Millisievert für die Augenlinse oder 150 Millisievert für die Hände, die Unterarme, die Füße oder Knöchel oder eine lokale Hautdosis von mehr als 150 Millisievert erhalten können, und
3. Sperrbereich, wenn in einem Bereich die Ortsdosisleistung höher als 3 Millisievert durch Stunde sein kann; ein Sperrbereich ist Teil des Kontrollbereichs.

Maßgebend bei der Festlegung der Grenze von Kontrollbereich oder Überwachungsbereich ist eine Aufenthaltszeit von 40 Stunden je Woche und 50 Wochen im Kalenderjahr, soweit keine anderen begründeten Angaben über die Aufenthaltszeit vorliegen. Die zuständige Behörde kann bestimmen, dass weitere Bereiche als Strahlenschutzbereiche zu behandeln sind, wenn dies zum Schutz Einzelner oder der Allgemeinheit erforderlich ist. Satz 1 Nummer 3 findet keine Anwendung beim Betrieb von Röntgeneinrichtungen zum Zwecke der Untersuchung von Menschen und der Untersuchung von Tieren in der Tierheilkunde.

(3) Bereiche, in denen nur Röntgeneinrichtungen oder Störstrahler betrieben werden, gelten nur während der Einschaltzeit als Strahlenschutzbereiche. Beim Betrieb von Anlagen zur Erzeugung ionisierender Strahlung oder Bestrahlungsvorrichtungen kann die zuständige Behörde zulassen, dass Bereiche nur während der Einschaltzeit dieser Anlagen oder Vorrichtungen als Kontrollbereiche oder Sperrbereiche gelten, wenn dadurch Einzelne oder die Allgemeinheit nicht gefährdet werden.

§ 53 Abgrenzung, Kennzeichnung und Sicherung von Strahlenschutzbereichen

(1) Der Strahlenschutzverantwortliche hat dafür zu sorgen, dass Kontrollbereiche nach § 52 Absatz 2 Satz 1 Nummer 2 abgegrenzt und zusätzlich zur Kennzeichnung nach § 91 Absatz 1 deutlich sichtbar und dauerhaft mit dem Zusatz „Kontrollbereich" gekennzeichnet werden. Die zuständige Behörde kann Ausnahmen von Satz 1 gestatten, wenn dadurch Ein-

zelne oder die Allgemeinheit nicht gefährdet werden.

(2) Im Falle von Kontrollbereichen, in denen ausschließlich Röntgeneinrichtungen oder genehmigungsbedürftige Störstrahler betrieben werden, hat der Strahlenschutzverantwortliche dafür zu sorgen, dass diese Bereiche während der Einschaltzeit und der Betriebsbereitschaft mindestens mit den Worten „Kein Zutritt – Röntgen" gekennzeichnet werden. Die dauerhafte Kennzeichnung nach § 91 Absatz 1 und Absatz 1 Satz 1 ist entbehrlich.

(3) Der Strahlenschutzverantwortliche hat dafür zu sorgen, dass Sperrbereiche nach § 52 Absatz 2 Satz 1 Nummer 3 abgegrenzt und zusätzlich zur Kennzeichnung nach § 91 Absatz 1 deutlich sichtbar und dauerhaft mindestens mit dem Zusatz „Sperrbereich – Kein Zutritt" gekennzeichnet werden. Er hat dafür zu sorgen, dass die Sperrbereiche so abgesichert werden, dass Personen, auch mit einzelnen Körperteilen, nicht unkontrolliert hineingelangen können. Die zuständige Behörde kann Ausnahmen von den Sätzen 1 und 2 gestatten, wenn dadurch Einzelne oder die Allgemeinheit nicht gefährdet werden.

(4) Sperrbereiche, die innerhalb eines Teiles eines Röntgen- oder Bestrahlungsraumes eingerichtet sind, müssen abweichend von Absatz 3 nicht gesondert gekennzeichnet oder abgegrenzt werden, wenn sich während der Einschaltzeit der Röntgeneinrichtung, der Anlage zur Erzeugung ionisierender Strahlung oder der Bestrahlungsvorrichtung nur Personen, an denen ionisierende Strahlung angewendet wird, oder Betreuungs- oder Begleitpersonen in dem Röntgen- oder Bestrahlungsraum aufhalten können.

(5) Beim ortsveränderlichen Umgang mit radioaktiven Stoffen und beim ortsveränderlichen Betrieb von Anlagen zur Erzeugung ionisierender Strahlung, Röntgeneinrichtungen, Störstrahlern oder Bestrahlungsvorrichtungen hat der Strahlenschutzverantwortliche dafür zu sorgen, dass ein einzurichtender Kontrollbereich so abgegrenzt und gekennzeichnet wird, dass unbeteiligte Personen diesen nicht unbeabsichtigt betreten können. Kann ausgeschlossen werden, dass unbeteiligte Personen den Kontrollbereich unbeabsichtigt betreten können, ist die Abgrenzung nicht erforderlich. Eine zusätzliche Abgrenzung oder Kennzeichnung von Sperrbereichen innerhalb des Kontrollbereichs ist nicht erforderlich.

§ 54 Vorbereitung der Brandbekämpfung

(1) Der Strahlenschutzverantwortliche hat dafür zu sorgen, dass zur Vorbereitung der Brandbekämpfung mit den nach Landesrecht zuständigen Behörden die erforderlichen Maßnahmen geplant werden. Es ist insbesondere festzulegen, an welchen Orten die Feuerwehr oder, in untertägigen Betrieben, die Grubenwehr im Einsatzfall

1. ohne besonderen Schutz vor den Gefahren radioaktiver Stoffe tätig werden kann (Gefahrengruppe I),
2. nur unter Verwendung einer Sonderausrüstung tätig werden kann (Gefahrengruppe II) und
3. nur mit einer Sonderausrüstung und unter Hinzuziehung einer Person mit der erforderlichen Fachkunde, um die beim Einsatz in diesem Bereich entstehende Gefährdung durch ionisierende Strahlung sowie die notwendigen Schutzmaßnahmen beurteilen zu können, tätig werden kann (Gefahrengruppe III).

Der Strahlenschutzverantwortliche hat dafür zu sorgen, dass die betroffenen Bereiche jeweils am Zugang deutlich sichtbar und dauerhaft mit dem Zeichen „Gefahrengruppe I", „Gefahrengruppe II" oder „Gefahrengruppe III" gekennzeichnet werden.

(2) Absatz 1 gilt nicht beim ausschließlichen Betrieb von Röntgeneinrichtungen oder Störstrahlern.

§ 55 Zutritt zu Strahlenschutzbereichen

(1) Der Strahlenschutzverantwortliche hat dafür zu sorgen, dass Personen der Zutritt

1. zu einem Überwachungsbereich nur erlaubt wird, wenn
   a) sie in diesem Bereich eine dem Betrieb dienende Aufgabe wahrnehmen,

   b) ihr Aufenthalt in diesem Bereich zur Anwendung ionisierender Strahlung oder radioaktiver Stoffe an ihnen selbst oder als Betreuungs-, Begleit- oder Tierbegleitperson erforderlich ist,
   c) sie Auszubildende oder Studierende sind und der Aufenthalt in diesem Bereich zur Erreichung ihres Ausbildungszieles erforderlich ist oder
   d) sie Besucher sind,
2. zu einem Kontrollbereich nur erlaubt wird, wenn
   a) sie zur Durchführung oder Aufrechterhaltung der in diesem Bereich vorgesehenen Betriebsvorgänge tätig werden müssen,
   b) ihr Aufenthalt in diesem Bereich zur Anwendung ionisierender Strahlung oder radioaktiver Stoffe an ihnen selbst oder als Betreuungs-, Begleit- oder Tierbegleitperson erforderlich ist und eine zur Ausübung des ärztlichen, zahnärztlichen oder tierärztlichen Berufs berechtigte Person, die die erforderliche Fachkunde im Strahlenschutz besitzt, zugestimmt hat oder
   c) bei Auszubildenden oder Studierenden dies zur Erreichung ihres Ausbildungszieles erforderlich ist,
3. zu einem Sperrbereich nur erlaubt wird, wenn
   a) sie zur Durchführung der in diesem Bereich vorgesehenen Betriebsvorgänge oder aus zwingenden Gründen tätig werden müssen und sie unter der Kontrolle eines Strahlenschutzbeauftragten oder einer von ihm beauftragten Person, die die erforderliche Fachkunde im Strahlenschutz besitzt, stehen oder
   b) ihr Aufenthalt in diesem Bereich zur Anwendung ionisierender Strahlung oder radioaktiver Stoffe an ihnen selbst oder als Betreuungs- oder Begleitperson erforderlich ist und eine zur Ausübung des ärztlichen oder zahnärztlichen Berufs berechtigte Person, die die erforderliche Fachkunde im Strahlenschutz besitzt, schriftlich zugestimmt hat.

Die zuständige Behörde kann gestatten, dass auch anderen Personen der Zutritt zu Strahlenschutzbereichen erlaubt werden kann, wenn ein angemessener Schutz dieser Personen gewährleistet ist. Betretungsrechte auf Grund anderer gesetzlicher Regelungen bleiben unberührt.

(2) Einer schwangeren Person darf der Zutritt

1. zu einem Sperrbereich abweichend zu Absatz 1 Satz 1 Nummer 3 nur erlaubt werden, wenn ihr Aufenthalt in diesem Bereich für ihre eigene Untersuchung oder Behandlung erforderlich ist,
2. zu einem Kontrollbereich abweichend zu Absatz 1 Satz 1 Nummer 2 Buchstabe a und c nur erlaubt werden, wenn der Strahlenschutzbeauftragte oder, wenn er die erforderliche Fachkunde im Strahlenschutz besitzt, der Strahlenschutzverantwortliche
   a) ihr den Zutritt gestattet und
   b) durch geeignete Überwachungsmaßnahmen sicherstellt, dass der besondere Dosisgrenzwert nach § 78 Absatz 4 Satz 2 des Strahlenschutzgesetzes eingehalten und dies dokumentiert wird,
3. zu einem Kontrollbereich abweichend von Absatz 1 Satz 1 Nummer 2 Buchstabe b als Betreuungs- oder Begleitperson nur erlaubt werden, wenn zwingende Gründe dies erfordern.

Die Zutrittserlaubnis für schwangere Personen zu Kontrollbereichen nach Satz 1 Nummer 2 oder 3 ist zu dokumentieren. Die Aufzeichnungen sind ab dem Zutritt fünf Jahre aufzubewahren.

(3) Einer stillenden Person darf der Zutritt zu Kontrollbereichen, in denen mit offenen radioaktiven Stoffen umgegangen wird, abweichend von Absatz 1 Satz 1 Nummer 2 Buchstabe b nicht als Tierbegleitperson erlaubt werden.

§ 56 Messtechnische Überwachung in Strahlenschutzbereichen

(1) Der Strahlenschutzverantwortliche hat dafür zu sorgen, dass in Strahlenschutzbereichen in dem für die Ermittlung der Exposition erfor-

19

derlichen Umfang jeweils einzeln oder in Kombination Folgendes gemessen wird:

1. die Ortsdosis oder die Ortsdosisleistung,
2. die Konzentration radioaktiver Stoffe in der Luft oder
3. die Kontamination des Arbeitsplatzes.

(2) Der Strahlenschutzverantwortliche hat dafür zu sorgen, dass Zeitpunkt und Ergebnis der Messungen unverzüglich aufgezeichnet werden. Die Aufzeichnungen sind mindestens fünf Jahre nach der letzten durchgeführten Messung oder nach Beendigung der Tätigkeit aufzubewahren und der zuständigen Behörde auf Verlangen vorzulegen. Der Strahlenschutzverantwortliche hat dafür zu sorgen, dass bei Beendigung der Tätigkeit die Aufzeichnungen bei einer von der zuständigen Behörde vorgegebenen Stelle hinterlegt werden.

(3) Der Strahlenschutzverantwortliche hat dafür zu sorgen, dass die Anzeige der Geräte zur Überwachung der Ortsdosis oder Ortsdosisleistung in Sperrbereichen auch außerhalb dieser Bereiche erkennbar ist.

§ 57 Kontamination und Dekontamination

(1) Bei Strahlenschutzbereichen, in denen offene radioaktive Stoffe vorhanden sind, hat der Strahlenschutzverantwortliche, soweit es zum Schutz der sich darin aufhaltenden Personen oder der dort befindlichen Sachgüter erforderlich ist, dafür zu sorgen, dass festgestellt wird, ob Kontaminationen durch diese Stoffe vorliegen.

(2) Der Strahlenschutzverantwortliche hat dafür zu sorgen, dass unverzüglich Maßnahmen zur Verhinderung der Weiterverbreitung radioaktiver Stoffe oder ihrer Aufnahme in den Körper getroffen werden, wenn

1. festgestellt wird, dass die nicht festhaftende Oberflächenkontamination auf Verkehrsflächen, an Arbeitsplätzen oder an der Kleidung in Kontrollbereichen das Hundertfache der Werte der Anlage 4 Tabelle 1 Spalte 5 überschreitet,
2. festgestellt wird, dass die nicht festhaftende Oberflächenkontamination auf Verkehrsflächen, an Arbeitsplätzen oder an der Kleidung in Überwachungsbereichen das Zehnfache der Werte der Anlage 4 Tabelle 1 Spalte 5 überschreitet, oder
3. außerhalb eines Strahlenschutzbereichs auf dem Betriebsgelände die Oberflächenkontamination von Bodenflächen, Gebäuden und beweglichen Gegenständen, insbesondere Kleidung, die Werte der Anlage 4 Tabelle 1 Spalte 5 überschreitet.

Satz 1 gilt nicht für die Gegenstände, die als gefährliche Güter nach § 2 des Gefahrgutbeförderungsgesetzes befördert oder nach § 94 abgegeben werden.

(3) Werden die Werte der Oberflächenkontamination nach Absatz 2 Satz 1 Nummer 3 überschritten, hat der Strahlenschutzverantwortliche dafür zu sorgen, dass die Ergebnisse der Messungen und Ermittlungen unverzüglich aufgezeichnet werden. Der Strahlenschutzverantwortliche hat dafür zu sorgen, dass diese Aufzeichnungen mindestens zehn Jahre aufbewahrt und der zuständigen Behörde auf Verlangen vorgelegt werden.

(4) Können die in Absatz 2 Satz 1 Nummer 1 oder 2 genannten Werte der Oberflächenkontamination dauerhaft nicht eingehalten werden, so hat der Strahlenschutzverantwortliche dafür zu sorgen, dass die in solchen Arbeitsbereichen beschäftigten Personen durch besondere Maßnahmen geschützt werden.

(5) Die Absätze 1 bis 3 gelten nicht für Personen, die sich zur Anwendung ionisierender Strahlung oder radioaktiver Stoffe an ihnen selbst oder als Betreuungs- oder Begleitpersonen in einem Strahlenschutzbereich aufhalten.

§ 58 Verlassen von und Herausbringen aus Strahlenschutzbereichen

(1) Der Strahlenschutzverantwortliche hat dafür zu sorgen, dass Personen beim Verlassen eines Kontrollbereichs, in dem offene radioaktive Stoffe vorhanden sind, daraufhin geprüft werden, ob sie kontaminiert sind. Wird hierbei eine Kontamination festgestellt, so hat der Strahlenschutzverantwortliche dafür zu sorgen, dass unverzüglich Maßnahmen getroffen werden, die geeignet sind, weitere Expositionen und eine Weiterverbreitung radioaktiver Stoffe zu verhindern. Wenn in einem Überwachungsbereich offene radioaktive Stoffe vorhanden sein

19

können, kann die zuständige Behörde festlegen, dass eine Prüfung auch beim Verlassen des Überwachungsbereichs durchzuführen ist. Wird nach Satz 2 oder 3 eine Kontamination festgestellt, gelten die Aufzeichnungs-, Aufbewahrungs- und Mitteilungspflichten nach § 167 Absatz 1, 2 und 3 Satz 1 und Absatz 4 des Strahlenschutzgesetzes entsprechend.

(2) Der Strahlenschutzverantwortliche hat dafür zu sorgen, dass bewegliche Gegenstände, insbesondere Werkzeuge, Messgeräte, Messvorrichtungen, sonstige Apparate, Anlagenteile oder Kleidungsstücke, die zum Zweck der Handhabung, zum Zweck der Nutzung oder zum Zweck einer sonstigen Verwendung mit dem Ziel einer Wiederverwendung oder Reparatur außerhalb eines Strahlenschutzbereichs aus einem Kontrollbereich herausgebracht werden, daraufhin geprüft werden, ob sie aktiviert oder kontaminiert sind. Der Strahlenschutzverantwortliche hat dafür zu sorgen, dass Gegenstände nicht aus dem Kontrollbereich herausgebracht werden, wenn

1. im Falle ihrer Aktivierung die Werte der Anlage 4 Tabelle 1 Spalte 3 überschritten sind oder
2. im Falle ihrer Kontamination die Werte der Anlage 4 Tabelle 1 Spalte 3 oder Spalte 5 überschritten sind.

Wenn in einem Überwachungsbereich eine Kontamination oder eine Aktivierung nicht ausgeschlossen ist, kann die zuständige Behörde festlegen, dass die Sätze 1 und 2 auch auf Überwachungsbereiche anzuwenden sind. Die Sätze 1 und 2 gelten nicht für die Gegenstände, die als gefährliche Güter nach § 2 des Gefahrgutbeförderungsgesetzes befördert oder nach § 94 abgegeben werden. Die Prüfung nach den Sätzen 1 und 2 ist nicht erforderlich für Kontrollbereiche, in denen es keine offenen radioaktiven Stoffe gibt und in denen keine Aktivierung erfolgen kann. § 31 findet keine Anwendung.

(3) Die Absätze 1 und 2 gelten nicht für Personen, die sich zur Anwendung ionisierender Strahlung oder radioaktiver Stoffe an ihnen selbst oder als Betreuungs- oder Begleitpersonen in einem Strahlenschutzbereich aufhalten.

§ 59 Einrichten von Strahlenschutzbereichen bei Tätigkeiten mit natürlich vorkommenden radioaktiven Stoffen

Bei einer nach § 56 oder § 59 des Strahlenschutzgesetzes angezeigten Tätigkeit kann die zuständige Behörde auf Grund der Expositionsbedingungen anordnen, dass Strahlenschutzbereiche entsprechend § 52 einzurichten sind. In diesem Fall gelten § 53 und die §§ 55 bis 58 nur, soweit die zuständige Behörde die dort genannten Maßnahmen entsprechend anordnet.

§ 60 Röntgenräume

(1) Der Strahlenschutzverantwortliche hat dafür zu sorgen, dass eine Röntgeneinrichtung nur in einem Röntgenraum betrieben wird.

(2) Röntgenräume müssen allseitig umschlossen und in der Genehmigung nach § 12 Absatz 1 Nummer 4 des Strahlenschutzgesetzes, in der Bescheinigung nach § 19 Absatz 3 Satz 1 Nummer 1 des Strahlenschutzgesetzes oder in der Entscheidung nach § 19 Absatz 3 Satz 2 des Strahlenschutzgesetzes als Röntgenraum bezeichnet sein.

(3) Der Strahlenschutzverantwortliche hat dafür zu sorgen, dass im Kontrollbereich von Röntgeneinrichtungen, die in einem Röntgenraum betrieben werden, Arbeitsplätze, Verkehrswege oder Umkleidekabinen nur liegen, wenn sichergestellt ist, dass sich dort während der Einschaltzeit keine Personen aufhalten. Dies gilt nicht für Arbeitsplätze, die aus Gründen einer ordnungsgemäßen Anwendung der Röntgenstrahlen nicht außerhalb des Kontrollbereichs liegen können.

(4) Absatz 1 gilt nicht

1. für Röntgeneinrichtungen, die nach § 61 in einem Bestrahlungsraum zu betreiben sind,
2. für Röntgeneinrichtungen, bei denen die Genehmigung einen Betrieb außerhalb eines Röntgenraums und eines Bestrahlungsraums zulässt,
3. für Basis-, Hoch- und Vollschutzgeräte sowie Schulröntgeneinrichtungen und
4. in den Ausnahmefällen nach § 19 Absatz 2 Nummer 5 des Strahlenschutzgesetzes, in

denen der Zustand der zu untersuchenden Person oder des zu untersuchenden Tieres oder dessen Größe im Einzelfall zwingend den Betrieb außerhalb eines Röntgenraums erfordert.

§ 61 Bestrahlungsräume

(1) Der Strahlenschutzverantwortliche hat dafür zu sorgen, dass folgende Geräte bei der Anwendung am Menschen und der Anwendung am Tier in der Tierheilkunde nur in Bestrahlungsräumen betrieben werden:

1. Röntgeneinrichtungen zur Behandlung,
2. Anlagen zur Erzeugung ionisierender Strahlung sowie
3. Bestrahlungsvorrichtungen,
   a) die hochradioaktive Strahlenquellen enthalten oder
   b) bei denen die Gesamtaktivität der radioaktiven Stoffe den Wert von Anlage 4 Tabelle 1 Spalte 4 überschreitet.

(2) Bestrahlungsräume müssen

1. allseitig umschlossen sein,
2. so bemessen sein, dass die erforderlichen Verrichtungen ohne Behinderung vorgenommen werden können,
3. über eine geeignete Ausstattung zur Überwachung der Person verfügen, an der ionisierende Strahlung angewendet wird, und
4. so bemessen sein, dass sich bei Anlagen zur Erzeugung ionisierender Strahlung und bei Bestrahlungsvorrichtungen nach Absatz 1 Nummer 3
   a) die Bedienungsvorrichtungen, die die Strahlung freigeben, in einem Nebenraum außerhalb des Kontrollbereichs befinden, und
   b) in dem Bestrahlungsraum mindestens ein Notschalter befindet, mit dem die Anlage abgeschaltet, der Strahlerkopf der Bestrahlungsvorrichtung geschlossen oder der radioaktive Stoff in die Abschirmung eingefahren werden kann.

§ 62 Räume für den Betrieb von Störstrahlern

Die zuständige Behörde kann für genehmigungsbedürftige Störstrahler zum Schutz Einzelner oder der Allgemeinheit festlegen, dass sie nur in allseitig umschlossenen Räumen betrieben werden dürfen.

§ 63 Unterweisung

(1) Der Strahlenschutzverantwortliche hat dafür zu sorgen, dass folgende Personen unterwiesen werden:

1. Personen, die im Rahmen einer anzeige- oder genehmigungsbedürftigen Tätigkeit tätig werden,
2. Personen, denen nach § 55 Absatz 1 Satz 1 Nummer 2 Buchstabe a oder c der Zutritt zu einem Kontrollbereich erlaubt wird.

Die Unterweisung ist erstmals vor Aufnahme der Betätigung oder vor dem erstmaligen Zutritt zu einem Kontrollbereich durchzuführen. Danach ist die Unterweisung mindestens einmal im Jahr zu wiederholen. Satz 1 Nummer 1 gilt nicht für Personen, die bei der Errichtung von Anlagen zur Erzeugung ionisierender Strahlung tätig sind.

(2) Die Unterweisung hat insbesondere Informationen zu umfassen über

1. die Arbeitsmethoden,
2. die möglichen Gefahren,
3. die anzuwendenden Sicherheits- und Schutzmaßnahmen,
4. die für ihre Beschäftigung oder ihre Anwesenheit wesentlichen Inhalte des Strahlenschutzrechts, der Genehmigung oder Anzeige, der Strahlenschutzanweisung und
5. die zum Zweck der Überwachung von Dosisgrenzwerten und der Beachtung der Strahlenschutzgrundsätze erfolgende Verarbeitung und Nutzung personenbezogener Daten.

Diese Unterweisung kann Bestandteil sonstiger erforderlicher Unterweisungen insbesondere nach arbeitsschutz-, immissionsschutz-, gefahrgut- oder gefahrstoffrechtlichen Vorschriften sein.

(3) Die Unterweisung muss in einer für die Unterwiesenen verständlichen Form und Sprache erfolgen. Die Unterweisung hat mündlich zu erfolgen. Die zuständige Behörde kann zulassen, dass die Unterweisung durch Nutzung

von E-Learning-Angeboten oder von audiovisuellen Medien erfolgt, wenn dabei eine Erfolgskontrolle durchgeführt wird und die Möglichkeit für Nachfragen gewährleistet ist.

(4) Der Strahlenschutzverantwortliche hat dafür zu sorgen, dass andere Personen als die in Absatz 1 genannten, denen der Zutritt zu Kontrollbereichen gestattet wird, vorher über die möglichen Gefahren und ihre Vermeidung unterwiesen werden. Dies gilt nicht für Personen, an denen ionisierende Strahlung angewendet wird oder radioaktive Stoffe angewendet werden.

(5) Der Strahlenschutzverantwortliche hat dafür zu sorgen, dass im Rahmen der Unterweisungen darauf hingewiesen wird, dass eine Schwangerschaft im Hinblick auf die Risiken einer Exposition für das ungeborene Kind so früh wie möglich mitzuteilen ist und dass beim Vorhandensein von offenen radioaktiven Stoffen eine Kontamination zu einer inneren Exposition eines ungeborenen oder gestillten Kindes führen kann.

(6) Der Strahlenschutzverantwortliche hat dafür zu sorgen, dass der Inhalt und der Zeitpunkt der Unterweisungen unverzüglich aufgezeichnet werden. Die Aufzeichnung ist von der unterwiesenen Person zu unterzeichnen. Der Strahlenschutzverantwortliche hat dafür zu sorgen, dass die Aufzeichnungen in den Fällen des Absatzes 1 fünf Jahre und in den Fällen des Absatzes 4 ein Jahr lang nach der Unterweisung aufbewahrt und der zuständigen Behörde auf Verlangen vorgelegt werden.

§ 64 Pflicht zur Ermittlung der Körperdosis; zu überwachende Personen

(1) Der Strahlenschutzverantwortliche hat dafür zu sorgen, dass an Personen, die sich in einem Strahlenschutzbereich aufhalten, die Körperdosis nach Maßgabe des § 65 Absatz 1 ermittelt wird. Ist für den Aufenthalt in einem Überwachungsbereich für alle oder für einzelne Personen zu erwarten, dass im Kalenderjahr eine effektive Dosis von 1 Millisievert, eine höhere Organ-Äquivalentdosis als 15 Millisievert für die Augenlinse und eine lokale Hautdosis von 50 Millisievert nicht erreicht werden, so kann für diese Personen auf die Ermittlung der Körperdosis verzichtet werden. Satz 2 gilt nicht, wenn die zuständige Behörde die Ermittlung verlangt. Für den Aufenthalt im Kontrollbereich gilt Satz 2 entsprechend, wenn die zuständige Behörde dem zugestimmt hat. Der Strahlenschutzverantwortliche hat darauf hinzuwirken, dass die Ermittlungsergebnisse spätestens sechs Monate nach einem Aufenthalt im Strahlenschutzbereich vorliegen.

(2) Absatz 1 gilt entsprechend für Personen, die bei der Ausübung einer Tätigkeit, die nicht mit dem Aufenthalt in einem Strahlenschutzbereich verbunden ist, eine effektive Dosis von mehr als 1 Millisievert, eine höhere Organ-Äquivalentdosis als 15 Millisievert für die Augenlinse oder eine lokale Hautdosis von mehr als 50 Millisievert im Kalenderjahr erhalten können. Für das eingesetzte fliegende Personal gilt Absatz 1 entsprechend, wenn die effektive Dosis durch kosmische Strahlung 1 Millisievert im Kalenderjahr überschreiten kann.

(3) Der Strahlenschutzverantwortliche hat dafür zu sorgen, dass jeder unter seiner Aufsicht stehenden beruflich exponierten Person auf deren Verlangen die im Beschäftigungsverhältnis erhaltene berufliche Exposition schriftlich mitgeteilt wird, sofern nicht ein Strahlenpass geführt wird. Beim anzeigebedürftigen Betrieb eines Luftfahrzeugs hat der Strahlenschutzverantwortliche außerdem dafür zu sorgen, dass die erhaltene berufliche Exposition den als fliegendes Personal eingesetzten Personen einmal im Kalenderjahr sowie nach ihrem letztmaligen Einsatz schriftlich mitgeteilt wird.

(4) Ist nicht auszuschließen, dass eine Person, die sich in einem Bereich aufhält oder aufgehalten hat, in dem eine Tätigkeit ausgeübt wird, radioaktive Stoffe inkorporiert hat, kann die zuständige Behörde anordnen, dass durch geeignete Messungen festgestellt wird, ob die Person radioaktive Stoffe inkorporiert hat.

(5) Absatz 1 Satz 1 gilt nicht für Personen, die sich zur Anwendung ionisierender Strahlung oder radioaktiver Stoffe an ihnen selbst in einem Strahlenschutzbereich aufhalten.

§ 65 Vorgehen bei der Ermittlung der Körperdosis

(1) Der Strahlenschutzverantwortliche hat dafür zu sorgen, dass zur Ermittlung der Körperdosis die Personendosis nach § 66 gemessen wird. Die zuständige Behörde kann auf Grund der Expositionsbedingungen bestimmen, dass zur Ermittlung der Körperdosis zusätzlich oder, abweichend von Satz 1, allein

1. die Ortsdosis, die Ortsdosisleistung, die Konzentration radioaktiver Stoffe in der Luft oder die Kontamination des Arbeitsplatzes gemessen wird,
2. die Körperaktivität oder die Aktivität der Ausscheidungen gemessen wird oder
3. weitere Eigenschaften des Strahlungsfeldes oder der Quelle der ionisierenden Strahlung festgestellt werden.

(2) Der Strahlenschutzverantwortliche hat dafür zu sorgen, dass bei einer unterbliebenen oder fehlerhaften Messung

1. die zuständige Behörde informiert wird und
2. die Dosis abgeschätzt wird.

Die zuständige Behörde legt eine Ersatzdosis fest und veranlasst, dass die Ersatzdosis an das Strahlenschutzregister nach § 170 des Strahlenschutzgesetzes übermittelt wird. Die zuständige Behörde kann im Einzelfall von der Festlegung einer Ersatzdosis absehen, wenn die festzusetzende Dosis 0 Millisievert beträgt und sie diesen Wert an das Strahlenschutzregister nach § 170 des Strahlenschutzgesetzes übermittelt. Die Übermittlung nach Satz 2 oder 3 kann über eine nach § 169 des Strahlenschutzgesetzes bestimmte Messstelle erfolgen.

(3) Besteht auf Grund der Ermittlung der Körperdosis der Verdacht, dass einer der Dosisgrenzwerte des § 78 des Strahlenschutzgesetzes überschritten wurde, hat der Strahlenschutzverantwortliche dafür zu sorgen, dass die Körperdosis unter Berücksichtigung der Expositionsbedingungen ermittelt wird. Er hat dafür zu sorgen, dass die ermittelte Körperdosis unverzüglich der betroffenen Person mitgeteilt und zusammen mit den Angaben zu den Expositionsbedingungen an die zuständige Behörde übermittelt wird. Die zuständige Behörde veranlasst, dass die ermittelte Körperdosis und die Angaben über die Expositionsbedingungen an das Strahlenschutzregister nach § 170 des Strahlenschutzgesetzes übermittelt werden. Dies kann über eine nach § 169 des Strahlenschutzgesetzes bestimmte Messstelle erfolgen.

(4) Der Strahlenschutzverantwortliche hat dafür zu sorgen, dass die Messung der Körperaktivität oder der Aktivität der Ausscheidungen sowie die auf Grund dieser Messung durchzuführende Ermittlung der Körperdosis durch eine nach § 169 des Strahlenschutzgesetzes bestimmte Messstelle durchgeführt wird.

§ 66 Messung der Personendosis

(1) Die Messung der Personendosis nach § 65 Absatz 1 Satz 1 hat zu erfolgen mit

1. einem Dosimeter, das bei einer nach § 169 des Strahlenschutzgesetzes bestimmten Messstelle anzufordern ist, oder
2. einem Dosimeter, das unter der Verantwortung des Strahlenschutzverantwortlichen ausgewertet wird und dessen Verwendung nach Zustimmung einer nach § 169 des Strahlenschutzgesetzes bestimmten Messstelle von der zuständigen Behörde gestattet wurde.

(2) Der Strahlenschutzverantwortliche hat dafür zu sorgen, dass das Dosimeter an einer für die Exposition als repräsentativ geltenden Stelle der Körperoberfläche, in der Regel an der Vorderseite des Rumpfes, getragen wird. Der Messwert des Dosimeters ist als Maß für die effektive Dosis zu werten, sofern die Körperdosis für einzelne Körperteile, Organe oder Gewebe nicht genauer ermittelt worden ist. Ist vorauszusehen, dass im Kalenderjahr die Organ-Äquivalentdosis für die Hände, die Unterarme, die Füße oder Knöchel oder die lokale Hautdosis größer als 150 Millisievert oder die Organ-Äquivalentdosis der Augenlinse größer als 15 Millisievert sein kann, hat der Strahlenschutzverantwortliche dafür zu sorgen, dass die Personendosis durch weitere Dosimeter auch an einzelnen Körperteilen festgestellt wird. Die zuständige Behörde kann auf Grund der Expositionsbedingungen anordnen, dass

19

die Personendosis nach einem anderen geeigneten oder nach zwei voneinander unabhängigen Verfahren gemessen wird.

(3) Der Strahlenschutzverantwortliche hat dafür zu sorgen, dass

1. die Dosimeter nach Absatz 1 Nummer 1 und Absatz 2 Satz 3 der Messstelle jeweils nach Ablauf eines Monats unverzüglich eingereicht werden oder
2. im Falle des Absatzes 1 Nummer 2 die Messwerte der Messstelle zur Prüfung und Feststellung bereitgestellt werden.

Die zuständige Behörde kann gestatten, dass Dosimeter in Zeitabständen bis zu drei Monaten bei der Messstelle einzureichen sind, wenn die Expositionsbedingungen dem nicht entgegenstehen.

(4) Der Strahlenschutzverantwortliche hat dafür zu sorgen, dass die Qualität der Messungen nach Absatz 1 Nummer 2 durch regelmäßige interne Prüfungen sichergestellt wird. Er hat dafür zu sorgen, dass die Ergebnisse der Prüfungen der zuständigen Behörde auf Verlangen mitgeteilt werden.

19

(5) Der Strahlenschutzverantwortliche hat dafür zu sorgen, dass einer zu überwachenden Person auf ihr Verlangen ein Dosimeter zur Verfügung gestellt wird, mit dem die Personendosis gemessen und jederzeit festgestellt werden kann.

§ 68 Beschäftigung mit Strahlenpass

(1) Wer auf Grund einer Genehmigung nach § 25 Absatz 1 des Strahlenschutzgesetzes, auf Grund einer Anzeige nach § 26 Absatz 1 oder § 59 Absatz 2 des Strahlenschutzgesetzes Strahlenschutzverantwortlicher ist, hat dafür zu sorgen, dass die unter seiner Aufsicht stehenden Personen in fremden Strahlenschutzbereichen nur beschäftigt werden, wenn jede einzelne beruflich exponierte Person im Besitz eines vollständig geführten und bei der zuständigen Behörde registrierten Strahlenpasses ist. Satz 1 gilt nicht für Strahlenschutzbereiche, in denen auf die Ermittlung der Körperdosis verzichtet werden kann. Wenn ein Strahlenschutzverantwortlicher nach Satz 1 selbst in fremden Strahlenschutzbereichen tätig wird, gelten die Sätze 1 und 2 entsprechend.

(2) Absatz 1 gilt entsprechend für Personen, die bei der Ausübung einer Tätigkeit, die nicht mit dem Aufenthalt in einem Strahlenschutzbereich verbunden ist, eine effektive Dosis von mehr als 1 Millisievert, eine höhere Organ-Äquivalentdosis als 15 Millisievert für die Augenlinse oder eine lokale Hautdosis von mehr als 50 Millisievert im Kalenderjahr erhalten können.

(3) Der für die Einrichtung eines Strahlenschutzbereichs verantwortliche Strahlenschutzverantwortliche hat dafür zu sorgen, dass beruflich exponierte Personen nach Absatz 1 Satz 1 und 3 im Strahlenschutzbereich nur beschäftigt werden, wenn diese den Strahlenpass vorlegen und ein Dosimeter nach § 66 Absatz 1 tragen. Satz 1 gilt nicht für Strahlenschutzbereiche, in denen auf die Ermittlung der Körperdosis verzichtet werden kann.

(4) Die zuständige Behörde kann im Einzelfall von der Pflicht zum Führen eines Strahlenpasses nach Absatz 1 und von der Pflicht zur Vorlage nach Absatz 3 befreien, wenn die beruflich strahlenexponierte Person in nicht mehr als einer fremden Anlage oder Einrichtung beschäftigt wird.

§ 69 Schutz von schwangeren und stillenden Personen

(1) Sobald der Strahlenschutzverantwortliche darüber informiert wird, dass eine Person, die einer beruflichen Exposition ausgesetzt sein kann, schwanger ist oder stillt, hat er dafür zu sorgen, dass die Arbeitsbedingungen dieser Person so gestaltet werden, dass eine innere berufliche Exposition ausgeschlossen ist.

(2) Sobald der Strahlenschutzverantwortliche darüber informiert wird, dass eine nach § 64 Absatz 1 Satz 1 oder Absatz 2 zu überwachende Person, die einer beruflichen Exposition ausgesetzt sein kann, schwanger ist, hat er dafür zu sorgen, dass

1. die berufliche Exposition dieser Person arbeitswöchentlich ermittelt wird und
2. die ermittelte Exposition dieser Person unverzüglich mitgeteilt wird.

§ 70 Schutz beim Umgang mit offenen radioaktiven Stoffen; Beschäftigungsverbote

(1) Der Strahlenschutzverantwortliche hat dafür zu sorgen, dass Personen beim Umgang mit offenen radioaktiven Stoffen, deren Aktivität und spezifische Aktivität die Freigrenzen der Anlage 4 Tabelle 1 Spalte 2 und 3 überschreitet,

1. die erforderliche Schutzkleidung tragen und die erforderliche Schutzausrüstung verwenden und
2. ein Verhalten, durch das sie radioaktive Stoffe aufnehmen können, insbesondere Essen, Trinken, Rauchen und die Verwendung von Gesundheitspflegemitteln und kosmetischen Mitteln, untersagt wird.

Der Strahlenschutzverantwortliche hat dafür zu sorgen, dass Personen unter 18 Jahren nicht mit offenen radioaktiven Stoffen, deren Aktivität und spezifische Aktivität die Freigrenzen der Anlage 4 Tabelle 1 Spalte 2 und 3 überschreitet, umgehen, wenn der Umgang genehmigungsbedürftig ist. Satz 1 Nummer 1 und 2 gilt entsprechend beim Aufenthalt in Bereichen, in denen mit den in Satz 1 genannten Stoffen umgegangen wird, es sei denn, dies ist bei Patienten oder Betreuungs- und Begleitpersonen auf Grund der Aufenthaltsdauer nicht zumutbar.

(2) Die zuständige Behörde kann für Auszubildende und Studierende im Alter zwischen 16 und 18 Jahren Ausnahmen von Absatz 1 Satz 2 zulassen, wenn dies für die Erreichung des Ausbildungsziels notwendig ist und eine ständige Aufsicht und Anleitung durch eine Person, die die erforderliche Fachkunde im Strahlenschutz besitzt, gewährleistet wird.

Abschnitt 2
Besondere Vorschriften zum Schutz beruflich exponierter Personen

§ 71 Kategorien beruflich exponierter Personen

(1) Der Strahlenschutzverantwortliche hat dafür zu sorgen, dass beruflich exponierte Personen zur Kontrolle und ärztlichen Überwachung vor Aufnahme ihrer Tätigkeit einer der folgenden Kategorien zugeordnet werden:

1. Beruflich exponierte Personen der Kategorie A: Personen, die einer beruflichen Exposition aus Tätigkeiten ausgesetzt sind, die im Kalenderjahr zu einer effektiven Dosis von mehr als 6 Millisievert, einer höheren Organ-Äquivalentdosis als 15 Millisievert für die Augenlinse oder 150 Millisievert für die Hände, die Unterarme, die Füße oder Knöchel oder einer lokalen Hautdosis von mehr als 150 Millisievert führen kann;
2. Beruflich exponierte Personen der Kategorie B: Personen, die nicht in die Kategorie A eingestuft sind und die einer beruflichen Exposition aus Tätigkeiten ausgesetzt sind, die im Kalenderjahr zu einer effektiven Dosis von mehr als 1 Millisievert, einer höheren Organ-Äquivalentdosis als 50 Millisievert für die Hände, die Unterarme, die Füße oder Knöchel oder einer lokalen Hautdosis von mehr als 50 Millisievert führen kann.

(2) Beim anzeigebedürftigen Betrieb eines Luftfahrzeugs hat der Strahlenschutzverantwortliche dafür zu sorgen, dass die von ihm als fliegendes Personal eingesetzten beruflich exponierten Personen vor Aufnahme ihrer Tätigkeit den Kategorien zugeordnet werden:

1. Beruflich exponierte Personen der Kategorie A: Personen, deren Einsatz als fliegendes Personal zu einer effektiven Dosis durch kosmische Strahlung von mehr als 6 Millisievert im Kalenderjahr führen kann;
2. Beruflich exponierte Personen der Kategorie B: Personen, die nicht in die Kategorie A eingestuft sind und deren Einsatz als fliegendes Personal zu einer effektiven Dosis durch kosmische Strahlung von mehr als 1 Millisievert im Kalenderjahr führen kann.

(3) Der Strahlenschutzverantwortliche hat dafür zu sorgen, dass die Zuordnung angepasst wird, wenn abzusehen ist, dass eine Person, die in die Kategorie B eingestuft wurde, die Werte für eine Einstufung in Kategorie A erreicht.

§ 72 Dosisrichtwerte bei Tätigkeiten

(1) Der Strahlenschutzverantwortliche hat innerhalb von sechs Monaten nach Aufnahme

einer Tätigkeit dafür zu sorgen, dass geprüft wird, ob die Festlegung von Dosisrichtwerten für beruflich exponierte Personen ein geeignetes Instrument zur Optimierung des Strahlenschutzes ist. Für beruflich exponierte Personen, die im Rahmen einer genehmigungsbedürftigen oder anzeigebedürftigen Beschäftigung nach §§ 25 oder 26 des Strahlenschutzgesetzes Tätigkeiten ausüben, hat der Strahlenschutzverantwortliche gemeinsam mit dem Strahlenschutzverantwortlichen der fremden Anlage oder Einrichtung oder der fremden Röntgeneinrichtung oder des fremden Störstrahlers für diese Prüfung zu sorgen.

(2) Werden Dosisrichtwerte festgelegt, sind diese für die effektive Dosis oder für eine Organ-Äquivalentdosis von einzelnen Personen festzulegen und auf einen Zeitraum zu beziehen.

(3) Eine Festlegung von Dosisrichtwerten soll insbesondere dann in die Planung des betrieblichen Strahlenschutzes aufgenommen werden, wenn die ausgeübten Tätigkeiten mit Expositionen verbunden sind, die eine Einstufung der beruflich exponierten Personen in die Kategorie A erforderlich machen, und nicht bereits durch andere Maßnahmen der Strahlenschutzplanung die Optimierung des Strahlenschutzes gewährleistet ist.

(4) Der Strahlenschutzverantwortliche hat dafür zu sorgen, dass die Ergebnisse der Prüfung sowie die Festlegung von Dosisrichtwerten aufgezeichnet und der zuständigen Behörde auf Verlangen vorgelegt werden. Die Aufzeichnungen sind aufzubewahren, und zwar mindestens für die Dauer von fünf Jahren nach Beendigung der Tätigkeit oder einer erneuten Prüfung und Festlegung von Dosisrichtwerten.

§ 73 Dosisbegrenzung bei Überschreitung von Grenzwerten

Wurde unter Verstoß gegen § 78 des Strahlenschutzgesetzes ein Grenzwert im Kalenderjahr überschritten, so ist eine Weiterbeschäftigung als beruflich exponierte Person nur zulässig, wenn der Strahlenschutzverantwortliche dafür sorgt, dass die Expositionen in den folgenden vier Kalenderjahren unter Berücksichtigung der erfolgten Grenzwertüberschreitung so begrenzt werden, dass die Summe der Dosen das Fünffache des jeweiligen Grenzwertes nicht überschreitet. Ist die Überschreitung eines Grenzwertes so hoch, dass bei Anwendung von Satz 1 die bisherige Beschäftigung nicht fortgesetzt werden kann, kann die zuständige Behörde im Benehmen mit einem ermächtigten Arzt Ausnahmen zulassen.

§ 74 Besonders zugelassene Expositionen

(1) Unter außergewöhnlichen, im Einzelfall zu beurteilenden Umständen kann die zuständige Behörde zur Durchführung notwendiger spezifischer Arbeitsvorgänge berufliche Expositionen abweichend von § 78 Absatz 1, 2 und 4 Satz 1 des Strahlenschutzgesetzes zulassen. Für diese besonders zugelassene Exposition beträgt für eine Person im Berufsleben

1. der Grenzwert der effektiven Dosis 100 Millisievert,
2. der Grenzwert der Organ-Äquivalentdosis für die Augenlinse 100 Millisievert,
3. der Grenzwert der Organ-Äquivalentdosis für die Hände, die Unterarme, die Füße und Knöchel jeweils 1 Sievert,
4. der Grenzwert der lokalen Hautdosis 1 Sievert.

Der Strahlenschutzverantwortliche hat dafür zu sorgen, dass die Grenzwerte nach Satz 2 eingehalten werden.

(2) Einer besonders zugelassenen Exposition dürfen nur Freiwillige ausgesetzt werden, die beruflich exponierte Personen der Kategorie A sind. Ausgenommen von solchen Expositionen sind Auszubildende und Studierende sowie schwangere Personen und, wenn die Möglichkeit einer Inkorporation radioaktiver Stoffe oder Kontamination nicht ausgeschlossen werden kann, stillende Personen.

(3) Der Strahlenschutzverantwortliche hat dafür zu sorgen, dass eine besonders zugelassene Exposition im Voraus auf ihre Rechtfertigung geprüft wird. Er hat dafür zu sorgen, dass Personen, die einer besonders zugelassenen Exposition ausgesetzt werden, über die mit den Arbeitsvorgängen und der Exposition ver-

bundenen Risiken und über die während der Arbeitsvorgänge zu ergreifenden Schutzmaßnahmen unterrichtet werden. Der Betriebsrat oder der Personalrat, die Fachkräfte für Arbeitssicherheit, der Betriebsarzt und der ermächtigte Arzt sind zu beteiligen.

(4) Der Strahlenschutzverantwortliche hat dafür zu sorgen, dass die durch eine besonders zugelassene Exposition verursachte Körperdosis unter Berücksichtigung der Expositionsbedingungen ermittelt wird. Die ermittelte Körperdosis ist in den Aufzeichnungen nach § 167 des Strahlenschutzgesetzes und in den Aufzeichnungen des ermächtigten Arztes getrennt von den übrigen Ergebnissen der Messungen und Ermittlungen der Körperdosis einzutragen. Die besonders zugelassene Exposition ist bei der Summe der in allen Kalenderjahren ermittelten effektiven Dosen nach § 77 des Strahlenschutzgesetzes zu berücksichtigen.

(5) Wurden bei einer besonders zugelassenen Exposition die Grenzwerte nach § 78 Absatz 1, 2 oder 4 Satz 1 des Strahlenschutzgesetzes überschritten, so ist diese Überschreitung allein kein Grund, die Person ohne ihr Einverständnis von ihrer bisherigen Beschäftigung auszuschließen.

§ 75 Sonstige Schutzvorkehrungen

(1) Der Strahlenschutzverantwortliche hat dafür zu sorgen, dass der Schutz beruflich exponierter Personen vor äußerer und innerer Exposition vorrangig durch bauliche und technische Vorrichtungen oder durch geeignete Arbeitsverfahren sichergestellt wird.

(2) Der Strahlenschutzverantwortliche hat dafür zu sorgen, dass offene radioaktive Stoffe an Arbeitsplätzen nur solange und in solchen Aktivitäten vorhanden sind, wie das Arbeitsverfahren es erfordert.

(3) Beim anzeigebedürftigen Betrieb eines Luftfahrzeugs hat der Strahlenschutzverantwortliche dafür zu sorgen, dass der Pflicht zur Dosisreduzierung insbesondere bei der Aufstellung von Arbeitsplänen Rechnung getragen wird. Absatz 1 findet keine Anwendung.

Abschnitt 3
Ärztliche Überwachung beruflich exponierter Personen

§ 77 Ärztliche Überwachung beruflich exponierter Personen

(1) Der Strahlenschutzverantwortliche hat dafür zu sorgen, dass eine beruflich exponierte Person der Kategorie A nur dann Aufgaben wahrnimmt, für die die Einstufung in diese Kategorie erforderlich ist, wenn sie innerhalb eines Jahres vor der erstmaligen Aufgabenwahrnehmung von einem nach § 175 Absatz 1 Satz 1 ermächtigten Arzt untersucht worden ist und dem Strahlenschutzverantwortlichen eine von diesem Arzt ausgestellte Bescheinigung vorliegt, nach der der Aufgabenwahrnehmung keine gesundheitlichen Bedenken entgegenstehen.

(2) Der Strahlenschutzverantwortliche hat dafür zu sorgen, dass die beruflich exponierte Person der Kategorie A Aufgaben nach Absatz 1 nur fortsetzt, wenn sie innerhalb eines Jahres nach der letzten Untersuchung erneut von einem nach § 175 Absatz 1 Satz 1 ermächtigten Arzt untersucht wurde und dem Strahlenschutzverantwortlichen eine von diesem Arzt ausgestellte Bescheinigung vorliegt, nach der der weiteren Aufgabenwahrnehmung keine gesundheitlichen Bedenken entgegenstehen. Statt einer erneuten Untersuchung kann eine Beurteilung ohne Untersuchung erfolgen, wenn in den vergangenen zwölf Monaten eine Untersuchung durchgeführt wurde.

(3) Die zuständige Behörde kann auf Vorschlag des ermächtigten Arztes, der die Untersuchung nach Absatz 1 oder 2 durchgeführt hat, die Frist zur erneuten Untersuchung abkürzen, wenn die Arbeitsbedingungen oder der Gesundheitszustand der beruflich exponierten Person dies erfordern.

(4) Die zuständige Behörde kann für eine beruflich exponierte Person der Kategorie B Maßnahmen der ärztlichen Überwachung in entsprechender Anwendung der Absätze 1 bis 3 anordnen, wenn die Arbeitsbedingungen oder der Gesundheitszustand der beruflich exponierten Person dies erfordern.

(5) Die zuständige Behörde kann anordnen, dass Personen unter 18 Jahren, die eine berufliche Exposition erhalten, aber nicht als beruflich exponierte Person der Kategorie A oder B eingestuft sind, sich von einem nach § 175 Absatz 1 Satz 1 ermächtigten Arzt untersuchen lassen, wenn die Arbeitsbedingungen oder der Gesundheitszustand der Person dies erfordern.

§ 78 Ärztliche Überwachung nach Beendigung der Aufgabenwahrnehmung

(1) Der Strahlenschutzverantwortliche hat dafür zu sorgen, dass die ärztliche Überwachung nach Beendigung der Aufgabenwahrnehmung als beruflich exponierte Person mit Einwilligung der betroffenen Person so lange fortgesetzt wird, wie es ein nach § 175 Absatz 1 Satz 1 ermächtigter Arzt zum Schutz der Person für erforderlich erachtet (nachgehende Untersuchung).

(2) Die Verpflichtung zum Angebot nachgehender Untersuchungen besteht nicht mehr, wenn nach Beendigung des Beschäftigungsverhältnisses die nachgehende Untersuchung mit Einwilligung der betroffenen Person auf Veranlassung des zuständigen gesetzlichen Unfallversicherungsträgers durchgeführt wird. Voraussetzung hierfür ist, dass dem Unfallversicherungsträger die erforderlichen Unterlagen in Kopie überlassen werden; auf diese Voraussetzung ist die betroffene Person vor Abgabe der Einwilligung schriftlich hinzuweisen.

§ 79 Ärztliche Bescheinigung

(1) Zur Erteilung der ärztlichen Bescheinigung nach § 77 Absatz 1, 2 oder 3 hat der nach § 175 Absatz 1 Satz 1 ermächtigte Arzt folgende Unterlagen anzufordern:

1. die Gesundheitsakten, die zuvor bei der ärztlichen Überwachung durch andere nach § 175 Absatz 1 Satz 1 ermächtigte Ärzte angelegt wurden, soweit diese Akten für die Beurteilung erforderlich sind,
2. die bisher erteilten ärztlichen Bescheinigungen,
3. die behördlichen Entscheidungen nach § 80 und
4. die Gutachten, die den behördlichen Entscheidungen zugrunde liegen.

Die angeforderten Unterlagen sind dem anfordernden ermächtigten Arzt unverzüglich zu übergeben.

(2) In der ärztlichen Bescheinigung ist die Tauglichkeit der beruflich exponierten Person für die Wahrnehmung der jeweiligen Aufgabe in den Stufen „tauglich", „bedingt tauglich" und „nicht tauglich" anzugeben. Im Falle einer bedingten Tauglichkeit sind die mit der Einstufung verbundenen tätigkeitsbezogenen Beschränkungen für die beruflich exponierte Person darzulegen.

(3) Der nach § 175 Absatz 1 Satz 1 ermächtigte Arzt kann die Erteilung der ärztlichen Bescheinigung davon abhängig machen, dass ihm zuvor folgende Informationen schriftlich mitgeteilt werden:

1. die Art der Aufgaben der beruflich exponierten Person und die mit diesen Aufgaben verbundenen Arbeitsbedingungen,
2. jeder Wechsel der Art der Aufgaben und der mit diesen verbundenen Arbeitsbedingungen,
3. die Inhalte der Aufzeichnungen nach § 167 Absatz 1 des Strahlenschutzgesetzes und
4. der Inhalt der letzten ärztlichen Bescheinigung, soweit sie nicht von ihm ausgestellt wurde.

Die beruflich exponierte Person kann vom Strahlenschutzverantwortlichen eine Kopie der Mitteilungen verlangen.

(4) Der nach § 175 Absatz 1 Satz 1 ermächtigte Arzt hat die ärztliche Bescheinigung unverzüglich dem Strahlenschutzverantwortlichen, der beruflich exponierten Person und, wenn gesundheitliche Bedenken bestehen, auch der zuständigen Behörde zu übersenden. Die Übersendung an die beruflich exponierte Person kann durch Eintragung des Inhalts der Bescheinigung in den Strahlenpass ersetzt werden.

(5) Der Strahlenschutzverantwortliche hat dafür zu sorgen, dass die ärztliche Bescheinigung

während der Dauer der Aufgabenwahrnehmung als beruflich exponierte Person aufbewahrt und der zuständigen Behörde auf Verlangen vorgelegt wird.

§ 80 Behördliche Entscheidung

(1) Hält der Strahlenschutzverantwortliche oder die beruflich exponierte Person die vom ermächtigten Arzt in der ärztlichen Bescheinigung getroffene Beurteilung für unzutreffend, so kann er oder sie eine Entscheidung der zuständigen Behörde beantragen. Die Entscheidung der zuständigen Behörde ersetzt die ärztliche Bescheinigung.

(2) Die zuständige Behörde kann vor ihrer Entscheidung das Gutachten eines ärztlichen Sachverständigen einholen. Die Kosten des Gutachtens sind vom Strahlenschutzverantwortlichen zu tragen.

§ 81 Besondere ärztliche Überwachung

(1) Ist nicht auszuschließen, dass eine Person durch eine Exposition nach § 74 oder auf Grund anderer außergewöhnlicher Umstände Expositionen erhalten hat, die im Kalenderjahr die effektive Dosis von 20 Millisievert, die Organ-Äquivalentdosis von 20 Millisievert für die Augenlinse oder von 500 Millisievert für die Hände, die Unterarme, die Füße oder Knöchel oder die lokale Hautdosis von 500 Millisievert überschreiten, so hat der Strahlenschutzverantwortliche dafür zu sorgen, dass die Person unverzüglich von einem nach § 175 Absatz 1 Satz 1 ermächtigten Arzt untersucht wird und von diesem eine Bescheinigung darüber ausgestellt wird, ob der Aufgabenwahrnehmung weiterhin keine gesundheitlichen Bedenken entgegenstehen.

(2) Ist nach dem Ergebnis der besonderen ärztlichen Überwachung zu befürchten, dass die Gesundheit der Person gefährdet wird, wenn sie erneut eine Aufgabe als beruflich exponierte Person wahrnimmt oder fortsetzt, so kann die zuständige Behörde anordnen, dass sie diese Aufgabe nicht oder nur unter Beschränkungen ausüben darf. § 80 Absatz 2 gilt entsprechend.

(3) Hält der Strahlenschutzverantwortliche oder die beruflich exponierte Person das Ergebnis der besonderen ärztlichen Überwachung nach Absatz 1 für unzutreffend, so kann er oder sie eine Entscheidung der zuständigen Behörde beantragen. § 80 Absatz 1 Satz 1 und Absatz 2 gilt entsprechend.

(4) Für die Fortsetzung der ärztlichen Überwachung nach der Beendigung der Aufgabenwahrnehmung gilt § 78 entsprechend.

Abschnitt 4
Besondere Regelungen zum Strahlenschutz in Schulen und bei Lehr- und Ausbildungsverhältnissen

§ 82 Strahlenschutz in Schulen und bei Lehr- und Ausbildungsverhältnissen

(1) Röntgeneinrichtungen dürfen im Zusammenhang mit dem Unterricht in allgemeinbildenden Schulen nur betrieben werden, wenn sie Schulröntgeneinrichtungen sind.

(2) Der Strahlenschutzverantwortliche hat dafür zu sorgen, dass Schüler und Auszubildende bei folgenden Tätigkeiten in Schulen nur unter Aufsicht einer Lehrkraft unmittelbar mitwirken:

1. beim Betrieb einer Schulröntgeneinrichtung oder eines Vollschutzgerätes,
2. beim Betrieb einer anderen Röntgeneinrichtung oder eines genehmigungsbedürftigen Störstrahlers und
3. beim genehmigungsbedürftigen Umgang mit radioaktiven Stoffen.

Bei Tätigkeiten nach Satz 1 Nummer 2 und 3 hat der Strahlenschutzverantwortliche zudem dafür zu sorgen, dass die Lehrkraft nach Satz 1 die erforderliche Fachkunde im Strahlenschutz besitzt.

(3) Der für ein Lehr- oder Ausbildungsverhältnis Verantwortliche hat dafür zu sorgen, dass durch geeignete Schutzmaßnahmen eine innere Exposition durch Stoffe, bei denen der Umgang nach Anlage 3 Teil B Nummer 8 genehmigungsfrei ist, ausgeschlossen wird.

Abschnitt 5
Sicherheit von Strahlenquellen

Unterabschnitt 2
Sicherheit und Sicherung von Strahlenquellen

§ 88 Wartung und Prüfung

(1) Der Strahlenschutzverantwortliche hat dafür zu sorgen, dass

1. Anlagen zur Erzeugung ionisierender Strahlung, Bestrahlungsvorrichtungen und Geräte für die Gammaradiographie
   a) mindestens einmal jährlich gewartet werden und
   b) zwischen den Wartungen durch einen nach § 172 Absatz 1 Satz 1 Nummer 3 des Strahlenschutzgesetzes bestimmten Sachverständigen auf sicherheitstechnische Funktion, Sicherheit und Strahlenschutz geprüft werden und
2. der Prüfbericht nach Nummer 1 Buchstabe b der zuständigen Behörde auf Verlangen vorgelegt wird.

Satz 1 gilt nicht für die in § 17 Absatz 1 des Strahlenschutzgesetzes und § 7 genannten Anlagen.

(2) Die zuständige Behörde kann die Frist für die Prüfung durch einen Sachverständigen nach Absatz 1 Satz 1 Nummer 1 Buchstabe b bis auf drei Jahre verlängern bei

1. Bestrahlungsvorrichtungen für die Anwendung ionisierender Strahlung am Menschen, bei denen die enthaltene Aktivität das Tausendfache des Wertes für hochradioaktive Strahlenquellen der Anlage 4 Tabelle 1 Spalte 4 unterschreitet,
2. Bestrahlungsvorrichtungen, die zur Blut- oder Produktbestrahlung verwendet werden und bei denen die enthaltene Aktivität das Tausendfache des Wertes für hochradioaktive Strahlenquellen der Anlage 4 Tabelle 1 Spalte 4 unterschreitet, und
3. Geräten für die Gammaradiographie.

(3) Die zuständige Behörde kann im Einzelfall von der Pflicht nach Absatz 1 Satz 1 Nummer 1 Buchstabe b befreien, wenn

1. die Prüfung durch einen Sachverständigen auf Grund des erforderlichen geringen Prüfaufwands und der erforderlichen geringen Prüftiefe oder des geringen Gefahrenpotenzials der Anlage, der Vorrichtung oder des Gerätes unverhältnismäßig wäre und
2. regelmäßig auf andere geeignete Weise die sicherheitstechnische Funktion, die Sicherheit und der Strahlenschutz der Anlage, der Vorrichtung oder des Gerätes geprüft wird; die Prüfberichte sind der zuständigen Behörde auf Verlangen vorzulegen.

(4) Der Strahlenschutzverantwortliche hat dafür zu sorgen, dass

1. Röntgeneinrichtungen mindestens alle fünf Jahre durch einen nach § 172 Absatz 1 Satz 1 Nummer 1 des Strahlenschutzgesetzes bestimmten Sachverständigen insbesondere auf sicherheitstechnische Funktion, Sicherheit und Strahlenschutz geprüft werden und
2. der Prüfbericht der zuständigen Behörde auf Verlangen vorgelegt wird.

(5) Die zuständige Behörde kann zum Schutz Einzelner oder der Allgemeinheit anordnen, dass Störstrahler, deren Betrieb genehmigungsbedürftig ist, und nach § 17 Absatz 1 Satz 1 des Strahlenschutzgesetzes anzeigebedürftige Anlagen zur Erzeugung ionisierender Strahlung durch einen nach § 172 Absatz 1 Satz 1 Nummer 1 oder 3 des Strahlenschutzgesetzes bestimmten Sachverständigen auf sicherheitstechnische Funktion, Sicherheit und Strahlenschutz zu prüfen sind und die Prüfung in bestimmten Zeitabständen zu wiederholen ist. Der Strahlenschutzverantwortliche hat dafür zu sorgen, dass der Prüfbericht der zuständigen Behörde auf Verlangen vorgelegt wird.

§ 89 Dichtheitsprüfung

(1) Der Strahlenschutzverantwortliche hat dafür zu sorgen, dass die Unversehrtheit und Dichtheit der Umhüllung bei umschlossenen radioaktiven Stoffen, deren Aktivität die Freigrenzen der Anlage 4 Tabelle 1 Spalte 2 überschreitet, in geeigneter Weise geprüft werden und die Prüfung in bestimmten Zeitabständen wiederholt wird. Die zuständige Behörde kann anordnen, dass und in welchen Zeitabständen

die Prüfung durch einen nach § 172 Absatz 1 Satz 1 Nummer 4 des Strahlenschutzgesetzes bestimmten Sachverständigen durchzuführen ist. Der Strahlenschutzverantwortliche hat dafür zu sorgen, dass der Prüfbericht der zuständigen Behörde auf Verlangen vorgelegt wird. Satz 1 findet keine Anwendung auf umschlossene radioaktive Stoffe, die als radioaktive Abfälle abgeliefert wurden. Die zuständige Behörde kann im Einzelfall ganz oder teilweise von der Pflicht nach Satz 1 befreien, wenn dadurch keine Gefährdung von Mensch und Umwelt eintreten kann.

(2) Der Strahlenschutzverantwortliche hat dafür zu sorgen, dass bei hochradioaktiven Strahlenquellen die Dichtheitsprüfung mindestens einmal jährlich erfolgt, sofern die zuständige Behörde nicht einen anderen Zeitraum bestimmt. Absatz 1 Satz 2 bis 4 gilt entsprechend.

(3) Ist die Umhüllung umschlossener radioaktiver Stoffe oder die Vorrichtung, die die radioaktiven Stoffe enthält, mechanisch beschädigt oder korrodiert oder war sie einem Brand ausgesetzt, hat der Strahlenschutzverantwortliche dafür zu sorgen, dass

1. die Umhüllung des umschlossenen radioaktiven Stoffes vor dessen Weiterverwendung durch einen nach § 172 Absatz 1 Satz 1 Nummer 4 des Strahlenschutzgesetzes bestimmten Sachverständigen auf Dichtheit geprüft wird und
2. der Prüfbericht der zuständigen Behörde auf Verlangen vorgelegt wird.

(4) Der Strahlenschutzverantwortliche hat dafür zu sorgen, dass festgestellte Undichtheiten und Mängel an der Unversehrtheit der zuständigen Behörde unverzüglich mitgeteilt werden.

§ 90 Strahlungsmessgeräte

(1) Der Strahlenschutzverantwortliche hat dafür zu sorgen, dass zur Messung der Personendosis, der Ortsdosis, der Ortsdosisleistung, der Oberflächenkontamination und der Aktivität von Luft und Wasser geeignete Strahlungsmessgeräte verwendet werden.

(2) Der Strahlenschutzverantwortliche hat dafür zu sorgen, dass Messgeräte für Photonenstrahlung der in § 1 Absatz 1 Nummer 13 der Mess- und Eichverordnung bezeichneten Art für nachfolgende Zwecke nur verwendet werden, wenn sie dem Mess- und Eichgesetz entsprechen:

1. für die physikalische Strahlenschutzkontrolle mittels Messung
   a) der Personendosis nach § 65 Absatz 1 Satz 1, § 66 Absatz 2 Satz 4 oder Absatz 5 oder
   b) der Ortsdosis oder Ortsdosisleistung nach § 65 Absatz 1 Satz 2 Nummer 1,
2. für Messungen zur Abgrenzung von Strahlenschutzbereichen oder zur Festlegung von Aufenthaltszeiten von Personen in Strahlenschutzbereichen,
3. bei Röntgeneinrichtungen für Messungen zum Nachweis des Vorliegens
   a) der Genehmigungsvoraussetzungen nach § 13 Absatz 1 Nummer 6 Buchstabe b des Strahlenschutzgesetzes oder
   b) der Anzeigevoraussetzungen nach § 19 Absatz 3 Nummer 1 Buchstabe c des Strahlenschutzgesetzes oder
4. für Messungen im Rahmen der Qualitätssicherung vor Inbetriebnahme nach § 115 bei Röntgeneinrichtungen zur Untersuchung von Menschen.

Sind für bestimmte Messzwecke keine dem Mess- und Eichgesetz entsprechenden Messgeräte für Photonenstrahlung nach Satz 1 erhältlich, kann die zuständige Behörde im Einzelfall die Verwendung anderer Strahlungsmessgeräte gestatten, wenn diese für den Messzweck geeignet sind.

(3) Der Strahlenschutzverantwortliche hat dafür zu sorgen, dass Strahlungsmessgeräte, die dazu bestimmt sind, fortlaufend zu messen, um bei Notfällen, Störfällen oder sonstigen bedeutsamen Vorkommnissen vor Gefahren für Mensch und Umwelt zu warnen, nur verwendet werden, wenn ihr Versagen durch ein deutlich wahrnehmbares Signal angezeigt wird, sofern nicht zwei oder mehrere voneinander unabhängige Messvorrichtungen dem gleichen Messzweck dienen.

(4) Der Strahlenschutzverantwortliche, der Inhaber der Freigabe nach § 33 Absatz 1 ist, hat

dafür zu sorgen, dass bei einer Freimessung nach § 42 Absatz 2 geeignete Strahlungsmessgeräte verwendet werden.

(5) Der Strahlenschutzverantwortliche hat dafür zu sorgen, dass

1. die Strahlungsmessgeräte nach den Absätzen 1 bis 4
   a) den Anforderungen des Messzwecks genügen,
   b) in ausreichender Zahl vorhanden sind und
   c) regelmäßig auf ihre Funktionstüchtigkeit geprüft und gewartet werden,
2. Zeitpunkt und Ergebnis der Funktionsprüfung und Wartung aufgezeichnet werden,
3. die Aufzeichnungen zehn Jahre ab dem Zeitpunkt der Funktionsprüfung oder Wartung aufbewahrt und der zuständigen Behörde auf Verlangen vorgelegt oder bei einer von ihr zu bestimmenden Stelle hinterlegt werden.

Im Falle der Freimessung nach § 42 Absatz 2 hat der Strahlenschutzverantwortliche, der Inhaber der Freigabe nach § 33 Absatz 1 ist, für die Erfüllung der Pflichten nach Satz 1 zu sorgen.

19

§ 91 Kennzeichnungspflicht

(1) Der Strahlenschutzverantwortliche hat dafür zu sorgen, dass folgende Gegenstände, Anlagen und Bereiche mit Strahlenzeichen nach Anlage 10 gekennzeichnet werden:

1. Räume, Geräte, Vorrichtungen, Schutzbehälter, Aufbewahrungsbehältnisse und Umhüllungen für radioaktive Stoffe, mit denen nur auf Grund einer Genehmigung nach § 6 Absatz 1 Satz 1 oder Absatz 3 Satz 1, § 7 Absatz 1 Satz 1, Absatz 3 Satz 1 oder Absatz 5, § 9 Absatz 1 oder § 9b Absatz 1a Satz 1 des Atomgesetzes, eines Planfeststellungsbeschlusses nach § 9b Absatz 1 Satz 1 des Atomgesetzes oder einer Genehmigung nach § 12 Absatz 1 Nummer 3 des Strahlenschutzgesetzes umgegangen werden darf,
2. Anlagen zur Erzeugung ionisierender Strahlung,
3. Kontrollbereiche und Sperrbereiche,
4. Bereiche, in denen die Kontamination die in § 57 Absatz 2 Satz 1 genannten Werte überschreitet.

Die Strahlenzeichen sind in ausreichender Anzahl deutlich sichtbar und dauerhaft anzubringen. Die Kennzeichnung muss mit Ausnahme von Kontrollbereichen und Sperrbereichen die Worte „Vorsicht – Strahlung", „Radioaktiv", „Kernbrennstoffe" oder „Kontamination" enthalten, soweit dies nach Größe und Beschaffenheit des zu kennzeichnenden Gegenstandes möglich ist.

(2) Die Kennzeichnung ist nicht erforderlich bei Behältnissen oder Geräten, die innerhalb eines Kontrollbereichs in dafür vorgesehenen Bereichen verwendet werden, solange

1. die Person, die mit dieser Verwendung betraut ist, in diesen Bereichen anwesend ist oder
2. diese Bereiche gegen unbeabsichtigten Zutritt gesichert sind.

Satz 1 gilt nicht für Behältnisse und Geräte, die hochradioaktive Strahlenquellen enthalten.

(3) Der Strahlenschutzverantwortliche hat dafür zu sorgen, dass Schutzbehälter und Aufbewahrungsbehältnisse, die gemäß Absatz 1 gekennzeichnet sind, nur zur Aufbewahrung von radioaktiven Stoffen verwendet werden.

§ 92 Besondere Kennzeichnungspflichten

(1) Der Strahlenschutzverantwortliche hat dafür zu sorgen, dass

1. eine hochradioaktive Strahlenquelle, soweit technisch möglich, und ihre Schutzbehälter oder Aufbewahrungsbehältnisse bei der Herstellung zusätzlich zur Kennzeichnung mit dem Strahlenzeichen nach Anlage 10 sichtbar und dauerhaft mit einer unverwechselbaren Identifizierungsnummer gekennzeichnet werden und
2. die aufgebrachte Identifizierungsnummer dem Bundesamt für Strahlenschutz innerhalb Monatsfrist mitgeteilt wird.

Ist die zusätzliche Kennzeichnung der hochradioaktiven Strahlenquelle technisch nicht möglich oder werden wiederverwendbare Schutzbehälter oder Aufbewahrungsbehältnisse verwendet, so sind diese neben der Kennzeichnung mit dem Strahlenzeichen zusätzlich mit der Angabe „hochradioaktive Strahlenquelle" zu versehen.

(2) Der Strahlenschutzverantwortliche hat dafür zu sorgen, dass alle Vorratsbehälter, die offene radioaktive Stoffe enthalten, deren Aktivität das 10^4fache der Werte der Anlage 4 Tabelle 1 Spalte 2 überschreitet, so gekennzeichnet werden, dass folgende Einzelheiten feststellbar sind:

1. Radionuklid,
2. chemische Verbindung,
3. Tag der Abfüllung,
4. Aktivität am Tag der Abfüllung oder an einem daneben besonders zu bezeichnenden Stichtag,
5. Strahlenschutzverantwortlicher zum Zeitpunkt der Abfüllung und
6. Name desjenigen, der die radioaktiven Stoffe abgefüllt hat.

Kennnummern, Zeichen und sonstige Abkürzungen dürfen dabei nur verwendet werden, wenn diese allgemein bekannt oder ohne weiteres aus der Buchführung nach § 85 Absatz 1 Satz 1 Nummer 2 zu entnehmen sind.

(3) Für Vorrichtungen, die umschlossene radioaktive Stoffe oder festhaftend in offener Form enthalten, deren Aktivität die Werte der Anlage 4 Tabelle 1 Spalte 4 überschreitet, gilt Absatz 2 entsprechend.

§ 93 Entfernen von Kennzeichnungen

(1) Der Strahlenschutzverantwortliche hat dafür zu sorgen, dass Kennzeichnungen nach § 91 Absatz 1 von Gegenständen entfernt werden, die gemäß § 58 Absatz 2 Satz 1 aus Strahlenschutzbereichen herausgebracht worden sind.

(2) Der Strahlenschutzverantwortliche, der Inhaber der Freigabe nach § 33 Absatz 1 ist, hat dafür zu sorgen, dass nach einer Freigabe nach § 31 Absatz 1 Kennzeichnungen nach § 91 Absatz 1 entfernt werden.

§ 97 Aufbewahrung und Bereithalten von Unterlagen

(1) Der Strahlenschutzverantwortliche hat dafür zu sorgen, dass bei genehmigungsbedürftigen Tätigkeiten nach § 12 Absatz 1 des Strahlenschutzgesetzes eine Ausfertigung des Genehmigungsbescheides dauerhaft aufbewahrt wird.

(2) Der Strahlenschutzverantwortliche hat auch dafür zu sorgen, dass die Betriebsanleitung bereitgehalten wird bei

1. Anlagen zur Erzeugung ionisierender Strahlung,
2. Röntgeneinrichtungen,
3. Störstrahlern und
4. Vorrichtungen oder Geräten, die umschlossene radioaktive Stoffe enthalten.

(3) Der Strahlenschutzverantwortliche hat außerdem dafür zu sorgen, dass Folgendes bereitgehalten wird:

1. bei genehmigungsbedürftigen Anlagen zur Erzeugung ionisierender Strahlung der letzte Prüfbericht nach § 88 Absatz 1 Satz 1 Nummer 1 Buchstabe b,
2. bei anzeigebedürftigen Anlagen zur Erzeugung ionisierender Strahlung der letzte Prüfbericht nach § 88 Absatz 5,
3. bei Bestrahlungsvorrichtungen und Geräten für die Gammaradiographie jeweils der letzte Prüfbericht nach § 88 Absatz 1 Satz 1 Nummer 1 Buchstabe b und § 89 Absatz 1,
4. bei genehmigungsbedürftigen Röntgeneinrichtungen der letzte Prüfbericht nach § 88 Absatz 4 Nummer 1,
5. bei anzeigebedürftigen Röntgeneinrichtungen
   a) die Bescheinigung eines behördlich bestimmten Sachverständigen nach § 19 Absatz 3 Satz 1 Nummer 1 des Strahlenschutzgesetzes,
   b) der letzte Prüfbericht nach § 88 Absatz 4 Nummer 1 und
   c) die Bescheinigungen über Sachverständigenprüfungen nach wesentlichen Änderungen des Betriebes der Röntgeneinrichtung und
6. bei genehmigungsbedürftigen Störstrahlern der letzte Prüfbericht nach § 88 Absatz 5.

§ 98 Einweisung in Tätigkeiten mit Strahlungsquellen

Der Strahlenschutzverantwortliche hat dafür zu sorgen, dass bei der Anwendung am Menschen oder der Anwendung am Tier in der Tierheilkunde

1. die beim Betrieb einer Anlage zur Erzeugung ionisierender Strahlung, einer Bestrahlungsvorrichtung oder einer Röntgeneinrichtung beschäftigten Personen anhand einer deutschsprachigen Betriebsanleitung durch eine entsprechend qualifizierte Person in die sachgerechte Handhabung eingewiesen werden,
2. die Einweisung bei der ersten Inbetriebnahme durch eine entsprechend qualifizierte Person des Herstellers oder Lieferanten vorgenommen wird,
3. über die Einweisung unverzüglich Aufzeichnungen angefertigt werden und
4. die Aufzeichnungen für die Dauer des Betriebes aufbewahrt werden.

Satz 1 ist auch anzuwenden bei der Anwendung von Röntgenstrahlung außerhalb der Anwendung am Menschen oder der Anwendung am Tier in der Tierheilkunde sowie im Zusammenhang mit dem Betrieb von Störstrahlern.

Abschnitt 7
Vorkommnisse

§ 105 Vorbereitende Maßnahmen zur Vermeidung, zum Erkennen und zur Eindämmung der Auswirkungen eines Vorkommnisses bei der Anwendung am Menschen

(1) Der Strahlenschutzverantwortliche hat dafür zu sorgen, dass bei der Anwendung radioaktiver Stoffe oder ionisierender Strahlung am Menschen in systematischer Weise geeignete Maßnahmen getroffen werden, um

1. ein Vorkommnis zu vermeiden,
2. ein Vorkommnis zu erkennen und
3. im Falle eines Vorkommnisses die nachteiligen Auswirkungen so gering wie möglich zu halten.

(2) Bei der Wahl der Maßnahmen ist dem mit der Tätigkeit verbundenen Risiko Rechnung zu tragen.

§ 106 Vorbereitende Maßnahmen für Notfälle oder Störfälle

(1) Der Strahlenschutzverantwortliche hat dafür zu sorgen, dass den für den Katastrophenschutz und den für die öffentliche Sicherheit zuständigen Behörden die notwendigen Informationen und die erforderliche Beratung für deren Planungen zur Abwehr von Gefahren durch ionisierende Strahlung und zur Begrenzung oder Beseitigung der nachteiligen Auswirkungen eines Notfalls oder Störfalls gegeben werden. Darüber hinaus hat der Strahlenschutzverantwortliche dafür zu sorgen, dass den nach § 115 Absatz 1 Nummer 2 und 3 des Strahlenschutzgesetzes verantwortlichen Behörden und Organisationen die notwendigen Informationen und die erforderliche Beratung gegeben werden, die diese für die im Rahmen der Notfallvorsorge vorgesehene Unterrichtung, Aus- und Fortbildung von Personen benötigen, die als Einsatzkräfte oder als nach § 113 Absatz 1 Nummer 2 oder 3 des Strahlenschutzgesetzes verantwortliche Personen für Einsätze bei Notfällen im Zusammenhang mit Tätigkeiten des Strahlenschutzverantwortlichen vorgesehen sind.

(2) Der Strahlenschutzverantwortliche hat des Weiteren dafür zu sorgen, dass das zur Eindämmung und Beseitigung der durch Notfälle oder Störfälle auf dem Betriebsgelände entstandenen Gefahren erforderliche geschulte Personal und die erforderlichen Hilfsmittel vorgehalten werden. Er hat deren Einsatzfähigkeit der zuständigen Behörde nachzuweisen. Dies kann auch dadurch geschehen, dass ein Anspruch auf Einsatz einer für die Erfüllung dieser Aufgaben geeigneten Institution nachgewiesen wird.

(3) Die Absätze 1 und 2 sind nicht anzuwenden

1. auf den Umgang mit radioaktiven Stoffen, deren Aktivitäten die Freigrenzen der Anlage 4 Tabelle 1 Spalte 2 um nicht mehr überschreiten als das
   a) 10^7fache, wenn es sich um offene radioaktive Stoffe handelt,
   b) 10^{10}fache, wenn es sich um umschlossene radioaktive Stoffe handelt, und

2. auf den Betrieb von Röntgeneinrichtungen, Störstrahlern sowie Anlagen zur Erzeugung ionisierender Strahlung, falls deren Errichtung keiner Genehmigung nach § 10 des Strahlenschutzgesetzes bedarf.

Satz 1 ist auch anzuwenden, wenn in dem einzelnen Betrieb oder selbständigen Zweigbetrieb, bei Nichtgewerbetreibenden am Ort der Tätigkeit des Antragstellers, mit radioaktiven Stoffen in mehreren räumlich voneinander getrennten Anlagen oder Einrichtungen umgegangen wird, die Aktivität der radioaktiven Stoffe in den einzelnen Anlagen oder Einrichtungen die Werte des Satzes 1 nicht überschreitet und ausreichend sichergestellt ist, dass die radioaktiven Stoffe aus den einzelnen Anlagen oder Einrichtungen nicht zusammenwirken können.

(4) Soweit die für den Katastrophenschutz oder die für die öffentliche Sicherheit zuständige Behörde einen externen Notfallplan nach § 101 Absatz 1 des Strahlenschutzgesetzes für den Fall eines Notfalls aufgestellt hat, hat der Strahlenschutzverantwortliche des Weiteren dafür zu sorgen, dass die Bevölkerung, die bei einem Notfall betroffen sein könnte, in geeigneter Weise und unaufgefordert mindestens alle fünf Jahre über die Sicherheitsmaßnahmen, geplante Maßnahmen zur Warnung und zum Schutz der Bevölkerung sowie Empfehlungen für das Verhalten bei möglichen Notfällen informiert wird. Der Strahlenschutzverantwortliche hat dafür zu sorgen, dass diese Informationen jedermann zugänglich gemacht werden und jederzeit im Internet abrufbar sind. Die Informationen ergänzen die Informationen der zuständigen Stellen des Bundes und der Länder nach § 105 des Strahlenschutzgesetzes und müssen sich auf die in Anlage 13 aufgeführten Angaben erstrecken. Der Strahlenschutzverantwortliche hat dafür zu sorgen, dass seine Informationen bei wesentlichen Änderungen, die Auswirkungen auf die Sicherheit oder den Schutz der Bevölkerung haben, auf den neuesten Stand gebracht werden. Soweit die Informationen zum Schutz der Öffentlichkeit bestimmt sind, hat der Strahlenschutzverantwortliche sie mit den für den Katastrophenschutz und den für die öffentliche Sicherheit zuständigen Behörden abzustimmen. Der Strahlenschutzverantwortliche hat die Art und Weise, in der die Informationen zu geben, zu wiederholen und auf den neuesten Stand zu bringen sind, mit den für den Katastrophenschutz und den für die öffentliche Sicherheit zuständigen Behörden abzustimmen.

§ 107 Maßnahmen bei einem Notfall oder Störfall

Über § 72 Absatz 3 des Strahlenschutzgesetzes hinaus hat der Strahlenschutzverantwortliche dafür zu sorgen, dass bei einem Notfall oder Störfall unverzüglich alle notwendigen Maßnahmen zur Verringerung der Folgen des Notfalls oder Störfalls getroffen werden.

§ 108 Meldung eines bedeutsamen Vorkommnisses

(1) Der Strahlenschutzverantwortliche hat dafür zu sorgen, dass der Eintritt eines Notfalls, Störfalls oder eines sonstigen bedeutsamen Vorkommnisses der zuständigen Behörde unverzüglich gemäß Absatz 2 gemeldet wird. Ein sonstiges Vorkommnis ist insbesondere dann bedeutsam, wenn ein in den Anlagen 14 oder 15 genanntes Kriterium erfüllt ist.

(2) Die Meldung hat alle verfügbaren Angaben zu enthalten, die für die Bewertung des bedeutsamen Vorkommnisses erforderlich sind. Soweit möglich, sind die Ursachen und Auswirkungen sowie die Maßnahmen zur Behebung der Auswirkungen und zur Vermeidung derartiger Vorkommnisse anzugeben.

(3) Der Strahlenschutzverantwortliche hat dafür zu sorgen, dass ergänzende Angaben, die zur vollständigen Bewertung erforderlich sind, nach Abschluss der Untersuchung nach § 109 Absatz 1 unverzüglich der zuständigen Behörde vorgelegt werden. Er hat dafür zu sorgen, dass der zuständigen Behörde spätestens sechs Monate nach Eintritt des bedeutsamen Vorkommnisses eine vollständige und zusammenfassende Meldung einschließlich der Darlegung der Maßnahmen zur Behebung der Auswirkungen und zur Vermeidung derartiger Vorkommnisse vorgelegt wird. Die zuständige Behörde kann einer späteren Vorlage zustimmen.

(4) Der Strahlenschutzverantwortliche hat dafür zu sorgen, dass der Eintritt eines Notfalls, Störfalls oder, falls erforderlich, eines sonstigen bedeutsamen Vorkommnisses unverzüglich nach Kenntnis auch der für den Katastrophenschutz und der für die öffentliche Sicherheit zuständigen Behörde gemeldet wird. Der Strahlenschutzverantwortliche hat des Weiteren dafür zu sorgen, dass der Eintritt eines bedeutsamen Vorkommnisses, das zu einem überregionalen oder regionalen Notfall führen kann oder geführt hat, unverzüglich nach Kenntnis auch dem radiologischen Lagezentrum des Bundes nach § 106 des Strahlenschutzgesetzes gemeldet wird.

§ 109 Untersuchung, Aufzeichnung und Aufbewahrung

(1) Der Strahlenschutzverantwortliche hat dafür zu sorgen, dass die Ursachen und Auswirkungen eines Vorkommnisses unverzüglich in systematischer Weise untersucht werden.

(2) Unbeschadet des § 90 Absatz 2 Satz 1 des Strahlenschutzgesetzes hat der Strahlenschutzverantwortliche dafür zu sorgen, dass das Eintreten eines Vorkommnisses, die Ergebnisse der Untersuchung nach Absatz 1 sowie die zur Behebung der Auswirkungen und zur Vermeidung eines Vorkommnisses getroffenen Maßnahmen unverzüglich aufgezeichnet werden.

(3) Unbeschadet des § 90 Absatz 2 Satz 3 des Strahlenschutzgesetzes hat der Strahlenschutzverantwortliche dafür zu sorgen, dass die Aufzeichnungen nach Absatz 2 vor dem Zugriff Unbefugter geschützt werden.

(4) Unbeschadet des § 90 Absatz 2 Satz 2, 4 und 5 des Strahlenschutzgesetzes hat der Strahlenschutzverantwortliche dafür zu sorgen, dass die Aufzeichnungen nach Absatz 2 30 Jahre lang aufbewahrt und der zuständigen Behörde auf Verlangen vorgelegt werden. Die Aufbewahrungsfrist beginnt mit dem Eintritt des Vorkommnisses.

§ 110 Aufgaben der zuständigen Aufsichtsbehörden

(1) Im Rahmen der strahlenschutzrechtlichen Aufsicht erfasst, prüft und bewertet die zuständige Behörde Meldungen nach § 108.

(2) Die zuständige Behörde

1. informiert unverzüglich das Bundesministerium für Umwelt, Naturschutz und nukleare Sicherheit über ein bedeutsames Vorkommnis und
2. übermittelt bei einem bedeutsamen Vorkommnis bei medizinischer Exposition und bei Exposition der untersuchten Person bei einer nichtmedizinischen Anwendung unverzüglich die Informationen über das bedeutsame Vorkommnis in pseudonymisierter Form an die zentrale Stelle nach § 111.

Im Falle der Zuständigkeit einer Landesbehörde erfolgt die Information nach Satz 1 Nummer 1 durch die zuständige oberste Landesbehörde.

(3) Betrifft ein bedeutsames Vorkommnis bei medizinischer Exposition eine Anwendung radioaktiver Stoffe oder ionisierender Strahlung zum Zweck der medizinischen Forschung, so informiert die zuständige Behörde unverzüglich die für die Genehmigung oder Anzeige der Anwendung zuständige Behörde über den Sachverhalt. Sie übermittelt hierbei auch die Information über den Strahlenschutzverantwortlichen und die Genehmigung nach § 31 Absatz 1 oder die Anzeige nach § 32 Absatz 1 des Strahlenschutzgesetzes.

§ 111 Aufgaben der zentralen Stelle

(1) Die zentrale Stelle

1. richtet ein elektronisches System zur Erfassung, Verarbeitung und Auswertung von Informationen über bedeutsame Vorkommnisse bei medizinischer Exposition und bei Exposition der untersuchten Person bei einer nichtmedizinischen Anwendung ein und betreibt dieses,
2. bestimmt Verfahren, Form und Inhalt der Übermittlung von Informationen nach § 110 Absatz 2 Satz 1 Nummer 2,
3. erfasst und verarbeitet Informationen über ein bedeutsames Vorkommnis und wertet diese insbesondere im Hinblick auf die Übertragbarkeit und Bedeutsamkeit der Erkenntnisse auf andere Anwendungen und andere Anwender aus,
4. informiert das Bundesministerium für Umwelt, Naturschutz und nukleare Sicherheit

unverzüglich über ihr vorliegende Informationen und ihre Auswertung zu einem bedeutsamen Vorkommnis,

5. macht dem Bundesministerium für Umwelt, Naturschutz und nukleare Sicherheit sowie den zuständigen Behörden die in dem System nach Nummer 1 enthaltenen Informationen zugänglich, soweit dies für deren Aufgabenerfüllung erforderlich ist,
6. führt eine regelmäßige systematische wissenschaftliche Aufarbeitung der durchgeführten Auswertungen durch und veröffentlicht die Ergebnisse einschließlich der daraus abgeleiteten Empfehlungen für den Strahlenschutz und
7. tauscht Informationen mit den für die Meldeverfahren nach Medizinprodukterecht und Arzneimittelrecht zuständigen Stellen sowie mit weiteren im Bereich der Sicherheit von Arzneimitteln und Medizinprodukten tätigen Stellen aus und berücksichtigt deren Erkenntnisse bei ihrer Auswertung und wissenschaftlichen Aufarbeitung.

(2) Zentrale Stelle ist das Bundesamt für Strahlenschutz.

§ 112 Meldung und Erfassung von Vorkommnissen nach anderen Rechtsvorschriften

(1) Die Vorschriften zur Meldung und Erfassung von Vorkommnissen nach Arzneimittelrecht und Medizinprodukterecht bleiben unberührt.

(2) Die §§ 108 bis 110 finden im Anwendungsbereich der Atomrechtlichen Sicherheitsbeauftragten- und Meldeverordnung keine Anwendung.

Abschnitt 8
Anwendung ionisierender Strahlung oder radioaktiver Stoffe am Menschen

Unterabschnitt 1
Technische Anforderungen

§ 114 Anforderungen an die Ausrüstung bei der Anwendung am Menschen

(1) Der Strahlenschutzverantwortliche hat dafür zu sorgen, dass eine Röntgeneinrichtung zur Anwendung am Menschen nur verwendet wird, wenn sie

1. über eine Funktion verfügt, die die Parameter zur Ermittlung der bei der Anwendung erhaltenen Exposition der untersuchten oder behandelten Person anzeigt, oder, falls dies nach dem Stand der Technik nicht möglich ist, mit der die erhaltene Exposition der untersuchten oder behandelten Person auf andere Weise ermittelt werden kann,
2. über eine Funktion verfügt, die die Parameter, die zur Ermittlung der Exposition der untersuchten oder behandelten Person erforderlich sind, elektronisch aufzeichnet und für die Qualitätssicherung elektronisch nutzbar macht,
3. im Falle der Verwendung zur Durchleuchtung über eine Funktion zur elektronischen Bildverstärkung und zur automatischen Dosisleistungsregelung oder über eine andere, mindestens gleichwertige Funktion verfügt,
4. im Falle der Verwendung zur Durchleuchtung bei Interventionen neben der Vorrichtung oder Funktion nach Nummer 1 über eine Funktion verfügt, die der Person nach § 145 durchgängig während der Anwendung die Parameter zur Ermittlung der Exposition der untersuchten Person anzeigt.

(2) Der Strahlenschutzverantwortliche hat dafür zu sorgen, dass eine Anlage zur Erzeugung ionisierender Strahlung oder eine Bestrahlungsvorrichtung, die jeweils eine Photonen- oder Teilchenenergie von mindestens 1 Megaelektronenvolt bereitstellt, zur Behandlung von Personen nur verwendet wird, wenn sie die Überprüfung der Parameter zur Bestimmung der Dosisverteilung ermöglicht.

(3) Der Strahlenschutzverantwortliche hat dafür zu sorgen, dass eine Anlage zur Erzeugung ionisierender Strahlung zur Untersuchung von Personen nur verwendet wird, wenn sie über eine Funktion verfügt, die der Person nach § 145 die Parameter zur Ermittlung der Exposition der untersuchten Person anzeigt, oder, falls dies nach dem Stand der Technik nicht möglich ist, mit der die erhaltene Exposition der untersuchten Person auf andere Weise unmittelbar ermittelt werden kann.

§ 115 Qualitätssicherung vor Inbetriebnahme; Abnahmeprüfung

(1) Bei Anlagen zur Erzeugung ionisierender Strahlung, Bestrahlungsvorrichtungen, Röntgeneinrichtungen und sonstigen Vorrichtungen und Geräten, die bei der Anwendung radioaktiver Stoffe oder ionisierender Strahlung am Menschen verwendet werden, hat der Strahlenschutzverantwortliche vor der Inbetriebnahme sicherzustellen, dass die für die Anwendung erforderliche Qualität im Sinne des § 14 Absatz 1 Nummer 5 des Strahlenschutzgesetzes erreicht wird und zu diesem Zweck unter seiner Einbindung eine Abnahmeprüfung durch den jeweiligen Hersteller oder Lieferanten der einzelnen Komponenten durchgeführt wird.

(2) Der Strahlenschutzverantwortliche hat dafür zu sorgen, dass als Teil der Abnahmeprüfung die Bezugswerte für die Konstanzprüfung nach § 116 bestimmt werden.

(3) Ist die Anlage zur Erzeugung ionisierender Strahlung, die Bestrahlungsvorrichtung, die Röntgeneinrichtung oder eine sonstige Vorrichtung oder ein Gerät Teil eines Gesamtsystems für die Anwendung am Menschen, so hat der Strahlenschutzverantwortliche auch für das Gesamtsystem durch eine Prüfung sicherzustellen, dass die für die Anwendung erforderliche Qualität im Sinne des § 14 Absatz 1 Nummer 5 des Strahlenschutzgesetzes erreicht wird.

(4) Die Absätze 1 bis 3 gelten entsprechend nach jeder Änderung einer Anlage zur Erzeugung ionisierender Strahlung, Bestrahlungsvorrichtung, einer Röntgeneinrichtung, einer sonstigen Vorrichtung oder eines Gerätes nach Absatz 1, welche die für die Anwendung erforderliche Qualität im Sinne des § 14 Absatz 1 Nummer 5 des Strahlenschutzgesetzes beeinflussen kann. In diesem Fall kann sich die Prüfung auf die Änderung und deren Auswirkungen beschränken. Ist die Abnahmeprüfung durch den Hersteller oder Lieferanten nicht mehr möglich, so hat der Strahlenschutzverantwortliche dafür zu sorgen, dass eine gleichwertige Prüfung durch eine Person mit der erforderlichen Fachkunde im Strahlenschutz durchgeführt wird.

§ 116 Konstanzprüfung

(1) Der Strahlenschutzverantwortliche hat dafür zu sorgen, dass für Anlagen zur Erzeugung ionisierender Strahlung, Bestrahlungsvorrichtungen, Röntgeneinrichtungen oder sonstige Vorrichtungen oder Geräte nach § 115 Absatz 1 nach der Inbetriebnahme regelmäßig und in den erforderlichen Zeitabständen geprüft wird, ob die für die Anwendung erforderliche Qualität im Sinne des § 14 Absatz 1 Nummer 5 des Strahlenschutzgesetzes weiterhin erreicht wird (Konstanzprüfung). Hierzu ist insbesondere zu prüfen, ob die Bezugswerte, die nach § 115 Absatz 2 in der letzten Abnahmeprüfung erhoben wurden, eingehalten werden.

(2) Der Strahlenschutzverantwortliche hat dafür zu sorgen, dass bei der Konstanzprüfung die Prüfmittel verwendet werden, die bei der Abnahmeprüfung für die Bestimmung der Bezugswerte nach § 115 Absatz 2 verwendet wurden. Die zuständige Behörde kann im Einzelfall der Verwendung anderer Prüfmittel zustimmen, wenn die Verwendung der bei der Abnahmeprüfung verwendeten Prüfmittel zu einer unverhältnismäßigen Beeinträchtigung des angezeigten oder genehmigten Betriebs führen würde.

(3) In Fällen des § 115 Absatz 3 ist zudem zu prüfen, ob auch das Gesamtsystem die für die Anwendung erforderliche Qualität im Sinne des § 14 Absatz 1 Nummer 5 des Strahlenschutzgesetzes weiterhin erreicht.

(4) Wird die erforderliche Qualität im Sinne des § 14 Absatz 1 Nummer 5 des Strahlenschutzgesetzes nicht mehr erreicht, so hat der Strahlenschutzverantwortliche dafür zu sorgen, dass die Ursache unverzüglich ermittelt und beseitigt wird.

§ 117 Aufzeichnungen

(1) Der Strahlenschutzverantwortliche hat dafür zu sorgen, dass Inhalt, Ergebnis und Zeitpunkt der Prüfungen nach den §§ 115 und 116 Absatz 1 und 3 unverzüglich aufgezeichnet werden.

(2) Der Strahlenschutzverantwortliche hat dafür zu sorgen, dass die Aufzeichnungen aufbewahrt werden,

1. bei Prüfungen nach § 115 für die Dauer des Betriebes, mindestens jedoch drei Jahre nach dem Abschluss der nächsten vollständigen Abnahmeprüfung,
2. bei Prüfungen nach § 116 zehn Jahre nach Abschluss der Prüfung.

Die zuständige Behörde kann Abweichungen von den Aufbewahrungsfristen festlegen.

(3) Der Strahlenschutzverantwortliche hat die Aufzeichnungen der zuständigen Behörde und der ärztlichen oder zahnärztlichen Stelle auf Verlangen vorzulegen.

§ 118 Bestandsverzeichnis

Der Strahlenschutzverantwortliche hat dafür zu sorgen, dass ein aktuelles Bestandsverzeichnis über die bei der Anwendung radioaktiver Stoffe oder ionisierender Strahlung am Menschen eingesetzten Ausrüstungen, Geräte und Vorrichtungen geführt und der zuständigen Behörde auf Verlangen vorgelegt wird; das Bestandsverzeichnis nach § 13 der Verordnung über das Errichten, Betreiben und Anwenden von Medizinprodukten kann herangezogen werden.

Unterabschnitt 2
Anforderungen im Zusammenhang mit der Anwendung am Menschen

§ 119 Rechtfertigende Indikation

(1) Der die rechtfertigende Indikation stellende Arzt oder Zahnarzt hat neben der Einhaltung der Anforderungen nach § 83 Absatz 3 des Strahlenschutzgesetzes zu prüfen, ob es sich bei der vorgesehenen Anwendung ionisierender Strahlung oder radioaktiver Stoffe um ein anerkanntes Verfahren nach den Erfordernissen der medizinischen Wissenschaften oder um einen Heilversuch handelt, dessen Durchführung durch den Arzt oder Zahnarzt besonders zu begründen ist.

(2) Eine rechtfertigende Indikation ist auch dann zu stellen, wenn eine Anforderung eines überweisenden Arztes oder Zahnarztes vorliegt.

(3) Der die rechtfertigende Indikation stellende Arzt oder Zahnarzt hat vor der Anwendung, erforderlichenfalls in Zusammenarbeit mit dem überweisenden Arzt oder Zahnarzt, die verfügbaren Informationen über bisherige medizinische Erkenntnisse heranzuziehen, um jede unnötige Exposition zu vermeiden. Zu diesem Zweck ist die zu untersuchende oder zu behandelnde Person über frühere Anwendungen ionisierender Strahlung oder radioaktiver Stoffe, die für die vorgesehene Anwendung von Bedeutung sein können, zu befragen.

§ 120 Schutz von besonderen Personengruppen

(1) Der anwendende Arzt oder Zahnarzt hat vor einer Anwendung ionisierender Strahlung oder radioaktiver Stoffe gebärfähige Personen, erforderlichenfalls in Zusammenarbeit mit einem überweisenden Arzt, zu befragen, ob eine Schwangerschaft besteht oder bestehen könnte. Bei bestehender oder nicht auszuschließender Schwangerschaft ist die Dringlichkeit der Anwendung zu prüfen. Bei der Anwendung offener radioaktiver Stoffe gelten die Sätze 1 und 2 entsprechend für stillende Personen.

(2) Der anwendende Arzt oder Zahnarzt hat bei Personen, bei denen trotz bestehender oder nicht auszuschließender Schwangerschaft die Anwendung ionisierender Strahlung oder radioaktiver Stoffe geboten ist, alle Möglichkeiten zur Herabsetzung der Exposition dieser Person und insbesondere des ungeborenen Kindes auszuschöpfen. Bei der Anwendung offener radioaktiver Stoffe gilt Satz 1 entsprechend für stillende Personen.

(3) Der Strahlenschutzverantwortliche hat dafür zu sorgen, dass bei der Anwendung ionisierender Strahlung oder radioaktiver Stoffe an Personen unter 18 Jahren geeignete Verfahren sowie Ausrüstungen, Geräte und Vorrichtungen verfügbar sind und eingesetzt werden, um der besonderen Strahlenempfindlichkeit dieser Personen Rechnung zu tragen.

§ 121 Maßnahmen bei der Anwendung

(1) Der Strahlenschutzverantwortliche hat dafür zu sorgen, dass für Untersuchungen und Behandlungen mit ionisierender Strahlung

oder radioaktiven Stoffen schriftliche Arbeitsanweisungen erstellt werden. Diese sind für die Personen, die bei diesen Anwendungen tätig sind, zur jederzeitigen Einsicht bereitzuhalten und auf Anforderung der zuständigen Behörde und der ärztlichen oder zahnärztlichen Stelle vorzulegen.

(2) Der Strahlenschutzverantwortliche hat dafür zu sorgen, dass ein Arzt nach § 145 Absatz 1 Nummer 1 und ein Medizinphysik-Experte für Personen, deren Behandlung mit ionisierender Strahlung oder radioaktiven Stoffen individuell festzulegen ist, einen auf diese Person bezogenen Bestrahlungsplan schriftlich festlegen. In den Bestrahlungsplan sind alle Behandlungsbedingungen aufzunehmen, insbesondere die nach den Erfordernissen der medizinischen Wissenschaft individuell festzulegende Dosis im Zielvolumen oder die Aktivität des eingesetzten radioaktiven Stoffes.

(3) Der Strahlenschutzverantwortliche hat dafür zu sorgen, dass bei Behandlungen, denen ein individueller Bestrahlungsplan zugrunde liegt, die Einhaltung aller im Bestrahlungsplan festgelegten Bedingungen überprüft wird. Die Überprüfung erfolgt vor Beginn

1. der ersten Bestrahlung oder nach Änderung des Bestrahlungsplans durch einen Arzt nach § 145 Absatz 1 Nummer 1 und einen Medizinphysik-Experten,
2. jeder weiteren Bestrahlung durch einen Arzt nach § 145 Absatz 1 Nummer 1 oder eine Person nach § 145 Absatz 2 Nummer 2 oder 3.

(4) Der Strahlenschutzverantwortliche hat dafür zu sorgen, dass über jede Behandlung ein Protokoll erstellt wird.

§ 122 Beschränkung der Exposition

(1) Der Strahlenschutzverantwortliche hat dafür zu sorgen, dass Maßnahmen ergriffen werden, um die Exposition von Betreuungs- und Begleitpersonen zu beschränken. Er hat dafür zu sorgen, dass innerhalb von sechs Monaten nach Aufnahme einer Tätigkeit geprüft wird, ob die Festlegung von Dosisrichtwerten für die Exposition von Betreuungs- und Begleitpersonen ein geeignetes Instrument zur Optimierung des Strahlenschutzes ist. Der Strahlenschutzverantwortliche hat auch dafür zu sorgen, dass ein Leitfaden für den Strahlenschutz von Betreuungs- und Begleitpersonen erstellt wird.

(2) Der Strahlenschutzverantwortliche hat dafür zu sorgen, dass für jede Art der Untersuchung und Behandlung die Expositionen der Personen, an denen ionisierende Strahlung oder radioaktive Stoffe angewendet werden, regelmäßig ausgewertet und bewertet wird.

(3) Der Strahlenschutzverantwortliche hat dafür zu sorgen, dass die diagnostischen Referenzwerte nach § 125 Absatz 1 Satz 1 bei Untersuchungen von Personen mit radioaktiven Stoffen oder ionisierender Strahlung zugrunde gelegt werden.

(4) Der Strahlenschutzverantwortliche hat dafür zu sorgen, dass eine Person, die mit radioaktiven Stoffen behandelt wurde, erst dann aus dem Strahlenschutzbereich entlassen wird, wenn davon ausgegangen werden kann, dass hierdurch für Angehörige und Dritte eine effektive Dosis von nicht mehr als 1 Millisievert auftreten kann. Ist im Einzelfall eine Entlassung aus medizinischen Gründen vor diesem Zeitpunkt erforderlich, so hat der Strahlenschutzverantwortliche dafür zu sorgen, dass dies schriftlich begründet und der zuständigen Behörde mitgeteilt wird.

§ 123 Anforderungen im Zusammenhang mit dem Betrieb einer Röntgeneinrichtung zur Teleradiologie

(1) Der Teleradiologe hat bei der Durchführung der Untersuchung

1. nach eingehender Beratung mit dem Arzt, der nach § 14 Absatz 2 Nummer 3 des Strahlenschutzgesetzes am Ort der technischen Durchführung anwesend zu sein hat, die rechtfertigende Indikation zu stellen,
2. die Untersuchungsergebnisse zu befunden und
3. mithilfe elektronischer Datenübertragung und Telekommunikation insbesondere zur rechtfertigenden Indikation und Befundung unmittelbar in Verbindung zu stehen mit der Person, die nach § 14 Absatz 2 Nummer 2 des Strahlenschutzgesetzes die tech-

nische Durchführung der Untersuchung vorzunehmen hat, und mit dem Arzt, der nach § 14 Absatz 2 Nummer 3 des Strahlenschutzgesetzes am Ort der technischen Durchführung anwesend zu sein hat.

(2) Der Arzt, der nach § 14 Absatz 2 Nummer 3 des Strahlenschutzgesetzes am Ort der technischen Durchführung anwesend zu sein hat, hat bei der Durchführung der Untersuchung in der Teleradiologie insbesondere die zur Feststellung der rechtfertigenden Indikation erforderlichen Angaben zu ermitteln und an den Teleradiologen weiterzuleiten.

(3) Der Strahlenschutzverantwortliche hat dafür zu sorgen, dass die technische Durchführung bei der Anwendung von ionisierender Strahlung am Menschen in der Teleradiologie durch nach § 145 Absatz 2 Nummer 2 oder 3 berechtigte Personen vorgenommen wird.

(4) Beim Betrieb einer Röntgeneinrichtung zur Teleradiologie hat der Strahlenschutzverantwortliche dafür zu sorgen, dass bei der an dem Teleradiologiesystem jeweils beteiligten anderen Einrichtung Kopien der Aufzeichnungen über die Qualitätssicherung vor Inbetriebnahme nach § 115 und über die Konstanzprüfungen nach § 116 sowie über die Sachverständigenprüfungen nach § 88 Absatz 4 Nummer 1 aller zum System gehörenden Röntgeneinrichtungen zur Einsicht verfügbar sind. Die Pflicht kann auch durch das Bereithalten der Aufzeichnungen in elektronischer Form erfüllt werden.

§ 124 Informationspflichten

(1) Der Strahlenschutzverantwortliche hat dafür zu sorgen, dass eine Person, an der ionisierende Strahlung oder radioaktive Stoffe angewendet werden, vor der Anwendung über das Risiko der Strahlenanwendung informiert wird.

(2) Der Strahlenschutzverantwortliche hat dafür zu sorgen, dass Betreuungs- oder Begleitpersonen vor dem Betreten des Kontrollbereichs

1. über mögliche Gefahren der Exposition aufgeklärt werden und
2. geeignete schriftliche Hinweise angeboten und auf Wunsch ausgehändigt bekommen.

(3) Der Strahlenschutzverantwortliche hat dafür zu sorgen, dass nach der Anwendung radioaktiver Stoffe der Person, an der die Stoffe angewendet wurden, sowie der Betreuungs- oder Begleitperson geeignete schriftliche Hinweise ausgehändigt werden, um die von der Person ausgehende Exposition oder die Kontamination der Angehörigen, Dritter oder der Umwelt zu vermeiden oder so gering wie möglich zu halten. Dies gilt nicht, wenn eine solche Exposition oder Kontamination ausgeschlossen werden kann oder die Person weiter stationär aufgenommen wird.

(4) Der Strahlenschutzverantwortliche hat dafür zu sorgen, dass eine Person nach einer Behandlung mit ionisierender Strahlung oder radioaktiven Stoffen, die eine Überprüfung des langfristigen Erfolgs der Strahlenbehandlung erfordert, über geeignete Zeitabstände für die Überprüfung informiert wird.

§ 125 Diagnostische Referenzwerte; Bevölkerungsdosis

(1) Das Bundesamt für Strahlenschutz ermittelt, erstellt und veröffentlicht diagnostische Referenzwerte für Untersuchungen mit ionisierender Strahlung und radioaktiven Stoffen. Das Bundesamt für Strahlenschutz kann für die Ermittlung die Daten heranziehen, die der zuständigen Behörde nach § 130 Absatz 3 Satz 1 Nummer 2 von den ärztlichen und zahnärztlichen Stellen übermittelt werden. Zu diesem Zweck übermittelt die zuständige Behörde dem Bundesamt für Strahlenschutz einmal pro Jahr die von den ärztlichen und zahnärztlichen Stellen erfassten Daten zur Exposition.

(2) Das Bundesamt für Strahlenschutz prüft spätestens drei Jahre nach der letzten Veröffentlichung, ob die diagnostischen Referenzwerte aktualisiert werden müssen und aktualisiert sie gegebenenfalls.

(3) Das Bundesamt für Strahlenschutz ermittelt mindestens alle zwei Jahre die medizinische Exposition der Bevölkerung und ausgewählter Bevölkerungsgruppen.

§ 126 Risikoanalyse vor Strahlenbehandlungen

(1) Der Strahlenschutzverantwortliche hat dafür zu sorgen, dass vor dem erstmaligen Einsatz oder einer wesentlichen Änderung eines

Behandlungsverfahrens mit radioaktiven Stoffen oder ionisierender Strahlung eine Analyse zur Identifikation und Bewertung der Gefahr unbeabsichtigter Expositionen der behandelten Person durchgeführt wird.

(2) Der Strahlenschutzverantwortliche hat dafür zu sorgen, dass die Ergebnisse der Analyse

1. aufgezeichnet werden,
2. zehn Jahre lang aufbewahrt werden und
3. der zuständigen Behörde auf Verlangen vorgelegt werden.

§ 127 Aufbewahrung, Weitergabe und Übermittlung von Aufzeichnungen, Röntgenbildern, digitalen Bilddaten und sonstigen Untersuchungsdaten

(1) Der Strahlenschutzverantwortliche hat dafür zu sorgen, dass die Aufzeichnungen nach § 85 Absatz 1 Satz 1 des Strahlenschutzgesetzes, Röntgenbilder, digitale Bilddaten und sonstige Untersuchungsdaten so aufbewahrt werden, dass während der Dauer der Aufbewahrungsfrist nach § 85 Absatz 2 des Strahlenschutzgesetzes sichergestellt ist, dass

1. sie jederzeit innerhalb angemessener Zeit verfügbar sind und bei elektronischer Aufbewahrung unmittelbar lesbar gemacht werden können und
2. keine Informationsänderungen oder -verluste eintreten können.

(2) Der Strahlenschutzverantwortliche hat dafür zu sorgen, dass bei der Aufbewahrung der Aufzeichnungen nach § 85 Absatz 1 Satz 1 des Strahlenschutzgesetzes sowie bei der Aufbewahrung von Personendaten, Röntgenbildern, digitalen Bilddaten und sonstigen Untersuchungsdaten auf elektronischen Datenträgern durch geeignete Maßnahmen sichergestellt ist, dass

1. der Urheber, der Entstehungsort und der Entstehungszeitpunkt eindeutig erkennbar sind,
2. nachträgliche Änderungen oder Ergänzungen als solche erkennbar sind und mit Angaben zu Urheber und Zeitpunkt der nachträglichen Änderungen oder Ergänzungen aufbewahrt werden und
3. während der Dauer der Aufbewahrung die Verknüpfung der Personendaten mit dem erhobenen Befund, den Daten, die den Bilderzeugungs- und Bildverarbeitungsprozess beschreiben, den Bilddaten und den sonstigen Aufzeichnungen nach § 85 Absatz 1 Satz 1 des Strahlenschutzgesetzes jederzeit hergestellt werden kann.

(3) Der Strahlenschutzverantwortliche hat dafür zu sorgen, dass bei der Aufbewahrung von Röntgenbildern, digitalen Bilddaten und sonstigen Untersuchungsdaten auf elektronischen Datenträgern sichergestellt ist, dass

1. alle erhobenen Daten, die zur Befundung genutzt wurden oder die nach den Erfordernissen der medizinischen Wissenschaft zur Befundung, zur Verlaufsbeurteilung oder zur Vermeidung weiterer Expositionen erforderlich sind, aufbewahrt werden und
2. Daten, die den Prozess der Erzeugung und Verarbeitung der Röntgenbilder, digitalen Bilddaten und sonstigen Untersuchungsdaten beschreiben, aufbewahrt werden, sofern sie dazu dienen, den Inhalt der in Nummer 1 genannten Daten nachzuvollziehen.

Daten können komprimiert werden, wenn sichergestellt ist, dass die diagnostische Aussagekraft erhalten bleibt.

(4) Der Strahlenschutzverantwortliche hat bei der Weitergabe oder Übermittlung von Daten nach § 85 Absatz 3 des Strahlenschutzgesetzes dafür zu sorgen, dass die Daten mit den Ursprungsdaten übereinstimmen und für den Adressaten lesbar sind. Die Röntgenbilder, digitalen Bilddaten und sonstigen Untersuchungsdaten müssen zur Befundung geeignet sein.

§ 128 Bestimmung von ärztlichen und zahnärztlichen Stellen zur Qualitätssicherung

(1) Zur Sicherung der Qualität bei der Anwendung ionisierender Strahlung oder radioaktiver Stoffe am Menschen bestimmt die zuständige Behörde für ihren Zuständigkeitsbereich ärztliche und zahnärztliche Stellen.

(2) Eine ärztliche oder zahnärztliche Stelle darf nur bestimmt werden, wenn

1. keine Tatsachen vorliegen, aus denen sich Bedenken gegen die für die Wahrnehmung ihrer Aufgaben erforderliche Unabhängigkeit ergeben,
2. die zur Wahrnehmung ihrer Aufgaben erforderliche personelle, technische und organisatorische Ausstattung zur Verfügung steht,
3. die für die Stelle tätigen Personen über die erforderliche Qualifikation und Erfahrung zur Wahrnehmung der Aufgaben der ärztlichen oder zahnärztlichen Stelle verfügen,
4. die Arbeitsweise der ärztlichen oder zahnärztlichen Stelle und die Art und Weise der Durchführung der Prüfungen nach § 130 Absatz 1 und 2 die ordnungsgemäße Wahrnehmung der Aufgaben einschließlich der Beachtung der Erfordernisse der medizinischen Wissenschaft erwarten lassen und
5. angemessene Maßnahmen zur Qualitätssicherung ihrer Prüfungen zur Verfügung stehen.

§ 129 Mitteilung der Aufnahme und Beendigung einer Tätigkeit an eine ärztliche oder zahnärztliche Stelle

(1) Der Strahlenschutzverantwortliche hat dafür zu sorgen, dass

1. die Aufnahme einer Tätigkeit im Zusammenhang mit der Anwendung ionisierender Strahlung oder radioaktiver Stoffe am Menschen, die einer Genehmigung nach § 12 Absatz 1 Nummer 1, 2, 3 oder Nummer 4 des Strahlenschutzgesetzes oder einer Anzeige nach § 19 Absatz 1 des Strahlenschutzgesetzes bedarf, unverzüglich einer von der zuständigen Behörde bestimmten ärztlichen oder zahnärztlichen Stelle mitgeteilt wird und
2. ein Abdruck der Mitteilung der zuständigen Behörde übersandt wird.

Bei einer wesentlichen Änderung einer Tätigkeit gilt Satz 1 entsprechend.

(2) Der Strahlenschutzverantwortliche hat dafür zu sorgen, dass

1. die Beendigung einer Tätigkeit nach Absatz 1 Satz 1 Nummer 1 unverzüglich einer von der zuständigen Behörde bestimmten ärztlichen oder zahnärztlichen Stelle mitgeteilt wird und
2. ein Abdruck der Mitteilung der zuständigen Behörde übersandt wird.

§ 130 Maßnahmen zur Qualitätssicherung durch ärztliche und zahnärztliche Stellen

(1) Der Strahlenschutzverantwortliche unterliegt der von der ärztlichen und zahnärztlichen Stelle durchzuführenden Prüfung zur Qualitätssicherung. Die ärztlichen und zahnärztlichen Stellen prüfen im Rahmen der Qualitätssicherung insbesondere, ob

1. die jeweilige Anwendung ionisierender Strahlung oder radioaktiver Stoffe am Menschen gerechtfertigt ist und bei der Anwendung die Erfordernisse der medizinischen Wissenschaft beachtet werden,
2. die eingesetzten Anlagen zur Erzeugung ionisierender Strahlung, Bestrahlungsvorrichtungen, sonstige Geräte oder Ausrüstungen sowie die im Zusammenhang damit angewendeten Verfahren den nach dem Stand von Wissenschaft und Technik jeweils notwendigen Qualitätsstandards entsprechen, um deren Exposition so gering wie möglich zu halten,
3. die eingesetzten Röntgeneinrichtungen und die im Zusammenhang damit angewendeten Verfahren den nach dem Stand der Technik jeweils notwendigen Qualitätsstandards entsprechen, um deren Exposition so gering wie möglich zu halten,
4. die diagnostischen Referenzwerte nicht ungerechtfertigt überschritten werden,
5. ein Verfahren vorliegt, mit dem Vorkommnisse bei der Anwendung ionisierender Strahlung oder radioaktiver Stoffe am Menschen in systematischer Weise erkannt und bearbeitet werden, und
6. schriftliche Arbeitsanweisungen gemäß § 121 Absatz 1 Satz 1 erstellt wurden.

19

Sofern bei dem Strahlenschutzverantwortlichen radioaktive Stoffe oder ionisierende Strahlung zum Zweck der medizinischen Forschung angewendet werden, prüfen die ärztlichen und zahnärztlichen Stellen, ob das Forschungsvorhaben unter Beachtung der Erfordernisse der medizinischen Wissenschaft im Hinblick auf den Strahlenschutz ordnungsgemäß durchgeführt worden ist.

(2) Die ärztlichen und zahnärztlichen Stellen schlagen dem Strahlenschutzverantwortlichen Möglichkeiten zur Optimierung der Anwendung ionisierender Strahlung oder radioaktiver Stoffe am Menschen vor und prüfen, ob und wieweit die Vorschläge umgesetzt werden.

(3) Die ärztlichen und zahnärztlichen Stellen haben der zuständigen Behörde Folgendes mitzuteilen:

1. die Ergebnisse der Prüfungen,
2. eine Zusammenstellung der bei den Prüfungen erfassten Daten zur Exposition,
3. eine ständige, ungerechtfertigte Überschreitung der bei der Untersuchung zugrunde zu legenden diagnostischen Referenzwerte und
4. eine Nichtbeachtung der Optimierungsvorschläge.

Personenbezogene Daten der untersuchten oder behandelten Personen dürfen nicht übermittelt werden.

(4) Die ärztlichen und zahnärztlichen Stellen dürfen die Ergebnisse der Prüfungen, einschließlich des Namens und der Anschrift des Strahlenschutzverantwortlichen, der Stelle übermitteln, die für die Qualitätsprüfung nach dem Neunten Abschnitt des Vierten Kapitels des Fünften Buches Sozialgesetzbuch zuständig ist. Personenbezogene Daten der untersuchten oder behandelten Personen dürfen nicht übermittelt werden.

(5) Die ärztlichen und zahnärztlichen Stellen unterliegen im Hinblick auf personenbezogene Daten der untersuchten oder behandelten Personen der ärztlichen Schweigepflicht.

(6) Der Strahlenschutzverantwortliche hat dafür zu sorgen, dass der ärztlichen oder zahnärztlichen Stelle auf Verlangen alle Informationen zur Verfügung gestellt werden, die diese zur Wahrnehmung ihrer Aufgaben benötigt. Die ärztliche oder zahnärztliche Stelle darf die ihr nach Satz 1 übermittelten Daten nur zu den in den Absätzen 1 und 2 genannten Zwecken verarbeiten.

§ 131 Medizinphysik-Experte

(1) Der Strahlenschutzverantwortliche hat dafür zu sorgen, dass bei einer Behandlung mit radioaktiven Stoffen oder ionisierender Strahlung, der ein individueller Bestrahlungsplan zugrunde liegt, ein Medizinphysik-Experte zur engen Mitarbeit bei der Festlegung des Bestrahlungsplans und der Durchführung der Behandlung hinzugezogen wird.

(2) Der Strahlenschutzverantwortliche hat dafür zu sorgen, dass ein Medizinphysik-Experte zur Mitarbeit hinzugezogen wird bei

1. standardisierten Behandlungen mit radioaktiven Stoffen oder ionisierender Strahlung,
2. Untersuchungen mit offenen radioaktiven Stoffen,
3. Untersuchungen mit ionisierender Strahlung, die mit einem Computertomographen oder mit Geräten zur dreidimensionalen Bildgebung von Objekten mit niedrigem Röntgenkontrast durchgeführt werden mit Ausnahme der Tomosynthese, und
4. Interventionen, bei denen die Röntgeneinrichtungen zur Durchleuchtung eingesetzt werden und die mit einer erheblichen Exposition verbunden sind.

Der Umfang, in dem der Medizinphysik-Experte hinzuzuziehen ist, richtet sich nach der Art und Anzahl der Untersuchungen oder Behandlungen sowie der Anzahl der eingesetzten Geräte.

(3) Der Strahlenschutzverantwortliche hat dafür zu sorgen, dass bei allen weiteren Anwendungen mit radioaktiven Stoffen oder ionisierender Strahlung ein Medizinphysik-Experte zur Beratung hinzugezogen wird, soweit dies zur Optimierung des Strahlenschutzes oder zur Gewährleistung der erforderlichen Qualität geboten ist.

§ 132 Aufgaben des Medizinphysik-Experten

Der Strahlenschutzverantwortliche hat dafür zu sorgen, dass ein Medizinphysik-Experte, wenn er nach § 131 hinzuzuziehen ist, die Verantwortung für die Dosimetrie von Personen, an denen radioaktive Stoffe oder ionisierende Strahlung angewendet werden, übernimmt und insbesondere bei der Wahrnehmung der Optimierung des Strahlenschutzes und folgender Aufgaben mitwirkt:

1. Qualitätssicherung bei der Planung und Durchführung von Anwendungen radioaktiver Stoffe oder ionisierender Strahlung am Menschen einschließlich der physikalisch-technischen Qualitätssicherung,
2. Auswahl der einzusetzenden Ausrüstungen, Geräte und Vorrichtungen,
3. Überwachung der Exposition von Personen, an denen radioaktive Stoffe oder ionisierende Strahlung angewendet werden,
4. Überwachung der Einhaltung der diagnostischen Referenzwerte,
5. Untersuchung von Vorkommnissen,
6. Durchführung der Risikoanalyse für Behandlungen und
7. Unterweisung und Einweisung der bei der Anwendung tätigen Personen.

Abschnitt 9
Besondere Anforderungen bei der Anwendung radioaktiver Stoffe oder ionisierender Strahlung zum Zweck der medizinischen Forschung

§ 133 Grundsatz der Einwilligung nach Aufklärung und Befragung

Der Strahlenschutzverantwortliche hat dafür zu sorgen, dass die Anwendung radioaktiver Stoffe oder ionisierender Strahlung am Menschen zum Zweck der medizinischen Forschung nur mit Einwilligung nach Aufklärung und Befragung nach Maßgabe der §§ 134, 135 und des § 136 Absatz 1 Satz 1 Nummer 4, Absatz 2 und 3 erfolgt.

§ 134 Einwilligungen der in das Forschungsvorhaben eingeschlossenen Person

(1) Der Strahlenschutzverantwortliche hat dafür zu sorgen, dass die schriftliche Einwilligung der in das Forschungsvorhaben eingeschlossenen Person darüber eingeholt wird, dass sie mit Folgendem einverstanden ist:

1. der Anwendung radioaktiver Stoffe oder ionisierender Strahlung an ihrer Person und
2. den Untersuchungen, die vor, während und nach der Anwendung radioaktiver Stoffe oder ionisierender Strahlung an ihrer Person zur Kontrolle und zur Erhaltung ihrer Gesundheit erforderlich sind.

Die Einwilligung nach Satz 1 kann von der in das Forschungsvorhaben eingeschlossenen Person jederzeit widerrufen werden.

(2) Des Weiteren hat der Strahlenschutzverantwortliche dafür zu sorgen, dass die Einwilligung der in das Forschungsvorhaben eingeschlossenen Person in Folgendes eingeholt und nachgewiesen wird:

1. die Mitteilung ihrer Teilnahme an dem Forschungsvorhaben an die zuständige Behörde und
2. die Übermittlung der Angaben über ihre durch die Anwendung erhaltenen Expositionen an die zuständige Behörde.

(3) Die Einwilligungen nach Absatz 1 Satz 1 und Absatz 2 sind persönlich zu erklären und nur wirksam, wenn die in das Forschungsvorhaben eingeschlossene Person volljährig und in der Lage ist, Art, Bedeutung, Tragweite und Risiken der Anwendung der radioaktiven Stoffe oder der ionisierenden Strahlung für sich zu erkennen und ihren Willen hiernach auszurichten.

(4) Ist die Person nicht in der Lage, die Einwilligung nach Absatz 1 Satz 1 schriftlich zu erklären, so kann diese auf andere geeignete Weise in Anwesenheit eines unparteiischen Zeugen erklärt und aufgezeichnet werden. Der Zeuge muss bei der Aufklärung nach § 135 Absatz 2 anwesend gewesen sein und die Aufzeichnung der auf andere geeignete Weise erklärten Einwilligung unterzeichnen.

(5) Der Widerruf der Einwilligung nach Absatz 1 Satz 1 oder Absatz 2 hat keine Auswirkungen auf eine Verarbeitung von Daten, die auf der Grundlage der jeweiligen Einwilligung vor ihrem Widerruf durchgeführt wurde, oder auf die weitere Verarbeitung solcher Daten, die auf der Grundlage der jeweiligen Einwilligung bereits vor ihrem Widerruf erhoben wurden, soweit

1. die Verwirklichung der Forschungszwecke ansonsten unmöglich gemacht oder ernsthaft beeinträchtigt würde,
2. die Verarbeitung der Daten erforderlich ist, um sicherzustellen, dass schutzwürdige Interessen der in das Forschungsvorhaben eingeschlossenen Person nicht beeinträchtigt werden oder
3. die Verarbeitung der Daten für die Nachvollziehbarkeit der Exposition der in das Forschungsvorhaben eingeschlossenen Person erforderlich ist um
   a) der Pflicht zur Erstellung des Abschlussberichts zu genügen oder
   b) strahlenschutzrechtliche Aufsicht und Qualitätssicherung durch ärztliche und zahnärztliche Stellen zu ermöglichen.

§ 135 Aufklärung und Befragung

(1) Der Strahlenschutzverantwortliche hat dafür zu sorgen, dass der in das Forschungsvorhaben eingeschlossenen Person vor der Erklärung der Einwilligungen nach § 134 Absatz 1 Satz 1 und Absatz 2 eine für die Person verständliche schriftliche Information zu der Anwendung ausgehändigt wird, in der Art, Bedeutung, Tragweite und Risiken der Anwendung der radioaktiven Stoffe oder der ionisierenden Strahlung dargelegt werden und die in das Forschungsvorhaben eingeschlossene Person über die Bedingungen und die Dauer der Anwendungen und über die Möglichkeit des Widerrufs der Einwilligung nach § 134 Absatz 1 Satz 1 unterrichtet wird.

(2) Der Strahlenschutzverantwortliche hat dafür zu sorgen, dass die in das Forschungsvorhaben eingeschlossene Person vor Erklärung der Einwilligungen nach § 134 Absatz 1 Satz 1 und Absatz 2 durch den die Anwendungen leitenden Arzt oder Zahnarzt oder einen von diesem beauftragten Arzt oder Zahnarzt aufgeklärt und befragt wird, ob an ihr bereits radioaktive Stoffe oder ionisierende Strahlung angewendet worden sind. Bei genehmigungsbedürftigen Anwendungen muss der beauftragte Arzt oder Zahnarzt die erforderliche Fachkunde im Strahlenschutz besitzen. Die Aufklärung muss die in Absatz 1 genannten Aspekte umfassen. Der Strahlenschutzverantwortliche hat dafür zu sorgen, dass über die Aufklärung und die Befragung Aufzeichnungen angefertigt werden.

§ 136 Anwendung an nicht Einwilligungsfähigen und an Minderjährigen

(1) Der Strahlenschutzverantwortliche hat dafür zu sorgen, dass an einer Person, die nicht in der Lage ist, Art, Bedeutung, Tragweite und Risiken der Anwendung der radioaktiven Stoffe oder der ionisierenden Strahlung für sich zu erkennen und ihren Willen hiernach auszurichten, sowie an einer minderjährigen Person radioaktive Stoffe oder ionisierende Strahlung nur angewendet werden, wenn

1. das Forschungsziel anders nicht erreicht werden kann,
2. die Anwendung an einer Person erfolgt, bei der in Bezug auf das Forschungsvorhaben eine Krankheit oder ein entsprechender Krankheitsverdacht vorliegt,
3. im Rahmen des Forschungsvorhabens das Ziel verfolgt wird, diese Krankheit zu erkennen, das Leben der Person zu retten, ihre Gesundheit wiederherzustellen, ihr Leiden zu lindern oder Verfahren zu ihrer Untersuchung oder Behandlung im Zusammenhang mit dieser Krankheit zu verbessern,
4. der gesetzliche Vertreter oder der Bevollmächtigte die Einwilligungen nach § 134 Absatz 1 Satz 1 und Absatz 2 erklärt hat, nachdem ihm die schriftliche Information nach § 135 Absatz 1 ausgehändigt wurde und er entsprechend § 135 Absatz 2 Satz 1 bis 3 aufgeklärt und befragt worden ist, und
5. die Erklärung der Person oder deren in sonstiger Weise zum Ausdruck gebrachte Wille, nicht an dem Forschungsvorhaben teilnehmen zu wollen, beachtet wird.

Satz 1 Nummer 3 und 5 gilt nicht für ein Forschungsvorhaben, für das eine Genehmigung nach dem Arzneimittelrecht oder dem Medizinprodukterecht erforderlich ist.

(2) Der Strahlenschutzverantwortliche hat dafür zu sorgen, dass neben dem gesetzlichen Vertreter oder dem Bevollmächtigten die Person, die in das Forschungsvorhaben eingeschlossen werden soll, in angemessener Weise aufgeklärt wird. Ist die minderjährige Person in der Lage, Art, Bedeutung, Tragweite und Risiken der Anwendung für sich zu erkennen und ihren Willen hiernach auszurichten, sind zusätzlich deren persönliche Einwilligungen nach § 134 Absatz 1 Satz 1 und Absatz 2 erforderlich.

(3) Für die Einwilligungen des gesetzlichen Vertreters oder des Bevollmächtigten nach Absatz 1 Satz 1 Nummer 4 sowie für die Einwilligungen des Minderjährigen nach Absatz 2 Satz 2 gelten § 134 Absatz 1 Satz 2, Absatz 4 und 5 und § 135 Absatz 2 Satz 4 entsprechend.

§ 137 Weitere Anwendungsverbote und Anwendungsbeschränkungen

(1) Der Strahlenschutzverantwortliche hat dafür zu sorgen, dass radioaktive Stoffe oder ionisierende Strahlung zum Zweck der medizinischen Forschung an einer schwangeren Person oder an einer Person, die auf gerichtliche oder behördliche Anordnung in einer Anstalt untergebracht ist, nicht angewendet werden. Der Strahlenschutzverantwortliche hat dafür zu sorgen, dass radioaktive Stoffe zum Zweck der medizinischen Forschung an einer stillenden Person nicht angewendet werden.

(2) Der Strahlenschutzverantwortliche hat dafür zu sorgen, dass die durch das Forschungsvorhaben bedingte effektive Dosis für eine im Sinne des Forschungsvorhabens gesunde Person den Grenzwert von 20 Millisievert nicht überschreitet.

(3) Der Strahlenschutzverantwortliche hat dafür zu sorgen, dass von der Anwendung eine im Sinne des Forschungsvorhabens gesunde Person ausgeschlossen wird, bei der in den vergangenen zehn Jahren eine Anwendung radioaktiver Stoffe oder ionisierender Strahlung zum Zweck der medizinischen Forschung oder zur Behandlung stattgefunden hat, wenn durch die erneute Anwendung zum Zweck der medizinischen Forschung eine effektive Dosis von mehr als 10 Millisievert zu erwarten ist.

(4) Der Strahlenschutzverantwortliche hat dafür zu sorgen, dass radioaktive Stoffe oder ionisierende Strahlung an einer im Sinne des Forschungsvorhabens gesunden Person, die das 50. Lebensjahr nicht vollendet hat, nur dann zum Zweck der medizinischen Forschung angewendet werden, wenn dies zur Erreichung des Forschungszieles besonders notwendig ist.

§ 138 Besondere Schutzpflichten

(1) Bei einer nach § 32 Absatz 1 des Strahlenschutzgesetzes angezeigten Anwendung hat der Strahlenschutzverantwortliche vor der ersten Anwendung einen die Anwendungen leitenden Arzt oder Zahnarzt zu benennen, der die erforderliche Fachkunde im Strahlenschutz und mindestens zwei Jahre Erfahrung in der Anwendung radioaktiver Stoffe oder ionisierender Strahlung am Menschen besitzt.

(2) Der Strahlenschutzverantwortliche hat dafür zu sorgen, dass während der Anwendung radioaktiver Stoffe oder ionisierender Strahlung zum Zweck der medizinischen Forschung die ständige Erreichbarkeit des die Anwendungen leitenden Arztes oder Zahnarztes im Sinne des § 31 Absatz 4 Nummer 6 des Strahlenschutzgesetzes oder des Absatzes 1 (die Anwendungen leitender Arzt oder Zahnarzt) oder die ständige Erreichbarkeit eines Vertreters mit gleicher Qualifikation gewährleistet ist.

(3) Der Strahlenschutzverantwortliche hat dafür zu sorgen, dass radioaktive Stoffe oder ionisierende Strahlung am Menschen zum Zweck der medizinischen Forschung nur von dem die Anwendungen leitenden oder einem von diesem beauftragten Arzt oder Zahnarzt mit der erforderlichen Fachkunde im Strahlenschutz angewendet werden. § 145 Absatz 2 bleibt unberührt.

(4) Der Strahlenschutzverantwortliche hat dafür zu sorgen, dass die in das Forschungsvorhaben eingeschlossene Person vor Beginn der Anwendung radioaktiver Stoffe oder ionisie-

render Strahlung ärztlich oder zahnärztlich untersucht wird. Er hat dafür zu sorgen, dass die Befunde unverzüglich aufgezeichnet werden.

(5) Der Strahlenschutzverantwortliche hat dafür zu sorgen, dass vor der Anwendung radioaktiver Stoffe oder ionisierender Strahlung zum Zweck der medizinischen Forschung

1. die Aktivität der anzuwendenden radioaktiven Stoffe bestimmt wird,
2. bei genehmigungsbedürftigen Anwendungen die Exposition für jede in das Forschungsvorhaben eingeschlossene Person durch geeignete Verfahren individuell abgeschätzt wird und
3. bei anzeigebedürftigen Anwendungen die Exposition für die in das Forschungsvorhaben eingeschlossenen Personen durch geeignete Verfahren abgeschätzt wird.

Der Strahlenschutzverantwortliche hat dafür zu sorgen, dass die Exposition für jede in das Forschungsvorhaben eingeschlossene Person durch geeignete Verfahren überwacht und im Hinblick auf die Abschätzung bewertet wird. Der Strahlenschutzverantwortliche hat dafür zu sorgen, dass die Ergebnisse der Abschätzung sowie Art und Ergebnis der Überwachungsmaßnahmen unverzüglich aufgezeichnet werden.

(6) § 122 Absatz 3 gilt für Anwendungen zur Untersuchung zum Zweck der medizinischen Forschung entsprechend. Bei genehmigungsbedürftigen Anwendungen zur Untersuchung zum Zweck der medizinischen Forschung kann die Genehmigungsbehörde Abweichendes festlegen, sofern die Anwendung der diagnostischen Referenzwerte für das Forschungsvorhaben nicht angemessen ist.

§ 139 Qualitätssicherung

(1) Der zur medizinischen Forschung Berechtigte und der die Anwendungen leitende Arzt oder Zahnarzt haben dafür zu sorgen, dass bei der Anwendung radioaktiver Stoffe oder ionisierender Strahlung zum Zweck der medizinischen Forschung der Gesundheit, der Sicherheit sowie den Rechten und den Interessen der in das Forschungsvorhaben eingeschlossenen Personen Vorrang eingeräumt wird, insbesondere vor dem wissenschaftlichen und gesellschaftlichen Interesse an dem Forschungsvorhaben.

(2) Im Falle einer Multi-Center-Studie hat der zur medizinischen Forschung Berechtigte den Genehmigungsbescheid oder die wesentlichen Inhalte der Anzeige, die Festlegungen zu Zielsetzung, Organisation, Methodik und Ablauf des Forschungsvorhabens sowie weitere für die Durchführung der Anwendungen erforderliche Informationen und Anleitungen in Bezug auf das Forschungsvorhaben den jeweiligen Strahlenschutzverantwortlichen zu übermitteln.

(3) Der Strahlenschutzverantwortliche hat dafür zu sorgen, dass der Genehmigungsbescheid oder die wesentlichen Inhalte der Anzeige, die Festlegungen zu Zielsetzung, Organisation, Methodik und Ablauf des Forschungsvorhabens sowie weitere für die Durchführung der Anwendungen erforderliche Informationen und Anleitungen in Bezug auf das Forschungsvorhaben folgenden Personen übermittelt werden:

1. dem die Anwendungen leitenden Arzt oder Zahnarzt,
2. dem von dem die Anwendungen leitenden Arzt oder Zahnarzt mit der Aufklärung oder Anwendung beauftragten Arzt oder Zahnarzt und
3. soweit es die Art der Anwendung erfordert, dem Medizinphysik-Experten.

(4) Der zur medizinischen Forschung Berechtigte hat dafür zu sorgen, dass die Anwendungen radioaktiver Stoffe oder ionisierender Strahlung am Menschen so konzipiert sind, dass zuverlässige und belastbare Ergebnisse zur Erreichung der Forschungszwecke gewonnen werden können. Der zur medizinischen Forschung Berechtigte hat die Ergebnisse so aufzubewahren, dass eine vollständige Berichterstattung und Überprüfung möglich ist und der zuständigen Behörde und der ärztlichen oder zahnärztlichen Stelle auf Verlangen Einblick zu gewähren.

(5) Der zur medizinischen Forschung Berechtigte und der die Anwendungen leitende Arzt

oder Zahnarzt haben die Durchführung der Anwendungen am Menschen zum Zweck der medizinischen Forschung fortlaufend zu überwachen. Die Überwachung muss insbesondere geeignet sein,

1. unter Erfassung von erwarteten und unerwarteten Strahlenwirkungen zu erkennen, dass strahlenbedingte Risiken oder der mit dem Forschungsvorhaben verbundene Nutzen, gegebenenfalls unter Berücksichtigung des medizinischen Nutzens für die in das Forschungsvorhaben eingeschlossenen Personen, von den Angaben abweichen, die Grundlage für die Genehmigung oder Anzeige waren,
2. die Einhaltung der Festlegungen zu Zielsetzung, Organisation, Methodik und Ablauf des Forschungsvorhabens und die Gewinnung der Ergebnisse sicherzustellen und
3. im Falle einer Multi-Center-Studie die Einhaltung der genehmigten oder angezeigten Anzahl der in das Forschungsvorhaben einzuschließenden Personen sicherzustellen.

(6) Die Absätze 1 und 4 gelten nicht für ein Forschungsvorhaben, für das eine Genehmigung nach dem Arzneimittelrecht oder dem Medizinprodukterecht besteht.

§ 140 Aufbewahrungspflichten; weitere Regelungen zu Aufzeichnungen

(1) Der Strahlenschutzverantwortliche hat dafür zu sorgen, dass

1. die Einwilligungen nach § 134 Absatz 1 Satz 1 und Absatz 2 auch in Verbindung mit § 136 Absatz 1 Satz 1 Nummer 4 und Absatz 2 Satz 2, 30 Jahre lang nach ihrer Erklärung aufbewahrt werden,
2. die Aufzeichnungen nach § 135 Absatz 2 Satz 4, auch in Verbindung mit § 136 Absatz 3, und nach § 138 Absatz 4 Satz 2 und Absatz 5 Satz 3 30 Jahre lang nach dem Zeitpunkt der letzten Anwendung aufbewahrt werden und
3. die Einwilligungen nach Nummer 1 und die Aufzeichnungen nach Nummer 2 der zuständigen Aufsichtsbehörde auf Verlangen vorgelegt werden.

(2) Für die Aufzeichnungen nach § 135 Absatz 2 Satz 4, auch in Verbindung mit § 136 Absatz 3, und § 138 Absatz 4 Satz 2 und Absatz 5 Satz 3 gelten § 85 Absatz 1 Satz 3, Absatz 2 Satz 2 und Absatz 3 Satz 1 Nummer 2 und 3, Satz 2 und 3 des Strahlenschutzgesetzes und § 127 entsprechend.

§ 141 Mitteilungspflichten

(1) Der Strahlenschutzverantwortliche hat dafür zu sorgen, dass der zuständigen Aufsichtsbehörde die Beendigung der Anwendung radioaktiver Stoffe oder ionisierender Strahlung zum Zweck der medizinischen Forschung unverzüglich mitgeteilt wird.

(2) Der zur medizinischen Forschung Berechtigte hat dafür zu sorgen, dass der Genehmigungs- oder Anzeigebehörde unverzüglich Folgendes mitgeteilt wird:

1. bei einer Multi-Center-Studie das Ausscheiden eines Strahlenschutzverantwortlichen und
2. die Beendigung des Forschungsvorhabens.

(3) Der zur medizinischen Forschung Berechtigte hat dafür zu sorgen, dass der Genehmigungs- oder Anzeigebehörde unverzüglich Folgendes mitgeteilt wird:

1. den Abbruch oder die Unterbrechung der Anwendungen zum Schutz der in das Forschungsvorhaben eingeschlossenen Personen vor Strahlenwirkungen oder wegen einer Änderung des Nutzen-Risiko-Verhältnisses und
2. bei genehmigten Anwendungen das Vorliegen wesentlicher neuer Erkenntnisse über den mit dem Forschungsvorhaben verbundenen Nutzen, gegebenenfalls unter Berücksichtigung des medizinischen Nutzens für die in das Forschungsvorhaben eingeschlossenen Personen, oder über strahlenbedingte Risiken.

(4) Wer eine Anwendung radioaktiver Stoffe oder ionisierender Strahlung am Menschen zum Zweck der medizinischen Forschung nach § 32 des Strahlenschutzgesetzes angezeigt hat, hat eine Änderung in Bezug auf den Nachweis der erforderlichen Deckungsvorsorge nach § 32 Absatz 3 des Strahlenschutzge-

setzes in Verbindung mit § 35 des Strahlenschutzgesetzes der Anzeigebehörde unverzüglich mitzuteilen und einen vorhandenen aktuellen Nachweis beizufügen.

§ 142 Abschlussbericht

(1) Der zur medizinischen Forschung Berechtigte hat der für ihn zuständigen Aufsichtsbehörde spätestens zwölf Monate nach Beendigung des Forschungsvorhabens einen Abschlussbericht vorzulegen, aus dem insbesondere die für jede in das Forschungsvorhaben eingeschlossene Person ermittelte Exposition hervorgeht.

(2) Im Falle einer Multi-Center-Studie

1. haben die jeweiligen Strahlenschutzverantwortlichen dem zur medizinischen Forschung Berechtigten unverzüglich nach Beendigung der Anwendungen unter ihrer Verantwortung die zur Erstellung des Abschlussberichts nach Absatz 1 erforderlichen Angaben bereitzustellen,
2. muss der Abschlussbericht für jede beteiligte Einrichtung die Anzahl der Personen, an denen im Geltungsbereich dieser Verordnung radioaktive Stoffe oder ionisierende Strahlung angewendet wurden, nennen und einrichtungsspezifische Angaben in einer Weise aufführen, dass diese den einzelnen Einrichtungen zugeordnet werden können,
3. muss der Abschlussbericht auch die Gesamtanzahl der Personen, an denen im Geltungsbereich dieser Verordnung radioaktive Stoffe oder ionisierende Strahlung angewendet wurden, enthalten und
4. unterrichtet die für den zur medizinischen Forschung Berechtigten zuständige Aufsichtsbehörde die für den Strahlenschutzverantwortlichen zuständige Aufsichtsbehörde, sofern sich aus dem Abschlussbericht eine erhebliche Abweichung von der Genehmigung oder Anzeige oder ein Verstoß gegen strahlenschutzrechtliche Vorschriften ergibt.

(3) Die für den zur medizinischen Forschung Berechtigten zuständige Aufsichtsbehörde unterrichtet die Genehmigungs- oder Anzeigebehörde, sofern sich aus dem Abschlussbericht eine erhebliche Abweichung von der Genehmigung oder Anzeige ergibt.

(4) In den Fällen des Absatzes 1 und des Absatzes 2 Nummer 1 sind personenbezogene Daten der in das Forschungsvorhaben eingeschlossenen Personen zu pseudonymisieren.

§ 143 Behördliche Schutzanordnung

(1) Ist zu besorgen, dass eine in das Forschungsvorhaben eingeschlossene Person auf Grund einer Überschreitung der genehmigten oder angezeigten Dosiswerte für die Anwendung radioaktiver Stoffe oder ionisierender Strahlung zum Zweck der medizinischen Forschung an der Gesundheit geschädigt wird, oder ist auf Grund einer Überschreitung der genehmigten oder angezeigten Dosiswerte eine Gesundheitsschädigung eingetreten, so ordnet die zuständige Behörde an, dass die Person durch einen nach § 175 Absatz 1 Satz 1 ermächtigten Arzt untersucht wird. Ist eine Gesundheitsschädigung ohne Überschreitung der Dosiswerte zu besorgen oder eingetreten, so kann die zuständige Behörde die Untersuchung durch einen nach § 175 Absatz 1 Satz 1 ermächtigten Arzt anordnen. § 78 Absatz 1 gilt entsprechend.

(2) Hat die zuständige Behörde nach Absatz 1 Satz 1 oder 2 die Untersuchung einer Person angeordnet, darf eine weitere Anwendung radioaktiver Stoffe oder ionisierender Strahlung an dieser Person im Rahmen des Forschungsvorhabens nur mit Zustimmung der zuständigen Behörde erfolgen.

Abschnitt 10
Anwendung ionisierender Strahlung oder radioaktiver Stoffe am Tier in der Tierheilkunde

§ 144 Anforderungen im Zusammenhang mit der Anwendung

(1) Der Strahlenschutzverantwortliche hat dafür zu sorgen, dass bei der Anwendung radioaktiver Stoffe oder ionisierender Strahlung am Tier in der Tierheilkunde eine Tierbegleitperson nur anwesend ist, wenn dies wegen der Umstände des Einzelfalls erforderlich ist. Andere

19

Personen als Tierbegleitpersonen dürfen das Tier nicht begleiten. Eine schwangere Person darf nicht als Tierbegleitperson handeln.

(2) Der Strahlenschutzverantwortliche hat dafür zu sorgen, dass bei der Planung des betrieblichen Strahlenschutzes zum Schutz der Tierbegleitperson ein Dosisrichtwert von höchstens 100 Mikrosievert je Anwendung festgelegt wird. Der Dosisrichtwert ist für die effektive Dosis der Tierbegleitperson festzulegen.

(3) Der Strahlenschutzverantwortliche hat dafür zu sorgen, dass ein Tier, an dem radioaktive Stoffe angewendet wurden, aus dem Strahlenschutzbereich erst entlassen wird, wenn für die Tierbegleitperson nur eine effektive Dosis im Bereich von 100 Mikrosievert zu erwarten ist.

(4) Tierschutzrechtliche Vorschriften bleiben unberührt.

Abschnitt 11
Berechtigte Personen

§ 145 Berechtigte Personen bei der Anwendung am Menschen

(1) Der Strahlenschutzverantwortliche hat dafür zu sorgen, dass ionisierende Strahlung und radioaktive Stoffe am Menschen nur angewendet werden von Personen, die als Ärzte oder Zahnärzte approbiert sind oder denen die vorübergehende Ausübung des ärztlichen oder zahnärztlichen Berufs erlaubt ist und die

1. entweder die für die Anwendung erforderliche Fachkunde im Strahlenschutz besitzen oder
2. auf ihrem speziellen Arbeitsgebiet über die für die Anwendung radioaktiver Stoffe und ionisierender Strahlung erforderlichen Kenntnisse im Strahlenschutz verfügen und unter ständiger Aufsicht und Verantwortung einer der unter Nummer 1 genannten Personen tätig sind.

(2) Der Strahlenschutzverantwortliche hat dafür zu sorgen, dass die technische Durchführung bei der Anwendung ionisierender Strahlung und radioaktiver Stoffe am Menschen ausschließlich durch folgende Personen vorgenommen wird:

1. Personen, die nach Absatz 1 ionisierende Strahlung und radioaktive Stoffe am Menschen anwenden dürfen,
2. Personen mit einer Erlaubnis nach § 1 Absatz 1 Nummer 2 des MTA-Gesetzes vom 2. August 1993 (BGBl. I S. 1402), das zuletzt durch Artikel 21 des Gesetzes vom 18. April 2016 (BGBl. I S. 886) geändert worden ist,
3. Personen mit einer staatlich geregelten, staatlich anerkannten oder staatlich überwachten erfolgreich abgeschlossenen Ausbildung, wenn die technische Durchführung Gegenstand ihrer Ausbildung und Prüfung war und sie die erforderliche Fachkunde im Strahlenschutz besitzen,
4. Personen, die sich in einer die erforderlichen Voraussetzungen zur technischen Durchführung vermittelnden beruflichen Ausbildung befinden, wenn sie unter ständiger Aufsicht und Verantwortung einer Person nach Absatz 1 Nummer 1 Arbeiten ausführen, die ihnen im Rahmen ihrer Ausbildung übertragen sind, und sie die erforderlichen Kenntnisse im Strahlenschutz besitzen,
5. Personen mit einer erfolgreich abgeschlossenen sonstigen medizinischen Ausbildung, wenn sie unter ständiger Aufsicht und Verantwortung einer Person nach Absatz 1 Nummer 1 tätig sind und die erforderlichen Kenntnisse im Strahlenschutz besitzen,
6. Medizinphysik-Experten, wenn sie unter ständiger Aufsicht und Verantwortung einer Person nach Absatz 1 Nummer 1 tätig sind.

§ 146 Berechtigte Personen in der Tierheilkunde

(1) Der Strahlenschutzverantwortliche hat dafür zu sorgen, dass ionisierende Strahlung und radioaktive Stoffe in der Tierheilkunde nur angewendet werden von

1. Personen, die als Tierärzte, Ärzte oder Zahnärzte approbiert sind oder denen die vorübergehende Ausübung des ärztlichen

oder zahnärztlichen Berufs erlaubt ist und die die für die Anwendung erforderliche Fachkunde im Strahlenschutz besitzen,

2. Personen, die zur Ausübung des tierärztlichen, ärztlichen oder zahnärztlichen Berufs berechtigt sind und die nicht die erforderliche Fachkunde im Strahlenschutz besitzen, wenn sie auf ihrem speziellen Arbeitsgebiet über die für die Anwendung erforderlichen Kenntnisse im Strahlenschutz verfügen und unter ständiger Aufsicht und Verantwortung einer der unter Nummer 1 genannten Personen tätig sind.

(2) Der Strahlenschutzverantwortliche hat dafür zu sorgen, dass die technische Durchführung bei der Anwendung ionisierender Strahlung und radioaktiver Stoffe in der Tierheilkunde ausschließlich durch folgende Personen vorgenommen wird:

1. Personen, die nach Absatz 1 ionisierende Strahlung und radioaktive Stoffe in der Tierheilkunde anwenden dürfen,
2. Personen mit einer Erlaubnis nach § 1 Absatz 1 Nummer 2 des MTA-Gesetzes,
3. Personen mit einer staatlich geregelten, staatlich anerkannten oder staatlich überwachten erfolgreich abgeschlossenen Ausbildung, wenn die technische Durchführung Gegenstand ihrer Ausbildung und Prüfung war und sie die erforderliche Fachkunde im Strahlenschutz besitzen,
4. Medizinphysik-Experten,
5. Personen, die über die erforderlichen Kenntnisse im Strahlenschutz verfügen, wenn sie unter ständiger Aufsicht und Verantwortung einer Person nach Absatz 1 Nummer 1 tätig sind.

§ 147 Berechtigte Personen außerhalb der Anwendung am Menschen oder der Tierheilkunde

Der Strahlenschutzverantwortliche hat dafür zu sorgen, dass in anderen Fällen als zur Anwendung am Menschen oder zur Anwendung am Tier in der Tierheilkunde nur solche Personen Röntgenstrahlung anwenden, die

1. die erforderliche Fachkunde im Strahlenschutz besitzen oder
2. auf ihrem Arbeitsgebiet über die für den Anwendungsfall erforderlichen Kenntnisse im Strahlenschutz verfügen.

Satz 1 gilt nicht für den Betrieb eines Vollschutzgerätes nach § 45 Absatz 1 Nummer 5 des Strahlenschutzgesetzes.

Kapitel 7 Informationspflicht des Herstellers

§ 148 Informationspflichten des Herstellers von Geräten

(1) Der Hersteller eines der in § 91 Satz 1 des Strahlenschutzgesetzes genannten Geräte hat dafür zu sorgen, dass dem Gerät bei der Übergabe an den Strahlenschutzverantwortlichen Unterlagen beigefügt sind, die Folgendes enthalten:

1. geeignete Informationen zu den möglichen radiologischen Gefahren im Zusammenhang mit dem Betrieb oder der Verwendung des Gerätes und zur ordnungsgemäßen Nutzung, Prüfung, Wartung und Instandsetzung sowie
2. den Nachweis, dass es die Auslegung des Gerätes ermöglicht, die Exposition auf ein Maß zu beschränken, das nach dem Stand der Technik so niedrig wie vernünftigerweise erreichbar ist.

Satz 1 Nummer 2 gilt nicht für Störstrahler, deren Betrieb keiner Genehmigung bedarf, und auch nicht für Anlagen zur Erzeugung ionisierender Strahlung, die genehmigungs- und anzeigefrei betrieben werden dürfen.

(2) Sind die in § 91 Satz 1 des Strahlenschutzgesetzes genannten Geräte zum Einsatz bei der Anwendung am Menschen bestimmt, müssen zusätzlich geeignete Informationen einschließlich verfügbarer Ergebnisse der klinischen Bewertung beigefügt werden, die eine Bewertung der Risiken für untersuchte oder behandelte Personen ermöglichen.

(3) Die Unterlagen müssen in deutscher oder in einer anderen für den Anwender des Gerätes leicht verständlichen Sprache abgefasst sein.

Teil 3
Strahlenschutz bei Notfallexpositionssituationen

§ 150 Dosimetrie bei Einsatzkräften

(1) Der nach § 115 Absatz 2 des Strahlenschutzgesetzes für den Schutz der Einsatzkräfte im Notfalleinsatz Verantwortliche hat dafür zu sorgen, dass die Exposition ermittelt oder abgeschätzt wird, der eine Einsatzkraft bei Einsätzen in einer Notfallexpositionssituation oder bei Einsätzen zur Bekämpfung einer anderen Gefahrenlage ausgesetzt ist. Die Ermittlung oder Abschätzung soll erfolgen

1. durch eine Messung der Personendosis der Einsatzkraft oder
2. wenn eine Messung nach Nummer 1 nicht möglich ist, durch eine Übernahme der Ergebnisse der Messung der Personendosis einer anderen Person mit vergleichbaren Expositionsbedingungen oder
3. ersatzweise durch eine Abschätzung der Körperdosis insbesondere auf Grundlage von Messungen der Ortsdosis, der Ortsdosisleistung, der Konzentration radioaktiver Stoffe in der Luft oder der Kontamination der Umgebung oder anderer physikalischer Parameter jeweils in Verbindung mit der Aufenthaltszeit.

(2) Falls eine relevante Inkorporation radioaktiver Stoffe zu befürchten ist, soll zur Abschätzung der Körperdosis zusätzlich zu den in Absatz 1 Satz 2 genannten Methoden eine Messung der Körperaktivität oder der Aktivität der Ausscheidungen oder anderer biologischer Parameter durch eine nach § 169 des Strahlenschutzgesetzes bestimmte Messstelle erfolgen.

(3) Die zuständige Behörde kann eine andere oder ergänzende Weise der Ermittlung oder Abschätzung der Körperdosis festlegen, wenn dies im Hinblick auf fehlende, unvollständige oder fehlerhafte Messungen oder im Hinblick auf Unsicherheiten der Ergebnisse nach den Absätzen 1 oder 2 angemessen ist.

(4) Die Regelungen zur Messung der Personendosis in § 66 Absatz 1 und 2 Satz 1 und 2 gelten entsprechend. Die Dosimeter dürfen zwölf Monate vorgehalten werden, wenn zusätzlich ein Referenzdosimeter zur Berücksichtigung des Abzugs der natürlichen Exposition verwendet wird. Nach der Verwendung eines Dosimeters in einer Notfallexpositionssituation oder einer anderen Gefahrenlage ist das Dosimeter zusammen mit dem Referenzdosimeter innerhalb eines Monats bei der Messstelle einzureichen.

(5) Wenn die ermittelte oder abgeschätzte effektive Dosis ein Millisievert oder die ermittelte Organ-Äquivalentdosis für die Augenlinse 15 Millisievert oder die lokale Hautdosis 50 Millisievert überschreitet, hat der nach § 115 Absatz 2 des Strahlenschutzgesetzes für den Schutz der Einsatzkräfte im Notfalleinsatz Verantwortliche dafür zu sorgen, dass die Ergebnisse der Ermittlung oder Abschätzung der Körperdosis nach § 170 Absatz 4 des Strahlenschutzgesetzes an das Strahlenschutzregister übermittelt werden.

§ 151 Besondere ärztliche Überwachung von Einsatzkräften

Ist nicht auszuschließen, dass eine Person durch eine Exposition nach § 114 des Strahlenschutzgesetzes oder auf Grund einer anderen Gefahrenlage nach § 116 des Strahlenschutzgesetzes Expositionen erhalten hat, die im Kalenderjahr die effektive Dosis von 20 Millisievert oder die Organ-Äquivalentdosis von 20 Millisievert für die Augenlinse oder von 500 Millisievert für die Haut, die Hände, die Unterarme, die Füße oder Knöchel überschreiten, gilt § 81 für den Verantwortlichen nach § 115 Absatz 2 des Strahlenschutzgesetzes entsprechend.

§ 152 Hilfeleistung und Beratung von Behörden, Hilfsorganisationen und Einsatzkräften bei einem Notfall

(1) Der Strahlenschutzverantwortliche hat zur Erfüllung der Pflichten nach § 72 Absatz 3 des Strahlenschutzgesetzes und nach § 107 dieser Verordnung dafür zu sorgen, dass bei einem Notfall den zuständigen und den bei der Notfallreaktion mitwirkenden Behörden und Organisationen Hilfe bei Entscheidungen, Schutzmaßnahmen und anderen Maßnahmen

nach § 97 Absatz 1 Satz 3 des Strahlenschutzgesetzes geleistet wird.

(2) Der Strahlenschutzverantwortliche hat gemäß Absatz 1 insbesondere dafür zu sorgen, dass bei einem nach § 108 Absatz 1 und 2 meldepflichtigen Notfall, Störfall oder sonstigen bedeutsamen Vorkommnis oder bei einem nach § 6 Absatz 1 und 2 der Atomrechtlichen Sicherheitsbeauftragten- und Meldeverordnung meldepflichtigen Ereignis nach Eintritt eines Notfalls nach der Meldung nach § 108 Absatz 4 oder der Anzeige nach § 6 Absatz 3 der Atomrechtlichen Sicherheitsbeauftragten- und Meldeverordnung folgenden Behörden unverzüglich eine vorläufige erste Bewertung des Notfalls und seiner Auswirkungen übermittelt wird:

1. der Behörde, der das besondere Vorkommnis nach § 108 Absatz 1 und 2 oder das meldepflichtige Ereignis nach § 6 Absatz 1 und 2 der Atomrechtlichen Sicherheitsbeauftragten- und Meldeverordnung zu melden ist,
2. der Katastrophenschutzbehörde,
3. der für die öffentliche Sicherheit zuständigen Behörde und
4. bei einem überregionalen oder regionalen Notfall dem radiologischen Lagezentrum des Bundes nach § 106 des Strahlenschutzgesetzes.

Der Strahlenschutzverantwortliche hat des Weiteren dafür zu sorgen, dass neue oder veränderte relevante Daten oder Abschätzungen unverzüglich nach Kenntnis den in Satz 1 genannten Behörden übermittelt werden.

(3) Bei einem überregionalen oder regionalen Notfall hat der Strahlenschutzverantwortliche dafür zu sorgen, dass die vorläufige erste Bewertung nach Absatz 2 Satz 1 und deren Aktualisierungen nach Absatz 2 Satz 2 soweit wie möglich auch diejenigen Daten zur Anlage oder Strahlungsquelle, zum radiologischen Inventar und zu Freisetzungen sowie Freisetzungsabschätzungen und -prognosen umfassen, die nach den §§ 107 und 108 des Strahlenschutzgesetzes für die Bewertung der radiologischen Lage relevant sind. Bei den in § 106 Absatz 3 genannten Tätigkeiten ist der Strahlenschutzverantwortliche nicht zur Übermittlung von Freisetzungsabschätzungen und -prognosen verpflichtet.

(4) Der Strahlenschutzverantwortliche hat gemäß Absatz 1 des Weiteren insbesondere dafür zu sorgen, dass

1. den für den Katastrophenschutz und den für die öffentliche Sicherheit zuständigen Behörden sowie den bei der Notfallreaktion mitwirkenden Behörden und Organisationen jede Information und Beratung gegeben wird, die notwendig ist
   a) zur Abwendung von Gefahren für Mensch oder Umwelt oder
   b) zur Eindämmung oder Beseitigung von nachteiligen Auswirkungen, und
2. den nach § 115 Absatz 2 Nummer 2 des Strahlenschutzgesetzes für den Schutz der Einsatzkräfte verantwortlichen Behörden und Organisationen, den am Notfalleinsatz beteiligten Behörden und Organisationen sowie der Einsatzleitung am Einsatzort jede Information und Beratung gegeben wird, die für die Unterrichtung der Einsatzkräfte nach § 114 Absatz 2 Satz 2 oder 3 des Strahlenschutzgesetzes notwendig ist.

Teil 5
Expositionssituationsübergreifende Vorschriften

Kapitel 3
Gemeinsame Vorschriften für die berufliche Exposition

§ 172 Messstellen

(1) Die nach § 169 Absatz 1 des Strahlenschutzgesetzes bestimmte Messstelle hat auf Anforderung Folgendes bereitzustellen:

1. dem Strahlenschutzverantwortlichen: die zur Ermittlung der Körperdosis nach § 65 Absatz 1 Satz 1 und § 66 Absatz 1 Nummer 1 erforderlichen Personendosimeter,
2. dem nach § 145 Absatz 2 des Strahlenschutzgesetzes Verpflichteten: die zur Ermittlung der Körperdosis nach § 165 Absatz 1 Nummer 1 in Verbindung mit § 65

Absatz 1 Satz 1 und § 66 Absatz 1 Nummer 1 erforderlichen Personendosimeter,

3. dem nach § 153 Absatz 1 des Strahlenschutzgesetzes Verantwortlichen: die zur Ermittlung der Körperdosis nach § 166 Absatz 1 Nummer 1 in Verbindung mit § 65 Absatz 1 Satz 1 und § 66 Absatz 1 Nummer 1 erforderlichen Personendosimeter und
4. dem nach § 131 Absatz 1 des Strahlenschutzgesetzes Verpflichteten: die zur Ermittlung der Exposition nach § 157 Absatz 2 Nummer 1 erforderlichen Messgeräte.

(2) Die nach § 169 Absatz 1 des Strahlenschutzgesetzes bestimmte Messstelle kann sich zur Auswertung der Messgeräte nach § 157 Absatz 2 Nummer 1 einer anerkannten Stelle nach § 155 Absatz 3 bedienen, sofern die Messstelle die Anforderungen nach § 169 Absatz 2 des Strahlenschutzgesetzes weiterhin erfüllt.

(3) Die nach § 169 Absatz 1 des Strahlenschutzgesetzes bestimmten Messstellen nehmen an Maßnahmen zur Qualitätssicherung teil. Diese werden durchgeführt

1. für die Feststellung der Körperdosis nach § 66 Absatz 1 und 2 Satz 3 von der Physikalisch-Technischen Bundesanstalt und
2. für die Feststellung der Körperdosis nach § 65 Absatz 4 und § 157 Absatz 3 von dem Bundesamt für Strahlenschutz.

Für die Teilnahme an den Maßnahmen zur Qualitätssicherung, die vom Bundesamt für Strahlenschutz durchgeführt werden, werden Gebühren und Auslagen erhoben.

§ 173 Strahlenschutzregister

(1) Das Bundesamt für Strahlenschutz bestimmt das technische Verfahren der Erzeugung und den Aufbau der persönlichen Kennnummer nach § 170 Absatz 3 des Strahlenschutzgesetzes.

(2) Das Bundesamt für Strahlenschutz kann eine Identifikationsnummer, die eine zuständige Stelle außerhalb des Geltungsbereichs des Strahlenschutzgesetzes vergeben hat, als persönliche Kennnummer verwenden, wenn die Identifikationsnummer

1. der überwachten Person eindeutig zugeordnet werden kann,
2. während der Lebenszeit der überwachten Person unverändert besteht und
3. bei der überwachten Person oder dem Beschäftigungsbetrieb verfügbar ist.

(3) Das Bundesamt für Strahlenschutz bestimmt das Datenformat sowie das technische Verfahren der Übermittlung nach § 170 Absatz 4 und der Auskunftserteilung nach § 170 Absatz 5 Satz 1 des Strahlenschutzgesetzes.

§ 174 Strahlenpass

(1) Wer nach § 68 Absatz 1, § 158 Absatz 1 Satz 1, § 165 Absatz 2 Nummer 2 oder § 166 Absatz 2 Nummer 2 dafür zu sorgen hat, dass die dort genannten Personen nur mit Strahlenpass beschäftigt werden, ist für das Führen des Strahlenpasses verantwortlich. Er hat dafür zu sorgen, dass der Strahlenpass für die Person, für die er geführt wird (Strahlenpassinhaber), durch die nach Absatz 2 zuständige Behörde registriert wird. Bei Abhandenkommen eines gültigen Strahlenpasses hat er dafür zu sorgen, dass dies der Behörde unverzüglich mitgeteilt wird.

(2) Die Behörde, in deren Zuständigkeitsbereich der für das Führen des Strahlenpasses Verantwortliche seinen Sitz hat, registriert einen Strahlenpass für die Dauer von sechs Jahren, wenn

1. die nach Absatz 3 Nummer 1 Buchstabe a bis c und Nummer 4 erforderlichen Angaben eingetragen sind,
2. der Strahlenpass vom Strahlenpassinhaber und dem für das Führen des Strahlenpasses Verantwortlichen eigenhändig unterschrieben ist und
3. in dem Strahlenpass ausreichend Raum für die weiteren nach Absatz 3 erforderlichen Eintragungen vorgesehen ist.

Die zuständige Behörde kann davon ausgehen, dass die Anforderung nach Satz 1 Nummer 3 erfüllt ist, wenn der Pass dem Muster eines Strahlenpasses nach Allgemeinen Verwaltungsvorschriften entspricht.

(3) Die nachfolgend genannten Personen oder die Behörde nach Absatz 2 haben dafür zu sorgen, dass in den Strahlenpass mindestens die folgenden Angaben eingetragen werden:

1. der zur Führung des Strahlenpasses Verpflichtete:
   a) die Personendaten des Strahlenpassinhabers und persönliche Kennnummer nach § 170 Absatz 3 des Strahlenschutzgesetzes,
   b) die Angaben über den zum Führen des Strahlenpasses Verpflichteten, einschließlich Betriebsnummer und Kontaktdaten,
   c) die Bilanzierung der amtlichen Dosiswerte aus beruflicher Exposition für jedes Kalenderjahr sowie jeden Monat des Kalenderjahres,
   d) die Überschreitung von Grenzwerten der Körperdosis,
2. der für die fremde Anlage oder Einrichtung oder die fremde Betriebsstätte Verantwortliche: die Angaben zur Exposition in der fremden Anlage, Einrichtung oder Betriebsstätte,
3. der zur Führung des Strahlenpasses nach Absatz 1 Verpflichtete oder der ermächtigte Arzt: die Angaben zur erfolgten ärztlichen Überwachung, insbesondere den Inhalt der Bescheinigung nach § 79 Absatz 1,
4. die Behörde nach Absatz 2:
   a) die Angaben zur Ausstellung des Strahlenpasses und
   b) die Angaben zu der Behörde.

(4) Der zum Führen des Strahlenpasses Verpflichtete hat dafür zu sorgen, dass die Eintragungen im Strahlenpass vor Beginn der Betätigung des Strahlenpassinhabers in einer fremden Anlage oder Einrichtung oder einer fremden Betriebsstätte vollständig sind.

(5) Der für die fremde Anlage oder Einrichtung oder die fremde Betriebsstätte Verantwortliche hat dafür zu sorgen, dass die die Betätigung betreffenden Angaben nach Absatz 3 Nummer 2 unverzüglich nach Beendigung der Betätigung des Strahlenpassinhabers in der fremden Anlage oder Einrichtung oder Betriebsstätte eingetragen werden, insbesondere die Bezeichnung der fremden Anlage, Einrichtung oder Betriebsstätte, den Zeitraum der externen Betätigung sowie die Exposition in diesem Zeitraum.

(6) Der Strahlenpass ist Eigentum des Strahlenpassinhabers und nicht übertragbar. Bei Beendigung des Beschäftigungsverhältnisses hat der zum Führen des Strahlenpasses Verpflichtete dafür zu sorgen, dass der Strahlenpass dem Strahlenpassinhaber zurückgegeben wird. Ein Strahlenpass, der nicht dem Strahlenpassinhaber zurückgegeben werden kann, ist der Behörde zu übergeben, die den Strahlenpass registriert hat.

(7) Ein außerhalb des Geltungsbereichs des Strahlenschutzgesetzes registrierter Strahlenpass kann verwendet werden, wenn er die Voraussetzungen für eine Registrierung nach Absatz 2 Satz 1 erfüllt.

§ 175 Ermächtigte Ärzte

(1) Die zuständige Behörde ermächtigt Ärzte zur Durchführung der ärztlichen Überwachung nach den §§ 77, 78, 79 und 81, auch in Verbindung mit den §§ 151, 158 Absatz 3, §§ 165 oder 166. Die Ermächtigung darf nur einem Arzt erteilt werden, der die für die ärztliche Überwachung bei beruflicher Exposition erforderliche Fachkunde im Strahlenschutz nachweist. Sie ist auf fünf Jahre zu befristen.

(2) Der ermächtigte Arzt hat die Aufgabe, die Erstuntersuchungen, die erneuten Untersuchungen und die Beurteilungen nach den §§ 77 und 78 sowie die besondere ärztliche Überwachung nach § 81 durchzuführen. Er hat Maßnahmen vorzuschlagen, die bei erhöhter Exposition zur Vorbeugung vor gesundheitlichen Schäden und zu ihrer Abwehr erforderlich sind. Personen, die an Arbeitsplätzen beschäftigt sind, an denen die Augenlinse besonders belastet wird, sind daraufhin zu untersuchen, ob sich eine Katarakt gebildet hat.

(3) Der ermächtigte Arzt ist verpflichtet, für jede Person, die der ärztlichen Überwachung unterliegt, eine Gesundheitsakte nach § 79 Absatz 2 des Strahlenschutzgesetzes zu führen.

§ 176 Duldungspflichten

(1) Personen, die der ärztlichen Überwachung nach den §§ 77 und 78, auch in Verbindung mit § 158 Absatz 3, § 165 Absatz 1 oder § 166 Absatz 1 oder der besonderen ärztlichen Überwachung nach § 81, auch in Verbindung mit den §§ 151, 158 Absatz 3, § 165 Absatz 1 oder § 166 Absatz 1, unterliegen, haben die erforderlichen ärztlichen Untersuchungen zu dulden.

(2) Personen, an denen die Körperdosis nach § 64 Absatz 1 Satz 1 oder Absatz 2, § 65 Absatz 1 Satz 1 oder 2 oder Absatz 3, § 66 Absatz 1, §§ 67, 74 Absatz 4 Satz 1, § 76 Satz 1, § 150 Absatz 1, §§ 157, 165 Absatz 1 oder § 166 Absatz 1 zu ermitteln ist oder an denen die Kontaminationen nach § 57 Absatz 1 oder § 58 Absatz 1 festzustellen sind, haben die erforderlichen Messungen und Feststellungen zu dulden.

(3) Die Absätze 1 und 2 gelten auch für Personen, für die die zuständige Behörde nach § 64 Absatz 4, § 66 Absatz 2 Satz 4, § 77 Absatz 4 und 5, jeweils auch in Verbindung mit § 165 Absatz 1 Nummer 2 oder § 166 Absatz 1 Nummer 2, oder § 143 ärztliche Untersuchungen, Messungen oder Feststellungen angeordnet hat.

Kapitel 4
Bestimmung von Sachverständigen

§ 177 Bestimmung von Sachverständigen

(1) Die zuständige Behörde hat auf Antrag Einzelsachverständige nach § 172 Absatz 1 des Strahlenschutzgesetzes zu bestimmen, wenn

1. keine Tatsachen vorliegen, aus denen sich Bedenken gegen die Zuverlässigkeit oder die Unabhängigkeit des Antragstellers ergeben,
2. der Antragsteller die nach § 181 erforderlichen Anforderungen an die Ausbildung, die beruflichen Kenntnisse und Fähigkeiten erfüllt und
3. die zur sachgerechten Ausführung des Prüfauftrags erforderliche technische und organisatorische Ausstattung zur Verfügung steht.

(2) Die zuständige Behörde hat auf Antrag Sachverständigenorganisationen nach § 172 Absatz 1 des Strahlenschutzgesetzes zu bestimmen, wenn

1. keine Tatsachen vorliegen, aus denen sich Bedenken gegen die Unabhängigkeit der Sachverständigenorganisation ergeben,
2. keine Tatsachen vorliegen, aus denen sich Bedenken gegen die Zuverlässigkeit oder die Unabhängigkeit der nach Gesetz, Satzung oder Gesellschaftsvertrag zur Vertretung Berechtigten ergeben,
3. keine Tatsachen vorliegen, aus denen sich Bedenken gegen die Zuverlässigkeit der prüfenden Person ergeben,
4. die prüfende Person die nach § 181 erforderlichen Anforderungen an die Ausbildung, die beruflichen Kenntnisse und Fähigkeiten erfüllt und
5. die zur sachgerechten Ausführung des Prüfauftrags erforderliche technische und organisatorische Ausstattung zur Verfügung steht.

(3) Dem Antrag sind die zur Prüfung erforderlichen Unterlagen beizufügen. Im Falle einer Sachverständigenorganisation sind in dem Antrag insbesondere die einzelnen prüfenden Personen und die Prüfbereiche, in denen diese tätig werden sollen, aufzuführen.

(4) Die Bestimmung zum Sachverständigen ist auf fünf Jahre zu befristen.

§ 178 Erweiterung der Bestimmung

Das Hinzukommen einer prüfenden Person in einer Sachverständigenorganisation oder die Erweiterung des Tätigkeitsumfangs des Einzelsachverständigen oder der prüfenden Person bedürfen der Zustimmung der zuständigen Behörde. Dem Antrag auf Erweiterung sind die zur Prüfung erforderlichen Unterlagen beizufügen.

§ 179 Überprüfung der Zuverlässigkeit

(1) Zur Überprüfung der Zuverlässigkeit hat der Antragsteller bei jeder Antragstellung auf Bestimmung zum Sachverständigen unverzüglich ein aktuelles Führungszeugnis nach § 30 Absatz 5 des Bundeszentralregistergesetzes zur Vorlage bei der Behörde zu beantragen.

Dies gilt entsprechend, wenn eine Überprüfung der Zuverlässigkeit aus anderen Gründen erforderlich ist.

(2) Soll während einer noch gültigen Bestimmung der Tätigkeitsumfang des Einzelsachverständigen oder der prüfenden Person erweitert werden, ist die erneute Vorlage der Unterlagen nicht erforderlich.

§ 180 Unabhängigkeit

(1) Die für eine Bestimmung als Sachverständiger erforderliche Unabhängigkeit ist gegeben, wenn der Einzelsachverständige oder im Falle von Sachverständigenorganisationen die Organisation selbst sowie die zur Vertretung Berechtigten keiner wirtschaftlichen, finanziellen oder sonstigen Einflussnahme unterliegen, die ihr Urteil beeinflussen oder das Vertrauen in die unparteiische Aufgabenwahrnehmung in Frage stellen kann. Es dürfen keine Bindungen eingegangen werden, die die berufliche Entscheidungsfreiheit beeinträchtigen oder beeinträchtigen könnten.

(2) Die erforderliche Unabhängigkeit ist nicht gegeben, wenn der Einzelsachverständige oder im Falle von Sachverständigenorganisationen die Organisation selbst oder die zur Vertretung Berechtigten an der Entwicklung, der Herstellung, am Vertrieb oder an der Instandhaltung von Geräten oder Vorrichtungen oder von deren Teilen oder von umschlossenen radioaktiven Stoffen beteiligt sind, die im Rahmen der Sachverständigentätigkeit geprüft werden sollen. Dies gilt auch, wenn die in Satz 1 genannten Personen die zu prüfenden Geräte oder Vorrichtungen selbst betreiben.

(3) Die erforderliche Unabhängigkeit ist in der Regel auch nicht gegeben, wenn der Einzelsachverständige oder im Falle von Sachverständigenorganisationen die Organisation selbst oder die zur Vertretung Berechtigten organisatorisch, wirtschaftlich, personell oder finanziell mit Dritten derart verflochten sind, dass deren Einflussnahme auf die jeweiligen Aufgaben nicht ausgeschlossen werden kann.

(4) Bei jeder Antragstellung ist eine Erklärung darüber abzugeben, dass die Anforderungen an die Unabhängigkeit erfüllt sind und der Einzelsachverständige oder im Falle von Sachverständigenorganisationen die prüfenden Personen keinen fachlichen Weisungen im Hinblick auf die Sachverständigentätigkeit unterliegen. § 179 Absatz 2 gilt entsprechend.

§ 181 Fachliche Qualifikation

(1) Wer als Einzelsachverständiger oder prüfende Person Sachverständigentätigkeiten durchführt, muss

1. einen Hochschul- oder Fachhochschulabschluss in einer naturwissenschaftlichen oder technischen Fachrichtung besitzen,
2. über die erforderliche Fachkunde im Strahlenschutz verfügen,
3. von einer Person, die seit mindestens drei Jahren als Einzelsachverständiger oder prüfende Person tätig ist, in die Sachverständigentätigkeit eingewiesen worden sein und
4. während der Einweisung Prüfungen nach Anlage 19 durchgeführt haben.

(2) Über die Einweisung in die Sachverständigentätigkeit ist ein Nachweis zu erbringen, der Folgendes enthält:

1. eine Aufstellung der geprüften Systeme oder der geprüften Arbeitsplätze mit Exposition durch natürlich vorkommende Radioaktivität,
2. das jeweilige Prüfdatum und
3. die jeweilige Prüfberichtsnummer.

Darüber hinaus ist eine abschließende Beurteilung vorzulegen, aus der hervorgeht, dass die erforderliche fachliche Qualifikation für die Ausübung der Sachverständigentätigkeit vorhanden ist.

(3) Für die Prüfung von Systemen, die nicht in Anlage 19 aufgeführt sind, sind mindestens fünf Jahre Erfahrung mit der Prüfung technisch verwandter Systeme erforderlich. Absatz 1 Nummer 3 und 4 ist nicht anzuwenden. Für den Nachweis der Prüfungen gilt Absatz 2 Satz 1 entsprechend.

(4) Wird eine erneute Bestimmung zum Sachverständigen beantragt und deckt sich der Tätigkeitsumfang der beantragten Bestimmung mit dem der letzten Bestimmung, muss der Einzelsachverständige oder die prüfende Person

1. im Falle von § 172 Absatz 1 Satz 1 Nummer 1, 3 und 4 des Strahlenschutzgesetzes im Rahmen der letzten Bestimmung Prüfungen nach Anlage 19 Teil 1 Tabelle 1 Spalte 3 und Tabelle 2 Spalte 3 durchgeführt haben und
2. im Falle von § 172 Absatz 1 Satz 1 Nummer 2 des Strahlenschutzgesetzes im Rahmen der letzten Bestimmung mindestens zwei Prüfungen in einem oder mehreren Tätigkeitsfeldern nach Anlage 3 des Strahlenschutzgesetzes durchgeführt haben.

Absatz 1 Nummer 3 und 4 ist nicht anzuwenden. Für den Nachweis der Prüfungen gilt Absatz 2 Satz 1 entsprechend.

§ 182 Prüfmaßstab

(1) Der Einzelsachverständige oder die prüfende Person prüft, inwieweit die sicherheitstechnische Auslegung sowie die Funktion und Sicherheit des geprüften Gerätes, der Vorrichtung oder des umschlossenen radioaktiven Stoffes sowie die baulichen Gegebenheiten den Schutz des Personals, der Bevölkerung und von untersuchten oder behandelten Personen gewährleisten.

(2) Bei Arbeitsplätzen mit Exposition durch natürlich vorkommende Radioaktivität wird geprüft, ob die vorgesehenen Strahlenschutzmaßnahmen den Schutz des Personals und der Bevölkerung gewährleisten.

(3) Der Einzelsachverständige oder die prüfende Person hat bei Prüfungen nach § 172 Absatz 1 Satz 1 Nummer 1 und 2 des Strahlenschutzgesetzes den Stand der Technik und bei Prüfungen nach § 172 Absatz 1 Satz 1 Nummer 3 und 4 des Strahlenschutzgesetzes den Stand von Wissenschaft und Technik zu beachten.

§ 183 Pflichten des behördlich bestimmten Sachverständigen

(1) Der behördlich bestimmte Einzelsachverständige ist verpflichtet,

1. der für die Bestimmung zuständigen Behörde Änderungen, die die Voraussetzungen der Bestimmung betreffen, unverzüglich nach Kenntniserlangung mitzuteilen,
2. dafür zu sorgen, dass die bei der Sachverständigentätigkeit verwendeten Messgeräte und Prüfmittel ordnungsgemäß beschaffen, für die jeweilige Messaufgabe geeignet und in ausreichender Zahl vorhanden sind,
3. die messtechnische Ausstattung regelmäßig im Hinblick auf ihre ordnungsgemäße Beschaffenheit und Funktionstüchtigkeit zu prüfen und zu warten,
4. an den im Bestimmungsbescheid festgelegten Maßnahmen des Meinungs- und Erfahrungsaustauschs für Sachverständige teilzunehmen,
5. regelmäßig die im Bestimmungsbescheid vorgegebenen qualitätssichernden Maßnahmen durchzuführen und zu dokumentieren,
6. derjenigen Behörde, die für den zur Veranlassung der Sachverständigenprüfung Verpflichteten zuständig ist, innerhalb von vier Wochen nach einer Prüfung eine Kopie des Prüfberichts vorzulegen,
7. der Behörde, in deren Zuständigkeitsbereich er tätig ist, über Gegenstand und Umfang seiner Sachverständigentätigkeit regelmäßig oder aus besonderem Anlass zu berichten; insbesondere sind
   a) die im Rahmen jeder Prüfung angefertigten Aufzeichnungen einmal jährlich zusammenzufassen und der Behörde auf Verlangen vorzulegen,
   b) Aufzeichnungen über die messtechnische Ausstattung bereitzuhalten,
   c) der Behörde innerhalb von drei Monaten nach Ablauf eines Kalenderjahres eine Zusammenfassung der grundlegenden Folgerungen für die Verbesserung der Sicherheit der geprüften Geräte, Vorrichtungen und radioaktiven Stoffe oder der Arbeitsplätze mit Exposition durch natürlich vorkommende Radioaktivität vorzulegen,
8. diejenige Behörde, die für den zur Veranlassung der Sachverständigenprüfung Verpflichteten zuständig ist, sowie den Strahlenschutzverantwortlichen oder Strahlenschutzbeauftragten unverzüglich zu unterrichten, wenn er festgestellt hat oder der begründete Verdacht besteht, dass Leben

oder Gesundheit von Personen oder die Umwelt durch das geprüfte Gerät, die geprüfte Vorrichtung, die geprüften umschlossenen radioaktiven Stoffe oder den geprüften Arbeitsplatz mit Exposition durch natürlich vorkommende Radioaktivität gefährdet sind, und

9. durch geeignete Maßnahmen unter Berücksichtigung bestehender geheimschutzrechtlicher Vorschriften sicherzustellen, dass die Wahrung von Betriebs- und Geschäftsgeheimnissen sowie von Geheimnissen aus Gründen der öffentlichen Sicherheit, die ihm im Zusammenhang mit seiner Tätigkeit bekannt geworden sind, gewährleistet ist.

Der für die Bestimmung zuständigen Behörde sind auf Verlangen geeignete Nachweise darüber vorzulegen, dass die Pflichten nach Satz 1 Nummer 2 bis 5 erfüllt worden sind.

(2) Übt der Einzelsachverständige eine Sachverständigentätigkeit außerhalb des Zuständigkeitsbereichs der Behörde aus, die ihn bestimmt hat, so hat er der Behörde, in deren Zuständigkeitsbereich er tätig wird,

1. dies unverzüglich nach Aufnahme der Tätigkeit mitzuteilen und
2. eine Kopie des Bestimmungsbescheides zu übersenden.

(3) Für die behördlich bestimmte Sachverständigenorganisation gilt Absatz 1 Satz 1 Nummer 1 bis 3 und 5 bis 9 entsprechend. Sie ist darüber hinaus verpflichtet,

1. der für die Bestimmung zuständigen Behörde das Ausscheiden einer prüfenden Person aus ihrer Funktion unverzüglich mitzuteilen,
2. die Teilnahme prüfender Personen an den im Bestimmungsbescheid festgelegten Maßnahmen des Meinungs- und Erfahrungsaustauschs sicherzustellen,
3. für jede prüfende Person Buch zu führen über
   a) Art und Anzahl der durchgeführten Prüfungen und
   b) die Teilnahme an Maßnahmen des Meinungs- und Erfahrungsaustauschs,
4. der für die Bestimmung zuständigen Behörde die Aufzeichnungen nach Nummer 3 auf Verlangen vorzulegen,
5. Informationen, die für den Aufgabenbereich der prüfenden Person von Bedeutung sind, unverzüglich an diese weiterzuleiten,
6. eine prüfende Person unverzüglich von ihrer Funktion zu entbinden, nachdem sie Kenntnis davon erlangt hat, dass eine der in § 177 Absatz 2 Nummer 3 oder 4 genannten Voraussetzungen von Anfang an nicht gegeben war oder später weggefallen ist, und
7. das Personal zur Geheimhaltung von Betriebs- und Geschäftsgeheimnissen sowie von Geheimnissen aus Gründen der öffentlichen Sicherheit, die dem Personal im Zusammenhang mit seiner Tätigkeit bekannt geworden sind, zu verpflichten.

Der für die Bestimmung zuständigen Behörde sind auf Verlangen geeignete Nachweise darüber vorzulegen, dass die Pflichten nach Satz 1 in Verbindung mit Absatz 1 Satz 1 Nummer 2, 3 und 5 erfüllt worden sind.

(4) Übt eine prüfende Person eine Sachverständigentätigkeit außerhalb des Zuständigkeitsbereichs der Behörde aus, die die Sachverständigenorganisation bestimmt hat, so hat diese der Behörde, in deren Zuständigkeitsbereich die prüfende Person tätig wird,

1. dies unverzüglich nach Aufnahme der Tätigkeit mitzuteilen und
2. eine Kopie des Bestimmungsbescheides zu übersenden.

Teil 6 Schlussbestimmungen

Kapitel 1 Ordnungswidrigkeiten

§ 184 Ordnungswidrigkeiten

(1) Ordnungswidrig im Sinne des § 194 Absatz 1 Nummer 1 Buchstabe a des Strahlenschutzgesetzes handelt, wer vorsätzlich oder fahrlässig

1. entgegen § 24 Nummer 2 eine Qualitätskontrolle nicht, nicht richtig, nicht vollständig oder nicht rechtzeitig durchführt,

2. entgegen § 24 Nummer 3 eine Qualitätskontrolle nicht überwachen lässt,
3. entgegen § 24 Nummer 4 eine Kennzeichnung nicht, nicht richtig, nicht vollständig, nicht in der vorgeschriebenen Weise oder nicht rechtzeitig vornimmt,
4. entgegen § 24 Nummer 5, auch in Verbindung mit § 25 Absatz 1 Satz 2, eine Unterlage nicht, nicht richtig, nicht vollständig oder nicht rechtzeitig aushändigt,
5. entgegen § 25 Absatz 1 Satz 1 eine dort genannte Unterlage nicht bereithält,
6. entgegen § 25 Absatz 3 den Betrieb einer Vorrichtung nicht, nicht richtig, nicht vollständig oder nicht rechtzeitig einstellt, eine Vorrichtung nicht, nicht richtig, nicht vollständig oder nicht rechtzeitig stilllegt oder eine Schutzmaßnahme nicht, nicht richtig, nicht vollständig oder nicht rechtzeitig trifft,
7. entgegen § 25 Absatz 4 Satz 1 eine Vorrichtung nicht, nicht richtig, nicht vollständig oder nicht rechtzeitig prüfen lässt,
8. entgegen § 25 Absatz 5 eine Vorrichtung nicht, nicht richtig oder nicht rechtzeitig zurückgibt oder nicht, nicht richtig oder nicht rechtzeitig abgibt,
9. entgegen § 31 Absatz 1 Satz 1 einen dort genannten Stoff oder Gegenstand als nicht radioaktiven Stoff verwendet, verwertet, beseitigt, innehält oder weitergibt,
10. einer vollziehbaren Auflage nach § 33 Absatz 4 Satz 1 in Verbindung mit § 17 Absatz 1 Satz 2 oder 3 des Atomgesetzes zuwiderhandelt,
11. entgegen § 34 eine dort genannte Anforderung oder Übereinstimmung durch Vermischen oder Verdünnen herbeiführt, veranlasst oder ermöglicht,
12. entgegen § 52 Absatz 1 nicht dafür sorgt, dass ein Strahlenschutzbereich eingerichtet wird,
13. entgegen § 53 Absatz 1 Satz 1, Absatz 2 Satz 1 oder Absatz 3 Satz 1 nicht dafür sorgt, dass ein Kontrollbereich oder ein Sperrbereich abgegrenzt oder gekennzeichnet wird,
14. entgegen § 56 Absatz 1 nicht dafür sorgt, dass eine dort genannte Messung erfolgt,
15. entgegen § 57 Absatz 1 nicht dafür sorgt, dass eine Feststellung der Kontamination erfolgt,
16. entgegen § 57 Absatz 2 Satz 1 oder § 58 Absatz 1 Satz 2 nicht dafür sorgt, dass eine Maßnahme getroffen wird,
17. entgegen § 58 Absatz 1 Satz 1 oder Absatz 2 Satz 1 nicht dafür sorgt, dass eine Prüfung erfolgt,
18. entgegen § 58 Absatz 2 Satz 2 nicht dafür sorgt, dass ein Gegenstand nicht aus dem Kontrollbereich herausgebracht wird,
19. entgegen § 60 Absatz 1 oder § 61 Absatz 1 nicht dafür sorgt, dass eine Röntgeneinrichtung oder ein Gerät nur in einem dort genannten Raum betrieben wird,
20. entgegen § 64 Absatz 1 Satz 1, auch in Verbindung mit Absatz 2, nicht dafür sorgt, dass die Körperdosis ermittelt wird,
21. einer vollziehbaren Anordnung nach § 64 Absatz 4, § 66 Absatz 2 Satz 4, § 77 Absatz 4 oder 5, § 81 Absatz 2 Satz 1, § 88 Absatz 5 Satz 1, § 89 Absatz 1 Satz 2, auch in Verbindung mit Absatz 2 Satz 2, oder § 103 Absatz 2 zuwiderhandelt,
22. entgegen § 68 Absatz 3 Satz 1 nicht dafür sorgt, dass eine dort genannte Person nur unter den dort genannten Voraussetzungen beschäftigt wird,
23. entgegen § 69 Absatz 1 nicht dafür sorgt, dass die Arbeitsbedingungen in der vorgeschriebenen Weise gestaltet werden,
24. entgegen § 69 Absatz 2 Nummer 1 nicht dafür sorgt, dass die berufliche Exposition ermittelt wird,
25. entgegen § 70 Absatz 1 Satz 1 Nummer 1 nicht dafür sorgt, dass eine Person Schutzkleidung trägt oder Schutzausrüstung verwendet,
26. entgegen § 70 Absatz 1 Satz 2 nicht dafür sorgt, dass eine Person unter 18 Jahren nicht mit einem dort genannten radioaktiven Stoff umgeht,
27. entgegen § 73 Satz 1 nicht dafür sorgt, dass die Exposition begrenzt wird,

19

28. entgegen § 74 Absatz 1 Satz 3 oder § 99 Absatz 3 nicht dafür sorgt, dass ein Grenzwert eingehalten wird,
29. entgegen § 77 Absatz 1 oder 2 Satz 1 nicht dafür sorgt, dass eine dort genannte Person eine Aufgabe nur dann wahrnimmt oder fortsetzt, wenn die dort genannten Voraussetzungen vorliegen,
30. entgegen § 82 Absatz 1 eine Röntgeneinrichtung betreibt,
31. entgegen § 82 Absatz 2 nicht dafür sorgt, dass ein Schüler oder Auszubildender nur unter Aufsicht oder in Anwesenheit einer dort genannten Person mitwirkt,
32. entgegen § 86 Absatz 1 Nummer 1 nicht dafür sorgt, dass Buch geführt wird,
33. entgegen § 86 Absatz 1 Nummer 2 oder § 103 Absatz 1 Satz 1 Nummer 2 nicht dafür sorgt, dass eine Mitteilung gemacht wird,
34. entgegen § 86 Absatz 2 Nummer 1 nicht dafür sorgt, dass eine dort genannte Unterlage nicht mindestens 30 Jahre aufbewahrt oder hinterlegt wird,
35. entgegen § 86 Absatz 2 Nummer 2 nicht dafür sorgt, dass eine Unterlage übergeben wird,
36. entgegen § 87 Absatz 1 Nummer 1 nicht dafür sorgt, dass ein radioaktiver Stoff gesichert wird,
37. entgegen § 87 Absatz 1 Nummer 2 oder Absatz 2 oder 3 nicht dafür sorgt, dass ein radioaktiver Stoff oder Kernbrennstoff in der genannten Weise gelagert wird,
38. entgegen § 88 Absatz 1 Satz 1 Nummer 1 Buchstabe b, Absatz 4 Nummer 1 oder § 89 Absatz 2 Satz 1 oder Absatz 3 Nummer 1 nicht dafür sorgt, dass eine dort genannte Prüfung erfolgt,
39. entgegen § 90 Absatz 3 nicht dafür sorgt, dass ein dort genanntes Messgerät verwendet wird,
40. entgegen § 94 Absatz 1 nicht dafür sorgt, dass ein dort genannter Stoff an eine dort genannte Person abgegeben wird,
41. entgegen § 94 Absatz 2 Satz 1 nicht dafür sorgt, dass eine Bescheinigung ausgestellt wird,
42. entgegen § 94 Absatz 3 nicht dafür sorgt, dass eine Strahlenquelle nur abgegeben wird, wenn eine Dokumentation beigefügt ist,
43. entgegen § 94 Absatz 4 nicht dafür sorgt, dass eine dort genannte Strahlenquelle abgegeben oder als radioaktiver Abfall abgeliefert oder zwischengelagert wird,
44. entgegen § 96 Absatz 1 oder 2 einen Störstrahler einem anderen überlässt,
45. entgegen § 99 Absatz 4 nicht dafür sorgt, dass radioaktive Stoffe nicht unkontrolliert abgeleitet werden,
46. entgegen § 104 Absatz 1 Satz 1 nicht dafür sorgt, dass bei einer Planung dort genannte Körperdosen zugrunde gelegt werden,
47. entgegen § 104 Absatz 3 Satz 1 nicht dafür sorgt, dass eine Schutzmaßnahme getroffen wird,
48. entgegen § 114 Absatz 1, 2 oder 3 nicht dafür sorgt, dass eine Röntgeneinrichtung oder Anlage nur bei Vorliegen dort genannter Voraussetzungen verwendet wird,
49. entgegen § 115 Absatz 1, auch in Verbindung mit Absatz 4 Satz 1, nicht sicherstellt, dass eine Abnahmeprüfung durchgeführt wird,
50. entgegen § 116 Absatz 4 nicht dafür sorgt, dass die Ursache beseitigt wird,
51. entgegen § 117 Absatz 1 nicht dafür sorgt, dass eine Aufzeichnung erfolgt,
52. entgegen § 117 Absatz 3 eine Aufzeichnung nicht, nicht richtig, nicht vollständig oder nicht rechtzeitig vorlegt,
53. entgegen § 121 Absatz 2 Satz 1 nicht dafür sorgt, dass ein Bestrahlungsplan festgelegt wird,
54. entgegen § 122 Absatz 4 Satz 1 nicht dafür sorgt, dass eine Person nach Vorliegen der dort genannten Voraussetzungen entlassen wird,
55. entgegen § 123 Absatz 3, § 145 Absatz 2 oder § 146 Absatz 2 nicht dafür sorgt, dass die technische Durchführung durch eine dort genannte Person vorgenommen wird,

56. entgegen § 136 Absatz 1 Satz 1 nicht dafür sorgt, dass radioaktive Stoffe oder ionisierende Strahlung unter den dort genannten Voraussetzungen angewendet werden,
57. entgegen § 137 Absatz 1 nicht dafür sorgt, dass radioaktive Stoffe oder ionisierende Strahlung nicht angewendet werden,
58. entgegen § 137 Absatz 2 nicht dafür sorgt, dass der dort genannte Grenzwert nicht überschritten wird,
59. entgegen § 137 Absatz 3 nicht dafür sorgt, dass eine dort genannte Person von der Anwendung ausgeschlossen wird,
60. entgegen § 138 Absatz 3 Satz 1, § 145 Absatz 1 oder § 146 Absatz 1 nicht dafür sorgt, dass radioaktive Stoffe oder ionisierende Strahlung von einer dort genannten Person angewendet werden,
61. entgegen § 138 Absatz 4 Satz 1 nicht dafür sorgt, dass eine dort genannte Untersuchung erfolgt,
62. entgegen § 138 Absatz 5 Satz 2 nicht dafür sorgt, dass eine Überwachung und Bewertung erfolgt,
63. entgegen § 144 Absatz 3 nicht dafür sorgt, dass ein Tier aus dem Strahlenschutzbereich bei Vorliegen der dort genannten Voraussetzungen entlassen wird oder
64. entgegen § 169 Absatz 3 ein Metall verwendet, in Verkehr bringt oder entsorgt.

(2) Ordnungswidrig im Sinne des § 194 Absatz 1 Nummer 1 Buchstabe b des Strahlenschutzgesetzes handelt, wer vorsätzlich oder fahrlässig

1. entgegen § 42 Absatz 3 eine Information nicht, nicht richtig, nicht vollständig oder nicht rechtzeitig übermittelt,
2. entgegen § 44 Absatz 1 Satz 1, § 65 Absatz 2 Satz 1 Nummer 1, § 85 Absatz 4 Satz 2, § 157 Absatz 5 Satz 1 Nummer 1 oder § 167 Absatz 2 Satz 1, auch in Verbindung mit Satz 2, nicht dafür sorgt, dass eine Unterrichtung oder Information erfolgt,
3. entgegen § 56 Absatz 2 Satz 1 oder § 57 Absatz 3 Satz 1 eine Aufzeichnung nicht, nicht richtig, nicht vollständig oder nicht rechtzeitig anfertigt,
4. entgegen § 56 Absatz 2 Satz 2 eine Aufzeichnung nicht oder nicht mindestens fünf Jahre aufbewahrt oder nicht, nicht richtig, nicht vollständig oder nicht rechtzeitig vorlegt,
5. entgegen § 56 Absatz 2 Satz 3 nicht dafür sorgt, dass eine Aufzeichnung nicht, nicht richtig, nicht vollständig oder nicht rechtzeitig hinterlegt wird,
6. entgegen § 57 Absatz 3 Satz 2 nicht dafür sorgt, dass eine Aufzeichnung nicht oder nicht mindestens zehn Jahre aufbewahrt oder nicht, nicht richtig, nicht vollständig oder nicht rechtzeitig vorgelegt wird,
7. entgegen § 63 Absatz 6 Satz 1, § 98 Satz 1 Nummer 3, auch in Verbindung mit Satz 2, § 109 Absatz 2, § 138 Absatz 4 Satz 2 oder Absatz 5 Satz 3 oder § 157 Absatz 3 Satz 1 nicht dafür sorgt, dass eine Aufzeichnung angefertigt wird,
8. entgegen § 63 Absatz 6 Satz 3 nicht dafür sorgt, dass eine dort genannte Aufzeichnung fünf Jahre oder ein Jahr aufbewahrt oder vorgelegt wird,
9. entgegen § 65 Absatz 3 Satz 2 nicht dafür sorgt, dass eine Übermittlung erfolgt,
10. entgegen § 66 Absatz 3 Satz 1 Nummer 2 nicht dafür sorgt, dass ein Messwert bereitgestellt wird,
11. entgegen § 66 Absatz 4 Satz 2, § 85 Absatz 1 Satz 1 Nummer 1, auch in Verbindung mit Satz 2, entgegen § 85 Absatz 4 Satz 1 Nummer 1 oder 2, § 89 Absatz 4, § 141 Absatz 1 oder § 167 Absatz 2 Satz 1 oder 2 nicht dafür sorgt, dass eine Mitteilung erfolgt,
12. entgegen § 85 Absatz 3 Nummer 1 nicht dafür sorgt, dass eine Unterlage 30 Jahre aufbewahrt oder hinterlegt wird,
13. entgegen § 85 Absatz 3 Nummer 2 nicht dafür sorgt, dass eine Unterlage übergeben wird,
14. entgegen § 88 Absatz 1 Satz 1 Nummer 2, Absatz 4 Nummer 2 oder Absatz 5 Satz 2, § 89 Absatz 1 Satz 3, auch in Verbindung mit Absatz 2 Satz 2, oder Absatz 3 Num-

19

mer 2 nicht dafür sorgt, dass ein Prüfbericht vorgelegt wird,

15. entgegen § 90 Absatz 5 Satz 1 Nummer 3 nicht dafür sorgt, dass eine Aufzeichnung zehn Jahre aufbewahrt, vorgelegt oder hinterlegt wird,
16. entgegen § 91 Absatz 1 oder § 92 Absatz 1 Satz 1 Nummer 1 oder § 92 Absatz 1 Satz 2 oder § 92 Absatz 2, auch in Verbindung mit Absatz 3, nicht dafür sorgt, dass eine Kennzeichnung vorgenommen wird,
17. entgegen § 91 Absatz 3 nicht dafür sorgt, dass ein Schutzbehälter oder ein Aufbewahrungsbehältnis nur zur Aufbewahrung von radioaktiven Stoffen verwendet wird,
18. entgegen § 97 Absatz 1 nicht dafür sorgt, dass eine Aufbewahrung erfolgt,
19. entgegen § 97 Absatz 2 oder 3 nicht dafür sorgt, dass eine Betriebsanleitung, ein Prüfbericht oder eine Bescheinigung bereitgehalten wird,
20. entgegen § 98 Satz 1 Nummer 4, auch in Verbindung mit Satz 2, nicht dafür sorgt, dass eine Aufzeichnung aufbewahrt wird,
21. einer vollziehbaren Anordnung nach § 101 Absatz 4 oder § 158 Absatz 4 zuwiderhandelt,
22. entgegen § 108 Absatz 1 Satz 1, Absatz 3 Satz 2 oder § 108 Absatz 4 Satz 1 oder 2 nicht dafür sorgt, dass eine Meldung erfolgt,
23. entgegen § 109 Absatz 4 Satz 1 nicht dafür sorgt, dass eine Aufzeichnung zehn Jahre aufbewahrt oder vorgelegt wird,
24. entgegen § 127 Absatz 1, 2 Satz 1 oder Absatz 3, auch in Verbindung mit § 140 Absatz 2 nicht dafür sorgt, dass eine dort genannte Aufbewahrung sichergestellt ist,
25. entgegen § 129 Absatz 1 Satz 1 Nummer 1, auch in Verbindung mit Satz 2, oder entgegen § 129 Absatz 2 Nummer 1 nicht dafür sorgt, dass eine Mitteilung erfolgt,
26. entgegen § 129 Absatz 1 Satz 1 Nummer 2, auch in Verbindung mit Satz 2, oder entgegen § 129 Absatz 2 Nummer 2 nicht dafür sorgt, dass eine Übersendung erfolgt,
27. entgegen § 133 nicht dafür sorgt, dass die Anwendung radioaktiver Stoffe oder ionisierender Strahlung in der vorgeschriebenen Weise am Menschen erfolgt,
28. entgegen § 134 Absatz 1 Satz 1, auch in Verbindung mit § 136 Absatz 1 Satz 1 Nummer 4 oder Absatz 2 Satz 2 nicht dafür sorgt, dass die dort genannte Einwilligung eingeholt wird,
29. entgegen § 135 Absatz 1, auch in Verbindung mit § 136 Absatz 1 Satz 1 Nummer 4, nicht dafür sorgt, dass eine Information ausgehändigt wird,
30. entgegen § 135 Absatz 2 Satz 1, auch in Verbindung mit § 136 Absatz 1 Satz 1 Nummer 4, nicht dafür sorgt, dass in der dort vorgesehenen Weise aufgeklärt und befragt wird,
31. entgegen § 142 Absatz 1, auch in Verbindung mit Absatz 2, einen Abschlussbericht nicht, nicht richtig, nicht vollständig oder nicht rechtzeitig vorlegt,
32. entgegen § 147 Satz 1 nicht dafür sorgt, dass Röntgenstrahlung, ionisierende Strahlung oder ein dort genannter radioaktiver Stoff von einer dort genannten Person angewendet oder eingesetzt wird,
33. entgegen § 158 Absatz 3 Satz 1, auch in Verbindung mit Satz 2, eine Beschäftigung oder Weiterbeschäftigung erlaubt,
34. entgegen § 158 Absatz 3 Satz 4 eine Unterlage nicht, nicht richtig, nicht vollständig oder nicht rechtzeitig übergibt,
35. entgegen § 158 Absatz 3 Satz 5 eine Bescheinigung nicht, nicht richtig, nicht vollständig oder nicht rechtzeitig übersendet,
36. entgegen § 175 Absatz 3 eine Gesundheitsakte nicht oder nicht richtig führt,
37. entgegen § 183 Absatz 1 Satz 1 Nummer 1, auch in Verbindung mit Absatz 3 Satz 1, oder Absatz 3 Satz 2 Nummer 1 eine Mitteilung nicht, nicht richtig, nicht vollständig oder nicht rechtzeitig macht,

38. entgegen § 183 Absatz 1 Satz 1 Nummer 6, auch in Verbindung mit Absatz 3 Satz 1, oder Absatz 3 Satz 2 Nummer 4 eine Kopie des Prüfberichts oder eine Aufzeichnung nicht, nicht richtig, nicht vollständig oder nicht rechtzeitig vorlegt,

39. entgegen § 183 Absatz 1 Satz 1 Nummer 8, auch in Verbindung mit Absatz 3 Satz 1, eine Unterrichtung nicht, nicht richtig, nicht vollständig oder nicht rechtzeitig vornimmt,

40. entgegen § 183 Absatz 2 oder 4 eine Mitteilung nicht, nicht richtig, nicht vollständig oder nicht rechtzeitig macht oder eine Kopie des Bestimmungsbescheides nicht, nicht richtig, nicht vollständig oder nicht rechtzeitig übersendet oder

41. entgegen § 183 Absatz 3 Satz 2 Nummer 3 nicht, nicht richtig oder nicht vollständig Buch führt.

(3) Ordnungswidrig im Sinne des § 194 Absatz 1 Nummer 1 Buchstabe c des Strahlenschutzgesetzes handelt, wer vorsätzlich oder fahrlässig

1. ohne Genehmigung nach § 12 Absatz 1 oder 2 eine hochradioaktive Strahlenquelle oder einen sonstigen radioaktiven Stoff verbringt,
2. entgegen § 13 Absatz 1 Satz 1 oder Absatz 2 eine Anmeldung nicht, nicht richtig, nicht vollständig, nicht in der vorgeschriebenen Weise oder nicht rechtzeitig vornimmt oder
3. entgegen § 13 Absatz 3 eine Vorsorge nicht oder nicht richtig trifft.

19

Anlage 1
(zu § 2)

Liste der nicht gerechtfertigten Tätigkeitsarten

Teil A: Nicht gerechtfertigte Anwendung radioaktiver Stoffe oder ionisierender Strahlung – ohne Anwendung radioaktiver Stoffe oder ionisierender Strahlung am Menschen

Nicht gerechtfertigt ist die

1. Verwendung von Überspannungsableitern mit radioaktiven Stoffen auf Hochspannungsmasten,
2. Verwendung von offenen radioaktiven Stoffen zur Leckagesuche (Wasser, Heizung, Lüftung), sofern diese Stoffe anschließend nicht wieder gesammelt werden,
3. Verwendung von offenen radioaktiven Stoffen zur Verweilzeitspektroskopie, sofern diese nicht in geschlossenen Systemen und mit Radionukliden erfolgt, die aufgrund ihrer Halbwertszeit nicht in die Umwelt gelangen können und eine Exposition Dritter nicht ausgeschlossen werden kann,
4. Verwendung von uranhaltigen oder thoriumhaltigen Stoffen bei der Herstellung von Farben für Glasuren, sofern ein Kontakt des Produkts mit Lebensmitteln nicht ausgeschlossen werden kann,
5. Verwendung von Tritium-Gaslichtquellen in Nachtsichtgeräten, Zieleinrichtungen und Ferngläsern, sofern die Verwendung nicht unter Berücksichtigung aller Umstände des Einzelfalls zur Erledigung hoheitlicher Aufgaben notwendig ist,
6. Verwendung von Vorrichtungen mit fest haftenden radioaktiven Leuchtfarben, ausgenommen
   a) Plaketten mit tritiumhaltigen Leuchtfarben im beruflichen, der Öffentlichkeit nicht zugänglichen Bereich,
   b) Notausganghinweise in Fluggeräten mit einer luftfahrtrechtlichen Baumusterzulassung,
7. Verwendung von hochradioaktiven Strahlenquellen bei der Untersuchung von Containern und Fahrzeugen außerhalb der Materialprüfung,
8. Verwendung von Ionisationsrauchmeldern mit einer Bauartzulassung nach Anlage VI Nummer 1 der Strahlenschutzverordnung in der Fassung der Bekanntmachung vom 30. Juni 1989 (BGBl. I S. 1321) in der bis zum 30. Juli 2001 geltenden Fassung.

Teil B: Nicht gerechtfertigte Anwendung radioaktiver Stoffe oder ionisierender Strahlung am Menschen

Nicht gerechtfertigt ist die

1. Verwendung von
   a) Iod-131 in der Form von I-131-Orthoiodhippursäure (OIH) und
   b) Iod-125 in der Form von I-125-Iothalamat (IOT), I-125-Orthoiodhippursäure und I-125-Diethylentriaminpentaessigsäure (DTPA) zur Untersuchung der Nieren,
2. Verwendung von Iod-125 in der Form von I-125-Fibrinogen zur Untersuchung der tiefen Venenthrombose,
3. Anwendung von umschlossenem Radium-226 zur Behandlung von Menschen,
4. Anwendung von Röntgenstrahlung am Menschen zur Darstellung des Zahnstatus mit intraoraler Anode,
5. Anwendung von Röntgenstrahlung am Menschen zur Pneumenzephalographie,
6. Anwendung von Röntgenstrahlung am Menschen zur Überprüfung der Passfähigkeit von Kleidungsstücken und Schuhen,
7. Anwendung von umschlossenen radioaktiven Stoffen oder ionisierender Strahlung am Menschen zur Zutrittskontrolle oder Suche von Gegenständen, die eine Person

an oder in ihrem Körper verbirgt, sofern die Anwendung nicht

a) auf Grund eines Gesetzes erfolgt und unter Berücksichtigung aller Umstände des Einzelfalls zur Erledigung hoheitlicher Aufgaben notwendig ist oder

b) im Geschäftsbereich des Bundesministeriums der Verteidigung zum Zweck der Verteidigung oder der Erfüllung zwischenstaatlicher Verpflichtungen zwingend erforderlich ist.

Anlage 2
(zu den §§ 3 und 4)

Erforderliche Unterlagen zur Prüfung der Rechtfertigung von Tätigkeitsarten

Teil A: Erforderliche Unterlagen für die Prüfung der Rechtfertigung nach den §§ 7 und 38 des Strahlenschutzgesetzes

Erforderlich sind

1. Angaben, die es ermöglichen zu prüfen, ob die Tätigkeitsart grundsätzlich geeignet ist, einen Nutzen zu erbringen,
2. Angaben zu der durch die Tätigkeitsart verursachten Exposition, unterschieden nach medizinischen Expositionen von untersuchten oder behandelten Personen sowie von Betreuungs- und Begleitpersonen, Expositionen der Bevölkerung und beruflichen Expositionen,
3. Angaben zur aus der Exposition resultierenden radiologischen Gefahr entsprechend § 148,
4. Angaben zu dem Risiko der Tätigkeitsart, durch unfallbedingte oder unbeabsichtigte Expositionen die Gesundheit oder die Sicherheit von Personen zu gefährden oder Kontaminationen herbeizuführen,
5. Informationen über vorliegende Zulassungen oder Genehmigungen aufgrund anderer nationaler oder internationaler Vorschriften, die in engem Zusammenhang mit der zu prüfenden Tätigkeitsart stehen.

Teil B: Zusätzliche Unterlagen für die Prüfung der Rechtfertigung nach § 38 des Strahlenschutzgesetzes

Erforderlich sind

1. Angaben zum vorgesehenen Anwendungsbereich, zu den vorgesehenen Einsatzbedingungen und zur Häufigkeit der Nutzung, zur erwarteten Nutzungsdauer und zur erwarteten Verbreitung der Konsumgüter oder der bauartzuzulassenden Vorrichtungen,
2. Begründung zur Auswahl des verwendeten Radionuklids, insbesondere in Bezug auf die damit verbundenen Gefahren, sowie Informationen zu weiteren ggf. vorhandenen Radionukliden, die nicht zielgerichtet genutzt werden,
3. Angaben, die es ermöglichen zu prüfen,
   a) ob und wie das Konsumgut oder die bauartzuzulassende Vorrichtung auch außerhalb des Rahmens der bestimmungsgemäßen Nutzung verwendet werden kann,
   b) ob die Integrität von Konsumgütern oder bauartzuzulassenden Vorrichtungen bei bestimmungsgemäßer Verwendung sowie für den Fall eines möglichen Missbrauchs oder eines unfallbedingten Schadens ausreichend ist.

Anlage 3
(zu den §§ 5, 6, 7, 8, 9, 14, 82, 96)

Genehmigungsfreie Tätigkeiten

Teil A:

Genehmigungsfrei nach § 5 Absatz 1 ist die Anwendung von Stoffen am Menschen, wenn die spezifische Aktivität der Stoffe 500 Mikrobecquerel je Gramm nicht überschreitet.

Teil B:

Genehmigungsfrei nach § 5 Absatz 1 ist

1. der Umgang mit Stoffen, deren Aktivität die Freigrenzen der Anlage 4 Tabelle 1 Spalte 2 nicht überschreitet,
2. der Umgang mit Stoffen, deren spezifische Aktivität die Freigrenzen der Anlage 4 Tabelle 1 Spalte 3 nicht überschreitet,
3. die Verwendung, Lagerung und Beseitigung von Arzneimitteln, die nach § 2 Absatz 1 Satz 2 der Verordnung über radioaktive oder mit ionisierenden Strahlen behandelte Arzneimittel in Verkehr gebracht worden sind,
4. die Verwendung von Vorrichtungen, deren Bauart nach § 45 Absatz 1 des Strahlenschutzgesetzes zugelassen ist; ausgenommen sind Ein- und Ausbau sowie Wartung dieser Vorrichtungen,
5. die Lagerung von Vorrichtungen, deren Bauart nach § 45 Absatz 1 des Strahlenschutzgesetzes zugelassen ist, sofern die Gesamtaktivität der radioaktiven Stoffe das Tausendfache der Freigrenzen der Anlage 4 Tabelle 1 Spalte 2 nicht überschreitet,
6. die Gewinnung, Verwendung und Lagerung von aus der Luft gewonnenen Edelgasen, wenn das Isotopenverhältnis im Gas demjenigen in der Luft entspricht,
7. die Verwendung und Lagerung von Konsumgütern, von Arzneimitteln im Sinne des § 2 des Arzneimittelgesetzes, von Schädlingsbekämpfungsmitteln, von Pflanzenschutzmitteln im Sinne des § 2 des Pflanzenschutzgesetzes und von Stoffen nach § 2 Satz 1 Nummer 1 bis 8 des Düngegesetzes, deren Herstellung nach § 40 des Strahlenschutzgesetzes oder deren Verbringung nach § 42 des Strahlenschutzgesetzes genehmigt ist oder deren Herstellung nach § 40 Absatz 3 des Strahlenschutzgesetzes keiner Genehmigung oder deren Verbringung nach § 42 Absatz 2 des Strahlenschutzgesetzes keiner Genehmigung bedarf; § 55 in Verbindung mit Anlage 3 des Strahlenschutzgesetzes bleibt unberührt;
8. der Umgang mit natürlichen radioaktiven Stoffen zum Zwecke der Nutzung der Radioaktivität zu Lehr- und Ausbildungszwecken, wenn die Ortsdosisleistung des jeweiligen Stoffs 1 Mikrosievert durch Stunde in 0,1 Meter Abstand von der berührbaren Oberfläche nicht überschreitet, oder
9. der Umgang mit abgereichertem Uran in Form von Uranylverbindungen zu chemisch-analytischen oder zu chemisch-präparativen Zwecken mit einer Gesamtmasse des Urans von bis zu 30 Gramm.

Teil C:

Genehmigungs- und anzeigefrei nach § 7 ist der Betrieb von Anlagen zur Erzeugung ionisierender Strahlung, deren Potenzialdifferenz nicht mehr als 30 Kilovolt beträgt und bei denen unter normalen Betriebsbedingungen die Ortsdosisleistung in 0,1 Meter Abstand von der berührbaren Oberfläche 1 Mikrosievert durch Stunde nicht überschreitet. Genehmigungs- und anzeigefrei ist der Betrieb von Anlagen zur Erzeugung ionisierender Strahlung, in denen durch das Auftreffen von Laserstrahlung nach § 2 Absatz 3 Satz 1 der Arbeitsschutzverordnung zu künstlicher optischer Strahlung auf Material ionisierende Strahlung erzeugt werden kann, falls die Bestrahlungsstärke der Laserstrahlung 1×10^{13} Watt pro Quadratzentimeter nicht überschreitet und die Ortsdosisleistung in 0,1 Meter von der berührbaren Oberfläche 1 Mikrosievert durch Stunde nicht überschreitet.

19

Teil D:

Genehmigungsfrei nach § 8 ist der Betrieb von Störstrahlern,

1. bei denen die Spannung zur Beschleunigung der Elektronen 30 Kilovolt nicht überschreitet, wenn
   a) die Ortsdosisleistung bei normalen Betriebsbedingungen im Abstand von 0,1 Metern von der berührbaren Oberfläche 1 Mikrosievert durch Stunde nicht überschreitet und
   b) auf dem Störstrahler ausreichend darauf hingewiesen ist, dass
      aa) Röntgenstrahlung erzeugt wird und
      bb) die Spannung zur Beschleunigung der Elektronen den vom Hersteller oder Einführer bezeichneten Höchstwert nicht überschreiten darf,
2. bei denen die Spannung zur Beschleunigung der Elektronen 30 Kilovolt überschreitet, wenn die Bauart nach § 45 Absatz 1 Nummer 1 des Strahlenschutzgesetzes zugelassen ist,
3. wenn eine Kathodenstrahlröhre für die Darstellung von Bildern betrieben wird, bei der die Spannung zur Beschleunigung von Elektronen 40 Kilovolt nicht überschreitet, wenn die Ortsdosisleistung bei normalen Betriebsbedingungen im Abstand von 0,1 Metern von der berührbaren Oberfläche 1 Mikrosievert durch Stunde nicht überschreitet, oder
4. die als Bildverstärker im Zusammenhang mit einer genehmigungs- oder anzeigebedürftigen Röntgeneinrichtung betrieben werden.

Teil E:

Genehmigungs- und anmeldefrei nach § 14 ist die Verbringung von

1. Stoffen, deren Aktivität die Freigrenzen der Anlage 4 Tabelle 1 Spalte 2 nicht überschreitet,
2. Stoffen, deren spezifische Aktivität die Freigrenzen der Anlage 4 Tabelle 1 Spalte 3 nicht überschreitet,
3. Arzneimitteln, die nach § 2 Absatz 1 Satz 2 der Verordnung über radioaktive oder mit ionisierenden Strahlen behandelte Arzneimittel in Verkehr gebracht worden sind,
4. Vorrichtungen, deren Bauart nach § 45 Absatz 1 des Strahlenschutzgesetzes zugelassen ist, oder
5. aus der Luft gewonnenen Edelgasen, wenn das Isotopenverhältnis im Gas demjenigen in der Luft entspricht.

Anlage 10
(zu den §§ 91, 92)

Strahlenzeichen

Strahlenzeichen

Kennzeichen: schwarz

Untergrund: gelb

Kennzeichen: schwarz
Untergrund: gelb

Anlage 19
(zu § 181)

Prüfungen zum Erwerb und Erhalt der erforderlichen fachlichen Qualifikation für die Ausübung einer Tätigkeit als behördlich bestimmter Sachverständiger nach § 172 Absatz 1 des Strahlenschutzgesetzes

Teil 1: Sachverständige nach § 172 Absatz 1 Satz 1 Nummer 1, 3 und 4 StrlSchG

Für den Erwerb der erforderlichen fachlichen Qualifikation nach § 181 Absatz 1 Nummer 4 für Prüfungen nach § 172 Absatz 1 Satz 1 Nummer 1, 3 und 4 des Strahlenschutzgesetzes ist für Prüfungen an Systemen nach Spalte 1 der Tabellen 1 und 2 die Durchführung von Prüfungen nach Spalte 2 der Tabellen 1 und 2 unter Aufsicht einer Person nach § 181 Absatz 1 Nummer 3 erforderlich.

Tabelle 1: Prüfungen nach § 172 Absatz 1 Satz 1 Nummer 1 StrlSchG

1		2	3	4
System		Zahl der zum Erwerb der Qualifikation zu prüfenden Systeme	Zahl der zum Erhalt der Qualifikation zu prüfenden Systeme	Anmerkungen
A	**Medizinische und zahnmedizinische Röntgeneinrichtungen**			
A 1	Aufnahmegeräte			
A 1.1	Aufnahmegeräte	20	10	Bei Erwerb der Qualifikation müssen ortsfeste – mindestens fünf – und ortsveränderliche Aufnahmegeräte geprüft werden.
A 1.2	Mammographiegeräte	10	5	Die Qualifikation kann nur im Zusammenhang mit der erforderlichen Zahl von Systemen nach A 1.1 erworben werden.
A 2	Durchleuchtungsgeräte			
A 2.1	Durchleuchtungsgeräte	30	15	Dazu gehören auch Angiographie-, digitale Subtraktionsangiographie- (DSA) und Herzkatheterarbeitsplätze sowie C-Bogengeräte, die für die Herzkatheter, DSA oder Interventionen genutzt werden.
A 2.2	C-Bogengeräte	10	5	Dazu gehören ortsveränderliche C-Bogengeräte, mit denen Untersuchungen zur Lokalisation am Körperstamm, an Extremitäten, Schultern und Hüftgelenken sowie Implantation von Katheter- und Portsystemen durchgeführt werden.

1		2	3	4
System		Zahl der zum Erwerb der Qualifikation zu prüfenden Systeme	Zahl der zum Erhalt der Qualifikation zu prüfenden Systeme	Anmerkungen
A 3	Computertomographiegeräte	10	5	Die Qualifikation kann nur im Zusammenhang mit der erforderlichen Zahl von Systemen nach A 2.1 erworben werden.
A 4	Zahnmedizinische Röntgeneinrichtungen			
A 4.1	Dentalaufnahmegeräte mit Tubus	10	5	
A 4.2	Spezial-Dentalaufnahmegeräte	10	5	Beim Erwerb der Qualifikation müssen Panoramaschicht-, Fernröntgengeräte sowie mindestens drei DVT-Geräte geprüft werden.
A 5	Therapiegeräte	5	2	Beim Erwerb der Qualifikation können bis zu drei Systeme nach D 1 angerechnet werden.
B	**Nichtmedizinische Röntgeneinrichtungen und Störstrahler**			
B 1	Feinstruktur- und Grobstrukturuntersuchungsgeräte	20	10	Beim Erwerb der Qualifikation müssen jeweils mindestens drei Feinstrukturgeräte, ortsfeste und ortsveränderliche Grobstrukturuntersuchungsgeräte geprüft werden.
B 2	Hoch-, Vollschutz- und Basisschutzgeräte und Schulröntgeneinrichtungen	5	2	Die Qualifikation für die Prüfung von Systemen nach B 2 kann nur im Zusammenhang mit der erforderlichen Zahl von Systemen nach B 1 erworben werden.
B 3	Störstrahler	5	2	Dazu gehören z. B. Elektronenmikroskope und Excimer-Laser. Elektronenstrahlschweißanlagen sind der Geräteart B 1 zuzuordnen.
C	**Tiermedizinische Röntgeneinrichtungen**			
C 1	Ortsfeste und mobile Aufnahme- und Durchleuchtungsgeräte	10	5	Humanmedizinische Systeme nach A 1 und A 2 können als vergleichbare Systeme gezählt werden.
C 2	Computertomographiegeräte	5	2	Humanmedizinische Systeme nach A 3 können als vergleichbare Systeme gezählt werden.

Tabelle 2:
Prüfungen nach § 172 Absatz 1 Satz 1 Nummern 3 und 4 StrlSchG

Die Prüfungen sind an unterschiedlichen Systemen oder in unterschiedlichen Einsatzbereichen durchzuführen.

1		2	3	4
System		Zahl der zum Erwerb der Qualifikation zu prüfenden Systeme	Zahl der zum Erhalt der Qualifikation zu prüfenden Systeme	Anmerkungen
D	**Medizinisch genutzte Systeme (Anwendungen am Menschen)**[1]			
D 1	Anlagen zur Erzeugung ionisierender Strahlung, die keiner Errichtungsgenehmigung bedürfen	10	5	Beschleuniger Beim Erwerb der Qualifikation müssen drei Prüfungen den Umfang einer Erstprüfung inklusive des baulichen Strahlenschutzes umfassen.
D 2	Bestrahlungsvorrichtungen für Brachytherapie	5	2	Falls die Qualifikation unabhängig von D 1 erworben wird, müssen beim Erwerb der Qualifikation zwei Prüfungen den Umfang einer Erstprüfung inklusive des baulichen Strahlenschutzes umfassen.
E	**Nichtmedizinisch genutzte Systeme**			
E 1	Anlagen zur Erzeugung ionisierender Strahlung, die einer Errichtungsgenehmigung bedürfen	2	2	Beim Erwerb der Qualifikation muss eine Prüfung den Umfang einer Erstprüfung inklusive des baulichen Strahlenschutzes umfassen.
E 2	Anlagen zur Erzeugung ionisierender Strahlung, ausgenommen E 1	5	2	Beim Erwerb der Qualifikation müssen zwei Prüfungen den Umfang einer Erstprüfung inklusive des baulichen Strahlenschutzes umfassen.
E 3	Bestrahlungsvorrichtungen mit radioaktiven Quellen	2	2	Beim Erwerb der Qualifikation müssen beide Prüfungen den Umfang einer Erstprüfung inklusive des baulichen Strahlenschutzes umfassen. Entsprechende Prüfungen nach D 1, D 2 oder E 1 werden angerechnet.
E 4	Geräte für die Gammaradiographie	5	2	
F	Umschlossene radioaktive Stoffe (Dichtheitsprüfungen)	100	50	Beim Erwerb der Qualifikation müssen die Dichtheitsprüfungen alle relevanten Prüfverfahren abdecken.

[1]) Dazu gehören auch vergleichbare Geräte zur Anwendung am Tier.

Teil 2:
Sachverständige nach § 172 Absatz 1 Satz 1 Nummer 2 StrlSchG

Für den Erwerb der erforderlichen fachlichen Qualifikation nach § 181 Absatz 1 Nummer 4 für Prüfungen nach § 172 Absatz 1 Satz 1 Nummer 2 des Strahlenschutzgesetzes sind fünf Prüfungen unter Aufsicht einer Person nach § 181 Absatz 1 Nummer 3 in zwei oder mehreren Tätigkeitsfeldern nach Anlage 3 des Strahlenschutzgesetzes durchzuführen.

Gesetz über Teilzeitarbeit und befristete Arbeitsverträge (Teilzeit- und Befristungsgesetz – TzBfG)

Vom 21. Dezember 2000 (BGBl. I S. 1966)

Zuletzt geändert durch
Gesetz zur Weiterentwicklung des Teilzeitrechts – Einführung einer Brückenteilzeit
vom 11. Dezember 2018 (BGBl. I S. 2384)

Erster Abschnitt Allgemeine Vorschriften

§ 1 Zielsetzung

Ziel des Gesetzes ist, Teilzeitarbeit zu fördern, die Voraussetzungen für die Zulässigkeit befristeter Arbeitsverträge festzulegen und die Diskriminierung von teilzeitbeschäftigten und befristet beschäftigten Arbeitnehmern zu verhindern.

§ 2 Begriff des teilzeitbeschäftigten Arbeitnehmers

(1) $_1$Teilzeitbeschäftigt ist ein Arbeitnehmer, dessen regelmäßige Wochenarbeitszeit kürzer ist als die eines vergleichbaren vollzeitbeschäftigten Arbeitnehmers. $_2$Ist eine regelmäßige Wochenarbeitszeit nicht vereinbart, so ist ein Arbeitnehmer teilzeitbeschäftigt, wenn seine regelmäßige Arbeitszeit im Durchschnitt eines bis zu einem Jahr reichenden Beschäftigungszeitraums unter der eines vergleichbaren vollzeitbeschäftigten Arbeitnehmers liegt. $_3$Vergleichbar ist ein vollzeitbeschäftigter Arbeitnehmer des Betriebes mit derselben Art des Arbeitsverhältnisses und der gleichen oder einer ähnlichen Tätigkeit. $_4$Gibt es im Betrieb keinen vergleichbaren vollzeitbeschäftigten Arbeitnehmer, so ist der vergleichbare vollzeitbeschäftigte Arbeitnehmer auf Grund des anwendbaren Tarifvertrages zu bestimmen; in allen anderen Fällen ist darauf abzustellen, wer im jeweiligen Wirtschaftszweig üblicherweise als vergleichbarer vollzeitbeschäftigter Arbeitnehmer anzusehen ist.

(2) Teilzeitbeschäftigt ist auch ein Arbeitnehmer, der eine geringfügige Beschäftigung nach § 8 Abs. 1 Nr. 1 des Vierten Buches Sozialgesetzbuch ausübt.

§ 3 Begriff des befristet beschäftigten Arbeitnehmers

(1) $_1$Befristet beschäftigt ist ein Arbeitnehmer mit einem auf bestimmte Zeit geschlossenen Arbeitsvertrag. $_2$Ein auf bestimmte Zeit geschlossener Arbeitsvertrag (befristeter Arbeitsvertrag) liegt vor, wenn seine Dauer kalendermäßig bestimmt ist (kalendermäßig befristeter Arbeitsvertrag) oder sich aus Art, Zweck oder Beschaffenheit der Arbeitsleistung ergibt (zweckbefristeter Arbeitsvertrag).

(2) $_1$Vergleichbar ist ein unbefristet beschäftigter Arbeitnehmer des Betriebes mit der gleichen oder einer ähnlichen Tätigkeit. $_2$Gibt es im Betrieb keinen vergleichbaren unbefristet beschäftigten Arbeitnehmer, so ist der vergleichbare unbefristet beschäftigte Arbeitnehmer auf Grund des anwendbaren Tarifvertrages zu bestimmen; in allen anderen Fällen ist darauf abzustellen, wer im jeweiligen Wirtschaftszweig üblicherweise als vergleichbarer unbefristet beschäftigter Arbeitnehmer anzusehen ist.

§ 4 Verbot der Diskriminierung

(1) $_1$Ein teilzeitbeschäftigter Arbeitnehmer darf wegen der Teilzeitarbeit nicht schlechter behandelt werden als ein vergleichbarer vollzeitbeschäftigter Arbeitnehmer, es sei denn, dass sachliche Gründe eine unterschiedliche Behandlung rechtfertigen. $_2$Einem teilzeitbeschäftigten Arbeitnehmer ist Arbeitsentgelt oder eine andere teilbare geldwerte Leistung mindestens in dem Umfang zu gewähren, der dem Anteil seiner Arbeitszeit an der Arbeitszeit eines vergleichbaren vollzeitbeschäftigten Arbeitnehmers entspricht.

(2) $_1$Ein befristet beschäftigter Arbeitnehmer darf wegen der Befristung des Arbeitsvertrages nicht schlechter behandelt werden als ein vergleichbarer unbefristet beschäftigter Ar-

beitnehmer, es sei denn, dass sachliche Gründe eine unterschiedliche Behandlung rechtfertigen. 2Einem befristet beschäftigten Arbeitnehmer ist Arbeitsentgelt oder eine andere teilbare geldwerte Leistung, die für einen bestimmten Bemessungszeitraum gewährt wird, mindestens in dem Umfang zu gewähren, der dem Anteil seiner Beschäftigungsdauer am Bemessungszeitraum entspricht. 3Sind bestimmte Beschäftigungsbedingungen von der Dauer des Bestehens des Arbeitsverhältnisses in demselben Betrieb oder Unternehmen abhängig, so sind für befristet beschäftigte Arbeitnehmer dieselben Zeiten zu berücksichtigen wie für unbefristet beschäftigte Arbeitnehmer, es sei denn, dass eine unterschiedliche Berücksichtigung aus sachlichen Gründen gerechtfertigt ist.

§ 5 Benachteiligungsverbot

Der Arbeitgeber darf einen Arbeitnehmer nicht wegen der Inanspruchnahme von Rechten nach diesem Gesetz benachteiligen.

Zweiter Abschnitt Teilzeitarbeit

§ 6 Förderung von Teilzeitarbeit

Der Arbeitgeber hat den Arbeitnehmern, auch in leitenden Positionen, Teilzeitarbeit nach Maßgabe dieses Gesetzes zu ermöglichen.

§ 7 Ausschreibung; Erörterung; Information über freie Arbeitsplätze

(1) Der Arbeitgeber hat einen Arbeitsplatz, den er öffentlich oder innerhalb des Betriebes ausschreibt, auch als Teilzeitarbeitsplatz auszuschreiben, wenn sich der Arbeitsplatz hierfür eignet.

(2) 1Der Arbeitgeber hat mit dem Arbeitnehmer dessen Wunsch nach Veränderung von Dauer oder Lage oder von Dauer und Lage seiner vertraglich vereinbarten Arbeitszeit zu erörtern. 2Dies gilt unabhängig vom Umfang der Arbeitszeit. 3Der Arbeitnehmer kann ein Mitglied der Arbeitnehmervertretung zur Unterstützung oder Vermittlung hinzuziehen.

(3) Der Arbeitgeber hat einen Arbeitnehmer, der ihm den Wunsch nach einer Veränderung von Dauer oder Lage oder von Dauer und Lage seiner vertraglich vereinbarten Arbeitszeit angezeigt hat, über entsprechende Arbeitsplätze zu informieren, die im Betrieb oder Unternehmen besetzt werden sollen.

(4) 1Der Arbeitgeber hat die Arbeitnehmervertretung über angezeigte Arbeitszeitwünsche nach Absatz 2 sowie über Teilzeitarbeit im Betrieb und Unternehmen zu informieren, insbesondere über vorhandene oder geplante Teilzeitarbeitsplätze und über die Umwandlung von Teilzeitarbeitsplätzen in Vollzeitarbeitsplätze oder umgekehrt. 2Der Arbeitnehmervertretung sind auf Verlangen die erforderlichen Unterlagen zur Verfügung zu stellen; § 92 des Betriebsverfassungsgesetzes bleibt unberührt.

§ 8 Zeitlich nicht begrenzte Verringerung der Arbeitszeit

(1) Ein Arbeitnehmer, dessen Arbeitsverhältnis länger als sechs Monate bestanden hat, kann verlangen, dass seine vertraglich vereinbarte Arbeitszeit verringert wird.

(2) 1Der Arbeitnehmer muss die Verringerung seiner Arbeitszeit und den Umfang der Verringerung spätestens drei Monate vor deren Beginn in Textform geltend machen. 2Er soll dabei die gewünschte Verteilung der Arbeitszeit angeben.

(3) 1Der Arbeitgeber hat mit dem Arbeitnehmer die gewünschte Verringerung der Arbeitszeit mit dem Ziel zu erörtern, zu einer Vereinbarung zu gelangen. 2Er hat mit dem Arbeitnehmer Einvernehmen über die von ihm festzulegende Verteilung der Arbeitszeit zu erzielen.

(4) 1Der Arbeitgeber hat der Verringerung der Arbeitszeit zuzustimmen und ihre Verteilung entsprechend den Wünschen des Arbeitnehmers festzulegen, soweit betriebliche Gründe nicht entgegenstehen. 2Ein betrieblicher Grund liegt insbesondere vor, wenn die Verringerung der Arbeitszeit die Organisation, den Arbeitsablauf oder die Sicherheit im Betrieb wesentlich beeinträchtigt oder unverhältnismäßige Kosten verursacht. 3Die Ableh-

nungsgründe können durch Tarifvertrag festgelegt werden. $_{4}$Im Geltungsbereich eines solchen Tarifvertrages können nicht tarifgebundene Arbeitgeber und Arbeitnehmer die Anwendung der tariflichen Regelungen über die Ablehnungsgründe vereinbaren.

(5) $_{1}$Die Entscheidung über die Verringerung der Arbeitszeit und ihre Verteilung hat der Arbeitgeber dem Arbeitnehmer spätestens einen Monat vor dem gewünschten Beginn der Verringerung schriftlich mitzuteilen. $_{2}$Haben sich Arbeitgeber und Arbeitnehmer nicht nach Absatz 3 Satz 1 über die Verringerung der Arbeitszeit geeinigt und hat der Arbeitgeber die Arbeitszeitverringerung nicht spätestens einen Monat vor deren gewünschtem Beginn schriftlich abgelehnt, verringert sich die Arbeitszeit in dem vom Arbeitnehmer gewünschten Umfang. $_{3}$Haben Arbeitgeber und Arbeitnehmer über die Verteilung der Arbeitszeit kein Einvernehmen nach Absatz 3 Satz 2 erzielt und hat der Arbeitgeber nicht spätestens einen Monat vor dem gewünschten Beginn der Arbeitszeitverringerung die gewünschte Verteilung der Arbeitszeit schriftlich abgelehnt, gilt die Verteilung der Arbeitszeit entsprechend den Wünschen des Arbeitnehmers als festgelegt. $_{4}$Der Arbeitgeber kann die nach Satz 3 oder Absatz 3 Satz 2 festgelegte Verteilung der Arbeitszeit wieder ändern, wenn das betriebliche Interesse daran das Interesse des Arbeitnehmers an der Beibehaltung erheblich überwiegt und der Arbeitgeber die Änderung spätestens einen Monat vorher angekündigt hat.

(6) Der Arbeitnehmer kann eine erneute Verringerung der Arbeitszeit frühestens nach Ablauf von zwei Jahren verlangen, nachdem der Arbeitgeber einer Verringerung zugestimmt oder sie berechtigt abgelehnt hat.

(7) Für den Anspruch auf Verringerung der Arbeitszeit gilt die Voraussetzung, dass der Arbeitgeber, unabhängig von der Anzahl der Personen in Berufsbildung, in der Regel mehr als 15 Arbeitnehmer beschäftigt.

§ 9 Verlängerung der Arbeitszeit

Der Arbeitgeber hat einen teilzeitbeschäftigten Arbeitnehmer, der ihm in Textform den Wunsch nach einer Verlängerung seiner vertraglich vereinbarten Arbeitszeit angezeigt hat, bei der Besetzung eines Arbeitsplatzes bevorzugt zu berücksichtigen, es sei denn, dass

1. es sich dabei nicht um einen entsprechenden freien Arbeitsplatz handelt oder
2. der teilzeitbeschäftigte Arbeitnehmer nicht mindestens gleich geeignet ist wie ein anderer vom Arbeitgeber bevorzugter Bewerber oder
3. Arbeitszeitwünsche anderer teilzeitbeschäftigter Arbeitnehmer oder
4. dringende betriebliche Gründe entgegenstehen.

Ein freier zu besetzender Arbeitsplatz liegt vor, wenn der Arbeitgeber die Organisationsentscheidung getroffen hat, diesen zu schaffen oder einen unbesetzten Arbeitsplatz neu zu besetzen.

§ 9a Zeitlich begrenzte Verringerung der Arbeitszeit

(1) $_{1}$Ein Arbeitnehmer, dessen Arbeitsverhältnis länger als sechs Monate bestanden hat, kann verlangen, dass seine vertraglich vereinbarte Arbeitszeit für einen im Voraus zu bestimmenden Zeitraum verringert wird. $_{2}$Der begehrte Zeitraum muss mindestens ein Jahr und darf höchstens fünf Jahre betragen. $_{3}$Der Arbeitnehmer hat nur dann einen Anspruch auf zeitlich begrenzte Verringerung der Arbeitszeit, wenn der Arbeitgeber in der Regel mehr als 45 Arbeitnehmer beschäftigt.

(2) $_{1}$Der Arbeitgeber kann das Verlangen des Arbeitnehmers nach Verringerung der Arbeitszeit ablehnen, soweit betriebliche Gründe entgegenstehen; § 8 Absatz 4 gilt entsprechend. $_{2}$Ein Arbeitgeber, der in der Regel mehr als 45, aber nicht mehr als 200 Arbeitnehmer beschäftigt, kann das Verlangen eines Arbeitnehmers auch ablehnen, wenn zum Zeitpunkt des begehrten Beginns der verringerten Arbeitszeit bei einer Arbeitnehmerzahl von in der Regel

1. mehr als 45 bis 60 bereits mindestens vier,
2. mehr als 60 bis 75 bereits mindestens fünf,

3. mehr als 75 bis 90 bereits mindestens sechs,
4. mehr als 90 bis 105 bereits mindestens sieben,
5. mehr als 105 bis 120 bereits mindestens acht,
6. mehr als 120 bis 135 bereits mindestens neun,
7. mehr als 135 bis 150 bereits mindestens zehn,
8. mehr als 150 bis 165 bereits mindestens elf,
9. mehr als 165 bis 180 bereits mindestens zwölf,
10. mehr als 180 bis 195 bereits mindestens 13,
11. mehr als 195 bis 200 bereits mindestens 14

andere Arbeitnehmer ihre Arbeitszeit nach Absatz 1 verringert haben.

(3) $_1$Im Übrigen gilt für den Umfang der Verringerung der Arbeitszeit und für die gewünschte Verteilung der Arbeitszeit § 8 Absatz 2 bis 5. $_2$Für den begehrten Zeitraum der Verringerung der Arbeitszeit sind § 8 Absatz 2 Satz 1, Absatz 3 Satz 1, Absatz 4 sowie Absatz 5 Satz 1 und 2 entsprechend anzuwenden.

(4) Während der Dauer der zeitlich begrenzten Verringerung der Arbeitszeit kann der Arbeitnehmer keine weitere Verringerung und keine Verlängerung seiner Arbeitszeit nach diesem Gesetz verlangen; § 9 findet keine Anwendung.

(5) $_1$Ein Arbeitnehmer, der nach einer zeitlich begrenzten Verringerung der Arbeitszeit nach Absatz 1 zu seiner ursprünglichen vertraglich vereinbarten Arbeitszeit zurückgekehrt ist, kann eine erneute Verringerung der Arbeitszeit nach diesem Gesetz frühestens ein Jahr nach der Rückkehr zur ursprünglichen Arbeitszeit verlangen. $_2$Für einen erneuten Antrag auf Verringerung der Arbeitszeit nach berechtigter Ablehnung auf Grund entgegenstehender betrieblicher Gründe nach Absatz 2 Satz 1 gilt § 8 Absatz 6 entsprechend. $_3$Nach berechtigter Ablehnung auf Grund der Zumutbarkeitsregelung nach Absatz 2 Satz 2 kann der Arbeitnehmer frühestens nach Ablauf von einem Jahr nach der Ablehnung erneut eine Verringerung der Arbeitszeit verlangen.

(6) Durch Tarifvertrag kann der Rahmen für den Zeitraum der Arbeitszeitverringerung abweichend von Absatz 1 Satz 2 auch zuungunsten des Arbeitnehmers festgelegt werden.

(7) Bei der Anzahl der Arbeitnehmer nach Absatz 1 Satz 3 und Absatz 2 sind Personen in Berufsbildung nicht zu berücksichtigen.

§ 10 Aus- und Weiterbildung

Der Arbeitgeber hat Sorge zu tragen, dass auch teilzeitbeschäftigte Arbeitnehmer an Aus- und Weiterbildungsmaßnahmen zur Förderung der beruflichen Entwicklung und Mobilität teilnehmen können, es sei denn, dass dringende betriebliche Gründe oder Aus- und Weiterbildungswünsche anderer teilzeit- oder vollzeitbeschäftigter Arbeitnehmer entgegenstehen.

§ 11 Kündigungsverbot

$_1$Die Kündigung eines Arbeitsverhältnisses wegen der Weigerung eines Arbeitnehmers, von einem Vollzeit- in ein Teilzeitarbeitsverhältnis oder umgekehrt zu wechseln, ist unwirksam. $_2$Das Recht zur Kündigung des Arbeitsverhältnisses aus anderen Gründen bleibt unberührt.

§ 12 Arbeit auf Abruf

(1) $_1$Arbeitgeber und Arbeitnehmer können vereinbaren, dass der Arbeitnehmer seine Arbeitsleistung entsprechend dem Arbeitsanfall zu erbringen hat (Arbeit auf Abruf). $_2$Die Vereinbarung muss eine bestimmte Dauer der wöchentlichen und täglichen Arbeitszeit festlegen. $_3$Wenn die Dauer der wöchentlichen Arbeitszeit nicht festgelegt ist, gilt eine Arbeitszeit von 20 Stunden als vereinbart. $_4$Wenn die Dauer der täglichen Arbeitszeit nicht festgelegt ist, hat der Arbeitgeber die Arbeitsleistung des Arbeitnehmers jeweils für mindestens drei aufeinander folgende Stunden in Anspruch zu nehmen.

(2) Ist für die Dauer der wöchentlichen Arbeitszeit nach Absatz 1 Satz 2 eine Mindestarbeitszeit vereinbart, darf der Arbeitgeber nur bis zu 25 Prozent der wöchentlichen Arbeitszeit zusätzlich abrufen. Ist für die Dauer der wöchentlichen Arbeitszeit nach Absatz 1 Satz 2 eine Höchstarbeitszeit vereinbart, darf der Arbeitgeber nur bis zu 20 Prozent der wöchentlichen Arbeitszeit weniger abrufen.

(3) Der Arbeitnehmer ist nur zur Arbeitsleistung verpflichtet, wenn der Arbeitgeber ihm die Lage seiner Arbeitszeit jeweils mindestens vier Tage im Voraus mitteilt.

(4) $_1$Zur Berechnung der Entgeltfortzahlung im Krankheitsfall ist die maßgebende regelmäßige Arbeitszeit im Sinne von § 4 Absatz 1 des Entgeltfortzahlungsgesetzes die durchschnittliche Arbeitszeit der letzten drei Monate vor Beginn der Arbeitsunfähigkeit (Referenzzeitraum). $_2$Hat das Arbeitsverhältnis bei Beginn der Arbeitsunfähigkeit keine drei Monate bestanden, ist der Berechnung des Entgeltfortzahlungsanspruchs die durchschnittliche Arbeitszeit dieses kürzeren Zeitraums zugrunde zu legen. $_3$Zeiten von Kurzarbeit, unverschuldeter Arbeitsversäumnis, Arbeitsausfällen und Urlaub im Referenzzeitraum bleiben außer Betracht. $_4$Für den Arbeitnehmer günstigere Regelungen zur Berechnung der Entgeltfortzahlung im Krankheitsfall finden Anwendung.

(5) Für die Berechnung der Entgeltzahlung an Feiertagen nach § 2 Absatz 1 des Entgeltfortzahlungsgesetzes gilt Absatz 4 entsprechend.

(6) $_1$Durch Tarifvertrag kann von den Absätzen 1 und 3 auch zuungunsten des Arbeitnehmers abgewichen werden, wenn der Tarifvertrag Regelungen über die tägliche und wöchentliche Arbeitszeit und die Vorankündigungsfrist vorsieht. $_2$Im Geltungsbereich eines solchen Tarifvertrages können nicht tarifgebundene Arbeitgeber und Arbeitnehmer die Anwendung der tariflichen Regelungen über die Arbeit auf Abruf vereinbaren.

§ 13 Arbeitsplatzteilung

(1) $_1$Arbeitgeber und Arbeitnehmer können vereinbaren, dass mehrere Arbeitnehmer sich die Arbeitszeit an einem Arbeitsplatz teilen (Arbeitsplatzteilung). $_2$Ist einer dieser Arbeitnehmer an der Arbeitsleistung verhindert, sind die anderen Arbeitnehmer zur Vertretung verpflichtet, wenn sie der Vertretung im Einzelfall zugestimmt haben. $_3$Eine Pflicht zur Vertretung besteht auch, wenn der Arbeitsvertrag bei Vorliegen dringender betrieblicher Gründe eine Vertretung vorsieht und diese im Einzelfall zumutbar ist.

(2) $_1$Scheidet ein Arbeitnehmer aus der Arbeitsplatzteilung aus, so ist die darauf gestützte Kündigung des Arbeitsverhältnisses eines anderen in die Arbeitsplatzteilung einbezogenen Arbeitnehmers durch den Arbeitgeber unwirksam. $_2$Das Recht zur Änderungskündigung aus diesem Anlass und zur Kündigung des Arbeitsverhältnisses aus anderen Gründen bleibt unberührt.

(3) Die Absätze 1 und 2 sind entsprechend anzuwenden, wenn sich Gruppen von Arbeitnehmern auf bestimmten Arbeitsplätzen in festgelegten Zeitabschnitten abwechseln, ohne dass eine Arbeitsplatzteilung im Sinne des Absatzes 1 vorliegt.

(4) $_1$Durch Tarifvertrag kann von den Absätzen 1 und 3 auch zuungunsten des Arbeitnehmers abgewichen werden, wenn der Tarifvertrag Regelungen über die Vertretung der Arbeitnehmer enthält. $_2$Im Geltungsbereich eines solchen Tarifvertrages können nicht tarifgebundene Arbeitgeber und Arbeitnehmer die Anwendung der tariflichen Regelungen über die Arbeitsplatzteilung vereinbaren.

Dritter Abschnitt
Befristete Arbeitsverträge

§ 14 Zulässigkeit der Befristung

(1) $_1$Die Befristung eines Arbeitsvertrages ist zulässig, wenn sie durch einen sachlichen Grund gerechtfertigt ist. $_2$Ein sachlicher Grund liegt insbesondere vor, wenn

1. der betriebliche Bedarf an der Arbeitsleistung nur vorübergehend besteht,
2. die Befristung im Anschluss an eine Ausbildung oder ein Studium erfolgt, um den

Übergang des Arbeitnehmers in eine Anschlussbeschäftigung zu erleichtern,

3. der Arbeitnehmer zur Vertretung eines anderen Arbeitnehmers beschäftigt wird,
4. die Eigenart der Arbeitsleistung die Befristung rechtfertigt,
5. die Befristung zur Erprobung erfolgt,
6. in der Person des Arbeitnehmers liegende Gründe die Befristung rechtfertigen,
7. der Arbeitnehmer aus Haushaltsmitteln vergütet wird, die haushaltsrechtlich für eine befristete Beschäftigung bestimmt sind, und er entsprechend beschäftigt wird oder
8. die Befristung auf einem gerichtlichen Vergleich beruht.

(2) 1Die kalendermäßige Befristung eines Arbeitsvertrages ohne Vorliegen eines sachlichen Grundes ist bis zur Dauer von zwei Jahren zulässig; bis zu dieser Gesamtdauer von zwei Jahren ist auch die höchstens dreimalige Verlängerung eines kalendermäßig befristeten Arbeitsvertrages zulässig. 2Eine Befristung nach Satz 1 ist nicht zulässig, wenn mit demselben Arbeitgeber bereits zuvor ein befristetes oder unbefristetes Arbeitsverhältnis bestanden hat. 3Durch Tarifvertrag kann die Anzahl der Verlängerungen oder die Höchstdauer der Befristung abweichend von Satz 1 festgelegt werden. 4Im Geltungsbereich eines solchen Tarifvertrages können nicht tarifgebundene Arbeitgeber und Arbeitnehmer die Anwendung der tariflichen Regelungen vereinbaren.

(2a) 1In den ersten vier Jahren nach der Gründung eines Unternehmens ist die kalendermäßige Befristung eines Arbeitsvertrages ohne Vorliegen eines sachlichen Grundes bis zur Dauer von vier Jahren zulässig; bis zu dieser Gesamtdauer von vier Jahren ist auch die mehrfache Verlängerung eines kalendermäßig befristeten Arbeitsvertrages zulässig. 2Dies gilt nicht für Neugründungen im Zusammenhang mit der rechtlichen Umstrukturierung von Unternehmen und Konzernen. 3Maßgebend für den Zeitpunkt der Gründung des Unternehmens ist die Aufnahme einer Erwerbstätigkeit, die nach § 138 der Abgabenordnung der Gemeinde oder dem Finanzamt mitzuteilen ist. 4Auf die Befristung eines Arbeitsvertrages nach Satz 1 findet Absatz 2 Satz 2 bis 4 entsprechende Anwendung.

(3) 1Die kalendermäßige Befristung eines Arbeitsvertrages ohne Vorliegen eines sachlichen Grundes ist bis zu einer Dauer von fünf Jahren zulässig, wenn der Arbeitnehmer bei Beginn des befristeten Arbeitsverhältnisses das 52. Lebensjahr vollendet hat und unmittelbar vor Beginn des befristeten Arbeitsverhältnisses mindestens vier Monate beschäftigungslos im Sinne des § 138 Absatz 1 Nummer 1 des Dritten Buches Sozialgesetzbuch gewesen ist, Transferkurzarbeitergeld bezogen oder an einer öffentlich geförderten Beschäftigungsmaßnahme nach dem Zweiten oder Dritten Buch Sozialgesetzbuch teilgenommen hat. 2Bis zu der Gesamtdauer von fünf Jahren ist auch die mehrfache Verlängerung des Arbeitsvertrages zulässig.

(4) Die Befristung eines Arbeitsvertrages bedarf zu ihrer Wirksamkeit der Schriftform.

Entscheidung des Bundesverfassungsgerichts
vom 6. Juni 2018 (BGBl. I S. 882)

Aus dem Beschluss des Bundesverfassungsgerichts vom 6. Juni 2018 – 1 BvL 7/14, 1 BvR 1375/14 – wird die folgende Entscheidungsformel veröffentlicht:

§ 14 Absatz 2 Satz 2 des Gesetzes über Teilzeitarbeit und befristete Arbeitsverträge (TzBfG) vom 21. Dezember 2000 (Bundesgesetzblatt I Seite 1966), zuletzt geändert durch Gesetz vom 20. Dezember 2011 (Bundesgesetzblatt I S. 2854), ist nach Maßgabe der Gründe mit dem Grundgesetz vereinbar.

Die vorstehende Entscheidungsformel hat gemäß § 31 Absatz 2 des Bundesverfassungsgerichtsgesetzes Gesetzeskraft.

§ 15 Ende des befristeten Arbeitsvertrages

(1) Ein kalendermäßig befristeter Arbeitsvertrag endet mit Ablauf der vereinbarten Zeit.

(2) Ein zweckbefristeter Arbeitsvertrag endet mit Erreichen des Zwecks, frühestens jedoch zwei Wochen nach Zugang der schriftlichen Unterrichtung des Arbeitnehmers durch den Arbeitgeber über den Zeitpunkt der Zweckerreichung.

20

(3) Ein befristetes Arbeitsverhältnis unterliegt nur dann der ordentlichen Kündigung, wenn dies einzelvertraglich oder im anwendbaren Tarifvertrag vereinbart ist.

(4) 1Ist das Arbeitsverhältnis für die Lebenszeit einer Person oder für längere Zeit als fünf Jahre eingegangen, so kann es von dem Arbeitnehmer nach Ablauf von fünf Jahren gekündigt werden. 2Die Kündigungsfrist beträgt sechs Monate.

(5) Wird das Arbeitsverhältnis nach Ablauf der Zeit, für die es eingegangen ist, oder nach Zweckerreichung mit Wissen des Arbeitgebers fortgesetzt, so gilt es als auf unbestimmte Zeit verlängert, wenn der Arbeitgeber nicht unverzüglich widerspricht oder dem Arbeitnehmer die Zweckerreichung nicht unverzüglich mitteilt.

§ 16 Folgen unwirksamer Befristung

1Ist die Befristung rechtsunwirksam, so gilt der befristete Arbeitsvertrag als auf unbestimmte Zeit geschlossen; er kann vom Arbeitgeber frühestens zum vereinbarten Ende ordentlich gekündigt werden, sofern nicht nach § 15 Abs. 3 die ordentliche Kündigung zu einem früheren Zeitpunkt möglich ist. 2Ist die Befristung nur wegen des Mangels der Schriftform unwirksam, kann der Arbeitsvertrag auch vor dem vereinbarten Ende ordentlich gekündigt werden.

§ 17 Anrufung des Arbeitsgerichts

1Will der Arbeitnehmer geltend machen, dass die Befristung eines Arbeitsvertrages rechtsunwirksam ist, so muss er innerhalb von drei Wochen nach dem vereinbarten Ende des befristeten Arbeitsvertrages Klage beim Arbeitsgericht auf Feststellung erheben, dass das Arbeitsverhältnis auf Grund der Befristung nicht beendet ist. 2Die §§ 5 bis 7 des Kündigungsschutzgesetzes gelten entsprechend. 3Wird das Arbeitsverhältnis nach dem vereinbarten Ende fortgesetzt, so beginnt die Frist nach Satz 1 mit dem Zugang der schriftlichen Erklärung des Arbeitgebers, dass das Arbeitsverhältnis auf Grund der Befristung beendet sei.

§ 18 Information über unbefristete Arbeitsplätze

1Der Arbeitgeber hat die befristet beschäftigten Arbeitnehmer über entsprechende unbefristete Arbeitsplätze zu informieren, die besetzt werden sollen. 2Die Information kann durch allgemeine Bekanntgabe an geeigneter, den Arbeitnehmern zugänglicher Stelle im Betrieb und Unternehmen erfolgen.

§ 19 Aus- und Weiterbildung

Der Arbeitgeber hat Sorge zu tragen, dass auch befristet beschäftigte Arbeitnehmer an angemessenen Aus- und Weiterbildungsmaßnahmen zur Förderung der beruflichen Entwicklung und Mobilität teilnehmen können, es sei denn, dass dringende betriebliche Gründe oder Aus- und Weiterbildungswünsche anderer Arbeitnehmer entgegenstehen.

§ 20 Information der Arbeitnehmervertretung

Der Arbeitgeber hat die Arbeitnehmervertretung über die Anzahl der befristetet beschäftigten Arbeitnehmer und ihren Anteil an der Gesamtbelegschaft des Betriebes und des Unternehmens zu informieren.

§ 21 Auflösend bedingte Arbeitsverträge

Wird der Arbeitsvertrag unter einer auflösenden Bedingung geschlossen, gelten § 4 Abs. 2, § 5, § 14 Abs. 1 und 4, § 15 Abs. 2, 3 und 5 sowie die §§ 16 bis 20 entsprechend.

Vierter Abschnitt
Gemeinsame Vorschriften

§ 22 Abweichende Vereinbarungen

(1) Außer in den Fällen des § 9a Absatz 6, § 12 Absatz 6, § 13 Absatz 4 und § 14 Absatz 2 Satz 3 und 4 kann von den Vorschriften dieses Gesetzes nicht zuungunsten des Arbeitnehmers abgewichen werden.

(2) Enthält ein Tarifvertrag für den öffentlichen Dienst Bestimmungen im Sinne des § 8 Absatz 4 Satz 3 und 4, auch in Verbindung mit § 9a Absatz 2, des § 9a Absatz 6, § 12 Absatz 6, § 13 Absatz 4, § 14 Absatz 2 Satz 3

und 4 oder § 15 Absatz 3, so gelten diese Bestimmungen auch zwischen nicht tarifgebundenen Arbeitgebern und Arbeitnehmern außerhalb des öffentlichen Dienstes, wenn die Anwendung der für den öffentlichen Dienst geltenden tarifvertraglichen Bestimmungen zwischen ihnen vereinbart ist und die Arbeitgeber die Kosten des Betriebes überwiegend mit Zuwendungen im Sinne des Haushaltsrechts decken.

§ 23 Besondere gesetzliche Regelungen

Besondere Regelungen über Teilzeitarbeit und über die Befristung von Arbeitsverträgen nach anderen gesetzlichen Vorschriften bleiben unberührt.

Unfallverhütungsvorschrift Grundsätze der Prävention (DGUV Vorschrift 1)

Vom 1. November 2013[1])

Erstes Kapitel Allgemeine Vorschriften

§ 1 Geltungsbereich von Unfallverhütungsvorschriften

(1) Unfallverhütungsvorschriften gelten für Unternehmer und Versicherte; sie gelten auch

- für Unternehmer und Beschäftigte von ausländischen Unternehmen, die eine Tätigkeit im Inland ausüben, ohne einem Unfallversicherungsträger anzugehören;
- soweit in dem oder für das Unternehmen Versicherte tätig werden, für die ein anderer Unfallversicherungsträger zuständig ist.

(2) Für Unternehmer mit Versicherten nach § 2 Absatz 1 Nummer 8 Buchstabe b Sozialgesetzbuch Siebtes Buch (SGB VII) gilt diese Unfallverhütungsvorschrift nur, soweit nicht der innere Schulbereich betroffen ist.

Zweites Kapitel Pflichten des Unternehmers

§ 2 Grundpflichten des Unternehmers

21

(1) Der Unternehmer hat die erforderlichen Maßnahmen zur Verhütung von Arbeitsunfällen, Berufskrankheiten und arbeitsbedingten Gesundheitsgefahren sowie für eine wirksame Erste Hilfe zu treffen. Die zu treffenden Maßnahmen sind insbesondere in staatlichen Arbeitsschutzvorschriften (Anlage 1), dieser Unfallverhütungsvorschrift und in weiteren Unfallverhütungsvorschriften näher bestimmt. Die in staatlichem Recht bestimmten Maßnahmen gelten auch zum Schutz von Versicherten, die keine Beschäftigten sind.

(2) Der Unternehmer hat bei den Maßnahmen nach Absatz 1 von den allgemeinen Grundsätzen nach § 4 Arbeitsschutzgesetz auszugehen und dabei vorrangig das staatliche Regelwerk sowie das Regelwerk der Unfallversicherungsträger heranzuziehen.

(3) Der Unternehmer hat die Maßnahmen nach Absatz 1 entsprechend den Bestimmungen des § 3 Absatz 1 Sätze 2 und 3 und Absatz 2 Arbeitsschutzgesetz zu planen, zu organisieren, durchzuführen und erforderlichenfalls an veränderte Gegebenheiten anzupassen.

(4) Der Unternehmer darf keine sicherheitswidrigen Weisungen erteilen.

(5) Kosten für Maßnahmen nach dieser Unfallverhütungsvorschrift und den für ihn sonst geltenden Unfallverhütungsvorschriften darf der Unternehmer nicht den Versicherten auferlegen.

§ 3 Beurteilung der Arbeitsbedingungen, Dokumentation, Auskunftspflichten

(1) Der Unternehmer hat durch eine Beurteilung der für die Versicherten mit ihrer Arbeit verbundenen Gefährdungen entsprechend § 5 Absatz 2 und 3 Arbeitsschutzgesetz zu ermitteln, welche Maßnahmen nach § 2 Absatz 1 erforderlich sind.

(2) Der Unternehmer hat Gefährdungsbeurteilungen insbesondere dann zu überprüfen, wenn sich die betrieblichen Gegebenheiten hinsichtlich Sicherheit und Gesundheitsschutz verändert haben.

[1]) Herausgeber: Deutsche Gesetzliche Unfallversicherung e. V. (DGUV)
Die Vorschrift ersetzt die bisherigen Unfallverhütungsvorschriften BGV A1 und GUV-V A1. Sie trat bei den meisten Unfallversicherungsträgern im Laufe des Jahres 2014 (größtenteils zum 1. Oktober 2014) in Kraft.

(3) Der Unternehmer hat entsprechend § 6 Absatz 1 Arbeitsschutzgesetz das Ergebnis der Gefährdungsbeurteilung nach Absatz 1, die von ihm festgelegten Maßnahmen und das Ergebnis ihrer Überprüfung zu dokumentieren.

(4) Der Unternehmer hat dem Unfallversicherungsträger alle Informationen über die im Betrieb getroffenen Maßnahmen des Arbeitsschutzes auf Wunsch zur Kenntnis zu geben.

(5) Für Personen, die in Unternehmen zur Hilfe bei Unglücksfällen oder im Zivilschutz unentgeltlich tätig werden, hat der Unternehmer, der für die vorgenannten Personen zuständig ist, Maßnahmen zu ergreifen, die denen nach Absatz 1 bis 4 gleichwertig sind.

§ 4 Unterweisung der Versicherten

(1) Der Unternehmer hat die Versicherten über Sicherheit und Gesundheitsschutz bei der Arbeit, insbesondere über die mit ihrer Arbeit verbundenen Gefährdungen und die Maßnahmen zu ihrer Verhütung, entsprechend § 12 Absatz 1 Arbeitsschutzgesetz sowie bei einer Arbeitnehmerüberlassung entsprechend § 12 Absatz 2 Arbeitsschutzgesetz zu unterweisen; die Unterweisung muss erforderlichenfalls wiederholt werden, mindestens aber einmal jährlich erfolgen; sie muss dokumentiert werden.

(2) Der Unternehmer hat den Versicherten die für ihren Arbeitsbereich oder für ihre Tätigkeit relevanten Inhalte der geltenden Unfallverhütungsvorschriften und Regeln der Unfallversicherungsträger sowie des einschlägigen staatlichen Vorschriften- und Regelwerks in verständlicher Weise zu vermitteln.

(3) Der Unternehmer nach § 136 Absatz 3 Nummer 3 Alternative 2 Sozialgesetzbuch Siebtes Buch (SGB VII) hat den Schulhoheitsträger hinsichtlich Unterweisungen für Versicherte nach § 2 Absatz 1 Nummer 8 Buchstabe b SGB VII zu unterstützen.

§ 5 Vergabe von Aufträgen

(1) Erteilt der Unternehmer den Auftrag,

1. Einrichtungen zu planen, herzustellen, zu ändern oder in Stand zu setzen,
2. Arbeitsverfahren zu planen oder zu gestalten,

so hat er dem Auftragnehmer schriftlich aufzugeben, die in § 2 Absatz 1 und 2 genannten für die Durchführung des Auftrags maßgeblichen Vorgaben zu beachten.

(2) Erteilt der Unternehmer den Auftrag, Arbeitsmittel, Ausrüstungen oder Arbeitsstoffe zu liefern, so hat er dem Auftragnehmer schriftlich aufzugeben, im Rahmen seines Auftrags die für Sicherheit und Gesundheitsschutz einschlägigen Anforderungen einzuhalten.

(3) Bei der Erteilung von Aufträgen an ein Fremdunternehmen hat der den Auftrag erteilende Unternehmer den Fremdunternehmer bei der Gefährdungsbeurteilung bezüglich der betriebsspezifischen Gefahren zu unterstützen. Der Unternehmer hat ferner sicherzustellen, dass Tätigkeiten mit besonderen Gefahren durch Aufsichtführende überwacht werden, die die Durchführung der festgelegten Schutzmaßnahmen sicherstellen. Der Unternehmer hat ferner mit dem Fremdunternehmen Einvernehmen herzustellen, wer den Aufsichtführenden zu stellen hat.

§ 6 Zusammenarbeit mehrerer Unternehmer

(1) Werden Beschäftigte mehrerer Unternehmer oder selbständige Einzelunternehmer an einem Arbeitsplatz tätig, haben die Unternehmer hinsichtlich der Sicherheit und des Gesundheitsschutzes der Beschäftigten, insbesondere hinsichtlich der Maßnahmen nach § 2 Absatz 1, entsprechend § 8 Absatz 1 Arbeitsschutzgesetz zusammenzuarbeiten. Insbesondere haben sie, soweit es zur Vermeidung einer möglichen gegenseitigen Gefährdung erforderlich ist, eine Person zu bestimmen, die die Arbeiten aufeinander abstimmt; zur Abwehr besonderer Gefahren ist sie mit entsprechender Weisungsbefugnis auszustatten.

(2) Der Unternehmer hat sich je nach Art der Tätigkeit zu vergewissern, dass Personen, die in seinem Betrieb tätig werden, hinsichtlich der Gefahren für ihre Sicherheit und Gesund-

heit während ihrer Tätigkeit in seinem Betrieb angemessene Anweisungen erhalten haben.

§ 7 Befähigung für Tätigkeiten

(1) Bei der Übertragung von Aufgaben auf Versicherte hat der Unternehmer je nach Art der Tätigkeiten zu berücksichtigen, ob die Versicherten befähigt sind, die für die Sicherheit und den Gesundheitsschutz bei der Aufgabenerfüllung zu beachtenden Bestimmungen und Maßnahmen einzuhalten. Der Unternehmer hat die für bestimmte Tätigkeiten festgelegten Qualifizierungsanforderungen zu berücksichtigen.

(2) Der Unternehmer darf Versicherte, die erkennbar nicht in der Lage sind, eine Arbeit ohne Gefahr für sich oder andere auszuführen, mit dieser Arbeit nicht beschäftigen.

§ 8 Gefährliche Arbeiten

(1) Wenn eine gefährliche Arbeit von mehreren Personen gemeinschaftlich ausgeführt wird und sie zur Vermeidung von Gefahren eine gegenseitige Verständigung erfordert, hat der Unternehmer dafür zu sorgen, dass eine zuverlässige, mit der Arbeit vertraute Person die Aufsicht führt.

(2) Wird eine gefährliche Arbeit von einer Person allein ausgeführt, so hat der Unternehmer über die allgemeinen Schutzmaßnahmen hinaus für geeignete technische oder organisatorische Personenschutzmaßnahmen zu sorgen.

21

§ 9 Zutritts- und Aufenthaltsverbote

Der Unternehmer hat dafür zu sorgen, dass Unbefugte Betriebsteile nicht betreten, wenn dadurch eine Gefahr für Sicherheit und Gesundheit entsteht.

§ 10 Besichtigung des Unternehmens, Erlass einer Anordnung, Auskunftspflicht

(1) Der Unternehmer hat den Aufsichtspersonen des Unfallversicherungsträgers die Besichtigung seines Unternehmens zu ermöglichen und sie auf ihr Verlangen zu begleiten oder durch einen geeigneten Vertreter begleiten zu lassen.

(2) Erlässt die Aufsichtsperson des Unfallversicherungsträgers eine Anordnung und setzt sie hierbei eine Frist, innerhalb der die verlangten Maßnahmen zu treffen sind, so hat der Unternehmer nach Ablauf der Frist unverzüglich mitzuteilen, ob er die verlangten Maßnahmen getroffen hat.

(3) Der Unternehmer hat den Aufsichtspersonen des Unfallversicherungsträgers auf Verlangen die zur Durchführung ihrer Überwachungsaufgabe erforderlichen Auskünfte zu erteilen. Er hat die Aufsichtspersonen zu unterstützen, soweit dies zur Erfüllung ihrer Aufgaben erforderlich ist.

§ 11 Maßnahmen bei Mängeln

Tritt bei einem Arbeitsmittel, einer Einrichtung, einem Arbeitsverfahren bzw. Arbeitsablauf ein Mangel auf, durch den für die Versicherten sonst nicht abzuwendende Gefahren entstehen, hat der Unternehmer das Arbeitsmittel oder die Einrichtung der weiteren Benutzung zu entziehen oder stillzulegen bzw. das Arbeitsverfahren oder den Arbeitsablauf abzubrechen, bis der Mangel behoben ist.

§ 12 Zugang zu Vorschriften und Regeln

(1) Der Unternehmer hat den Versicherten die für sein Unternehmen geltenden Unfallverhütungsvorschriften und Regeln der Unfallversicherungsträger sowie die einschlägigen staatlichen Vorschriften und Regeln an geeigneter Stelle zugänglich zu machen.

(2) Der Unternehmer hat den mit der Durchführung und Unterstützung von Maßnahmen nach § 2 Absatz 1 betrauten Personen die nach dem Ergebnis der Gefährdungsbeurteilung (§ 3 Absatz 1 und 2) für ihren Zuständigkeitsbereich geltenden Vorschriften und Regeln zur Verfügung zu stellen.

§ 13 Pflichtenübertragung

Der Unternehmer kann zuverlässige und fachkundige Personen schriftlich damit beauftragen, ihm nach Unfallverhütungsvorschriften obliegende Aufgaben in eigener Verantwortung wahrzunehmen. Die Beauftragung muss den Verantwortungsbereich und Befugnisse festlegen und ist vom Beauftragten zu unterzeichnen. Eine Ausfertigung der Beauftragung ist ihm auszuhändigen.

§ 14 Ausnahmen

(1) Der Unternehmer kann bei dem Unfallversicherungsträger im Einzelfall Ausnahmen von Unfallverhütungsvorschriften schriftlich beantragen. Dem Antrag ist eine Stellungnahme der betrieblichen Arbeitnehmervertretung beizufügen; im Falle eines Antrages durch eine Kindertageseinrichtung, eine allgemein bildende oder berufsbildende Schule oder eine Hochschule ist zusätzlich der Leitung der Einrichtung Gelegenheit zur Stellungnahme zu geben.

(2) Der Unfallversicherungsträger kann dem Antrag nach Absatz 1 entsprechen, wenn

1. der Unternehmer eine andere, ebenso wirksame Maßnahme trifft

   oder

2. die Durchführung der Vorschriften im Einzelfall zu einer unverhältnismäßigen Härte führen würde und die Abweichung mit dem Schutz der Versicherten vereinbar ist.

(3) Betrifft der Antrag nach Absatz 1 Regelungen in Unfallverhütungsvorschriften, die zugleich Gegenstand staatlicher Arbeitsschutzvorschriften sind, hat der Unfallversicherungsträger eine Stellungnahme der für die Durchführung der staatlichen Arbeitsschutzvorschriften zuständigen staatlichen Arbeitsschutzbehörde einzuholen und zu berücksichtigen.

(4) In staatlichen Arbeitsschutzvorschriften enthaltene Verfahrensvorschriften, insbesondere über Genehmigungen, Erlaubnisse, Ausnahmen, Anzeigen und Vorlagepflichten, bleiben von dieser Unfallverhütungsvorschrift unberührt; die nach diesen Bestimmungen zu treffenden behördlichen Maßnahmen obliegen den zuständigen Arbeitsschutzbehörden.

Drittes Kapitel
Pflichten der Versicherten

§ 15 Allgemeine Unterstützungspflichten und Verhalten

(1) Die Versicherten sind verpflichtet, nach ihren Möglichkeiten sowie gemäß der Unterweisung und Weisung des Unternehmers für ihre Sicherheit und Gesundheit bei der Arbeit sowie für Sicherheit und Gesundheitsschutz derjenigen zu sorgen, die von ihren Handlungen oder Unterlassungen betroffen sind. Die Versicherten haben die Maßnahmen zur Verhütung von Arbeitsunfällen, Berufskrankheiten und arbeitsbedingten Gesundheitsgefahren sowie für eine wirksame Erste Hilfe zu unterstützen. Versicherte haben die entsprechenden Anweisungen des Unternehmers zu befolgen. Die Versicherten dürfen erkennbar gegen Sicherheit und Gesundheit gerichtete Weisungen nicht befolgen.

(2) Versicherte dürfen sich durch den Konsum von Alkohol, Drogen oder anderen berauschenden Mitteln nicht in einen Zustand versetzen, durch den sie sich selbst oder andere gefährden können.

(3) Absatz 2 gilt auch für die Einnahme von Medikamenten.

§ 16 Besondere Unterstützungspflichten

(1) Die Versicherten haben dem Unternehmer oder dem zuständigen Vorgesetzten jede von ihnen festgestellte unmittelbare erhebliche Gefahr für die Sicherheit und Gesundheit sowie jeden an den Schutzvorrichtungen und Schutzsystemen festgestellten Defekt unverzüglich zu melden. Unbeschadet dieser Pflicht sollen die Versicherten von ihnen festgestellte Gefahren für Sicherheit und Gesundheit und Mängel an den Schutzvorrichtungen und Schutzsystemen auch der Fachkraft für Arbeitssicherheit, dem Betriebsarzt oder dem Sicherheitsbeauftragten mitteilen.

(2) Stellt ein Versicherter fest, dass im Hinblick auf die Verhütung von Arbeitsunfällen, Berufskrankheiten und arbeitsbedingten Gesundheitsgefahren

- ein Arbeitsmittel oder eine sonstige Einrichtung einen Mangel aufweist,

- Arbeitsstoffe nicht einwandfrei verpackt, gekennzeichnet oder beschaffen sind oder
- ein Arbeitsverfahren oder Arbeitsabläufe Mängel aufweisen,

hat er, soweit dies zu seiner Arbeitsaufgabe gehört und er über die notwendige Befähigung verfügt, den festgestellten Mangel unverzüglich zu beseitigen. Andernfalls hat er den Mangel dem Vorgesetzten unverzüglich zu melden.

§ 17 Benutzung von Einrichtungen, Arbeitsmitteln und Arbeitsstoffen

Versicherte haben Einrichtungen, Arbeitsmittel und Arbeitsstoffe sowie Schutzvorrichtungen bestimmungsgemäß und im Rahmen der ihnen übertragenen Arbeitsaufgaben zu benutzen.

§ 18 Zutritts- und Aufenthaltsverbote

Versicherte dürfen sich an gefährlichen Stellen nur im Rahmen der ihnen übertragenen Aufgaben aufhalten.

Viertes Kapitel Organisation des betrieblichen Arbeitsschutzes

Erster Abschnitt Sicherheitstechnische und betriebsärztliche Betreuung, Sicherheitsbeauftragte

21

§ 19 Bestellung von Fachkräften für Arbeitssicherheit und Betriebsärzten

(1) Der Unternehmer hat nach Maßgabe des Gesetzes über Betriebsärzte, Sicherheitsingenieure und andere Fachkräfte für Arbeitssicherheit (Arbeitssicherheitsgesetz) und der hierzu erlassenen Unfallverhütungsvorschriften Fachkräfte für Arbeitssicherheit und Betriebsärzte zu bestellen.

(2) Der Unternehmer hat die Zusammenarbeit der Fachkräfte für Arbeitssicherheit und der Betriebsärzte zu fördern.

§ 20 Bestellung und Aufgaben von Sicherheitsbeauftragten

(1) In Unternehmen mit regelmäßig mehr als 20 Beschäftigten hat der Unternehmer unter Berücksichtigung der im Unternehmen bestehenden Verhältnisse hinsichtlich der Arbeitsbedingungen, der Arbeitsumgebung sowie der Arbeitsorganisation Sicherheitsbeauftragte in der erforderlichen Anzahl zu bestellen. Kriterien für die Anzahl der Sicherheitsbeauftragten sind:

- Im Unternehmen bestehende Unfall- und Gesundheitsgefahren,
- Räumliche Nähe der zuständigen Sicherheitsbeauftragten zu den Beschäftigten,
- Zeitliche Nähe der zuständigen Sicherheitsbeauftragten zu den Beschäftigten,
- Fachliche Nähe der zuständigen Sicherheitsbeauftragten zu den Beschäftigten,
- Anzahl der Beschäftigten.

(2) Die Sicherheitsbeauftragten haben den Unternehmer bei der Durchführung der Maßnahmen zur Verhütung von Arbeitsunfällen und Berufskrankheiten zu unterstützen, insbesondere sich von dem Vorhandensein und der ordnungsgemäßen Benutzung der vorgeschriebenen Schutzeinrichtungen und persönlichen Schutzausrüstungen zu überzeugen und auf Unfall- und Gesundheitsgefahren für die Versicherten aufmerksam zu machen.

(3) Der Unternehmer hat den Sicherheitsbeauftragten Gelegenheit zu geben, ihre Aufgaben zu erfüllen, insbesondere in ihrem Bereich an den Betriebsbesichtigungen sowie den Untersuchungen von Unfällen und Berufskrankheiten durch die Aufsichtspersonen der Unfallversicherungsträger teilzunehmen; den Sicherheitsbeauftragten sind die hierbei erzielten Ergebnisse zur Kenntnis zu geben.

(4) Der Unternehmer hat sicherzustellen, dass die Fachkräfte für Arbeitssicherheit und Betriebsärzte mit den Sicherheitsbeauftragten eng zusammenwirken.

(5) Die Sicherheitsbeauftragten dürfen wegen der Erfüllung der ihnen übertragenen Aufgaben nicht benachteiligt werden.

(6) Der Unternehmer hat den Sicherheitsbeauftragten Gelegenheit zu geben, an Aus- und Fortbildungsmaßnahmen des Unfallversicherungsträgers teilzunehmen, soweit dies im Hinblick auf die Betriebsart und die damit für die Versicherten verbundenen Unfall- und Gesundheitsgefahren sowie unter Berücksichtigung betrieblicher Belange erforderlich ist.

Zweiter Abschnitt Maßnahmen bei besonderen Gefahren

§ 21 Allgemeine Pflichten des Unternehmers

(1) Der Unternehmer hat Vorkehrungen zu treffen, dass alle Versicherten, die einer unmittelbaren erheblichen Gefahr ausgesetzt sind oder sein können, möglichst frühzeitig über diese Gefahr und die getroffenen oder zu treffenden Schutzmaßnahmen unterrichtet sind. Bei unmittelbarer erheblicher Gefahr für die eigene Sicherheit oder die Sicherheit anderer Personen müssen die Versicherten die geeigneten Maßnahmen zur Gefahrenabwehr und Schadensbegrenzung selbst treffen können, wenn der zuständige Vorgesetzte nicht erreichbar ist; dabei sind die Kenntnisse der Versicherten und die vorhandenen technischen Mittel zu berücksichtigen.

(2) Der Unternehmer hat Maßnahmen zu treffen, die es den Versicherten bei unmittelbarer erheblicher Gefahr ermöglichen, sich durch sofortiges Verlassen der Arbeitsplätze in Sicherheit zu bringen.

§ 22 Notfallmaßnahmen

(1) Der Unternehmer hat entsprechend § 10 Arbeitsschutzgesetz die Maßnahmen zu planen, zu treffen und zu überwachen, die insbesondere für den Fall des Entstehens von Bränden, von Explosionen, des unkontrollierten Austretens von Stoffen und von sonstigen gefährlichen Störungen des Betriebsablaufs geboten sind.

(2) Der Unternehmer hat eine ausreichende Anzahl von Versicherten durch Unterweisung und Übung im Umgang mit Feuerlöscheinrichtungen zur Bekämpfung von Entstehungsbränden vertraut zu machen.

§ 23 Maßnahmen gegen Einflüsse des Wettergeschehens

Beschäftigt der Unternehmer Versicherte im Freien und bestehen infolge des Wettergeschehens Unfall- und Gesundheitsgefahren, so hat er geeignete Maßnahmen am Arbeitsplatz vorzusehen, geeignete organisatorische Schutzmaßnahmen zu treffen oder erforderlichenfalls persönliche Schutzausrüstungen zur Verfügung zu stellen.

Dritter Abschnitt Erste Hilfe

§ 24 Allgemeine Pflichten des Unternehmers

(1) Der Unternehmer hat dafür zu sorgen, dass zur Ersten Hilfe und zur Rettung aus Gefahr die erforderlichen Einrichtungen und Sachmittel sowie das erforderliche Personal zur Verfügung stehen.

(2) Der Unternehmer hat dafür zu sorgen, dass nach einem Unfall unverzüglich Erste Hilfe geleistet und eine erforderliche ärztliche Versorgung veranlasst wird.

(3) Der Unternehmer hat dafür zu sorgen, dass Verletzte sachkundig transportiert werden.

(4) Der Unternehmer hat im Rahmen seiner Möglichkeiten darauf hinzuwirken, dass Versicherte

1. einem Durchgangsarzt vorgestellt werden, es sei denn, dass der erstbehandelnde Arzt festgestellt hat, dass die Verletzung nicht über den Unfalltag hinaus zur Arbeitsunfähigkeit führt oder die Behandlungsbedürftigkeit voraussichtlich nicht mehr als eine Woche beträgt,
2. bei einer schweren Verletzung einem der von den Unfallversicherungsträgern bezeichneten Krankenhäuser zugeführt werden,
3. bei Vorliegen einer Augen- oder Hals-, Nasen-, Ohrenverletzung dem nächsterreichbaren Arzt des entsprechenden Fach-

gebiets zugeführt werden, es sei denn, dass sich die Vorstellung durch eine ärztliche Erstversorgung erübrigt hat.

(5) Der Unternehmer hat dafür zu sorgen, dass den Versicherten durch Aushänge der Unfallversicherungsträger oder in anderer geeigneter schriftlicher Form Hinweise über die Erste Hilfe und Angaben über Notruf, Erste-Hilfe- und Rettungs-Einrichtungen, über das Erste-Hilfe-Personal sowie über herbeizuziehende Ärzte und anzufahrende Krankenhäuser gemacht werden. Die Hinweise und die Angaben sind aktuell zu halten.

(6) Der Unternehmer hat dafür zu sorgen, dass jede Erste-Hilfe-Leistung dokumentiert und diese Dokumentation fünf Jahre lang verfügbar gehalten wird. Die Dokumente sind vertraulich zu behandeln.

(7) Der Schulsachkostenträger als Unternehmer nach § 136 Absatz 3 Nummer 3 Alternative 2 Sozialgesetzbuch Siebtes Buch (SGB VII) hat den Schulhoheitsträger bei der Durchführung von Maßnahmen zur Sicherstellung einer wirksamen Ersten Hilfe für Versicherte nach § 2 Absatz 1 Nummer 8 Buchstabe b SGB VII zu unterstützen.

§ 25 Erforderliche Einrichtungen und Sachmittel

(1) Der Unternehmer hat unter Berücksichtigung der betrieblichen Verhältnisse durch Meldeeinrichtungen und organisatorische Maßnahmen dafür zu sorgen, dass unverzüglich die notwendige Hilfe herbeigerufen und an den Einsatzort geleitet werden kann.

21

(2) Der Unternehmer hat dafür zu sorgen, dass Mittel zur Ersten Hilfe jederzeit schnell erreichbar und leicht zugänglich in geeigneten Behältnissen, gegen schädigende Einflüsse geschützt, in ausreichender Menge bereitgehalten sowie rechtzeitig ergänzt und erneuert werden.

(3) Der Unternehmer hat dafür zu sorgen, dass unter Berücksichtigung der betrieblichen Verhältnisse Rettungsgeräte und Rettungstransportmittel bereitgehalten werden.

(4) Der Unternehmer hat dafür zu sorgen, dass mindestens ein mit Rettungstransportmitteln leicht erreichbarer Erste-Hilfe-Raum oder eine vergleichbare Einrichtung

1. in einer Betriebsstätte mit mehr als 1000 dort beschäftigten Versicherten,
2. in einer Betriebsstätte mit 1000 oder weniger, aber mehr als 100 dort beschäftigten Versicherten, wenn ihre Art und das Unfallgeschehen nach Art, Schwere und Zahl der Unfälle einen gesonderten Raum für die Erste Hilfe erfordern,
3. auf einer Baustelle mit mehr als 50 dort beschäftigten Versicherten

vorhanden ist. Nummer 3 gilt auch, wenn der Unternehmer zur Erbringung einer Bauleistung aus einem von ihm übernommenen Auftrag Arbeiten an andere Unternehmer vergeben hat und insgesamt mehr als 50 Versicherte gleichzeitig tätig werden.

(5) In Kindertageseinrichtungen, allgemein bildenden und berufsbildenden Schulen sowie Hochschulen hat der Unternehmer geeignete Liegemöglichkeiten oder geeignete Räume mit Liegemöglichkeit zur Erstversorgung von Verletzten in der erforderlichen Anzahl vorzuhalten.

§ 26 Zahl und Ausbildung der Ersthelfer

(1) Der Unternehmer hat dafür zu sorgen, dass für die Erste-Hilfe-Leistung Ersthelfer mindestens in folgender Zahl zur Verfügung stehen:

1. Bei 2 bis zu 20 anwesenden Versicherten ein Ersthelfer,
2. bei mehr als 20 anwesenden Versicherten
   a) in Verwaltungs- und Handelsbetrieben 5 %,
   b) in sonstigen Betrieben 10 %,
   c) in Kindertageseinrichtungen ein Ersthelfer je Kindergruppe,
   d) in Hochschulen 10 % der Versicherten nach § 2 Absatz 1 Nummer 1 Sozialgesetzbuch Siebtes Buch (SGB VII).

Von der Zahl der Ersthelfer nach Nummer 2 kann im Einvernehmen mit dem Unfallversicherungsträger unter Berücksichtigung der Organisation des betrieblichen Rettungswesens und der Gefährdung abgewichen werden.

(2) Der Unternehmer darf als Ersthelfer nur Personen einsetzen, die bei einer von dem Unfallversicherungsträger für die Ausbildung zur Ersten Hilfe ermächtigten Stelle ausgebildet worden sind oder über eine sanitätsdienstliche/rettungsdienstliche Ausbildung oder eine abgeschlossene Ausbildung in einem Beruf des Gesundheitswesens verfügen. Die Voraussetzungen für die Ermächtigung sind in der Anlage 2 zu dieser Unfallverhütungsvorschrift geregelt.

(3) Der Unternehmer hat dafür zu sorgen, dass die Ersthelfer in der Regel in Zeitabständen von zwei Jahren fortgebildet werden. Für die Fortbildung gilt Absatz 2 entsprechend. Personen mit einer sanitätsdienstlichen/rettungsdienstlichen Ausbildung oder einer entsprechenden Qualifikation in einem Beruf des Gesundheitswesens gelten als fortgebildet, wenn sie an vergleichbaren Fortbildungsveranstaltungen regelmäßig teilnehmen oder bei ihrer beruflichen oder ehrenamtlich sanitätsdienstlichen/rettungsdienstlichen Tätigkeit regelmäßig Erste-Hilfe-Maßnahmen durchführen. Der Unternehmer hat sich Nachweise über die Fortbildung vorlegen zu lassen.

(4) Ist nach Art des Betriebes, insbesondere auf Grund des Umganges mit Gefahrstoffen, damit zu rechnen, dass bei Unfällen Maßnahmen erforderlich werden, die nicht Gegenstand der allgemeinen Ausbildung zum Ersthelfer gemäß Absatz 2 sind, hat der Unternehmer für die erforderliche zusätzliche Aus- und Fortbildung zu sorgen.

(5) Die Absätze 1 bis 4 gelten nicht für Unternehmer hinsichtlich der nach § 2 Absatz 1 Nummer 8 Buchstabe b Sozialgesetzbuch Siebtes Buch (SGB VII) Versicherten.

§ 27 Zahl und Ausbildung der Betriebssanitäter

(1) Der Unternehmer hat dafür zu sorgen, dass mindestens ein Betriebssanitäter zur Verfügung steht, wenn

1. in einer Betriebsstätte mehr als 1500 Versicherte nach § 2 Absatz 1 Nummer 1 Sozialgesetzbuch Siebtes Buch (SGB VII) anwesend sind,
2. in einer Betriebsstätte 1500 oder weniger, aber mehr als 250 Versicherte nach § 2 Absatz 1 Nummer 1 SGB VII anwesend sind und Art, Schwere und Zahl der Unfälle den Einsatz von Sanitätspersonal erfordern,
3. auf einer Baustelle mehr als 100 Versicherte nach § 2 Absatz 1 Nummer 1 SGB VII anwesend sind.

Nummer 3 gilt auch, wenn der Unternehmer zur Erbringung einer Bauleistung aus einem von ihm übernommenen Auftrag Arbeiten an andere Unternehmer vergibt und insgesamt mehr als 100 Versicherte gleichzeitig tätig werden.

(2) In Betrieben nach Absatz 1 Satz 1 Nummer 1 kann im Einvernehmen mit dem Unfallversicherungsträger von Betriebssanitätern abgesehen werden, sofern nicht nach Art, Schwere und Zahl der Unfälle ihr Einsatz erforderlich ist. Auf Baustellen nach Absatz 1 Satz 1 Nummer 3 kann im Einvernehmen mit dem Unfallversicherungsträger unter Berücksichtigung der Erreichbarkeit des Unfallortes und der Anbindung an den öffentlichen Rettungsdienst von Betriebssanitätern abgesehen werden.

(3) Der Unternehmer darf als Betriebssanitäter nur Personen einsetzen, die von Stellen ausgebildet worden sind, welche von dem Unfallversicherungsträger in personeller, sachlicher und organisatorischer Hinsicht als geeignet beurteilt werden.

(4) Der Unternehmer darf als Betriebssanitäter nur Personen einsetzen, die

1. an einer Grundausbildung
   und
2. an einem Aufbaulehrgang

für den betrieblichen Sanitätsdienst teilgenommen haben.

Als Grundausbildung gilt auch eine mindestens gleichwertige Ausbildung oder eine die Sanitätsaufgaben einschließende Berufsausbildung.

(5) Für die Teilnahme an dem Aufbaulehrgang nach Absatz 4 Satz 1 Nummer 2 darf die Teilnahme an der Ausbildung nach Absatz 4 Satz 1 Nummer 1 nicht mehr als zwei Jahre zurückliegen; soweit auf Grund der Ausbildung eine entsprechende berufliche Tätigkeit ausgeübt wurde, ist die Beendigung derselben maßgebend.

(6) Der Unternehmer hat dafür zu sorgen, dass die Betriebssanitäter regelmäßig innerhalb von drei Jahren fortgebildet werden. Für die Fortbildung gilt Absatz 3 entsprechend.

§ 28 Unterstützungspflichten der Versicherten

(1) Im Rahmen ihrer Unterstützungspflichten nach § 15 Absatz 1 haben sich Versicherte zum Ersthelfer ausbilden und in der Regel in Zeitabständen von zwei Jahren fortbilden zu lassen. Sie haben sich nach der Ausbildung für Erste-Hilfe-Leistungen zur Verfügung zu stellen. Die Versicherten brauchen den Verpflichtungen nach den Sätzen 1 und 2 nicht nachzukommen, soweit persönliche Gründe entgegenstehen.

(2) Versicherte haben unverzüglich jeden Unfall der zuständigen betrieblichen Stelle zu melden; sind sie hierzu nicht im Stande, liegt die Meldepflicht bei dem Betriebsangehörigen, der von dem Unfall zuerst erfährt.

Vierter Abschnitt
Persönliche Schutzausrüstungen

§ 29 Bereitstellung

(1) Der Unternehmer hat gemäß § 2 der PSA-Benutzungsverordnung den Versicherten geeignete persönliche Schutzausrüstungen bereitzustellen; vor der Bereitstellung hat er die Versicherten anzuhören.

(2) Der Unternehmer hat dafür zu sorgen, dass die persönlichen Schutzausrüstungen den Versicherten in ausreichender Anzahl zur persönlichen Verwendung für die Tätigkeit am Arbeitsplatz zur Verfügung gestellt werden. Für die bereitgestellten persönlichen Schutzausrüstungen müssen EG-Konformitätserklärungen vorliegen. Satz 2 gilt nicht für Hautschutzmittel.

§ 30 Benutzung

(1) Der Unternehmer hat dafür zu sorgen, dass persönliche Schutzausrüstungen entsprechend bestehender Tragezeitbegrenzungen und Gebrauchsdauern bestimmungsgemäß benutzt werden.

(2) Die Versicherten haben die persönlichen Schutzausrüstungen bestimmungsgemäß zu benutzen, regelmäßig auf ihren ordnungsgemäßen Zustand zu prüfen und festgestellte Mängel dem Unternehmer unverzüglich zu melden.

§ 31 Besondere Unterweisungen

Für persönliche Schutzausrüstungen, die gegen tödliche Gefahren oder bleibende Gesundheitsschäden schützen sollen, hat der Unternehmer die nach § 3 Absatz 2 der PSA-Benutzungsverordnung bereitzuhaltende Benutzungsinformation den Versicherten im Rahmen von Unterweisungen mit Übungen zu vermitteln.

Fünftes Kapitel
Ordnungswidrigkeiten

§ 32 Ordnungswidrigkeiten

Ordnungswidrig im Sinne des § 209 Absatz 1 Nummer 1 Sozialgesetzbuch Siebtes Buch (SGB VII) handelt, wer vorsätzlich oder fahrlässig den Bestimmungen der

§ 2 Abs. 5,

§ 12 Abs. 2,

§ 15 Abs. 2,

§ 20 Abs. 1,

§ 24 Abs. 6,

§ 25 Abs. 1, 4 Nr. 1 oder 3,

§ 26 Abs. 1 Satz 1 oder Abs. 2 Satz 1,

§ 27 Abs. 1 Satz 1 Nr. 1 oder 3, Abs. 3,

§ 29 Abs. 2 Satz 2 oder

§ 30

zuwiderhandelt.

Sechstes Kapitel
Aufhebung von Unfallverhütungs-vorschriften

§ 33 Aufhebung von Unfallverhütungs-vorschriften

Folgende Unfallverhütungsvorschrift wird aufgehoben:

(Text für Berufsgenossenschaften):

„Grundsätze der Prävention" (BGV A1) vom …

(Text für UVT der öffentlichen Hand):

„Grundsätze der Prävention" (GUV-V A1) vom …

Siebtes Kapitel
Inkrafttreten

§ 34 Inkrafttreten

Diese Unfallverhütungsvorschrift tritt am ….. in Kraft.

Anlage 1

Zu § 2 Abs. 1:

Staatliche Arbeitsschutzvorschriften, in denen vom Unternehmer zur Verhütung von Arbeitsunfällen, Berufskrankheiten und arbeitsbedingten Gesundheitsgefahren zu treffende Maßnahmen näher bestimmt sind, sind – in ihrer jeweils gültigen Fassung – insbesondere:

- Arbeitsschutzgesetz (ArbSchG),
- Arbeitsstättenverordnung (ArbStättV),
- Baustellenverordnung (BaustellV),
- Bildschirmarbeitsverordnung (BildscharbV),
- Biostoffverordnung (BioStoffV),
- Betriebssicherheitsverordnung (BetrSichV),
- Gefahrstoffverordnung (GefStoffV),
- Lärm- und Vibrations-Arbeitsschutzverordnung (LärmVibrationsArbSchV),
- Lastenhandhabungsverordnung (LasthandhabV),
- PSA-Benutzungsverordnung (PSA-BV),
- Verordnung zur arbeitsmedizinischen Vorsorge (ArbMedVV),
- Verordnung zum Schutz der Beschäftigten vor Gefährdungen durch künstliche optische Strahlung (OStrV).

Die vorstehende Auflistung ist nicht abschließend.

Der gesetzliche Auftrag der Unfallversicherungsträger zur Verhütung von Arbeitsunfällen, Berufskrankheiten und arbeitsbedingten Gesundheitsgefahren gilt auch für Unternehmer und Versicherte, die nicht unmittelbar durch die Anwendungsbereiche der staatlichen Arbeitsschutzvorschriften erfasst sind.

Anlage 2

Zu § 26 Abs. 2:

Voraussetzungen für die Ermächtigung als Stelle für die Aus- und Fortbildung in der Ersten Hilfe

Stellen, die Aus- und Fortbildung in der Ersten Hilfe durchführen, bedürfen einer schriftlichen Vereinbarung, welche Art und Umfang der Aus- und Fortbildungsleistungen und die Höhe der Lehrgangsgebühren regelt.

1 Allgemeine Grundsätze

1.1 Antrag auf Ermächtigung

Der Antrag auf Ermächtigung ist beim zuständigen Unfallversicherungsträger einzureichen.

1.2 Prüfung

Der Unfallversicherungsträger sowie von dem Unfallversicherungsträger beauftragte Personen sind jederzeit berechtigt, die Lehrgangsräume, die Lehrgangseinrichtungen, die Unterrichtsmittel sowie die Durchführung der Lehrgänge zu prüfen.

1.3 Befristung, Widerruf der Ermächtigung

Die Ermächtigung wird befristet und unter dem Vorbehalt des Widerrufes nach Prüfung der personellen, sachlichen und organisatorischen Voraussetzungen erteilt.

1.4 Änderung einer Voraussetzung

Jede Änderung einer Voraussetzung, die der Ermächtigung zu Grunde liegt, ist unverzüglich dem zuständigen Unfallversicherungsträger anzuzeigen.

2 Personelle Voraussetzungen

2.1 Medizinischer Hintergrund

Der Antragsteller muss nachweisen, dass die Aus- und Fortbildung in der Ersten Hilfe unter der Verantwortung eines hierfür geeigneten Arztes steht.

Geeignet sind Ärzte mit dem Fachkundenachweis Rettungsdienst oder der Zusatzbezeichnung Rettungsmedizin oder vergleichbarer Qualifikation. Ferner müssen die Ärzte eingehende Kenntnisse über Empfehlungen für die Erste Hilfe des Deutschen Beirates für Erste Hilfe und Wiederbelebung bei der Bundesärztekammer besitzen.

2.2 Lehrkräfte

Der Antragsteller muss nachweisen, dass er selbst zur Ausbildung befähigt ist oder über entsprechende Lehrkräfte in ausreichender Zahl verfügt.

Die Befähigung ist gegeben, wenn die Lehrkraft durch Vorlage einer gültigen Bescheinigung nachweist, dass sie an einem speziellen Ausbildungslehrgang für die Erste Hilfe bei einer geeigneten Stelle zur Ausbildung von Lehrkräften teilgenommen hat. Die Lehrkraft muss in angemessenen Zeitabständen fortgebildet werden.

2.3 Erfahrung in Organisation und Durchführung der Ersten Hilfe

Der Antragsteller muss nachweisen, dass er über besondere Erfahrungen in Organisation und Durchführung der Ersten Hilfe verfügt. Das ist der Fall, wenn er oder seine Lehrkräfte in der Regel seit mindestens drei Jahren im öffentlichen oder betrieblichen Rettungsdienst tätig sind und Einsatzerfahrung nachweisen können.

2.4 Versicherungsschutz

Der Antragsteller muss nachweisen, dass er eine Haftpflichtversicherung abgeschlossen hat, die eventuelle Personen- und Sachschäden, die im Zusammenhang mit der Aus- und Fortbildung stehen, abdeckt.

3 Sachliche Voraussetzungen

3.1 Lehrgangsräume, -einrichtungen und Unterrichtsmittel

Für die Lehrgänge müssen geeignete Räume, Einrichtungen und Unterrichtsmittel vorhanden sein. Es muss mindestens ein Raum zur Verfügung stehen, in dem 20 Personen durch theoretischen Unterricht, praktische Demonstrationen und Übungen in der Ersten Hilfe unterwiesen werden können. Der Raum muss über ausreichende Beleuchtung verfügen. Zudem müssen Sitz- und Schreibmöglichkeiten sowie Waschgelegenheiten und Toiletten vorhanden sein.

Es müssen die notwendigen Unterrichtsmittel, insbesondere Demonstrations- und Übungsmaterialien sowie geeignete Medien, wie Tageslichtprojektor und Lehrfolien, vollzählig und funktionstüchtig zur Verfügung stehen.

Die Demonstrations- und Übungsmaterialien, insbesondere die Geräte zum Üben der Atemspende und der Herzdruckmassage, unterliegen besonderen Anforderungen der Hygiene und müssen nachweislich desinfiziert werden.

4 Organisatorische Voraussetzungen

4.1 Anzahl der Teilnehmer

An einem Lehrgang sollen in der Regel mindestens 10 und nicht mehr als 15 Personen teilnehmen. Die Teilnehmerzahl darf jedoch, auch bei Anwesenheit eines Ausbildungshelfers, 20 Personen nicht übersteigen.

4.2 Ausbildungsleistung

Der Antragsteller muss gewährleisten, dass jährlich mindestens 100 Versicherte aus- oder fortgebildet werden.

4.3 Inhalt und Umfang der Lehrgänge

Die Aus- und Fortbildung muss nach Inhalt und Umfang sowie in methodisch-didaktischer Hinsicht mindestens dem Stoff entsprechen, der in sachlicher Übereinstimmung mit den in der Bundesarbeitsgemeinschaft Erste Hilfe vertretenen Hilfsorganisationen und unter Berücksichtigung von Empfehlungen des Deutschen Beirates für Erste Hilfe und Wiederbelebung bei der Bundesärztekammer in den Lehrplänen und Leitfäden zum Erste-Hilfe-Lehrgang festgelegt ist.

4.4 Teilnehmerunterlagen

Jedem Teilnehmer an einer Aus- und Fortbildungsmaßnahme ist eine Informationsschrift über die Lehrinhalte auszuhändigen, die mindestens den Inhalten der Information „Handbuch zur Ersten Hilfe" (BGI/GUV-I 829) entspricht.

4.5 Teilnahmebescheinigung

Jedem Teilnehmer ist eine Teilnahmebescheinigung auszuhändigen. Die Bescheinigung über die Aus- und die Fortbildung in der Ersten Hilfe darf jeweils nur erteilt werden, wenn die Lehrkraft die Überzeugung gewonnen hat, dass der Teilnehmer nach regelmäßigem Besuch die erforderlichen Kenntnisse und Fähigkeiten gemäß Abschnitt 4.3 besitzt.

4.6 Dokumentation

Die ermächtigte Stelle hat über die durchgeführten Lehrgänge folgende Aufzeichnungen zu führen:

- Art der jeweiligen Aus- oder Fortbildungsmaßnahme,
- Ort und Zeit der Maßnahme,
- Name des verantwortlichen Arztes,
- Name der Lehrkraft,
- Name, Geburtsdatum und Unterschrift des Teilnehmers,
- Arbeitgeber des Teilnehmers,
- Kosten tragender Unfallversicherungsträger.

Die Aufzeichnungen sind fünf Jahre aufzubewahren und auf Anforderung des Unfallversicherungsträgers vorzulegen.

5 Besondere Voraussetzungen für die Erste-Hilfe-Aus- und Fortbildung in Bildungs- und Betreuungseinrichtungen für Kinder

Diese Ausbildung enthält Erste-Hilfe-Maßnahmen für Erwachsene und Kinder und bedarf neben den oben genannten Voraussetzungen auf die Ausbildungsform abgestimmte Lehrgangsinhalte, weitere sachliche Ausstattungen, eine Zusatzqualifikation der Lehrkräfte sowie die Aushändigung einer Informationsschrift, die mindestens der Information „Handbuch zur Ersten Hilfe in Bildungs- und Betreuungseinrichtungen für Kinder" (BGI/GUV-I 5146) entspricht.

Arbeitsschutzstandard während der Corona-Pandemie

Zum Schutz der Beschäftigten vor dem Coronavirus empfiehlt die Bundesregierung einen SARS-CoV-2 Arbeitsschutzstandard, welcher durch eine Arbeitsschutzregel im August 2020 konkretisiert wurde. Sie finden die Empfehlungen im Folgenden:

- SARS-CoV-2-Arbeitsschutzstandard vom 16. April 2020 (Lz. 22.1)

  Der Arbeitsschutzstandard der Bundesregierung soll dem Arbeitgeber Sicherheit bei der Auswahl und Umsetzung geeigneter Maßnahmen zum betrieblichen Infektionsschutz geben. Er soll zugleich als Richtschnur für die Aufsichtsbehörden/ Aufsichtsdienste bei der Beratung und Überwachung der Betriebe, für ggf. erforderliche Anordnungen zur Sicherstellung des betrieblichen Infektionsschutzes und notfalls auch für eine Sanktionierung bei Verstößen dienen.

- SARS-CoV-2 Arbeitsschutzregel vom 20. August 2020 (Lz. 22.2)

  Die Arbeitsschutzregel wurde unter Koordination der Bundesanstalt für Arbeitsschutz und Arbeitsmedizin (BAuA) gemeinsam von den Arbeitsschutzausschüssen beim Bundesarbeitsministerium erstellt. Sie trat am 20. August 2020 aufgrund Veröffentlichung im Gemeinsamen Ministerialblatt in Kraft und wurde mit Geltung ab 7. Mai 2021 aktualisiert.

Diese Vorgaben werden durch die SARS-CoV-2-Arbeitsschutzverordnung (Lz. 22.3) unterfüttert. Am 9. September 2021 wurde die erneute Änderung und Verlängerung dieser „Corona-Arbeitsschutzverordnung" veröffentlicht. Sie trat am 10. September 2021 in Kraft und gilt bis zum 24. November 2021. Aufgrund des Infektionsgeschehens ist nicht auszuschließen, dass diese in der Geltung verlängert wird.

22

SARS-CoV-2-Arbeitsschutzstandard

Vom 16. April 2020

I. Arbeiten in der Pandemie - mehr Sicherheit und Gesundheit bei der Arbeit

Die Corona (SARS-CoV-2)-Pandemie trifft das gesellschaftliche sowie wirtschaftliche Leben gleichermaßen, Beschäftigte und Nichtbeschäftigte. Diese Pandemielage ist eine Gefahr für die Gesundheit einer unbestimmten Zahl von Personen und zugleich für die öffentliche Sicherheit und Ordnung. Sie hat erhebliche Auswirkungen auf das Leben jedes Einzelnen. Sie betrifft jegliche wirtschaftliche Aktivität und damit die ganze Arbeitswelt.

Sicherheit und Gesundheitsschutz und das Hochfahren der Wirtschaft können nur im Gleichklang funktionieren, soll ein Stop-and-Go-Effekt vermieden werden.

Die nachfolgend beschriebenen, besonderen Arbeitsschutzmaßnahmen verfolgen das Ziel, durch die Unterbrechung der Infektionsketten die Bevölkerung zu schützen, die Gesundheit von Beschäftigten zu sichern, die wirtschaftliche Aktivität wiederherzustellen und zugleich einen mittelfristig andauernden Zustand flacher Infektionskurven herzustellen. Dabei ist die Rangfolge von technischen über organisatorischen bis hin zu personenbezogenen Schutzmaßnahmen zu beachten.

Zwei klare Grundsätze gelten:

- Unabhängig vom Betrieblichen Maßnahmenkonzept sollen in Zweifelsfällen, bei denen der Mindestabstand nicht sicher eingehalten werden kann, Mund-Nasen-Bedeckungen zur Verfügung gestellt und getragen werden.
- Personen mit Atemwegssymptomen (sofern nicht vom Arzt z. B. abgeklärte Erkältung) oder Fieber sollen sich generell nicht auf dem Betriebsgelände aufhalten. (Ausnahme: Beschäftigte in kritischen Infrastrukturen; siehe RKI Empfehlungen). Der Arbeitgeber hat (z. B. im Rahmen von „Infektions-Notfallplänen") ein Verfahren zur Abklärung von Verdachtsfällen (z. B. bei Fieber; siehe RKI-Empfehlungen) festzulegen.

II. Betriebliches Maßnahmenkonzept für zeitlich befristete zusätzliche Maßnahmen zum Infektionsschutz vor SARS-CoV-2 (SARS-CoV-2-Arbeitsschutzstandard)

Die Verantwortung für die Umsetzung notwendiger Infektionsschutzmaßnahmen trägt der Arbeitgeber entsprechend dem Ergebnis der Gefährdungsbeurteilung. Der Arbeitgeber hat sich von den Fachkräften für Arbeitssicherheit und Betriebsärzten beraten zu lassen sowie mit den betrieblichen Interessensvertretungen abzustimmen.

Hat der Betrieb einen Arbeitsschutzausschuss, koordiniert dieser zeitnah die Umsetzung der zusätzlichen Infektionsschutz-Maßnahmen und unterstützt bei der Kontrolle ihrer Wirksamkeit. Alternativ kann auch ein Koordinations-/Krisenstab unter Leitung des Arbeitgebers oder einer nach § 13 ArbSchG/DGUV Vorschrift 1 beauftragten Person unter Mitwirkung von Betriebsrat, Fachkraft für Arbeitssicherheit und Betriebsarzt eingerichtet werden.

Besondere technische Maßnahmen

1. Arbeitsplatzgestaltung

Mitarbeiterinnen und Mitarbeiter sollen ausreichend Abstand (mindestens 1,5 m) zu anderen Personen halten. Wo dies auch durch Maßnahmen der Arbeitsorganisation nicht möglich ist, müssen alternative Schutzmaßnahmen ergriffen werden. Transparente Abtrennungen sind bei Publikumsverkehr und möglichst auch zur Abtrennung der Arbeitsplätze mit ansonsten nicht gegebenem Schutzabstand zu installieren.

Büroarbeit ist nach Möglichkeit im Homeoffice auszuführen. Andernfalls sind für Büroarbeitsplätze die freien Raumkapazitäten so zu nutzen und die Arbeit so zu organisieren, dass Mehrfachbelegungen von Räumen vermieden werden können bzw. ausreichende Schutzabstände gegeben sind.

2. Sanitärräume, Kantinen und Pausenräume

Zur Reinigung der Hände sind hautschonende Flüssigseife und Handtuchspender zur Verfügung zu stellen. Ausreichende Reinigung und Hygiene ist vorzusehen, ggf. sind die Reinigungsintervalle anzupassen. Dies gilt insbesondere für Sanitäreinrichtungen und Gemeinschaftsräume. Zur Vermeidung von Infektionen trägt auch das regelmäßige Reinigen von Türklinken und Handläufen bei. In Pausenräumen und Kantinen ist ausreichender Abstand sicherzustellen, z. B. dadurch, dass Tische und Stühle nicht zu dicht beieinanderstehen. Es ist darauf zu achten, dass möglichst keine Warteschlangen bei der Essensaus- und Geschirrrückgabe sowie an der Kasse entstehen. Ggf. sind die Kantinen- und Essensausgabezeiten zu erweitern. Als Ultima Ratio sollte auch die Schließung von Kantinen erwogen werden.

3. Lüftung

Regelmäßiges Lüften dient der Hygiene und fördert die Luftqualität, da in geschlossenen Räumen die Anzahl von Krankheitserregern in der Raumluft steigen kann. Durch das Lüften wird die Zahl möglicherweise in der Luft vorhandener erregerhaltiger, feinster Tröpfchen reduziert.

Besondere Hinweise zu Raumlufttechnischen Anlagen (RLT): Das Übertragungsrisiko über RLT ist insgesamt als gering einzustufen. Von einer Abschaltung von RLT insbesondere in Räumen, in denen Infizierte behandelt werden oder mit infektiösen Materialien hantiert wird, wird abgeraten, da dies zu einer Erhöhung der Aerosolkonzentration in der Raumluft und damit zur Erhöhung des Infektionsrisikos führen kann.

4. Infektionsschutzmaßnahmen für Baustellen, Landwirtschaft, Außen- und Lieferdienste, Transporte und Fahrten innerhalb des Betriebs

Auch bei arbeitsbezogenen (Kunden-)Kontakten außerhalb der Betriebsstätte sind soweit möglich Abstände von mindestens 1,5 m einzuhalten. Die Arbeitsabläufe bei diesen Tätigkeiten sind dahingehend zu prüfen, ob vereinzeltes Arbeiten möglich ist, falls dadurch nicht zusätzliche Gefährdungen entstehen. Andernfalls sind möglichst kleine, feste Teams (z. B. 2 bis 3 Personen) vorzusehen, um wechselnde Kontakte innerhalb der Betriebsangehörigen bei Fahrten und Arbeitseinsätzen außerhalb der Betriebsstätte zu reduzieren. Zusätzlich sind für diese Tätigkeiten Einrichtungen zur häufigen Handhygiene in der Nähe der Arbeitsplätze zu schaffen. Weiterhin ist eine zusätzliche Ausstattung der Firmenfahrzeuge mit Utensilien zur Handhygiene und Desinfektion und mit Papiertüchern und Müllbeuteln vorzusehen. Bei betrieblich erforderlichen Fahrten ist die gleichzeitige Nutzung von Fahrzeugen durch mehrere Beschäftigte möglichst zu vermeiden. Darüber hinaus ist der Personenkreis, der ein Fahrzeug gemeinsam – gleichzeitig oder nacheinander – benutzt, möglichst zu beschränken, z. B. indem einem festgelegten Team ein Fahrzeug zu gewiesen wird. Innenräume der Firmenfahrzeuge sind regelmäßig zu reinigen, insbesondere bei Nutzung durch mehrere Personen. Fahrten zur Materialbeschaffung bzw. Auslieferung sind nach Möglichkeit zu reduzieren, Tourenplanungen sind entsprechend zu optimieren.

Bei Transport- und Lieferdiensten sind bei der Tourenplanung Möglichkeiten zur Nutzung sanitärer Einrichtungen zu berücksichtigen, da wegen der aktuellen Schließung vieler öffentlich zugänglicher Toiletten und Waschräume Handhygiene nur eingeschränkt möglich ist.

5. Infektionsschutzmaßnahmen für Sammelunterkünfte

Für die Unterbringung in Sammelunterkünften sind möglichst kleine, feste Teams festzulegen, die auch zusammenarbeiten. Diesen Teams sind nach Möglichkeit eigene Gemeinschaftseinrichtungen (Sanitärräume, Küchen, Gemeinschaftsräume) zur Verfügung zu stellen, um zusätzliche Belastungen durch schichtweise Nutzung und notwendige Reinigung zwischen den Nutzungen durch die einzelnen Teams zu vermeiden. Grundsätzlich ist eine Einzelbelegung von Schlafräumen vorzusehen. Eine Mehrfachbelegung von Schlafräumen ist grundsätzlich nur für Partner bzw. enge Familienangehörige statthaft. Es

22

sind zusätzliche Räume zur frühzeitigen Isolierung infizierter Personen vorzusehen. Unterkunftsräume sind regelmäßig und häufig zu lüften und zu reinigen. Für Küchen in der Unterkunft sind Geschirrspüler vorzusehen, da die Desinfektion des Geschirrs Temperaturen über 60°C erfordert. Ebenso sind Waschmaschinen zur Verfügung zu stellen oder ist ein regelmäßiger Wäschedienst zu organisieren.

6. Homeoffice

Büroarbeiten sind nach Möglichkeit im Homeoffice auszuführen, insbesondere, wenn Büroräume von mehreren Personen mit zu geringen Schutzabständen genutzt werden müssten. Homeoffice kann auch einen Beitrag leisten, Beschäftigten zu ermöglichen, ihren Betreuungspflichten (z. B. Kinder oder pflegebedürftige Angehörige) nachzukommen. Auf der Themenseite der Initiative Neue Qualität der Arbeit (www.inqa.de) sind Empfehlungen für Arbeitgeber und Beschäftigte zur Nutzung des Homeoffice aufgelistet.

7. Dienstreisen und Meetings

Dienstreisen und Präsenzveranstaltungen wie Besprechungen sollten auf das absolute Minimum reduziert und alternativ soweit wie möglich technische Alternativen wie Telefon- oder Videokonferenzen zur Verfügung gestellt werden. Sind Präsenzveranstaltungen unbedingt notwendig, muss ausreichender Abstand zwischen den Teilnehmern gegeben sein.

Besondere organisatorische Maßnahmen

8. Sicherstellung ausreichender Schutzabstände

Die Nutzung von Verkehrswegen (u. a. Treppen, Türen, Aufzüge) ist so anzupassen, dass ausreichender Abstand eingehalten werden kann. Wo erfahrungsgemäß Personenansammlungen entstehen (Zeiterfassung, Kantine, Werkzeug- und Materialausgaben, Aufzüge etc.) sollen Schutzabstände der Stehflächen z. B. mit Klebeband markiert werden. Auch bei Zusammenarbeit mehrerer Beschäftigter, z. B. in der Montage, sollte der Mindestabstand zwischen Beschäftigten von 1,5 m gewährleistet sein. Wo dies technisch oder organisatorisch nicht gewährleistet ist, sind alternative Maßnahmen (Tragen von Mund-Nase-Bedeckungen) zu treffen.

9. Arbeitsmittel/Werkzeuge

Werkzeuge und Arbeitsmittel sind nach Möglichkeit personenbezogen zu verwenden. Wo das nicht möglich ist, ist eine regelmäßige Reinigung insbesondere vor der Übergabe an andere Personen vorzusehen. Andernfalls sind bei der Verwendung der Werkzeuge geeignete Schutzhandschuhe zu verwenden, sofern hierdurch nicht zusätzliche Gefahren (z. B. Erfassung durch rotierende Teile) entstehen. Dabei sind ebenfalls Tragzeitbegrenzungen und die individuelle Disposition der Beschäftigten (z. B. Allergien) zu berücksichtigen.

10. Arbeitszeit- und Pausengestaltung

Belegungsdichte von Arbeitsbereichen und gemeinsam genutzten Einrichtungen sind durch Maßnahmen zur zeitlichen Entzerrung (versetzte Arbeits- und Pausenzeiten, ggf. Schichtbetrieb) zu verringern.

Bei der Aufstellung von Schichtplänen ist zur weiteren Verringerung innerbetrieblicher Personenkontakte darauf zu achten, möglichst dieselben Personen zu gemeinsamen Schichten einzuteilen. Bei Beginn und Ende der Arbeitszeit ist durch geeignete organisatorische Maßnahmen zu vermeiden, dass es zu einem engen Zusammentreffen mehrerer Beschäftigter (z. B. bei Zeiterfassung, in Umkleideräumen, Waschräumen und Duschen etc.) kommt.

11. Aufbewahrung und Reinigung von Arbeitsbekleidung und PSA

Besonders strikt ist auf die ausschließlich personenbezogene Benutzung jeglicher Persönlicher Schutzausrüstung (PSA) und Arbeitsbekleidung zu achten. Die personenbezogene Aufbewahrung von Arbeitsbekleidung und PSA getrennt von der Alltagskleidung ist zu ermöglichen. Es ist sicherstellen, dass Arbeitsbekleidung regelmäßig gereinigt wird. Wenn ausgeschlossen ist, dass zusätzliche Infektionsrisiken und/oder Hygienemängel (z. B. durch Verschmutzung) entstehen und hierdurch zugleich innerbetriebliche Personenkontakte vermieden werden können, ist den Beschäftigten das An- und Ausziehen der Arbeitskleidung zuhause zu ermöglichen.

12. Zutritt betriebsfremder Personen zu Arbeitsstätten und Betriebsgelände

Zutritt betriebsfremder Personen sind nach Möglichkeit auf ein Minimum zu beschränken. Kontaktdaten betriebsfremder Personen sowie Zeitpunkt des Betretens/Verlassens der Arbeitsstätte/des Betriebsgeländes sind möglichst zu dokumentieren. Betriebsfremde Personen müssen zusätzlich über die Maßnahmen informiert werden, die aktuell im Betrieb hinsichtlich des Infektionsschutzes vor SARS-CoV-2 gelten.

13. Handlungsanweisungen für Verdachtsfälle

Es sind betriebliche Regelungen zur raschen Aufklärung von Verdachtsfällen auf eine COVID-19-Erkrankung zu treffen. Insbesondere Fieber, Husten und Atemnot können Anzeichen für eine Infektion mit dem Coronavirus sein. Hierzu ist im Betrieb eine möglichst kontaktlose Fiebermessung vorzusehen.

Beschäftigte mit entsprechenden Symptomen sind aufzufordern, das Betriebsgelände umgehend zu verlassen bzw. zuhause zu bleiben. Bis eine ärztliche Abklärung des Verdachts erfolgt ist, ist von Arbeitsunfähigkeit des Beschäftigten auszugehen. Die betroffenen Personen sollten sich umgehend zunächst telefonisch zur Abklärung an einen behandelnden Arzt oder das Gesundheitsamt wenden. Der Arbeitgeber sollte im betrieblichen Pandemieplan Regelungen treffen, um bei bestätigten Infektionen diejenigen Personen (Beschäftigte und wo möglich Kunden) zu ermitteln und zu informieren, bei denen durch Kontakt mit der infizierten Person ebenfalls ein Infektionsrisiko besteht.

14. Psychische Belastungen durch Corona minimieren

Die Corona-Krise bedroht und verunsichert nicht nur Unternehmen, sondern erzeugt auch bei vielen Beschäftigten große Ängste. Weitere zu berücksichtigende Aspekte hinsichtlich psychischer Belastungen sind u.a. mögliche konflikthafte Auseinandersetzungen mit Kunden, langandauernde hohe Arbeitsintensität in systemrelevanten Branchen sowie Anforderungen des Social Distancing. Diese zusätzlichen psychischen Belastungen sollen im Rahmen der Gefährdungsbeurteilung berücksichtigt und darauf basierend geeignete Maßnahmen ergriffen werden.

Besondere personenbezogene Maßnahmen

15. Mund-Nase-Schutz und Persönliche Schutzausrüstung (PSA)

Bei unvermeidbarem Kontakt zu anderen Personen bzw. nicht einhaltbaren Schutzabständen sollten Mund-Nase-Bedeckungen – in besonders gefährdeten Arbeitsbereichen PSA – zur Verfügung gestellt und getragen werden.

16. Unterweisung und aktive Kommunikation

Über die eingeleiteten Präventions- und Arbeitsschutzmaßnahmen ist eine umfassende Kommunikation im Betrieb sicherzustellen. Unterweisungen der Führungskräfte sorgen für Handlungssicherheit und sollten möglichst zentral laufen. Einheitliche Ansprechpartner sollten vorhanden und der Informationsfluss gesichert sein. Schutzmaßnahmen sind zu erklären und Hinweise verständlich (auch durch Hinweisschilder, Aushänge, Bodenmarkierungen etc.) zu machen. Auf die Einhaltung der persönlichen und organisatorischen Hygieneregeln (Abstandsgebot, „Hust- und Niesetikette", Handhygiene, PSA) ist hinzuweisen. Für Unterweisungen sind auch die Informationen der Bundeszentrale für gesundheitliche Aufklärung hilfreich.

17. Arbeitsmedizinische Vorsorge und Schutz besonders gefährdeter Personen

Arbeitsmedizinische Vorsorge ist den Beschäftigten zu ermöglichen, beziehungsweise anzubieten. Beschäftigte können sich individuell vom Betriebsarzt beraten lassen, auch zu besonderen Gefährdungen aufgrund einer Vorerkrankung oder einer individuellen Disposition. Ängste und psychische Belastungen müssen ebenfalls thematisiert werden können. Der Betriebsarzt/die Betriebsärztin kennt den Arbeitsplatz und schlägt dem Arbeitgeber geeignete Schutzmaßnahmen vor, wenn die normalen Arbeitsschutzmaßnahmen nicht ausreichen. Gegebenenfalls kann der Arzt/die Ärztin der betroffenen Person auch einen Tätigkeitswechsel empfehlen. Der Arbeitgeber erfährt davon nur, wenn der/die Betreffende ausdrücklich einwilligt. Arbeitsmedizinische Vorsorge kann telefonisch erfolgen; einige Betriebsärzte/Betriebsärztinnen bieten eine Hotline für die Beschäftigten an.

SARS-CoV-2-Arbeitsschutzregel

Vom 20. August 2020 (GMBl S. 484)
aktualisiert am 7. Mai 2021 (GMBl S. 622)

Vorbemerkung

Diese SARS-CoV-2-Arbeitsschutzregel konkretisiert für den gemäß § 5 Infektionsschutzgesetz festgestellten Zeitraum der epidemischen Lage von nationaler Tragweite (nachfolgend Epidemie) die Anforderungen an den Arbeitsschutz in Hinblick auf SARS-CoV-2.

Die SARS-CoV-2-Arbeitsschutzregel wird von den beratenden Arbeitsschutzausschüssen beim Bundesministerium für Arbeit und Soziales (BMAS) gemeinsam mit der Bundesanstalt für Arbeitsschutz und Arbeitsmedizin (BAuA) ermittelt bzw. angepasst und vom BMAS im Gemeinsamen Ministerialblatt bekannt gegeben.

Die SARS-CoV-2-Arbeitsschutzregel enthält Konkretisierungen der Anforderungen der Verordnungen nach dem Arbeitsschutzgesetz (ArbSchG). Bei Einhaltung dieser Konkretisierungen kann der Arbeitgeber davon ausgehen, dass die Anforderungen aus den Verordnungen erfüllt sind. Wählt der Arbeitgeber eine andere Lösung, muss er damit mindestens die gleiche Sicherheit und den gleichen Gesundheitsschutz für die Beschäftigten erreichen. Andere Lösungen können bei abweichenden Rechtsvorschriften der Länder zum Schutz der Beschäftigten vorrangig in Betracht kommen. Es wird empfohlen, dass als Grundlage für das Schutzniveau die Rechtsvorschriften sich an den Anforderungen dieser staatlichen Regel orientieren.

Darüber hinaus beschreibt die Regel den Stand von Technik, Arbeitsmedizin und Hygiene sowie sonstige gesicherte arbeitswissenschaftliche Erkenntnisse, die der Arbeitgeber bei den Maßnahmen des Arbeitsschutzes gemäß § 4 Nummer 3 ArbSchG während der Epidemie berücksichtigen muss. Die Ärztin oder der Arzt im Sinne des § 7 der Verordnung zur arbeitsmedizinischen Vorsorge (ArbMedVV) hat die SARS-CoV-2-Arbeitsschutzregel als dem Stand der Arbeitsmedizin entsprechende Regel zu berücksichtigen (§ 6 Absatz 1 Satz 1 ArbMedVV).

Inhalt:

1 Anwendungsbereich

(1) Diese SARS-CoV-2-Arbeitsschutzregel konkretisiert auf der Grundlage des ArbSchG und der Verordnungen zum ArbSchG (Arbeitsschutzverordnungen) den SARS-CoV-2-Arbeitsschutzstandard des BMAS [1].

(2) Ziel dieser Regel ist es, die Gesundheit der Beschäftigten in der Zeit der SARS-CoV-2-Epidemie durch Maßnahmen des Arbeitsschutzes wirkungsvoll zu schützen. Mit der Umsetzung dieser Maßnahmen in den Betrieben, Einrichtungen und Verwaltungen wird durch Unterbrechung von Infektionsketten zugleich ein Beitrag zum Bevölkerungsschutz geleistet.

(3) Der zeitliche Anwendungsbereich der SARS-CoV-2-Arbeitsschutzregel ist befristet auf den gemäß § 5 Infektionsschutzgesetz festgestellten Zeitraum der epidemischen Lage von nationaler Tragweite. Ergeben sich

[1]) Der Inhalt entspricht der Anlage zur SARS-CoV-2-Arbeitsschutzverordnung (siehe Leitziffer 22.3); aus Umfanggründen hier nicht aufgenommen.

neue wissenschaftliche Erkenntnisse, die Einfluss auf die notwendigen Schutzmaßnahmen haben, wird die Regel angepasst.

(4) Diese Regel gilt auch für Tätigkeiten, die der Biostoffverordnung (BioStoffV) unterliegen, sofern dort keine gleichwertigen oder strengeren Regelungen (einschließlich Technischer Regeln für Biologische Arbeitsstoffe TRBA, Empfehlungen oder Beschlüsse) zum Schutz der Beschäftigten bestehen. Die Empfehlungen des ABAS im Zusammenhang mit dem Auftreten von SARS-CoV-2 sind weiterhin zu berücksichtigen [2]

2 Begriffsbestimmungen

2.1 SARS-CoV-2

(1) Das Severe Acute Respiratory Syndrome Coronavirus 2 (SARS-CoV-2) gehört zur Familie der Coronaviren. Eine Infektion mit SARS-CoV-2 kann die Atemwegserkrankung COVID-19 verursachen. Wegen seiner großen molekularbiologischen Ähnlichkeit und den bisherigen Daten zu Epidemiologie und Klinik der Infektion wurde SARS-CoV-2 wie bei SARS-CoV-1 und dem Middle East Respiratory Syndrome Coronavirus (MERS-CoV) durch den ABAS in die Risikogruppe 3 eingestuft [3]. Neben den seinerzeit fehlenden Möglichkeiten zu Impfprävention, Therapie und der effizienten Verbreitung in der Bevölkerung wurde bei der Einstufung ausdrücklich die Schwere des Krankheitsverlaufs berücksichtigt. So wurden schwere Verläufe der Erkrankung nicht bei allen Infizierten gefunden. Des Weiteren ist davon auszugehen, dass ein erheblicher Teil der SARS-CoV-2-Infizierten keine oder eine nur leichte, erkältungsähnliche Erkrankung entwickeln.

(2) SARS-CoV-2 wird vorrangig und mit hoher Ansteckungsrate über luftgetragene Tröpfchen (Aerosole) aus den Atemwegen Infizierter auf weitere Personen übertragen. Als Eintrittspforten gelten exponierte Schleimhäute der Empfänger (Mund, Nase, Augen). Die Übertragung findet vor allem bei räumlicher Nähe zu einem Virenausscheider statt, zum Beispiel Unterschreiten des Mindestabstands. Es zeigte sich, dass die Viren insbesondere in geschlossenen Räumen sehr effizient durch Tröpfchen und Aerosole von Mensch zu Mensch übertragen werden und sich in der Bevölkerung verbreiten. Die Übertragung über kontaminierte Oberflächen und Hände ist, wenn auch in geringerem Maße, ebenfalls möglich und in Betracht zu ziehen.

(3) Für die Übertragung kommen nicht nur COVID-19-Erkrankte, sondern auch infizierte symptomlose Personen in Betracht. Eine Übertragung des Virus kann bereits ein bis zwei Tage vor Symptombeginn erfolgen. Das Infektionsrisiko steigt mit der Anzahl. der Dauer und der Nähe der ungeschützten Kontakte mit SARS-CoV-2-Infizierten.

2.2 Homeoffice als Form mobiler Arbeit

(1) Mobiles Arbeiten ist eine Arbeitsform, die nicht in einer Arbeitsstätte gemäß § 2 Absatz 1 Arbeitsstättenverordnung (ArbStättV) oder an einem fest eingerichteten Telearbeitsplatz gemäß § 2 Absatz 7 ArbStättV im Privatbereich des Beschäftigten ausgeübt wird, sondern bei dem die Beschäftigten an beliebigen anderen Orten (z. B. beim Kunden, in Verkehrsmitteln, in einer Wohnung) tätig werden.

(2) Für die Verrichtung mobiler Arbeit werden elektronische oder nichtelektronische Arbeitsmittel eingesetzt.

(3) Homeoffice ist eine Form des mobilen Arbeitens. Sie ermöglicht es Beschäftigten, nach vorheriger Abstimmung mit dem Arbeitgeber zeitweilig im Privatbereich, zum Beispiel unter Nutzung tragbarer IT-Systeme (z. B. Notebooks) oder Datenträger, für den Arbeitgeber tätig zu sein.

(4) Regelungen zur Telearbeit bleiben unberührt.

2.3 Mund-Nase-Bedeckung

Mund-Nase-Bedeckungen (MNB) sind textile Bekleidungsgegenstände, die mindestens Nase und Mund bedecken und die geeignet sind, die Geschwindigkeit des Atemstroms oder des Speichel-/Schleim-/Tröpfchenauswurfs deutlich zu reduzieren. MNB dienen dem Fremdschutz. Sie sind weder Medizinprodukte noch Persönliche Schutzausrüstung (PSA).

Hinweis: Eine MNB ist kein Ersatz für Mund-Nase-Schutz/medizinische Gesichtsmaske (MNS) oder eine Atemschutzmaske.

2.4 Mund-Nase-Schutz/Medizinische Gesichtsmasken

Mund-Nase-Schutz/medizinische Gesichtsmasken (MNS, zum Beispiel nach DIN EN 14683) sind Medizinprodukte und unterliegen damit dem Medizinprodukterecht. Sie bieten einen definierten Fremdschutz und schützen Dritte vor der Exposition gegenüber möglicherweise infektiösen Tröpfchen desjenigen, der den MNS trägt. MNS muss einem Zulassungsverfahren unterzogen worden sein.

2.5 Atemschutzmasken

(1) Atemschutzmasken sind filtrierende Halbmasken sowie Atemschutzmasken mit auswechselbarem Partikelfilter.

(2) Filtrierende Halbmasken (beispielweise FFP2 nach DIN EN 149, siehe Anlage der SARS-CoV-2-Arbeitsschutzverordnung oder hier Anhang 2) können mit und ohne Ausatemventil ausgestattet sein. Sie schützen bestimmungsgemäß als Persönliche Schutzausrüstung die Trägerin/den Träger vor Tröpfchen und gegen Aerosole (Eigenschutz). Filtrierende Halbmasken ohne Ausatemventil bieten darüber hinaus im Sinne des Infektionsschutzes auch einen gewissen Fremdschutz. Atemschutzmasken mit Ausatemventil schützen nur die Trägerin/den Träger. Filtrierende Halbmasken werden unter anderem durch die Filterleistung unterschieden, die mit steigender Filterleistung eine Einteilung in verschiedene Geräteklassen ermöglicht. Filtrierende Halbmasken müssen einem Zertifizierungsverfahren unterzogen worden sein.

(3) Atemschutzmasken mit auswechselbarem Partikelfilter (zum Beispiel nach DIN EN 140 und in Verbindung mit DIN EN 143, siehe Anhang 2) sind Persönliche Schutzausrüstung. Die Luft wird durch die Partikelfilter eingeatmet. Die Ausatemluft strömt durch Ausatemventile oder andere Vorrichtungen in die Umgebungsatmosphäre. Diese Atemschutzmasken bieten keinen Fremdschutz. Atemschutzmasken mit auswechselbarem Partikelfilter dienen zum Schutz der Trägerin/des Trägers vor Tröpfchen und gegen Aerosole. Atemschutzmasken mit auswechselbarem Partikelfilter müssen einem Zertifizierungsverfahren unterzogen worden sein.

Hinweis: Die Zusammenfassung der Begriffe „Atemschutzgeräte" und „filtrierende Halbmasken" unter dem Begriff „Atemschutzmasken" dient der besseren Lesbarkeit dieser Regel. Andere Definitionen bleiben hiervon unberührt.

2.6 Gesichtsschutzschilde

Bei Gesichtsschutzschilden, Gesichtsschilden/-visieren (zum Beispiel nach DIN EN 166) handelt es sich um Persönliche Schutzausrüstung. Sie bestehen üblicherweise aus einem geeigneten Kopfband, Stirnschutz, Helm/Kopfschutz, einer Schutzhaube oder einer anderen geeigneten Haltevorrichtung. Trägerinnen und Träger eines Gesichtsschutzschildes sollen gegen Gefahren von außen, wie zum Beispiel Tropfen und Spritzer, geschützt werden. Gesichtsschutzschilde müssen einem Zertifizierungsverfahren unterzogen worden sein.

2.7 Abstandsregel/Mindestabstand

Ein Abstand von mindestens 1,5 m zwischen Beschäftigten oder zwischen Beschäftigten und anderen Personen (z. B. Kunden, Lieferanten, Beschäftigte anderer Arbeitgeber) vermindert das Risiko einer Übertragung von SARS-CoV-2. Bei bestimmten Tätigkeiten mit erhöhtem Aerosolausstoß, zum Beispiel beim professionellen Singen, können größere Abstände notwendig sein.

2.8 Kurzzeitkontakte/ Kurzzeitbegegnungen

Entsprechend den Hinweisen des Robert Koch-Instituts (RKI) zur Kontaktpersonennachverfolgung bei Atemwegserkrankungen durch das SARS-CoV-2 haben Personen mit ungeschütztem Kontakt (ohne Schutzmaßnahmen) bei Unterschreitung des Mindestabstands von 1,5 m oder bei sonstigen Kontakten in Räumen mit hoher Aerosolkonzentration, die jeweils länger als 10 Minuten andauern, ein erhöhtes Infektionsrisiko. Als Kurzzeitkontakt wird in dieser Regel daher die Summe aller entsprechenden Personenkontakte bezeichnet, die über den gesamten Tag 10 Minuten nicht übersteigt, zum Beispiel kurze Begegnungen auf dem Flur. Unabhängig von der Kontaktdauer handelt es sich bei der Unterschreitung des Mindestabstands von 1,5 m nicht um einen Kurzzeitkontakt, wenn dabei ohne Schutzmaßnahmen gesprochen wird.

2.9 Desinfektionsmittel

SARS-CoV-2 zählt zu den behüllten Viren. Desinfektionsmittel im Sinne dieser Regel sind Mittel mit mindestens dem Wirkungsbereich „begrenzt viruzid", also einer ausreichenden Wirksamkeit gegen behüllte Viren [4].

3 Gefährdungsbeurteilungen

(1) Der Arbeitgeber hat vor dem Hintergrund der Epidemie und der Bekanntmachung des SARS-CoV-2-Arbeitsschutzstandards des BMAS gemäß §§ 5 und 6 ArbSchG die bestehende Gefährdungsbeurteilung und die festgelegten Maßnahmen des Arbeitsschutzes hinsichtlich eventuell zusätzlich erforderlicher Maßnahmen des betrieblichen Infektionsschutzes zu überprüfen und gegebenenfalls zu aktualisieren. Hierzu geben die branchenspezifischen Konkretisierungen der gesetzlichen Unfallversicherungsträger zum Schutz vor SARS-CoV-2 eine Hilfestellung [5].

(2) Der Arbeitgeber soll bei der Überprüfung und Aktualisierung der Gefährdungsbeurteilung und bei der Ableitung betriebsspezifischer Infektionsschutzmaßnahmen die Fachkraft für Arbeitssicherheit und die Betriebsärztin oder den Betriebsarzt einbeziehen. Zudem ist der Prozess beteiligungsorientiert unter Einbeziehung der Beschäftigtenvertretungen oder, falls diese nicht vorhanden sind, mit den Beschäftigten umzusetzen. Geeignete Gremien für den Austausch und die Abstimmung sind der Arbeitsschutzausschuss oder eingesetzte Epidemie- oder Krisenstäbe.

(3) Im Rahmen der Gefährdungsbeurteilung sind die Gestaltung der Arbeitsaufgaben, der Arbeitszeit und die Integration der in Homeoffice befindlichen Beschäftigten in betriebliche Abläufe sowie die aufgrund der epidemischen Lage zusätzlich zu betrachtenden psychischen Belastungsfaktoren zu berücksichtigen. Hierbei kommt den Führungskräften eine besondere Rolle zu.

(4) Beschäftigte sind nach § 15 ArbSchG zur Mitwirkung verpflichtet. Deren notwendiges Mitwirken bei der Umsetzung und Einhaltung der verhaltensbezogenen Maßnahmen macht es erforderlich, dass sie ein Sicherheitsbewusstsein entwickeln und dieses aufrechterhalten. Gleiches gilt für Beschäftigte von Fremdfirmen, für Leiharbeitnehmer und Beschäftigte, die im Rahmen von Dienst- oder Werkverträgen tätig sind.

(5) Werden Tätigkeiten mit besonderem SARS-CoV-2-Infektionsrisiko (z. B. berufsbedingte Tätigkeiten mit unmittelbarem Personenkontakt zu infektionsverdächtigen Personen oder bekannt Infizierten, Tätigkeiten in Laboratorien) durchgeführt, gelten die einschlägigen Regelungen zur Gefährdungsbeurteilung gemäß BioStoffV und den TRBA.

(6) Es ist zu prüfen, ob und inwieweit für besonders schutzbedürftige Beschäftigte zusätzlich zu kollektiven Maßnahmen individuelle Maßnahmen zum Schutz vor einer Ansteckung durch Beschäftigte oder Kunden zu treffen sind. Bezüglich des Schutzes für Schwangere wird auf § 10 des Mutterschutzgesetzes verwiesen, der die Berücksichtigung des Mutterschutzes im Rahmen der allgemeinen Gefährdungsbeurteilung nach § 5 ArbSchG und die erneute individuelle Gefährdungsbeurteilung nach Mitteilung einer Schwangerschaft zum Inhalt hat [6].

(7) Wechselwirkungen mit anderen Arbeitsschutzmaßnahmen und gegebenenfalls bestehende Zielkonflikte müssen berücksichtigt werden (z. B. Belastungen durch das Tragen von MNS oder Atemschutzmasken unter klimatisch ungünstigen Bedingungen oder Arbeitsschwere).

4 Schutzmaßnahmen

4.1 Grundlegende Maßnahmen

(1) Die Rangfolge der Schutzmaßnahmen ergibt sich auch für Maßnahmen des betrieblichen Infektionsschutzes aus den Grundsätzen des § 4 ArbSchG. Demnach haben – dem TOP-Prinzip folgend – technische Maßnahmen Vorrang vor organisatorischen Maßnahmen und diese wiederum Vorrang vor personenbezogenen Maßnahmen. Die verschiedenen Maßnahmen sind sachgerecht miteinander zu verknüpfen (§ 4 Absatz 4 ArbSchG). Welche dieser Maßnahmen in der konkreten betrieblichen Situation sinnvoll und angezeigt sind, ist abhängig von der Beurteilung der vor Ort bestehenden Gefährdungen.

(2) Der Arbeitgeber hat insbesondere Maßnahmen zu ergreifen, die die Anzahl ungeschützter Kontakte zwischen Personen (auch indirekter Kontakt über Oberflächen) sowie die Konzentration an luftgetragenen Viren in der Arbeitsumgebung soweit wie möglich verringern. Geeignete Maßnahmen hierfür sind beispielsweise die Einhaltung der Abstandsregel, Reduzierung der Raumbelegung, Arbeiten in festen Teams, die Trennung der Atembereiche durch technische Maßnahmen, die Nutzung von Fernkontakten, die verstärkte Lüftung, die Isolierung Erkrankter, eine intensivierte Oberflächenreinigung und zusätzliche Handhygiene.

(3) Soweit arbeitsbedingt die Abstandsregel nicht eingehalten werden kann und technische Maßnahmen wie Abtrennungen zwischen den Arbeitsplätzen oder geeignete organisatorische Maßnahmen nicht umsetzbar sind, müssen die Beschäftigten mindestens MNS zum gegenseitigen Schutz tragen. Ergibt die Gefährdungsbeurteilung, dass ein Schutz der Beschäftigten durch MNS nicht ausreichend ist und Masken mit der Funktion des Eigenschutzes notwendig sind, sind die in Anhang 2 bezeichneten Atemschutzmasken bereitzustellen. Dies gilt insbesondere, wenn

1. bei ausgeführten Tätigkeiten mit einer Gefährdung durch erhöhten Aerosolausstoß zu rechnen ist (zum Beispiel lautes Sprechen oder Singen oder andere Tätigkeiten, die aufgrund der Arbeitsschwere zu einem deutlich erhöhten Atemvolumen führen) oder
2. bei betriebsbedingten Tätigkeiten mit Kontakt zu anderen Personen eine anwesende Person keine Maske tragen muss

(4) Müssen MNS oder Atemschutzmasken getragen werden, sind diese vom Arbeitgeber in ausreichender Menge bereitzustellen. Die Beschäftigten haben diese zu tragen [7].

(5) Für die grundlegenden technischen, organisatorischen und personenbezogenen Maßnahmen des betrieblichen Arbeitsschutzes sind insbesondere die folgenden Aspekte zu berücksichtigen:

1. Gestaltung der Arbeitsumgebung, zum Beispiel Anordnung der Arbeitsplätze zur Sicherstellung des Abstands, ausreichende Lüftung, Vorrichtungen wie Abtrennungen, Absperrungen und gegebenenfalls Festlegung innerbetrieblicher Verkehrswege,
2. Kontaktreduzierung durch zum Beispiel digitale Kommunikation, Festlegung von Mindestgrundflächen für die im Raum befindlichen Personen zur Reduktion der Personenbelegung, Bildung und Beibehaltung von Arbeitsgruppen, Arbeitszeitgestaltung, Homeoffice,
3. Hygiene und Reinigung, zum Beispiel Hände regelmäßig und gründlich waschen; wenn dies nicht möglich ist, Bereitstellung von geeigneten Handdesinfektionsmitteln und rückfettenden Hautpflegemitteln, Anpassung von Reinigungsintervallen,
4. Allgemeine Verhaltensregeln, zum Beispiel Wahrung von Abstand; Verzicht auf Begrüßungsformen mit direktem Körperkontakt; Husten und Niesen in die Armbeuge oder in ein Papiertaschentuch; zu Hause bleiben bei Krankheitssymptomen.

4.2 Schutzmaßnahmen in den Schwerpunkten des Arbeitsschutzstandards

4.2.1 Arbeitsplatzgestaltung

(1) An Arbeitsplätzen sind stets Bewegungsflächen gemäß Anhang Nummer 3.1 Arb-

StättV vorzusehen. Die Technische Regel für Arbeitsstätten (ASR) „Raumabmessungen und Bewegungsflächen" A1.2 konkretisiert diese grundlegenden Anforderungen an Bewegungsflächen. Abweichend davon sollen zur Einhaltung der Abstandsregel Arbeitsplätze in Arbeitsstätten so angeordnet werden, dass zwischen den für die Erfüllung der Arbeitsaufgabe anwesenden Beschäftigten ein Abstand von mindestens 1,5 m eingehalten werden kann. Hierzu können insbesondere die folgenden Maßnahmen umgesetzt werden:

1. Änderung des Mobiliars oder seiner Anordnung,
2. Nutzung weiterer für die Tätigkeit geeigneter Flächen und Räume.

(2) Kann die Abstandsregel zwischen den Arbeitsplätzen aus betriebstechnischen Gründen nicht eingehalten werden und sind zur Arbeitsausführung nicht nur einzelne Kurzzeitkontakte der an diesen Arbeitsplätzen Beschäftigten notwendig, sind als technische Maßnahme Abtrennungen zu installieren. Abtrennungen aus transparentem Material sind zu bevorzugen, um erforderlichen Sichtkontakt und ausreichende Beleuchtungsverhältnisse sicherzustellen.

(3) Durch die Abtrennungen darf es nicht zu zusätzlichen Gefährdungen kommen. Dazu sind beispielsweise eine ausreichende Stabilität zu gewährleisten und spitze Ecken oder scharfe Kanten zu vermeiden.

(4) Mit der Abtrennung wird eine Trennung der Atembereiche zwischen Beschäftigten oder zwischen Beschäftigten und Kunden (z. B. an Kassenarbeitsplätzen, Bedientheken) erzielt. Der obere Rand der Abtrennung muss für Sitzarbeitsplätze mindestens 1,5 m über dem Boden enden, für Steharbeitsplätze sowie bei Sitzarbeitsplätzen mit stehenden Kunden mindestens 2 m über dem Boden. Die Abtrennung kann – falls nötig – Öffnungen außerhalb des Atembereichs (z. B. zum Bezahlen bzw. zum Bedienen des Kartenlesegerätes, gegebenenfalls auch zur Warenherausgabe) aufweisen. Beide Seiten der Abtrennung sind arbeitstäglich mit einem handelsüblichen Reinigungsmittel zu reinigen.

4.2.2 Sanitärräume, Kantinen und Pausenräume

(1) Allgemeine Anforderungen zum Einrichten und Betreiben von Sanitärräumen und Pausenräumen in Arbeitsstätten enthalten Anhang Nummer 4.1 und 4.2 ArbStättV, diese werden in den ASR A4.1 „Sanitärräume" und A4.2 „Pausen- und Bereitschaftsräume" konkretisiert. Die in diesen ASR enthaltenen Regelungen reichen derzeitig nicht aus, um den Schutz der Beschäftigten vor einer Infektion mit SARS-CoV-2 gemäß dem Stand der Arbeitsmedizin und der Hygiene zu beschreiben. Zusätzlich zu den dort genannten Anforderungen sind deshalb Maßnahmen zu ergreifen, die die Einhaltung der Abstandsregel bei Nutzung der Einrichtungen sicherstellen.

(2) Zur Umsetzung der Handhygiene sind leicht erreichbare Waschgelegenheiten mit fließendem Wasser, ausreichend hautschonender Flüssigseife und Einrichtungen zum hygienischen Trocknen der Hände (Einmalhandtücher aus Papier oder Textil) vorzuhalten. Auf der Grundlage der Gefährdungsbeurteilung sind gegebenenfalls geeignete Hautschutz- und Hautpflegemittel bereitzustellen. Die Händewaschregeln sind auszuhängen. Wie beim Einsatz von Sekundärluftgeräten (siehe Abschnitt 4.2.3 Absatz 9) ist auch bei der Verwendung von Warmlufttrocknern die luftstromlenkende Wirkung dieser Geräte im Rahmen der Gefährdungsbeurteilung zu berücksichtigen und für eine verstärkte Lüftung gemäß ASR A4.1 „Sanitärräume" zu sorgen.

(3) Auch an mobilen und abgelegenen Arbeitsplätzen ist für eine Möglichkeit der hygienischen Händereinigung und -trocknung zu sorgen, indem zum Beispiel Handwaschstationen oder Kanister mit Wasser, Flüssigseife sowie Einmalhandtücher oder geeignete Handdesinfektionsmittel zur Verfügung gestellt werden. Von mehreren Personen genutzte Handtücher sind entsprechend ASR A4.1 unzulässig und entsprechen nicht den hygienischen Anforderungen.

Sanitärräume

(4) In Umkleide- und Waschräumen ist durch technische und organisatorische Maßnah-

men dafür Sorge zu tragen, dass Beschäftigte, zum Beispiel durch Abstandsmarkierungen auf Fußböden, Begrenzung der Personenzahl oder zeitlich versetzte Nutzung, genügend Platz erhalten, um die Abstandsregel einhalten zu können.

(5) Sanitärräume sind arbeitstäglich mindestens einmal zu reinigen.

Pausenräume

(6) Die Einhaltung der Abstandsregel ist in Pausenräumen und -bereichen, Teeküchen und an Kochgelegenheiten sowie in Bereitschaftsräumen und -bereichen zu gewährleisten. Maßnahmen sind insbesondere die Anpassung der Bestuhlung, das Aufbringen von Bodenmarkierungen und die gestaffelte Organisation von Arbeits- und Pausenzeiten mit dem Ziel, die Belegungsdichte zu verringern.

(7) Vor Eintritt und Nutzung der Pausenräume und -bereiche sind Möglichkeiten zur Handhygiene bereitzustellen.

Kantinen

(8) Die Einhaltung der Abstandsregel ist durch eine entsprechende Anordnung oder Reduzierung der Anzahl der Tische und Sitzgelegenheiten sowie mit weiteren technischen Maßnahmen, zum Beispiel Abstandsmarkierungen auf dem Fußboden oder der Aufstellung von Absperrbändern an Essensausgabe, Geschirrrückgabe und an der Kasse, sowie mit organisatorischen Maßnahmen, zum Beispiel Begrenzung der Personenzahl oder Erweiterung der Kantinen- und Essensausgabezeiten zur Vermeidung von Warteschlangen oder eine einweisende Person zu gewährleisten. Besteck und Geschirr sollten durch das Kantinenpersonal übergeben werden.

(9) Vor Eintritt und Nutzung der Kantine sind Möglichkeiten zur Handhygiene bereitzustellen.

4.2.3 Lüftung

(1) In Räumen von Arbeitsstätten muss gemäß Anhang Nummer 3.6 ArbStättV ausreichend gesundheitlich zuträgliche Atemluft vorhanden sein. Die ASR A3.6 „Lüftung" konkretisiert die grundlegenden Anforderungen an die Lüftung (sowohl für freie Lüftung als auch für raumlufttechnische Anlagen).

(2) Durch verstärktes Lüften kann die Konzentration von möglicherweise in der Raumluft vorhandenen virenbelasteten Aerosolen reduziert werden. Verstärktes Lüften ist insbesondere durch eine Erhöhung der Frequenz, durch eine Ausdehnung der Lüftungszeiten oder durch eine Erhöhung des Luftvolumenstroms möglich.

Hinweis: Dem liegt die Annahme zugrunde, dass die Außenluft in Bezug auf SARS-CoV-2 kontaminationsfrei ist.

(3) Die Aerosolbelastung durch SARS-CoV-2 kann nicht durch direkt anzeigende Messgeräte bestimmt werden. Zur Beurteilung der Raumluftqualität kann die CO2- Konzentration herangezogen werden. Hierfür reichen einfache Messgeräte (zum Beispiel CO2-Ampeln) aus. Entsprechend ASR A3.6 ist eine CO2-Konzentration bis zu 1.000 ppm noch akzeptabel. In der Zeit der Epidemie ist dieser Wert möglichst zu unterschreiten. Notwendige Lüftungsintervalle können auch auf der Basis von Berechnungen ermittelt werden, insbesondere unter Beachtung von Raumvolumen, Personenbelegung, körperlicher Aktivität und Luftwechsel. Hinweise zur Messung und Bewertung der CO2-Konzentration enthält die ASR A3.6 Abschnitt 4.2 Absätze 3 und 4.

Hinweis: Berechnungshilfen für notwendige Lüftungsintervalle sind zum Beispiel hier zu finden: 1. BGN-Lüftungsrechner [8], 2. IFA-CO2-App (Rechner und Timer) [9], 3. FBHM-114 Fachbereich AKTUELL des Sachgebiets Oberflächentechnik und Schweißen der DGUV „Möglichkeiten zur Bewertung der Lüftung anhand der CO2- Konzentration" [10].

(4) Die einfachste Art der Lüftung ist die freie Lüftung, zumeist in Form der Fensterlüftung. Eine Fensterlüftung muss spätestens bei Tätigkeitsaufnahme in den Räumen und dann in regelmäßigen Abständen erfolgen. Die ASR A3.6 empfiehlt einen zeitlichen Abstand zum Lüften beispielsweise von Büroräumen nach 60 Minuten und von Besprechungsräumen nach 20 Minuten. Diese Lüftungshäufigkeit ist in der Zeit der Epidemie möglichst zu erhöhen. Am wirkungsvollsten ist dabei die so-

genannte Stoßlüftung über die gesamte Öffnungsfläche der Fenster. Wenn möglich, soll diese als Querlüftung ausgeführt werden. Bei der Festlegung der Lüftungsdauer sind die Temperaturdifferenz zwischen innen und außen sowie der vorherrschende Winddruck zu berücksichtigen. Im Sommer sollen 10 Minuten und im Winter 3 Minuten Lüftungsdauer nicht unterschritten werden. Eine kontinuierliche Lüftung über gekippte Fenster kann als Ergänzung zur Stoßlüftung sinnvoll sein, um ein zu starkes Ansteigen einer möglichen Konzentration virenbelasteter Aerosole in der Raumluft zu vermeiden. Nähere Hinweise sind der ASR A3.6 zu entnehmen.

(5) Besprechungsräume sind vor der Benutzung zusätzlich gemäß Absatz 4 zu lüften.

(6) Für raumlufttechnische Anlagen (RLT-Anlagen) ist das Übertragungsrisiko von SARS-CoV-2 als gering einzustufen, sofern diese Anlagen sachgerecht eingerichtet, betrieben und instandgehalten werden (Reinigung, Filterwechsel usw.) und

1. dem Raum einen ausreichend hohen Außenluftanteil zuführen, sodass die Anforderungen an die CO2-Konzentration der Raumluft gemäß Absatz 3 eingehalten werden oder
2. anderenfalls über geeignete Filter oder andere Einrichtungen zur Verringerung einer möglichen Virenkonzentration aus der Umluft der RLT-Anlage verfügen

Hinweis: Geeignete Filter zur Abscheidung von Viren und virenbelasteten Aerosolen sind Schwebstofffilter der Klasse H13 oder H14 (HEPA-Filter) nach DIN EN 1822-1:2019 [101]. Zudem können auch Feinstaubfilter der Gruppe ISO ePM_1 > 70 % (vormals F8) oder ISO ePM_1 > 80 % (vormals F9) die Konzentration virenbelasteter Aerosole reduzieren

(7) Der Umluftbetrieb von RLT-Anlagen, die nicht über geeignete Einrichtungen zur Verringerung einer möglichen Konzentration von virenbelasteten Aerosolen im Raum verfügen, ist zu vermeiden. Damit soll verhindert werden, dass virenbelastete Aerosole dem Raum wieder zugeführt werden. Der bei RLT-Anlagen mit Umluftbetrieb in der Regel vorhandene Außenluftanteil ist dementsprechend so weit wie technisch möglich zu erhöhen, um eine Reduktion des Umluftanteils zu erreichen. Kann der Umluftbetrieb aus technischen oder technologischen Gründen nicht vermieden und können die Anforderungen an die CO2- Konzentration der Raumluft gemäß Absatz 3 nicht eingehalten werden, ist die Nachrüstung geeigneter Einrichtungen (zum Beispiel Filter) zur Reduktion der Konzentration von möglicherweise virenbelasteten Aerosolen erforderlich. Dabei ist zu beachten, dass sich die Anlagenparameter durch den Einbau von zusätzlichen Einrichtungen ändern können. Insbesondere kann sich der Luftvolumenstrom durch den erhöhten Druckverlust eines Filters verringern. Es ist darauf zu achten, dass nach dem Einbau ausreichend Zuluft zugeführt wird, um eine gesundheitlich zuträgliche Atemluft im Raum zu gewährleisten. Ist eine Umrüstung einer Anlage aus technischen oder technologischen Gründen nicht möglich, sind für die betroffenen Räume im Rahmen einer Gefährdungsbeurteilung alternative Schutzmaßnahmen zu treffen

Hinweis: Weitere Informationen können der Empfehlung der Bundesregierung „Infektionsschutzgerechtes Lüften" [12], den Hinweisen und Maßnahmen zum infektionsschutzgerechten Lüften der BAuA [13] sowie FBVW-502 „SARS-CoV-2: Empfehlungen zum Lüftungsverhalten an Innenraumarbeitsplätzen" des Sachgebiets Innenraumklima der DGUV [14] entnommen werden.

(8) RLT-Anlagen sollen während der Betriebs- oder Arbeitszeiten nicht abgeschaltet werden, da dies zu einer Erhöhung der Konzentration von virenbelasteten Aerosolen in der Raumluft und damit zur Erhöhung des Infektionsrisikos führen kann. Sofern RLT-Anlagen nicht dauerhaft betrieben werden, sind deren Betriebszeiten vor und nach der Nutzungszeit der Räume zu verlängern (zum Beispiel bei Büros um etwa zwei Stunden). RLT-Anlagen in Sanitärräumen sollen zu den Betriebszeiten der Arbeitsstätte dauerhaft betrieben werden.

(9) Auch beim Einsatz von Sekundärluftgeräten, die lediglich die Raumluft umwälzen und den Räumen keine Außenluft zur Absenkung von Aerosolkonzentrationen zuführen, muss ein ausreichender Luftaustausch mit Außenluft sichergestellt sein. Dies betrifft Geräte wie Ventilatoren (zum Beispiel Standventilatoren), Geräte zur persönlichen Kühlung (zum Beispiel mobile Klimageräte oder Klima-Splitgeräte) oder Geräte zur Erwärmung (zum Beispiel Heizlüfter). Da die luftstromlenkende Wirkung dieser Geräte virenbelastete Tröpfchen oder Aerosole unter Umständen zu anderen Personen leiten kann, ist vor Einsatz der Geräte in Räumen mit Mehrpersonenbelegung eine Gefährdungsbeurteilung durchzuführen. Dabei sind die spezifischen Randbedingungen, zum Beispiel Raumgeometrie, Arbeitsplatzanordnung, Gerätestandort und die Strömungsverhältnisse der Raumluft zu beachten. Weitere Anforderungen für den Einsatz von Sekundärluftgeräten leiten sich aus der ASR A3.6 „Lüftung" (zum Beispiel Vermeidung von Zugluft), der ASR A3.7 „Lärm" (zum Beispiel Vermeidung von Hintergrundgeräuschen) und der ASR A3.5 „Raumtemperatur" (zum Beispiel Vermeidung der sommerlichen Überwärmung von Räumen) ab.

(10) Auch Sekundärluftgeräte mit geeigneten Einrichtungen zur Reduktion der Konzentration virenbelasteter Aerosole (zum Beispiel Luftreiniger) dürfen nur ergänzend zu den nach dieser Regel zu treffenden Lüftungsmaßnahmen eingesetzt werden, um das Infektionsrisiko durch Viren oder virenbelastete Aerosole in der Raumluft zu reduzieren. Dabei sind unter Berücksichtigung der Leistungsdaten und spezifischen Randbedingungen eine sachgerechte Aufstellung sowie ein sachgerechter Betrieb und eine sachgerechte Instandhaltung (Reinigung, Filterwechsel usw.) zu gewährleisten. Solche Geräte müssen mit geeigneten Filtern ausgerüstet sein und dürfen keine gesundheitsgefährdenden Stoffe oder Reaktionsprodukte freisetzen. Weitere Anforderungen für den Einsatz von Luftreinigern leiten sich aus der ASR A3.6 „Lüftung" (zum Beispiel Vermeidung von Zugluft), der ASR A3.7 „Lärm" (zum Beispiel Vermeidung von Hintergrundgeräuschen) und der ASR A3.5 „Raumtemperatur" (zum Beispiel Vermeidung der sommerlichen Überwärmung von Räumen) ab.

Hinweis: Nähere Informationen finden sich in 1. „Fachbeitrag der DGUV zu mobilen Raumluftreinigern zum Schutz vor SARS-CoV-2" (Stand: 27.10.2020) [15], 2. „Hinweise der DGUV zum ergänzenden Einsatz von Luftreinigern zum Infektionsschutz in der SARS-CoV-2-Epidemie" (04.03.2021) [16], 3. baua: Fokus „Erweiterter Infektionsschutz durch mobile Raumluftreiniger?" (März 2021) [17], 4. Stellungnahme der Kommission Innenraumlufthygiene (IRK) am Umweltbundesamt „Einsatz mobiler Luftreiniger als lüftungsunterstützende Maßnahme in Schulen während der SARS-CoV-2 Pandemie" (16.11.2020) [18], 5. BMAS/BAuA-Broschüre „Mobile Luftreiniger - Hinweise zur Auswahl und zum Betrieb" (März 2021) [18a].

4.2.4 Homeoffice

1) Homeoffice als Form der mobilen Arbeit bietet eine Möglichkeit, die Zahl der gleichzeitig im Betrieb anwesenden Beschäftigten zu reduzieren und die Einhaltung von Abstandsregeln zu unterstützen. Dies gilt insbesondere, wenn Büroräume ansonsten von mehreren Beschäftigten bei Nichteinhaltung der Abstandsregel genutzt werden müssten.

(2) Auch für Arbeiten im Homeoffice gelten das ArbSchG und das Arbeitszeitgesetz. Regelungen zu Arbeitszeiten und Erreichbarkeit sollen getroffen werden. Beschäftigte sind im Hinblick auf einzuhaltende Arbeitszeiten, Arbeitspausen, darüber notwendige Dokumentation, die ergonomische Arbeitsplatzgestaltung und die Nutzung der Arbeitsmittel, zum Beispiel korrekte Bildschirmposition, möglichst separate Tastatur und Maus, richtige und wechselnde Sitzhaltung und Bewegungspausen zu unterweisen.

(3) Der Arbeitgeber muss durch geeignete Arbeitsorganisation sicherstellen, dass Beschäftigte, denen entsprechende technische Möglichkeiten für das Homeoffice im Moment nicht zur Verfügung stehen, ihre Ar-

beitsaufgaben erfüllen können und ausreichend Zugang zu betrieblicher Kommunikation und Informationen unter Beachtung von Abschnitt 4.2.12 haben.

4.2.5 Dienstreisen und Besprechungen

(1) Die Zahl der Beschäftigten, die durch Dienstreisen oder Besprechungen einem zusätzlichen Infektionsrisiko ausgesetzt sind (z. B. in Regionen mit hohen Infektionszahlen), ist auf das für die Erfüllung der Arbeitsaufgabe notwendige Maß zu begrenzen. Dabei ist angesichts der epidemischen Lage vor Ort zu prüfen, inwieweit die Dienstreisen oder Besprechungen durch die Verwendung elektronischer Kommunikationsmittel ersetzt oder auch reduziert werden können.

(2) Auch bei der gemeinsamen Nutzung von Fahrzeugen bei Dienstreisen muss der Mindestabstand eingehalten werden. Die Personenzahl in Fahrzeugen ist dementsprechend zu begrenzen. Kann die Abstandsregel nicht umgesetzt werden, sind Abtrennungen zu installieren oder personenbezogene Schutzmaßnahmen (mindestens MNS) umzusetzen. Ist dies wegen rechtlicher Vorgaben zum Beispiel im Verkehrsrecht für den Kraftfahrer nicht möglich, sind von den die Abstandsregel nicht einhaltenden Mitfahrern Atemschutzmasken ohne Ausatemventil während der Fahrt zu tragen.

(3) Sofern eine Handhygiene mit Wasser und Seife während der Dienstreise nicht sichergestellt ist, sind alternative Maßnahmen bereitzustellen, beispielsweise geeignete Handdesinfektionsmittel.

(4) Bei Besprechungen ist die Einhaltung der Abstandsregel im Besprechungsraum zu gewährleisten. Dies kann zum Beispiel durch eine geringere Belegung erfolgen. Zur Lüftung siehe Abschnitt 4.2.3 Absatz 4 und 5.

4.2.6 Sicherstellung ausreichender Schutzabstände

(1) Die Nutzung von Verkehrswegen soll so angepasst werden, dass die Abstandsregel zwischen Beschäftigten sowie zwischen Beschäftigten und anderen Personen eingehalten werden kann, zum Beispiel durch Festlegen und Markieren von weiteren Verkehrswegen wie Einbahnstraßen bzw. Einrichtungswege (unter Maßgabe der allgemeinen Anforderungen der ASR A1.8 „Verkehrswege"), wenn Nutzungsfrequenz und Personendichte regelmäßige Begegnungen auf den Verkehrswegen erwarten lassen. Ersatzweise ist zum Schutz vor Tröpfcheninfektionen mindestens MNS bei der Nutzung der Verkehrswege zu tragen, sofern es sich nicht um Kurzzeitkontakte nach Abschnitt 2.8 handelt. Zusätzlich ist bei hoher Nutzungsfrequenz der Verkehrswege die Erforderlichkeit einer verstärkten Lüftung (siehe Abschnitt 4.2.3) zu prüfen, um hohe Aerosolkonzentrationen zu verhindern.

(2) Auf Warte- und Stehflächen (zum Beispiel zentrale Druck- und Kopierräume) und bei nicht vermeidbaren Personenansammlungen von Beschäftigten und anderen Personen (beispielsweise Kunden) ist die Abstandsregel einzuhalten. In den genannten Bereichen ist für eine ausreichende Lüftung zu sorgen.

(3) Zur Einhaltung der Abstandsregel sollen Markierungen vorgenommen werden. Diese können zum Beispiel als Bodenmarkierung oder mit Absperrband ausgeführt werden.

(4) Die Verwendung von Aufzügen ist wegen der begrenzten Lüftungsmöglichkeiten hinsichtlich der Personenzahl unter Beachtung der Abstandsregel zu beschränken. Ist dies nicht möglich, ist mindestens MNS zu tragen.

4.2.7 Arbeitsmittel/Werkzeuge

(1) Durch eine entsprechende Arbeitsorganisation ist grundsätzlich zu gewährleisten, dass Arbeitsmittel nach Möglichkeit nur jeweils von einer Person verwendet werden, zum Beispiel durch Bereitstellung zusätzlicher Arbeitsmittel, um damit die Gefahr von Schmierinfektionen zu verringern.

(2) Ist die personenbezogene Nutzung von Arbeitsmitteln nicht möglich, sind diese vor dem Weiterreichen mit handelsüblichen (Haushalts-) Reinigern zu reinigen. Insbesondere Oberflächen, die in Kontakt mit den Beschäftigten gekommen sind, etwa durch Tröpfchenabgabe beim Sprechen, sind bei der Reinigung zu berücksichtigen. Solche Ober-

flächen sind beispielsweise Tischplatten, IT-Geräte, Telefonhörer, Lenkräder, Schalthebel sowie Werkzeuge. Bedienfelder von Arbeitsmitteln, die von unterschiedlichen Beschäftigten genutzt werden müssen, sind regelmäßig zu reinigen. Eine vorsorgliche Flächendesinfektion wird nicht als notwendig erachtet.

4.2.8 Arbeitszeit- und Pausengestaltung

(1) Vor dem Hintergrund der zusätzlichen Belastungen durch fehlende Infrastruktur zur Unterstützung des häuslichen Bereichs und der allgemeinen Verunsicherung und damit einhergehenden psychischen Belastungssituation vieler Beschäftigter kommt der Gestaltung der Arbeitszeit eine besondere Bedeutung zu.

(2) Bei Beginn und Ende der Arbeitszeit und der Lage der Pausen ist durch geeignete organisatorische Maßnahmen nach Möglichkeit zu vermeiden, dass es zu einem engen Zusammentreffen mehrerer Beschäftigter (zum Beispiel in Pausenräumen, Kantinen, Umkleideräumen, Waschräumen und Duschen), einer erschwerten Umsetzung der Abstandsregel oder nicht unerheblichen Verzögerungen für die Beschäftigten kommt.

(3) Bei der Aufstellung von Schichtplänen und Arbeitsgruppen sollen zur weiteren Verringerung wechselnder innerbetrieblicher Personenkontakte möglichst dieselben Personen zu gemeinsamen Schichten bzw. Arbeitsgruppen eingeteilt werden. Die Zahl der Personen in einer Schicht bzw. Arbeitsgruppe soll auf das notwendige Maß reduziert werden.

(4) Bei allen Maßnahmen zur Entzerrung der Belegschaftsdichte ist eine zusätzliche Gefährdung durch eine Arbeitserschwernis aufgrund der Lage der Arbeitszeit (etwa Nachtarbeit) oder der Dauer der Arbeitszeit (zum Beispiel Verlängerung der Schichten oder auch Verkürzung von Ruhezeiten) bei der Gefährdungsbeurteilung zu berücksichtigen. Die Wirksamkeit bzw. die Folgen dieser Maßnahmen bezüglich der Gesundheit der Beschäftigten, des Auftretens von Unfällen oder Hygienefehlern ist zu überprüfen und die Gefährdungsbeurteilung erforderlichenfalls anzupassen

4.2.9 Aufbewahrung von Arbeitskleidung und Persönlicher Schutzausrüstung

(1) Die ausschließlich personenbezogene Benutzung von PSA und Arbeitskleidung ist sicherzustellen. PSA, die von mehreren Personen ohne eine Erhöhung des Infektionsrisikos genutzt werden kann, zum Beispiel Absturzsicherungen, kann hiervon ausgenommen werden. Dabei hat der Arbeitgeber den Beschäftigten die personenbezogene Aufbewahrung von Arbeitsbekleidung und PSA getrennt von Straßenkleidung zu ermöglichen, wenn die getrennte Aufbewahrung im Rahmen einer Gefährdungsbeurteilung als notwendige Schutzmaßnahme festgelegt wurde.

(2) Ist die personenbezogene Nutzung von Arbeitskleidung nicht möglich, sind diese vor dem Weiterreichen zu reinigen.

4.2.10 Zutritt betriebsfremder Personen zu Arbeitsstätten und Betriebsgelände

(1) Zur Reduzierung des Ansteckungsrisikos beim Zutritt betriebsfremder Personen in Arbeitsstätten sind die folgenden Maßnahmen zu ergreifen:

1. Nutzung von elektronischen Medien zur Kontaktaufnahme, wo dies zur Erfüllung der Arbeitsaufgabe möglich ist,
2. Einsatz von Abtrennungen, wenn die Abstandsregel zwischen Personen nicht eingehalten werden kann (z. B. transparente Abtrennungen bei Publikumsverkehr),
3. Begrenzung der Zahl gleichzeitig anwesender betriebsfremder Personen so, dass die Abstandsregel zwischen Personen (auch zu Beschäftigten) eingehalten werden kann,
4. Verwendung von MNS, wenn die Abstandsregel nicht eingehalten werden kann und wirksame Abtrennungen zwischen Personen nicht durchgängig vorhanden sind.

(2) Soweit es sich nicht nur um Kurzzeitkontakte handelt, sind Betriebsfremde hinsichtlich besonderer Schutzmaßnahmen im Betrieb durch den Arbeitgeber vor Ort in geeigneter Weise zu informieren. Dabei müssen örtliche Gegebenheiten sowie Möglichkeiten

22

zur Nutzung von Sanitäreinrichtungen und zur Handhygiene für Betriebsfremde gegebenenfalls berücksichtigt werden.

4.2.11 Handlungsanweisungen für Verdachtsfälle

Personen mit Symptomen einer Atemwegserkrankung mit Verdacht auf eine SARS-CoV-2-Infektion haben der Arbeitsstätte fernzubleiben. Besteht der Verdacht auf eine SARS-CoV-2-Infektion, welcher sich insbesondere durch Fieber, Husten und Atemnot ergeben kann, sind die betroffenen Personen durch den Arbeitgeber aufzufordern, die Arbeitsstätte unverzüglich zu verlassen und sich gegebenenfalls in ärztliche Behandlung zu begeben.

4.2.12 Berücksichtigung psychischer Belastungen

(1) Um Beschäftigte vor einer Infektion bei der Arbeit mit SARS-CoV-2 soweit als möglich zu schützen, sind in den Betrieben vielerorts Neu- und Umgestaltungen von Arbeitsplätzen und -abläufen erforderlich. Dies beinhaltet zum Teil tiefgreifende Veränderungen der Arbeitsorganisation, der Arbeitsplatz- und Arbeitszeitgestaltung sowie der Art und Weise der Kommunikation und Kooperation bei der Arbeit, was wiederum zu psychischen Belastungen führen kann.

(2) Weitere zu berücksichtigende Aspekte der Arbeit mit Auswirkungen auf die psychische Belastung der Beschäftigten sind unter anderem mögliche konflikthafte Auseinandersetzungen mit Kunden, langandauernde hohe Arbeitsintensität in systemrelevanten Branchen sowie Auswirkungen der Kontaktbeschränkungen wie zum Beispiel soziale Isolation im Homeoffice.

(3) Diese zusätzlichen psychischen Belastungen sind bei der Bewertung der Belastungssituation der Beschäftigten zu berücksichtigen und darauf basierend geeignete Maßnahmen zu ergreifen [19].

(4) Akute Folgen der Zunahme der psychischen Belastungsfaktoren können ein nicht sicherheitsgerechtes Verhalten, eine steigende Unfallgefahr und ein steigendes Gesundheitsrisiko sein.

(5) Für eine fortlaufende Beobachtung der Auswirkungen der Arbeitsprozesse auf Sicherheit und Gesundheit bei der Arbeit sind insbesondere die Führungskräfte zu sensibilisieren. Bei Bedarf sind die Arbeitsschutzexperten, wie zum Beispiel Fachkräfte für Arbeitssicherheit und Betriebsärzte sowie andere fachkundige Personen, hinzuziehen.

4.2.13 Mund-Nase-Schutz, Atemschutzmasken und Gesichtsschutzschilde

(1) Sofern technische und organisatorische Schutzmaßnahmen die Gefährdung einer Infektion bei der Arbeit nicht minimieren können, sind individuelle Schutzmaßnahmen zu treffen. Diese sind im Rahmen der Gefährdungsbeurteilung festzulegen und können auch die Anwendung von MNS oder Atemschutzmasken sowie gegebenenfalls zusätzliche von Gesichtsschutzschilde umfassen. Dabei sind die jeweiligen produktbezogenen Anweisungen zum richtigen Anlegen, Tragen und Ablegen sowie zur maximalen Verwendungshäufigkeit und sachgerechten Entsorgung zu beachten und umzusetzen sowie die betroffenen Personen zu unterweisen.

Hinweis: Mund-Nase-Bedeckung, Klargesichtsmasken sowie Gesichtsschutzschilde sind kein Ersatz für Mund-Nase-Schutz oder Atemschutzmasken.

(2) Bei Tätigkeiten, bei denen sich das Tragen von MNS der beteiligten Personen nicht umsetzen lässt, sind im Rahmen der Gefährdungsbeurteilung gleichwertige alternative Maßnahmen abzuleiten und umzusetzen. Hierzu sollen die branchenspezifischen Konkretisierungen der gesetzlichen Unfallversicherungsträger herangezogen werden.

(3) Ist die regelmäßige Benutzung von Atemschutzmasken als Maßnahme des betrieblichen Infektionsschutzes unumgänglich, hat der Arbeitgeber zu ermitteln, ob Gefährdungen mit dem Tragen der Masken verbunden sind. Hierbei hat er neben der maskenspezifisch höheren Belastung (zum Beispiel höherer Atemwiderstand aufgrund des Filterwiderstandes der Filtermaterialien oder Wärmebelastung durch höhere Wärmeisolation

der Masken) insbesondere folgende Einsatzbedingungen zu beachten:

1. die Art der zu verrichtenden Tätigkeit im Hinblick auf die Arbeitsdauer, die Körperhaltung und die Arbeitsschwere (leichte, mittlere oder schwere körperliche Belastung),
2. die Umgebungsbedingungen (insbesondere die Raumtemperatur, Hitze, Kälte, hohe oder niedrige Luftfeuchtigkeit, Verschmutzungen),
3. die Dauer der Arbeitsverrichtung im Rahmen einer Arbeitsschicht und die Möglichkeit einer zeitlichen Begrenzung,
4. zusätzliche Belastungen durch das Tragen weiterer persönlicher Schutzausrüstung,
5. die arbeitsablaufbedingte Möglichkeit zur kurzfristigen Unterbrechung der Trageverpflichtung oder zur Ausübung einer anderen Tätigkeit ohne Trageverpflichtung für die Beschäftigten,
6. das Vorliegen von Vorerkrankungen (zum Beispiel Atemwegserkrankungen) oder individuellen Faktoren (zum Beispiel Schwangerschaft).

Sowohl bei der Ermittlung und Bewertung möglicher Gefährdungen für Beschäftigte durch das Tragen einer Maske als auch bei der Abschätzung von Tragezeitbegrenzungen kann die individuelle Disposition der Beschäftigten eine Rolle spielen. Auf die Ausführungen zur arbeitsmedizinischen Vorsorge (Abschnitt 5.2) wird verwiesen.

Im Ergebnis sind Vorgaben für die Begrenzung von Tragezeiten, die die Belastung durch das Tragen von Atemschutzmasken auf ein gesundheitlich zuträgliches Maß beschränken, abzuleiten und praktisch umzusetzen. Hierzu sind die zu verrichtenden Tätigkeiten möglichst abwechslungsreich (zum Beispiel mit unterschiedlichen Niveaus der Belastung oder Infektionsgefährdung) und mit der Möglichkeit zur Unterbrechung der Tragezeit durch andere Tätigkeiten oder Tragezeitpausen zu gestalten.

Hinweise: 1. Hinweise zu Tragezeitbegrenzungen finden sich in der Stellungnahme des AfAMed zur Benutzung von FFP2-Masken vom 24.03.2021 [20]. 2. Auch MNS kann tätigkeitsabhängig den Atemwiderstand oder die Wärmebelastung erhöhen.

(4) MNS und Atemschutzmasken sind zur Aufrechterhaltung ihrer Wirksamkeit spätestens dann zu wechseln, wenn sie durchfeuchtet sind

(5) Aufgabe eines Gesichtsschutzschildes ist, den Träger/die Trägerin gegen Gefahren von außen zu schützen (Eigenschutz). Ein Nachweis des Schutzes für andere Personen (Fremdschutz) ist nicht Bestandteil des sZertifizierungsverfahrens. Eine Filterwirkung ist nicht gegeben. Gesichtsschutzschilde können aber bestimmungsgemäß als PSA zum Spritzschutz eingesetzt werden, insbesondere in Verbindung mit Atemschutzmasken (mindestens FFP2 oder vergleichbar) bei aerosolproduzierenden Tätigkeiten. Sie können so den persönlichen Schutz des Trägers/der Trägerin ergänzen.

4.2.14 Unterweisung und aktive Kommunikation („C-ASS" Punkt 16)

(1) Arbeitsschutzunterweisungen nach § 12 ArbSchG und den spezifischen Arbeitsschutzvorschriften müssen auch während einer Epidemie durchgeführt werden. Entsprechende allgemeine und spezielle Anforderungen an Unterweisungen gelten unverändert weiter (zum Beispiel zur Dokumentation). Die Durchführung der Unterweisung über elektronische Kommunikationsmittel ist in der Epidemiesituation möglich. Dabei ist darauf zu achten, dass eine Verständnisprüfung zwischen den Beschäftigten und dem Unterweisenden erfolgt und jederzeit Rückfragen möglich sind.

(2) Ergibt sich auf Grund der aktualisierten Gefährdungsbeurteilung, dass Infektionsgefährdungen am Arbeitsplatz durch die epidemische Lage bestehen und zusätzliche Maßnahmen zum Infektionsschutz umzusetzen sind, müssen die Beschäftigten in dieser Hinsicht vor Beginn der Tätigkeit und danach in regelmäßigen Abständen sowie bei wesentlichen Änderungen hierzu unterwiesen werden.

(3) Bei der Vorbereitung der Unterweisung kann der Arbeitgeber sich durch die Fachkraft

für Arbeitssicherheit oder die Betriebsärztin bzw. den Betriebsarzt beraten lassen. Eine solche Beratung ist vor allem dann erforderlich, wenn aufgrund der SARS-CoV-2-Infektionsgefährdung besondere Vorkehrungen für besonders schutzbedürftige Beschäftigte in Betracht kommen (siehe Abschnitt 5.4). Um der Verunsicherung und Angst der Beschäftigten durch die Vielzahl an teilweise widersprüchlichen Informationen über die Gefährdung durch SARS-CoV-2 entgegenzuwirken, ist möglichst frühzeitig eine aktive Kommunikation zu den möglichen Gesundheitsrisiken und den getroffenen Schutzmaßnahmen erforderlich.

(4) Für die Gewährleistung des Schutzes vor arbeitsbedingten Gefährdungen durch SARS-CoV-2 ist es von Bedeutung, dass alle im Betrieb beschäftigten Personen konsequent zu den Übertragungsrisiken und -möglichkeiten unterwiesen werden und an der Umsetzung der Maßnahmen mitwirken. Für die Unterweisung von Leiharbeitnehmern ist der Entleiher unmittelbar verantwortlich. Die relevanten Inhalte der Unterweisung für Beschäftigte, die im Rahmen von Dienst- und Werkverträgen tätig sind, sind vom Arbeitgeber mit den Arbeitgebern der Fremdfirmen abzustimmen, und die Durchführung der Unterweisung durch die Fremdfirma ist sicher zu stellen.

(5) Schutzmaßnahmen sind zu erklären und durch Hinweise verständlich zu machen (z. B. durch Hinweisschilder, Aushänge, Bodenmarkierungen). Die Unterweisung ist in verständlicher Form und Sprache durchzuführen.

(6) Bei Tätigkeiten gemäß BioStoffV ist im Rahmen der Unterweisung auch eine allgemeine arbeitsmedizinische Beratung durchzuführen. Die mit der arbeitsmedizinischen Vorsorge beauftragte Ärztin oder der beauftragte Arzt (in der Regel die Betriebsärztin bzw. der Betriebsarzt) ist zu beteiligen.

(7) Bestandteil der Unterweisung sind Informationen zum aktuellen Wissensstand, zum Ansteckungsrisiko und dem Risiko einer Neuerkrankung bei Rückkehr genesener Beschäftigter, die an COVID-19 erkrankt waren (siehe auch Abschnitt 5.5 Absatz 5).

5 Arbeitsmedizinische Prävention

5.1 Allgemeine Vorbemerkungen

Während der Epidemie überschneiden sich im Betrieb und in den Einrichtungen Anforderungen des bevölkerungsbezogenen Infektionsschutzes mit Maßnahmen des Arbeitsschutzes. Die Betriebsärztin/der Betriebsarzt berät den Arbeitgeber bei der Umsetzung seiner Verpflichtungen im Kontext der Sicherheit und des Gesundheitsschutzes bei der Arbeit und unterstützt bei der Aufstellung entsprechender betrieblicher Handlungsanweisungen einschließlich der Zugangswege zu Tests auf SARS-CoV-2.

5.2 Arbeitsmedizinische Vorsorge

5.2.1 Allgemeine Hinweise zur arbeitsmedizinischen Vorsorge

(1) In der Epidemiesituation gelten für die persönliche Aufklärung und Beratung der Beschäftigten zu individuellen arbeitsbedingten Gesundheitsgefahren die Anforderungen der ArbMedVV weiterhin. Insbesondere bei der Nutzung von PSA (zum Beispiel Atemschutzmasken) ist die individuelle Anpassung von Bedeutung. Das Thema soll Gegenstand der arbeitsmedizinischen Vorsorge sein.

(2) Neben den bestehenden betriebsärztlichen Aufgaben inklusive Angebotsvorsorge kommt der Wunschvorsorge eine wichtige Rolle zu. Sie ist bei allen Tätigkeiten zu ermöglichen, es sei denn aufgrund der Beurteilung der Arbeitsbedingungen und der getroffenen Schutzmaßnahmen ist nicht mit einem Gesundheitsschaden zu rechnen. Dort können beispielsweise thematisiert werden: Infektionsgefahren, Vorerkrankungen, individuelle Dispositionen zur Nutzung und ggf. Tragezeitdauer von Atemschutz sowie Ängste und psychische Belastungen.

(3) Die Fristen nach der Arbeitsmedizinischen Regel (AMR) 2.1 „Fristen für die Veranlassung/das Angebot von arbeitsmedizinischer Vorsorge" behalten ihre Geltung. Vorsorgetermine, die aus persönlichen oder organisatorischen Gründen während einer SARS-CoV-2-Epidemie verschoben werden, müssen zeitnah nachgeholt und auf den bisherigen

Rhythmus zurückgeführt werden. Ergibt die Gefährdungsbeurteilung mehrere Vorsorgeanlässe für Beschäftigte, soll die arbeitsmedizinische Vorsorge an einem Termin stattfinden.

(4) Arbeitsmedizinische Vorsorge kann als telefonische/telemedizinische Anamneseerhebung und Beratung durchgeführt werden. Zur Entlastung der betriebsärztlichen Praxistätigkeit und damit Vermeidung möglicher Infektionsketten wird empfohlen, sonstige ärztliche Konsultationen, die rechtlich nicht vorgeschrieben sind, möglichst telefonisch/telemedizinisch abzuwickeln oder zu verschieben.

(5) Der Arbeitgeber ist verpflichtet, der mit der arbeitsmedizinischen Vorsorge beauftragten Ärztin bzw. dem damit beauftragten Arzt die erforderlichen Auskünfte über die Arbeitsplatzverhältnisse zu geben. Dazu gehört bei Eintritt einer Epidemie auch der betriebliche oder einrichtungsbezogene Epidemieplan. Die Ärztin bzw. der Arzt berücksichtigt in der Arbeitsanamnese alle Arbeitsbedingungen und arbeitsbedingten Gefährdungen.

(6) Die Betriebsärztin/der Betriebsarzt muss die arbeitsmedizinische Vorsorge in geeigneten Zeitabständen auswerten, um besondere Gefährdungsschwerpunkte zu identifizieren und gegebenenfalls Schutzmaßnahmen zu empfehlen.

(7) Die allgemeinen Vorgaben in Abschnitt 4 der AMR 3.2 „Arbeitsmedizinische Prävention" sind zu berücksichtigen.

5.2.2 Arbeitsmedizinische Vorsorge wegen Tätigkeiten mit Infektionsgefährdung durch SARS-CoV-2

(1) Bei gezielten Tätigkeiten nach BioStoffV mit SARS-CoV-2 ist arbeitsmedizinische Vorsorge anzubieten. Bei nicht gezielten Tätigkeiten gilt dies, wenn die Tätigkeit der Schutzstufe 3 zuzuordnen ist. Bei einer Tätigkeit der Schutzstufe 2 ist im Rahmen der Gefährdungsbeurteilung zu prüfen, ob trotz der getroffenen Schutzmaßnahmen eine Infektionsgefährdung besteht; bei Infektionsgefährdung ist arbeitsmedizinische Vorsorge anzubieten. Die Vorsorgeanlässe treffen vor allem für Beschäftigte mit Patientenkontakt im Gesundheitsdienst und in Pflegeeinrichtungen zu.

(2) Tätigkeiten, bei denen das Ansteckungsrisiko allein durch den tätigkeitsbedingten Kontakt zu anderen Beschäftigten oder zu Kunden entsteht, sind keine Tätigkeiten nach BioStoffV. Sie sind deshalb kein Anlass für Pflicht- oder Angebotsvorsorge nach Anhang Teil 2 ArbMedVV.

(3) Wunschvorsorge ist zu ermöglichen (siehe Abschnitt 5.2.1 Absatz 2).

5.2.3 Arbeitsmedizinische Vorsorge bei Tätigkeiten, die das Tragen von Atemschutzgeräten erfordern

Ist wegen der Infektionsgefährdung das Tragen von Atemschutzgeräten der Gruppe 1 (z. B.von FFP2-Atemschutzmasken) erforderlich (Anhang Teil 4 Absatz 2 Nummer 2 ArbMedVV; AMR 14.2 „Einteilung von Atemschutzgeräten in Gruppen") ist arbeitsmedizinische Vorsorge anzubieten, wenn diese länger als 30 Minuten pro Tag getragen werden. Bei Tätigkeiten, die das Tragen von Atemschutzgeräten der Gruppe 2 oder 3 erfordern, ist arbeitsmedizinische Vorsorge zu veranlassen. Die Infektionsgefährdung durch SARS-CoV-2 bei Tätigkeiten außerhalb der BioStoffV erfordert in der Regel nicht das Tragen von Atemschutzgeräten der Gruppen 2 oder 3.

5.2.4 Arbeitsmedizinische Vorsorge wegen mobilen Arbeitens aufgrund der Epidemie

(1) Mobiles Arbeiten im Kontext der Epidemie findet häufig unter erschwerten Bedingungen statt (z. B. reduzierte soziale Kontakte, gleichzeitige familiäre Aufgaben etc.). Psychosoziale Belastungen durch Arbeiten im Homeoffice können eine tätigkeitsbedingte Gesundheitsgefahr darstellen und deshalb Anlass für Wunschvorsorge sein.

(2) Werden Tätigkeiten an Bildschirmgeräten durchgeführt, so hat der Arbeitgeber Angebotsvorsorge anzubieten (Anhang Teil 4 Absatz 2 Nummer 1 ArbMedVV).

5.3 Auswertung von SARS-CoV-2-Infektionen bei Beschäftigten

Die Betriebsärztin/der Betriebsarzt wertet die ihr/ihm bekannt gewordenen SARS-CoV-2-Infektionen bei Beschäftigten mit dem Ziel aus, Tätigkeitsbereiche zu identifizieren, die mit einer höheren Gefährdung assoziiert sein könnten, um daraus gegebenenfalls Maßnahmenempfehlungen abzuleiten.

5.4 Umgang mit besonders schutzbedürftigen Beschäftigten

(1) Das Vorgehen bei besonders schutzbedürftigen Beschäftigten erfolgt auf folgender Grundlage:

1. Überprüfung und Aktualisierung der Gefährdungsbeurteilung, dabei Berücksichtigung spezieller Gefahren für besonders schutzbedürftige Beschäftigtengruppen (in Anlehnung an die Hinweise des RKI) und Einleiten angemessener Maßnahmen (siehe Abschnitt 3 Absatz 6),
2. Umsetzen des TOP-Prinzips,
3. Vorrang von Verhältnisprävention vor Verhaltensprävention,
4. Optimierter Arbeits- und Gesundheitsschutz zum Erhalt des Arbeitsplatzes,
5. Einbezug des individuellen Schutzbedarfes im Rahmen der Arbeitsmedizinischen Vorsorge [21].

(2) Die vorbereiteten individuellen Maßnahmen (Abschnitt 3 Absatz 6) werden abgerufen, wenn die auslösenden individuellen Gefährdungsmerkmale bekannt werden, zum Beispiel durch Vorlage eines ärztlichen Attestes. In unklaren Fällen sollte eine Konsultation der Betriebsärztin bzw. des Betriebsarztes angeboten werden.

(3) Im Rahmen der arbeitsmedizinischen Vorsorge können sich Beschäftigte zu ihren individuellen Gefährdungen arbeitsmedizinisch beraten lassen. Sind individuelle Schutzmaßnahmen erforderlich, teilt die Ärztin bzw. der Arzt dies dem Arbeitgeber mit, ohne dass Diagnosen oder Befunde erwähnt werden. Entspricht die Empfehlung einem Tätigkeitswechsel, bedarf diese Mitteilung der Einwilligung durch die Beschäftigte bzw. den Beschäftigten.

(4) Auch bei Tätigkeiten mit sehr hohem Expositionsrisiko ist es nicht gerechtfertigt, dass der Arbeitgeber aus Gründen des Arbeitsschutzes Daten zu individuellen Gefährdungsmerkmalen bei seinen Beschäftigten erhebt, und es besteht im Rahmen des Arbeitsschutzes keine Pflicht der Beschäftigten zur Offenbarung von medizinischen Risiken.

5.5 Rückkehr zur Arbeit nach einer SARS-CoV-2-Infektion oder COVID-19-Erkrankung

(1) Beschäftigte, die nach einer COVID-19-Erkrankung zurück an den Arbeitsplatz kommen, haben aufgrund eines möglicherweise schweren Krankheitsverlaufs einen besonderen Unterstützungsbedarf zur Bewältigung von arbeitsbedingten physischen und psychischen Belastungen.

(2) Zurückkehrende müssen vor Wiederaufnahme ihrer Tätigkeit Informationen darüber bekommen, welche Schutzmaßnahmen aufgrund der SARS-CoV-2-Epidemie im Betrieb bzw. der Einrichtung getroffen wurden.

(3) Bei einer Arbeitsunfähigkeitsdauer von mehr als sechs Wochen in den letzten 12 Monaten ist der Arbeitgeber zudem verpflichtet, den betroffenen Beschäftigten ein Betriebliches Eingliederungsmanagement gemäß § 167 Absatz 2 SGB IX anzubieten.

(4) Grundsätzlich müssen Beschäftige gegenüber dem Arbeitgeber im Falle einer Erkrankung keine Diagnosen oder Krankheitssymptome offenbaren. Gegebenenfalls erforderliche Informationen des Arbeitgebers übernimmt das Gesundheitsamt im Rahmen der Quarantäneveranlassung. Erhält der Arbeitgeber Kenntnis über die Ansteckung einer/eines Beschäftigten, gilt es, deren/dessen Identität soweit es geht zu schützen, um einer Stigmatisierung von Betroffenen vorzubeugen.

(5) Sind konkrete Infektionen bekannt geworden, werden möglicherweise einzelne Beschäftigte unsicher sein im Umgang mit zurückkehrenden Mitarbeiterinnen/Mitarbeitern und Ängste haben, sich am Arbeitsplatz

zu infizieren. Informationen zum aktuellem Wissensstand, insbesondere zum Ansteckungsrisiko oder dem Risiko einer Neuerkrankung, können zum Abbau von Ängsten beitragen. Ansprechpartner für Fragen oder Sorgen der Beschäftigten bezüglich ihrer Gesundheit am Arbeitsplatz sind insbesondere Betriebsärzte, Fachkräfte für Arbeitssicherheit oder gegebenenfalls eine Mitarbeiterberatung.

Anhang 1: Schutzmaßnahmen für besondere Arbeitsstätten und Arbeitsplätze sowie besondere betriebliche Einrichtungen

1 Baustellen

(1) Auf jeder Baustelle müssen Möglichkeiten zur Handhygiene vorhanden sein, dazu sind stets die Anforderungen nach ASR A4.1 umzusetzen. Handwaschgelegenheiten oder Waschgelegenheiten und Toiletten müssen in der Nähe von Arbeitsplätzen zur Verfügung stehen. Waschgelegenheiten und Handwaschgelegenheiten müssen entsprechend Abschnitt 3.11 bzw. Abschnitt 5.4 Absatz 2 ASR A4.1 mit fließendem Wasser, Flüssigseife und Einmalhandtüchern und einem geschlossenen Wasserabflusssystem (in Kanalisation oder in Tanks) ausgestattet sein, um es den Beschäftigten zu ermöglichen, sich den hygienischen Erfordernissen entsprechend zu reinigen. Sind geschlossene Wasserabflusssysteme nicht möglich, ist Abwasser anderweitig hygiene- und umweltgerecht zu entsorgen. Zusätzlich sollen geeignete Handdesinfektionsmittel zur Verfügung gestellt werden, um zum Beispiel bei einer eingeschränkten Verfügbarkeit von Waschgelegenheiten oder Handwaschgelegenheiten unmittelbar die erforderliche Handhygiene zu gewährleisten.

(2) Wegen der derzeitigen Infektionslage ist es erforderlich, mobile, anschlussfreie Toilettenkabinen mit mindestens einer Handwaschgelegenheit mit fließendem Wasser, Flüssigseife und Einmalhandtücher sowie gegebenenfalls mit Desinfektionsmitteln bereitzustellen. Ist dies nicht möglich, ist in unmittelbarer Nähe zu den Toiletten eine Handwaschgelegenheit nach Absatz 1 einzurichten.

(3) Auf Baustellen sind entsprechend Abschnitt 8.2 bis 8.4 ASR A4.1 Toilettenräume und Waschräume bereitzustellen, zum Beispiel in Containern. Werden auf Baustellen keine Waschräume zur Verfügung gestellt, sind Waschgelegenheiten entsprechend Abschnitt 6.1 Absatz 2 ASR A4.1 bereitzustellen. Werden entsprechend Abschnitt 8.2 Absatz 5 ASR A4.1 Einrichtungen außerhalb des Geländes einer Baustelle genutzt, ist sicherzustellen und nachzuweisen (etwa durch Nutzungsvereinbarungen), dass diese während der Arbeitszeit zur Verfügung stehen, entsprechend Absatz 2 ausgestattet sind und den hygienischen Erfordernissen entsprechend gereinigt werden.

(4) Es ist dafür zu sorgen, dass der Befüll- und Leerungsrhythmus der verwendeten Tanks den erhöhten Wasserverbräuchen angepasst wird.

(5) Im Anwendungsbereich der Baustellenverordnung (BaustellV) sollen auf Baustellen beim Tätigwerden von Beschäftigten mehrerer Arbeitgeber Sanitärräume und Sanitäreinrichtungen gegebenenfalls als gemeinsam genutzte Einrichtungen entsprechend den Regeln zum Arbeitsschutz auf Baustellen (RAB) „Geeigneter Koordinator" (RAB 30) und „Sicherheits- und Gesundheitsschutzplan – SiGePlan" (RAB 31) koordiniert werden.

(6) Sanitärräume und -einrichtungen sind entsprechend den hygienischen Anforderungen zu reinigen, auf Baustellen abweichend von Abschnitt 8.1 Absatz 2 ASR A4.1 mindestens täglich, bei Bedarf mehrmals täglich.

(7) Bei der Koordination nach § 3 BaustellV sind Infektionsrisiken durch SARS-CoV-2 als gewerkübergreifende Gefährdungen nach Abschnitt 3.2 RAB 31 bzw. als betriebsübergreifende Gefährdungen zu berücksichtigen. Weitere Koordinationspflichten für Arbeitgeber ergeben sich aus § 8 ArbSchG sowie § 6 der Unfallverhütungsvorschrift „Grundsätze der Prävention" (DGUV Vorschrift 1).

2 Landwirtschaft, Forstwirtschaft

Zusätzlich zum Geltungsbereich von § 1 Absatz 2 ArbStättV müssen auch außerhalb des Geländes eines Betriebes Möglichkeiten zur

Handhygiene vorhanden sein. Sind wegen der Kurzzeitigkeit des Einsatzes Handwaschgelegenheiten oder Waschgelegenheiten nicht sinnvoll zur Verfügung zu stellen, müssen den Beschäftigten zur Gewährleistung der erforderlichen Handhygiene geeignete Mittel zur Handdesinfektion zur Verfügung gestellt werden. Bei Tätigkeiten mit Biostoffen finden die Regelungen der TRBA 230 „Schutzmaßnahmen bei Tätigkeiten mit biologischen Arbeitsstoffen in der Land- und Forstwirtschaft und bei vergleichbaren Tätigkeiten" Anwendung.

3 Außen- und Lieferdienste, Transporte und Fahrten innerhalb des Betriebes, öffentlicher Verkehr

(1) Beschäftigte im Außen- und Lieferdienst sowie im öffentlichen Verkehr sind aufgrund der für sie eingeschränkten Verfügbarkeit von Handwaschgelegenheiten bzw. Waschgelegenheiten mit geeigneten Mitteln zur Handdesinfektion auszustatten. Weiterhin ist eine zusätzliche Ausstattung der Betriebsfahrzeuge mit Utensilien zur Handhygiene und Desinfektion sowie mit Papiertüchern und verschließbaren Müllbeuteln vorzunehmen. Den Beschäftigten sind Möglichkeiten zur Nutzung von sanitären Einrichtungen zu gewähren. Dies ist bei der Tourenplanung zu berücksichtigen.

(2) Werden mobile, anschlussfreie Toilettenkabinen für Beschäftigte zur Verfügung gestellt, zum Beispiel im Bereich des öffentlichen Personennahverkehrs (ÖPNV), entsprechen Toilettenkabinen ohne Handwaschgelegenheit nicht dem Stand der hygienischen Erfordernisse. Eine Handwaschgelegenheit soll in der Toilettenkabine integriert sein. Entsprechend Abschnitt 5.4 Absatz 2 ASR A4.1 sind Handwaschgelegenheiten (Handwaschbecken mit fließendem Wasser und geschlossenem Abwassersystem) mit Flüssigseife und Einmalhandtücher auszustatten.

(3) Auch bei beruflichen (Kunden-) Kontakten außerhalb der Arbeitsstätte sind soweit möglich Mindestabstände einzuhalten. Wenn die Abstandsregel nicht eingehalten werden kann, ist mindestens MNS zu tragen. Die Arbeitsabläufe bei diesen Tätigkeiten sind dahingehend zu prüfen, ob vereinzeltes Arbeiten möglich ist. Dadurch dürfen keine zusätzlichen Gefährdungen entstehen.

(4) Soweit möglich sind Kunden und Auftraggeber über erforderliche Schutzmaßnahmen bei berufsbedingten (Kunden-) Kontakten zu informieren; bei Bedarf (beispielsweise, wenn sich am Arbeitsort Personen in angeordneter häuslicher Isolierung oder mit ungeklärten Symptomen einer Atemwegserkrankung mit Verdacht auf eine SARS-CoV-2-Infektion befinden) sind Schutzmaßnahmen mit Kunden, Auftraggebern sowie gegebenenfalls weiteren tätig werdenden Arbeitgebern abzustimmen.

(5) Bei betrieblich erforderlichen Fahrten ist die gleichzeitige Nutzung von Fahrzeugen durch mehrere Beschäftigte möglichst zu vermeiden. Darüber hinaus ist der Personenkreis, der ein Fahrzeug gemeinsam – gleichzeitig oder nacheinander – benutzt, möglichst zu beschränken, zum Beispiel indem einer festgelegten Gruppe ein Fahrzeug zugewiesen wird. Innenräume der betrieblich genutzten Fahrzeuge sind regelmäßig zu reinigen, insbesondere bei Nutzung durch mehrere Personen bei jedem Nutzerwechsel.

4 Unterkünfte

(1) Anforderungen zum Einrichten und Betreiben von Unterkünften in Arbeitsstätten enthält Anhang Nummer 4.4 der ArbStättV, diese werden grundsätzlich in der ASR A4.4 „Unterkünfte" konkretisiert. Das Einrichten und Betreiben der Sanitärräume und Sanitärreinrichtungen erfolgt gemäß ASR A4.1 in Verbindung mit Abschnitt 4.2.2.

(2) Die in der ASR A4.4 und in der ASR A4.1 enthaltenen Regelungen reichen derzeitig nicht aus, um in Bezug auf den Schutz der Beschäftigten vor einer Infektion mit SARS-CoV-2 den Stand der Arbeitsmedizin und der Hygiene zu beschreiben. Insbesondere beim Betreiben einer Unterkunft sind zusätzliche Maßnahmen umzusetzen.

(3) Vor Beginn der Tätigkeiten sind die Beschäftigten in feste Arbeitsgruppen von maximal vier Personen einzuteilen. Nur soweit

eingesetzte Technologien (z. B. Sortieranlagen, Erntemaschinen, Verwiege- und Verpackungsmaschinen) dies nachweislich erfordern, sind größere Gruppen bis zu 15 Personen möglich.

(4) Es gilt das Grundprinzip „Zusammen Wohnen – Zusammen Arbeiten (ZWZA)".

(5) Es ist eine für die gesamte Zeit des Aufenthalts verbindliche Zimmer-/Wohneinteilung in den Unterkünften vorzunehmen. Verschiedene Arbeitsgruppen sollen möglichst in getrennten Unterkünften, falls dies nicht möglich ist, mindestens in getrennten Bereichen einer Unterkunft untergebracht werden.

(6) Den Beschäftigten verschiedener Arbeitsgruppen in einer Unterkunft soll es möglich sein, untereinander den Mindestabstand einzuhalten (siehe Abschnitt 4.2.6). Um dies zu gewährleisten, sind eine Reduzierung der Normalbelegung und entsprechende Anordnungen oder Reduzierung des Mobiliars vorzunehmen.

(7) Es ist davon auszugehen, dass die Hygieneanforderungen erfüllt werden, wenn jedem Beschäftigten ein eigener Schlafraum zur Verfügung steht. Somit ist grundsätzlich eine Einzelbelegung von Schlafräumen vorzusehen.

(8) Wenn das Prinzip nach Absatz 4 nicht umgesetzt werden kann, ist bei der Belegung von Mehrbettzimmern der jeder Person nach der ASR A4.4 zur Verfügung zu stellende Flächenbedarf im Schlafbereich von 6 m^2 auf 12 m^2 zu verdoppeln. Hieraus resultiert, dass die nach ASR A4.4 ansonsten übliche Belegungsdichte halbiert wird. In einem Schlafbereich dürfen maximal vier Personen untergebracht werden, in einem Container maximal zwei. Ausnahmen bestehen für Partner bzw. Familienangehörige.

(9) Wo in einem Mehrbettzimmer Personen aus verschiedenen Teams untergebracht sind, sind die Betten so anzuordnen, dass sich die Abstandsregel einhalten lässt. Etagenbetten dürfen grundsätzlich nur einfach belegt werden. Ausnahmen bestehen für Partner bzw. enge Familienangehörige.

(10) Um den Sicherheitsabstand auch in Aufenthaltsbereichen (Abschnitt 5.4 Absatz 6 ASR A4.4) zu gewährleisten, ist die freie Bewegungsfläche gegebenenfalls zu vergrößern.

(11) Empfohlen wird, möglichst jeder Arbeitsgruppe die erforderlichen Sanitär- und Sozialanlagen zur separaten Nutzung zur Verfügung zu stellen. Falls das nicht möglich ist, darf die Nutzung durch verschiedene Arbeitsgruppen nicht zeitgleich erfolgen. Zwischen den Nutzungen sind die Einrichtungen zu reinigen und die Räume ausreichend zu lüften.

(12) Die Unterkünfte und ihre Einrichtungen sind täglich und nach Bedarf zu reinigen.

(13) Es ist sicherzustellen, dass in Sanitär- und Küchenbereichen stets Flüssigseife und Einmalhandtücher aus Papier oder Textil zur Verfügung stehen.

(14) Es sind geeignete Desinfektionsmittel zur Händedesinfektion (siehe hierzu Abschnitt 2.9) in ausreichender Menge zur Verfügung zu stellen (mindestens ein Spender je Zimmer, Bad, Toilette, Küche).

(15) Zur Einhaltung und Kontrolle der regelmäßigen und gründlichen Reinigung ist ein Reinigungsplan anzubringen. Auf diesem ist jede durchgeführte Reinigung vom beauftragten Reinigungspersonal mit Unterschrift zu bestätigen.

(16) Um das Waschen der Wäsche und Spülen von Geschirr bei mindestens 60°C zu gewährleisten, sind Waschmaschinen und Geschirrspüler bereitzustellen.

(17) Es ist sicherzustellen, dass Arbeitskleidung und persönliche Kleidung regelmäßig gereinigt werden können und Räume zum Trocknen der Wäsche vorhanden sind bzw. Wäschetrockner bereitgestellt werden.

(18) Ersatzcontainer bzw. Ersatzunterkünfte für die Quarantäne von infektionsverdächtigen oder gegebenenfalls an COVID-19 erkrankten Beschäftigten sind in ausreichender Zahl bereitzustellen, und es ist dafür zu sorgen, dass diese mit einer Krankentrage leicht erreicht werden können sowie über gesonderte Sanitärbereiche verfügen. In diesem

Raum sind Trinkwasser oder alkoholfreie Getränke zur Verfügung zu stellen. Der Standort dieser Einrichtungen ist den Beschäftigten bekannt zu geben.

(19) Vorsorglich sind für den Fall von Infektionen in der Unterkunft Planungen (z. B. unter Verweis auf Epidemiepläne) vorzunehmen. Dabei sind insbesondere Vorkehrungen für die separate Unterbringung von erkrankten Personen (z. B. bei Auftreten von Erkältungssymptomen) zu treffen (siehe Abschnitt 4.2.11). In den nach Abschnitt 4 Absatz 6 ASR A4.4 zu erstellenden Regelungen für die Benutzung der Unterkunft (z. B. Reinigung, Verhalten im Brandfall, Alarmplan) sind zusätzlich Regelungen für das Verhalten bei Erkrankungen und das Eintreten einer epidemischen Lage aufzunehmen (insbesondere Abstandsregeln, Husten-/Niesetikette und Handhygiene, siehe Abschnitt 4.1) und die Beschäftigten in einer für sie verständlichen Art zu unterweisen.

7 Literaturhinweise

7.1 Im Text referenziert

[1] SARS-CoV-2-Arbeitsschutzstandard des BMAS: GMBl 2020 S. 303–306 (Nr. 16/2020): *https://www.bmas.de/SharedDocs/Downloads/DE/PDF-Schwerpunkte/sars-cov-2-arbeitsschutzstandard.pdf*

[2] ABAS-Empfehlung organisatorischer Maßnahmen zum Arbeitsschutz im Zusammenhang mit dem Auftreten von SARS-CoV-2 sowie zum ressourcenschonenden Einsatz von Schutzausrüstung: *https://www.baua.de/DE/Themen/Arbeitsgestaltung-im-Betrieb/Coronavirus/pdf/Empfehlungen-organisatorische-Massnahmen.pdf?__blob=publicationFile*

[3] Beschluss des ABAS zur vorläufigen Einstufung des Virus SARS-CoV-2 in Risikogruppe 3 und Empfehlungen zu nicht gezielten Tätigkeiten (Labordiagnostik) und gezielten Tätigkeiten mit SARS-CoV-2: *https://www.baua.de/DE/Aufgaben/Geschaeftsfuehrung-von-Ausschuessen/ABAS/pdf/SARS-CoV-2.pdf*

Stellungnahme des Arbeitskreises Viruzidie beim Robert Koch-Institut (RKI), des Fachausschusses Virusdesinfektion der Deutschen Vereinigung zur Bekämpfung der Viruskrankheiten (DVV) e. V. und der Gesellschaft für Virologie (GfV) e. V. sowie der Desinfektionsmittelkommission des Verbundes für Angewandte Hygiene (VAH) e. V.: „Prüfung und Deklaration der Wirksamkeit von Desinfektionsmitteln gegen Viren zur Anwendung im human-medizinischen Bereich"; Bundesgesundheitsblatt 201760:353–363; DOI 10.1007/s00103-016-2509-2, *https://edoc.rki.de/handle/176904/183*

[5] DGUV-Übersichtsseite: *https://www.dguv.de/de/praevention/corona/informationen-fuer-beschaeftigte/index.jsp* – mit Tabelle zum Download

[6] Aktuelle Informationen zu Mutterschutz und SARS-CoV-2: *https://www.ausschussfuer-mutterschutz.de/informationen-zum-mutterschutz-des-bmfsfj-2*; FAQs zu mutterschutzrechtlichen Bewertungen von Gefährdungen durch SARS-CoV-2: *https://www.ausschuss-fuer-mutterschutz.de/arbeitsergebnisse/faq-zu-mutterschutz-undsars-cov-2*

[7] Empfehlungen der BAuA zum Einsatz von Schutzmasken im Zusammenhang mit SARS-CoV-2: *https://www.baua.de/DE/Themen/Arbeitsgestaltung-im-Betrieb/Coronavirus/pdf/Schutzmasken.pdf*

[8] BGN-Lüftungsrechner – Berechnen Sie das richtige Lüftungsintervall: *https://www.bgn.de/lueftungsrechner*

[9] CO2-App (Rechner und Timer): *https://www.dguv.de/ifa/praxishilfen/innenraumarbeitsplaetze/raumluftqualitaet/co2-app/index.jsp*

[10] FBHM-114 Fachbereich AKTUELL des Sachgebiets Oberflächentechnik und Schweißen des DGUV „Möglichkeiten zur Bewertung der Lüftung anhand der CO2-Konzentration": *https://publikationen.dguv.de/widgets/pdf/download/article/3985*

[11] DIN EN 1822 Teil 1: Schwebstofffilter (EPA, HEPA und ULPA) – Teil 1: Klassifikation, Leistungsprüfung, Kennzeichnung; Deutsche Fassung EN 1822-1:2019

[12] Empfehlung der Bundesregierung „Infektionsschutzgerechtes Lüften“: *https://www.bmas.de/SharedDocs/Downloads/DE/Arbeitsschutz/infektionsschutzgerechtes-lueften.pdf*

[13] S. Voß, A. Gritzki, K. Bux: Infektionsschutzgerechtes Lüften - Hinweise und Maßnahmen in Zeiten der SARS-CoV-2-Epidemie. 1. Auflage. Dortmund: Bundesanstalt für Arbeitsschutz und Arbeitsmedizin 2020. (baua: Fokus) DOI: 10.21934/baua:fokus20200918

[14] Sachgebiet Innenraumklima der DGUV: Fachbereich AKTUELL FBVW-502: SARS-CoV2: Empfehlungen zum Lüftungsverhalten an Innenraumarbeitsplätzen (Stand 12.10.2020): *https://publikationen.dguv.de/widgets/pdf/download/article/3932*

[15] Fachbeitrag der DGUV zu mobilen Raumluftreinigern zum Schutz vor SARS-CoV-2 (Stand: 27.10.2020): *https://www.dguv.de/medien/inhalt/corona/fachbeitrag-raumluftreiniger.pdf*

[16]] Hinweise der DGUV zum ergänzenden Einsatz von Luftreinigern zum Infektionsschutz in der SARS-CoV-2-Epidemie“ (04.03.2021).: *https://dguv.de/medien/inhalt/mediencenter/pm/pressearchiv/2021/1_quartal/dguv_hinweise_einsatz_luftreiniger.pdf*

[17] A. Gritzki, K. Bux, G. Brockt, E. Romanus, S. Voß: Erweiterter Infektionsschutz durch mobile Raumluftreiniger?. 1. Auflage. Dortmund: Bundesanstalt für Arbeitsschutz und Arbeitsmedizin 2021. (baua: Fokus) DOI: 10.21934/baua:fokus20210223

[18] Stellungnahme der Kommission Innenraumlufthygiene (IRK) am Umweltbundesamt: Einsatz mobiler Luftreiniger als lüftungsunterstützende Maßnahme in Schulen während der SARS-CoV-2 Pandemie (16.11.2020): *https://www.umweltbundesamt.de/sites/default/files/medien/2546/dokumente/201116_irk_stellungnahme_luftreiniger.pdf*

[18a] BMAS/BAuA-Broschüre: Mobile Luftreiniger - Hinweise zur Auswahl und zum Betrieb (März 2021): *https://www.bmas.de/DE/Service/Publikationen/mobile-luftreiniger-hinweise-zur-auswahlund-zum-betrieb.html*

[19] GDA-Leitlinie – Empfehlungen zur Umsetzung der Gefährdungsbeurteilung psychischer Belastung: *https://www.gda-psyche.de/SharedDocs/Publikationen/DE/broschuere-empfehlunggefaehrdungsbeurteilung.html*

[20] Stellungnahme des Ausschusses für Arbeitsmedizin (AfAMed) zu Tragezeitbegrenzungen für FFP2-Masken (24.03.2021): *https://www.baua.de/DE/Aufgaben/Geschaeftsfuehrung-vonAusschuessen/AfAMed/pdf/Stellungnahme-Tragezeit-FFP2-Masken.html*

[21] AfAMed: Arbeitsmedizinische Empfehlung „Umgang mit aufgrund der SARS-CoV-2- Epidemie besonders schutzbedürftigen Beschäftigten“ (November 2020): *https://www.bmas.de/DE/Service /Publikationen/arbeitsmedizinische-empfehlungumgang-mit-schutzbeduerftigen.html*

7.2 Weitere Literatur

VDSI-SARS-CoV-2 (Coronavirus) – Auswirkungen auf den betrieblichen Alltag: https://vdsi.de/corona (VDSI-Hinweise zur Umsetzung des BMAS-SARS-CoV-2-Arbeitsschutzstandards: https://vdsi.de/start/corona/vdsi-hinweise-zur-umsetzung-des-bmas-sars-cov-2-arbeitsschutzstandards/)

INQA – Tipps zum Thema Organisation und Kommunikation im Home-Office: https://inqa.de/DE/wissen/schwerpunkt-covid/home-office/organisation-kommunikation-home-office.html

Certo – Magazin für Sicherheit und Gesundheit der Verwaltungsberufsgenossenschaft (VBG): How to Homeoffice: https://www.certo-portal.de/arbeit-gestalten/artikel/zuhause-arbeiten-how-to-homeoffice/

GDA-Portal Psychische Belastung: https://www.gda-portal.de/DE/Betriebe/Psychische-Belastungen/Psychische-Belastungen_node.html

7.3 Staatliche Arbeitsschutzregeln sowie Vorschriften und Regeln der Unfallversicherungsträger

– TRBA 500 Grundlegende Maßnahmen bei Tätigkeiten mit biologischen Arbeitsstoffen

- ASR A1.2 Raumabmessungen und Bewegungsflächen
- ASR A1.8 Verkehrswege
- ASR A3.6 Lüftung
- ASR A4.1 Sanitärräume
- ASR A4.2 Pausenräume und Pausenbereiche
- ASR A4.4 Unterkünfte
- ASR V3 Gefährdungsbeurteilung
- TRBS 1111 Gefährdungsbeurteilung
- RAB 30 Geeigneter Koordinator (Konkretisierung zu § 3 BaustellV)
- RAB 31 Sicherheits- und Gesundheitsschutzplan – SiGePlan
- AMR 2.1 Fristen für die Veranlassung/das Angebot arbeitsmedizinischer Vorsorge
- AMR 3.2 Arbeitsmedizinische Prävention
- AMR 14.2 Einteilung von Atemschutzgeräten in Gruppen
- DGUV Vorschrift 1 „Grundsätze der Prävention"
- DGUV Regel 112-190 „Benutzung von Atemschutzgeräten"

Fundstellen: *www.baua.de/trba, www.baua.de/asr, www.baua.de/trbs, www.baua.de/rab, www.baua.de/amr, https://www.dguv.de/de/praevention/vorschriften_regeln/index.jsp*

SARS-CoV-2-Arbeitsschutzverordnung (Corona-ArbSchV)

Vom 25. Juni 2021 (BAnz. AT 28.06.2021 Nr. V1)

Zuletzt geändert durch
Erste Verordnung zur Änderung der SARS-CoV-2-Arbeitsschutzverordnung
vom 6. September 2021 (BAnz. AT 09.09.2021 Nr. V1)

§ 1 Ziel und Anwendungsbereich

(1) Diese Verordnung dient dem Ziel, das Risiko einer Infektion mit dem Coronavirus SARS-CoV-2 bei der Arbeit zu minimieren und Sicherheit und Gesundheit der Beschäftigten zu schützen.

(2) Die Arbeitsschutzverordnungen gemäß § 18 Absatz 1 und 2 des Arbeitsschutzgesetzes und abweichende Vorschriften der Länder zum Infektionsschutz, insbesondere im Zusammenhang mit der Betreuung von Kindern sowie weitergehende Vorschriften der Länder bleiben unberührt.

(3) Bei der Umsetzung der Anforderungen dieser Verordnung ist die SARS-CoV-2-Arbeitsschutzregel vom 7. Mai 2021 (GMBl 2021, S. 622) in der jeweils geltenden Fassung zu berücksichtigen.

§ 2 Gefährdungsbeurteilung und betriebliches Hygienekonzept

(1) Der Arbeitgeber hat gemäß den §§ 5 und 6 des Arbeitsschutzgesetzes die Gefährdungsbeurteilung hinsichtlich zusätzlich erforderlicher Maßnahmen des betrieblichen Infektionsschutzes zu überprüfen und zu aktualisieren. Auf der Grundlage der Gefährdungsbeurteilung hat der Arbeitgeber in einem Hygienekonzept die erforderlichen Maßnahmen zum betrieblichen Infektionsschutz festzulegen und umzusetzen. Bei der Festlegung und der Umsetzung der Maßnahmen des betrieblichen Infektionsschutzes kann der Arbeitgeber einen ihm bekannten Impf- oder Genesungsstatus der Beschäftigten berücksichtigen. Die festzulegenden Maßnahmen sind auch in den Pausenbereichen und während der Pausenzeiten umzusetzen. Zur weiteren Orientierung über geeignete Maßnahmen nach den Sätzen 1 und 2 können insbesondere die branchenbezogenen Handlungshilfen der Unfallversicherungsträger herangezogen werden.

(2) Ergibt die Gefährdungsbeurteilung, dass ein Schutz der Beschäftigten durch technische und organisatorische Schutzmaßnahmen nicht ausreichend ist und das Tragen medizinischer Gesichtsmasken (Mund-Nase-Schutz) oder der in der Anlage bezeichneten Atemschutzmasken durch die Beschäftigten erforderlich ist, sind diese vom Arbeitgeber bereitzustellen. Die Beschäftigten haben die vom Arbeitgeber zur Verfügung zu stellenden Masken oder mindestens gleichwertige Masken zu tragen.

(3) Das betriebliche Hygienekonzept ist den Beschäftigten in geeigneter Weise in der Arbeitsstätte zugänglich zu machen.

§ 3 Kontaktreduktion im Betrieb

Der Arbeitgeber hat alle geeigneten technischen und organisatorischen Maßnahmen zu treffen, um betriebsbedingte Personenkontakte zu reduzieren. Die gleichzeitige Nutzung von Räumen durch mehrere Personen ist auf das betriebsnotwendige Minimum zu reduzieren.

§ 4 Tests in Bezug auf einen direkten Erregernachweis des Coronavirus SARS-CoV-2

(1) Zur Minderung des betrieblichen SARS-CoV-2-Infektionsrisikos hat der Arbeitgeber den Beschäftigten, soweit diese nicht ausschließlich in ihrer Wohnung arbeiten, mindestens zweimal pro Kalenderwoche kostenfrei einen Test in Bezug auf einen direkten Erregernachweis des Coronavirus SARS-CoV-2 anzubieten, der vom Bundesinstitut für Arzneimittel und Medizinprodukte zugelassen ist.

(2) Testangebote nach Absatz 1 sind nicht erforderlich, soweit der Arbeitgeber durch

andere geeignete Schutzmaßnahmen einen gleichwertigen Schutz der Beschäftigten sicherstellt oder einen bestehenden gleichwertigen Schutz nachweisen kann.

(3) Nachweise über die Beschaffung von Tests und Vereinbarungen mit Dritten über die Testung der Beschäftigten hat der Arbeitgeber bis zum Ablauf des 24. November 2021 aufzubewahren. Die Aufbewahrungsfrist nach Satz 1 gilt auch für Nachweise über bis zum 30. Juni 2021 beschaffte Tests und für Nachweise über bis zum 30. Juni 2021 geschlossene Vereinbarungen mit Dritten über die Testung der Beschäftigten nach § 5 Absatz 1 der SARS-CoV-2-Arbeitsschutzverordnung vom 21. Januar 2021 (BAnz AT 22. 01. 2021 V1), die zuletzt durch Artikel 1 der Verordnung vom 21. April 2021 (BAnz AT 22. 04. 2021 V1) geändert worden ist.

§ 5 Schutzimpfungen

(1) Der Arbeitgeber hat den Beschäftigten zu ermöglichen, sich während der Arbeitszeit gegen das Coronavirus SARS-CoV-2 impfen zu lassen. Der Arbeitgeber hat die Betriebsärzte und die überbetrieblichen Dienste von Betriebsärzten, die Schutzimpfungen aus Gründen des Bevölkerungsschutzes im Betrieb durchführen, organisatorisch und personell zu unterstützen.

(2) Die Beschäftigten sind im Rahmen der Unterweisung über die Gesundheitsgefährdung bei der Erkrankung an der Coronavirus-Krankheit-2019 (COVID-19) aufzuklären und über die Möglichkeit einer Schutzimpfung zu informieren.

§ 6 Inkrafttreten, Außerkrafttreten

Diese Verordnung tritt am 1. Juli 2021 in Kraft. Sie tritt am Tag der Aufhebung der Feststellung der epidemischen Lage von nationaler Tragweite durch den Deutschen Bundestag nach § 5 Absatz 1 Satz 2 des Infektionsschutzgesetzes, spätestens jedoch mit Ablauf des 24. November 2021 außer Kraft.

Anlage

Einsetzbare Atemschutzmasken

Folgende Atemschutzmasken können nach § 2 Absatz 2 ausgewählt und benutzt werden:

Maskentyp	Standard (Teil der Kennzeichnung)	Weitere Kennzeichnungsmerkmale	Zielländer
FFP2 oder vergleichbar[1])	Verordnung (EU) 2016/425 DIN EN 149:2001+A1:2009 oder vergleichbar	CE-Kennzeichnung mit nachgestellter Kennnummer der notifizierten Stelle Geräteklasse (zum Beispiel FFP2) Gebrauchsdauer Herstellerangaben EU-Konformitätserklärung Anleitung und Information	EU
Vollmasken, gebläseunterstützte Masken, Hauben oder Helme mit auswechselbarem Partikelfilter[2])	Verordnung (EU) 2016/425 Vollmasken: EN 12942 oder vergleichbar; gebläsefiltrierende Hauben: EN 12941 oder vergleichbar EN 136 oder vergleichbar Partikelfilter: EN 143 oder vergleichbar	CE-Kennzeichnung mit nachgestellter Kennnummer der notifizierten Stelle Herstellerangaben EU-Konformitätserklärung Anleitung und Information	EU
N95	NIOSH-42CFR84	Modellnummer Lot-Nummer Maskentyp Herstellerangaben TC-Zulassungsnummer	USA und Kanada
P2	AS/NZS 1716-2012	Identifizierungsnummer oder Logo der Konformitätsbewertungsstellen	Australien und Neuseeland
DS2	JMHLW-Notification 214, 2018	https://www.baua.de/DE/Themen/Arbeitsgestaltung-im-Betrieb/Coronavirus/pdf/Kennzeichnung-Masken.pdf?__blob=publicationFile&v=10 https://www.jaish.gr.jp/horei/hor1-y/hor1-y-13-11-3_1.pdf https://www.jaish.gr.jp/horei/hor1-y/hor1-y-13-11-3_2.pdf	Japan
CPA	Prüfgrundsatz für Corona SARS-CoV-2 Pandemie Atemschutzmasken (CPA)	Bescheinigung der Marktüberwachungsbehörde nach § 9 Absatz 3 der Medizinischer Bedarf Versorgungssicherstellungsverordnung, die vor dem 1. Oktober 2020 ausgestellt wurde.	Deutschland

[1]) Ohne Ausatemventil; Masken mit Ausatemventil dürfen nur getragen werden, wenn alle Kontaktpersonen ebenfalls eine Atemschutzmaske tragen. Corona SARS-CoV-2 Pandemie Atemschutzmasken (CPA) können zum Beispiel überprüfte KN95-Masken sein, die nach dem Prüfgrundsatz für CPA der Zentralstelle der Länder für Sicherheitstechnik getestet worden sind.

[2]) Bei diesen Systemen besteht kein Fremdschutz. Sie können daher nur angewendet werden, wenn alle Kontaktpersonen eine Atemschutzmaske tragen.

Stichwortverzeichnis

Sie finden das jeweilige Stichwort über die fettgedruckte Angabe der Leitziffer gefolgt durch die Vorschriftenabkürzung.

Schnellübersicht